中华人民共和国国家统计局贸易外经统计司
中华人民共和国商务部市场运行调节司 编
中 国 商 业 联 合 会 信 息 部

Compiled by
Department of Trade and External Economic Relations Statistics,
National Bureau of Statistics of China
Department of Market Operation Regulation, Ministry of Commerce of China
China General Chamber of Commerce Information Department

2010

中国零售和餐饮连锁企业统计年鉴

STATISTICAL YEARBOOK OF CHINA CHAIN STORES OF RETAIL TRADES AND CATERING SERVICES

(京)新登字 041 号

图书在版编目(CIP)数据

中国零售和餐饮连锁企业统计年鉴. 2010 / 中华人民共和国国家统计局贸易外经统计司，中华人民共和国商务部市场运行调节司，中国商业联合会信息部编. -- 北京：中国统计出版社，2010.11

ISBN 978-7-5037-6088-4

Ⅰ. ①中… Ⅱ. ①中… ②中… ③中… Ⅲ. ①零售商店-连锁店-统计资料-中国-2010-年鉴②饮食业-连锁店-统计资料-中国-2010-年鉴 Ⅳ. ①F721.7-66 ②F719.3-66

中国版本图书馆 CIP 数据核字(2010)第 181430 号

中国零售和餐饮连锁企业统计年鉴-2010

作　者/中华人民共和国国家统计局贸易外经统计司
中华人民共和国商务部市场运行调节司
中国商业联合会信息部
责任编辑/徐　颖
装帧设计/李雪燕
出版发行/中国统计出版社
通信地址/北京市西城区三里河月坛南街57号　邮政编码/100826
办公地址/京市丰台区西三环南路甲6号　邮政编码/100073
电　话/(010)63376907（发行部）
印　刷/河北天普润印刷厂
经　销/新华书店
开　本/880×1230 毫米　1/16
字　数/1700千字
印　张/54
版　别/2010年11月第1版
版　次/2010年11月第1次印刷
书　号/ISBN 978-7-5037-6088-4/F·2946
定　价/370.00元

《中国零售和餐饮连锁企业统计年鉴—2010》
编辑委员会

编辑说明 PREFACE

一、《中国零售和餐饮连锁企业统计年鉴-2010》是反映我国零售和餐饮连锁企业情况的资料性工具书。旨在通过大量、丰富、详实、具体和权威的统计数据，全面系统和多角度地反映我国零售和餐饮连锁企业发展的规模、水平。

二、本年鉴正文内容分为五部分：第一部分，零售企业综合篇；第二部分，零售企业地区篇；第三部分，餐饮企业综合篇；第四部分，餐饮企业地区篇；第五部分，连锁企业情况。同时，还附有主要统计指标解释。

三、本年鉴中涉及的全国性统计资料，均未包括台湾省、香港特别行政区和澳门特别行政区数据。

四、本年鉴中资料来源于2009年零售和餐饮连锁企业统计年报，时期数据为2009年年度数据，时点数据为2009年年末数据。

五、本年鉴中各表中的“空格”表示该项统计指标数据不足本表最小单位数、不详或无该项数据。

目录

CONTENTS

第一部分 零售企业综合篇

第二部分 零售企业地区篇

第三篇 餐饮企业综合篇

第四篇 餐饮企业地区篇

第一部分

零售企业综合篇

1-1 连锁零售企业总体情况

项 目	单位	总计		直营店		加盟店	
		2009年	2008年	2009年	2008年	2009年	2008年
连锁总店数	个	2327					
连锁门店总数	个	175677	166981	94636	89552	81041	77429
年末从业人员	人	2108839	2006007	1761286	1681017	347553	324990
年末零售营业面积	平方米	118092021	108770886	109614209	100893751	8477812	7877135
连锁门店商品购进总额	万元	193437039	184023615	182361355	173110188	11075684	10913427
其中：统一配送商品购进额	万元	147231395	140870654	139639281	133361230	7592114	7509424
其中：自有配送中心	万元	96169091	90096675	90497583	84570791	5671508	5525884
非自有配送中心	万元	26471944	28254512	25193944	26991316	1278001	1263197
商品销售总额	万元	222400012	208010171	207405903	193760512	14994109	14249659
其中：零售额	万元	158602800	151114621	145600534	138941155	13002266	12173465

1-2 连锁零售企业基本情况

项目	连锁总店数(个)	门店数(个)		年末从业人员(人)		年末零售营业面积(平方米)	
	2009年	2009年	2008年	2009年	2008年	2009年	2008年
总　计	**2327**	**175677**	**166981**	**2108839**	**2006007**	**118092021**	**108770886**
一、按登记注册类型分							
内资企业	2106	158920	150826	1662756	1590674	100755487	93667382
国有企业	156	20988	20784	114670	110448	8332469	7740841
集体企业	43	2952	2949	24979	24071	1790773	1700213
股份合作企业	23	934	872	9681	9788	285073	189022
联营企业	4	564	549	5315	5040	53813	53968
国有联营企业	2	365	348	2327	2285	28898	29253
集体联营企业							
国有与集体联营企业	1	4	5	52	53	780	880
其他联营企业	1	195	196	2936	2702	24135	23835
有限责任公司	823	55888	53112	532368	526709	23956415	22678269
国有独资公司	12	233	223	4189	3031	60702	62819
其他有限责任公司	811	55655	52889	528179	523678	23895713	22615450
股份有限公司	256	44710	43017	670191	623887	55533773	51741865
私营企业	786	32518	29194	301902	287177	10640965	9470971
私营独资企业	49	2095	1638	16174	13812	415536	337072
私营合伙企业	4	230	244	5261	5190	195916	184303
私营有限责任公司	686	26422	24005	250545	242067	9042676	8054555
私营股份有限公司	47	3771	3307	29922	26108	986837	895041
其他企业	15	366	349	3650	3554	162206	92233
港、澳、台商投资企业	76	3132	2823	148565	127527	6166919	4958866
港澳台商合资经营企业	31	1973	1788	35549	34283	1482641	1323976
港澳台商合作经营企业	4	243	224	58261	48547	2724590	2095247
港、澳、台商独资经营企业	39	893	792	54290	44221	1838228	1425405
港、澳、台商投资股份有限公司	2	23	19	465	476	121460	114238
外商投资企业	145	13625	13332	297518	287806	11169615	10144638
中外合资经营企业	62	4317	4312	159271	161422	7004608	6439024
中外合作经营企业	15	1711	1310	55333	45229	645110	612527
外资企业	65	7579	7698	81735	80150	3398760	3049667
外商投资股份有限公司	3	18	12	1179	1005	121137	43420
二、按行业分							
批发业	193	42675	40575	195770	188828	24719747	23368654
农畜产品批发	5	2363	2304	4929	5693	387919	378184
食品、饮料及烟草制品专门批发	32	3701	2963	26258	20431	181559	156101
纺织、服装及日用品批发	11	4632	4233	19140	17116	220073	179745
文化、体育用品及器材批发	4	22	21	765	945	14550	17340
医药及医疗器材批发	27	2675	2689	9865	9776	142443	109100
矿产品、建材及化工产品批发	87	26847	26347	124524	125190	23135802	21994942
机械设备、五金交电及电子产品批发	12	231	207	3903	3815	57826	47544
贸易经纪与代理							
其他批发	15	2204	1811	6386	5862	579575	485698
零售业	2134	133002	126406	1913069	1817179	93372274	85402232
综合零售	790	56568	54337	1254596	1184470	56707417	49860137
食品、饮料及烟草制品专门零售	179	9105	7902	53220	49157	788536	727704
纺织、服装及日用品专门零售	114	11192	10785	89311	79194	925836	842987
文化、体育用品及器材专门零售	78	2093	2123	42885	43582	1480621	1467221
医药及医疗器材专门零售	527	30543	28365	170139	149759	3358166	2939135
汽车、摩托车、燃料及零配件专门零售	183	19583	18881	165621	160022	22116075	21523532
家用电器及电子产品专门零售	207	2949	3062	119307	131113	6677518	6531746
五金、家具及室内装修材料专门零售	24	147	160	12530	14582	936416	1133152
无店铺及其他零售	32	822	791	5460	5300	381689	376618

1-2 续表 1

项目	连锁总店数(个)	门店数(个)		年末从业人员(人)		年末零售营业面积(平方米)	
	2009年	2009年	2008年	2009年	2008年	2009年	2008年
三、按业态分							
便利店	96	15779	16178	92789	92216	1442707	1284861
折扣店	4	859	783	7979	8434	243244	222733
超市	458	33224	31157	488642	480770	19248523	17041895
大型超市	134	2493	2292	326643	311597	18447677	16324036
仓储会员店	6	179	173	14545	15963	548410	521764
百货店	105	5304	5109	238641	202117	13383742	11520282
专业店	1203	82704	77887	752892	722349	60753451	57911770
其中：加油站	209	29345	28202	260052	255864	42952320	41365172
专卖店	268	24075	22462	160642	141175	2471493	2221621
家居建材商店	19	102	114	9479	11645	792936	952355
厂家直销中心	6	410	407	1028	1019	32427	30374
其他	28	10548	10419	15559	18722	727411	739195
直营门店合计		**94636**	**89552**	**1761286**	**1681017**	**109614209**	**100893751**
一、按登记注册类型分							
内资企业		87290	82563	1425006	1361484	94643015	88042890
国有企业		10580	10353	103383	99836	7788874	7248010
集体企业		1432	1359	20384	19365	1725215	1637495
股份合作企业		455	457	7346	7735	237725	164545
联营企业		312	294	2102	1979	30566	31080
国有联营企业		289	270	1754	1702	23251	24065
集体联营企业							
国有与集体联营企业		4	5	52	53	780	880
其他联营企业		19	19	296	224	6535	6135
有限责任公司		29110	27147	449552	446882	21600344	20577229
国有独资公司		173	153	4148	2994	48982	49595
其他有限责任公司		28937	26994	445404	443888	21551362	20527634
股份有限公司		29640	28473	590867	545654	53761350	49981994
私营企业		15531	14263	248240	237014	9348519	8322088
私营独资企业		902	752	13510	11835	361926	296716
私营合伙企业		229	243	5201	5128	194916	183303
私营有限责任公司		12359	11443	203720	197656	7935982	7056467
私营股份有限公司		2041	1825	25809	22395	855695	785602
其他企业		230	217	3132	3019	150422	80449
港、澳、台商投资企业		2855	2557	111953	96090	4965448	3922043
港澳台商合资经营企业		1789	1591	35132	32717	1478837	1263292
港澳台商合作经营企业		182	172	22146	18797	1530923	1124458
港、澳、台商独资经营企业		861	775	54210	44100	1834228	1420055
港、澳、台商投资股份有限公司		23	19	465	476	121460	114238
外商投资企业		4491	4432	224327	223443	10005746	8928818
中外合资经营企业		3018	2897	132464	131255	6427197	5750684
中外合作经营企业		163	306	23579	25509	297840	314379
外资企业		1292	1217	67105	65674	3159572	2820335
外商投资股份有限公司		18	12	1179	1005	121137	43420

1-2 续表 2

项 目	连锁总店数(个)	门店数(个)		年末从业人员(人)		年末零售营业面积(平方米)	
	2009年	2009年	2008年	2009年	2008年	2009年	2008年
二、按行业分							
批发业		16359	15627	142250	138418	23454397	22242701
农畜产品批发		443	443	788	785	256075	257975
食品、饮料及烟草制品专门批发		970	866	19359	15316	108844	102841
纺织、服装及日用品批发		253	158	1955	1766	21996	13621
文化、体育用品及器材批发		22	21	765	945	14550	17340
医药及医疗器材批发		336	329	2281	2128	30178	27949
矿产品、建材及化工产品批发		13618	13137	111331	111896	22688524	21525980
机械设备、五金交电及电子产品批发		143	133	2750	2617	43496	30464
贸易经纪与代理							
其他批发		574	540	3021	2965	290734	266531
零售业		78277	73925	1619036	1542599	86159812	78651050
综合零售		28645	26769	1064749	995849	51275899	44772551
食品、饮料及烟草制品专门零售		5310	4836	41912	39925	648865	608009
纺织、服装及日用品专门零售		2493	2456	45132	45990	613520	576313
文化、体育用品及器材专门零售		1721	1759	40901	41963	1441401	1439722
医药及医疗器材专门零售		17268	15867	127639	112588	2538568	2214374
汽车、摩托车、燃料及零配件专门零售		19449	18718	164548	158973	21982535	21383896
家用电器及电子产品专门零售		2770	2927	117640	129384	6606922	6458710
五金、家具及室内装修材料专门零售		145	155	12408	13971	921808	1072992
无店铺及其他零售		476	438	4107	3956	130294	124483
三、按业态分							
便利店		8506	8143	66758	64128	1045707	870544
折扣店		801	770	7561	8345	233585	221023
超市		13730	12896	384234	373919	16237279	14157299
大型超市		2280	2094	283293	274670	17014600	15127273
仓储会员店		141	135	14410	15828	545490	518844
百货店		1787	1652	214150	177634	12647106	10779410
专业店		57761	54836	678738	654026	58811390	56132698
其中：加油站		29191	28018	258997	254711	42788569	41181203
专卖店		7493	6934	87474	82880	1783912	1618469
家居建材商店		100	109	9357	11034	778328	892195
厂家直销中心		68	69	651	672	11327	14774
其他		1969	1914	14660	17881	505485	561222
加盟门店总计		**81041**	**77429**	**347553**	**324990**	**8477812**	**7877135**
一、按登记注册类型分							
内资企业		71630	68263	237750	229190	6112472	5624492
国有企业		10408	10431	11287	10612	543595	492831
集体企业		1520	1590	4595	4706	65558	62718
股份合作企业		479	415	2335	2053	47348	24477
联营企业		252	255	3213	3061	23247	22888
国有联营企业		76	78	573	583	5647	5188
集体联营企业							
国有与集体联营企业							
其他联营企业		176	177	2640	2478	17600	17700
有限责任公司		26778	25965	82816	79827	2356071	2101040
国有独资公司		60	70	41	37	11720	13224
其他有限责任公司		26718	25895	82775	79790	2344351	2087816
股份有限公司		15070	14544	79324	78233	1772423	1759871
私营企业		16987	14931	53662	50163	1292446	1148883
私营独资企业		1193	886	2664	1977	53610	40356

1-2 续表 3

项目	连锁总店数（个）	门店数（个）		年末从业人员（人）		年末零售营业面积（平方米）	
	2009年	2009年	2008年	2009年	2008年	2009年	2008年
私营合伙企业		1	1	60	62	1000	1000
私营有限责任公司		14063	12562	46825	44411	1106694	998088
私营股份有限公司		1730	1482	4113	3713	131142	109439
其他企业		136	132	518	535	11784	11784
港、澳、台商投资企业		277	266	36612	31437	1201471	1036823
港澳台商合资经营企业		184	197	417	1566	3804	60684
港澳台商合作经营企业		61	52	36115	29750	1193667	970789
港、澳、台商独资经营企业		32	17	80	121	4000	5350
港、澳、台商投资股份有限公司							
外商投资企业		9134	8900	73191	64363	1163869	1215820
中外合资经营企业		1299	1415	26807	30167	577411	688340
中外合作经营企业		1548	1004	31754	19720	347270	298148
外资企业		6287	6481	14630	14476	239188	229332
外商投资股份有限公司							
二、按行业分							
批发业		26316	24948	53520	50410	1265350	1125953
农畜产品批发		1920	1861	4141	4908	131844	120209
食品、饮料及烟草制品专门批发		2731	2097	6899	5115	72715	53260
纺织、服装及日用品批发		4379	4075	17185	15350	198077	166124
文化、体育用品及器材批发							
医药及医疗器材批发		2339	2360	7584	7648	112265	81151
矿产品、建材及化工产品批发		13229	13210	13193	13294	447278	468962
机械设备、五金交电及电子产品批发		88	74	1153	1198	14330	17080
贸易经纪与代理							
其他批发		1630	1271	3365	2897	288841	219167
零售业		54725	52481	294033	274580	7212462	6751182
综合零售		27923	27568	189847	188621	5431518	5087586
食品、饮料及烟草制品专门零售		3795	3066	11308	9232	139671	119695
纺织、服装及日用品专门零售		8699	8329	44179	33204	312316	266674
文化、体育用品及器材专门零售		372	364	1984	1619	39220	27499
医药及医疗器材专门零售		13275	12498	42500	37171	819598	724761
汽车、摩托车、燃料及零配件专门零售		134	163	1073	1049	133540	139636
家用电器及电子产品专门零售		179	135	1667	1729	70596	73036
五金、家具及室内装修材料专门零售		2	5	122	611	14608	60160
无店铺及其他零售		346	353	1353	1344	251395	252135
三、按业态分							
便利店		7273	8035	26031	28088	397000	414317
折扣店		58	13	418	89	9659	1710
超市		19494	18261	104408	106851	3011244	2884596
大型超市		213	198	43350	36927	1433077	1196763
仓储会员店		38	38	135	135	2920	2920
百货店		3517	3457	24491	24483	736636	740872
专业店		24943	23051	74154	68323	1942061	1779072
其中：加油站		154	184	1055	1153	163751	183969
专卖店		16582	15528	73168	58295	687581	603152
家居建材商店		2	5	122	611	14608	60160
厂家直销中心		342	338	377	347	21100	15600
其他		8579	8505	899	841	221926	177973

1-3 连锁零售

项目	商品购进总额		统一配送商品购进额	
	2009年	2008年	2009年	2008年
总计	**193437038**	**184023615**	**147231395**	**140870654**
一、按登记注册类型分				
内资企业	162774039	155774281	125366809	120846673
国有企业	22283412	20613276	17765526	16380248
集体企业	4802417	5339261	4632846	5181719
股份合作企业	340507	351466	249995	268126
联营企业	313720	306062	313720	306062
国有联营企业	54713	52925	54713	52925
集体联营企业				
国有与集体联营企业	652	529	652	529
其他联营企业	258356	252608	258356	252608
有限责任公司	27353359	26176024	20274969	18860557
国有独资公司	365425	324514	360047	319147
其他有限责任公司	26987934	25851509	19914922	18541409
股份有限公司	95841790	92013490	73330322	71679380
私营企业	11710804	10872805	8676715	8071729
私营独资企业	658668	677779	582219	635879
私营合伙企业	112774	144303	110512	142427
私营有限责任公司	9332088	8518378	7157494	6612855
私营股份有限公司	1607274	1532346	826489	680569
其他企业	128030	101898	122717	98851
港、澳、台商投资企业	9779183	8414356	5918565	5122772
港澳台商合资经营企业	3420414	3070843	3260794	2921308
港澳台商合作经营企业	3314332	3039399	1115235	926647
港、澳、台商独资经营企业	3034784	2291378	1532882	1262080
港、澳、台商投资股份有限公司	9654	12737	9654	12737
外商投资企业	20883817	19834978	15946021	14901209
中外合资经营企业	12402857	11727482	9633429	9063629
中外合作经营企业	1661635	1595200	1222972	1174820
外资企业	6695872	6455295	4996423	4621082
外商投资股份有限公司	123453	57001	93197	41678
二、按行业分				
批发业	37600087	39335895	28468521	31213303
农畜产品批发	632743	546931	545656	423585
食品、饮料及烟草制品专门批发	2346555	2109469	2044464	1919493
纺织、服装及日用品批发	375227	353548	375227	353548
文化、体育用品及器材批发	104028	140054	104028	140054
医药及医疗器材批发	289518	215987	222925	176671
矿产品、建材及化工产品批发	33130867	35105145	24541573	27405096
机械设备、五金交电及电子产品批发	195405	189555	175038	169281
贸易经纪与代理				
其他批发	525743	675207	459610	625574
零售业	155836952	144687720	118762874	109657351
综合零售	76512633	68220684	52615255	45911213
食品、饮料及烟草制品专门零售	2092216	1789617	1964571	1653940
纺织、服装及日用品专门零售	1737559	1728999	1300339	1297201
文化、体育用品及器材专门零售	3442850	3664439	3278619	3504348
医药及医疗器材专门零售	3510928	3014872	2971775	2459160
汽车、摩托车、燃料及零配件专门零售	53054800	51154347	45692246	44355250
家用电器及电子产品专门零售	14095760	14011093	10055168	10024641
五金、家具及室内装修材料专门零售	603903	716331	369949	295226
无店铺及其他零售	786303	387339	514952	156374

企业经营情况

单位：万元

自有配送中心配送商品购进额		非自有配送中心配送商品购进额		商品销售总额		零售额	
2009年	2008年	2009年	2008年	2009年	2008年	2009年	2008年
96169091	**90096675**	**26471944**	**28254512**	**222400012**	**208010171**	**158602800**	**151114621**
83620241	78536751	22106033	24419826	186027179	174785706	126714154	122456096
10935108	10304382	4527559	3833193	24004449	22003844	16819276	15493011
203878	205022	4189525	4792636	5093239	5030901	3131419	3947494
134993	135582	26810	28786	565084	539643	343660	324210
313069	305533			314157	289323	305213	280578
54713	52925			56290	53876	56290	53876
				867	653	867	653
258356	252608			257000	234794	248056	226049
11431162	10738340	2929724	3502098	31893368	30123831	25574792	24294828
43279	42751	36862	36405	607133	400289	94052	94326
11387883	10695588	2892862	3465693	31286235	29723542	25480740	24200502
54854610	51668452	9756765	11658407	110338955	104566409	68362514	67144509
5689718	5139913	665002	599027	13684413	12102163	12050537	10844819
423069	429646	16673	21377	695923	624843	642667	589498
110512	142427			189429	162117	189429	162117
4464610	4012659	643602	573145	10565541	9205314	9140716	8078977
691527	555182	4727	4505	2233520	2109889	2077725	2014228
57703	39527	10648	5680	133513	129593	126743	126647
3646286	3109549	1455416	1226710	13173359	11057416	12094438	10052924
1899026	1635272	916490	829270	4212312	3781669	3759241	3412663
827875	688886	279000	228780	4889557	4146306	4889557	4146306
909731	772655	259926	168660	4058297	3111286	3432447	2475799
9654	12737			13192	18155	13192	18155
8902565	8450375	2910495	2607976	23199474	22167050	19794208	18605601
5813577	5400933	2007013	1801323	13598697	13200721	11618597	11232505
846609	847609	165491	112906	2115711	1971497	1246410	1114210
2186900	2165724	737991	693747	7356658	6938938	6804921	6209584
55478	36110			128408	55894	124281	49302
14661801	14555163	11048987	13560948	43268033	43496639	20828578	24920594
533656	413585	12000	10000	653326	661379	379936	364032
1775866	1734136	15878	1005	3165304	2519319	420238	348484
326598	314110	42915	36209	565674	482828	391028	318095
89189	123252			106078	169796	7990	9878
119823	106484	55654	42298	351203	229507	131499	76676
11259591	11165712	10922540	13471436	37280303	38131291	19087415	23305320
150034	150752			221478	197588	100892	154011
407044	547133			924668	1104932	309581	344098
81507290	75541512	15422957	14693564	179131979	164513532	137774222	126194027
36500330	31663196	7905047	7192152	91118731	81123789	74249303	65675923
1114775	1007988	195898	189615	2535114	2088214	1585307	1484386
967337	1008516	39486	31324	2228314	2113880	1604941	1492063
2970810	3260755	142205	99626	3512760	3417913	2287851	2185177
2353218	1908491	182771	162519	4179016	3545177	3713186	3156648
30090368	30120491	5797511	5233432	58796173	56106273	39113388	37687998
6879286	6279525	1127982	1756342	15176914	14847704	13902879	13491011
164078	186449	25067	21826	829346	884414	667911	702865
467087	106101	6992	6729	755610	386169	649458	317956

1-3 续表 1

项　目	商品购进总额		统一配送商品购进额	
	2009年	2008年	2009年	2008年
三、按业态分				
便利店	2352976	2426771	1860682	1891432
折扣店	333943	298515	248204	228148
超市	20683220	18891209	16447500	15073417
大型超市	19421352	17632398	11917902	10299967
仓储会员店	1426487	1367099	291685	277628
百货店	20613112	17276897	11264148	9698277
专业店	121464225	119367834	99909432	98517559
其中：加油站	80387721	81161366	65107921	67289848
专卖店	5468994	4743615	4029064	3449870
家居建材商店	437650	618232	246228	248526
厂家直销中心	18203	16796	18203	16796
其他	1216876	1384249	998347	1169035
直营门店合计	**182361354**	**173110188**	**139639281**	**133361230**
一、按登记注册类型分				
内资企业	155636048	148714376	119629513	115100939
国有企业	21007108	19487451	17024144	15620264
集体企业	4701305	5227409	4549729	5092826
股份合作企业	318891	328983	229297	246649
联营企业	75224	67430	75224	67430
国有联营企业	49398	47475	49398	47475
集体联营企业				
国有与集体联营企业	652	529	652	529
其他联营企业	25174	19426	25174	19426
有限责任公司	25777761	24609603	19105693	17652208
国有独资公司	363936	322588	359265	317977
其他有限责任公司	25413826	24287015	18746428	17334231
股份有限公司	92996189	89047108	70814946	69189285
私营企业	10633323	9846188	7709545	7135121
私营独资企业	644434	665532	579594	633307
私营合伙企业	112493	144194	110512	142427
私营有限责任公司	8359530	7606509	6243168	5739875
私营股份有限公司	1516866	1429953	776272	619512
其他企业	126249	100203	120936	97157
港、澳、台商投资企业	7711672	6366839	5903891	5053458
港澳台商合资经营企业	3407848	3001384	3248228	2854119
港澳台商合作经营企业	1261495	1063466	1115235	926647
港、澳、台商独资经营企业	3032676	2289253	1530774	1259956
港、澳、台商投资股份有限公司	9654	12737	9654	12737
外商投资企业	19013634	18028973	14105876	13206833
中外合资经营企业	11197230	10570344	8433823	7936240
中外合作经营企业	1215718	1164720	801073	826220
外资企业	6477233	6236909	4777783	4402695
外商投资股份有限公司	123453	57001	93197	41678

单位：万元

自有配送中心配送商品购进额		非自有配送中心配送商品购进额		商品销售总额		零售额	
2009年	2008年	2009年	2008年	2009年	2008年	2009年	2008年
1102513	1127739	392674	485004	2698301	2685460	2321498	2376311
		49511	45628	371692	330962	371437	329637
11288614	10586172	2893759	2753699	25695210	23593441	21596827	19872033
6256805	5386992	2690869	2204789	24435485	22353945	21162580	19185027
15276	2518	276409	247410	1425250	1425822	1371355	1359040
7314483	6130493	1471178	1307273	24982548	21096902	21761985	18127519
66873020	63891461	18353076	20848324	133739413	128415726	84003971	84276590
38960103	39143296	15030473	17419361	89962141	88634964	55114313	58297275
2888492	2587897	338923	355815	6973114	5940520	4692570	4310187
134998	151168			633494	678247	520561	563831
11709	11247			15222	13507	12332	10408
283181	220987	5545	6570	1430284	1475641	787684	704038
90497582	**84570791**	**25193944**	**26991316**	**207405903**	**193760512**	**145600534**	**138941155**
79534265	74499997	21043463	23394721	176996242	166075488	119519978	115611684
10859608	10240698	4116546	3560196	22703512	20836366	16214206	14995401
125080	119190	4189525	4792636	4975704	4921576	3091636	3910192
127360	128492	26767	28747	536166	512252	321551	303012
74572	66900			75509	71535	66565	62789
49398	47475			50824	48270	50824	48270
				867	653	867	653
25174	19426			23818	22612	14873	13867
10652703	10006066	2698046	3168300	30100798	28374398	24157531	22922186
43279	42751	36154	35649	601521	392441	88440	86478
10609425	9963314	2661891	3132651	29499276	27981956	24069091	22835708
52784171	49582504	9396358	11299740	106098971	100356555	64618863	63495082
4853519	4316987	606511	540362	12375741	10876485	10926555	9799647
421457	427621	16403	21107	678756	607921	629230	575568
110512	142427			189131	162009	189131	162009
3677540	3252307	587087	515091	9363083	8085318	8106279	7128033
644010	494632	3021	4164	2144770	2021238	2001916	1934037
57253	39159	9710	4741	129842	126321	123072	123375
3631612	3096648	1455416	1170297	9432395	7785978	8353655	6781486
1886460	1624495	916490	772857	4198953	3686550	3746063	3317544
827875	688886	279000	228780	1164917	973301	1164917	973301
907624	770530	259926	168660	4055333	3107973	3429483	2472486
9654	12737			13192	18155	13192	18155
7331705	6974147	2695064	2426297	20977266	19899046	17726901	16547985
4650199	4317332	1970784	1757534	12270842	11809526	10290742	9841310
590201	611915			1582421	1454979	840908	789726
2035826	2008790	724280	668763	6995595	6578648	6470971	5867648
55478	36110			128408	55894	124281	49302

1-3 续表 2

项　目	商品购进总额		统一配送商品购进额	
	2009年	2008年	2009年	2008年
二、按行业分				
批发业	35513724	37291309	26853545	29585643
农畜产品批发	154164	147455	145875	140449
食品、饮料及烟草制品专门批发	2329358	2091982	2027844	1902239
纺织、服装及日用品批发	92128	88151	92128	88151
文化、体育用品及器材批发	104028	140054	104028	140054
医药及医疗器材批发	188863	157654	169342	145017
矿产品、建材及化工产品批发	32144415	34058798	23852266	26600734
机械设备、五金交电及电子产品批发	161551	151554	141184	132069
贸易经纪与代理				
其他批发	339216	455660	320879	436929
零售业	146847630	135818880	112785735	103775587
综合零售	69880945	61761691	48605792	41953572
食品、饮料及烟草制品专门零售	1863207	1568813	1756400	1450356
纺织、服装及日用品专门零售	1426304	1417487	994551	988400
文化、体育用品及器材专门零售	3310432	3526127	3154340	3367610
医药及医疗器材专门零售	3151363	2713061	2699290	2241992
汽车、摩托车、燃料及零配件专门零售	52190435	50174180	44831856	43507570
家用电器及电子产品专门零售	13901343	13804147	9861204	9817695
五金、家具及室内装修材料专门零售	600612	689789	369949	295226
无店铺及其他零售	522989	163584	512352	153167
三、按业态分				
便利店	1996978	2003588	1541317	1530009
折扣店	327493	298300	241754	227933
超市	17421606	15773778	13445226	12167868
大型超市	17128396	15427420	11716381	10103402
仓储会员店	1426000	1366595	291198	277124
百货店	19824711	16498044	10720561	9146122
专业店	118464803	116397547	97510617	96290135
其中：加油站	79709288	80229947	64449968	66566179
专卖店	4567565	3872792	3170937	2611864
家居建材商店	434359	591690	246228	248526
厂家直销中心	15703	14596	15703	14596
其他	753740	865840	739359	743651
加盟门店总计	**11075684**	**10913426**	**7592114**	**7509424**
一、按登记注册类型分				
内资企业	7137991	7059906	5737296	5745734
国有企业	1276304	1125825	741382	759984
集体企业	101113	111852	83117	88893
股份合作企业	21616	22483	20698	21477
联营企业	238497	238633	238497	238633
国有联营企业	5315	5451	5315	5451
集体联营企业				
国有与集体联营企业				
其他联营企业	233182	233182	233182	233182
有限责任公司	1575597	1566420	1169276	1208349
国有独资公司	1489	1926	782	1170
其他有限责任公司	1574108	1564494	1168494	1207178
股份有限公司	2845602	2966382	2515376	2490095
私营企业	1077481	1026617	967169	936608
私营独资企业	14234	12247	2626	2572

单位：万元

自有配送中心配送商品购进额		非自有配送中心配送商品购进额		商品销售总额		零售额	
2009年	2008年	2009年	2008年	2009年	2008年	2009年	2008年
13624144	13617493	10771046	13362642	40822422	41205635	19665453	23953463
145875	140449			153837	209828	38266	55605
1759246	1716882	15878	1005	3145006	2501080	401810	331997
56054	60143	32261	25818	119522	105158	38268	26920
89189	123252			106078	169796	7990	9878
90956	88777	32170	29481	196945	143111	48745	29260
11066776	10958998	10690736	13306338	36176813	37053801	18753143	23044801
116180	113540			190883	155721	70544	113244
299868	415452			733338	867140	306689	341759
76873439	70953298	14422898	13628673	166583481	152554878	125935081	114987692
33347947	28636884	7328687	6435455	81234907	71858408	64463434	56546074
919458	812126	192604	186522	2267207	1855801	1340976	1267103
668924	708395	35053	27731	1708030	1590786	1229283	1087470
2860527	3147372	131221	80007	3367833	3279051	2178660	2096243
2138319	1752926	161794	129538	3720283	3146725	3313289	2803617
29603658	29513777	5425085	4993482	58008695	55185953	38619276	37102589
6703440	6089837	1116396	1747385	14964226	14622450	13690190	13265758
164078	186449	25067	21826	819895	853702	658460	672153
467087	105532	6992	6729	492406	162002	441515	146685
1008988	1038268	289900	280881	2245570	2158852	1895291	1869639
		49511	45628	364339	330716	364084	329391
8778667	8153519	2489587	2337326	21178846	19235560	17106551	15575951
6093907	5230599	2678908	2186700	20450618	18892341	17177713	15723423
14789	2014	276409	247410	1424829	1425296	1370935	1358515
6817190	5667649	1471178	1250860	23953344	20076680	20733367	17107602
65271500	62282613	17651756	20346114	130564710	125300441	81976689	82362160
38473392	38536582	14859792	17303240	89233197	87732311	54648973	57778200
2092706	1821588	281825	290502	5657323	4733633	3671772	3372637
134998	151168			624043	647535	511110	533119
9709	9247			12522	11307	9632	8208
275127	214126	4870	5895	929758	948152	783390	700510
5671508	**5525884**	**1278001**	**1263197**	**14994109**	**14249659**	**13002266**	**12173465**
4085975	4036754	1062570	1025105	9030937	8710218	7194176	6844412
75500	63684	411013	272997	1300937	1167478	605070	497611
78798	85832			117535	109324	39784	37302
7634	7089	43	39	28918	27390	22109	21197
238497	238633			238648	217789	238648	217789
5315	5451			5466	5606	5466	5606
233182	233182			233183	212183	233183	212183
778459	732274	231678	333798	1792570	1749433	1417261	1372642
		707	756	5612	7848	5612	7848
778459	732274	230971	333042	1786958	1741585	1411649	1364794
2070439	2085949	360406	358667	4239984	4209854	3743651	3649427
836199	822926	58491	58665	1308673	1225678	1123982	1045172
1612	2025	270	270	17167	16923	13437	13930

1-3 续表 3

项　目	商品购进总额		统一配送商品购进额	
	2009年	2008年	2009年	2008年
私营合伙企业	281	109		
私营有限责任公司	972558	911869	914326	872980
私营股份有限公司	90408	102393	50218	61057
其他企业	1781	1695	1781	1695
港、澳、台商投资企业	2067510	2047516	14674	69314
港澳台商合资经营企业	12566	69459	12566	67190
港澳台商合作经营企业	2052837	1975933		
港、澳、台商独资经营企业	2108	2125	2108	2125
港、澳、台商投资股份有限公司				
外商投资企业	1870183	1806004	1840145	1694376
中外合资经营企业	1205627	1157138	1199606	1127389
中外合作经营企业	445916	430480	421899	348600
外资企业	218640	218386	218640	218386
外商投资股份有限公司				
二、按行业分				
批发业	2086362	2044586	1614976	1627660
农畜产品批发	478579	399476	399781	283136
食品、饮料及烟草制品专门批发	17196	17487	16620	17254
纺织、服装及日用品批发	283099	265397	283099	265397
文化、体育用品及器材批发				
医药及医疗器材批发	100655	58333	53583	31655
矿产品、建材及化工产品批发	986452	1046347	689307	804362
机械设备、五金交电及电子产品批发	33854	38001	33854	37212
贸易经纪与代理				
其他批发	186527	219547	138731	188645
零售业	8989322	8868840	5977138	5881764
综合零售	6631688	6458993	4009463	3957641
食品、饮料及烟草制品专门零售	229009	220804	208171	203583
纺织、服装及日用品专门零售	311256	311512	305788	308801
文化、体育用品及器材专门零售	132417	138311	124279	136737
医药及医疗器材专门零售	359565	301811	272484	217169
汽车、摩托车、燃料及零配件专门零售	864366	980167	860390	847680
家用电器及电子产品专门零售	194417	206946	193963	206946
五金、家具及室内装修材料专门零售	3291	26542		
无店铺及其他零售	263314	223755	2600	3206
三、按业态分				
便利店	355997	423183	319365	361423
折扣店	6450	216	6450	216
超市	3261614	3117431	3002273	2905549
大型超市	2292956	2204978	201521	196565
仓储会员店	487	504	487	504
百货店	788401	778854	543587	552156
专业店	2999422	2970287	2398814	2227424
其中：加油站	678433	931420	657953	723669
专卖店	901429	870823	858127	838006
家居建材商店	3291	26542		
厂家直销中心	2500	2200	2500	2200
其他	463136	518409	258989	425383

单位：万元

自有配送中心配送商品购进额		非自有配送中心配送商品购进额		商品销售总额		零售额	
2009年	2008年	2009年	2008年	2009年	2008年	2009年	2008年
				298	108	298	108
787069	760352	56515	58054	1202458	1119996	1034437	950944
47518	60550	1706	341	88750	88651	75810	80191
450	368	938	939	3672	3272	3672	3272
14674	12901		56413	3740964	3271438	3740783	3271438
12566	10777		56413	13359	95119	13178	95119
				3724641	3173006	3724641	3173006
2108	2125			2964	3313	2964	3313
1570859	1476228	215431	181679	2222208	2268003	2067307	2057616
1163377	1083600	36229	43789	1327855	1391195	1327855	1391195
256408	235694	165491	112906	533289	516518	405501	324484
151074	156934	13711	24984	361063	360291	333950	341937
1037657	937670	277941	198306	2445611	2291005	1163125	967131
387781	273136	12000	10000	499489	451551	341670	308427
16620	17254			20298	18239	18428	16487
270545	253967	10654	10391	446153	377670	352760	291175
28868	17707	23484	12817	154258	86396	82754	47416
192814	206714	231803	165098	1103489	1077490	334272	260519
33854	37212			30595	41867	30349	40767
107176	131681			191330	237792	2892	2340
4633851	4588214	1000059	1064890	12548498	11958654	11839141	11206334
3152383	3026312	576360	756698	9883824	9265381	9785869	9129849
195317	195862	3294	3093	267908	232413	244331	217283
298414	300121	4433	3593	520284	523094	375659	404592
110283	113383	10983	19619	144928	138862	109192	88934
214899	155565	20977	32981	458733	398453	399897	353031
486710	606714	372426	239950	787478	920319	494112	585408
175846	189688	11586	8957	212689	225254	212689	225254
				9451	30712	9451	30712
	569			263204	224166	207943	171271
93525	89472	102775	204123	452731	526608	426207	506672
				7353	246	7353	246
2509948	2432653	404172	416373	4516363	4357881	4490275	4296082
162897	156393	11961	18089	3984867	3461604	3984867	3461604
487	504			421	525	421	525
497293	462845		56413	1029204	1020222	1028618	1019917
1601519	1608848	701320	502210	3174702	3115285	2027282	1914429
486710	606714	170682	116121	728945	902653	465341	519075
795785	766309	57098	65314	1315791	1206888	1020799	937550
				9451	30712	9451	30712
2000	2000			2700	2200	2700	2200
8054	6862	675	675	500526	527489	4294	3528

1-4 按行业与登记注册类型分连锁零售企业基本情况

内资企业

项 目	连锁总店数（个）	门店数（个）		年末从业人员（人）		年末零售营业面积（平方米）	
	2009年	2009年	2008年	2009年	2008年	2009年	2008年
总 计	**2106**	**158920**	**150826**	**1662756**	**1590674**	**100755487**	**93667382**
批发业	**188**	**42394**	**40296**	**192328**	**185571**	**24569568**	**23206441**
农畜产品批发	5	2363	2304	4929	5693	387919	378184
食品、饮料及烟草制品专门批发	30	3591	2852	24215	18513	172134	148226
纺织、服装及日用品批发	11	4632	4233	19140	17116	220073	179745
文化、体育用品及器材批发	4	22	21	765	945	14550	17340
医药及医疗器材批发	27	2675	2689	9865	9776	142443	109100
矿产品、建材及化工产品批发	86	26809	26312	123781	124565	23001828	21847734
机械设备、五金交电及电子产品批发	12	231	207	3903	3815	57826	47544
贸易经纪与代理							
其他批发	13	2071	1678	5730	5148	572795	478568
零售业	**1918**	**116526**	**110530**	**1470428**	**1405103**	**76185919**	**70460941**
综合零售	670	51146	49197	924182	874576	43175418	38632001
食品、饮料及烟草制品专门零售	164	8166	7091	47103	42855	680477	617098
纺织、服装及日用品专门零售	84	2931	2644	25753	26412	559456	507356
文化、体育用品及器材专门零售	75	2083	2105	42693	43328	1465111	1452688
医药及医疗器材专门零售	523	29991	27878	166006	146440	3262569	2850899
汽车、摩托车、燃料及零配件专门零售	167	18660	17972	154033	149262	20430569	19867588
家用电器及电子产品专门零售	200	2757	2867	101471	113240	6003675	5845582
五金、家具及室内装修材料专门零售	7	74	81	4175	4178	242877	327058
无店铺及其他零售	28	718	695	5012	4812	365767	360671
直营门店合计		**87290**	**82563**	**1425006**	**1361484**	**94643015**	**88042890**
批发业		**16139**	**15407**	**139620**	**135858**	**23439342**	**22228896**
农畜产品批发		443	443	788	785	256075	257975
食品、饮料及烟草制品专门批发		883	779	17385	13470	100569	96166
纺织、服装及日用品批发		253	158	1955	1766	21996	13621
文化、体育用品及器材批发		22	21	765	945	14550	17340
医药及医疗器材批发		336	329	2281	2128	30178	27949
矿产品、建材及化工产品批发		13618	13137	111331	111896	22688524	21525980
机械设备、五金交电及电子产品批发		143	133	2750	2617	43496	30464
贸易经纪与代理							
其他批发		441	407	2365	2251	283954	259401

1-4 续表 1

内资企业

项　目	连锁总店数(个)	门店数(个)		年末从业人员(人)		年末零售营业面积(平方米)	
	2009年	2009年	2008年	2009年	2008年	2009年	2008年
零售业		**71151**	**67156**	**1285386**	**1225626**	**71203673**	**65813994**
综合零售		24883	23298	802865	751535	39708577	35380636
食品、饮料及烟草制品专门零售		4564	4217	36346	34165	545249	502241
纺织、服装及日用品专门零售		1727	1556	21362	21578	493628	443698
文化、体育用品及器材专门零售		1711	1741	40709	41709	1425891	1425189
医药及医疗器材专门零售		16716	15380	123506	109269	2442971	2126138
汽车、摩托车、燃料及零配件专门零售		18526	17809	152960	148213	20297029	19727952
家用电器及电子产品专门零售		2578	2732	99804	111511	5933079	5772546
五金、家具及室内装修材料专门零售		74	81	4175	4178	242877	327058
无店铺及其他零售		372	342	3659	3468	114372	108536
加盟门店合计		**71630**	**68263**	**237750**	**229190**	**6112472**	**5624492**
批发业		**26255**	**24889**	**52708**	**49713**	**1130226**	**977545**
农畜产品批发		1920	1861	4141	4908	131844	120209
食品、饮料及烟草制品专门批发		2708	2073	6830	5043	71565	52060
纺织、服装及日用品批发		4379	4075	17185	15350	198077	166124
文化、体育用品及器材批发							
医药及医疗器材批发		2339	2360	7584	7648	112265	81151
矿产品、建材及化工产品批发		13191	13175	12450	12669	313304	321754
机械设备、五金交电及电子产品批发		88	74	1153	1198	14330	17080
贸易经纪与代理							
其他批发		1630	1271	3365	2897	288841	219167
零售业		**45375**	**43374**	**185042**	**179477**	**4982246**	**4646947**
综合零售		26263	25899	121317	123041	3466841	3251365
食品、饮料及烟草制品专门零售		3602	2874	10757	8690	135228	114857
纺织、服装及日用品专门零售		1204	1088	4391	4834	65828	63658
文化、体育用品及器材专门零售		372	364	1984	1619	39220	27499
医药及医疗器材专门零售		13275	12498	42500	37171	819598	724761
汽车、摩托车、燃料及零配件专门零售		134	163	1073	1049	133540	139636
家用电器及电子产品专门零售		179	135	1667	1729	70596	73036
五金、家具及室内装修材料专门零售							
无店铺及其他零售		346	353	1353	1344	251395	252135

1-4 续表 2

国有企业

项目	连锁总店数(个)	门店数(个)		年末从业人员(人)		年末零售营业面积(平方米)	
	2009年	2009年	2008年	2009年	2008年	2009年	2008年
总　计	**156**	**20988**	**20784**	**114670**	**110448**	**8332469**	**7740841**
批发业	**30**	**12848**	**12773**	**31643**	**30631**	**1294887**	**1188456**
农畜产品批发	1	9	9	51	55	1260	1260
食品、饮料及烟草制品专门批发	11	95	83	8952	6958	44945	44915
纺织、服装及日用品批发							
文化、体育用品及器材批发	2	14	13	603	788	8670	8510
医药及医疗器材批发	4	1106	1107	5738	5739	77109	43787
矿产品、建材及化工产品批发	12	11624	11561	16299	17091	1162903	1089984
机械设备、五金交电及电子产品批发							
贸易经纪与代理							
其他批发							
零售业	**126**	**8140**	**8011**	**83027**	**79817**	**7037582**	**6552385**
综合零售	16	1071	1049	9385	8701	351206	312885
食品、饮料及烟草制品专门零售	13	269	258	3114	2909	20458	14974
纺织、服装及日用品专门零售	2	36	32	344	316	5967	5289
文化、体育用品及器材专门零售	26	522	515	15681	15581	766472	771863
医药及医疗器材专门零售	23	1368	1401	7432	7092	114568	114890
汽车、摩托车、燃料及零配件专门零售	43	4563	4445	45713	43898	5572916	5126489
家用电器及电子产品专门零售							
五金、家具及室内装修材料专门零售							
无店铺及其他零售	3	311	311	1358	1320	205995	205995
直营门店合计		**10580**	**10353**	**103383**	**99836**	**7788874**	**7248010**
批发业		**3623**	**3550**	**26022**	**25028**	**1109271**	**1050488**
农畜产品批发		9	9	51	55	1260	1260
食品、饮料及烟草制品专门批发		95	83	8952	6958	44945	44915
纺织、服装及日用品批发							
文化、体育用品及器材批发		14	13	603	788	8670	8510
医药及医疗器材批发		88	91	648	659	12213	11339
矿产品、建材及化工产品批发		3417	3354	15768	16568	1042183	984464
机械设备、五金交电及电子产品批发							
贸易经纪与代理							
其他批发							

1-4 续表 3

国有企业

项目	连锁总店数（个）	门店数（个）		年末从业人员（人）		年末零售营业面积（平方米）	
	2009年	2009年	2008年	2009年	2008年	2009年	2008年
零售业		**6957**	**6803**	**77361**	**74808**	**6679603**	**6197522**
综合零售		687	655	7716	7444	338267	300842
食品、饮料及烟草制品专门零售		159	154	2703	2551	16208	13159
纺织、服装及日用品专门零售		36	32	344	316	5967	5289
文化、体育用品及器材专门零售		513	506	15474	15366	765672	771063
医药及医疗器材专门零售		1017	1026	6077	5616	95907	95126
汽车、摩托车、燃料及零配件专门零售		4542	4427	44867	43335	5456382	5010843
家用电器及电子产品专门零售							
五金、家具及室内装修材料专门零售							
无店铺及其他零售		3	3	180	180	1200	1200
加盟门店合计		**10408**	**10431**	**11287**	**10612**	**543595**	**492831**
批发业		**9225**	**9223**	**5621**	**5603**	**185616**	**137968**
农畜产品批发							
食品、饮料及烟草制品专门批发							
纺织、服装及日用品批发							
文化、体育用品及器材批发							
医药及医疗器材批发		1018	1016	5090	5080	64896	32448
矿产品、建材及化工产品批发		8207	8207	531	523	120720	105520
机械设备、五金交电及电子产品批发							
贸易经纪与代理							
其他批发							
零售业		**1183**	**1208**	**5666**	**5009**	**357979**	**354863**
综合零售		384	394	1669	1257	12939	12043
食品、饮料及烟草制品专门零售		110	104	411	358	4250	1815
纺织、服装及日用品专门零售							
文化、体育用品及器材专门零售		9	9	207	215	800	800
医药及医疗器材专门零售		351	375	1355	1476	18661	19764
汽车、摩托车、燃料及零配件专门零售		21	18	846	563	116534	115646
家用电器及电子产品专门零售							
五金、家具及室内装修材料专门零售							
无店铺及其他零售		308	308	1178	1140	204795	204795

1-4 续表 4

集体企业

项目	连锁总店数(个)	门店数(个)		年末从业人员(人)		年末零售营业面积(平方米)	
	2009年	2009年	2008年	2009年	2008年	2009年	2008年
总　计	**43**	**2952**	**2949**	**24979**	**24071**	**1790773**	**1700213**
批发业	**6**	**1465**	**1546**	**8227**	**9053**	**1255384**	**1225594**
农畜产品批发							
食品、饮料及烟草制品专门批发	1	720	804	1315	1410	12380	13070
纺织、服装及日用品批发							
文化、体育用品及器材批发							
医药及医疗器材批发							
矿产品、建材及化工产品批发	4	737	734	6826	7558	1243004	1212524
机械设备、五金交电及电子产品批发							
贸易经纪与代理							
其他批发	1	8	8	86	85		
零售业	**37**	**1487**	**1403**	**16752**	**15018**	**535389**	**474619**
综合零售	22	1087	1025	14747	13021	505615	445133
食品、饮料及烟草制品专门零售	3	33	30	201	220	1649	1539
纺织、服装及日用品专门零售	3	42	41	342	341	5214	5472
文化、体育用品及器材专门零售	2	12	14	197	212	2612	3112
医药及医疗器材专门零售	6	282	262	1219	1178	19839	18903
汽车、摩托车、燃料及零配件专门零售							
家用电器及电子产品专门零售							
五金、家具及室内装修材料专门零售							
无店铺及其他零售	1	31	31	46	46	460	460
直营门店合计		**1432**	**1359**	**20384**	**19365**	**1725215**	**1637495**
批发业		**736**	**730**	**7110**	**7759**	**1249034**	**1218494**
农畜产品批发							
食品、饮料及烟草制品专门批发		32	31	325	250	6770	6770
纺织、服装及日用品批发							
文化、体育用品及器材批发							
医药及医疗器材批发							
矿产品、建材及化工产品批发		696	691	6699	7424	1242264	1211724
机械设备、五金交电及电子产品批发							
贸易经纪与代理							
其他批发		8	8	86	85		

1-4 续表 5

集体企业

项目	连锁总店数（个）	门店数（个）		年末从业人员（人）		年末零售营业面积（平方米）	
	2009年	2009年	2008年	2009年	2008年	2009年	2008年
零售业		**696**	**629**	**13274**	**11606**	**476181**	**419001**
综合零售		361	309	11525	9848	450337	393025
食品、饮料及烟草制品专门零售		33	30	201	220	1649	1539
纺织、服装及日用品专门零售		41	40	332	330	5064	5322
文化、体育用品及器材专门零售		12	14	197	212	2612	3112
医药及医疗器材专门零售		218	205	973	950	16059	15543
汽车、摩托车、燃料及零配件专门零售							
家用电器及电子产品专门零售							
五金、家具及室内装修材料专门零售							
无店铺及其他零售		31	31	46	46	460	460
加盟门店合计		**1520**	**1590**	**4595**	**4706**	**65558**	**62718**
批发业		**729**	**816**	**1117**	**1294**	**6350**	**7100**
农畜产品批发							
食品、饮料及烟草制品专门批发		688	773	990	1160	5610	6300
纺织、服装及日用品批发							
文化、体育用品及器材批发							
医药及医疗器材批发							
矿产品、建材及化工产品批发		41	43	127	134	740	800
机械设备、五金交电及电子产品批发							
贸易经纪与代理							
其他批发							
零售业		**791**	**774**	**3478**	**3412**	**59208**	**55618**
综合零售		726	716	3222	3173	55278	52108
食品、饮料及烟草制品专门零售							
纺织、服装及日用品专门零售		1	1	10	11	150	150
文化、体育用品及器材专门零售							
医药及医疗器材专门零售		64	57	246	228	3780	3360
汽车、摩托车、燃料及零配件专门零售							
家用电器及电子产品专门零售							
五金、家具及室内装修材料专门零售							
无店铺及其他零售							

1-4 续表 6

股份合作企业

项　　目	连锁总店数（个）	门店数（个）		年末从业人员（人）		年末零售营业面积（平方米）	
	2009年	2009年	2008年	2009年	2008年	2009年	2008年
总　计	**23**	**934**	**872**	**9681**	**9788**	**285073**	**189022**
批发业	**3**	**437**	**405**	**1703**	**1682**	**23259**	**20601**
农畜产品批发							
食品、饮料及烟草制品专门批发							
纺织、服装及日用品批发							
文化、体育用品及器材批发							
医药及医疗器材批发	1	3	3	120	120	180	180
矿产品、建材及化工产品批发	1	416	382	1258	1226	14311	11586
机械设备、五金交电及电子产品批发							
贸易经纪与代理							
其他批发	1	18	20	325	336	8768	8835
零售业	**20**	**497**	**467**	**7978**	**8106**	**261814**	**168421**
综合零售	8	160	145	5833	6022	220199	129326
食品、饮料及烟草制品专门零售	5	71	73	347	342	6343	6248
纺织、服装及日用品专门零售							
文化、体育用品及器材专门零售							
医药及医疗器材专门零售	6	190	174	997	940	23948	21634
汽车、摩托车、燃料及零配件专门零售	1	76	75	801	802	11324	11213
家用电器及电子产品专门零售							
五金、家具及室内装修材料专门零售							
无店铺及其他零售							
直营门店合计		**455**	**457**	**7346**	**7735**	**237725**	**164545**
批发业		**48**	**39**	**494**	**503**	**11026**	**9928**
农畜产品批发							
食品、饮料及烟草制品专门批发							
纺织、服装及日用品批发							
文化、体育用品及器材批发							
医药及医疗器材批发		3	3	120	120	180	180
矿产品、建材及化工产品批发		27	16	49	47	2078	913
机械设备、五金交电及电子产品批发							
贸易经纪与代理							
其他批发		18	20	325	336	8768	8835

1-4 续表 7

股份合作企业

项　　目	连锁总店数(个)	门店数(个)		年末从业人员(人)		年末零售营业面积(平方米)	
	2009年	2009年	2008年	2009年	2008年	2009年	2008年
零售业		**407**	**418**	**6852**	**7232**	**226699**	**154617**
综合零售		123	129	4818	5254	186699	116726
食品、饮料及烟草制品专门零售		66	68	342	337	6293	6199
纺织、服装及日用品专门零售							
文化、体育用品及器材专门零售							
医药及医疗器材专门零售		142	146	891	839	22383	20479
汽车、摩托车、燃料及零配件专门零售		76	75	801	802	11324	11213
家用电器及电子产品专门零售							
五金、家具及室内装修材料专门零售							
无店铺及其他零售							
加盟门店合计		**479**	**415**	**2335**	**2053**	**47348**	**24477**
批发业		**389**	**366**	**1209**	**1179**	**12233**	**10673**
农畜产品批发							
食品、饮料及烟草制品专门批发							
纺织、服装及日用品批发							
文化、体育用品及器材批发							
医药及医疗器材批发							
矿产品、建材及化工产品批发		389	366	1209	1179	12233	10673
机械设备、五金交电及电子产品批发							
贸易经纪与代理							
其他批发							
零售业		**90**	**49**	**1126**	**874**	**35115**	**13804**
综合零售		37	16	1015	768	33500	12600
食品、饮料及烟草制品专门零售		5	5	5	5	50	49
纺织、服装及日用品专门零售							
文化、体育用品及器材专门零售							
医药及医疗器材专门零售		48	28	106	101	1565	1155
汽车、摩托车、燃料及零配件专门零售							
家用电器及电子产品专门零售							
五金、家具及室内装修材料专门零售							
无店铺及其他零售							

1-4 续表 8

联营企业

项　目	连锁总店数(个)	门店数(个)		年末从业人员(人)		年末零售营业面积(平方米)	
	2009年	2009年	2008年	2009年	2008年	2009年	2008年
总　计	**4**	**564**	**549**	**5315**	**5040**	**53813**	**53968**
批发业							
农畜产品批发							
食品、饮料及烟草制品专门批发							
纺织、服装及日用品批发							
文化、体育用品及器材批发							
医药及医疗器材批发							
矿产品、建材及化工产品批发							
机械设备、五金交电及电子产品批发							
贸易经纪与代理							
其他批发							
零售业	**4**	**564**	**549**	**5315**	**5040**	**53813**	**53968**
综合零售	1	195	196	2936	2702	24135	23835
食品、饮料及烟草制品专门零售							
纺织、服装及日用品专门零售							
文化、体育用品及器材专门零售							
医药及医疗器材专门零售	3	369	353	2379	2338	29678	30133
汽车、摩托车、燃料及零配件专门零售							
家用电器及电子产品专门零售							
五金、家具及室内装修材料专门零售							
无店铺及其他零售							
直营门店合计		**312**	**294**	**2102**	**1979**	**30566**	**31080**
批发业							
农畜产品批发							
食品、饮料及烟草制品专门批发							
纺织、服装及日用品批发							
文化、体育用品及器材批发							
医药及医疗器材批发							
矿产品、建材及化工产品批发							
机械设备、五金交电及电子产品批发							
贸易经纪与代理							
其他批发							

1-4 续表 9

联营企业

项　目	连锁总店数（个）	门店数（个）		年末从业人员（人）		年末零售营业面积（平方米）	
	2009年	2009年	2008年	2009年	2008年	2009年	2008年
零售业		**312**	**294**	**2102**	**1979**	**30566**	**31080**
综合零售		19	19	296	224	6535	6135
食品、饮料及烟草制品专门零售							
纺织、服装及日用品专门零售							
文化、体育用品及器材专门零售							
医药及医疗器材专门零售		293	275	1806	1755	24031	24945
汽车、摩托车、燃料及零配件专门零售							
家用电器及电子产品专门零售							
五金、家具及室内装修材料专门零售							
无店铺及其他零售							
加盟门店合计		**252**	**255**	**3213**	**3061**	**23247**	**22888**
批发业							
农畜产品批发							
食品、饮料及烟草制品专门批发							
纺织、服装及日用品批发							
文化、体育用品及器材批发							
医药及医疗器材批发							
矿产品、建材及化工产品批发							
机械设备、五金交电及电子产品批发							
贸易经纪与代理							
其他批发							
零售业		**252**	**255**	**3213**	**3061**	**23247**	**22888**
综合零售		176	177	2640	2478	17600	17700
食品、饮料及烟草制品专门零售							
纺织、服装及日用品专门零售							
文化、体育用品及器材专门零售							
医药及医疗器材专门零售		76	78	573	583	5647	5188
汽车、摩托车、燃料及零配件专门零售							
家用电器及电子产品专门零售							
五金、家具及室内装修材料专门零售							
无店铺及其他零售							

1-4 续表 10

有限责任公司

项目	连锁总店数（个）	门店数（个）		年末从业人员（人）		年末零售营业面积（平方米）	
	2009年	2009年	2008年	2009年	2008年	2009年	2008年
总　计	**823**	**55888**	**53112**	**532368**	**526709**	**23956415**	**22678269**
批发业	**49**	**7886**	**6651**	**25481**	**20830**	**751892**	**650295**
农畜产品批发	2	485	462	524	520	71544	73409
食品、饮料及烟草制品专门批发	10	2513	1705	12679	8886	96994	72814
纺织、服装及日用品批发	1	228	223	458	473	5391	3927
文化、体育用品及器材批发	1	6	6	116	115	5400	8350
医药及医疗器材批发	9	469	469	1313	1272	23417	22877
矿产品、建材及化工产品批发	17	2403	2381	6164	5985	191462	214264
机械设备、五金交电及电子产品批发	4	14	13	540	390	10670	6252
贸易经纪与代理							
其他批发	5	1768	1392	3687	3189	347014	248402
零售业	**774**	**48002**	**46461**	**506887**	**505879**	**23204523**	**22027974**
综合零售	274	22711	22772	304535	304945	16334106	14891648
食品、饮料及烟草制品专门零售	73	3796	3461	21684	19929	235294	269270
纺织、服装及日用品专门零售	35	2129	1957	16524	17002	362505	324288
文化、体育用品及器材专门零售	21	575	558	9312	9549	293605	293531
医药及医疗器材专门零售	245	16964	15783	90961	79509	1745182	1450454
汽车、摩托车、燃料及零配件专门零售	12	297	260	3649	4310	346281	687282
家用电器及电子产品专门零售	97	1289	1438	55076	65549	3659139	3801971
五金、家具及室内装修材料专门零售	5	58	67	3507	3486	190805	275894
无店铺及其他零售	12	183	165	1639	1600	37606	33636
直营门店合计		**29110**	**27147**	**449552**	**446882**	**21600344**	**20577229**
批发业		**1784**	**1612**	**11108**	**8705**	**218296**	**180245**
农畜产品批发		365	365	365	365	60880	62780
食品、饮料及烟草制品专门批发		693	605	7436	5596	40594	36514
纺织、服装及日用品批发		58	35	250	265	4601	3027
文化、体育用品及器材批发		6	6	116	115	5400	8350
医药及医疗器材批发		113	113	551	489	7348	6755
矿产品、建材及化工产品批发		289	268	1321	1037	25422	23074
机械设备、五金交电及电子产品批发		14	13	540	390	10670	6252
贸易经纪与代理							
其他批发		246	207	529	448	63381	33493

1-4 续表 11

有限责任公司

项目	连锁总店数(个)	门店数(个)		年末从业人员(人)		年末零售营业面积(平方米)	
	2009年	2009年	2008年	2009年	2008年	2009年	2008年
零售业		**27326**	**25535**	**438444**	**438177**	**21382048**	**20396984**
综合零售		13587	12622	273378	270095	15114645	13786464
食品、饮料及烟草制品专门零售		2070	1966	15870	15011	176439	215522
纺织、服装及日用品专门零售		1078	953	12420	12444	303680	266583
文化、体育用品及器材专门零售		403	384	9135	9367	286600	286412
医药及医疗器材专门零售		8384	7709	64277	56864	1285503	1062510
汽车、摩托车、燃料及零配件专门零售		297	260	3649	4310	346281	687282
家用电器及电子产品专门零售		1266	1415	54569	65029	3640489	3783321
五金、家具及室内装修材料专门零售		58	67	3507	3486	190805	275894
无店铺及其他零售		183	159	1639	1571	37606	32996
加盟门店合计		**26778**	**25965**	**82816**	**79827**	**2356071**	**2101040**
批发业		**6102**	**5039**	**14373**	**12125**	**533596**	**470050**
农畜产品批发		120	97	159	155	10664	10629
食品、饮料及烟草制品专门批发		1820	1100	5243	3290	56400	36300
纺织、服装及日用品批发		170	188	208	208	790	900
文化、体育用品及器材批发							
医药及医疗器材批发		356	356	762	783	16069	16122
矿产品、建材及化工产品批发		2114	2113	4843	4948	166040	191190
机械设备、五金交电及电子产品批发							
贸易经纪与代理							
其他批发		1522	1185	3158	2741	283633	214909
零售业		**20676**	**20926**	**68443**	**67702**	**1822475**	**1630990**
综合零售		9124	10150	31157	34850	1219461	1105184
食品、饮料及烟草制品专门零售		1726	1495	5814	4918	58855	53748
纺织、服装及日用品专门零售		1051	1004	4104	4558	58825	57705
文化、体育用品及器材专门零售		172	174	177	182	7005	7119
医药及医疗器材专门零售		8580	8074	26684	22645	459679	387944
汽车、摩托车、燃料及零配件专门零售							
家用电器及电子产品专门零售		23	23	507	520	18650	18650
五金、家具及室内装修材料专门零售							
无店铺及其他零售			6		29		640

1-4 续表 12

股份有限公司

项 目	连锁总店数(个)	门店数(个)		年末从业人员(人)		年末零售营业面积(平方米)	
	2009年	2009年	2008年	2009年	2008年	2009年	2008年
总 计	**256**	**44710**	**43017**	**670191**	**623887**	**55533773**	**51741865**
批发业	**54**	**13115**	**12752**	**97469**	**97818**	**20905158**	**19827704**
农畜产品批发	2	1869	1833	4354	5118	315115	303515
食品、饮料及烟草制品专门批发							
纺织、服装及日用品批发	1	3	3	79	50		
文化、体育用品及器材批发							
医药及医疗器材批发	3	30	29	493	400	2860	2550
矿产品、建材及化工产品批发	47	11129	10800	91523	91230	20377698	19307186
机械设备、五金交电及电子产品批发							
贸易经纪与代理							
其他批发	1	84	87	1020	1020	209485	214453
零售业	**202**	**31595**	**30265**	**572722**	**526069**	**34628615**	**31914161**
综合零售	57	13243	13001	428623	389399	19203544	17044608
食品、饮料及烟草制品专门零售	7	955	506	3939	2718	94465	29542
纺织、服装及日用品专门零售	2	8	8	190	235	11900	11900
文化、体育用品及器材专门零售	5	515	551	10827	10662	252827	237796
医药及医疗器材专门零售	21	2896	2731	14477	13090	288367	252300
汽车、摩托车、燃料及零配件专门零售	94	13594	13065	102843	99247	14401676	13948747
家用电器及电子产品专门零售	15	368	388	11537	10453	373605	387345
五金、家具及室内装修材料专门零售							
无店铺及其他零售	1	16	15	286	265	2231	1923
直营门店合计		**29640**	**28473**	**590867**	**545654**	**53761350**	**49981994**
批发业		**9115**	**8724**	**87941**	**87362**	**20770407**	**19704553**
农畜产品批发		69	69	372	365	193935	193935
食品、饮料及烟草制品专门批发							
纺织、服装及日用品批发		3	3	79	50		
文化、体育用品及器材批发							
医药及医疗器材批发		30	29	493	400	2860	2550
矿产品、建材及化工产品批发		8929	8536	85977	85527	20364127	19293615
机械设备、五金交电及电子产品批发							
贸易经纪与代理							
其他批发		84	87	1020	1020	209485	214453

1-4　续表 13

股份有限公司

项　目	连锁总店数(个)	门店数(个)		年末从业人员(人)		年末零售营业面积(平方米)	
	2009年	2009年	2008年	2009年	2008年	2009年	2008年
零售业		**20525**	**19749**	**502926**	**458292**	**32990943**	**30277441**
综合零售		5154	4905	370285	330607	17778913	15587520
食品、饮料及烟草制品专门零售		133	121	1336	1249	71666	14433
纺织、服装及日用品专门零售		8	8	190	235	11900	11900
文化、体育用品及器材专门零售		487	541	10260	10522	239312	234766
医药及医疗器材专门零售		954	909	6878	6506	135284	118697
汽车、摩托车、燃料及零配件专门零售		13485	12924	102648	98797	14386670	13926757
家用电器及电子产品专门零售		288	326	11043	10111	364967	381445
五金、家具及室内装修材料专门零售							
无店铺及其他零售		16	15	286	265	2231	1923
加盟门店合计		**15070**	**14544**	**79324**	**78233**	**1772423**	**1759871**
批发业		**4000**	**4028**	**9528**	**10456**	**134751**	**123151**
农畜产品批发		1800	1764	3982	4753	121180	109580
食品、饮料及烟草制品专门批发							
纺织、服装及日用品批发							
文化、体育用品及器材批发							
医药及医疗器材批发							
矿产品、建材及化工产品批发		2200	2264	5546	5703	13571	13571
机械设备、五金交电及电子产品批发							
贸易经纪与代理							
其他批发							
零售业		**11070**	**10516**	**69796**	**67777**	**1637672**	**1636720**
综合零售		8089	8096	58338	58792	1424631	1457088
食品、饮料及烟草制品专门零售		822	385	2603	1469	22799	15109
纺织、服装及日用品专门零售							
文化、体育用品及器材专门零售		28	10	567	140	13515	3030
医药及医疗器材专门零售		1942	1822	7599	6584	153083	133603
汽车、摩托车、燃料及零配件专门零售		109	141	195	450	15006	21990
家用电器及电子产品专门零售		80	62	494	342	8638	5900
五金、家具及室内装修材料专门零售							
无店铺及其他零售							

1-4 续表 14

私营企业

项　　目	连锁总店数（个）	门店数（个）		年末从业人员（人）		年末零售营业面积（平方米）	
	2009年	2009年	2008年	2009年	2008年	2009年	2008年
总　　计	**786**	**32518**	**29194**	**301902**	**287177**	**10640965**	**9470971**
批发业	**44**	**6598**	**6130**	**27687**	**25444**	**338488**	**293291**
农畜产品批发							
食品、饮料及烟草制品专门批发	7	260	257	1235	1218	17315	16927
纺织、服装及日用品批发	9	4401	4007	18603	16593	214682	175818
文化、体育用品及器材批发	1	2	2	46	42	480	480
医药及医疗器材批发	10	1067	1081	2201	2245	38877	39706
矿产品、建材及化工产品批发	5	500	454	1711	1475	12450	12190
机械设备、五金交电及电子产品批发	8	217	194	3363	3425	47156	41292
贸易经纪与代理							
其他批发	4	151	135	528	446	7528	6878
零售业	**742**	**25920**	**23064**	**274215**	**261733**	**10302477**	**9177680**
综合零售	289	12617	10953	156487	148422	6416503	5733968
食品、饮料及烟草制品专门零售	61	2992	2713	17332	16216	318376	291693
纺织、服装及日用品专门零售	41	705	594	8322	8467	173507	160082
文化、体育用品及器材专门零售	20	450	461	6470	7130	145830	143722
医药及医疗器材专门零售	214	7738	6993	47598	41332	1024231	945091
汽车、摩托车、燃料及零配件专门零售	17	130	127	1027	1005	98372	93857
家用电器及电子产品专门零售	87	1095	1036	34628	36888	1954111	1639446
五金、家具及室内装修材料专门零售	2	16	14	668	692	52072	51164
无店铺及其他零售	11	177	173	1683	1581	119475	118657
直营门店合计		**15531**	**14263**	**248240**	**237014**	**9348519**	**8322088**
批发业		**788**	**713**	**6827**	**6388**	**80808**	**64688**
农畜产品批发							
食品、饮料及烟草制品专门批发		60	57	638	625	7760	7467
纺织、服装及日用品批发		192	120	1626	1451	17395	10594
文化、体育用品及器材批发		2	2	46	42	480	480
医药及医疗器材批发		102	93	469	460	7577	7125
矿产品、建材及化工产品批发		260	272	1517	1293	12450	12190
机械设备、五金交电及电子产品批发		129	120	2210	2227	32826	24212
贸易经纪与代理							
其他批发		43	49	321	290	2320	2620

1-4 续表 15

私营企业

项目	连锁总店数（个）	门店数（个）		年末从业人员（人）		年末零售营业面积（平方米）	
	2009年	2009年	2008年	2009年	2008年	2009年	2008年
零售业		**14743**	**13550**	**241413**	**230626**	**9267711**	**8257400**
综合零售		4890	4603	133211	126699	5713071	5139326
食品、饮料及烟草制品专门零售		2053	1828	15408	14276	269102	247557
纺织、服装及日用品专门零售		559	517	8045	8202	166654	154279
文化、体育用品及器材专门零售		287	290	5437	6048	127930	127172
医药及医疗器材专门零售		5654	5055	42179	36313	858832	783128
汽车、摩托车、燃料及零配件专门零售		126	123	995	969	96372	91857
家用电器及电子产品专门零售		1019	986	33962	36021	1910803	1590960
五金、家具及室内装修材料专门零售		16	14	668	692	52072	51164
无店铺及其他零售		139	134	1508	1406	72875	71957
加盟门店合计		**16987**	**14931**	**53662**	**50163**	**1292446**	**1148883**
批发业		**5810**	**5417**	**20860**	**19056**	**257680**	**228603**
农畜产品批发							
食品、饮料及烟草制品专门批发		200	200	597	593	9555	9460
纺织、服装及日用品批发		4209	3887	16977	15142	197287	165224
文化、体育用品及器材批发							
医药及医疗器材批发		965	988	1732	1785	31300	32581
矿产品、建材及化工产品批发		240	182	194	182		
机械设备、五金交电及电子产品批发		88	74	1153	1198	14330	17080
贸易经纪与代理							
其他批发		108	86	207	156	5208	4258
零售业		**11177**	**9514**	**32802**	**31107**	**1034766**	**920280**
综合零售		7727	6350	23276	21723	703432	594642
食品、饮料及烟草制品专门零售		939	885	1924	1940	49274	44136
纺织、服装及日用品专门零售		146	77	277	265	6853	5803
文化、体育用品及器材专门零售		163	171	1033	1082	17900	16550
医药及医疗器材专门零售		2084	1938	5419	5019	165399	161963
汽车、摩托车、燃料及零配件专门零售		4	4	32	36	2000	2000
家用电器及电子产品专门零售		76	50	666	867	43308	48486
五金、家具及室内装修材料专门零售							
无店铺及其他零售		38	39	175	175	46600	46700

1-4 续表 16

其他企业

项目	连锁总店数(个)	门店数(个)		年末从业人员(人)		年末零售营业面积(平方米)	
	2009年	2009年	2008年	2009年	2008年	2009年	2008年
总计	**15**	**366**	**349**	**3650**	**3554**	**162206**	**92233**
批发业	**2**	**45**	**39**	**118**	**113**	**500**	**500**
农畜产品批发							
食品、饮料及烟草制品专门批发	1	3	3	34	41	500	500
纺织、服装及日用品批发							
文化、体育用品及器材批发							
医药及医疗器材批发							
矿产品、建材及化工产品批发							
机械设备、五金交电及电子产品批发							
贸易经纪与代理							
其他批发	1	42	36	84	72		
零售业	**13**	**321**	**310**	**3532**	**3441**	**161706**	**91733**
综合零售	3	62	56	1636	1364	120110	50598
食品、饮料及烟草制品专门零售	2	50	50	486	521	3892	3832
纺织、服装及日用品专门零售	1	11	12	31	51	363	325
文化、体育用品及器材专门零售	1	9	6	206	194	3765	2664
医药及医疗器材专门零售	5	184	181	943	961	16756	17494
汽车、摩托车、燃料及零配件专门零售							
家用电器及电子产品专门零售	1	5	5	230	350	16820	16820
五金、家具及室内装修材料专门零售							
无店铺及其他零售							
直营门店合计		**230**	**217**	**3132**	**3019**	**150422**	**80449**
批发业		**45**	**39**	**118**	**113**	**500**	**500**
农畜产品批发							
食品、饮料及烟草制品专门批发		3	3	34	41	500	500
纺织、服装及日用品批发							
文化、体育用品及器材批发							
医药及医疗器材批发							
矿产品、建材及化工产品批发							
机械设备、五金交电及电子产品批发							
贸易经纪与代理							
其他批发		42	36	84	72		

1-4 续表 17

其他企业

项　　目	连锁总店数(个)	门店数(个)		年末从业人员(人)		年末零售营业面积(平方米)	
	2009年	2009年	2008年	2009年	2008年	2009年	2008年
零售业		**185**	**178**	**3014**	**2906**	**149922**	**79949**
综合零售		62	56	1636	1364	120110	50598
食品、饮料及烟草制品专门零售		50	50	486	521	3892	3832
纺织、服装及日用品专门零售		5	6	31	51	363	325
文化、体育用品及器材专门零售		9	6	206	194	3765	2664
医药及医疗器材专门零售		54	55	425	426	4972	5710
汽车、摩托车、燃料及零配件专门零售							
家用电器及电子产品专门零售		5	5	230	350	16820	16820
五金、家具及室内装修材料专门零售							
无店铺及其他零售							
加盟门店合计		**136**	**132**	**518**	**535**	**11784**	**11784**
批发业							
农畜产品批发							
食品、饮料及烟草制品专门批发							
纺织、服装及日用品批发							
文化、体育用品及器材批发							
医药及医疗器材批发							
矿产品、建材及化工产品批发							
机械设备、五金交电及电子产品批发							
贸易经纪与代理							
其他批发							
零售业		**136**	**132**	**518**	**535**	**11784**	**11784**
综合零售							
食品、饮料及烟草制品专门零售							
纺织、服装及日用品专门零售		6	6				
文化、体育用品及器材专门零售							
医药及医疗器材专门零售		130	126	518	535	11784	11784
汽车、摩托车、燃料及零配件专门零售							
家用电器及电子产品专门零售							
五金、家具及室内装修材料专门零售							
无店铺及其他零售							

1-4 续表 18

港澳台商投资企业

项目	连锁总店数（个）	门店数（个）		年末从业人员（人）		年末零售营业面积（平方米）	
	2009年	2009年	2008年	2009年	2008年	2009年	2008年
总　计	**76**	**3132**	**2823**	**148565**	**127527**	**6166919**	**4958866**
批发业							
农畜产品批发							
食品、饮料及烟草制品专门批发							
纺织、服装及日用品批发							
文化、体育用品及器材批发							
医药及医疗器材批发							
矿产品、建材及化工产品批发							
机械设备、五金交电及电子产品批发							
贸易经纪与代理							
其他批发							
零售业	**76**	**3132**	**2823**	**148565**	**127527**	**6166919**	**4958866**
综合零售	36	1555	1462	131933	112315	5823490	4614963
食品、饮料及烟草制品专门零售	10	737	580	3825	3474	33116	25896
纺织、服装及日用品专门零售	21	514	523	8328	7543	82949	83222
文化、体育用品及器材专门零售							
医药及医疗器材专门零售	2	206	147	1973	1130	36212	26895
汽车、摩托车、燃料及零配件专门零售	2	19	15	174	170	8460	7840
家用电器及电子产品专门零售							
五金、家具及室内装修材料专门零售	3	14	17	2051	2569	170960	188343
无店铺及其他零售	2	87	79	281	326	11732	11707
直营门店合计		**2855**	**2557**	**111953**	**96090**	**4965448**	**3922043**
批发业							
农畜产品批发							
食品、饮料及烟草制品专门批发							
纺织、服装及日用品批发							
文化、体育用品及器材批发							
医药及医疗器材批发							
矿产品、建材及化工产品批发							
机械设备、五金交电及电子产品批发							
贸易经纪与代理							
其他批发							

1-4　续表 19

港澳台商投资企业

项　　目	连锁总店数(个)	门店数(个)		年末从业人员(人)		年末零售营业面积(平方米)	
	2009年	2009年	2008年	2009年	2008年	2009年	2008年
零售业		**2855**	**2557**	**111953**	**96090**	**4965448**	**3922043**
综合零售		1430	1336	95706	81260	4624220	3580768
食品、饮料及烟草制品专门零售		585	450	3440	3142	30915	23768
纺织、服装及日用品专门零售		514	513	8328	7493	82949	82722
文化、体育用品及器材专门零售							
医药及医疗器材专门零售		206	147	1973	1130	36212	26895
汽车、摩托车、燃料及零配件专门零售		19	15	174	170	8460	7840
家用电器及电子产品专门零售							
五金、家具及室内装修材料专门零售		14	17	2051	2569	170960	188343
无店铺及其他零售		87	79	281	326	11732	11707
加盟门店合计		**277**	**266**	**36612**	**31437**	**1201471**	**1036823**
批发业							
农畜产品批发							
食品、饮料及烟草制品专门批发							
纺织、服装及日用品批发							
文化、体育用品及器材批发							
医药及医疗器材批发							
矿产品、建材及化工产品批发							
机械设备、五金交电及电子产品批发							
贸易经纪与代理							
其他批发							
零售业		**277**	**266**	**36612**	**31437**	**1201471**	**1036823**
综合零售		125	126	36227	31055	1199270	1034195
食品、饮料及烟草制品专门零售		152	130	385	332	2201	2128
纺织、服装及日用品专门零售			10		50		500
文化、体育用品及器材专门零售							
医药及医疗器材专门零售							
汽车、摩托车、燃料及零配件专门零售							
家用电器及电子产品专门零售							
五金、家具及室内装修材料专门零售							
无店铺及其他零售							

1-4 续表 20

外商投资企业

项 目	连锁总店数（个）	门店数（个）		年末从业人员（人）		年末零售营业面积（平方米）	
	2009年	2009年	2008年	2009年	2008年	2009年	2008年
总 计	**145**	**13625**	**13332**	**297518**	**287806**	**11169615**	**10144638**
批发业	**5**	**281**	**279**	**3442**	**3257**	**150179**	**162213**
农畜产品批发							
食品、饮料及烟草制品专门批发	2	110	111	2043	1918	9425	7875
纺织、服装及日用品批发							
文化、体育用品及器材批发							
医药及医疗器材批发							
矿产品、建材及化工产品批发	1	38	35	743	625	133974	147208
机械设备、五金交电及电子产品批发							
贸易经纪与代理							
其他批发	2	133	133	656	714	6780	7130
零售业	**140**	**13344**	**13053**	**294076**	**284549**	**11019436**	**9982425**
综合零售	84	3867	3678	198481	197579	7708509	6613173
食品、饮料及烟草制品专门零售	5	202	231	2292	2828	74943	84710
纺织、服装及日用品专门零售	9	7747	7618	55230	45239	283431	252409
文化、体育用品及器材专门零售	3	10	18	192	254	15510	14533
医药及医疗器材专门零售	2	346	340	2160	2189	59385	61341
汽车、摩托车、燃料及零配件专门零售	14	904	894	11414	10590	1677046	1648104
家用电器及电子产品专门零售	7	192	195	17836	17873	673843	686164
五金、家具及室内装修材料专门零售	14	59	62	6304	7835	522579	617751
无店铺及其他零售	2	17	17	167	162	4190	4240
直营门店合计		**4491**	**4432**	**224327**	**223443**	**10005746**	**8928818**
批发业		**220**	**220**	**2630**	**2560**	**15055**	**13805**
农畜产品批发							
食品、饮料及烟草制品专门批发		87	87	1974	1846	8275	6675
纺织、服装及日用品批发							
文化、体育用品及器材批发							
医药及医疗器材批发							
矿产品、建材及化工产品批发							
机械设备、五金交电及电子产品批发							
贸易经纪与代理							
其他批发		133	133	656	714	6780	7130

1-4 续表 21

外商投资企业

项　目	连锁总店数（个）	门店数（个）		年末从业人员（人）		年末零售营业面积（平方米）	
	2009年	2009年	2008年	2009年	2008年	2009年	2008年
零售业		**4271**	**4212**	**221697**	**220883**	**9990691**	**8915013**
综合零售		2332	2135	166178	163054	6943102	5811147
食品、饮料及烟草制品专门零售		161	169	2126	2618	72701	82000
纺织、服装及日用品专门零售		252	387	15442	16919	36943	49893
文化、体育用品及器材专门零售		10	18	192	254	15510	14533
医药及医疗器材专门零售		346	340	2160	2189	59385	61341
汽车、摩托车、燃料及零配件专门零售		904	894	11414	10590	1677046	1648104
家用电器及电子产品专门零售		192	195	17836	17873	673843	686164
五金、家具及室内装修材料专门零售		57	57	6182	7224	507971	557591
无店铺及其他零售		17	17	167	162	4190	4240
加盟门店合计		**9134**	**8900**	**73191**	**64363**	**1163869**	**1215820**
批发业		**61**	**59**	**812**	**697**	**135124**	**148408**
农畜产品批发							
食品、饮料及烟草制品专门批发		23	24	69	72	1150	1200
纺织、服装及日用品批发							
文化、体育用品及器材批发							
医药及医疗器材批发							
矿产品、建材及化工产品批发		38	35	743	625	133974	147208
机械设备、五金交电及电子产品批发							
贸易经纪与代理							
其他批发							
零售业		**9073**	**8841**	**72379**	**63666**	**1028745**	**1067412**
综合零售		1535	1543	32303	34525	765407	802026
食品、饮料及烟草制品专门零售		41	62	166	210	2242	2710
纺织、服装及日用品专门零售		7495	7231	39788	28320	246488	202516
文化、体育用品及器材专门零售							
医药及医疗器材专门零售							
汽车、摩托车、燃料及零配件专门零售							
家用电器及电子产品专门零售							
五金、家具及室内装修材料专门零售		2	5	122	611	14608	60160
无店铺及其他零售							

1-5 按行业与登记注册类型分

内资企业

项　　目	商品购进总额		统一配送商品购进额	
	2009年	2008年	2009年	2008年
总　　计	**162774039**	**155774281**	**125366809**	**120846673**
批发业	**37007694**	**38654425**	**27892632**	**30607097**
农畜产品批发	632743	546931	545656	423585
食品、饮料及烟草制品专门批发	2005356	1725945	1703265	1535969
纺织、服装及日用品批发	375227	353548	375227	353548
文化、体育用品及器材批发	104028	140054	104028	140054
医药及医疗器材批发	289518	215987	222925	176671
矿产品、建材及化工产品批发	32948872	34916975	24376082	27292190
机械设备、五金交电及电子产品批发	195405	189555	175038	169281
贸易经纪与代理				
其他批发	456545	565431	390412	515798
零售业	**125766345**	**117119856**	**97474177**	**90239576**
综合零售	52330870	46688447	36523889	31839303
食品、饮料及烟草制品专门零售	1937184	1637787	1810457	1502994
纺织、服装及日用品专门零售	929593	883508	560542	525930
文化、体育用品及器材专门零售	3421683	3639358	3257452	3486179
医药及医疗器材专门零售	3357303	2839159	2858976	2316703
汽车、摩托车、燃料及零配件专门零售	50450479	48413888	43089283	41614792
家用电器及电子产品专门零售	12327055	12370254	8682190	8698442
五金、家具及室内装修材料专门零售	254188	293229	204748	131973
无店铺及其他零售	757990	354227	486639	123261
直营门店合计	**155636048**	**148714376**	**119629513**	**115100939**
批发业	**35110127**	**36805209**	**26449948**	**29099543**
农畜产品批发	154164	147455	145875	140449
食品、饮料及烟草制品专门批发	1994959	1715658	1693445	1525915
纺织、服装及日用品批发	92128	88151	92128	88151
文化、体育用品及器材批发	104028	140054	104028	140054
医药及医疗器材批发	188863	157654	169342	145017
矿产品、建材及化工产品批发	32144415	34058798	23852266	26600734
机械设备、五金交电及电子产品批发	161551	151554	141184	132069
贸易经纪与代理				
其他批发	270018	345885	251680	327154

连锁零售企业经营情况

单位：万元

自有配送中心配送商品购进额		非自有配送中心配送商品购进额		商品销售总额		零售额	
2009年	2008年	2009年	2008年	2009年	2008年	2009年	2008年
83620241	**78536751**	**22106033**	**24419826**	**186027179**	**174785706**	**126714154**	**122456096**
14251403	**14061863**	**10883496**	**13448042**	**42567934**	**42788464**	**20512627**	**24714512**
533656	413585	12000	10000	653326	661379	379936	364032
1434667	1350612	15878	1005	2756586	2128008	327890	304393
326598	314110	42915	36209	565674	482828	391028	318095
89189	123252			106078	169796	7990	9878
119823	106484	55654	42298	351203	229507	131499	76676
11259591	11165712	10757049	13358530	37066151	37930865	18891183	23183725
150034	150752			221478	197588	100892	154011
337845	437357			847439	988493	282209	303702
69368838	**64474888**	**11222537**	**10971784**	**143459245**	**131997242**	**106201528**	**97741584**
27242323	23474790	4376345	4219641	62212291	55502523	48214599	42706749
1019439	898805	186016	188878	2366748	1926355	1417428	1323188
319594	330773	30905	25530	1085013	925341	896321	765445
2970810	3260755	127832	89704	3484704	3384197	2263360	2159292
2240419	1766034	182771	162519	3960938	3354752	3512394	2981066
29496448	29569221	5183696	4522441	55705616	52831282	36649449	35070921
5506308	4953326	1127982	1756342	13580717	13343320	12351797	12144135
111027	122669			340431	377622	268048	292174
462469	98514	6992	6729	722787	351852	628132	298615
79534265	**74499997**	**21043463**	**23394721**	**176996242**	**166075488**	**119519978**	**115611684**
13220546	**13131393**	**10771046**	**13362642**	**40343575**	**40703895**	**19552834**	**23874986**
145875	140449			153837	209828	38266	55605
1424847	1340558	15878	1005	2743388	2115779	316562	293916
56054	60143	32261	25818	119522	105158	38268	26920
89189	123252			106078	169796	7990	9878
90956	88777	32170	29481	196945	143111	48745	29260
11066776	10958998	10690736	13306338	36176813	37053801	18753143	23044801
116180	113540			190883	155721	70544	113244
230669	305677			656109	750702	279316	301363

1-5 续表 1

内资企业

项　目	商品购进总额		统一配送商品购进额	
	2009年	2008年	2009年	2008年
零售业	**120525922**	**111909167**	**93179566**	**86001397**
综合零售	49172207	43589962	33925956	29255622
食品、饮料及烟草制品专门零售	1719817	1426958	1613928	1309385
纺织、服装及日用品专门零售	879278	833121	514109	476779
文化、体育用品及器材专门零售	3289265	3501047	3133173	3349442
医药及医疗器材专门零售	2997738	2537348	2586491	2099535
汽车、摩托车、燃料及零配件专门零售	49586114	47433721	42228893	40767111
家用电器及电子产品专门零售	12132638	12163308	8488227	8491496
五金、家具及室内装修材料专门零售	254188	293229	204748	131973
无店铺及其他零售	494676	130472	484039	120055
加盟门店合计	**7137991**	**7059906**	**5737296**	**5745734**
批发业	**1897567**	**1849216**	**1442685**	**1507554**
农畜产品批发	478579	399476	399781	283136
食品、饮料及烟草制品专门批发	10396	10287	9820	10054
纺织、服装及日用品批发	283099	265397	283099	265397
文化、体育用品及器材批发				
医药及医疗器材批发	100655	58333	53583	31655
矿产品、建材及化工产品批发	804457	858177	523816	691456
机械设备、五金交电及电子产品批发	33854	38001	33854	37212
贸易经纪与代理				
其他批发	186527	219547	138731	188645
零售业	**5240423**	**5210690**	**4294611**	**4238180**
综合零售	3158663	3098484	2597933	2583682
食品、饮料及烟草制品专门零售	217367	210829	196529	193609
纺织、服装及日用品专门零售	50314	50386	46433	49151
文化、体育用品及器材专门零售	132417	138311	124279	136737
医药及医疗器材专门零售	359565	301811	272484	217169
汽车、摩托车、燃料及零配件专门零售	864366	980167	860390	847680
家用电器及电子产品专门零售	194417	206946	193963	206946
五金、家具及室内装修材料专门零售				
无店铺及其他零售	263314	223755	2600	3206

单位：万元

自有配送中心配送商品购进额		非自有配送中心配送商品购进额		商品销售总额		零售额	
2009年	2008年	2009年	2008年	2009年	2008年	2009年	2008年
66313719	**61368604**	**10272418**	**10032079**	**136652667**	**125371593**	**99967144**	**91736698**
25397922	21661306	3849924	3588129	57620940	51083899	43694995	38405842
835764	712918	182722	185784	2110288	1705434	1184363	1117397
280289	289779	26472	21938	993278	846290	838438	691154
2860527	3147372	116848	70085	3339776	3245335	2154168	2070358
2025520	1610469	161794	129538	3502205	2956299	3112497	2628035
29009738	28962507	4811270	4282492	54918139	51910962	36155337	34485513
5330463	4763638	1116396	1747385	13368028	13118067	12139108	11918881
111027	122669			340431	377622	268048	292174
462469	97946	6992	6729	459582	127686	420189	127344
4085975	**4036754**	**1062570**	**1025105**	**9030937**	**8710218**	**7194176**	**6844412**
1030857	**930470**	**112450**	**85400**	**2224359**	**2084569**	**959793**	**839526**
387781	273136	12000	10000	499489	451551	341670	308427
9820	10054			13198	12229	11328	10477
270545	253967	10654	10391	446153	377670	352760	291175
28868	17707	23484	12817	154258	86396	82754	47416
192814	206714	66312	52192	889337	877064	138040	138924
33854	37212			30595	41867	30349	40767
107176	131681			191330	237792	2892	2340
3055118	**3106284**	**950120**	**939704**	**6806578**	**6625649**	**6234383**	**6004886**
1844401	1813484	526420	631512	4591352	4418624	4519603	4300907
183675	185887	3294	3093	256460	220920	233064	205790
39305	40994	4433	3593	91735	79051	57884	74291
110283	113383	10983	19619	144928	138862	109192	88934
214899	155565	20977	32981	458733	398453	399897	353031
486710	606714	372426	239950	787478	920319	494112	585408
175846	189688	11586	8957	212689	225254	212689	225254
	569			263204	224166	207943	171271

1-5 续表 2

国有企业

项　目	商品购进总额		统一配送商品购进额	
	2009年	2008年	2009年	2008年
总　计	**22283412**	**20613276**	**17765526**	**16380248**
批发业	**5770466**	**5763466**	**2438385**	**2537926**
农畜产品批发	7367	7006		
食品、饮料及烟草制品专门批发	1610064	1286200	1328840	1130372
纺织、服装及日用品批发				
文化、体育用品及器材批发	86479	120686	86479	120686
医药及医疗器材批发	161389	102440	118773	81132
矿产品、建材及化工产品批发	3905167	4247134	904293	1205736
机械设备、五金交电及电子产品批发				
贸易经纪与代理				
其他批发				
零售业	**16512946**	**14849810**	**15327141**	**13842322**
综合零售	501175	436036	414771	348207
食品、饮料及烟草制品专门零售	303321	139662	279672	117120
纺织、服装及日用品专门零售	5351	4311	5351	4311
文化、体育用品及器材专门零售	1817002	1993486	1795544	1982365
医药及医疗器材专门零售	186068	174206	110323	98568
汽车、摩托车、燃料及零配件专门零售	13439028	11880367	12721481	11291750
家用电器及电子产品专门零售				
五金、家具及室内装修材料专门零售				
无店铺及其他零售	261000	221742		
直营门店合计	**21007108**	**19487451**	**17024144**	**15620264**
批发业	**5232937**	**5210479**	**2142188**	**2096557**
农畜产品批发	7367	7006		
食品、饮料及烟草制品专门批发	1610064	1286200	1328840	1130372
纺织、服装及日用品批发				
文化、体育用品及器材批发	86479	120686	86479	120686
医药及医疗器材批发	78829	61160	73397	58444
矿产品、建材及化工产品批发	3450198	3735428	653472	787055
机械设备、五金交电及电子产品批发				
贸易经纪与代理				
其他批发				

单位：万元

自有配送中心配送商品购进额		非自有配送中心配送商品购进额		商品销售总额		零售额	
2009年	2008年	2009年	2008年	2009年	2008年	2009年	2008年
10935108	**10304382**	**4527559**	**3833193**	**24004449**	**22003844**	**16819276**	**15493011**
1761426	**1797561**	**29040**	**14520**	**6202411**	**5793446**	**2805237**	**2758457**
				7908	7358	2410	2397
1105598	961040			2131230	1659288	207057	207057
86479	120686			88695	150796	2091	2807
73106	56631	29040	14520	198720	108004	99119	53684
496244	659204			3775858	3868001	2494560	2492512
9173682	**8506821**	**4498519**	**3818673**	**17802038**	**16210398**	**14014040**	**12734554**
72966	62291	80215	89150	600515	523375	600515	523375
82095	70657	25761	25520	376919	161155	114505	111968
1725	1093	3625	3218	14060	12481	13293	12121
1729201	1920507	11558	9692	1796954	1735152	929884	860406
94870	80508	11703	14618	209353	198427	175827	162055
7192824	6371766	4365656	3676474	14543016	13358733	11974097	10896698
				261220	221074	205918	167931
10859608	**10240698**	**4116546**	**3560196**	**22703512**	**20836366**	**16214206**	**14995401**
1737826	**1785761**	**7264**	**3632**	**5572338**	**5201951**	**2732365**	**2722021**
				7908	7358	2410	2397
1105598	961040			2131230	1659288	207057	207057
86479	120686			88695	150796	2091	2807
49506	44831	7264	3632	67528	42408	26247	17248
496244	659204			3276977	3342102	2494560	2492512

1-5 续表 3

国有企业

项　目	商品购进总额		统一配送商品购进额	
	2009年	2008年	2009年	2008年
零售业	**15774170**	**14276972**	**14881956**	**13523707**
综合零售	457779	394179	377277	311814
食品、饮料及烟草制品专门零售	284960	114798	261421	92371
纺织、服装及日用品专门零售	5351	4311	5351	4311
文化、体育用品及器材专门零售	1813878	1989587	1792420	1978465
医药及医疗器材专门零售	151125	139728	102242	92187
汽车、摩托车、燃料及零配件专门零售	13060793	11633176	12343246	11044559
家用电器及电子产品专门零售				
五金、家具及室内装修材料专门零售				
无店铺及其他零售	286	1193		
加盟门店合计	**1276304**	**1125825**	**741382**	**759984**
批发业	**537529**	**552987**	**296197**	**441369**
农畜产品批发				
食品、饮料及烟草制品专门批发				
纺织、服装及日用品批发				
文化、体育用品及器材批发				
医药及医疗器材批发	82560	41280	45376	22688
矿产品、建材及化工产品批发	454969	511707	250821	418681
机械设备、五金交电及电子产品批发				
贸易经纪与代理				
其他批发				
零售业	**738775**	**572838**	**445185**	**318615**
综合零售	43397	41857	37494	36393
食品、饮料及烟草制品专门零售	18362	24864	18251	24750
纺织、服装及日用品专门零售				
文化、体育用品及器材专门零售	3124	3900	3124	3900
医药及医疗器材专门零售	34943	34478	8081	6381
汽车、摩托车、燃料及零配件专门零售	378235	247191	378235	247191
家用电器及电子产品专门零售				
五金、家具及室内装修材料专门零售				
无店铺及其他零售	260714	220548		

单位：万元

自有配送中心配送商品购进额		非自有配送中心配送商品购进额		商品销售总额		零售额	
2009年	2008年	2009年	2008年	2009年	2008年	2009年	2008年
9121782	**8454937**	**4109282**	**3556564**	**17131174**	**15634415**	**13481841**	**12273379**
56017	48590	60537	67296	547777	472706	547777	472706
63844	45908	25761	25520	357432	134254	95019	85067
1725	1093	3625	3218	14060	12481	13293	12121
1729090	1920343	11558	9692	1793855	1731263	926911	856700
89281	77694	9379	11098	174966	166611	169767	155803
7181824	6361309	3998421	3439739	14242577	13116574	11728610	10690707
				506	526	465	277
75500	**63684**	**411013**	**272997**	**1300937**	**1167478**	**605070**	**497611**
23600	**11800**	**21776**	**10888**	**630073**	**591495**	**72872**	**36436**
23600	11800	21776	10888	131192	65596	72872	36436
				498881	525899		
51900	**51884**	**389237**	**262109**	**670864**	**575983**	**532198**	**461175**
16949	13701	19678	21854	52738	50670	52738	50670
18251	24750			19486	26901	19486	26901
111	164			3100	3889	2974	3707
5589	2813	2324	3520	34387	31816	6060	6252
11000	10456	367235	236735	300439	242159	245487	205991
				260714	220548	205453	167654

1-5 续表 4

集体企业

项 目	商品购进总额		统一配送商品购进额	
	2009年	2008年	2009年	2008年
总 计	**4802417**	**5339261**	**4632846**	**5181719**
批发业	**4198528**	**4815265**	**4191102**	**4805273**
农畜产品批发				
食品、饮料及烟草制品专门批发	4153	5112	4153	5112
纺织、服装及日用品批发				
文化、体育用品及器材批发				
医药及医疗器材批发				
矿产品、建材及化工产品批发	4186949	4800161	4186949	4800161
机械设备、五金交电及电子产品批发				
贸易经纪与代理				
其他批发	7426	9992		
零售业	**603889**	**523996**	**441744**	**376446**
综合零售	571615	494706	411334	349313
食品、饮料及烟草制品专门零售	7032	8254	5675	6640
纺织、服装及日用品专门零售	8949	5815	8901	5781
文化、体育用品及器材专门零售	2203	3087	1745	2577
医药及医疗器材专门零售	13613	11707	13613	11707
汽车、摩托车、燃料及零配件专门零售				
家用电器及电子产品专门零售				
五金、家具及室内装修材料专门零售				
无店铺及其他零售	477	427	477	427
直营门店合计	**4701305**	**5227409**	**4549729**	**5092826**
批发业	**4133317**	**4740713**	**4125891**	**4730722**
农畜产品批发				
食品、饮料及烟草制品专门批发	2010	3066	2010	3066
纺织、服装及日用品批发				
文化、体育用品及器材批发				
医药及医疗器材批发				
矿产品、建材及化工产品批发	4123881	4727656	4123881	4727656
机械设备、五金交电及电子产品批发				
贸易经纪与代理				
其他批发	7426	9992		

单位：万元

自有配送中心配送商品购进额		非自有配送中心配送商品购进额		商品销售总额		零售额	
2009年	2008年	2009年	2008年	2009年	2008年	2009年	2008年
203878	**205022**	**4189525**	**4792636**	**5093239**	**5030901**	**3131419**	**3947494**
68915	**79497**	**4100098**	**4705683**	**4432829**	**4441693**	**2505407**	**3391692**
4153	5112			9508	9201	6278	5786
64762	74385	4100098	4705683	4415153	4421833	2497436	3384340
				8168	10658	1693	1565
134963	**125526**	**89427**	**86953**	**660410**	**589208**	**626012**	**555803**
108979	102904	88441	85967	617503	546412	583193	513095
4831	5708			7998	9555	7998	9555
8901	5781			12694	11593	12694	11593
1745	2577			3341	3831	3341	3831
10031	8128	987	986	18027	17173	17939	17085
477	427			848	645	848	645
125080	**119190**	**4189525**	**4792636**	**4975704**	**4921576**	**3091636**	**3910192**
3704	**4945**	**4100098**	**4705683**	**4347457**	**4362973**	**2497648**	**3384327**
2010	3066			5650	5518	2420	2103
1694	1879	4100098	4705683	4333639	4346796	2493535	3380659
				8168	10658	1693	1565

1-5 续表 5

集体企业

项　目	商品购进总额		统一配送商品购进额	
	2009年	2008年	2009年	2008年
零售业	**567988**	**486695**	**423838**	**362105**
综合零售	537766	459305	395480	336871
食品、饮料及烟草制品专门零售	7032	8254	5675	6640
纺织、服装及日用品专门零售	8852	5726	8804	5692
文化、体育用品及器材专门零售	2203	3087	1745	2577
医药及医疗器材专门零售	11658	9897	11658	9897
汽车、摩托车、燃料及零配件专门零售				
家用电器及电子产品专门零售				
五金、家具及室内装修材料专门零售				
无店铺及其他零售	477	427	477	427
加盟门店合计	**101113**	**111852**	**83117**	**88893**
批发业	**65211**	**74552**	**65211**	**74552**
农畜产品批发				
食品、饮料及烟草制品专门批发	2143	2046	2143	2046
纺织、服装及日用品批发				
文化、体育用品及器材批发				
医药及医疗器材批发				
矿产品、建材及化工产品批发	63068	72506	63068	72506
机械设备、五金交电及电子产品批发				
贸易经纪与代理				
其他批发				
零售业	**35902**	**37300**	**17906**	**14342**
综合零售	33850	35401	15854	12443
食品、饮料及烟草制品专门零售				
纺织、服装及日用品专门零售	97	89	97	89
文化、体育用品及器材专门零售				
医药及医疗器材专门零售	1955	1810	1955	1810
汽车、摩托车、燃料及零配件专门零售				
家用电器及电子产品专门零售				
五金、家具及室内装修材料专门零售				
无店铺及其他零售				

单位：万元

自有配送中心配送商品购进额		非自有配送中心配送商品购进额		商品销售总额		零售额	
2009年	2008年	2009年	2008年	2009年	2008年	2009年	2008年
121376	**114245**	**89427**	**86953**	**628246**	**558604**	**593988**	**525865**
96459	92538	88441	85967	588098	518419	553927	485768
4831	5708			7998	9555	7998	9555
8804	5692			12434	11353	12434	11353
1745	2577			3341	3831	3341	3831
9061	7303	987	986	15528	14801	15441	14713
477	427			848	645	848	645
78798	**85832**			**117535**	**109324**	**39784**	**37302**
65211	**74552**			**85372**	**78720**	**7759**	**7364**
2143	2046			3858	3683	3858	3683
63068	72506			81514	75037	3901	3681
13587	**11280**			**32163**	**30604**	**32025**	**29938**
12520	10367			29405	27993	29266	27327
97	89			260	240	260	240
970	825			2498	2372	2498	2372

1-5 续表 6

股份合作企业

项　　目	商品购进总额		统一配送商品购进额	
	2009年	2008年	2009年	2008年
总　　计	**340507**	**351466**	**249995**	**268126**
批发业	**46382**	**47464**	**39909**	**40681**
农畜产品批发				
食品、饮料及烟草制品专门批发				
纺织、服装及日用品批发				
文化、体育用品及器材批发				
医药及医疗器材批发	24580	25475	24580	25475
矿产品、建材及化工产品批发	15687	15263	15329	15206
机械设备、五金交电及电子产品批发				
贸易经纪与代理				
其他批发	6114	6727		
零售业	**294125**	**304002**	**210086**	**227445**
综合零售	198696	210105	193259	204270
食品、饮料及烟草制品专门零售	8230	8901	7439	7992
纺织、服装及日用品专门零售				
文化、体育用品及器材专门零售				
医药及医疗器材专门零售	9388	15271	9388	15184
汽车、摩托车、燃料及零配件专门零售	77811	69725		
家用电器及电子产品专门零售				
五金、家具及室内装修材料专门零售				
无店铺及其他零售				
直营门店合计	**318891**	**328983**	**229297**	**246649**
批发业	**39539**	**40843**	**33184**	**34095**
农畜产品批发				
食品、饮料及烟草制品专门批发				
纺织、服装及日用品批发				
文化、体育用品及器材批发				
医药及医疗器材批发	24580	25475	24580	25475
矿产品、建材及化工产品批发	8845	8642	8604	8621
机械设备、五金交电及电子产品批发				
贸易经纪与代理				
其他批发	6114	6727		

单位：万元

自有配送中心配送商品购进额		非自有配送中心配送商品购进额		商品销售总额		零售额	
2009年	2008年	2009年	2008年	2009年	2008年	2009年	2008年
134993	**135582**	**26810**	**28786**	**565084**	**539643**	**343660**	**324210**
15329	**15206**	**24580**	**25475**	**56251**	**57061**	**5483**	**6015**
		24580	25475	25850	26788	200	200
15329	15206			15289	14324		
				15112	15949	5283	5815
119664	**120375**	**2230**	**3312**	**508833**	**482582**	**338177**	**318195**
112687	107444	2194	3284	210974	189161	209531	187290
		36	28	7048	8015	6363	7201
6978	12931			11851	18549	10633	16954
				278960	266857	111650	106750
127360	**128492**	**26767**	**28747**	**536166**	**512252**	**321551**	**303012**
8604	**8621**	**24580**	**25475**	**49442**	**50868**	**5483**	**6015**
		24580	25475	25850	26788	200	200
8604	8621			8480	8131		
				15112	15949	5283	5815

1-5 续表 7

股份合作企业

项　　目	商品购进总额		统一配送商品购进额	
	2009年	2008年	2009年	2008年
零售业	**279352**	**288140**	**196112**	**212553**
综合零售	184775	194675	180138	189811
食品、饮料及烟草制品专门零售	8207	8882	7415	7973
纺织、服装及日用品专门零售				
文化、体育用品及器材专门零售				
医药及医疗器材专门零售	8559	14858	8559	14770
汽车、摩托车、燃料及零配件专门零售	77811	69725		
家用电器及电子产品专门零售				
五金、家具及室内装修材料专门零售				
无店铺及其他零售				
加盟门店合计	**21616**	**22483**	**20698**	**21477**
批发业	**6843**	**6621**	**6725**	**6586**
农畜产品批发				
食品、饮料及烟草制品专门批发				
纺织、服装及日用品批发				
文化、体育用品及器材批发				
医药及医疗器材批发				
矿产品、建材及化工产品批发	6843	6621	6725	6586
机械设备、五金交电及电子产品批发				
贸易经纪与代理				
其他批发				
零售业	**14773**	**15862**	**13973**	**14892**
综合零售	13921	15429	13121	14459
食品、饮料及烟草制品专门零售	23	19	23	19
纺织、服装及日用品专门零售				
文化、体育用品及器材专门零售				
医药及医疗器材专门零售	829	414	829	414
汽车、摩托车、燃料及零配件专门零售				
家用电器及电子产品专门零售				
五金、家具及室内装修材料专门零售				
无店铺及其他零售				

单位：万元

自有配送中心配送商品购进额		非自有配送中心配送商品购进额		商品销售总额		零售额	
2009年	2008年	2009年	2008年	2009年	2008年	2009年	2008年
118755	**119872**	**2187**	**3273**	**486724**	**461384**	**316068**	**296997**
112607	107354	2174	3264	189673	168370	188230	166499
		13	9	7024	7996	6340	7182
6149	12517			11066	18162	9848	16567
				278960	266857	111650	106750
7634	**7089**	**43**	**39**	**28918**	**27390**	**22109**	**21197**
6725	**6586**			**6809**	**6193**		
6725	6586			6809	6193		
909	**504**	**43**	**39**	**22109**	**21197**	**22109**	**21197**
80	90	20	20	21301	20791	21301	20791
		23	19	23	19	23	19
829	414			785	387	785	387

1-5 续表 8

联营企业

项　目	商品购进总额		统一配送商品购进额	
	2009年	2008年	2009年	2008年
总　计	**313720**	**306062**	**313720**	**306062**
批发业				
农畜产品批发				
食品、饮料及烟草制品专门批发				
纺织、服装及日用品批发				
文化、体育用品及器材批发				
医药及医疗器材批发				
矿产品、建材及化工产品批发				
机械设备、五金交电及电子产品批发				
贸易经纪与代理				
其他批发				
零售业	**313720**	**306062**	**313720**	**306062**
综合零售	258356	252608	258356	252608
食品、饮料及烟草制品专门零售				
纺织、服装及日用品专门零售				
文化、体育用品及器材专门零售				
医药及医疗器材专门零售	55364	53455	55364	53455
汽车、摩托车、燃料及零配件专门零售				
家用电器及电子产品专门零售				
五金、家具及室内装修材料专门零售				
无店铺及其他零售				
直营门店合计	**75224**	**67430**	**75224**	**67430**
批发业				
农畜产品批发				
食品、饮料及烟草制品专门批发				
纺织、服装及日用品批发				
文化、体育用品及器材批发				
医药及医疗器材批发				
矿产品、建材及化工产品批发				
机械设备、五金交电及电子产品批发				
贸易经纪与代理				
其他批发				

单位：万元

自有配送中心配送商品购进额		非自有配送中心配送商品购进额		商品销售总额		零售额	
2009年	2008年	2009年	2008年	2009年	2008年	2009年	2008年
313069	**305533**			**314157**	**289323**	**305213**	**280578**
313069	**305533**			**314157**	**289323**	**305213**	**280578**
258356	252608			257000	234794	248056	226049
54713	52925			57157	54529	57157	54529
74572	**66900**			**75509**	**71535**	**66565**	**62789**

1-5 续表 9

联营企业

项目	商品购进总额		统一配送商品购进额	
	2009年	2008年	2009年	2008年
零售业	**75224**	**67430**	**75224**	**67430**
综合零售	25174	19426	25174	19426
食品、饮料及烟草制品专门零售				
纺织、服装及日用品专门零售				
文化、体育用品及器材专门零售				
医药及医疗器材专门零售	50049	48004	50049	48004
汽车、摩托车、燃料及零配件专门零售				
家用电器及电子产品专门零售				
五金、家具及室内装修材料专门零售				
无店铺及其他零售				
加盟门店合计	**238497**	**238633**	**238497**	**238633**
批发业				
农畜产品批发				
食品、饮料及烟草制品专门批发				
纺织、服装及日用品批发				
文化、体育用品及器材批发				
医药及医疗器材批发				
矿产品、建材及化工产品批发				
机械设备、五金交电及电子产品批发				
贸易经纪与代理				
其他批发				
零售业	**238497**	**238633**	**238497**	**238633**
综合零售	233182	233182	233182	233182
食品、饮料及烟草制品专门零售				
纺织、服装及日用品专门零售				
文化、体育用品及器材专门零售				
医药及医疗器材专门零售	5315	5451	5315	5451
汽车、摩托车、燃料及零配件专门零售				
家用电器及电子产品专门零售				
五金、家具及室内装修材料专门零售				
无店铺及其他零售				

单位：万元

自有配送中心配送商品购进额		非自有配送中心配送商品购进额		商品销售总额		零售额	
2009年	2008年	2009年	2008年	2009年	2008年	2009年	2008年
74572	**66900**			**75509**	**71535**	**66565**	**62789**
25174	19426			23818	22612	14873	13867
49398	47475			51692	48923	51692	48923
238497	**238633**			**238648**	**217789**	**238648**	**217789**
238497	**238633**			**238648**	**217789**	**238648**	**217789**
233182	233182			233183	212183	233183	212183
5315	5451			5466	5606	5466	5606

1-5 续表 10

有限责任公司

项 目	商品购进总额		统一配送商品购进额	
	2009年	2008年	2009年	2008年
总 计	**27353359**	**26176024**	**20274969**	**18860557**
批发业	**1298404**	**1446076**	**1111920**	**1272269**
农畜产品批发	40226	35625	40226	35625
食品、饮料及烟草制品专门批发	347511	398039	328610	364154
纺织、服装及日用品批发	20462	24689	20462	24689
文化、体育用品及器材批发	14839	16802	14839	16802
医药及医疗器材批发	41666	39889	36895	36318
矿产品、建材及化工产品批发	383261	384154	277935	286682
机械设备、五金交电及电子产品批发	33311	25030	22561	16031
贸易经纪与代理				
其他批发	417129	521848	370392	491967
零售业	**26054955**	**24729947**	**19163049**	**17588288**
综合零售	12790790	11996158	8750651	7924679
食品、饮料及烟草制品专门零售	964894	895180	881085	818022
纺织、服装及日用品专门零售	675825	656376	408012	380521
文化、体育用品及器材专门零售	508124	484113	471940	449929
医药及医疗器材专门零售	1750388	1468068	1403887	1120121
汽车、摩托车、燃料及零配件专门零售	1784874	1476273	1447823	1159857
家用电器及电子产品专门零售	7307085	7446413	5572329	5581290
五金、家具及室内装修材料专门零售	233393	266126	193289	117998
无店铺及其他零售	39582	41241	34034	35871
直营门店合计	**25777761**	**24609603**	**19105693**	**17652208**
批发业	**921225**	**1036475**	**859221**	**967446**
农畜产品批发	27875	24740	27875	24740
食品、饮料及烟草制品专门批发	344123	394806	325221	360921
纺织、服装及日用品批发	7162	4169	7162	4169
文化、体育用品及器材批发	14839	16802	14839	16802
医药及医疗器材批发	38148	36562	34745	34229
矿产品、建材及化工产品批发	224107	231044	195157	207232
机械设备、五金交电及电子产品批发	33311	25030	22561	16031
贸易经纪与代理				
其他批发	231661	303323	231661	303323

单位：万元

自有配送中心配送商品购进额		非自有配送中心配送商品购进额		商品销售总额		零售额	
2009年	2008年	2009年	2008年	2009年	2008年	2009年	2008年
11431162	**10738340**	**2929724**	**3502098**	**31893368**	**30123831**	**25574792**	**24294828**
887112	**1000400**	**95790**	**138542**	**1609025**	**1559284**	**322659**	**287235**
40226	35625			38460	35943	652	487
289886	354814	15878	1005	573757	425070	97327	71577
20462	24689			19142	14194	6356	5881
				14336	15747	4985	5771
28133	29390	269	328	54125	45306	7193	6062
180595	130678	79643	137209	444290	434261	189334	184627
				38946	31505	12409	9239
327810	425203			425970	557259	4403	3591
10544050	**9737940**	**2833934**	**3363555**	**30284343**	**28564546**	**25252133**	**24007593**
4672825	4414067	1613143	1598827	15827975	14710555	12996701	12017812
435234	412111	142966	127999	1178881	1092698	683679	672753
247080	263965	16619	14897	752645	644337	611294	521583
354547	325326	49021	56876	493255	489475	392587	385014
1070876	815458	120727	119419	2080180	1704207	1858218	1524356
166584	205795	29090	20720	1961059	1604618	1215753	1080821
3473805	3166281	855377	1418088	7621588	7922797	7197625	7494934
103365	113364			319271	351267	246888	265819
19734	21572	6992	6729	49489	44593	49388	44500
10652703	**10006066**	**2698046**	**3168300**	**30100798**	**28374398**	**24157531**	**22922186**
739781	**819733**	**37077**	**86350**	**1212239**	**1128641**	**192003**	**154633**
27875	24740			26410	25111		
286497	351582	15878	1005	570320	422158	95760	70417
7162	4169			6356	5881	6356	5881
				14336	15747	4985	5771
27214	28432	269	328	50586	42325	5853	4995
170399	117288	20930	85017	267396	263582	65129	57080
				38946	31505	12409	9239
220634	293523			237889	322332	1511	1251

1-5 续表 11

有限责任公司

项　目	商品购进总额		统一配送商品购进额	
	2009年	2008年	2009年	2008年
零售业	**24856537**	**23573128**	**18246472**	**16684762**
综合零售	11973195	11171585	8138412	7285844
食品、饮料及烟草制品专门零售	873468	814734	807620	751807
纺织、服装及日用品专门零售	630738	608498	364012	332862
文化、体育用品及器材专门零售	506785	482460	470601	448277
医药及医疗器材专门零售	1536743	1296336	1247678	1001497
汽车、摩托车、燃料及零配件专门零售	1784874	1476273	1447823	1159857
家用电器及电子产品专门零售	7277758	7416442	5543002	5551319
五金、家具及室内装修材料专门零售	233393	266126	193289	117998
无店铺及其他零售	39582	40672	34034	35302
加盟门店合计	**1575597**	**1566420**	**1169276**	**1208349**
批发业	**377179**	**409601**	**252699**	**304822**
农畜产品批发	12351	10885	12351	10885
食品、饮料及烟草制品专门批发	3389	3233	3389	3233
纺织、服装及日用品批发	13300	20520	13300	20520
文化、体育用品及器材批发				
医药及医疗器材批发	3519	3328	2151	2089
矿产品、建材及化工产品批发	159153	153110	82778	79451
机械设备、五金交电及电子产品批发				
贸易经纪与代理				
其他批发	185468	218525	138731	188645
零售业	**1198418**	**1156820**	**916577**	**903526**
综合零售	817595	824573	612239	638835
食品、饮料及烟草制品专门零售	91426	80446	73465	66216
纺织、服装及日用品专门零售	45087	47878	43999	47659
文化、体育用品及器材专门零售	1338	1652	1338	1652
医药及医疗器材专门零售	213645	171731	156208	118624
汽车、摩托车、燃料及零配件专门零售				
家用电器及电子产品专门零售	29327	29971	29327	29971
五金、家具及室内装修材料专门零售				
无店铺及其他零售		569		569

单位：万元

自有配送中心配送商品购进额		非自有配送中心配送商品购进额		商品销售总额		零售额	
2009年	2008年	2009年	2008年	2009年	2008年	2009年	2008年
9912922	**9186332**	**2660968**	**3081949**	**28888559**	**27245757**	**23965529**	**22767552**
4309122	4076189	1461551	1349976	14931995	13804712	12146367	11166573
364116	348378	140620	125516	1068937	1004359	584190	591084
207999	223238	14396	12530	669955	569020	554617	448467
354180	324898	48050	55652	492718	488872	392050	384411
936814	728856	104894	92739	1806477	1487364	1611581	1322788
166584	205795	29090	20720	1961059	1604618	1215753	1080821
3451009	3144611	855377	1418088	7588658	7891646	7164696	7463784
103365	113364			319271	351267	246888	265819
19734	21004	6992	6729	49489	43899	49388	43806
778459	**732274**	**231678**	**333798**	**1792570**	**1749433**	**1417261**	**1372642**
147331	**180666**	**58713**	**52192**	**396787**	**430643**	**130657**	**132602**
12351	10885			12049	10832	652	487
3389	3233			3437	2912	1567	1161
13300	20520			12786	8313		
919	958			3539	2981	1341	1067
10196	13390	58713	52192	176894	170679	124205	127547
107176	131681			188081	234927	2892	2340
631128	**551608**	**172965**	**281606**	**1395784**	**1318790**	**1286604**	**1240040**
363703	337878	151592	248851	895980	905843	850334	851239
71119	63733	2346	2483	109945	88339	99489	81669
39081	40727	2223	2368	82689	75317	56678	73117
367	428	971	1225	537	603	537	603
134062	86603	15833	26679	273703	216843	246637	201568
22796	21670			32930	31151	32930	31151
	569				694		694

1-5 续表 12

股份有限公司

项 目	商品购进总额		统一配送商品购进额	
	2009年	2008年	2009年	2008年
总 计	**95841790**	**92013490**	**73330322**	**71679380**
批发业	**25004339**	**25931080**	**19458387**	**21328880**
农畜产品批发	585151	504301	505430	387960
食品、饮料及烟草制品专门批发				
纺织、服装及日用品批发	5962	1354	5962	1354
文化、体育用品及器材批发				
医药及医疗器材批发	15282	16060	15282	16060
矿产品、建材及化工产品批发	24397944	25409365	18931712	20923506
机械设备、五金交电及电子产品批发				
贸易经纪与代理				
其他批发				
零售业	**70837451**	**66082410**	**53871935**	**50350500**
综合零售	33561291	29314932	23024589	19565567
食品、饮料及烟草制品专门零售	80888	68502	73823	61416
纺织、服装及日用品专门零售	6586	6652	6586	6652
文化、体育用品及器材专门零售	479759	549727	479759	549727
医药及医疗器材专门零售	252783	138477	246408	121058
汽车、摩托车、燃料及零配件专门零售	35053442	34932375	28877794	29142678
家用电器及电子产品专门零售	1020301	1062597	780575	894254
五金、家具及室内装修材料专门零售				
无店铺及其他零售	382401	9148	382401	9148
直营门店合计	**92996189**	**89047108**	**70814946**	**69189285**
批发业	**24429545**	**25434501**	**18962391**	**20948642**
农畜产品批发	118923	115709	118000	115709
食品、饮料及烟草制品专门批发				
纺织、服装及日用品批发	5962	1354	5962	1354
文化、体育用品及器材批发				
医药及医疗器材批发	15282	16060	15282	16060
矿产品、建材及化工产品批发	24289378	25301378	18823147	20815519
机械设备、五金交电及电子产品批发				
贸易经纪与代理				
其他批发				

单位：万元

自有配送中心配送商品购进额		非自有配送中心配送商品购进额		商品销售总额		零售额	
2009年	2008年	2009年	2008年	2009年	2008年	2009年	2008年
54854610	**51668452**	**9756765**	**11658407**	**110338955**	**104566409**	**68362514**	**67144509**
10956899	**10625130**	**6590414**	**8522496**	**29349162**	**30140868**	**14355429**	**17773701**
493430	377960	12000	10000	606959	618079	376873	361148
		5962	1354	7736	7736		
4431	5948			14802	11950	3467	2791
10459038	10241223	6572452	8511142	28348540	29124519	13709828	17122226
				371126	378584	265260	287536
43897710	**41043322**	**3166350**	**3135910**	**80989793**	**74425541**	**54007085**	**49370808**
20156697	16898897	2217583	2083814	39822934	34983392	28869111	25057101
59015	45077			104613	88092	103622	82076
4881	4572			7101	6414	6813	5313
478633	549117			497663	475928	440493	424176
224079	105319		17	304108	259025	263988	180905
22124325	22978856	788950	825163	38824347	37532270	23261794	22922145
467680	452336	159818	226916	1100525	1069740	769647	688415
382401	9148			328502	10679	291618	10679
52784171	**49582504**	**9396358**	**11299740**	**106098971**	**100356555**	**64618863**	**63495082**
10480503	**10254893**	**6570815**	**8512496**	**28740937**	**29604555**	**14004477**	**17458065**
118000	115709			119519	177360	35856	53208
		5962	1354	7736	7736		
4431	5948			14802	11950	3467	2791
10358071	10133235	6564853	8511142	28227753	29028925	13699894	17114531
				371126	378584	265260	287536

1-5 续表 13

股份有限公司

项　目	商品购进总额		统一配送商品购进额	
	2009年	2008年	2009年	2008年
零售业	**68566644**	**63612607**	**51852555**	**48240643**
综合零售	31859431	27637816	21570181	18115910
食品、饮料及烟草制品专门零售	33683	36242	26618	29156
纺织、服装及日用品专门零售	6586	6652	6586	6652
文化、体育用品及器材专门零售	479073	549000	479073	549000
医药及医疗器材专门零售	228190	119693	221815	102274
汽车、摩托车、燃料及零配件专门零售	34568566	34200416	28396893	28543205
家用电器及电子产品专门零售	1008715	1053640	768988	885297
五金、家具及室内装修材料专门零售				
无店铺及其他零售	382401	9148	382401	9148
加盟门店合计	**2845602**	**2966382**	**2515376**	**2490095**
批发业	**574794**	**496579**	**495996**	**380238**
农畜产品批发	466229	388591	387430	272251
食品、饮料及烟草制品专门批发				
纺织、服装及日用品批发				
文化、体育用品及器材批发				
医药及医疗器材批发				
矿产品、建材及化工产品批发	108566	107987	108566	107987
机械设备、五金交电及电子产品批发				
贸易经纪与代理				
其他批发				
零售业	**2270807**	**2469803**	**2019380**	**2109857**
综合零售	1701860	1677116	1454408	1449656
食品、饮料及烟草制品专门零售	47205	32260	47205	32260
纺织、服装及日用品专门零售				
文化、体育用品及器材专门零售	686	727	686	727
医药及医疗器材专门零售	24593	18784	24593	18784
汽车、摩托车、燃料及零配件专门零售	484877	731959	480901	599472
家用电器及电子产品专门零售	11586	8957	11586	8957
五金、家具及室内装修材料专门零售				
无店铺及其他零售				

单位：万元

自有配送中心配送商品购进额		非自有配送中心配送商品购进额		商品销售总额		零售额	
2009年	2008年	2009年	2008年	2009年	2008年	2009年	2008年
42303668	**39327611**	**2825544**	**2787243**	**77358035**	**70752000**	**50614386**	**46037016**
19092611	15818624	1893553	1747329	36808903	32085635	25855080	22199950
11810	12817			40475	43455	39483	37439
4881	4572			7101	6414	6813	5313
477947	548390			496978	475201	439809	423448
217723	99126		7	252253	213613	212780	135893
21648615	22382598	783760	821949	38338759	36855303	23014619	22543921
467680	452336	148231	217959	1085063	1061701	754185	680375
382401	9148			328502	10679	291618	10679
2070439	**2085949**	**360406**	**358667**	**4239984**	**4209854**	**3743651**	**3649427**
476397	**370238**	**19600**	**10000**	**608226**	**536313**	**350952**	**315635**
375430	262251	12000	10000	487439	440719	341018	307940
100966	107987	7600		120786	95594	9934	7696
1594043	**1715711**	**340807**	**348667**	**3631758**	**3673541**	**3392699**	**3333792**
1064085	1080273	324030	336486	3014031	2897757	3014031	2857151
47205	32260			64139	44637	64139	44637
686	727			684	727	684	727
6356	6193		10	51854	45412	51209	45012
475710	596258	5191	3215	485588	676967	247174	378224
		11586	8957	15462	8040	15462	8040

1-5 续表 14

私营企业

项 目	商品购进总额		统一配送商品购进额	
	2009年	2008年	2009年	2008年
总 计	**11710804**	**10872805**	**8676715**	**8071729**
批发业	**686134**	**647322**	**649488**	**618316**
农畜产品批发				
食品、饮料及烟草制品专门批发	41449	33974	39484	33712
纺织、服装及日用品批发	348803	327505	348803	327505
文化、体育用品及器材批发	2710	2566	2710	2566
医药及医疗器材批发	46601	32123	27394	17686
矿产品、建材及化工产品批发	59864	60898	59864	60898
机械设备、五金交电及电子产品批发	162095	164525	152477	153250
贸易经纪与代理				
其他批发	24613	25733	18757	22699
零售业	**11024669**	**10225483**	**8027226**	**7453413**
综合零售	4382709	3943639	3408101	3155577
食品、饮料及烟草制品专门零售	564716	509736	556564	486117
纺织、服装及日用品专门零售	232114	209414	130925	127724
文化、体育用品及器材专门零售	611626	604688	505497	497324
医药及医疗器材专门零售	1081537	971192	1011831	889827
汽车、摩托车、燃料及零配件专门零售	95323	55147	42185	20507
家用电器及电子产品专门零售	3961319	3822894	2290936	2184548
五金、家具及室内装修材料专门零售	20795	27102	11459	13974
无店铺及其他零售	74530	81669	69728	77816
直营门店合计	**10633323**	**9846188**	**7709545**	**7135121**
批发业	**350123**	**338445**	**323632**	**318328**
农畜产品批发				
食品、饮料及烟草制品专门批发	36585	28966	35195	28936
纺织、服装及日用品批发	79004	82628	79004	82628
文化、体育用品及器材批发	2710	2566	2710	2566
医药及医疗器材批发	32025	18398	21338	10809
矿产品、建材及化工产品批发	48005	54652	48005	54652
机械设备、五金交电及电子产品批发	128241	126524	118623	116038
贸易经纪与代理				
其他批发	23554	24711	18757	22699

单位：万元

自有配送中心配送商品购进额		非自有配送中心配送商品购进额		商品销售总额		零售额	
2009年	2008年	2009年	2008年	2009年	2008年	2009年	2008年
5689718	**5139913**	**665002**	**599027**	**13684413**	**12102163**	**12050537**	**10844819**
558281	**540318**	**43574**	**41326**	**914222**	**792490**	**517781**	**496736**
32853	27025			39750	31651	16597	19296
306136	289421	36953	34855	538796	460898	384672	312214
2710	2566			3047	3253	914	1300
14154	14514	1765	1975	57706	37459	21520	13939
43623	45017	4856	4496	67020	67928	25	20
150034	150752			182532	166083	88483	144772
8772	11022			25371	25218	5570	5195
5131437	**4599595**	**621429**	**557701**	**12770192**	**11309674**	**11532756**	**10348084**
1811564	1607660	369203	357247	4814188	4263160	4646291	4130354
438265	365251	17252	35330	682344	559295	494737	432092
56238	54422	10661	7415	297519	249374	251233	213693
403715	458972	67253	23136	682571	673566	486329	479620
776596	689104	44272	23152	1270630	1093694	1119751	1016032
12715	12804		84	98234	68804	86157	64508
1564824	1334709	112788	111337	4820818	4300566	4346737	3910569
7662	9305			21160	26355	21160	26355
59858	67367			82728	74861	80361	74861
4853519	**4316987**	**606511**	**540362**	**12375741**	**10876485**	**10926555**	**9799647**
246687	**253689**	**31212**	**29006**	**417129**	**351285**	**120228**	**149247**
28564	22250			33847	26018	10694	13662
48892	55974	26299	24464	105430	91541	31912	21039
2710	2566			3047	3253	914	1300
9805	9566	57	46	38179	19640	12978	4026
31764	38771	4856	4496	62568	64265	25	20
116180	113540			151937	124216	58134	104005
8772	11022			22122	22353	5570	5195

1-5　续表 15

私营企业

项　目	商品购进总额		统一配送商品购进额	
	2009年	2008年	2009年	2008年
零售业	**10283200**	**9507744**	**7385913**	**6816793**
综合零售	4067851	3672713	3176467	2956864
食品、饮料及烟草制品专门零售	504365	436496	498979	415753
纺织、服装及日用品专门零售	226984	206995	128588	126321
文化、体育用品及器材专门零售	484358	472656	386366	366865
医药及医疗器材专门零售	1005033	903743	938108	825817
汽车、摩托车、燃料及零配件专门零售	94069	54131	40931	19491
家用电器及电子产品专门零售	3807815	3654877	2137886	2016530
五金、家具及室内装修材料专门零售	20795	27102	11459	13974
无店铺及其他零售	71930	79031	67128	75178
加盟门店合计	**1077481**	**1026617**	**967169**	**936608**
批发业	**336011**	**308878**	**325856**	**299988**
农畜产品批发				
食品、饮料及烟草制品专门批发	4864	5008	4288	4776
纺织、服装及日用品批发	269799	244877	269799	244877
文化、体育用品及器材批发				
医药及医疗器材批发	14576	13725	6056	6878
矿产品、建材及化工产品批发	11859	6246	11859	6246
机械设备、五金交电及电子产品批发	33854	38001	33854	37212
贸易经纪与代理				
其他批发	1059	1022		
零售业	**741470**	**717739**	**641313**	**636621**
综合零售	314858	270926	231634	198713
食品、饮料及烟草制品专门零售	60351	73241	57585	70364
纺织、服装及日用品专门零售	5130	2420	2337	1403
文化、体育用品及器材专门零售	127269	132032	119131	130458
医药及医疗器材专门零售	76504	67449	73723	64010
汽车、摩托车、燃料及零配件专门零售	1254	1017	1254	1017
家用电器及电子产品专门零售	153504	168018	153050	168018
五金、家具及室内装修材料专门零售				
无店铺及其他零售	2600	2638	2600	2638

单位：万元

自有配送中心配送商品购进额		非自有配送中心配送商品购进额		商品销售总额		零售额	
2009年	2008年	2009年	2008年	2009年	2008年	2009年	2008年
4606832	**4063298**	**575299**	**511356**	**11958612**	**10525200**	**10806327**	**9650400**
1657682	1469667	338103	332946	4469474	3959772	4327540	3848807
391164	300106	16328	34739	619476	498271	444809	379528
56111	54244	8451	6190	288734	245880	250287	212759
294598	346908	57240	4741	541964	539923	381332	395723
715268	636205	42390	21319	1184261	1000948	1036180	927470
12715	12804		84	96783	67611	84706	63315
1411774	1166691	112788	111337	4656521	4114503	4182441	3724506
7662	9305			21160	26355	21160	26355
59858	67367			80238	71937	77871	71937
836199	**822926**	**58491**	**58665**	**1308673**	**1225678**	**1123982**	**1045172**
311594	**286629**	**12362**	**12320**	**497092**	**441205**	**397553**	**347489**
4288	4776			5903	5634	5903	5634
257245	233447	10654	10391	433367	369357	352760	291175
4348	4949	1708	1929	19527	17819	8541	9913
11859	6246			4453	3663		
33854	37212			30595	41867	30349	40767
				3249	2865		
524605	**536297**	**46129**	**46345**	**811580**	**784473**	**726429**	**697684**
153882	137993	31101	24301	344714	303387	318751	281547
47101	65145	924	591	62867	61024	49927	52564
127	178	2210	1225	8786	3494	946	934
109118	112064	10013	18394	140607	133643	104997	83897
61328	52899	1882	1833	86369	92745	83570	88562
				1451	1193	1451	1193
153050	168018			164297	186063	164297	186063
				2490	2924	2490	2924

1-5 续表 16

其他企业

项　目	商品购进总额		统一配送商品购进额	
	2009年	2008年	2009年	2008年
总　计	**128030**	**101898**	**122717**	**98851**
批发业	**3441**	**3752**	**3441**	**3752**
农畜产品批发				
食品、饮料及烟草制品专门批发	2178	2620	2178	2620
纺织、服装及日用品批发				
文化、体育用品及器材批发				
医药及医疗器材批发				
矿产品、建材及化工产品批发				
机械设备、五金交电及电子产品批发				
贸易经纪与代理				
其他批发	1263	1132	1263	1132
零售业	**124589**	**98146**	**119276**	**95099**
综合零售	66237	40263	62827	39083
食品、饮料及烟草制品专门零售	8104	7553	6200	5686
纺织、服装及日用品专门零售	769	940	769	940
文化、体育用品及器材专门零售	2969	4257	2969	4257
医药及医疗器材专门零售	8161	6783	8161	6783
汽车、摩托车、燃料及零配件专门零售				
家用电器及电子产品专门零售	38350	38350	38350	38350
五金、家具及室内装修材料专门零售				
无店铺及其他零售				
直营门店合计	**126249**	**100203**	**120936**	**97157**
批发业	**3441**	**3752**	**3441**	**3752**
农畜产品批发				
食品、饮料及烟草制品专门批发	2178	2620	2178	2620
纺织、服装及日用品批发				
文化、体育用品及器材批发				
医药及医疗器材批发				
矿产品、建材及化工产品批发				
机械设备、五金交电及电子产品批发				
贸易经纪与代理				
其他批发	1263	1132	1263	1132

单位：万元

自有配送中心配送商品购进额		非自有配送中心配送商品购进额		商品销售总额		零售额	
2009年	2008年	2009年	2008年	2009年	2008年	2009年	2008年
57703	**39527**	**10648**	**5680**	**133513**	**129593**	**126743**	**126647**
3441	**3752**			**4033**	**3623**	**631**	**677**
2178	2620			2341	2798	631	677
1263	1132			1692	825		
54262	**35775**	**10648**	**5680**	**129480**	**125970**	**126112**	**125970**
48249	28918	5566	1352	61201	51673	61201	51673
				8946	7545	6525	7545
769	940			994	1142	994	1142
2969	4257			10921	6244	10726	6244
2276	1660	5082	4328	9632	9149	8880	9149
				37786	50217	37786	50217
57253	**39159**	**9710**	**4741**	**129842**	**126321**	**123072**	**123375**
3441	**3752**			**4033**	**3623**	**631**	**677**
2178	2620			2341	2798	631	677
1263	1132			1692	825		

1-5 续表 17

其他企业

项 目	商品购进总额		统一配送商品购进额	
	2009年	2008年	2009年	2008年
零售业	**122808**	**96452**	**117495**	**93405**
综合零售	66237	40263	62827	39083
食品、饮料及烟草制品专门零售	8104	7553	6200	5686
纺织、服装及日用品专门零售	769	940	769	940
文化、体育用品及器材专门零售	2969	4257	2969	4257
医药及医疗器材专门零售	6381	5089	6381	5089
汽车、摩托车、燃料及零配件专门零售				
家用电器及电子产品专门零售	38350	38350	38350	38350
五金、家具及室内装修材料专门零售				
无店铺及其他零售				
加盟门店合计	**1781**	**1695**	**1781**	**1695**
批发业				
农畜产品批发				
食品、饮料及烟草制品专门批发				
纺织、服装及日用品批发				
文化、体育用品及器材批发				
医药及医疗器材批发				
矿产品、建材及化工产品批发				
机械设备、五金交电及电子产品批发				
贸易经纪与代理				
其他批发				
零售业	**1781**	**1695**	**1781**	**1695**
综合零售				
食品、饮料及烟草制品专门零售				
纺织、服装及日用品专门零售				
文化、体育用品及器材专门零售				
医药及医疗器材专门零售	1781	1695	1781	1695
汽车、摩托车、燃料及零配件专门零售				
家用电器及电子产品专门零售				
五金、家具及室内装修材料专门零售				
无店铺及其他零售				

单位：万元

自有配送中心配送商品购进额		非自有配送中心配送商品购进额		商品销售总额		零售额	
2009年	2008年	2009年	2008年	2009年	2008年	2009年	2008年
53812	**35407**	**9710**	**4741**	**125809**	**122698**	**122441**	**122698**
48249	28918	5566	1352	61201	51673	61201	51673
				8946	7545	6525	7545
769	940			994	1142	994	1142
2969	4257			10921	6244	10726	6244
1826	1293	4144	3389	5961	5878	5208	5878
				37786	50217	37786	50217
450	**368**	**938**	**939**	**3672**	**3272**	**3672**	**3272**
450	**368**	**938**	**939**	**3672**	**3272**	**3672**	**3272**
450	368	938	939	3672	3272	3672	3272

1-5 续表 18

港澳台商投资企业

项 目	商品购进总额		统一配送商品购进额	
	2009年	2008年	2009年	2008年
总 计	**9779183**	**8414356**	**5918565**	**5122772**
批发业				
农畜产品批发				
食品、饮料及烟草制品专门批发				
纺织、服装及日用品批发				
文化、体育用品及器材批发				
医药及医疗器材批发				
矿产品、建材及化工产品批发				
机械设备、五金交电及电子产品批发				
贸易经纪与代理				
其他批发				
零售业	**9779183**	**8414356**	**5918565**	**5122772**
综合零售	9295239	7923185	5514104	4711408
食品、饮料及烟草制品专门零售	100865	85928	99947	85044
纺织、服装及日用品专门零售	253458	271981	206158	222533
文化、体育用品及器材专门零售				
医药及医疗器材专门零售	61413	55277	61413	55277
汽车、摩托车、燃料及零配件专门零售	3245	8148	3245	8148
家用电器及电子产品专门零售				
五金、家具及室内装修材料专门零售	39088	39581	7823	10107
无店铺及其他零售	25875	30255	25875	30255
直营门店合计	**7711672**	**6366839**	**5903891**	**5053458**
批发业				
农畜产品批发				
食品、饮料及烟草制品专门批发				
纺织、服装及日用品批发				
文化、体育用品及器材批发				
医药及医疗器材批发				
矿产品、建材及化工产品批发				
机械设备、五金交电及电子产品批发				
贸易经纪与代理				
其他批发				

单位：万元

自有配送中心配送商品购进额		非自有配送中心配送商品购进额		商品销售总额		零售额	
2009年	2008年	2009年	2008年	2009年	2008年	2009年	2008年
3646286	**3109549**	**1455416**	**1226710**	**13173359**	**11057416**	**12094438**	**10052924**
3646286	**3109549**	**1455416**	**1226710**	**13173359**	**11057416**	**12094438**	**10052924**
3414054	2856029	1436953	1220180	12564086	10462329	11642999	9636227
41966	44185	9882	738	109959	87259	109471	86598
114860	129935	8581	5793	332820	352764	224759	219329
61413	55277			78015	65381	60729	50538
3245	8148			3056	7479	3056	7479
7823	10107			55238	50975	34737	36501
2925	5867			30186	31229	18688	16253
3631612	**3096648**	**1455416**	**1170297**	**9432395**	**7785978**	**8353655**	**6781486**

1-5 续表 19

港澳台商投资企业

项　目	商品购进总额		统一配送商品购进额	
	2009年	2008年	2009年	2008年
零售业	**7711672**	**6366839**	**5903891**	**5053458**
综合零售	7235529	5881131	5507231	4647555
食品、饮料及烟草制品专门零售	93064	80646	92146	79762
纺织、服装及日用品专门零售	253458	271801	206158	222353
文化、体育用品及器材专门零售				
医药及医疗器材专门零售	61413	55277	61413	55277
汽车、摩托车、燃料及零配件专门零售	3245	8148	3245	8148
家用电器及电子产品专门零售				
五金、家具及室内装修材料专门零售	39088	39581	7823	10107
无店铺及其他零售	25875	30255	25875	30255
加盟门店合计	**2067510**	**2047516**	**14674**	**69314**
批发业				
农畜产品批发				
食品、饮料及烟草制品专门批发				
纺织、服装及日用品批发				
文化、体育用品及器材批发				
医药及医疗器材批发				
矿产品、建材及化工产品批发				
机械设备、五金交电及电子产品批发				
贸易经纪与代理				
其他批发				
零售业	**2067510**	**2047516**	**14674**	**69314**
综合零售	2059710	2042055	6873	63853
食品、饮料及烟草制品专门零售	7801	5282	7801	5282
纺织、服装及日用品专门零售		180		180
文化、体育用品及器材专门零售				
医药及医疗器材专门零售				
汽车、摩托车、燃料及零配件专门零售				
家用电器及电子产品专门零售				
五金、家具及室内装修材料专门零售				
无店铺及其他零售				

单位：万元

自有配送中心配送商品购进额		非自有配送中心配送商品购进额		商品销售总额		零售额	
2009年	2008年	2009年	2008年	2009年	2008年	2009年	2008年
3631612	**3096648**	**1455416**	**1170297**	**9432395**	**7785978**	**8353655**	**6781486**
3407181	2848590	1436953	1163767	8830739	7197756	7909652	6371654
34165	38904	9882	738	102341	80595	102035	79933
114860	129755	8581	5793	332820	352564	224759	219129
61413	55277			78015	65381	60729	50538
3245	8148			3056	7479	3056	7479
7823	10107			55238	50975	34737	36501
2925	5867			30186	31229	18688	16253
14674	**12901**		**56413**	**3740964**	**3271438**	**3740783**	**3271438**
14674	**12901**		**56413**	**3740964**	**3271438**	**3740783**	**3271438**
6873	7440		56413	3733347	3264573	3733347	3264573
7801	5282			7617	6665	7436	6665
	180				200		200

1-5 续表 20

外商投资企业

项　　目	商品购进总额		统一配送商品购进额	
	2009年	2008年	2009年	2008年
总　计	**20883817**	**19834978**	**15946021**	**14901209**
批发业	**592393**	**681470**	**575889**	**606206**
农畜产品批发				
食品、饮料及烟草制品专门批发	341199	383524	341199	383524
纺织、服装及日用品批发				
文化、体育用品及器材批发				
医药及医疗器材批发				
矿产品、建材及化工产品批发	181995	188170	165491	112906
机械设备、五金交电及电子产品批发				
贸易经纪与代理				
其他批发	69199	109776	69199	109776
零售业	**20291424**	**19153508**	**15370132**	**14295003**
综合零售	14886524	13609052	10577262	9360502
食品、饮料及烟草制品专门零售	54167	65902	54167	65902
纺织、服装及日用品专门零售	554509	573510	533640	548738
文化、体育用品及器材专门零售	21167	25080	21167	18168
医药及医疗器材专门零售	92212	120435	51386	87180
汽车、摩托车、燃料及零配件专门零售	2601076	2732311	2599718	2732311
家用电器及电子产品专门零售	1768705	1640839	1372977	1326200
五金、家具及室内装修材料专门零售	310627	383522	157378	153146
无店铺及其他零售	2438	2857	2438	2857
直营门店合计	**19013634**	**18028973**	**14105876**	**13206833**
批发业	**403598**	**486100**	**403598**	**486100**
农畜产品批发				
食品、饮料及烟草制品专门批发	334399	376324	334399	376324
纺织、服装及日用品批发				
文化、体育用品及器材批发				
医药及医疗器材批发				
矿产品、建材及化工产品批发				
机械设备、五金交电及电子产品批发				
贸易经纪与代理				
其他批发	69199	109776	69199	109776

单位：万元

自有配送中心配送商品购进额		非自有配送中心配送商品购进额		商品销售总额		零售额	
2009年	2008年	2009年	2008年	2009年	2008年	2009年	2008年
8902565	**8450375**	**2910495**	**2607976**	**23199474**	**22167050**	**19794208**	**18605601**
410398	**493300**	**165491**	**112906**	**700100**	**708176**	**315952**	**206082**
341199	383524			408718	391311	92347	44091
		165491	112906	214152	200426	196232	121595
69199	109776			77229	116439	27372	40396
8492167	**7957075**	**2745004**	**2495070**	**22499375**	**21458874**	**19478257**	**18399519**
5843953	5332377	2091749	1752332	16342354	15158937	14391705	13332948
53371	64998			58407	74600	58407	74600
532884	547807			810481	835775	483861	507289
		14373	9922	28056	33716	24491	25886
51386	87180			140063	125045	140063	125045
590675	543123	613815	710990	3087501	3267512	2460883	2609598
1372977	1326200			1596197	1504384	1551082	1346876
45228	53672	25067	21826	433677	455817	365126	374190
1693	1719			2638	3087	2638	3087
7331705	**6974147**	**2695064**	**2426297**	**20977266**	**19899046**	**17726901**	**16547985**
403598	**486100**			**478848**	**501740**	**112620**	**78477**
334399	376324			401618	385301	85247	38081
69199	109776			77229	116439	27372	40396

1-5 续表 21

外商投资企业

项　　目	商品购进总额		统一配送商品购进额	
	2009年	2008年	2009年	2008年
零售业	**18610036**	**17542874**	**13702279**	**12720733**
综合零售	13473209	12290598	9172605	8050395
食品、饮料及烟草制品专门零售	50326	61209	50326	61209
纺织、服装及日用品专门零售	293568	312564	274285	289268
文化、体育用品及器材专门零售	21167	25080	21167	18168
医药及医疗器材专门零售	92212	120435	51386	87180
汽车、摩托车、燃料及零配件专门零售	2601076	2732311	2599718	2732311
家用电器及电子产品专门零售	1768705	1640839	1372977	1326200
五金、家具及室内装修材料专门零售	307336	356980	157378	153146
无店铺及其他零售	2438	2857	2438	2857
加盟门店合计	**1870183**	**1806004**	**1840145**	**1694376**
批发业	**188795**	**195370**	**172291**	**120106**
农畜产品批发				
食品、饮料及烟草制品专门批发	6800	7200	6800	7200
纺织、服装及日用品批发				
文化、体育用品及器材批发				
医药及医疗器材批发				
矿产品、建材及化工产品批发	181995	188170	165491	112906
机械设备、五金交电及电子产品批发				
贸易经纪与代理				
其他批发				
零售业	**1681388**	**1610634**	**1667854**	**1574270**
综合零售	1413315	1318454	1404657	1310107
食品、饮料及烟草制品专门零售	3841	4693	3841	4693
纺织、服装及日用品专门零售	260941	260946	259355	259470
文化、体育用品及器材专门零售				
医药及医疗器材专门零售				
汽车、摩托车、燃料及零配件专门零售				
家用电器及电子产品专门零售				
五金、家具及室内装修材料专门零售	3291	26542		
无店铺及其他零售				

单位：万元

自有配送中心配送商品购进额		非自有配送中心配送商品购进额		商品销售总额		零售额	
2009年	2008年	2009年	2008年	2009年	2008年	2009年	2008年
6928108	**6488047**	**2695064**	**2426297**	**20498419**	**19397306**	**17614282**	**16469508**
4542844	4126989	2041809	1683559	14783228	13576753	12858787	11768579
49529	60305			54577	69772	54577	69772
273775	288860			381932	391932	166086	177187
		14373	9922	28056	33716	24491	25886
51386	87180			140063	125045	140063	125045
590675	543123	613815	710990	3087501	3267512	2460883	2609598
1372977	1326200			1596197	1504384	1551082	1346876
45228	53672	25067	21826	424226	425105	355675	343478
1693	1719			2638	3087	2638	3087
1570859	**1476228**	**215431**	**181679**	**2222208**	**2268003**	**2067307**	**2057616**
6800	**7200**	**165491**	**112906**	**221252**	**206436**	**203332**	**127605**
6800	7200			7100	6010	7100	6010
		165491	112906	214152	200426	196232	121595
1564059	**1469028**	**49940**	**68773**	**2000956**	**2061567**	**1863975**	**1930011**
1301109	1205388	49940	68773	1559125	1582185	1532919	1564369
3841	4693			3830	4828	3830	4828
259109	258947			428549	443843	317775	330102
				9451	30712	9451	30712

1-6 按行业与业态分连锁零售企业基本情况

便利店

项　目	连锁总店数（个）	门店数（个）		年末从业人员（人）		年末零售营业面积（平方米）	
	2009年	2009年	2008年	2009年	2008年	2009年	2008年
总　计	**96**	**15779**	**16178**	**92789**	**92216**	**1442707**	**1284861**
批发业	**1**	**57**	**56**	**145**	**141**	**4935**	**4760**
农畜产品批发							
食品、饮料及烟草制品专门批发	1	57	56	145	141	4935	4760
纺织、服装及日用品批发							
文化、体育用品及器材批发							
医药及医疗器材批发							
矿产品、建材及化工产品批发							
机械设备、五金交电及电子产品批发							
贸易经纪与代理							
其他批发							
零售业	**95**	**15722**	**16122**	**92644**	**92075**	**1437772**	**1280101**
综合零售	72	12621	13247	73675	74593	1065388	1055240
食品、饮料及烟草制品专门零售	16	776	702	4401	4135	56056	50569
纺织、服装及日用品专门零售							
文化、体育用品及器材专门零售							
医药及医疗器材专门零售	6	2294	2138	9962	8847	189722	162307
汽车、摩托车、燃料及零配件专门零售							
家用电器及电子产品专门零售	1	31	35	4606	4500	126606	11985
五金、家具及室内装修材料专门零售							
无店铺及其他零售							
直营门店合计		**8506**	**8143**	**66758**	**64128**	**1045707**	**870544**
批发业		**2**	**1**	**37**	**37**	**2080**	**2000**
农畜产品批发							
食品、饮料及烟草制品专门批发		2	1	37	37	2080	2000
纺织、服装及日用品批发							
文化、体育用品及器材批发							
医药及医疗器材批发							
矿产品、建材及化工产品批发							
机械设备、五金交电及电子产品批发							
贸易经纪与代理							
其他批发							

1-6 续表 1

便利店

项目	连锁总店数（个）	门店数（个）		年末从业人员（人）		年末零售营业面积（平方米）	
	2009年	2009年	2008年	2009年	2008年	2009年	2008年
零售业		**8504**	**8142**	**66721**	**64091**	**1043627**	**868544**
综合零售		7620	7310	56298	54027	832470	784628
食品、饮料及烟草制品专门零售		528	504	3814	3685	48366	44174
纺织、服装及日用品专门零售							
文化、体育用品及器材专门零售							
医药及医疗器材专门零售		325	293	2003	1879	36185	27757
汽车、摩托车、燃料及零配件专门零售							
家用电器及电子产品专门零售		31	35	4606	4500	126606	11985
五金、家具及室内装修材料专门零售							
无店铺及其他零售							
加盟门店合计		**7273**	**8035**	**26031**	**28088**	**397000**	**414317**
批发业		**55**	**55**	**108**	**104**	**2855**	**2760**
农畜产品批发							
食品、饮料及烟草制品专门批发		55	55	108	104	2855	2760
纺织、服装及日用品批发							
文化、体育用品及器材批发							
医药及医疗器材批发							
矿产品、建材及化工产品批发							
机械设备、五金交电及电子产品批发							
贸易经纪与代理							
其他批发							
零售业		**7218**	**7980**	**25923**	**27984**	**394145**	**411557**
综合零售		5001	5937	17377	20566	232918	270612
食品、饮料及烟草制品专门零售		248	198	587	450	7690	6395
纺织、服装及日用品专门零售							
文化、体育用品及器材专门零售							
医药及医疗器材专门零售		1969	1845	7959	6968	153537	134550
汽车、摩托车、燃料及零配件专门零售							
家用电器及电子产品专门零售							
五金、家具及室内装修材料专门零售							
无店铺及其他零售							

1-6　续表 2

折扣店

项　　目	连锁总店数(个)	门店数(个)		年末从业人员(人)		年末零售营业面积(平方米)	
	2009年	2009年	2008年	2009年	2008年	2009年	2008年
总　计	**4**	**859**	**783**	**7979**	**8434**	**243244**	**222733**
批发业							
农畜产品批发							
食品、饮料及烟草制品专门批发							
纺织、服装及日用品批发							
文化、体育用品及器材批发							
医药及医疗器材批发							
矿产品、建材及化工产品批发							
机械设备、五金交电及电子产品批发							
贸易经纪与代理							
其他批发							
零售业	**4**	**859**	**783**	**7979**	**8434**	**243244**	**222733**
综合零售	3	854	779	7546	8045	207522	193883
食品、饮料及烟草制品专门零售							
纺织、服装及日用品专门零售	1	5	4	433	389	35722	28850
文化、体育用品及器材专门零售							
医药及医疗器材专门零售							
汽车、摩托车、燃料及零配件专门零售							
家用电器及电子产品专门零售							
五金、家具及室内装修材料专门零售							
无店铺及其他零售							
直营门店合计		**801**	**770**	**7561**	**8345**	**233585**	**221023**
批发业							
农畜产品批发							
食品、饮料及烟草制品专门批发							
纺织、服装及日用品批发							
文化、体育用品及器材批发							
医药及医疗器材批发							
矿产品、建材及化工产品批发							
机械设备、五金交电及电子产品批发							
贸易经纪与代理							
其他批发							

1-6 续表 3

折扣店

项目	连锁总店数(个)	门店数(个)		年末从业人员(人)		年末零售营业面积(平方米)	
	2009年	2009年	2008年	2009年	2008年	2009年	2008年
零售业		**801**	**770**	**7561**	**8345**	**233585**	**221023**
综合零售		796	766	7128	7956	197863	192173
食品、饮料及烟草制品专门零售							
纺织、服装及日用品专门零售		5	4	433	389	35722	28850
文化、体育用品及器材专门零售							
医药及医疗器材专门零售							
汽车、摩托车、燃料及零配件专门零售							
家用电器及电子产品专门零售							
五金、家具及室内装修材料专门零售							
无店铺及其他零售							
加盟门店合计		**58**	**13**	**418**	**89**	**9659**	**1710**
批发业							
农畜产品批发							
食品、饮料及烟草制品专门批发							
纺织、服装及日用品批发							
文化、体育用品及器材批发							
医药及医疗器材批发							
矿产品、建材及化工产品批发							
机械设备、五金交电及电子产品批发							
贸易经纪与代理							
其他批发							
零售业		**58**	**13**	**418**	**89**	**9659**	**1710**
综合零售		58	13	418	89	9659	1710
食品、饮料及烟草制品专门零售							
纺织、服装及日用品专门零售							
文化、体育用品及器材专门零售							
医药及医疗器材专门零售							
汽车、摩托车、燃料及零配件专门零售							
家用电器及电子产品专门零售							
五金、家具及室内装修材料专门零售							
无店铺及其他零售							

1-6 续表 4

超市

项　目	连锁总店数(个)	门店数(个)		年末从业人员(人)		年末零售营业面积(平方米)	
	2009年	2009年	2008年	2009年	2008年	2009年	2008年
总　计	**458**	**33224**	**31157**	**488642**	**480770**	**19248523**	**17041895**
批发业	**2**	**23**	**23**	**1293**	**1287**	**21622**	**21622**
农畜产品批发							
食品、饮料及烟草制品专门批发	1	17	17	1255	1260	21022	21022
纺织、服装及日用品批发							
文化、体育用品及器材批发							
医药及医疗器材批发	1	6	6	38	27	600	600
矿产品、建材及化工产品批发							
机械设备、五金交电及电子产品批发							
贸易经纪与代理							
其他批发							
零售业	**456**	**33201**	**31134**	**487349**	**479483**	**19226901**	**17020273**
综合零售	406	31271	29295	469997	460915	18750670	16545718
食品、饮料及烟草制品专门零售	19	1324	1284	9394	10065	268319	313334
纺织、服装及日用品专门零售	1	10	9	170	78	1000	1200
文化、体育用品及器材专门零售	3	23	22	372	421	19995	19865
医药及医疗器材专门零售	22	533	490	5948	6676	102971	84261
汽车、摩托车、燃料及零配件专门零售	1	26	22	836	836	60646	40295
家用电器及电子产品专门零售	3	12	10	537	408	21300	13600
五金、家具及室内装修材料专门零售							
无店铺及其他零售	1	2	2	95	84	2000	2000
直营门店合计		**13730**	**12896**	**384234**	**373919**	**16237279**	**14157299**
批发业		**23**	**23**	**1293**	**1287**	**21622**	**21622**
农畜产品批发							
食品、饮料及烟草制品专门批发		17	17	1255	1260	21022	21022
纺织、服装及日用品批发							
文化、体育用品及器材批发							
医药及医疗器材批发		6	6	38	27	600	600
矿产品、建材及化工产品批发							
机械设备、五金交电及电子产品批发							
贸易经纪与代理							
其他批发							

1-6 续表 5

超市

项目	连锁总店数（个）	门店数（个）		年末从业人员（人）		年末零售营业面积（平方米）	
	2009年	2009年	2008年	2009年	2008年	2009年	2008年
零售业		**13707**	**12873**	**382941**	**372632**	**16215657**	**14135677**
综合零售		12848	12067	367547	356210	15792108	13707142
食品、饮料及烟草制品专门零售		294	297	7610	8111	218519	270514
纺织、服装及日用品专门零售		10	9	170	78	1000	1200
文化、体育用品及器材专门零售		23	22	372	421	19995	19865
医药及医疗器材专门零售		492	444	5774	6484	100089	81061
汽车、摩托车、燃料及零配件专门零售		26	22	836	836	60646	40295
家用电器及电子产品专门零售		12	10	537	408	21300	13600
五金、家具及室内装修材料专门零售							
无店铺及其他零售		2	2	95	84	2000	2000
加盟门店合计		**19494**	**18261**	**104408**	**106851**	**3011244**	**2884596**
批发业							
农畜产品批发							
食品、饮料及烟草制品专门批发							
纺织、服装及日用品批发							
文化、体育用品及器材批发							
医药及医疗器材批发							
矿产品、建材及化工产品批发							
机械设备、五金交电及电子产品批发							
贸易经纪与代理							
其他批发							
零售业		**19494**	**18261**	**104408**	**106851**	**3011244**	**2884596**
综合零售		18423	17228	102450	104705	2958562	2838576
食品、饮料及烟草制品专门零售		1030	987	1784	1954	49800	42820
纺织、服装及日用品专门零售							
文化、体育用品及器材专门零售							
医药及医疗器材专门零售		41	46	174	192	2882	3200
汽车、摩托车、燃料及零配件专门零售							
家用电器及电子产品专门零售							
五金、家具及室内装修材料专门零售							
无店铺及其他零售							

1-6 续表 6

大型超市

项　目	连锁总店数(个)	门店数(个)		年末从业人员(人)		年末零售营业面积(平方米)	
	2009年	2009年	2008年	2009年	2008年	2009年	2008年
总　计	**134**	**2493**	**2292**	**326643**	**311597**	**18447677**	**16324036**
批发业							
农畜产品批发							
食品、饮料及烟草制品专门批发							
纺织、服装及日用品批发							
文化、体育用品及器材批发							
医药及医疗器材批发							
矿产品、建材及化工产品批发							
机械设备、五金交电及电子产品批发							
贸易经纪与代理							
其他批发							
零售业	**134**	**2493**	**2292**	**326643**	**311597**	**18447677**	**16324036**
综合零售	131	2481	2282	325960	310777	18252558	16243921
食品、饮料及烟草制品专门零售							
纺织、服装及日用品专门零售							
文化、体育用品及器材专门零售							
医药及医疗器材专门零售							
汽车、摩托车、燃料及零配件专门零售							
家用电器及电子产品专门零售	2	10	8	563	520	170444	45115
五金、家具及室内装修材料专门零售	1	2	2	120	300	24675	35000
无店铺及其他零售							
直营门店合计		**2280**	**2094**	**283293**	**274670**	**17014600**	**15127273**
批发业							
农畜产品批发							
食品、饮料及烟草制品专门批发							
纺织、服装及日用品批发							
文化、体育用品及器材批发							
医药及医疗器材批发							
矿产品、建材及化工产品批发							
机械设备、五金交电及电子产品批发							
贸易经纪与代理							
其他批发							

1-6 续表 7

大型超市

项　　目	连锁总店数(个)	门店数(个)		年末从业人员(人)		年末零售营业面积(平方米)	
	2009年	2009年	2008年	2009年	2008年	2009年	2008年
零售业		**2280**	**2094**	**283293**	**274670**	**17014600**	**15127273**
综合零售		2268	2084	282610	273850	16819481	15047158
食品、饮料及烟草制品专门零售							
纺织、服装及日用品专门零售							
文化、体育用品及器材专门零售							
医药及医疗器材专门零售							
汽车、摩托车、燃料及零配件专门零售							
家用电器及电子产品专门零售		10	8	563	520	170444	45115
五金、家具及室内装修材料专门零售		2	2	120	300	24675	35000
无店铺及其他零售							
加盟门店合计		**213**	**198**	**43350**	**36927**	**1433077**	**1196763**
批发业							
农畜产品批发							
食品、饮料及烟草制品专门批发							
纺织、服装及日用品批发							
文化、体育用品及器材批发							
医药及医疗器材批发							
矿产品、建材及化工产品批发							
机械设备、五金交电及电子产品批发							
贸易经纪与代理							
其他批发							
零售业		**213**	**198**	**43350**	**36927**	**1433077**	**1196763**
综合零售		213	198	43350	36927	1433077	1196763
食品、饮料及烟草制品专门零售							
纺织、服装及日用品专门零售							
文化、体育用品及器材专门零售							
医药及医疗器材专门零售							
汽车、摩托车、燃料及零配件专门零售							
家用电器及电子产品专门零售							
五金、家具及室内装修材料专门零售							
无店铺及其他零售							

1-6 续表 8

仓储会员店

项目	连锁总店数(个)	门店数(个)		年末从业人员(人)		年末零售营业面积(平方米)	
	2009年	2009年	2008年	2009年	2008年	2009年	2008年
总　计	**6**	**179**	**173**	**14545**	**15963**	**548410**	**521764**
批发业							
农畜产品批发							
食品、饮料及烟草制品专门批发							
纺织、服装及日用品批发							
文化、体育用品及器材批发							
医药及医疗器材批发							
矿产品、建材及化工产品批发							
机械设备、五金交电及电子产品批发							
贸易经纪与代理							
其他批发							
零售业	**6**	**179**	**173**	**14545**	**15963**	**548410**	**521764**
综合零售	4	70	62	13117	14386	511106	468608
食品、饮料及烟草制品专门零售							
纺织、服装及日用品专门零售							
文化、体育用品及器材专门零售							
医药及医疗器材专门零售	1	105	105	336	336	5600	5600
汽车、摩托车、燃料及零配件专门零售							
家用电器及电子产品专门零售							
五金、家具及室内装修材料专门零售	1	4	6	1092	1241	31704	47556
无店铺及其他零售							
直营门店合计		**141**	**135**	**14410**	**15828**	**545490**	**518844**
批发业							
农畜产品批发							
食品、饮料及烟草制品专门批发							
纺织、服装及日用品批发							
文化、体育用品及器材批发							
医药及医疗器材批发							
矿产品、建材及化工产品批发							
机械设备、五金交电及电子产品批发							
贸易经纪与代理							
其他批发							

1-6 续表 9

仓储会员店

项 目	连锁总店数(个)	门店数(个)		年末从业人员(人)		年末零售营业面积(平方米)	
	2009年	2009年	2008年	2009年	2008年	2009年	2008年
零售业		**141**	**135**	**14410**	**15828**	**545490**	**518844**
综合零售		70	62	13117	14386	511106	468608
食品、饮料及烟草制品专门零售							
纺织、服装及日用品专门零售							
文化、体育用品及器材专门零售							
医药及医疗器材专门零售		67	67	201	201	2680	2680
汽车、摩托车、燃料及零配件专门零售							
家用电器及电子产品专门零售							
五金、家具及室内装修材料专门零售		4	6	1092	1241	31704	47556
无店铺及其他零售							
加盟门店合计		**38**	**38**	**135**	**135**	**2920**	**2920**
批发业							
农畜产品批发							
食品、饮料及烟草制品专门批发							
纺织、服装及日用品批发							
文化、体育用品及器材批发							
医药及医疗器材批发							
矿产品、建材及化工产品批发							
机械设备、五金交电及电子产品批发							
贸易经纪与代理							
其他批发							
零售业		**38**	**38**	**135**	**135**	**2920**	**2920**
综合零售							
食品、饮料及烟草制品专门零售							
纺织、服装及日用品专门零售							
文化、体育用品及器材专门零售							
医药及医疗器材专门零售		38	38	135	135	2920	2920
汽车、摩托车、燃料及零配件专门零售							
家用电器及电子产品专门零售							
五金、家具及室内装修材料专门零售							
无店铺及其他零售							

1-6 续表 10

百货店

项　　目	连锁总店数(个)	门店数(个)		年末从业人员(人)		年末零售营业面积(平方米)	
	2009年	2009年	2008年	2009年	2008年	2009年	2008年
总　计	**105**	**5304**	**5109**	**238641**	**202117**	**13383742**	**11520282**
批发业	**3**	**184**	**186**	**960**	**1001**	**12116**	**11813**
农畜产品批发							
食品、饮料及烟草制品专门批发	1	145	145	489	489	6700	6700
纺织、服装及日用品批发	1	20	16	353	392	3916	3313
文化、体育用品及器材批发							
医药及医疗器材批发							
矿产品、建材及化工产品批发							
机械设备、五金交电及电子产品批发							
贸易经纪与代理							
其他批发	1	19	25	118	120	1500	1800
零售业	**102**	**5120**	**4923**	**237681**	**201116**	**13371626**	**11508469**
综合零售	88	4885	4687	232503	196227	13182670	11337561
食品、饮料及烟草制品专门零售	1	57	62	420	448	6000	6000
纺织、服装及日用品专门零售	9	139	136	2585	2233	80592	75887
文化、体育用品及器材专门零售	1	12	9	132	141	3000	2786
医药及医疗器材专门零售							
汽车、摩托车、燃料及零配件专门零售							
家用电器及电子产品专门零售	3	27	29	2041	2067	99364	86235
五金、家具及室内装修材料专门零售							
无店铺及其他零售							
直营门店合计		**1787**	**1652**	**214150**	**177634**	**12647106**	**10779410**
批发业		**39**	**41**	**471**	**512**	**5416**	**5113**
农畜产品批发							
食品、饮料及烟草制品专门批发							
纺织、服装及日用品批发		20	16	353	392	3916	3313
文化、体育用品及器材批发							
医药及医疗器材批发							
矿产品、建材及化工产品批发							
机械设备、五金交电及电子产品批发							
贸易经纪与代理							
其他批发		19	25	118	120	1500	1800

1-6 续表 11

百货店

项目	连锁总店数(个)	门店数(个)		年末从业人员(人)		年末零售营业面积(平方米)	
	2009年	2009年	2008年	2009年	2008年	2009年	2008年
零售业		**1748**	**1611**	**213679**	**177122**	**12641690**	**10774297**
综合零售		1528	1389	208962	172846	12492117	10649145
食品、饮料及烟草制品专门零售		57	62	420	448	6000	6000
纺织、服装及日用品专门零售		134	133	2534	2201	80072	75537
文化、体育用品及器材专门零售		12	9	132	141	3000	2786
医药及医疗器材专门零售							
汽车、摩托车、燃料及零配件专门零售							
家用电器及电子产品专门零售		17	18	1631	1486	60501	40829
五金、家具及室内装修材料专门零售							
无店铺及其他零售							
加盟门店合计		**3517**	**3457**	**24491**	**24483**	**736636**	**740872**
批发业		**145**	**145**	**489**	**489**	**6700**	**6700**
农畜产品批发							
食品、饮料及烟草制品专门批发		145	145	489	489	6700	6700
纺织、服装及日用品批发							
文化、体育用品及器材批发							
医药及医疗器材批发							
矿产品、建材及化工产品批发							
机械设备、五金交电及电子产品批发							
贸易经纪与代理							
其他批发							
零售业		**3372**	**3312**	**24002**	**23994**	**729936**	**734172**
综合零售		3357	3298	23541	23381	690553	688416
食品、饮料及烟草制品专门零售							
纺织、服装及日用品专门零售		5	3	51	32	520	350
文化、体育用品及器材专门零售							
医药及医疗器材专门零售							
汽车、摩托车、燃料及零配件专门零售							
家用电器及电子产品专门零售		10	11	410	581	38863	45406
五金、家具及室内装修材料专门零售							
无店铺及其他零售							

1-6 续表 12

专业店(含加油站)

项　目	连锁总店数(个)	门店数(个)		年末从业人员(人)		年末零售营业面积(平方米)	
	2009年	2009年	2008年	2009年	2008年	2009年	2008年
总　计	**1203**	**82704**	**77887**	**752892**	**722349**	**60753451**	**57911770**
批发业	**157**	**26786**	**25102**	**165317**	**162790**	**24151027**	**22916007**
农畜产品批发	4	2295	2259	4857	5625	386199	376499
食品、饮料及烟草制品专门批发	20	2681	1872	17272	13614	122524	96774
纺织、服装及日用品批发	2	20	20	715	655	2450	2400
文化、体育用品及器材批发	4	22	21	765	945	14550	17340
医药及医疗器材批发	21	2471	2492	8898	8942	129916	97660
矿产品、建材及化工产品批发	84	17217	16717	123874	124543	23001922	21874062
机械设备、五金交电及电子产品批发	9	204	178	2992	2967	42709	39809
贸易经纪与代理							
其他批发	13	1876	1543	5944	5499	450757	411463
零售业	**1046**	**55918**	**52785**	**587575**	**559559**	**36602424**	**34995763**
综合零售	60	3070	2714	121435	109560	4493510	3739460
食品、饮料及烟草制品专门零售	57	1607	1468	9335	8761	133463	126061
纺织、服装及日用品专门零售	45	906	810	11313	10803	171727	165901
文化、体育用品及器材专门零售	63	1985	2019	40214	40849	1425606	1411116
医药及医疗器材专门零售	455	25659	23712	143008	123982	2845908	2496422
汽车、摩托车、燃料及零配件专门零售	176	19515	18820	163999	158493	22003453	21441375
家用电器及电子产品专门零售	162	2430	2522	92957	101751	5186099	5265806
五金、家具及室内装修材料专门零售	3	14	15	500	603	36796	48239
无店铺及其他零售	25	732	705	4814	4757	305862	301383
直营门店合计		**57761**	**54836**	**678738**	**654026**	**58811390**	**56132698**
批发业		**14338**	**13723**	**131596**	**130436**	**23321385**	**22150156**
农畜产品批发		443	443	788	785	256075	257975
食品、饮料及烟草制品专门批发		838	748	11960	10252	64974	59274
纺织、服装及日用品批发		20	20	715	655	2450	2400
文化、体育用品及器材批发		22	21	765	945	14550	17340
医药及医疗器材批发		181	175	1469	1433	19541	18104
矿产品、建材及化工产品批发		12193	11712	111202	111767	22674364	21509620
机械设备、五金交电及电子产品批发		116	104	1839	1769	28379	22729
贸易经纪与代理							
其他批发		525	500	2858	2830	261052	262714

1-6 续表 13

专业店(含加油站)

项　目	连锁总店数(个)	门店数(个)		年末从业人员(人)		年末零售营业面积(平方米)	
	2009年	2009年	2008年	2009年	2008年	2009年	2008年
零售业		**43423**	**41113**	**547142**	**523590**	**35490005**	**33982542**
综合零售		2802	2433	120170	108137	4425574	3683941
食品、饮料及烟草制品专门零售		1359	1240	8383	7899	122913	116031
纺织、服装及日用品专门零售		707	669	10800	9928	158010	152138
文化、体育用品及器材专门零售		1613	1657	38230	39236	1386386	1383707
医药及医疗器材专门零售		14864	13657	110655	96021	2213264	1941028
汽车、摩托车、燃料及零配件专门零售		19385	18661	162958	157480	21871913	21303739
家用电器及电子产品专门零售		2262	2398	91707	100603	5154387	5238176
五金、家具及室内装修材料专门零售		14	15	500	603	36796	48239
无店铺及其他零售		417	383	3739	3683	120762	115543
加盟门店合计		**24943**	**23051**	**74154**	**68323**	**1942061**	**1779072**
批发业		**12448**	**11379**	**33721**	**32354**	**829642**	**765851**
农畜产品批发		1852	1816	4069	4840	130124	118524
食品、饮料及烟草制品专门批发		1843	1124	5312	3362	57550	37500
纺织、服装及日用品批发							
文化、体育用品及器材批发							
医药及医疗器材批发		2290	2317	7429	7509	110375	79556
矿产品、建材及化工产品批发		5024	5005	12672	12776	327558	364442
机械设备、五金交电及电子产品批发		88	74	1153	1198	14330	17080
贸易经纪与代理							
其他批发		1351	1043	3086	2669	189705	148749
零售业		**12495**	**11672**	**40433**	**35969**	**1112419**	**1013221**
综合零售		268	281	1265	1423	67936	55519
食品、饮料及烟草制品专门零售		248	228	952	862	10550	10030
纺织、服装及日用品专门零售		199	141	513	875	13717	13763
文化、体育用品及器材专门零售		372	362	1984	1613	39220	27409
医药及医疗器材专门零售		10795	10055	32353	27961	632644	555394
汽车、摩托车、燃料及零配件专门零售		130	159	1041	1013	131540	137636
家用电器及电子产品专门零售		168	124	1250	1148	31712	27630
五金、家具及室内装修材料专门零售							
无店铺及其他零售		315	322	1075	1074	185100	185840

1-6 续表 14

加油站

项 目	连锁总店数(个)	门店数(个)		年末从业人员(人)		年末零售营业面积(平方米)	
	2009年	2009年	2008年	2009年	2008年	2009年	2008年
总 计	**209**	**29345**	**28202**	**260052**	**255864**	**42952320**	**41365172**
批发业	**50**	**10352**	**9916**	**103196**	**103985**	**21763920**	**20729726**
农畜产品批发							
食品、饮料及烟草制品专门批发							
纺织、服装及日用品批发							
文化、体育用品及器材批发							
医药及医疗器材批发							
矿产品、建材及化工产品批发	50	10352	9916	103196	103985	21763920	20729726
机械设备、五金交电及电子产品批发							
贸易经纪与代理							
其他批发							
零售业	**159**	**18993**	**18286**	**156856**	**151879**	**21188400**	**20635446**
综合零售							
食品、饮料及烟草制品专门零售							
纺织、服装及日用品专门零售							
文化、体育用品及器材专门零售							
医药及医疗器材专门零售							
汽车、摩托车、燃料及零配件专门零售	159	18993	18286	156856	151879	21188400	20635446
家用电器及电子产品专门零售							
五金、家具及室内装修材料专门零售							
无店铺及其他零售							
直营门店合计		**29191**	**28018**	**258997**	**254711**	**42788569**	**41181203**
批发业		**10309**	**9875**	**102390**	**103302**	**21615375**	**20567947**
农畜产品批发							
食品、饮料及烟草制品专门批发							
纺织、服装及日用品批发							
文化、体育用品及器材批发							
医药及医疗器材批发							
矿产品、建材及化工产品批发		10309	9875	102390	103302	21615375	20567947
机械设备、五金交电及电子产品批发							
贸易经纪与代理							
其他批发							

1-6 续表 15

加油站

项　　目	连锁总店数(个)	门店数(个)		年末从业人员(人)		年末零售营业面积(平方米)	
	2009年	2009年	2008年	2009年	2008年	2009年	2008年
零售业		**18882**	**18143**	**156607**	**151409**	**21173194**	**20613256**
综合零售							
食品、饮料及烟草制品专门零售							
纺织、服装及日用品专门零售							
文化、体育用品及器材专门零售							
医药及医疗器材专门零售							
汽车、摩托车、燃料及零配件专门零售		18882	18143	156607	151409	21173194	20613256
家用电器及电子产品专门零售							
五金、家具及室内装修材料专门零售							
无店铺及其他零售							
加盟门店合计		**154**	**184**	**1055**	**1153**	**163751**	**183969**
批发业		**43**	**41**	**806**	**683**	**148545**	**161779**
农畜产品批发							
食品、饮料及烟草制品专门批发							
纺织、服装及日用品批发							
文化、体育用品及器材批发							
医药及医疗器材批发							
矿产品、建材及化工产品批发		43	41	806	683	148545	161779
机械设备、五金交电及电子产品批发							
贸易经纪与代理							
其他批发							
零售业		**111**	**143**	**249**	**470**	**15206**	**22190**
综合零售							
食品、饮料及烟草制品专门零售							
纺织、服装及日用品专门零售							
文化、体育用品及器材专门零售							
医药及医疗器材专门零售							
汽车、摩托车、燃料及零配件专门零售		111	143	249	470	15206	22190
家用电器及电子产品专门零售							
五金、家具及室内装修材料专门零售							
无店铺及其他零售							

1-6 续表 16

专卖店

项　　目	连锁总店数(个)	门店数(个)		年末从业人员(人)		年末零售营业面积(平方米)	
	2009年	2009年	2008年	2009年	2008年	2009年	2008年
总　计	**268**	**24075**	**22462**	**160642**	**141175**	**2471493**	**2221621**
批发业	**22**	**5552**	**5225**	**25407**	**21296**	**259729**	**216103**
农畜产品批发							
食品、饮料及烟草制品专门批发	7	794	866	6040	3969	17148	17648
纺织、服装及日用品批发	8	4592	4197	18072	16069	213707	174032
文化、体育用品及器材批发							
医药及医疗器材批发	4	121	114	751	627	7727	6640
矿产品、建材及化工产品批发	1	22	22	49	49	12000	12000
机械设备、五金交电及电子产品批发	2	23	26	495	582	9147	5783
贸易经纪与代理							
其他批发							
零售业	**246**	**18523**	**17237**	**135235**	**119879**	**2211764**	**2005518**
综合零售	19	860	816	6974	6705	171239	163492
食品、饮料及烟草制品专门零售	84	5320	4365	29510	25600	324413	231455
纺织、服装及日用品专门零售	57	10084	9778	72830	62043	537195	471549
文化、体育用品及器材专门零售	10	69	70	2067	2061	30003	31457
医药及医疗器材专门零售	34	1694	1708	9274	8915	172283	170246
汽车、摩托车、燃料及零配件专门零售	6	42	39	786	693	51976	41862
家用电器及电子产品专门零售	31	362	372	11555	12413	796903	772026
五金、家具及室内装修材料专门零售	1	29	26	1755	1059	56275	51954
无店铺及其他零售	4	63	63	484	390	71477	71477
直营门店合计		**7493**	**6934**	**87474**	**82880**	**1783912**	**1618469**
批发业		**436**	**334**	**7077**	**4647**	**54152**	**42084**
农畜产品批发							
食品、饮料及烟草制品专门批发		106	93	5050	2809	11538	11348
纺织、服装及日用品批发		213	122	887	719	15630	7908
文化、体育用品及器材批发							
医药及医疗器材批发		72	71	596	488	5837	5045
矿产品、建材及化工产品批发		22	22	49	49	12000	12000
机械设备、五金交电及电子产品批发		23	26	495	582	9147	5783
贸易经纪与代理							
其他批发							

1-6 续表 17

专卖店

项　目	连锁总店数(个)	门店数(个)		年末从业人员(人)		年末零售营业面积(平方米)	
	2009年	2009年	2008年	2009年	2008年	2009年	2008年
零售业		**7057**	**6600**	**80397**	**78233**	**1729760**	**1576385**
综合零售		592	534	5895	5516	152526	142102
食品、饮料及烟草制品专门零售		3051	2712	21525	19634	252782	171005
纺织、服装及日用品专门零售		1589	1593	29215	29746	239116	218988
文化、体育用品及器材专门零售		69	68	2067	2055	30003	31367
医药及医疗器材专门零售		1296	1228	7432	7033	147018	143899
汽车、摩托车、燃料及零配件专门零售		38	35	754	657	49976	39862
家用电器及电子产品专门零售		361	372	11548	12413	796882	772026
五金、家具及室内装修材料专门零售		29	26	1755	1059	56275	51954
无店铺及其他零售		32	32	206	120	5182	5182
加盟门店合计		**16582**	**15528**	**73168**	**58295**	**687581**	**603152**
批发业		**5116**	**4891**	**18330**	**16649**	**205577**	**174019**
农畜产品批发							
食品、饮料及烟草制品专门批发		688	773	990	1160	5610	6300
纺织、服装及日用品批发		4379	4075	17185	15350	198077	166124
文化、体育用品及器材批发							
医药及医疗器材批发		49	43	155	139	1890	1595
矿产品、建材及化工产品批发							
机械设备、五金交电及电子产品批发							
贸易经纪与代理							
其他批发							
零售业		**11466**	**10637**	**54838**	**41646**	**482004**	**429133**
综合零售		268	282	1079	1189	18713	21390
食品、饮料及烟草制品专门零售		2269	1653	7985	5966	71631	60450
纺织、服装及日用品专门零售		8495	8185	43615	32297	298079	252561
文化、体育用品及器材专门零售			2		6		90
医药及医疗器材专门零售		398	480	1842	1882	25265	26347
汽车、摩托车、燃料及零配件专门零售		4	4	32	36	2000	2000
家用电器及电子产品专门零售		1		7		21	
五金、家具及室内装修材料专门零售							
无店铺及其他零售		31	31	278	270	66295	66295

1-6 续表 18

家居建材商店

项　目	连锁总店数（个）	门店数（个）		年末从业人员（人）		年末零售营业面积（平方米）	
	2009年	2009年	2008年	2009年	2008年	2009年	2008年
总　计	**19**	**102**	**114**	**9479**	**11645**	**792936**	**952355**
批发业	**1**	**4**	**3**	**416**	**266**	**5970**	**1952**
农畜产品批发							
食品、饮料及烟草制品专门批发							
纺织、服装及日用品批发							
文化、体育用品及器材批发							
医药及医疗器材批发							
矿产品、建材及化工产品批发							
机械设备、五金交电及电子产品批发	1	4	3	416	266	5970	1952
贸易经纪与代理							
其他批发							
零售业	**18**	**98**	**111**	**9063**	**11379**	**786966**	**950403**
综合零售							
食品、饮料及烟草制品专门零售							
纺织、服装及日用品专门零售							
文化、体育用品及器材专门零售							
医药及医疗器材专门零售							
汽车、摩托车、燃料及零配件专门零售							
家用电器及电子产品专门零售							
五金、家具及室内装修材料专门零售	18	98	111	9063	11379	786966	950403
无店铺及其他零售							
直营门店合计		**100**	**109**	**9357**	**11034**	**778328**	**892195**
批发业		**4**	**3**	**416**	**266**	**5970**	**1952**
农畜产品批发							
食品、饮料及烟草制品专门批发							
纺织、服装及日用品批发							
文化、体育用品及器材批发							
医药及医疗器材批发							
矿产品、建材及化工产品批发							
机械设备、五金交电及电子产品批发		4	3	416	266	5970	1952
贸易经纪与代理							
其他批发							

1-6 续表 19

家居建材商店

项　目	连锁总店数（个）	门店数（个）		年末从业人员（人）		年末零售营业面积（平方米）	
	2009年	2009年	2008年	2009年	2008年	2009年	2008年
零售业		**96**	**106**	**8941**	**10768**	**772358**	**890243**
综合零售							
食品、饮料及烟草制品专门零售							
纺织、服装及日用品专门零售							
文化、体育用品及器材专门零售							
医药及医疗器材专门零售							
汽车、摩托车、燃料及零配件专门零售							
家用电器及电子产品专门零售							
五金、家具及室内装修材料专门零售		96	106	8941	10768	772358	890243
无店铺及其他零售							
加盟门店合计		**2**	**5**	**122**	**611**	**14608**	**60160**
批发业							
农畜产品批发							
食品、饮料及烟草制品专门批发							
纺织、服装及日用品批发							
文化、体育用品及器材批发							
医药及医疗器材批发							
矿产品、建材及化工产品批发							
机械设备、五金交电及电子产品批发							
贸易经纪与代理							
其他批发							
零售业		**2**	**5**	**122**	**611**	**14608**	**60160**
综合零售							
食品、饮料及烟草制品专门零售							
纺织、服装及日用品专门零售							
文化、体育用品及器材专门零售							
医药及医疗器材专门零售							
汽车、摩托车、燃料及零配件专门零售							
家用电器及电子产品专门零售							
五金、家具及室内装修材料专门零售		2	5	122	611	14608	60160
无店铺及其他零售							

1-6 续表 20

厂家直销中心

项 目	连锁总店数(个)	门店数(个)		年末从业人员(人)		年末零售营业面积(平方米)	
	2009年	2009年	2008年	2009年	2008年	2009年	2008年
总　计	**6**	**410**	**407**	**1028**	**1019**	**32427**	**30374**
批发业	**1**	**6**	**6**	**230**	**220**	**230**	**197**
农畜产品批发							
食品、饮料及烟草制品专门批发	1	6	6	230	220	230	197
纺织、服装及日用品批发							
文化、体育用品及器材批发							
医药及医疗器材批发							
矿产品、建材及化工产品批发							
机械设备、五金交电及电子产品批发							
贸易经纪与代理							
其他批发							
零售业	**5**	**404**	**401**	**798**	**799**	**32197**	**30177**
综合零售	1	338	338	441	441	21600	21600
食品、饮料及烟草制品专门零售	1	13	13	52	48	180	180
纺织、服装及日用品专门零售							
文化、体育用品及器材专门零售	1	4	3	100	110	2017	1997
医药及医疗器材专门零售	1	45	43	130	126	8000	6000
汽车、摩托车、燃料及零配件专门零售							
家用电器及电子产品专门零售	1	4	4	75	74	400	400
五金、家具及室内装修材料专门零售							
无店铺及其他零售							
直营门店合计		**68**	**69**	**651**	**672**	**11327**	**14774**
批发业		**6**	**6**	**230**	**220**	**230**	**197**
农畜产品批发							
食品、饮料及烟草制品专门批发		6	6	230	220	230	197
纺织、服装及日用品批发							
文化、体育用品及器材批发							
医药及医疗器材批发							
矿产品、建材及化工产品批发							
机械设备、五金交电及电子产品批发							
贸易经纪与代理							
其他批发							

1-6 续表 21

厂家直销中心

项目	连锁总店数（个）	门店数（个）		年末从业人员（人）		年末零售营业面积（平方米）	
	2009年	2009年	2008年	2009年	2008年	2009年	2008年
零售业		**62**	**63**	**421**	**452**	**11097**	**14577**
综合零售		3	7	74	100	1500	7000
食品、饮料及烟草制品专门零售		13	13	52	48	180	180
纺织、服装及日用品专门零售							
文化、体育用品及器材专门零售		4	3	100	110	2017	1997
医药及医疗器材专门零售		38	36	120	120	7000	5000
汽车、摩托车、燃料及零配件专门零售							
家用电器及电子产品专门零售		4	4	75	74	400	400
五金、家具及室内装修材料专门零售							
无店铺及其他零售							
加盟门店合计		**342**	**338**	**377**	**347**	**21100**	**15600**
批发业							
农畜产品批发							
食品、饮料及烟草制品专门批发							
纺织、服装及日用品批发							
文化、体育用品及器材批发							
医药及医疗器材批发							
矿产品、建材及化工产品批发							
机械设备、五金交电及电子产品批发							
贸易经纪与代理							
其他批发							
零售业		**342**	**338**	**377**	**347**	**21100**	**15600**
综合零售		335	331	367	341	20100	14600
食品、饮料及烟草制品专门零售							
纺织、服装及日用品专门零售							
文化、体育用品及器材专门零售							
医药及医疗器材专门零售		7	7	10	6	1000	1000
汽车、摩托车、燃料及零配件专门零售							
家用电器及电子产品专门零售							
五金、家具及室内装修材料专门零售							
无店铺及其他零售							

1-6 续表 22

其他

项　目	连锁总店数(个)	门店数(个)		年末从业人员(人)		年末零售营业面积(平方米)	
	2009年	2009年	2008年	2009年	2008年	2009年	2008年
总　计	**28**	**10548**	**10419**	**15559**	**18722**	**727411**	**739195**
批发业	**6**	**10063**	**9974**	**2002**	**1827**	**264118**	**196200**
农畜产品批发	1	68	45	72	68	1720	1685
食品、饮料及烟草制品专门批发	1	1	1	827	738	9000	9000
纺织、服装及日用品批发							
文化、体育用品及器材批发							
医药及医疗器材批发	1	77	77	178	180	4200	4200
矿产品、建材及化工产品批发	2	9608	9608	601	598	121880	108880
机械设备、五金交电及电子产品批发							
贸易经纪与代理							
其他批发	1	309	243	324	243	127318	72435
零售业	**22**	**485**	**445**	**13557**	**16895**	**463293**	**542995**
综合零售	6	118	117	2948	2821	51154	90654
食品、饮料及烟草制品专门零售	1	8	8	108	100	105	105
纺织、服装及日用品专门零售	1	48	48	1980	3648	99600	99600
文化、体育用品及器材专门零售							
医药及医疗器材专门零售	8	213	169	1481	877	33682	14299
汽车、摩托车、燃料及零配件专门零售							
家用电器及电子产品专门零售	4	73	82	6973	9380	276402	336579
五金、家具及室内装修材料专门零售							
无店铺及其他零售	2	25	21	67	69	2350	1758
直营门店合计		**1969**	**1914**	**14660**	**17881**	**505485**	**561222**
批发业		**1511**	**1496**	**1130**	**1013**	**43542**	**19577**
农畜产品批发							
食品、饮料及烟草制品专门批发		1	1	827	738	9000	9000
纺织、服装及日用品批发							
文化、体育用品及器材批发							
医药及医疗器材批发		77	77	178	180	4200	4200
矿产品、建材及化工产品批发		1403	1403	80	80	2160	4360
机械设备、五金交电及电子产品批发							
贸易经纪与代理							
其他批发		30	15	45	15	28182	2017

1-6　续表 23

其他

项　　目	连锁总店数(个)	门店数(个)		年末从业人员(人)		年末零售营业面积(平方米)	
	2009年	2009年	2008年	2009年	2008年	2009年	2008年
零售业		**458**	**418**	**13530**	**16868**	**461943**	**541645**
综合零售		118	117	2948	2821	51154	90654
食品、饮料及烟草制品专门零售		8	8	108	100	105	105
纺织、服装及日用品专门零售		48	48	1980	3648	99600	99600
文化、体育用品及器材专门零售							
医药及医疗器材专门零售		186	142	1454	850	32332	12949
汽车、摩托车、燃料及零配件专门零售							
家用电器及电子产品专门零售		73	82	6973	9380	276402	336579
五金、家具及室内装修材料专门零售							
无店铺及其他零售		25	21	67	69	2350	1758
加盟门店合计		**8579**	**8505**	**899**	**841**	**221926**	**177973**
批发业		**8552**	**8478**	**872**	**814**	**220576**	**176623**
农畜产品批发		68	45	72	68	1720	1685
食品、饮料及烟草制品专门批发							
纺织、服装及日用品批发							
文化、体育用品及器材批发							
医药及医疗器材批发							
矿产品、建材及化工产品批发		8205	8205	521	518	119720	104520
机械设备、五金交电及电子产品批发							
贸易经纪与代理							
其他批发		279	228	279	228	99136	70418
零售业		**27**	**27**	**27**	**27**	**1350**	**1350**
综合零售							
食品、饮料及烟草制品专门零售							
纺织、服装及日用品专门零售							
文化、体育用品及器材专门零售							
医药及医疗器材专门零售		27	27	27	27	1350	1350
汽车、摩托车、燃料及零配件专门零售							
家用电器及电子产品专门零售							
五金、家具及室内装修材料专门零售							
无店铺及其他零售							

1-7 按行业与业态分

便利店

项　目	商品购进总额		统一配送商品购进额	
	2009年	2008年	2009年	2008年
总　计	**2352976**	**2426771**	**1860682**	**1891432**
批发业	**4081**	**4295**	**3269**	**4033**
农畜产品批发				
食品、饮料及烟草制品专门批发	4081	4295	3269	4033
纺织、服装及日用品批发				
文化、体育用品及器材批发				
医药及医疗器材批发				
矿产品、建材及化工产品批发				
机械设备、五金交电及电子产品批发				
贸易经纪与代理				
其他批发				
零售业	**2348895**	**2422476**	**1857413**	**1887400**
综合零售	1869303	1913300	1385997	1383490
食品、饮料及烟草制品专门零售	100788	83630	92613	78363
纺织、服装及日用品专门零售				
文化、体育用品及器材专门零售				
医药及医疗器材专门零售	53445	48261	53445	48261
汽车、摩托车、燃料及零配件专门零售				
家用电器及电子产品专门零售	325358	377286	325358	377286
五金、家具及室内装修材料专门零售				
无店铺及其他零售				
直营门店合计	**1996978**	**2003588**	**1541317**	**1530009**
批发业	**1577**	**1341**	**1340**	**1311**
农畜产品批发				
食品、饮料及烟草制品专门批发	1577	1341	1340	1311
纺织、服装及日用品批发				
文化、体育用品及器材批发				
医药及医疗器材批发				
矿产品、建材及化工产品批发				
机械设备、五金交电及电子产品批发				
贸易经纪与代理				
其他批发				

连锁零售企业经营情况

单位：万元

自有配送中心配送商品购进额		非自有配送中心配送商品购进额		商品销售总额		零售额	
2009年	2008年	2009年	2008年	2009年	2008年	2009年	2008年
1102513	**1127739**	**392674**	**485004**	**2698301**	**2685460**	**2321498**	**2376311**
3269	**4033**			**5332**	**5556**	**5332**	**5556**
3269	4033			5332	5556	5332	5556
1099245	**1123707**	**392674**	**485004**	**2692968**	**2679904**	**2316166**	**2370756**
708475	690144	367008	459817	2170304	2200090	1798034	1893667
19828	14985	20165	20049	105093	85900	100560	83175
45584	41293	5501	5138	96159	88296	96159	88296
325358	377286			321412	305618	321412	305618
1008988	**1038268**	**289900**	**280881**	**2245570**	**2158852**	**1895291**	**1869639**
1340	**1311**			**1544**	**1488**	**1544**	**1488**
1340	1311			1544	1488	1544	1488

1-7 续表 1

便利店

项　目	商品购进总额		统一配送商品购进额	
	2009年	2008年	2009年	2008年
零售业	**1995402**	**2002247**	**1539977**	**1528699**
综合零售	1537460	1509260	1087468	1040597
食品、饮料及烟草制品专门零售	90823	78769	85390	73884
纺织、服装及日用品专门零售				
文化、体育用品及器材专门零售				
医药及医疗器材专门零售	41761	36933	41761	36933
汽车、摩托车、燃料及零配件专门零售				
家用电器及电子产品专门零售	325358	377286	325358	377286
五金、家具及室内装修材料专门零售				
无店铺及其他零售				
加盟门店合计	**355997**	**423183**	**319365**	**361423**
批发业	**2505**	**2954**	**1929**	**2722**
农畜产品批发				
食品、饮料及烟草制品专门批发	2505	2954	1929	2722
纺织、服装及日用品批发				
文化、体育用品及器材批发				
医药及医疗器材批发				
矿产品、建材及化工产品批发				
机械设备、五金交电及电子产品批发				
贸易经纪与代理				
其他批发				
零售业	**353493**	**420229**	**317437**	**358701**
综合零售	331843	404040	298530	342893
食品、饮料及烟草制品专门零售	9965	4861	7223	4479
纺织、服装及日用品专门零售				
文化、体育用品及器材专门零售				
医药及医疗器材专门零售	11684	11329	11684	11329
汽车、摩托车、燃料及零配件专门零售				
家用电器及电子产品专门零售				
五金、家具及室内装修材料专门零售				
无店铺及其他零售				

单位：万元

自有配送中心配送商品购进额		非自有配送中心配送商品购进额		商品销售总额		零售额	
2009年	2008年	2009年	2008年	2009年	2008年	2009年	2008年
1007648	**1036957**	**289900**	**280881**	**2244027**	**2157364**	**1893748**	**1868151**
633489	617463	265095	256406	1774603	1723091	1428857	1436604
13467	11217	19303	19338	95472	81028	90940	78303
35334	30992	5501	5138	52539	47627	52539	47627
325358	377286			321412	305618	321412	305618
93525	**89472**	**102775**	**204123**	**452731**	**526608**	**426207**	**506672**
1929	**2722**			**3789**	**4068**	**3789**	**4068**
1929	2722			3789	4068	3789	4068
91596	**86750**	**102775**	**204123**	**448942**	**522540**	**422418**	**502604**
74986	72681	101913	203412	395701	476999	369177	457063
6361	3768	862	712	9621	4872	9621	4872
10250	10301			43620	40669	43620	40669

1-7 续表 2

折扣店

项　目	商品购进总额		统一配送商品购进额	
	2009年	2008年	2009年	2008年
总　计	**333943**	**298515**	**248204**	**228148**
批发业				
农畜产品批发				
食品、饮料及烟草制品专门批发				
纺织、服装及日用品批发				
文化、体育用品及器材批发				
医药及医疗器材批发				
矿产品、建材及化工产品批发				
机械设备、五金交电及电子产品批发				
贸易经纪与代理				
其他批发				
零售业	**333943**	**298515**	**248204**	**228148**
综合零售	250154	231583	248204	228148
食品、饮料及烟草制品专门零售				
纺织、服装及日用品专门零售	83790	66933		
文化、体育用品及器材专门零售				
医药及医疗器材专门零售				
汽车、摩托车、燃料及零配件专门零售				
家用电器及电子产品专门零售				
五金、家具及室内装修材料专门零售				
无店铺及其他零售				
直营门店合计	**327493**	**298300**	**241754**	**227933**
批发业				
农畜产品批发				
食品、饮料及烟草制品专门批发				
纺织、服装及日用品批发				
文化、体育用品及器材批发				
医药及医疗器材批发				
矿产品、建材及化工产品批发				
机械设备、五金交电及电子产品批发				
贸易经纪与代理				
其他批发				

单位：万元

自有配送中心配送商品购进额		非自有配送中心配送商品购进额		商品销售总额		零售额	
2009年	2008年	2009年	2008年	2009年	2008年	2009年	2008年
		49511	**45628**	**371692**	**330962**	**371437**	**329637**
		49511	**45628**	**371692**	**330962**	**371437**	**329637**
		49511	45628	273163	252917	272908	251593
				98529	78044	98529	78044
		49511	**45628**	**364339**	**330716**	**364084**	**329391**

1-7 续表 3

折扣店

项　目	商品购进总额		统一配送商品购进额	
	2009年	2008年	2009年	2008年
零售业	**327493**	**298300**	**241754**	**227933**
综合零售	243703	231367	241754	227933
食品、饮料及烟草制品专门零售				
纺织、服装及日用品专门零售	83790	66933		
文化、体育用品及器材专门零售				
医药及医疗器材专门零售				
汽车、摩托车、燃料及零配件专门零售				
家用电器及电子产品专门零售				
五金、家具及室内装修材料专门零售				
无店铺及其他零售				
加盟门店合计	**6450**	**216**	**6450**	**216**
批发业				
农畜产品批发				
食品、饮料及烟草制品专门批发				
纺织、服装及日用品批发				
文化、体育用品及器材批发				
医药及医疗器材批发				
矿产品、建材及化工产品批发				
机械设备、五金交电及电子产品批发				
贸易经纪与代理				
其他批发				
零售业	**6450**	**216**	**6450**	**216**
综合零售	6450	216	6450	216
食品、饮料及烟草制品专门零售				
纺织、服装及日用品专门零售				
文化、体育用品及器材专门零售				
医药及医疗器材专门零售				
汽车、摩托车、燃料及零配件专门零售				
家用电器及电子产品专门零售				
五金、家具及室内装修材料专门零售				
无店铺及其他零售				

单位：万元

自有配送中心配送商品购进额		非自有配送中心配送商品购进额		商品销售总额		零售额	
2009年	2008年	2009年	2008年	2009年	2008年	2009年	2008年
		49511	**45628**	**364339**	**330716**	**364084**	**329391**
		49511	45628	265810	252672	265555	251347
				98529	78044	98529	78044
				7353	**246**	**7353**	**246**
				7353	**246**	**7353**	**246**
				7353	246	7353	246

1-7 续表 4

超市

项 目	商品购进总额		统一配送商品购进额	
	2009年	2008年	2009年	2008年
总 计	**20683220**	**18891209**	**16447500**	**15073417**
批发业	**30746**	**48734**	**12014**	**14945**
农畜产品批发				
食品、饮料及烟草制品专门批发	28151	44587	9419	10798
纺织、服装及日用品批发				
文化、体育用品及器材批发				
医药及医疗器材批发	2594	4147	2594	4147
矿产品、建材及化工产品批发				
机械设备、五金交电及电子产品批发				
贸易经纪与代理				
其他批发				
零售业	**20652474**	**18842474**	**16435486**	**15058471**
综合零售	20164212	18417605	15973303	14664567
食品、饮料及烟草制品专门零售	216079	207194	191382	184300
纺织、服装及日用品专门零售	600	570	600	570
文化、体育用品及器材专门零售	9770	8296	9770	8296
医药及医疗器材专门零售	182954	133702	181572	125632
汽车、摩托车、燃料及零配件专门零售	31899	35575	31899	35575
家用电器及电子产品专门零售	45237	37955	45237	37955
五金、家具及室内装修材料专门零售				
无店铺及其他零售	1724	1577	1724	1577
直营门店合计	**17421606**	**15773778**	**13445226**	**12167868**
批发业	**30746**	**48734**	**12014**	**14945**
农畜产品批发				
食品、饮料及烟草制品专门批发	28151	44587	9419	10798
纺织、服装及日用品批发				
文化、体育用品及器材批发				
医药及医疗器材批发	2594	4147	2594	4147
矿产品、建材及化工产品批发				
机械设备、五金交电及电子产品批发				
贸易经纪与代理				
其他批发				

单位：万元

自有配送中心配送商品购进额		非自有配送中心配送商品购进额		商品销售总额		零售额	
2009年	2008年	2009年	2008年	2009年	2008年	2009年	2008年
11288614	**10586172**	**2893759**	**2753699**	**25695210**	**23593441**	**21596827**	**19872033**
12014	**14945**			**31856**	**12218**	**9858**	**12218**
9419	10798			31706	12138	9708	12138
2594	4147			150	80	150	80
11276601	**10571227**	**2893759**	**2753699**	**25663354**	**23581223**	**21586968**	**19859815**
10942192	10289278	2854401	2721481	25102051	23098722	21103512	19397914
159280	153141	6708	6432	258919	252405	206783	233442
600	570			1968	610	1968	610
6232	5589			11848	8185	11848	8185
120251	69839	3560	5065	206102	154572	189893	153239
2809	14855	29090	20720	37158	31097	28151	30793
45237	37955			43799	34247	43305	34247
				1509	1385	1509	1385
8778667	**8153519**	**2489587**	**2337326**	**21178846**	**19235560**	**17106551**	**15575951**
12014	**14945**			**31856**	**12218**	**9858**	**12218**
9419	10798			31706	12138	9708	12138
2594	4147			150	80	150	80

1-7 续表 5

超市

项　　目	商品购进总额		统一配送商品购进额	
	2009年	2008年	2009年	2008年
零售业	**17390861**	**15725043**	**13433213**	**12152923**
综合零售	16929969	15327058	12991874	11779108
食品、饮料及烟草制品专门零售	189415	180939	171244	164838
纺织、服装及日用品专门零售	600	570	600	570
文化、体育用品及器材专门零售	9770	8296	9770	8296
医药及医疗器材专门零售	182247	133074	180865	125004
汽车、摩托车、燃料及零配件专门零售	31899	35575	31899	35575
家用电器及电子产品专门零售	45237	37955	45237	37955
五金、家具及室内装修材料专门零售				
无店铺及其他零售	1724	1577	1724	1577
加盟门店合计	**3261614**	**3117431**	**3002273**	**2905549**
批发业				
农畜产品批发				
食品、饮料及烟草制品专门批发				
纺织、服装及日用品批发				
文化、体育用品及器材批发				
医药及医疗器材批发				
矿产品、建材及化工产品批发				
机械设备、五金交电及电子产品批发				
贸易经纪与代理				
其他批发				
零售业	**3261614**	**3117431**	**3002273**	**2905549**
综合零售	3234242	3090548	2981428	2885458
食品、饮料及烟草制品专门零售	26664	26255	20138	19462
纺织、服装及日用品专门零售				
文化、体育用品及器材专门零售				
医药及医疗器材专门零售	707	628	707	628
汽车、摩托车、燃料及零配件专门零售				
家用电器及电子产品专门零售				
五金、家具及室内装修材料专门零售				
无店铺及其他零售				

单位：万元

自有配送中心配送商品购进额		非自有配送中心配送商品购进额		商品销售总额		零售额	
2009年	2008年	2009年	2008年	2009年	2008年	2009年	2008年
8766653	**8138574**	**2489587**	**2337326**	**21146991**	**19223342**	**17096693**	**15563733**
8441243	7869775	2452576	2307421	20620879	18780798	16648428	15141788
150988	140619	4362	4120	226947	226000	174810	207037
600	570			1968	610	1968	610
6232	5589			11848	8185	11848	8185
119544	69211	3560	5065	202883	141020	186674	139687
2809	14855	29090	20720	37158	31097	28151	30793
45237	37955			43799	34247	43305	34247
				1509	1385	1509	1385
2509948	**2432653**	**404172**	**416373**	**4516363**	**4357881**	**4490275**	**4296082**
2509948	**2432653**	**404172**	**416373**	**4516363**	**4357881**	**4490275**	**4296082**
2500949	2419503	401826	414060	4481172	4317924	4455083	4256126
8292	12521	2346	2313	31973	26405	31973	26405
707	628			3219	13552	3219	13552

1-7 续表 6

大型超市

项　　目	商品购进总额		统一配送商品购进额	
	2009年	2008年	2009年	2008年
总　计	**19421352**	**17632398**	**11917902**	**10299967**
批发业				
农畜产品批发				
食品、饮料及烟草制品专门批发				
纺织、服装及日用品批发				
文化、体育用品及器材批发				
医药及医疗器材批发				
矿产品、建材及化工产品批发				
机械设备、五金交电及电子产品批发				
贸易经纪与代理				
其他批发				
零售业	**19421352**	**17632398**	**11917902**	**10299967**
综合零售	19359622	17571619	11858324	10252527
食品、饮料及烟草制品专门零售				
纺织、服装及日用品专门零售				
文化、体育用品及器材专门零售				
医药及医疗器材专门零售				
汽车、摩托车、燃料及零配件专门零售				
家用电器及电子产品专门零售	55004	47010	52852	33670
五金、家具及室内装修材料专门零售	6726	13769	6726	13769
无店铺及其他零售				
直营门店合计	**17128396**	**15427420**	**11716381**	**10103402**
批发业				
农畜产品批发				
食品、饮料及烟草制品专门批发				
纺织、服装及日用品批发				
文化、体育用品及器材批发				
医药及医疗器材批发				
矿产品、建材及化工产品批发				
机械设备、五金交电及电子产品批发				
贸易经纪与代理				
其他批发				

单位：万元

自有配送中心配送商品购进额		非自有配送中心配送商品购进额		商品销售总额		零售额	
2009年	2008年	2009年	2008年	2009年	2008年	2009年	2008年
6256805	**5386992**	**2690869**	**2204789**	**24435485**	**22353945**	**21162580**	**19185027**
6256805	**5386992**	**2690869**	**2204789**	**24435485**	**22353945**	**21162580**	**19185027**
6199378	5340821	2688717	2203520	24370267	22292949	21097362	19124032
50701	32402	2152	1269	56463	42135	56463	42135
6726	13769			8756	18861	8756	18861
6093907	**5230599**	**2678908**	**2186700**	**20450618**	**18892341**	**17177713**	**15723423**

1-7 续表 7

大型超市

项 目	商品购进总额		统一配送商品购进额	
	2009年	2008年	2009年	2008年
零售业	**17128396**	**15427420**	**11716381**	**10103402**
综合零售	17066666	15366640	11656803	10055962
食品、饮料及烟草制品专门零售				
纺织、服装及日用品专门零售				
文化、体育用品及器材专门零售				
医药及医疗器材专门零售				
汽车、摩托车、燃料及零配件专门零售				
家用电器及电子产品专门零售	55004	47010	52852	33670
五金、家具及室内装修材料专门零售	6726	13769	6726	13769
无店铺及其他零售				
加盟门店合计	**2292956**	**2204978**	**201521**	**196565**
批发业				
农畜产品批发				
食品、饮料及烟草制品专门批发				
纺织、服装及日用品批发				
文化、体育用品及器材批发				
医药及医疗器材批发				
矿产品、建材及化工产品批发				
机械设备、五金交电及电子产品批发				
贸易经纪与代理				
其他批发				
零售业	**2292956**	**2204978**	**201521**	**196565**
综合零售	2292956	2204978	201521	196565
食品、饮料及烟草制品专门零售				
纺织、服装及日用品专门零售				
文化、体育用品及器材专门零售				
医药及医疗器材专门零售				
汽车、摩托车、燃料及零配件专门零售				
家用电器及电子产品专门零售				
五金、家具及室内装修材料专门零售				
无店铺及其他零售				

单位：万元

自有配送中心配送商品购进额		非自有配送中心配送商品购进额		商品销售总额		零售额	
2009年	2008年	2009年	2008年	2009年	2008年	2009年	2008年
6093907	**5230599**	**2678908**	**2186700**	**20450618**	**18892341**	**17177713**	**15723423**
6036481	5184428	2676756	2185431	20385400	18831345	17112495	15662428
50701	32402	2152	1269	56463	42135	56463	42135
6726	13769			8756	18861	8756	18861
162897	**156393**	**11961**	**18089**	**3984867**	**3461604**	**3984867**	**3461604**
162897	**156393**	**11961**	**18089**	**3984867**	**3461604**	**3984867**	**3461604**
162897	156393	11961	18089	3984867	3461604	3984867	3461604

1-7 续表 8

仓储会员店

项　目	商品购进总额		统一配送商品购进额	
	2009年	2008年	2009年	2008年
总　计	**1426487**	**1367099**	**291685**	**277628**
批发业				
农畜产品批发				
食品、饮料及烟草制品专门批发				
纺织、服装及日用品批发				
文化、体育用品及器材批发				
医药及医疗器材批发				
矿产品、建材及化工产品批发				
机械设备、五金交电及电子产品批发				
贸易经纪与代理				
其他批发				
零售业	**1426487**	**1367099**	**291685**	**277628**
综合零售	1382791	1314784	289251	275110
食品、饮料及烟草制品专门零售				
纺织、服装及日用品专门零售				
文化、体育用品及器材专门零售				
医药及医疗器材专门零售	2434	2518	2434	2518
汽车、摩托车、燃料及零配件专门零售				
家用电器及电子产品专门零售				
五金、家具及室内装修材料专门零售	41262	49797		
无店铺及其他零售				
直营门店合计	**1426000**	**1366595**	**291198**	**277124**
批发业				
农畜产品批发				
食品、饮料及烟草制品专门批发				
纺织、服装及日用品批发				
文化、体育用品及器材批发				
医药及医疗器材批发				
矿产品、建材及化工产品批发				
机械设备、五金交电及电子产品批发				
贸易经纪与代理				
其他批发				

单位：万元

自有配送中心配送商品购进额		非自有配送中心配送商品购进额		商品销售总额		零售额	
2009年	2008年	2009年	2008年	2009年	2008年	2009年	2008年
15276	**2518**	**276409**	**247410**	**1425250**	**1425822**	**1371355**	**1359040**
15276	**2518**	**276409**	**247410**	**1425250**	**1425822**	**1371355**	**1359040**
12841		276409	247410	1369251	1356414	1369251	1356414
2434	2518			2104	2626	2104	2626
				53895	66782		
14789	**2014**	**276409**	**247410**	**1424829**	**1425296**	**1370935**	**1358515**

1-7 续表 9

仓储会员店

项　目	商品购进总额		统一配送商品购进额	
	2009年	2008年	2009年	2008年
零售业	**1426000**	**1366595**	**291198**	**277124**
综合零售	1382791	1314784	289251	275110
食品、饮料及烟草制品专门零售				
纺织、服装及日用品专门零售				
文化、体育用品及器材专门零售				
医药及医疗器材专门零售	1947	2014	1947	2014
汽车、摩托车、燃料及零配件专门零售				
家用电器及电子产品专门零售				
五金、家具及室内装修材料专门零售	41262	49797		
无店铺及其他零售				
加盟门店合计	**487**	**504**	**487**	**504**
批发业				
农畜产品批发				
食品、饮料及烟草制品专门批发				
纺织、服装及日用品批发				
文化、体育用品及器材批发				
医药及医疗器材批发				
矿产品、建材及化工产品批发				
机械设备、五金交电及电子产品批发				
贸易经纪与代理				
其他批发				
零售业	**487**	**504**	**487**	**504**
综合零售				
食品、饮料及烟草制品专门零售				
纺织、服装及日用品专门零售				
文化、体育用品及器材专门零售				
医药及医疗器材专门零售	487	504	487	504
汽车、摩托车、燃料及零配件专门零售				
家用电器及电子产品专门零售				
五金、家具及室内装修材料专门零售				
无店铺及其他零售				

单位：万元

自有配送中心配送商品购进额		非自有配送中心配送商品购进额		商品销售总额		零售额	
2009年	2008年	2009年	2008年	2009年	2008年	2009年	2008年
14789	**2014**	**276409**	**247410**	**1424829**	**1425296**	**1370935**	**1358515**
12841		276409	247410	1369251	1356414	1369251	1356414
1947	2014			1683	2101	1683	2101
				53895	66782		
487	**504**			**421**	**525**	**421**	**525**
487	**504**			**421**	**525**	**421**	**525**
487	504			421	525	421	525

1-7 续表 10

百货店

项　目	商品购进总额		统一配送商品购进额	
	2009年	2008年	2009年	2008年
总　计	**20613112**	**17276897**	**11264148**	**9698277**
批发业	**50084**	**62043**	**50084**	**62043**
农畜产品批发				
食品、饮料及烟草制品专门批发	2360	2054	2360	2054
纺织、服装及日用品批发	40583	52163	40583	52163
文化、体育用品及器材批发				
医药及医疗器材批发				
矿产品、建材及化工产品批发				
机械设备、五金交电及电子产品批发				
贸易经纪与代理				
其他批发	7141	7826	7141	7826
零售业	**20563029**	**17214855**	**11214064**	**9636235**
综合零售	20121526	16704360	10961265	9294978
食品、饮料及烟草制品专门零售	2606	2650	2606	2650
纺织、服装及日用品专门零售	227749	203773	39046	34535
文化、体育用品及器材专门零售	3410	2738	3410	2738
医药及医疗器材专门零售				
汽车、摩托车、燃料及零配件专门零售				
家用电器及电子产品专门零售	207738	301334	207738	301334
五金、家具及室内装修材料专门零售				
无店铺及其他零售				
直营门店合计	**19824711**	**16498044**	**10720561**	**9146122**
批发业	**47724**	**59989**	**47724**	**59989**
农畜产品批发				
食品、饮料及烟草制品专门批发				
纺织、服装及日用品批发	40583	52163	40583	52163
文化、体育用品及器材批发				
医药及医疗器材批发				
矿产品、建材及化工产品批发				
机械设备、五金交电及电子产品批发				
贸易经纪与代理				
其他批发	7141	7826	7141	7826

单位：万元

自有配送中心配送商品购进额		非自有配送中心配送商品购进额		商品销售总额		零售额	
2009年	2008年	2009年	2008年	2009年	2008年	2009年	2008年
7314483	**6130493**	**1471178**	**1307273**	**24982548**	**21096902**	**21761985**	**18127519**
42943	**54217**			**65473**	**66200**	**19204**	**16112**
2360	2054			2114	1566	2114	1566
40583	52163			56259	57779	14568	13010
				7100	6855	2522	1536
7271541	**6076277**	**1471178**	**1307273**	**24917075**	**21030702**	**21742782**	**18111407**
7089242	5893129	1470958	1307022	24397404	20522161	21269673	17647565
2386	2399	220	251	3853	3379	3853	3379
37202	33714			281240	257851	236982	214927
3410	2738			3180	2635	876	860
139301	144298			231397	244676	231397	244676
6817190	**5667649**	**1471178**	**1250860**	**23953344**	**20076680**	**20733367**	**17107602**
40583	**52163**			**63359**	**64634**	**17090**	**14546**
40583	52163			56259	57779	14568	13010
				7100	6855	2522	1536

1-7 续表 11

百货店

项 目	商品购进总额		统一配送商品购进额	
	2009年	2008年	2009年	2008年
零售业	**19776987**	**16438055**	**10672837**	**9086133**
综合零售	19423789	16020992	10507885	8838090
食品、饮料及烟草制品专门零售	2606	2650	2606	2650
纺织、服装及日用品专门零售	227291	203555	39046	34535
文化、体育用品及器材专门零售	3410	2738	3410	2738
医药及医疗器材专门零售				
汽车、摩托车、燃料及零配件专门零售				
家用电器及电子产品专门零售	119891	208121	119891	208121
五金、家具及室内装修材料专门零售				
无店铺及其他零售				
加盟门店合计	**788401**	**778854**	**543587**	**552156**
批发业	**2360**	**2054**	**2360**	**2054**
农畜产品批发				
食品、饮料及烟草制品专门批发	2360	2054	2360	2054
纺织、服装及日用品批发				
文化、体育用品及器材批发				
医药及医疗器材批发				
矿产品、建材及化工产品批发				
机械设备、五金交电及电子产品批发				
贸易经纪与代理				
其他批发				
零售业	**786042**	**776800**	**541227**	**550102**
综合零售	697737	683368	453380	456888
食品、饮料及烟草制品专门零售				
纺织、服装及日用品专门零售	458	219		
文化、体育用品及器材专门零售				
医药及医疗器材专门零售				
汽车、摩托车、燃料及零配件专门零售				
家用电器及电子产品专门零售	87847	93214	87847	93214
五金、家具及室内装修材料专门零售				
无店铺及其他零售				

单位：万元

自有配送中心配送商品购进额		非自有配送中心配送商品购进额		商品销售总额		零售额	
2009年	2008年	2009年	2008年	2009年	2008年	2009年	2008年
6776607	**5615486**	**1471178**	**1250860**	**23889985**	**20012046**	**20716278**	**17093056**
6682155	5525552	1470958	1250609	23456764	19595781	20329034	16721186
2386	2399	220	251	3853	3379	3853	3379
37202	33714			280654	257546	236982	214927
3410	2738			3180	2635	876	860
51454	51084			145533	152704	145533	152704
497293	**462845**		**56413**	**1029204**	**1020222**	**1028618**	**1019917**
2360	**2054**			**2114**	**1566**	**2114**	**1566**
2360	2054			2114	1566	2114	1566
494933	**460791**		**56413**	**1027090**	**1018656**	**1026504**	**1018351**
407087	367577		56413	940640	926379	940640	926379
				586	305		
87847	93214			85864	91972	85864	91972

1-7 续表 12

专业店(含加油站)

项　目	商品购进总额		统一配送商品购进额	
	2009年	2008年	2009年	2008年
总　计	**121464225**	**119367834**	**99909432**	**98517559**
批发业	**35934182**	**37735069**	**27178425**	**29866672**
农畜产品批发	627361	542231	540274	418885
食品、饮料及烟草制品专门批发	1677417	1661383	1520294	1505459
纺织、服装及日用品批发	24381	19199	24381	19199
文化、体育用品及器材批发	104028	140054	104028	140054
医药及医疗器材批发	256075	186519	207669	160623
矿产品、建材及化工产品批发	32618523	34399337	24241882	26906012
机械设备、五金交电及电子产品批发	111802	122208	91434	101934
贸易经纪与代理				
其他批发	514595	664139	448462	614506
零售业	**85530043**	**81632765**	**72731007**	**68650887**
综合零售	12546851	11365886	11242158	9253702
食品、饮料及烟草制品专门零售	660224	621277	643187	587384
纺织、服装及日用品专门零售	417186	409849	348730	325775
文化、体育用品及器材专门零售	3326122	3535234	3248518	3478812
医药及医疗器材专门零售	2978120	2593225	2458374	2066943
汽车、摩托车、燃料及零配件专门零售	52652004	50742846	45605067	44245352
家用电器及电子产品专门零售	12156723	11966730	8634079	8504386
五金、家具及室内装修材料专门零售	48691	44939	47421	43337
无店铺及其他零售	744122	352780	503473	145195
直营门店合计	**118464803**	**116397547**	**97510617**	**96290135**
批发业	**34607717**	**36486373**	**26111293**	**28935938**
农畜产品批发	154164	147455	145875	140449
食品、饮料及烟草制品专门批发	1667228	1650950	1510105	1495026
纺织、服装及日用品批发	24381	19199	24381	19199
文化、体育用品及器材批发	104028	140054	104028	140054
医药及医疗器材批发	162750	133892	154086	128968
矿产品、建材及化工产品批发	32086478	33863863	23802835	26519497
机械设备、五金交电及电子产品批发	77948	84206	57580	64722
贸易经纪与代理				
其他批发	330740	446754	312402	428023

单位：万元

自有配送中心配送商品购进额		非自有配送中心配送商品购进额		商品销售总额		零售额	
2009年	2008年	2009年	2008年	2009年	2008年	2009年	2008年
66873020	**63891461**	**18353076**	**20848324**	**133739413**	**128415726**	**84003971**	**84276590**
13796713	**13816256**	**11029479**	**13542987**	**41147024**	**41667067**	**20386210**	**24504856**
528274	408885	12000	10000	648053	656826	379284	363545
1312760	1373257	15174	382	2287641	1973688	391742	318239
		24381	19199	26321	25476		
89189	123252			106078	169796	7990	9878
116548	101765	55385	41970	316730	202582	126987	72932
11259591	11165712	10922540	13471436	36717718	37419159	19087415	23305320
87316	99495			131254	124973	90072	95890
403036	543891			913229	1094568	302721	339053
53076306	**50075206**	**7323596**	**7305338**	**92592389**	**86748659**	**63617760**	**59771734**
11118206	9153799	65436	49053	12425890	10540431	6418629	5238423
319780	276428	28447	37005	808365	735180	359673	348627
92819	84642	20168	15479	461237	422115	264862	227218
2946618	3240063	142205	99626	3383082	3279138	2196933	2099000
1971238	1616999	170223	148579	3523434	3015686	3108128	2661722
30083369	30102280	5768421	5212712	58358076	55685243	38782123	37382700
6063847	5481846	1096639	1714330	12860738	12661466	11833711	11487701
22354	21511	25067	21826	60412	57274	46332	42428
458077	97637	6992	6729	711153	352126	607368	283914
65271500	**62282613**	**17651756**	**20346114**	**130564710**	**125300441**	**81976689**	**82362160**
13044086	**13146235**	**10762192**	**13355071**	**39665936**	**40296840**	**19589151**	**23841043**
145875	140449			153837	209828	38266	55605
1302571	1362824	15174	382	2277105	1964766	383075	311068
		24381	19199	26321	25476		
89189	123252			106078	169796	7990	9878
87681	84058	31901	29153	171306	123190	44233	25516
11066776	10958998	10690736	13306338	36105840	36861563	18753143	23044801
53462	62283			100659	83106	59723	55123
298532	414372			724792	859116	302721	339053

1-7 续表 13

专业店(含加油站)

项　目	商品购进总额		统一配送商品购进额	
	2009年	2008年	2009年	2008年
零售业	**83857086**	**79911173**	**71399325**	**67354197**
综合零售	12526363	11352009	11221975	9240047
食品、饮料及烟草制品专门零售	642645	604123	635701	578763
纺织、服装及日用品专门零售	407734	402997	341498	319482
文化、体育用品及器材专门零售	3193704	3396975	3124239	3342128
医药及医疗器材专门零售	2686941	2341031	2253724	1899108
汽车、摩托车、燃料及零配件专门零售	51788892	49763696	44745931	43398689
家用电器及电子产品专门零售	12050607	11852998	8527962	8390654
五金、家具及室内装修材料专门零售	48691	44939	47421	43337
无店铺及其他零售	511510	152406	500873	141988
加盟门店合计	**2999422**	**2970287**	**2398814**	**2227424**
批发业	**1326466**	**1248696**	**1067132**	**930734**
农畜产品批发	473197	394776	394399	278436
食品、饮料及烟草制品专门批发	10189	10433	10189	10433
纺织、服装及日用品批发				
文化、体育用品及器材批发				
医药及医疗器材批发	93326	52627	53583	31655
矿产品、建材及化工产品批发	532045	535474	439047	386515
机械设备、五金交电及电子产品批发	33854	38001	33854	37212
贸易经纪与代理				
其他批发	183855	217385	136059	186483
零售业	**1672957**	**1721591**	**1331682**	**1296690**
综合零售	20488	13877	20182	13655
食品、饮料及烟草制品专门零售	17579	17154	7486	8621
纺织、服装及日用品专门零售	9453	6852	7233	6293
文化、体育用品及器材专门零售	132417	138259	124279	136685
医药及医疗器材专门零售	291179	252194	204650	167835
汽车、摩托车、燃料及零配件专门零售	863112	979150	859136	846664
家用电器及电子产品专门零售	106116	113732	106116	113732
五金、家具及室内装修材料专门零售				
无店铺及其他零售	232612	200374	2600	3206

单位：万元

自有配送中心配送商品购进额		非自有配送中心配送商品购进额		商品销售总额		零售额	
2009年	2008年	2009年	2008年	2009年	2008年	2009年	2008年
52227414	**49136378**	**6889563**	**6991043**	**90898774**	**85003601**	**62387538**	**58521117**
11114414	9151850	50028	38057	12400323	10516320	6393151	5214383
312294	267808	28447	37005	786692	714146	348456	334264
92388	84245	15735	11887	443684	408135	257601	218232
2836335	3126733	131221	80007	3238154	3140324	2087742	2010115
1819047	1506226	151026	117398	3184516	2721760	2827401	2412769
29596658	29495566	5395995	4972762	57572049	54766117	38289462	36798484
5975848	5385372	1085052	1705373	12734293	12528184	11707266	11354419
22354	21511	25067	21826	60412	57274	46332	42428
458077	97068	6992	6729	478651	151341	430127	136023
1601519	**1608848**	**701320**	**502210**	**3174702**	**3115285**	**2027282**	**1914429**
752627	**670021**	**267287**	**187915**	**1481088**	**1370227**	**797059**	**663812**
382399	268436	12000	10000	494216	446997	341018	307940
10189	10433			10537	8922	8667	7171
28868	17707	23484	12817	145424	79393	82754	47416
192814	206714	231803	165098	611878	557596	334272	260519
33854	37212			30595	41867	30349	40767
104504	129519			188438	235452		
848892	**938827**	**434033**	**314295**	**1693615**	**1745058**	**1230223**	**1250617**
3792	1949	15408	10996	25568	24111	25479	24040
7486	8621			21673	21033	11217	14363
431	397	4433	3593	17554	13980	7262	8986
110283	113330	10983	19619	144928	138814	109192	88886
152191	110773	19197	31181	338918	293927	280726	248954
486710	606714	372426	239950	786027	919126	492661	584215
87999	96474	11586	8957	126445	133282	126445	133282
	569			232502	200786	177241	147891

1-7 续表 14

加油站

项目	商品购进总额		统一配送商品购进额	
	2009年	2008年	2009年	2008年
总 计	**80387721**	**81161366**	**65107921**	**67289848**
批发业	**30189059**	**32314704**	**21918103**	**24918908**
农畜产品批发				
食品、饮料及烟草制品专门批发				
纺织、服装及日用品批发				
文化、体育用品及器材批发				
医药及医疗器材批发				
矿产品、建材及化工产品批发	30189059	32314704	21918103	24918908
机械设备、五金交电及电子产品批发				
贸易经纪与代理				
其他批发				
零售业	**50198662**	**48846662**	**43189818**	**42370940**
综合零售				
食品、饮料及烟草制品专门零售				
纺织、服装及日用品专门零售				
文化、体育用品及器材专门零售				
医药及医疗器材专门零售				
汽车、摩托车、燃料及零配件专门零售	50198662	48846662	43189818	42370940
家用电器及电子产品专门零售				
五金、家具及室内装修材料专门零售				
无店铺及其他零售				
直营门店合计	**79709288**	**80229947**	**64449968**	**66566179**
批发业	**30006502**	**32125700**	**21752051**	**24805168**
农畜产品批发				
食品、饮料及烟草制品专门批发				
纺织、服装及日用品批发				
文化、体育用品及器材批发				
医药及医疗器材批发				
矿产品、建材及化工产品批发	30006502	32125700	21752051	24805168
机械设备、五金交电及电子产品批发				
贸易经纪与代理				
其他批发				

单位：万元

自有配送中心配送商品购进额		非自有配送中心配送商品购进额		商品销售总额		零售额	
2009年	2008年	2009年	2008年	2009年	2008年	2009年	2008年
38960103	**39143296**	**15030473**	**17419361**	**89962141**	**88634964**	**55114313**	**58297275**
9464801	**9559200**	**10652660**	**13274456**	**34022443**	**34982017**	**18306791**	**22604714**
9464801	9559200	10652660	13274456	34022443	34982017	18306791	22604714
29495301	**29584096**	**4377814**	**4144905**	**55939698**	**53652947**	**36807522**	**35692562**
29495301	29584096	4377814	4144905	55939698	53652947	36807522	35692562
38473392	**38536582**	**14859792**	**17303240**	**89233197**	**87732311**	**54648973**	**57778200**
9464801	**9559200**	**10487169**	**13161550**	**33791087**	**34767892**	**18100624**	**22475423**
9464801	9559200	10487169	13161550	33791087	34767892	18100624	22475423

1-7 续表 15

加油站

项目	商品购进总额		统一配送商品购进额	
	2009年	2008年	2009年	2008年
零售业	**49702786**	**48104246**	**42697917**	**41761011**
综合零售				
食品、饮料及烟草制品专门零售				
纺织、服装及日用品专门零售				
文化、体育用品及器材专门零售				
医药及医疗器材专门零售				
汽车、摩托车、燃料及零配件专门零售	49702786	48104246	42697917	41761011
家用电器及电子产品专门零售				
五金、家具及室内装修材料专门零售				
无店铺及其他零售				
加盟门店合计	**678433**	**931420**	**657953**	**723669**
批发业	**182556**	**189004**	**166052**	**113740**
农畜产品批发				
食品、饮料及烟草制品专门批发				
纺织、服装及日用品批发				
文化、体育用品及器材批发				
医药及医疗器材批发				
矿产品、建材及化工产品批发	182556	189004	166052	113740
机械设备、五金交电及电子产品批发				
贸易经纪与代理				
其他批发				
零售业	**495877**	**742415**	**491901**	**609929**
综合零售				
食品、饮料及烟草制品专门零售				
纺织、服装及日用品专门零售				
文化、体育用品及器材专门零售				
医药及医疗器材专门零售				
汽车、摩托车、燃料及零配件专门零售	495877	742415	491901	609929
家用电器及电子产品专门零售				
五金、家具及室内装修材料专门零售				
无店铺及其他零售				

单位：万元

自有配送中心配送商品购进额		非自有配送中心配送商品购进额		商品销售总额		零售额	
2009年	2008年	2009年	2008年	2009年	2008年	2009年	2008年
29008591	**28977382**	**4372623**	**4141690**	**55442110**	**52964419**	**36548348**	**35302777**
29008591	28977382	4372623	4141690	55442110	52964419	36548348	35302777
486710	**606714**	**170682**	**116121**	**728945**	**902653**	**465341**	**519075**
		165491	**112906**	**231356**	**214126**	**206166**	**129291**
		165491	112906	231356	214126	206166	129291
486710	**606714**	**5191**	**3215**	**497588**	**688527**	**259174**	**389784**
486710	606714	5191	3215	497588	688527	259174	389784

1-7 续表 16

专卖店

项　　目	商品购进总额		统一配送商品购进额	
	2009年	2008年	2009年	2008年
总　计	**5468994**	**4743615**	**4029064**	**3449870**
批发业	**983853**	**709638**	**840415**	**696343**
农畜产品批发				
食品、饮料及烟草制品专门批发	567531	338231	442109	338231
纺织、服装及日用品批发	310262	282186	310262	282186
文化、体育用品及器材批发				
医药及医疗器材批发	29727	24297	11711	11001
矿产品、建材及化工产品批发	11385	11385	11385	11385
机械设备、五金交电及电子产品批发	64947	53541	64947	53541
贸易经纪与代理				
其他批发				
零售业	**4485141**	**4033976**	**3188649**	**2753527**
综合零售	613087	542072	455176	403857
食品、饮料及烟草制品专门零售	1111301	873714	1033565	800090
纺织、服装及日用品专门零售	944093	984022	847822	872469
文化、体育用品及器材专门零售	101788	116469	15161	12800
医药及医疗器材专门零售	260907	215137	242882	194799
汽车、摩托车、燃料及零配件专门零售	370897	375925	55280	74322
家用电器及电子产品专门零售	954683	890475	441081	382409
五金、家具及室内装修材料专门零售	88231	3400	88231	3400
无店铺及其他零售	40154	32762	9453	9382
直营门店合计	**4567565**	**3872792**	**3170937**	**2611864**
批发业	**691282**	**436490**	**555173**	**428901**
农畜产品批发				
食品、饮料及烟草制品专门批发	565388	336185	439966	336185
纺织、服装及日用品批发	27163	16789	27163	16789
文化、体育用品及器材批发				
医药及医疗器材批发	22398	18590	11711	11001
矿产品、建材及化工产品批发	11385	11385	11385	11385
机械设备、五金交电及电子产品批发	64947	53541	64947	53541
贸易经纪与代理				
其他批发				

单位：万元

自有配送中心配送商品购进额		非自有配送中心配送商品购进额		商品销售总额		零售额	
2009年	2008年	2009年	2008年	2009年	2008年	2009年	2008年
2888492	**2587897**	**338923**	**355815**	**6973114**	**5940520**	**4692570**	**4310187**
790137	**650811**	**19239**	**17634**	**1355892**	**952423**	**402296**	**377154**
441404	337607	705	624	754950	454978	10765	10385
286015	261947	18534	17010	483095	399573	376460	305085
				33233	25888	4251	3563
				13863	13863		
62717	51257			70751	58121	10820	58121
2098355	**1937086**	**319685**	**338181**	**5617223**	**4988098**	**4290274**	**3933033**
242130	161567	129712	154590	797410	680390	706943	586602
612284	559884	140358	125878	1356750	1009498	912303	813911
772574	825739	19318	15844	1330613	1300812	947874	916815
12790	10663			112868	126143	76412	75321
203884	172260	1105	1126	313377	259536	279062	227022
4191	3356			400939	389933	303114	274505
241795	195375	29192	40744	1170363	1111569	932032	928642
				92262	77745	92262	77745
8708	8244			42640	32471	40273	32471
2092706	**1821588**	**281825**	**290502**	**5657323**	**4733633**	**3671772**	**3372637**
517450	**394798**	**8585**	**7243**	**897047**	**564067**	**45678**	**82296**
439261	335561	705	624	751092	451295	6907	6702
15471	7980	7880	6619	36942	21903	23700	13910
				24399	18885	4251	3563
				13863	13863		
62717	51257			70751	58121	10820	58121

1-7 续表 17

专卖店

项　目	商品购进总额		统一配送商品购进额	
	2009年	2008年	2009年	2008年
零售业	**3876283**	**3436302**	**2615763**	**2182963**
综合零售	567116	482105	409205	343890
食品、饮料及烟草制品专门零售	936501	701179	860241	629068
纺织、服装及日用品专门零售	642748	679581	549266	569960
文化、体育用品及器材专门零售	101788	116417	15161	12747
医药及医疗器材专门零售	206575	178855	189101	158801
汽车、摩托车、燃料及零配件专门零售	369644	374908	54026	73305
家用电器及电子产品专门零售	954229	890475	441081	382409
五金、家具及室内装修材料专门零售	88231	3400	88231	3400
无店铺及其他零售	9453	9382	9453	9382
加盟门店合计	**901429**	**870823**	**858127**	**838006**
批发业	**292571**	**273149**	**285242**	**267443**
农畜产品批发				
食品、饮料及烟草制品专门批发	2143	2046	2143	2046
纺织、服装及日用品批发	283099	265397	283099	265397
文化、体育用品及器材批发				
医药及医疗器材批发	7329	5706		
矿产品、建材及化工产品批发				
机械设备、五金交电及电子产品批发				
贸易经纪与代理				
其他批发				
零售业	**608858**	**597674**	**572885**	**570564**
综合零售	45971	59967	45971	59967
食品、饮料及烟草制品专门零售	174801	172535	173325	171022
纺织、服装及日用品专门零售	301345	304441	298555	302508
文化、体育用品及器材专门零售		53		53
医药及医疗器材专门零售	54332	36282	53781	35998
汽车、摩托车、燃料及零配件专门零售	1254	1017	1254	1017
家用电器及电子产品专门零售	454			
五金、家具及室内装修材料专门零售				
无店铺及其他零售	30702	23381		

单位：万元

自有配送中心配送商品购进额		非自有配送中心配送商品购进额		商品销售总额		零售额	
2009年	2008年	2009年	2008年	2009年	2008年	2009年	2008年
1575257	**1426790**	**273241**	**283259**	**4760276**	**4169566**	**3626094**	**3290341**
241458	155359	84459	100863	751386	624272	706172	584211
439105	388931	140272	125809	1152108	829395	720782	642268
474592	526014	19318	15844	828469	792003	579477	521209
12790	10611			112868	126095	76412	75273
152619	138901			241773	210658	208102	178592
4191	3356			399489	388740	301663	273312
241795	195375	29192	40744	1169983	1111569	931653	928642
				92262	77745	92262	77745
8708	8244			11938	9091	9571	9091
795785	**766309**	**57098**	**65314**	**1315791**	**1206888**	**1020799**	**937550**
272688	**256013**	**10654**	**10391**	**458845**	**388356**	**356618**	**294858**
2143	2046			3858	3683	3858	3683
270545	253967	10654	10391	446153	377670	352760	291175
				8834	7003		
523098	**510296**	**46444**	**54923**	**856946**	**818531**	**664180**	**642692**
672	6208	45254	53728	46024	56118	771	2391
173179	170953	86	69	204642	180104	191521	171644
297983	299724			502144	508809	368397	395606
	53				48		48
51265	33359	1105	1126	71604	48879	70960	48430
				1451	1193	1451	1193
				379		379	
				30702	23381	30702	23381

1-7 续表 18

家居建材商店

项　目	商品购进总额		统一配送商品购进额	
	2009年	2008年	2009年	2008年
总　计	**437650**	**618232**	**246228**	**248526**
批发业	**18656**	**13807**	**18656**	**13807**
农畜产品批发				
食品、饮料及烟草制品专门批发				
纺织、服装及日用品批发				
文化、体育用品及器材批发				
医药及医疗器材批发				
矿产品、建材及化工产品批发				
机械设备、五金交电及电子产品批发	18656	13807	18656	13807
贸易经纪与代理				
其他批发				
零售业	**418994**	**604426**	**227572**	**234719**
综合零售				
食品、饮料及烟草制品专门零售				
纺织、服装及日用品专门零售				
文化、体育用品及器材专门零售				
医药及医疗器材专门零售				
汽车、摩托车、燃料及零配件专门零售				
家用电器及电子产品专门零售				
五金、家具及室内装修材料专门零售	418994	604426	227572	234719
无店铺及其他零售				
直营门店合计	**434359**	**591690**	**246228**	**248526**
批发业	**18656**	**13807**	**18656**	**13807**
农畜产品批发				
食品、饮料及烟草制品专门批发				
纺织、服装及日用品批发				
文化、体育用品及器材批发				
医药及医疗器材批发				
矿产品、建材及化工产品批发				
机械设备、五金交电及电子产品批发	18656	13807	18656	13807
贸易经纪与代理				
其他批发				

单位：万元

自有配送中心配送商品购进额		非自有配送中心配送商品购进额		商品销售总额		零售额	
2009年	2008年	2009年	2008年	2009年	2008年	2009年	2008年
134998	**151168**			**633494**	**678247**	**520561**	**563831**
				19473	**14494**		
				19473	14494		
134998	**151168**			**614022**	**663753**	**520561**	**563831**
134998	151168			614022	663753	520561	563831
134998	**151168**			**624043**	**647535**	**511110**	**533119**
				19473	**14494**		
				19473	14494		

1-7 续表 19

家居建材商店

项　目	商品购进总额		统一配送商品购进额	
	2009年	2008年	2009年	2008年
零售业	**415703**	**577884**	**227572**	**234719**
综合零售				
食品、饮料及烟草制品专门零售				
纺织、服装及日用品专门零售				
文化、体育用品及器材专门零售				
医药及医疗器材专门零售				
汽车、摩托车、燃料及零配件专门零售				
家用电器及电子产品专门零售				
五金、家具及室内装修材料专门零售	415703	577884	227572	234719
无店铺及其他零售				
加盟门店合计	**3291**	**26542**		
批发业				
农畜产品批发				
食品、饮料及烟草制品专门批发				
纺织、服装及日用品批发				
文化、体育用品及器材批发				
医药及医疗器材批发				
矿产品、建材及化工产品批发				
机械设备、五金交电及电子产品批发				
贸易经纪与代理				
其他批发				
零售业	**3291**	**26542**		
综合零售				
食品、饮料及烟草制品专门零售				
纺织、服装及日用品专门零售				
文化、体育用品及器材专门零售				
医药及医疗器材专门零售				
汽车、摩托车、燃料及零配件专门零售				
家用电器及电子产品专门零售				
五金、家具及室内装修材料专门零售	3291	26542		
无店铺及其他零售				

单位：万元

自有配送中心配送商品购进额		非自有配送中心配送商品购进额		商品销售总额		零售额	
2009年	2008年	2009年	2008年	2009年	2008年	2009年	2008年
134998	**151168**			**604571**	**633041**	**511110**	**533119**
134998	151168			604571	633041	511110	533119
				9451	**30712**	**9451**	**30712**
				9451	**30712**	**9451**	**30712**
				9451	30712	9451	30712

1-7 续表 20

厂家直销中心

项　　目	商品购进总额		统一配送商品购进额	
	2009年	2008年	2009年	2008年
总　计	**18203**	**16796**	**18203**	**16796**
批发业	**6655**	**6388**	**6655**	**6388**
农畜产品批发				
食品、饮料及烟草制品专门批发	6655	6388	6655	6388
纺织、服装及日用品批发				
文化、体育用品及器材批发				
医药及医疗器材批发				
矿产品、建材及化工产品批发				
机械设备、五金交电及电子产品批发				
贸易经纪与代理				
其他批发				
零售业	**11548**	**10408**	**11548**	**10408**
综合零售	3144	3000	3144	3000
食品、饮料及烟草制品专门零售	150	157	150	157
纺织、服装及日用品专门零售				
文化、体育用品及器材专门零售	1761	1702	1761	1702
医药及医疗器材专门零售	4700	4200	4700	4200
汽车、摩托车、燃料及零配件专门零售				
家用电器及电子产品专门零售	1793	1349	1793	1349
五金、家具及室内装修材料专门零售				
无店铺及其他零售				
直营门店合计	**15703**	**14596**	**15703**	**14596**
批发业	**6655**	**6388**	**6655**	**6388**
农畜产品批发				
食品、饮料及烟草制品专门批发	6655	6388	6655	6388
纺织、服装及日用品批发				
文化、体育用品及器材批发				
医药及医疗器材批发				
矿产品、建材及化工产品批发				
机械设备、五金交电及电子产品批发				
贸易经纪与代理				
其他批发				

单位：万元

自有配送中心配送商品购进额		非自有配送中心配送商品购进额		商品销售总额		零售额	
2009年	2008年	2009年	2008年	2009年	2008年	2009年	2008年
11709	**11247**			**15222**	**13507**	**12332**	**10408**
6655	**6388**			**3466**	**3700**	**576**	**601**
6655	6388			3466	3700	576	601
5055	**4859**			**11756**	**9807**	**11756**	**9807**
3144	3000			3566	2853	3566	2853
150	157			446	436	446	436
1761	1702			1782	1812	1782	1812
				3400	2800	3400	2800
				2562	1907	2562	1907
9709	**9247**			**12522**	**11307**	**9632**	**8208**
6655	**6388**			**3466**	**3700**	**576**	**601**
6655	6388			3466	3700	576	601

1-7 续表 21

厂家直销中心

项　目	商品购进总额		统一配送商品购进额	
	2009年	2008年	2009年	2008年
零售业	**9048**	**8208**	**9048**	**8208**
综合零售	1144	1000	1144	1000
食品、饮料及烟草制品专门零售	150	157	150	157
纺织、服装及日用品专门零售				
文化、体育用品及器材专门零售	1761	1702	1761	1702
医药及医疗器材专门零售	4200	4000	4200	4000
汽车、摩托车、燃料及零配件专门零售				
家用电器及电子产品专门零售	1793	1349	1793	1349
五金、家具及室内装修材料专门零售				
无店铺及其他零售				
加盟门店合计	**2500**	**2200**	**2500**	**2200**
批发业				
农畜产品批发				
食品、饮料及烟草制品专门批发				
纺织、服装及日用品批发				
文化、体育用品及器材批发				
医药及医疗器材批发				
矿产品、建材及化工产品批发				
机械设备、五金交电及电子产品批发				
贸易经纪与代理				
其他批发				
零售业	**2500**	**2200**	**2500**	**2200**
综合零售	2000	2000	2000	2000
食品、饮料及烟草制品专门零售				
纺织、服装及日用品专门零售				
文化、体育用品及器材专门零售				
医药及医疗器材专门零售	500	200	500	200
汽车、摩托车、燃料及零配件专门零售				
家用电器及电子产品专门零售				
五金、家具及室内装修材料专门零售				
无店铺及其他零售				

单位：万元

自有配送中心配送商品购进额		非自有配送中心配送商品购进额		商品销售总额		零售额	
2009年	2008年	2009年	2008年	2009年	2008年	2009年	2008年
3055	**2859**			**9056**	**7607**	**9056**	**7607**
1144	1000			1066	853	1066	853
150	157			446	436	446	436
1761	1702			1782	1812	1782	1812
				3200	2600	3200	2600
				2562	1907	2562	1907
2000	**2000**			**2700**	**2200**	**2700**	**2200**
2000	**2000**			**2700**	**2200**	**2700**	**2200**
2000	2000			2500	2000	2500	2000
				200	200	200	200

1-7 续表 22

其他

项 目	商品购进总额		统一配送商品购进额	
	2009年	2008年	2009年	2008年
总 计	**1216876**	**1384249**	**998347**	**1169035**
批发业	**571830**	**755921**	**359004**	**549072**
农畜产品批发	5382	4700	5382	4700
食品、饮料及烟草制品专门批发	60359	52531	60359	52531
纺织、服装及日用品批发				
文化、体育用品及器材批发				
医药及医疗器材批发	1122	1025	950	900
矿产品、建材及化工产品批发	500959	694423	288305	487699
机械设备、五金交电及电子产品批发				
贸易经纪与代理				
其他批发	4008	3242	4008	3242
零售业	**645046**	**628328**	**639343**	**619962**
综合零售	201942	156476	198434	151835
食品、饮料及烟草制品专门零售	1068	997	1068	997
纺织、服装及日用品专门零售	64142	63852	64142	63852
文化、体育用品及器材专门零售				
医药及医疗器材专门零售	28367	17829	28367	16807
汽车、摩托车、燃料及零配件专门零售				
家用电器及电子产品专门零售	349224	388954	347029	386253
五金、家具及室内装修材料专门零售				
无店铺及其他零售	303	220	303	220
直营门店合计	**753740**	**865840**	**739359**	**743651**
批发业	**109369**	**238187**	**100691**	**124364**
农畜产品批发				
食品、饮料及烟草制品专门批发	60359	52531	60359	52531
纺织、服装及日用品批发				
文化、体育用品及器材批发				
医药及医疗器材批发	1122	1025	950	900
矿产品、建材及化工产品批发	46552	183550	38046	69852
机械设备、五金交电及电子产品批发				
贸易经纪与代理				
其他批发	1336	1081	1336	1081

单位：万元

自有配送中心配送商品购进额		非自有配送中心配送商品购进额		商品销售总额		零售额	
2009年	2008年	2009年	2008年	2009年	2008年	2009年	2008年
283181	**220987**	**5545**	**6570**	**1430284**	**1475641**	**787684**	**704038**
10071	**8514**	**269**	**328**	**639518**	**774983**	**5101**	**4098**
5382	4700			5272	4554	652	487
				80095	67694		
681	572	269	328	1090	956	111	101
				548722	698269		
4008	3242			4338	3510	4338	3510
273110	**212473**	**5276**	**6242**	**790766**	**700658**	**782583**	**699940**
184724	131458	2894	3630	209425	176861	209425	176861
1068	997			1688	1417	1688	1417
64142	63852			54726	54448	54726	54448
9827	5582	2382	2611	34439	21661	34439	20942
13048	10364			490180	446086	481998	446086
303	220			308	186	308	186
275127	**214126**	**4870**	**5895**	**929758**	**948152**	**783390**	**700510**
2017	**1653**	**269**	**328**	**139742**	**248195**	**1557**	**1271**
				80095	67694		
681	572	269	328	1090	956	111	101
				57111	178375		
1336	1081			1446	1170	1446	1170

1-7 续表 23

其他

项　目	商品购进总额		统一配送商品购进额	
	2009年	2008年	2009年	2008年
零售业	**644371**	**627653**	**638668**	**619287**
综合零售	201942	156476	198434	151835
食品、饮料及烟草制品专门零售	1068	997	1068	997
纺织、服装及日用品专门零售	64142	63852	64142	63852
文化、体育用品及器材专门零售				
医药及医疗器材专门零售	27692	17154	27692	16132
汽车、摩托车、燃料及零配件专门零售				
家用电器及电子产品专门零售	349224	388954	347029	386253
五金、家具及室内装修材料专门零售				
无店铺及其他零售	303	220	303	220
加盟门店合计	**463136**	**518409**	**258989**	**425383**
批发业	**462461**	**517734**	**258314**	**424708**
农畜产品批发	5382	4700	5382	4700
食品、饮料及烟草制品专门批发				
纺织、服装及日用品批发				
文化、体育用品及器材批发				
医药及医疗器材批发				
矿产品、建材及化工产品批发	454408	510873	250260	417847
机械设备、五金交电及电子产品批发				
贸易经纪与代理				
其他批发	2672	2162	2672	2162
零售业	**675**	**675**	**675**	**675**
综合零售				
食品、饮料及烟草制品专门零售				
纺织、服装及日用品专门零售				
文化、体育用品及器材专门零售				
医药及医疗器材专门零售	675	675	675	675
汽车、摩托车、燃料及零配件专门零售				
家用电器及电子产品专门零售				
五金、家具及室内装修材料专门零售				
无店铺及其他零售				

单位：万元

自有配送中心配送商品购进额		非自有配送中心配送商品购进额		商品销售总额		零售额	
2009年	2008年	2009年	2008年	2009年	2008年	2009年	2008年
273110	**212473**	**4601**	**5567**	**790016**	**699957**	**781833**	**699239**
184724	131458	2894	3630	209425	176861	209425	176861
1068	997			1688	1417	1688	1417
64142	63852			54726	54448	54726	54448
9827	5582	1707	1936	33689	20960	33689	20241
13048	10364			490180	446086	481998	446086
303	220			308	186	308	186
8054	**6862**	**675**	**675**	**500526**	**527489**	**4294**	**3528**
8054	**6862**			**499776**	**526788**	**3544**	**2827**
5382	4700			5272	4554	652	487
				491611	519895		
2672	2162			2892	2340	2892	2340
		675	**675**	**750**	**701**	**750**	**701**
		675	675	750	701	750	701

1-8 按登记注册类型与业态分连锁零售企业基本情况

便利店

项　目	连锁总店数（个）	门店数（个）		年末从业人员（人）		年末零售营业面积（平方米）	
	2009年	2009年	2008年	2009年	2008年	2009年	2008年
总　计	**96**	**15779**	**16178**	**92789**	**92216**	**1442707**	**1284861**
内资企业	83	14029	14576	83754	83185	1322945	1172547
国有企业	6	764	768	4188	3973	45904	46040
集体企业	1	103	82	904	902	7136	6804
股份合作企业	3	53	57	800	794	14941	12779
联营企业	1	244	212	1609	1585	21798	18553
有限责任公司	40	8760	9794	55351	56701	775423	787185
股份有限公司	1	1800	1700	7218	6290	144000	126600
私营企业	31	2305	1963	13684	12940	313743	174586
其他企业							
港、澳、台商投资企业	7	1042	1024	4396	4806	57922	63990
外商投资企业	6	708	578	4639	4225	61840	48324
直营门店合计		**8506**	**8143**	**66758**	**64128**	**1045707**	**870544**
内资企业		7322	7047	60061	57202	956389	785512
国有企业		380	374	2519	2716	32965	33997
集体企业		103	82	904	902	7136	6804
股份合作企业		48	51	785	776	14441	12179
联营企业		168	134	1036	1002	16151	13365
有限责任公司		5939	5737	44906	42004	634938	593433
股份有限公司		18	18	90	90	1800	1800
私营企业		666	651	9821	9712	248958	123934
其他企业							
港、澳、台商投资企业		847	839	3983	4410	53769	58569
外商投资企业		337	257	2714	2516	35549	26463
加盟门店合计		**7273**	**8035**	**26031**	**28088**	**397000**	**414317**
内资企业		6707	7529	23693	25983	366556	387035
国有企业		384	394	1669	1257	12939	12043
集体企业							
股份合作企业		5	6	15	18	500	600
联营企业		76	78	573	583	5647	5188
有限责任公司		2821	4057	10445	14697	140485	193752
股份有限公司		1782	1682	7128	6200	142200	124800
私营企业		1639	1312	3863	3228	64785	50652
其他企业							
港、澳、台商投资企业		195	185	413	396	4153	5421
外商投资企业		371	321	1925	1709	26291	21861

1-8 续表 1

折扣店

项目	连锁总店数(个)	门店数(个)		年末从业人员(人)		年末零售营业面积(平方米)	
	2009年	2009年	2008年	2009年	2008年	2009年	2008年
总　计	**4**	**859**	**783**	**7979**	**8434**	**243244**	**222733**
内资企业	2	505	460	4622	4382	149002	131902
国有企业							
集体企业							
股份合作企业							
联营企业							
有限责任公司	1	500	456	4189	3993	113280	103052
股份有限公司							
私营企业	1	5	4	433	389	35722	28850
其他企业							
港、澳、台商投资企业							
外商投资企业	2	354	323	3357	4052	94242	90831
直营门店合计		**801**	**770**	**7561**	**8345**	**233585**	**221023**
内资企业		505	460	4622	4382	149002	131902
国有企业							
集体企业							
股份合作企业							
联营企业							
有限责任公司		500	456	4189	3993	113280	103052
股份有限公司							
私营企业		5	4	433	389	35722	28850
其他企业							
港、澳、台商投资企业							
外商投资企业		296	310	2939	3963	84583	89121
加盟门店合计		**58**	**13**	**418**	**89**	**9659**	**1710**
内资企业							
国有企业							
集体企业							
股份合作企业							
联营企业							
有限责任公司							
股份有限公司							
私营企业							
其他企业							
港、澳、台商投资企业							
外商投资企业		58	13	418	89	9659	1710

1-8 续表 2

超市

项　　目	连锁总店数(个)	门店数(个)		年末从业人员(人)		年末零售营业面积(平方米)	
	2009年	2009年	2008年	2009年	2008年	2009年	2008年
总　计	**458**	**33224**	**31157**	**488642**	**480770**	**19248523**	**17041895**
内资企业	447	30934	28839	416095	407156	16570306	14770389
国有企业	8	260	240	1400	1021	40526	33294
集体企业	14	903	866	6448	5318	142511	135696
股份合作企业	6	113	97	5050	5249	205440	116667
联营企业	1	195	196	2936	2702	24135	23835
有限责任公司	177	12054	11243	165494	163901	7888113	6917146
股份有限公司	24	7457	7625	127787	127287	4271068	4150936
私营企业	216	9946	8569	106770	101579	3994083	3390699
其他企业	1	6	3	210	99	4430	2116
港、澳、台商投资企业	4	157	117	4190	3510	62633	50189
外商投资企业	7	2133	2201	68357	70104	2615584	2221317
直营门店合计		**13730**	**12896**	**384234**	**373919**	**16237279**	**14157299**
内资企业		12471	11723	336590	327988	14107649	12497880
国有企业		260	240	1400	1021	40526	33294
集体企业		202	180	4703	3731	99779	96434
股份合作企业		81	87	4050	4499	172440	104667
联营企业		19	19	296	224	6535	6135
有限责任公司		5826	5280	147923	146870	6999087	6132245
股份有限公司		2649	2673	91196	88854	3426701	3244160
私营企业		3428	3241	86812	82690	3358151	2878829
其他企业		6	3	210	99	4430	2116
港、澳、台商投资企业		157	117	4190	3510	62633	50189
外商投资企业		1102	1056	43454	42421	2066997	1609230
加盟门店合计		**19494**	**18261**	**104408**	**106851**	**3011244**	**2884596**
内资企业		18463	17116	79505	79168	2462657	2272509
国有企业							
集体企业		701	686	1745	1587	42732	39262
股份合作企业		32	10	1000	750	33000	12000
联营企业		176	177	2640	2478	17600	17700
有限责任公司		6228	5963	17571	17031	889026	784901
股份有限公司		4808	4952	36591	38433	844367	906776
私营企业		6518	5328	19958	18889	635932	511870
其他企业							
港、澳、台商投资企业							
外商投资企业		1031	1145	24903	27683	548587	612087

1-8 续表 3

大型超市

项目	连锁总店数(个)	门店数(个)		年末从业人员(人)		年末零售营业面积(平方米)	
	2009年	2009年	2008年	2009年	2008年	2009年	2008年
总　计	**134**	**2493**	**2292**	**326643**	**311597**	**18447677**	**16324036**
内资企业	60	1662	1571	139666	139279	11055042	10172393
国有企业							
集体企业	1	23	17	4507	3597	233068	180472
股份合作企业							
联营企业							
有限责任公司	30	361	353	59404	61735	6281421	5992562
股份有限公司	11	878	812	51896	49833	2650733	2357941
私营企业	17	389	374	22783	23136	1776720	1595266
其他企业	1	11	15	1076	978	113100	46152
港、澳、台商投资企业	14	308	277	87874	75664	3760286	3022703
外商投资企业	60	523	444	99103	96654	3632349	3128940
直营门店合计		**2280**	**2094**	**283293**	**274670**	**17014600**	**15127273**
内资企业		1585	1489	137488	137146	10996502	10112787
国有企业							
集体企业		23	17	4507	3597	233068	180472
股份合作企业							
联营企业							
有限责任公司		355	348	58291	60617	6248821	5959962
股份有限公司		807	735	50831	48818	2624793	2330935
私营企业		389	374	22783	23136	1776720	1595266
其他企业		11	15	1076	978	113100	46152
港、澳、台商投资企业		247	225	51759	45914	2566619	2051914
外商投资企业		448	380	94046	91610	3451479	2962572
加盟门店合计		**213**	**198**	**43350**	**36927**	**1433077**	**1196763**
内资企业		77	82	2178	2133	58540	59606
国有企业							
集体企业							
股份合作企业							
联营企业							
有限责任公司		6	5	1113	1118	32600	32600
股份有限公司		71	77	1065	1015	25940	27006
私营企业							
其他企业							
港、澳、台商投资企业		61	52	36115	29750	1193667	970789
外商投资企业		75	64	5057	5044	180870	166368

1-8 续表 4

仓储会员店

项　　目	连锁总店数(个)	门店数(个)		年末从业人员(人)		年末零售营业面积(平方米)	
	2009年	2009年	2008年	2009年	2008年	2009年	2008年
总　计	**6**	**179**	**173**	**14545**	**15963**	**548410**	**521764**
内资企业	3	126	122	3379	3257	64003	50503
国有企业	1	105	105	336	336	5600	5600
集体企业							
股份合作企业							
联营企业							
有限责任公司	1	11	11	180	172	4337	4337
股份有限公司							
私营企业	1	10	6	2863	2749	54066	40566
其他企业							
港、澳、台商投资企业							
外商投资企业	3	53	51	11166	12706	484407	471261
直营门店合计		**141**	**135**	**14410**	**15828**	**545490**	**518844**
内资企业		88	84	3244	3122	61083	47583
国有企业		67	67	201	201	2680	2680
集体企业							
股份合作企业							
联营企业							
有限责任公司		11	11	180	172	4337	4337
股份有限公司							
私营企业		10	6	2863	2749	54066	40566
其他企业							
港、澳、台商投资企业							
外商投资企业		53	51	11166	12706	484407	471261
加盟门店合计		**38**	**38**	**135**	**135**	**2920**	**2920**
内资企业		38	38	135	135	2920	2920
国有企业		38	38	135	135	2920	2920
集体企业							
股份合作企业							
联营企业							
有限责任公司							
股份有限公司							
私营企业							
其他企业							
港、澳、台商投资企业							
外商投资企业							

1-8 续表 5

百货店

项目	连锁总店数（个）	门店数（个）		年末从业人员（人）		年末零售营业面积（平方米）	
	2009年	2009年	2008年	2009年	2008年	2009年	2008年
总　计	**105**	**5304**	**5109**	**238641**	**202117**	**13383742**	**11520282**
内资企业	89	4950	4801	190544	162042	10575136	9302950
国有企业	2	20	19	3637	3599	262415	232260
集体企业	6	68	68	2957	3276	124790	124081
股份合作企业							
联营企业							
有限责任公司	26	303	315	16931	16164	1194958	1006443
股份有限公司	24	3930	3710	147421	120173	8321861	7247443
私营企业	31	629	689	19598	18830	671112	692723
其他企业							
港、澳、台商投资企业	11	317	276	36929	29644	1929350	1466970
外商投资企业	5	37	32	11168	10431	879256	750362
直营门店合计		**1787**	**1652**	**214150**	**177634**	**12647106**	**10779410**
内资企业		1440	1356	166099	138776	9842050	8621908
国有企业		20	19	3637	3599	262415	232260
集体企业		43	43	1480	1702	112244	111535
股份合作企业							
联营企业							
有限责任公司		295	310	16373	15982	1114438	976093
股份有限公司		720	643	126739	100829	7767537	6724137
私营企业		362	341	17870	16664	585416	577883
其他企业							
港、澳、台商投资企业		310	264	36883	28427	1925800	1407140
外商投资企业		37	32	11168	10431	879256	750362
加盟门店合计		**3517**	**3457**	**24491**	**24483**	**736636**	**740872**
内资企业		3510	3445	24445	23266	733086	681042
国有企业							
集体企业		25	25	1477	1574	12546	12546
股份合作企业							
联营企业							
有限责任公司		8	5	558	182	80520	30350
股份有限公司		3210	3067	20682	19344	554324	523306
私营企业		267	348	1728	2166	85696	114840
其他企业							
港、澳、台商投资企业		7	12	46	1217	3550	59830
外商投资企业							

1-8 续表 6

专业店(含加油站)

项　目	连锁总店数(个)	门店数(个)		年末从业人员(人)		年末零售营业面积(平方米)	
	2009年	2009年	2008年	2009年	2008年	2009年	2008年
总　计	**1203**	**82704**	**77887**	**752892**	**722349**	**60753451**	**57911770**
内资企业	1154	80341	75648	710668	682509	58069485	55231929
国有企业	119	9632	9485	95342	93947	7737021	7196203
集体企业	17	1021	1006	8425	9126	1265668	1234870
股份合作企业	11	709	660	3595	3512	58873	53790
联营企业	2	125	141	770	753	7880	11580
有限责任公司	437	26961	24563	178152	170984	6126553	6268926
股份有限公司	186	29655	28630	331082	316870	40021220	37800419
私营企业	375	11994	10932	92122	86158	2836624	2650275
其他企业	7	244	231	1180	1159	15646	15866
港、澳、台商投资企业	12	459	371	6233	5114	84235	77919
外商投资企业	37	1904	1868	35991	34726	2599731	2601922
直营门店合计		**57761**	**54836**	**678738**	**654026**	**58811390**	**56132698**
内资企业		55500	52692	637494	615050	56266323	53604711
国有企业		8002	7834	87087	85889	7400030	6891365
集体企业		918	903	8104	8803	1261118	1230380
股份合作企业		272	266	2280	2232	45075	41962
联营企业		125	141	770	753	7880	11580
有限责任公司		12585	11763	136613	135211	5159138	5419318
股份有限公司		25278	24249	319827	305098	39838427	37637545
私营企业		8158	7387	82003	76300	2547643	2365329
其他企业		162	149	810	764	7012	7232
港、澳、台商投资企业		459	371	6233	5114	84235	77919
外商投资企业		1802	1773	35011	33862	2460832	2450068
加盟门店合计		**24943**	**23051**	**74154**	**68323**	**1942061**	**1779072**
内资企业		24841	22956	73174	67459	1803162	1627218
国有企业		1630	1651	8255	8058	336991	304838
集体企业		103	103	321	323	4550	4490
股份合作企业		437	394	1315	1280	13798	11828
联营企业							
有限责任公司		14376	12800	41539	35773	967415	849608
股份有限公司		4377	4381	11255	11772	182793	162874
私营企业		3836	3545	10119	9858	288981	284946
其他企业		82	82	370	395	8634	8634
港、澳、台商投资企业							
外商投资企业		102	95	980	864	138899	151854

1-8 续表 7

加油站

项　　目	连锁总店数(个)	门店数(个)		年末从业人员(人)		年末零售营业面积(平方米)	
	2009年	2009年	2008年	2009年	2008年	2009年	2008年
总　计	**209**	**29345**	**28202**	**260052**	**255864**	**42952320**	**41365172**
内资企业	192	28384	27258	247721	244479	41132840	39562020
国有企业	50	6234	6030	56271	55699	5978104	5473276
集体企业	1	371	366	5594	6349	1223929	1193929
股份合作企业	1	76	75	801	802	11324	11213
联营企业							
有限责任公司	10	302	268	2990	3524	268133	634707
股份有限公司	127	21391	20513	181961	178043	33640000	32238045
私营企业	3	10	6	104	62	11350	10850
其他企业							
港、澳、台商投资企业	2	19	15	174	170	8460	7840
外商投资企业	15	942	929	12157	11215	1811020	1795312
直营门店合计		**29191**	**28018**	**258997**	**254711**	**42788569**	**41181203**
内资企业		28268	27109	247409	243951	41103063	39525259
国有企业		6230	6026	56207	55674	5976904	5472076
集体企业		371	366	5594	6349	1223929	1193929
股份合作企业		76	75	801	802	11324	11213
联营企业							
有限责任公司		302	268	2990	3524	268133	634707
股份有限公司		21279	20368	181713	177540	33611423	32202484
私营企业		10	6	104	62	11350	10850
其他企业							
港、澳、台商投资企业		19	15	174	170	8460	7840
外商投资企业		904	894	11414	10590	1677046	1648104
加盟门店合计		**154**	**184**	**1055**	**1153**	**163751**	**183969**
内资企业		116	149	312	528	29777	36761
国有企业		4	4	64	25	1200	1200
集体企业							
股份合作企业							
联营企业							
有限责任公司							
股份有限公司		112	145	248	503	28577	35561
私营企业							
其他企业							
港、澳、台商投资企业							
外商投资企业		38	35	743	625	133974	147208

1-8 续表 8

专卖店

项　目	连锁总店数(个)	门店数(个)		年末从业人员(人)		年末零售营业面积(平方米)	
	2009年	2009年	2008年	2009年	2008年	2009年	2008年
总　计	**268**	**24075**	**22462**	**160642**	**141175**	**2471493**	**2221621**
内资企业	229	15379	13937	96560	87397	2004688	1793824
国有企业	15	581	542	8175	6055	105906	105367
集体企业	4	834	910	1738	1852	17600	18290
股份合作企业	3	59	58	236	233	5819	5786
联营企业							
有限责任公司	93	5844	5392	40118	37018	937891	872768
股份有限公司	9	968	519	4708	3362	124091	57776
私营企业	101	7032	6461	40755	38036	803431	725026
其他企业	4	61	55	830	841	9950	8811
港、澳、台商投资企业	25	835	741	6892	6220	101533	88752
外商投资企业	14	7861	7784	57190	47558	365272	339045
直营门店合计		**7493**	**6934**	**87474**	**82880**	**1783912**	**1618469**
内资企业		6306	5683	63216	57539	1562163	1393235
国有企业		430	399	7468	5411	34881	36857
集体企业		143	134	686	630	11870	11870
股份合作企业		54	53	231	228	5769	5737
联营企业							
有限责任公司		3187	2861	29246	26629	812822	749642
股份有限公司		146	134	2105	1893	101292	42667
私营企业		2312	2070	22771	22020	587379	539451
其他企业		34	32	709	728	8150	7011
港、澳、台商投资企业		821	724	6854	6146	101432	87969
外商投资企业		366	527	17404	19195	120317	137265
加盟门店合计		**16582**	**15528**	**73168**	**58295**	**687581**	**603152**
内资企业		9073	8254	33344	29858	442525	400589
国有企业		151	143	707	644	71025	68510
集体企业		691	776	1052	1222	5730	6420
股份合作企业		5	5	5	5	50	49
联营企业							
有限责任公司		2657	2531	10872	10389	125069	123126
股份有限公司		822	385	2603	1469	22799	15109
私营企业		4720	4391	17984	16016	216052	185575
其他企业		27	23	121	113	1800	1800
港、澳、台商投资企业		14	17	38	74	101	783
外商投资企业		7495	7257	39786	28363	244955	201780

1-8 续表 9

家居建材商店

项　目	连锁总店数（个）	门店数（个）		年末从业人员（人）		年末零售营业面积（平方米）	
	2009年	2009年	2008年	2009年	2008年	2009年	2008年
总　计	**19**	**102**	**114**	**9479**	**11645**	**792936**	**952355**
内资企业	6	41	49	2777	3315	190042	274376
国有企业							
集体企业							
股份合作企业							
联营企业							
有限责任公司	4	25	35	2109	2623	137970	223212
股份有限公司							
私营企业	2	16	14	668	692	52072	51164
其他企业							
港、澳、台商投资企业	3	14	17	2051	2569	170960	188343
外商投资企业	10	47	48	4651	5761	431934	489636
直营门店合计		**100**	**109**	**9357**	**11034**	**778328**	**892195**
内资企业		41	49	2777	3315	190042	274376
国有企业							
集体企业							
股份合作企业							
联营企业							
有限责任公司		25	35	2109	2623	137970	223212
股份有限公司							
私营企业		16	14	668	692	52072	51164
其他企业							
港、澳、台商投资企业		14	17	2051	2569	170960	188343
外商投资企业		45	43	4529	5150	417326	429476
加盟门店合计		**2**	**5**	**122**	**611**	**14608**	**60160**
内资企业							
国有企业							
集体企业							
股份合作企业							
联营企业							
有限责任公司							
股份有限公司							
私营企业							
其他企业							
港、澳、台商投资企业							
外商投资企业		2	5	122	611	14608	60160

1-8 续表 10

厂家直销中心

项　　目	连锁总店数(个)	门店数(个)		年末从业人员(人)		年末零售营业面积(平方米)	
	2009年	2009年	2008年	2009年	2008年	2009年	2008年
总　计	**6**	**410**	**407**	**1028**	**1019**	**32427**	**30374**
内资企业	6	410	407	1028	1019	32427	30374
国有企业	1	4	3	100	110	2017	1997
集体企业							
股份合作企业							
联营企业							
有限责任公司	2	351	351	493	489	21780	21780
股份有限公司							
私营企业	3	55	53	435	420	8630	6597
其他企业							
港、澳、台商投资企业							
外商投资企业							
直营门店合计		**68**	**69**	**651**	**672**	**11327**	**14774**
内资企业		68	69	651	672	11327	14774
国有企业		4	3	100	110	2017	1997
集体企业							
股份合作企业							
联营企业							
有限责任公司		16	20	126	148	1680	7180
股份有限公司							
私营企业		48	46	425	414	7630	5597
其他企业							
港、澳、台商投资企业							
外商投资企业							
加盟门店合计		**342**	**338**	**377**	**347**	**21100**	**15600**
内资企业		342	338	377	347	21100	15600
国有企业							
集体企业							
股份合作企业							
联营企业							
有限责任公司		335	331	367	341	20100	14600
股份有限公司							
私营企业		7	7	10	6	1000	1000
其他企业							
港、澳、台商投资企业							
外商投资企业							

1-8 续表 11

其他

项目	连锁总店数（个）	门店数（个）		年末从业人员（人）		年末零售营业面积（平方米）	
	2009年	2009年	2008年	2009年	2008年	2009年	2008年
总　计	**28**	**10548**	**10419**	**15559**	**18722**	**727411**	**739195**
内资企业	27	10543	10416	13663	17133	722411	736195
国有企业	4	9622	9622	1492	1407	133080	120080
集体企业							
股份合作企业							
联营企业							
有限责任公司	12	718	599	9947	12929	474689	480858
股份有限公司	1	22	21	79	72	800	750
私营企业	8	137	129	1791	2248	94762	115219
其他企业	2	44	45	354	477	19080	19288
港、澳、台商投资企业							
外商投资企业	1	5	3	1896	1589	5000	3000
直营门店合计		**1969**	**1914**	**14660**	**17881**	**505485**	**561222**
内资企业		1964	1911	12764	16292	500485	558222
国有企业		1417	1417	971	889	13360	15560
集体企业							
股份合作企业							
联营企业							
有限责任公司		371	326	9596	12633	373833	408755
股份有限公司		22	21	79	72	800	750
私营企业		137	129	1791	2248	94762	115219
其他企业		17	18	327	450	17730	17938
港、澳、台商投资企业							
外商投资企业		5	3	1896	1589	5000	3000
加盟门店合计		**8579**	**8505**	**899**	**841**	**221926**	**177973**
内资企业		8579	8505	899	841	221926	177973
国有企业		8205	8205	521	518	119720	104520
集体企业							
股份合作企业							
联营企业							
有限责任公司		347	273	351	296	100856	72103
股份有限公司							
私营企业							
其他企业		27	27	27	27	1350	1350
港、澳、台商投资企业							
外商投资企业							

1-9 按登记注册类型与业态分

便利店

项　目	商品购进总额		统一配送商品购进额	
	2009年	2008年	2009年	2008年
总　计	**2352976**	**2426771**	**1860682**	**1891432**
内资企业	2074921	2182490	1601223	1674435
国有企业	132350	137974	107815	110991
集体企业	19140	19697	19140	19697
股份合作企业	16344	25735	14063	22939
联营企业	27022	22998	27022	22998
有限责任公司	1374026	1432291	942254	966862
股份有限公司	8119	7715	8119	7715
私营企业	497920	536079	482810	523232
其他企业				
港、澳、台商投资企业	154477	140058	135882	112774
外商投资企业	123578	104223	123578	104223
直营门店合计	**1996978**	**2003588**	**1541317**	**1530009**
内资企业	1775712	1810984	1338645	1362420
国有企业	88953	96117	70321	74598
集体企业	19140	19697	19140	19697
股份合作企业	15444	24655	13963	22829
联营企业	21707	17548	21707	17548
有限责任公司	1173903	1157883	770918	744354
股份有限公司	3519	3215	3519	3215
私营企业	453046	491869	439077	480180
其他企业				
港、澳、台商投资企业	142813	127870	124217	102855
外商投资企业	78454	64734	78454	64734
加盟门店合计	**355997**	**423183**	**319365**	**361423**
内资企业	299210	371506	262577	312015
国有企业	43397	41857	37494	36393
集体企业				
股份合作企业	900	1080	100	110
联营企业	5315	5451	5315	5451
有限责任公司	200123	274408	171336	222509
股份有限公司	4600	4500	4600	4500
私营企业	44875	44211	43733	43052
其他企业				
港、澳、台商投资企业	11664	12188	11664	9919
外商投资企业	45124	39489	45124	39489

连锁零售企业经营情况

单位：万元

自有配送中心配送商品购进额		非自有配送中心配送商品购进额		商品销售总额		零售额	
2009年	2008年	2009年	2008年	2009年	2008年	2009年	2008年
1102513	**1127739**	**392674**	**485004**	**2698301**	**2685460**	**2321498**	**2376311**
1026993	1070375	312732	404501	2312205	2319175	2025716	2077210
26597	20942	78711	87415	130468	133401	130468	133401
		19140	19697	16069	15935	16069	15935
1042	1007	616	1004	18272	17973	16144	15287
27022	22998			33224	29938	33224	29938
549056	559426	193427	275871	1564848	1603959	1290980	1368426
8119	7715			42900	39100	42900	39100
415157	458287	20838	20514	506423	478870	495931	475123
73351	55299	6072	8373	178698	186826	178698	186826
2169	2065	73870	72131	207398	179458	117084	112276
1008988	**1038268**	**289900**	**280881**	**2245570**	**2158852**	**1895291**	**1869639**
945388	990964	234332	226077	1947432	1876785	1661261	1636939
9649	7241	59033	65562	77730	82732	77730	82732
		19140	19697	16069	15935	16069	15935
962	917	596	984	17672	17253	15544	14567
21707	17548			27759	24332	27759	24332
512746	523552	138285	122762	1346494	1301174	1072625	1066417
3519	3215			6000	5100	6000	5100
396805	438492	17277	17073	455709	430260	445534	427857
61686	45380	6072	8373	166408	172002	166408	172002
1914	1923	49496	46431	131731	110065	67623	60698
93525	**89472**	**102775**	**204123**	**452731**	**526608**	**426207**	**506672**
81606	79411	78401	178423	364773	442390	364455	440270
16949	13701	19678	21854	52738	50670	52738	50670
80	90	20	20	600	720	600	720
5315	5451			5466	5606	5466	5606
36310	35874	55142	153109	218354	302785	218354	302008
4600	4500			36900	34000	36900	34000
18352	19795	3561	3441	50715	48610	50397	47266
11664	9919			12291	14824	12291	14824
255	142	24374	25700	75668	69393	49461	51578

1-9 续表 1

折扣店

项　目	商品购进总额		统一配送商品购进额	
	2009年	2008年	2009年	2008年
总　计	**333943**	**298515**	**248204**	**228148**
内资企业	202685	177532	118896	110599
国有企业				
集体企业				
股份合作企业				
联营企业				
有限责任公司	118896	110599	118896	110599
股份有限公司				
私营企业	83790	66933		
其他企业				
港、澳、台商投资企业				
外商投资企业	131258	120984	129309	117549
直营门店合计	**327493**	**298300**	**241754**	**227933**
内资企业	202685	177532	118896	110599
国有企业				
集体企业				
股份合作企业				
联营企业				
有限责任公司	118896	110599	118896	110599
股份有限公司				
私营企业	83790	66933		
其他企业				
港、澳、台商投资企业				
外商投资企业	124808	120768	122858	117334
加盟门店合计	**6450**	**216**	**6450**	**216**
内资企业				
国有企业				
集体企业				
股份合作企业				
联营企业				
有限责任公司				
股份有限公司				
私营企业				
其他企业				
港、澳、台商投资企业				
外商投资企业	6450	216	6450	216

单位：万元

自有配送中心配送商品购进额		非自有配送中心配送商品购进额		商品销售总额		零售额	
2009年	2008年	2009年	2008年	2009年	2008年	2009年	2008年
		49511	**45628**	**371692**	**330962**	**371437**	**329637**
				228932	199334	228932	199334
				130403	121290	130403	121290
				98529	78044	98529	78044
		49511	45628	142760	131628	142505	130303
		49511	**45628**	**364339**	**330716**	**364084**	**329391**
				228932	199334	228932	199334
				130403	121290	130403	121290
				98529	78044	98529	78044
		49511	45628	135407	131382	135152	130057
				7353	**246**	**7353**	**246**
				7353	246	7353	246

1-9 续表 2

超市

项　目	商品购进总额		统一配送商品购进额	
	2009年	2008年	2009年	2008年
总　计	**20683220**	**18891209**	**16447500**	**15073417**
内资企业	16693139	15363060	12587790	11583457
国有企业	34660	35360	10710	9777
集体企业	195418	161006	158899	125081
股份合作企业	183144	185279	179196	181331
联营企业	258356	252608	258356	252608
有限责任公司	7159049	6493640	4928165	4289406
股份有限公司	6212301	5951369	5146309	5050308
私营企业	2646801	2282618	1906155	1674946
其他企业	3410	1180		
港、澳、台商投资企业	283813	195442	209614	161295
外商投资企业	3706268	3332707	3650095	3328665
直营门店合计	**17421606**	**15773778**	**13445226**	**12167868**
内资企业	14593459	13335358	10747451	9767638
国有企业	34660	35360	10710	9777
集体企业	177422	144168	143045	112683
股份合作企业	170123	170930	166175	166982
联营企业	25174	19426	25174	19426
有限责任公司	6638239	6044186	4547701	3945463
股份有限公司	5154653	4854582	4121520	3983429
私营企业	2389779	2065526	1733126	1529879
其他企业	3410	1180		
港、澳、台商投资企业	283813	195442	209614	161295
外商投资企业	2544334	2242978	2488161	2238936
加盟门店合计	**3261614**	**3117431**	**3002273**	**2905549**
内资企业	2099680	2027702	1840339	1815820
国有企业				
集体企业	17996	16838	15854	12398
股份合作企业	13021	14349	13021	14349
联营企业	233182	233182	233182	233182
有限责任公司	520810	449454	380465	343943
股份有限公司	1057649	1096787	1024789	1066880
私营企业	257022	217093	173029	145067
其他企业				
港、澳、台商投资企业				
外商投资企业	1161934	1089729	1161934	1089729

单位：万元

自有配送中心配送商品购进额		非自有配送中心配送商品购进额		商品销售总额		零售额	
2009年	2008年	2009年	2008年	2009年	2008年	2009年	2008年
11288614	**10586172**	**2893759**	**2753699**	**25695210**	**23593441**	**21596827**	**19872033**
7814036	7476263	2508627	2373649	21558760	19859097	18102235	16628834
9206	8043	1504	1734	35302	35978	35302	35978
66452	62020	5001	5623	202834	176845	168524	143528
111645	106438	1578	2280	193543	172147	193543	172147
258356	252608			257000	234794	248056	226049
3061342	2870631	304091	278435	8839130	7961214	7144911	6448003
3048068	3074253	2074456	1967597	9171878	8795831	7567921	7210549
1258968	1102271	121998	117980	2854894	2480816	2739798	2391109
				4179	1472	4179	1472
		209614	161295	305363	236331	285751	216700
3474578	3109909	175517	218755	3831087	3498014	3208840	3026499
8778667	**8153519**	**2489587**	**2337326**	**21178846**	**19235560**	**17106551**	**15575951**
6452418	6108355	2118060	1982260	18306457	16773013	14876021	13604549
9206	8043	1504	1734	35302	35978	35302	35978
53932	51654	5001	5623	185630	163449	151459	130798
111645	106438	1578	2280	172843	152076	172843	152076
25174	19426			23818	22612	14873	13867
2736734	2579539	265955	244933	8269666	7472779	6575841	5959668
2367309	2343859	1750426	1631111	7042469	6694690	5438512	5150014
1148418	999398	93596	96578	2572550	2229957	2483011	2160677
				4179	1472	4179	1472
		209614	161295	305363	236331	285751	216700
2326249	2045164	161912	193771	2567026	2226217	1944780	1754702
2509948	**2432653**	**404172**	**416373**	**4516363**	**4357881**	**4490275**	**4296082**
1361619	1367908	390567	391389	3252303	3086084	3226215	3024285
12520	10367			17204	13396	17065	12730
				20701	20071	20701	20071
233182	233182			233183	212183	233183	212183
324608	291092	38136	33502	569463	488435	569071	488335
680759	730394	324030	336486	2129409	2101141	2129409	2060535
110550	102873	28402	21402	282344	250859	256787	230432
1148329	1064745	13605	24984	1264061	1271797	1264061	1271797

1-9 续表 3

大型超市

项　目	商品购进总额		统一配送商品购进额	
	2009年	2008年	2009年	2008年
总　计	**19421352**	**17632398**	**11917902**	**10299967**
内资企业	6866810	5947785	4921086	4123159
国有企业				
集体企业	210393	171294	168314	137035
股份合作企业				
联营企业				
有限责任公司	2818904	2791174	1953600	1808942
股份有限公司	2896163	2073494	1906675	1305134
私营企业	887535	881554	838683	841778
其他企业	53815	30270	53815	30270
港、澳、台商投资企业	4826035	4439799	2133282	1808370
外商投资企业	7728507	7244814	4863534	4368438
直营门店合计	**17128396**	**15427420**	**11716381**	**10103402**
内资企业	6826497	5907760	4910714	4107267
国有企业				
集体企业	210393	171294	168314	137035
股份合作企业				
联营企业				
有限责任公司	2790024	2761649	1950544	1801450
股份有限公司	2884731	2062994	1899359	1296734
私营企业	887535	881554	838683	841778
其他企业	53815	30270	53815	30270
港、澳、台商投资企业	2773198	2463866	2133282	1808370
外商投资企业	7528700	7055794	4672384	4187765
加盟门店合计	**2292956**	**2204978**	**201521**	**196565**
内资企业	40312	40025	10372	15892
国有企业				
集体企业				
股份合作企业				
联营企业				
有限责任公司	28880	29525	3055	7492
股份有限公司	11433	10500	7317	8400
私营企业				
其他企业				
港、澳、台商投资企业	2052837	1975933		
外商投资企业	199807	189020	191150	180673

单位：万元

自有配送中心配送商品购进额		非自有配送中心配送商品购进额		商品销售总额		零售额	
2009年	2008年	2009年	2008年	2009年	2008年	2009年	2008年
6256805	**5386992**	**2690869**	**2204789**	**24435485**	**22353945**	**21162580**	**19185027**
2603706	2007143	1341323	1213749	8860545	8104262	7339844	6727719
42078	34259			255363	213046	255363	213046
539850	515874	969367	880102	3928159	3833174	3094629	3011658
1745495	1175875	143127	116217	3662211	3153756	2975495	2599504
228035	252218	223264	216077	967781	863641	967326	862866
48249	28918	5566	1352	47031	40646	47031	40646
1562293	1339166	375720	283451	7100797	6220990	6586426	5714583
2090805	2040683	973825	707589	8474143	8028693	7236310	6742725
6093907	**5230599**	**2678908**	**2186700**	**20450618**	**18892341**	**17177713**	**15723423**
2593334	1991252	1341323	1213749	8812363	8056412	7291662	6679869
42078	34259			255363	213046	255363	213046
536794	508382	969367	880102	3893427	3797624	3059897	2976108
1738178	1167475	143127	116217	3648761	3141456	2962045	2587204
228035	252218	223264	216077	967781	863641	967326	862866
48249	28918	5566	1352	47031	40646	47031	40646
1562293	1339166	375720	283451	3376157	3047984	2861785	2541577
1938280	1900182	961864	689500	8262099	7787944	7024266	6501977
162897	**156393**	**11961**	**18089**	**3984867**	**3461604**	**3984867**	**3461604**
10372	15892			48182	47850	48182	47850
3055	7492			34732	35550	34732	35550
7317	8400			13450	12300	13450	12300
				3724641	3173006	3724641	3173006
152525	140501	11961	18089	212044	240749	212044	240749

1-9 续表 4

仓储会员店

项　目	商品购进总额		统一配送商品购进额	
	2009年	2008年	2009年	2008年
总　计	**1426487**	**1367099**	**291685**	**277628**
内资企业	24680	45791	16881	33680
国有企业	2434	2518	2434	2518
集体企业				
股份合作企业				
联营企业				
有限责任公司	6285	8646		
股份有限公司				
私营企业	15961	34627	14446	31163
其他企业				
港、澳、台商投资企业				
外商投资企业	1401808	1321308	274804	243948
直营门店合计	**1426000**	**1366595**	**291198**	**277124**
内资企业	24193	45287	16394	33177
国有企业	1947	2014	1947	2014
集体企业				
股份合作企业				
联营企业				
有限责任公司	6285	8646		
股份有限公司				
私营企业	15961	34627	14446	31163
其他企业				
港、澳、台商投资企业				
外商投资企业	1401808	1321308	274804	243948
加盟门店合计	**487**	**504**	**487**	**504**
内资企业	487	504	487	504
国有企业	487	504	487	504
集体企业				
股份合作企业				
联营企业				
有限责任公司				
股份有限公司				
私营企业				
其他企业				
港、澳、台商投资企业				
外商投资企业				

单位：万元

自有配送中心配送商品购进额		非自有配送中心配送商品购进额		商品销售总额		零售额	
2009年	2008年	2009年	2008年	2009年	2008年	2009年	2008年
15276	**2518**	**276409**	**247410**	**1425250**	**1425822**	**1371355**	**1359040**
15276	2518	1605	3463	44903	40915	44903	40915
2434	2518			2104	2626	2104	2626
				7885	9446	7885	9446
12841		1605	3463	34915	28843	34915	28843
		274804	243948	1380347	1384907	1326452	1318126
14789	**2014**	**276409**	**247410**	**1424829**	**1425296**	**1370935**	**1358515**
14789	2014	1605	3463	44483	40389	44483	40389
1947	2014			1683	2101	1683	2101
				7885	9446	7885	9446
12841		1605	3463	34915	28843	34915	28843
		274804	243948	1380347	1384907	1326452	1318126
487	**504**			**421**	**525**	**421**	**525**
487	504			421	525	421	525
487	504			421	525	421	525

1-9 续表 5

百货店

项　目	商品购进总额		统一配送商品购进额	
	2009年	2008年	2009年	2008年
总　计	**20613112**	**17276897**	**11264148**	**9698277**
内资企业	15115281	12817260	6979214	6016056
国有企业	306733	239205	267375	203084
集体企业	152193	145581	70509	70372
股份合作企业				
联营企业				
有限责任公司	1340539	1155001	653240	553534
股份有限公司	12515231	10517380	5239488	4485206
私营企业	800585	760094	748602	703861
其他企业				
港、澳、台商投资企业	3866077	3069794	2870490	2550877
外商投资企业	1631754	1389843	1414444	1131344
直营门店合计	**19824711**	**16498044**	**10720561**	**9146122**
内资企业	14328449	12096108	6437196	5521602
国有企业	306733	239205	267375	203084
集体企业	136339	127062	70509	70372
股份合作企业				
联营企业				
有限责任公司	1323205	1144175	653240	553534
股份有限公司	11882452	9947551	4817185	4110829
私营企业	679719	638116	628888	583783
其他企业				
港、澳、台商投资企业	3864508	3012092	2868921	2493176
外商投资企业	1631754	1389843	1414444	1131344
加盟门店合计	**788401**	**778854**	**543587**	**552156**
内资企业	786832	721152	542017	494454
国有企业				
集体企业	15854	18519		
股份合作企业				
联营企业				
有限责任公司	17334	10827		
股份有限公司	632779	569829	422303	374377
私营企业	120866	121977	119714	120077
其他企业				
港、澳、台商投资企业	1569	57702	1569	57702
外商投资企业				

单位：万元

自有配送中心配送商品购进额		非自有配送中心配送商品购进额		商品销售总额		零售额	
2009年	2008年	2009年	2008年	2009年	2008年	2009年	2008年
7314483	**6130493**	**1471178**	**1307273**	**24982548**	**21096902**	**21761985**	**18127519**
5575190	4639521	81410	75932	18184286	15657177	15385412	13023674
19107	16906			401731	328684	401731	328684
6209	9725	64300	60647	146780	143962	146780	143962
560660	482915	220	251	1508275	1251172	1487315	1232165
4560143	3764210			15212127	13039580	12496722	10511018
429071	365765	16890	15033	915373	893780	852864	807845
1569648	1346801	845547	767060	4697672	3633140	4275983	3297261
169646	144172	544221	464281	2100590	1806584	2100590	1806584
6817190	**5667649**	**1471178**	**1250860**	**23953344**	**20076680**	**20733367**	**17107602**
5079466	4177965	81410	75932	17157508	14717256	14359220	12084057
19107	16906			401731	328684	401731	328684
6209	9725	64300	60647	134578	129416	134578	129416
560660	482915	220	251	1488503	1238294	1468129	1219593
4184133	3422731			14340955	12255263	11625550	9726701
309357	245687	16890	15033	791740	765599	729231	679664
1568079	1345512	845547	710647	4695246	3552839	4273558	3216960
169646	144172	544221	464281	2100590	1806584	2100590	1806584
497293	**462845**		**56413**	**1029204**	**1020222**	**1028618**	**1019917**
495724	461556			1026778	939921	1026192	939616
				12201	14546	12201	14546
				19772	12877	19186	12572
376010	341479			871172	784317	871172	784317
119714	120077			123633	128181	123633	128181
1569	1289		56413	2426	80301	2426	80301

1-9 续表 6

专业店(含加油站)

项　目	商品购进总额		统一配送商品购进额	
	2009年	2008年	2009年	2008年
总　计	**121464225**	**119367834**	**99909432**	**98517559**
内资企业	116223316	113989345	95122938	93562229
国有企业	20402036	18990065	16364187	15098465
集体企业	4218070	4833177	4210137	4822642
股份合作企业	135474	134437	51190	57841
联营企业	28342	30456	28342	30456
有限责任公司	12136067	11741259	9937812	9487782
股份有限公司	74078938	73356723	60905759	60731293
私营企业	5200759	4881188	3601882	3311711
其他企业	23629	22040	23629	22040
港、澳、台商投资企业	186201	178722	186201	178722
外商投资企业	5054708	5199767	4600292	4776608
直营门店合计	**118464803**	**116397547**	**97510617**	**96290135**
内资企业	113416070	111218481	92899797	91458964
国有企业	19673318	18465759	15929297	14817974
集体企业	4152979	4758758	4145047	4748223
股份合作企业	127802	127402	43636	50842
联营企业	28342	30456	28342	30456
有限责任公司	11553468	11162944	9547378	9075991
股份有限公司	72987002	72104217	59896596	59727614
私营企业	4870243	4547536	3286585	2986456
其他企业	22916	21408	22916	21408
港、澳、台商投资企业	186201	178722	186201	178722
外商投资企业	4862531	5000344	4424619	4652449
加盟门店合计	**2999422**	**2970287**	**2398814**	**2227424**
内资企业	2807245	2770864	2223141	2103264
国有企业	728718	524306	434891	280491
集体企业	65090	74419	65090	74419
股份合作企业	7672	7035	7554	6999
联营企业				
有限责任公司	582600	578315	390434	411791
股份有限公司	1091937	1252506	1009163	1003679
私营企业	330516	333652	315297	325255
其他企业	713	631	713	631
港、澳、台商投资企业				
外商投资企业	192177	199423	175673	124159

单位：万元

自有配送中心配送商品购进额		非自有配送中心配送商品购进额		商品销售总额		零售额	
2009年	2008年	2009年	2008年	2009年	2008年	2009年	2008年
66873020	**63891461**	**18353076**	**20848324**	**133739413**	**128415726**	**84003971**	**84276590**
64427388	61393888	17521661	19989503	127952769	122533527	79372640	79818990
10410275	9885176	4433124	3728556	21696281	20137963	16075497	14831232
84986	93906	4101085	4706669	4458694	4467358	2534414	3420684
22307	28137	24580	25475	348301	343632	129005	130885
27691	29927			23933	24591	23933	24591
5898824	5501821	1199189	1795046	12992674	12481573	9951259	9702606
45422455	43589527	7539182	9574592	82085475	79401398	45124416	46659894
2555134	2259982	221801	157037	6320479	5652831	5513759	5027864
5717	5412	2700	2129	26932	24180	20357	21234
71712	67706	12669	3177	232611	215616	152171	128210
2373919	2429867	818746	855644	5554033	5666582	4479160	4329390
65271500	**62282613**	**17651756**	**20346114**	**130564710**	**125300441**	**81976689**	**82362160**
62835805	59795770	16985832	19600199	125003436	119629053	77551901	78036002
10370461	9860446	4041789	3477413	20990456	19591942	15573882	14435134
20851	20487	4101085	4706669	4374472	4389685	2527804	3414367
14753	21138	24580	25475	340707	337052	128220	130498
27691	29927			23933	24591	23933	24591
5660448	5268052	1107147	1702712	12331278	11816937	9577655	9347472
44467906	42620611	7502805	9552411	80960561	78167938	44495835	45946255
2268428	1970065	205989	133655	5957726	5278981	5206844	4718704
5267	5045	2437	1865	24304	21927	17729	18981
71712	67706	12669	3177	232611	215616	152171	128210
2363983	2419137	653255	742738	5328663	5455772	4272616	4197949
1601519	**1608848**	**701320**	**502210**	**3174702**	**3115285**	**2027282**	**1914429**
1591583	1598118	535829	389304	2949333	2904474	1820739	1782988
39813	24730	391335	251143	705825	546021	501615	396098
64135	73419			84222	77673	6609	6317
7554	6999			7594	6580	785	387
238376	233770	92042	92335	661396	664636	373604	355134
954549	968916	36377	22182	1124915	1233460	628581	713639
286706	289917	15812	23381	362753	373851	306915	309160
450	368	263	264	2628	2253	2628	2253
9936	10730	165491	112906	225370	210810	206543	131441

1-9 续表 7

加油站

项目	商品购进总额		统一配送商品购进额	
	2009年	2008年	2009年	2008年
总　计	**80387721**	**81161366**	**65107921**	**67289848**
内资企业	77601405	78232738	62339467	64436483
国有企业	14873086	13856621	11367318	10433330
集体企业	3982437	4601256	3982437	4601256
股份合作企业	77811	69725		
联营企业				
有限责任公司	1565048	1261740	1546079	1245773
股份有限公司	57066617	58431681	45424737	48156125
私营企业	36405	11715	18896	
其他企业				
港、澳、台商投资企业	3245	8148	3245	8148
外商投资企业	2783071	2920481	2765209	2845217
直营门店合计	**79709288**	**80229947**	**64449968**	**66566179**
内资企业	77104967	77489488	61847005	63825721
国有企业	14861525	13845331	11355757	10422039
集体企业	3982437	4601256	3982437	4601256
股份合作企业	77811	69725		
联营企业				
有限责任公司	1565048	1261740	1546079	1245773
股份有限公司	56581740	57699722	44943836	47556652
私营企业	36405	11715	18896	
其他企业				
港、澳、台商投资企业	3245	8148	3245	8148
外商投资企业	2601076	2732311	2599718	2732311
加盟门店合计	**678433**	**931420**	**657953**	**723669**
内资企业	496438	743250	492462	610763
国有企业	11561	11290	11561	11290
集体企业				
股份合作企业				
联营企业				
有限责任公司				
股份有限公司	484877	731959	480901	599472
私营企业				
其他企业				
港、澳、台商投资企业				
外商投资企业	181995	188170	165491	112906

单位：万元

自有配送中心配送商品购进额		非自有配送中心配送商品购进额		商品销售总额		零售额	
2009年	2008年	2009年	2008年	2009年	2008年	2009年	2008年
38960103	**39143296**	**15030473**	**17419361**	**89962141**	**88634964**	**55114313**	**58297275**
38366182	38592026	14251167	16595464	86657433	85159547	52454143	55558604
7109525	6522234	2975049	2608751	15835804	14825643	12918186	12027388
		3982437	4601256	4173764	4208739	2487845	3374796
				278960	266857	111650	106750
321109	296426	20888	85017	1746268	1413519	945260	832968
30935549	31773366	7272794	9300440	64584734	64429467	35962399	39203376
				37903	15323	28803	13327
3245	8148			3056	7479	3056	7479
590675	543123	779306	823896	3301653	3467938	2657115	2731193
38473392	**38536582**	**14859792**	**17303240**	**89233197**	**87732311**	**54648973**	**57778200**
37879472	37985312	14245977	16592250	86142640	84457320	52185034	55161124
7098525	6511778	2975049	2608751	15816534	14808079	12906186	12015828
		3982437	4601256	4173764	4208739	2487845	3374796
				278960	266857	111650	106750
321109	296426	20888	85017	1746268	1413519	945260	832968
30459838	31177108	7267604	9297226	64089212	63744804	35705290	38817456
				37903	15323	28803	13327
3245	8148			3056	7479	3056	7479
590675	543123	613815	710990	3087501	3267512	2460883	2609598
486710	**606714**	**170682**	**116121**	**728945**	**902653**	**465341**	**519075**
486710	606714	5191	3215	514793	702227	269109	397480
11000	10456			19270	17564	12000	11560
475710	596258	5191	3215	495523	684663	257109	385920
		165491	112906	214152	200426	196232	121595

1-9 续表 8

专卖店

项　目	商品购进总额		统一配送商品购进额	
	2009年	2008年	2009年	2008年
总　计	**5468994**	**4743615**	**4029064**	**3449870**
内资企业	4304785	3645846	3017057	2512754
国有企业	831303	451542	651763	405525
集体企业	7204	8506	5847	6892
股份合作企业	5546	6016	5546	6016
联营企业				
有限责任公司	1829490	1726618	1212099	1075989
股份有限公司	130475	106090	123410	99004
私营企业	1494323	1339217	1013852	913335
其他企业	6444	7859	4541	5992
港、澳、台商投资企业	423491	350960	375273	300627
外商投资企业	740718	746808	636734	636489
直营门店合计	**4567565**	**3872792**	**3170937**	**2611864**
内资企业	3666197	3038303	2420184	1936551
国有企业	782008	403256	633512	380775
集体企业	5031	6430	3674	4816
股份合作企业	5523	5997	5523	5997
联营企业				
有限责任公司	1613692	1511588	998167	862237
股份有限公司	83270	73829	76205	66744
私营企业	1170621	1029733	698956	610378
其他企业	6052	7471	4148	5604
港、澳、台商投资企业	422051	349266	373833	298933
外商投资企业	479318	485223	376920	376379
加盟门店合计	**901429**	**870823**	**858127**	**838006**
内资企业	638588	607543	596873	576202
国有企业	49295	48286	18251	24750
集体企业	2173	2076	2173	2076
股份合作企业	23	19	23	19
联营企业				
有限责任公司	215797	215030	213932	213752
股份有限公司	47205	32260	47205	32260
私营企业	323702	309484	314896	302957
其他企业	393	388	393	388
港、澳、台商投资企业	1440	1694	1440	1694
外商投资企业	261400	261586	259814	260110

单位：万元

自有配送中心配送商品购进额		非自有配送中心配送商品购进额		商品销售总额		零售额	
2009年	2008年	2009年	2008年	2009年	2008年	2009年	2008年
2888492	**2587897**	**338923**	**355815**	**6973114**	**5940520**	**4692570**	**4310187**
1901734	1690046	333129	352461	5324862	4388413	3391899	3130259
465728	369095	14219	15488	1093092	586478	157520	148340
4153	5112			13500	13755	10270	10340
		36	28	4968	5891	4968	5891
617609	601927	263160	272064	2229373	2104109	1872245	1748205
69768	56153			163359	135920	154054	123619
740738	652562	55713	64881	1805904	1532098	1178371	1083702
3737	5197			14665	10162	14471	10162
361459	290470	5794	3354	602980	513537	580672	472844
625299	607381			1045273	1038570	720000	707085
2092706	**1821588**	**281825**	**290502**	**5657323**	**4733633**	**3671772**	**3372637**
1367203	1185541	276031	287148	4438939	3629129	2690920	2527109
447477	344345	14219	15488	1042750	536111	107224	98022
2010	3066			9592	10046	6362	6631
		13	9	4944	5872	4944	5872
451553	446742	216802	217211	1951185	1867852	1675976	1573989
22564	23893			99220	91283	89916	78982
439861	362298	44997	54440	1316876	1108120	792322	753770
3737	5197			14372	9845	14177	9845
360019	288776	5794	3354	601373	510230	579246	469537
365485	347271			617011	594274	401606	375991
795785	**766309**	**57098**	**65314**	**1315791**	**1206888**	**1020799**	**937550**
534531	504505	57098	65314	885922	759284	700979	603149
18251	24750			50342	50367	50296	50318
2143	2046			3908	3709	3908	3709
		23	19	23	19	23	19
166056	155185	46359	54853	278188	236257	196269	174216
47205	32260			64139	44637	64139	44637
300877	290264	10716	10441	489028	423977	386050	329932
				294	318	294	318
1440	1694			1607	3307	1426	3307
259814	260110			428262	444297	318394	331094

1-9 续表 9

家居建材商店

项　目	商品购进总额		统一配送商品购进额	
	2009年	2008年	2009年	2008年
总　计	**437650**	**618232**	**246228**	**248526**
内资企业	183344	302033	135174	142380
国有企业				
集体企业				
股份合作企业				
联营企业				
有限责任公司	162549	274931	123715	128405
股份有限公司				
私营企业	20795	27102	11459	13974
其他企业				
港、澳、台商投资企业	39088	39581	7823	10107
外商投资企业	215218	276618	103232	96039
直营门店合计	**434359**	**591690**	**246228**	**248526**
内资企业	183344	302033	135174	142380
国有企业				
集体企业				
股份合作企业				
联营企业				
有限责任公司	162549	274931	123715	128405
股份有限公司				
私营企业	20795	27102	11459	13974
其他企业				
港、澳、台商投资企业	39088	39581	7823	10107
外商投资企业	211928	250076	103232	96039
加盟门店合计	**3291**	**26542**		
内资企业				
国有企业				
集体企业				
股份合作企业				
联营企业				
有限责任公司				
股份有限公司				
私营企业				
其他企业				
港、澳、台商投资企业				
外商投资企业	3291	26542		

单位：万元

自有配送中心配送商品购进额		非自有配送中心配送商品购进额		商品销售总额		零售额	
2009年	2008年	2009年	2008年	2009年	2008年	2009年	2008年
134998	**151168**			**633494**	**678247**	**520561**	**563831**
111027	122669			265521	312005	173666	212063
103365	113364			244361	285650	152506	185708
7662	9305			21160	26355	21160	26355
7823	10107			55238	50975	34737	36501
16148	18392			312735	315267	312159	315267
134998	**151168**			**624043**	**647535**	**511110**	**533119**
111027	122669			265521	312005	173666	212063
103365	113364			244361	285650	152506	185708
7662	9305			21160	26355	21160	26355
7823	10107			55238	50975	34737	36501
16148	18392			303284	284555	302708	284555
				9451	**30712**	**9451**	**30712**
				9451	30712	9451	30712

1-9 续表 10

厂家直销中心

项 目	商品购进总额		统一配送商品购进额	
	2009年	2008年	2009年	2008年
总 计	**18203**	**16796**	**18203**	**16796**
内资企业	18203	16796	18203	16796
国有企业	1761	1702	1761	1702
集体企业				
股份合作企业				
联营企业				
有限责任公司	3294	3157	3294	3157
股份有限公司				
私营企业	13148	11937	13148	11937
其他企业				
港、澳、台商投资企业				
外商投资企业				
直营门店合计	**15703**	**14596**	**15703**	**14596**
内资企业	15703	14596	15703	14596
国有企业	1761	1702	1761	1702
集体企业				
股份合作企业				
联营企业				
有限责任公司	1294	1157	1294	1157
股份有限公司				
私营企业	12648	11737	12648	11737
其他企业				
港、澳、台商投资企业				
外商投资企业				
加盟门店合计	**2500**	**2200**	**2500**	**2200**
内资企业	2500	2200	2500	2200
国有企业				
集体企业				
股份合作企业				
联营企业				
有限责任公司	2000	2000	2000	2000
股份有限公司				
私营企业	500	200	500	200
其他企业				
港、澳、台商投资企业				
外商投资企业				

单位：万元

自有配送中心配送商品购进额		非自有配送中心配送商品购进额		商品销售总额		零售额	
2009年	2008年	2009年	2008年	2009年	2008年	2009年	2008年
11709	**11247**			**15222**	**13507**	**12332**	**10408**
11709	11247			15222	13507	12332	10408
1761	1702			1782	1812	1782	1812
3294	3157			4012	3289	4012	3289
6655	6388			9428	8407	6538	5308
9709	**9247**			**12522**	**11307**	**9632**	**8208**
9709	9247			12522	11307	9632	8208
1761	1702			1782	1812	1782	1812
1294	1157			1512	1289	1512	1289
6655	6388			9228	8207	6338	5108
2000	**2000**			**2700**	**2200**	**2700**	**2200**
2000	2000			2700	2200	2700	2200
2000	2000			2500	2000	2500	2000
				200	200	200	200

1-9 续表 11

其他

项目	商品购进总额		统一配送商品购进额	
	2009年	2008年	2009年	2008年
总　计	**1216876**	**1384249**	**998347**	**1169035**
内资企业	1066876	1286343	848347	1071129
国有企业	572135	754910	359481	548186
集体企业				
股份合作企业				
联营企业				
有限责任公司	404260	438708	401894	435881
股份有限公司	563	720	563	720
私营企业	49187	51457	45678	45793
其他企业	40732	40549	40732	40549
港、澳、台商投资企业				
外商投资企业	150000	97906	150000	97906
直营门店合计	**753740**	**865840**	**739359**	**743651**
内资企业	603740	767934	589359	645746
国有企业	117727	244038	109221	130339
集体企业				
股份合作企业				
联营企业				
有限责任公司	396206	431846	393840	429020
股份有限公司	563	720	563	720
私营企业	49187	51457	45678	45793
其他企业	40057	39874	40057	39874
港、澳、台商投资企业				
外商投资企业	150000	97906	150000	97906
加盟门店合计	**463136**	**518409**	**258989**	**425383**
内资企业	463136	518409	258989	425383
国有企业	454408	510873	250260	417847
集体企业				
股份合作企业				
联营企业				
有限责任公司	8054	6862	8054	6862
股份有限公司				
私营企业				
其他企业	675	675	675	675
港、澳、台商投资企业				
外商投资企业				

单位：万元

自有配送中心配送商品购进额		非自有配送中心配送商品购进额		商品销售总额		零售额	
2009年	2008年	2009年	2008年	2009年	2008年	2009年	2008年
283181	**220987**	**5545**	**6570**	**1430284**	**1475641**	**787684**	**704038**
133181	123082	5545	6570	1279175	1358294	636576	586691
				643688	776902	14871	10939
97163	89225	269	328	444249	468956	438649	464034
563	720			1005	825	1005	825
35456	33137	2894	4042	149528	58479	141345	57760
		2382	2199	40705	53132	40705	53132
150000	97906			151108	117347	151108	117347
275127	**214126**	**4870**	**5895**	**929758**	**948152**	**783390**	**700510**
125127	116220	4870	5895	778650	830805	632282	583163
				152077	257008	14871	10939
89109	82363	269	328	436084	462062	435105	461207
563	720			1005	825	1005	825
35456	33137	2894	4042	149528	58479	141345	57760
		1707	1524	39955	52431	39955	52431
150000	97906			151108	117347	151108	117347
8054	**6862**	**675**	**675**	**500526**	**527489**	**4294**	**3528**
8054	6862	675	675	500526	527489	4294	3528
				491611	519895		
8054	6862			8165	6893	3544	2827
		675	675	750	701	750	701

1-10 连锁零售企业门店分布情况

门店所在地	合计(个)		直营门店(个)		加盟门店(个)	
	2009年	2008年	2009年	2008年	2009年	2008年
总　计	**175677**	**166981**	**94636**	**89552**	**81041**	**77429**
北　京	7764	7728	5177	5050	2587	2678
天　津	2033	1879	1657	1529	376	350
河　北	6290	5884	3718	3542	2572	2342
山　西	2372	2204	1158	1057	1214	1147
内蒙古	1966	1925	1700	1673	266	252
辽　宁	6347	6118	3991	3743	2356	2375
吉　林	1093	1078	834	805	259	273
黑龙江	1358	1301	878	836	480	465
上　海	13055	12822	7639	7589	5416	5233
江　苏	17717	17340	10346	9976	7371	7364
浙　江	20069	18870	8696	8280	11373	10590
安　徽	8646	8523	3151	3115	5495	5408
福　建	3480	3241	2387	2256	1093	985
江　西	2737	2206	1679	1597	1058	609
山　东	10374	9489	6282	5527	4092	3962
河　南	8898	7675	4219	4059	4679	3616
湖　北	5985	5686	3400	3109	2585	2577
湖　南	4400	4054	3277	3095	1123	959
广　东	15670	16354	8981	8446	6689	7908
广　西	3800	3597	1863	1693	1937	1904
海　南	290	274	119	106	171	168
重　庆	10387	8829	2832	2651	7555	6178
四　川	5521	5222	3605	3375	1916	1847
贵　州	945	843	602	523	343	320
云　南	8354	8108	2539	2317	5815	5791
西　藏	55	53	12	11	43	42
陕　西	860	736	551	458	309	278
甘　肃	1037	1008	870	837	167	171
青　海	183	180	104	104	79	76
宁　夏	1441	1251	305	179	1136	1072
新　疆	2532	2486	2064	2014	468	472
港澳台及国外	18	17			18	17

1-11 连锁零售企业配送中心分布情况

所在地	配送中心数(个)		自有配送中心数(个)	
	2009年	2008年	2009年	2008年
全　国	**3426**	**3361**	**2819**	**2789**
北　京	99	99	76	76
天　津	25	23	20	19
河　北	80	76	79	75
山　西	21	19	20	18
内蒙古	40	31	40	31
辽　宁	109	107	92	90
吉　林	93	106	92	105
黑龙江	24	22	22	20
上　海	42	41	32	31
江　苏	369	349	282	294
浙　江	341	329	297	302
安　徽	154	154	87	90
福　建	224	223	217	217
江　西	65	76	54	62
山　东	216	206	211	197
河　南	357	370	197	187
湖　北	102	98	99	95
湖　南	97	96	89	88
广　东	435	423	352	346
广　西	122	119	114	112
海　南	3	3	3	3
重　庆	87	84	83	81
四　川	126	121	119	114
贵　州	11	10	8	8
云　南	48	45	40	37
西　藏				
陕　西	21	21	19	19
甘　肃	12	13	9	9
青　海	7	6	3	3
宁　夏	37	36	11	10
新　疆	59	55	52	50

1-12 连锁零售企业门店在36城市分布情况

门店所在地	合计(个)		直营门店(个)		加盟门店(个)	
	2009年	2008年	2009年	2008年	2009年	2008年
合 计	**90345**	**86335**	**47280**	**45007**	**43065**	**41328**
北 京	7764	7728	5177	5050	2587	2678
天 津	2033	1879	1657	1529	376	350
石家庄	1283	1229	646	659	637	570
太 原	1710	1543	726	629	984	914
呼和浩特	249	245	148	134	101	111
沈 阳	1233	1121	938	856	295	265
大 连	2695	2659	1386	1324	1309	1335
长 春	693	658	588	549	105	109
哈尔滨	823	837	605	578	218	259
上 海	13055	12822	7639	7589	5416	5233
南 京	2789	2945	1952	2024	837	921
杭 州	4749	4626	2279	2261	2470	2365
宁 波	2067	1964	1314	1217	753	747
合 肥	2948	2992	613	666	2335	2326
福 州	580	578	384	383	196	195
厦 门	1272	1105	702	600	570	505
南 昌	735	748	385	448	350	300
济 南	908	834	762	691	146	143
青 岛	3509	3369	1300	1174	2209	2195
郑 州	1408	1214	695	629	713	585
武 汉	4304	4197	2158	2031	2146	2166
长 沙	1494	1368	825	739	669	629
广 州	6543	6468	3096	2999	3447	3469
深 圳	2672	2846	1782	1687	890	1159
南 宁	912	797	501	458	411	339
海 口	192	181	106	93	86	88
重 庆	10387	8829	2832	2651	7555	6178
成 都	2680	2315	2276	1947	404	368
贵 阳	509	480	284	250	225	230
昆 明	5220	5147	1481	1388	3739	3759
拉 萨	31	30	12	11	19	19
西 安	687	572	469	377	218	195
兰 州	492	413	361	279	131	134
西 宁	128	128	80	82	48	46
银 川	417	331	152	95	265	236
乌鲁木齐	1174	1137	969	930	205	207

1-13 连锁零售企业配送中心在36城市分布情况

所在地	配送中心数(个)		自有配送中心数(个)	
	2009年	2008年	2009年	2008年
合　计	**1440**	**1403**	**1196**	**1171**
北　京	99	99	76	76
天　津	25	23	20	19
石家庄	14	13	14	13
太　原	10	9	10	9
呼和浩特	20	11	20	11
沈　阳	62	59	57	54
大　连	28	29	17	18
长　春	9	9	8	8
哈尔滨	10	9	8	7
上　海	42	41	32	31
南　京	44	38	34	30
杭　州	87	89	82	85
宁　波	35	32	34	31
合　肥	63	63	17	17
福　州	36	37	33	34
厦　门	31	27	29	26
南　昌	45	52	40	48
济　南	23	20	23	20
青　岛	46	46	42	42
郑　州	31	31	27	27
武　汉	64	64	64	63
长　沙	36	35	31	30
广　州	245	246	185	187
深　圳	99	92	82	79
南　宁	21	20	18	18
海　口	3	3	3	3
重　庆	87	84	83	81
成　都	32	32	29	29
贵　阳	6	6	5	5
昆　明	28	27	26	25
拉　萨				
西　安	12	12	10	10
兰　州	3	4	1	1
西　宁	7	6	3	3
银　川	14	13	10	9
乌鲁木齐	23	22	23	22

第二部分

零售企业地区篇

2-1 各地区连锁零售企业基本情况

项 目	连锁总店数（个）	门店数（个）		年末从业人员（人）		年末零售营业面积（平方米）	
	2009年	2009年	2008年	2009年	2008年	2009年	2008年
全 国	**2327**	**175677**	**166981**	**2108839**	**2006007**	**118092021**	**108770886**
北 京	153	6767	6758	130459	135391	5437765	5554212
天 津	38	1742	1628	30961	32333	2457709	2354345
河 北	92	5528	5240	55510	53206	5547292	4846161
山 西	40	2031	1866	32011	30787	1160411	1106784
内蒙古	19	1743	1702	13441	13442	336539	320214
辽 宁	78	5228	4986	53404	50820	2390658	2286578
吉 林	21	790	771	9191	8943	599909	573282
黑龙江	29	937	878	15957	16057	451613	408734
上 海	65	17332	17551	282226	285278	7946929	8016216
江 苏	181	16172	15441	325770	309167	15652287	13690881
浙 江	228	21941	20270	141962	133296	9654441	9078094
安 徽	67	7622	7560	71569	67834	3187617	2849100
福 建	120	2814	2607	56570	50387	3709074	3134516
江 西	66	2270	1759	32012	27118	1705622	1624993
山 东	114	9610	8747	137655	113477	12567369	11293299
河 南	160	8249	7061	64062	60438	4834950	4357641
湖 北	108	5449	5189	94069	90146	4854208	4151116
湖 南	91	3719	3382	58040	54128	3745413	3553196
广 东	233	22088	22741	259973	251183	17815709	16602878
广 西	46	2847	2654	25070	23731	2571458	2556324
海 南	4	112	100	807	714	23521	21155
重 庆	77	9735	8193	71455	64640	2960852	2493126
四 川	86	4770	4445	51988	47398	1781392	1593020
贵 州	24	583	486	4298	3479	108436	95433
云 南	42	10392	10140	30676	25015	1749462	1621302
西 藏	1	12	11	73	74	3346	3346
陕 西	26	571	474	20488	20311	764159	664194
甘 肃	27	858	840	8625	8212	817260	839559
青 海	12	99	100	4144	4060	145600	120477
宁 夏	14	1305	1115	5593	4583	239625	191901
新 疆	65	2361	2286	20780	20359	2871395	2768809

2-2 各地区连锁零售企业直营门店基本情况

项目	门店数（个）		年末从业人员（人）		年末零售营业面积（平方米）	
	2009年	2008年	2009年	2008年	2009年	2008年
全国	**94636**	**89552**	**1761286**	**1681017**	**109614209**	**100893751**
北京	4620	4405	120897	123818	5147399	5174390
天津	1674	1557	30708	32087	2409105	2305207
河北	3642	3466	47266	46302	5385790	4704621
山西	1132	1032	27532	27054	1117482	1066267
内蒙古	1685	1661	13332	13410	326101	318570
辽宁	3447	3210	44999	41544	2156917	2037916
吉林	790	771	9191	8943	599909	573282
黑龙江	829	794	15741	15889	448373	406214
上海	9794	9928	200038	207794	5819381	6054145
江苏	10722	10141	282285	262519	14471878	12584460
浙江	7972	7454	105519	99786	8704047	8203898
安徽	2910	2894	55634	52546	2893955	2614028
福建	2332	2204	55524	49452	3697064	3125986
江西	1596	1526	29807	26274	1657987	1586518
山东	6248	5490	123242	99839	11958501	10705752
河南	4213	4070	52052	51650	4485671	4041032
湖北	3337	3033	85317	80344	4640423	3975373
湖南	3136	2960	56160	52700	3677498	3497473
广东	8809	8387	192264	191978	16861123	15675690
广西	1689	1525	19931	18478	2384853	2355177
海南	112	100	807	714	23521	21155
重庆	2443	2267	56202	52981	2620083	2245265
四川	3391	3143	47127	43399	1691776	1507860
贵州	451	374	3952	3245	102587	91122
云南	3826	3620	29841	24271	1690466	1562593
西藏	12	11	73	74	3346	3346
陕西	494	405	19568	19523	667979	628634
甘肃	854	829	8609	8121	815989	837367
青海	99	100	4144	4060	145600	120477
宁夏	303	177	3585	2707	169225	126241
新疆	2074	2018	19939	19515	2840180	2743692

2-3 各地区连锁零售企业加盟门店基本情况

项目	门店数（个）		年末从业人员（人）		年末零售营业面积（平方米）	
	2009年	2008年	2009年	2008年	2009年	2008年
全国	**81041**	**77429**	**347553**	**324990**	**8477812**	**7877135**
北京	2147	2353	9562	11573	290366	379822
天津	68	71	253	246	48604	49138
河北	1886	1774	8244	6904	161502	141540
山西	899	834	4479	3733	42929	40517
内蒙古	58	41	109	32	10438	1644
辽宁	1781	1776	8405	9276	233741	248662
吉林						
黑龙江	108	84	216	168	3240	2520
上海	7538	7623	82188	77484	2127548	1962071
江苏	5450	5300	43485	46648	1180409	1106421
浙江	13969	12816	36443	33510	950394	874196
安徽	4712	4666	15935	15288	293662	235072
福建	482	403	1046	935	12010	8530
江西	674	233	2205	844	47635	38475
山东	3362	3257	14413	13638	608868	587547
河南	4036	2991	12010	8788	349279	316609
湖北	2112	2156	8752	9802	213785	175743
湖南	583	422	1880	1428	67915	55723
广东	13279	14354	67709	59205	954586	927188
广西	1158	1129	5139	5253	186605	201147
海南						
重庆	7292	5926	15253	11659	340769	247861
四川	1379	1302	4861	3999	89616	85160
贵州	132	112	346	234	5849	4311
云南	6566	6520	835	744	58996	58709
西藏						
陕西	77	69	920	788	96180	35560
甘肃	4	11	16	91	1271	2192
青海						
宁夏	1002	938	2008	1876	70400	65660
新疆	287	268	841	844	31215	25117

2-4 各地区连锁零售

项 目	商品购进总额		统一配送商品购进额		自有配送中心配送商品购进额	
	2009年	2008年	2009年	2008年	2009年	2008年
全 国	**193437038**	**184023615**	**147231395**	**140870654**	**96169091**	**90096675**
北 京	13871777	12842750	6338481	5705768	2588787	2743812
天 津	4354323	3831541	3515621	2997582	416829	388531
河 北	5682474	5060393	3807685	3736055	3154543	2862925
山 西	1980702	1637822	1224912	931158	401748	365717
内蒙古	3614442	3064704	3609134	3060218	3225797	2739205
辽 宁	4648230	4922677	3175128	3238353	1488307	1381411
吉 林	904657	842481	729632	670761	679489	606911
黑龙江	1333709	1262618	1222140	1186249	877283	833955
上 海	19982965	19938975	12461494	12217556	6982070	6897452
江 苏	33516454	32168789	31166201	29505836	28275261	26381426
浙 江	13506768	13703471	12651216	12819845	11088600	11317912
安 徽	8039056	7494008	3330273	2882445	1383164	1290563
福 建	4419599	4210593	3526715	3338194	1604327	1354072
江 西	2113665	1907106	1420216	1374228	338111	319843
山 东	15442353	13967951	10808866	10379441	9427394	8953568
河 南	4230389	3667567	3118257	2690870	2159784	1884967
湖 北	6792135	5481385	5277131	4243930	4373813	3739884
湖 南	5512301	4967501	5045128	4377995	4999904	4355355
广 东	26771922	27170820	22337992	23941316	6094374	5736502
广 西	1894976	1826058	794456	625159	373891	204420
海 南	15240	11348	11792	8763	1150	1115
重 庆	3959744	3723683	2754348	2373206	2090088	1778676
四 川	2739094	2458375	2188931	2103725	1609955	1606159
贵 州	151523	118910	48857	38007	12225	11428
云 南	1726121	1728356	1661745	1571691	524198	463407
西 藏	4666	386	4666	386		
陕 西	1343180	1180820	921726	816137	593022	500426
甘 肃	1480807	1492579	928823	967719	113619	109771
青 海	84455	81779	64493	59733	4331	3722
宁 夏	364564	365921	290370	293469	147613	169022
新 疆	2954748	2892246	2794965	2714858	1139413	1094521

企业经营情况

单位：万元

非自有配送中心配送商品购进额		商品销售总额		零售额	
2009年	2008年	2009年	2008年	2009年	2008年
26471944	**28254512**	**222400012**	**208010171**	**158602800**	**151114621**
926981	834596	15936454	14478650	12446035	11690273
2725183	2354333	4394695	3773619	4142777	3558071
47768	47987	7071838	6813954	3676614	3474636
11048	14485	2092749	1858863	1793903	1627479
9345	6506	3602209	3059622	3461566	2941609
804528	862969	5258744	5414686	3086657	3086771
43776	54069	872966	920803	827571	875284
7444	4253	1347498	1358720	1254218	1264931
3392496	3293808	27224965	26599392	20242247	19678125
728584	1158453	35877875	33052725	23739691	22034597
1059310	1044120	14914882	14768733	9499500	10553335
51667	1078	8043242	7259930	5497906	5076606
671461	631637	5355844	5200993	4765302	4769397
		3903169	3225398	2512672	2484993
339366	300083	17367191	15276345	12699248	10386757
81145	59421	4748730	4214913	3457540	3074171
498521	240251	7619928	6517994	5932271	5228636
45125	22542	5836727	5282189	5289781	4820429
13977043	16336831	29627355	29619792	21406834	22993902
68744	71580	3396089	3189691	1777056	1921354
		16596	10935	11952	8174
308395	265250	4837750	4368807	3535788	3020258
73779	51323	3033732	2776208	1978536	1736877
800	1118	138008	114819	133336	110204
53086	55347	2859559	2475830	1582787	1211020
		4492	3169	4492	3169
229786	224678	1599942	1399147	813012	726435
5131	7206	1794013	1604339	1281274	1210194
		119303	104402	119303	104402
39589	39193	365550	326952	307763	272827
271845	271394	3137916	2938553	1325170	1169707

2-5 各地区连锁零售企业

项 目	商品购进总额		统一配送商品购进额		自有配送中心配送商品购进额	
	2009年	2008年	2009年	2008年	2009年	2008年
全 国	**182361354**	**173110188**	**139639281**	**133361230**	**90497582**	**84570791**
北 京	13627351	12463510	6177954	5535838	2485683	2653572
天 津	4350400	3827960	3512523	2994853	416829	388531
河 北	5651884	5032321	3782768	3709404	3129627	2836274
山 西	1915691	1582698	1162405	878538	401671	365715
内蒙古	3613129	3064405	3608015	3060218	3225797	2739205
辽 宁	4447305	4711585	3032391	3084974	1383010	1263646
吉 林	904657	842481	729632	670761	679489	606911
黑龙江	1327209	1259618	1222140	1186249	877283	833955
上 海	16166245	16008774	10773835	10366434	5794954	5545987
江 苏	31090881	29933353	28836182	27389910	25979041	24302794
浙 江	12719560	12928285	11903765	12089895	10436468	10683827
安 徽	7533377	7143205	3130863	2698583	1250727	1153948
福 建	4388067	4176667	3497314	3306299	1575690	1322947
江 西	2078304	1887107	1387996	1354229	305890	299844
山 东	14901106	13466245	10502332	10092985	9142918	8680610
河 南	3875319	3356808	3030150	2607468	2099082	1821641
湖 北	6717563	5426000	5206674	4190645	4315394	3700331
湖 南	5460215	4925672	4995679	4338922	4950719	4316545
广 东	25441180	25889564	21107793	22807562	5532143	5201358
广 西	1867329	1795464	787184	612897	368438	196056
海 南	15240	11348	11792	8763	1150	1115
重 庆	3855424	3654020	2678848	2324314	2033370	1737311
四 川	2709605	2419356	2161202	2067061	1589074	1574714
贵 州	149014	117524	46349	36621	12193	11402
云 南	1469991	1302594	1405796	1146058	522365	459356
西 藏	4666	386	4666	386		
陕 西	1318558	1164547	914262	810580	590212	499461
甘 肃	1480123	1491082	928140	966553	113619	109771
青 海	84455	81779	64493	59733	4331	3722
宁 夏	256041	259468	252093	255520	147613	169022
新 疆	2941466	2886364	2784047	2708976	1132801	1091224

直营门店经营情况

单位：万元

非自有配送中心配送商品购进额		商品销售总额		零售额	
2009年	2008年	2009年	2008年	2009年	2008年
25193944	**26991316**	**207405903**	**193760512**	**145600534**	**138941155**
906180	815933	15645320	14113774	12206833	11383426
2724685	2354242	4390971	3769617	4139053	3554068
47768	47987	7007278	6755706	3612325	3417193
9225	12703	2021438	1798679	1722591	1567296
8226	6506	3600745	3059559	3460102	2941546
781308	841222	5029751	5177442	2877777	2873421
43776	54069	872966	920803	827571	875284
7444	4253	1337498	1353720	1244218	1259931
2938898	2808013	20615733	20416808	13972086	13926001
704967	1128322	33141800	30442409	21196333	19614625
995521	982655	13930594	13792039	8747107	9850764
44067	1078	7518126	6919283	5288962	4910755
671416	631637	5322837	5164515	4732295	4732919
		3858601	3199727	2468192	2459322
319038	288115	16715139	14701845	12160200	9906450
80006	59126	4402408	3915934	3177390	2837348
493073	234826	7529784	6454909	5843750	5165551
44862	22279	5775939	5232869	5228992	4771109
13374926	15760360	28066544	28022655	20124834	21684784
66925	67683	3354301	3148604	1735462	1880367
		16596	10935	11952	8174
303192	262410	4711787	4287397	3469470	2975565
69148	48050	2987160	2733672	1958536	1697022
800	1118	135225	112870	130553	108254
53086	55347	2565823	2034689	1575341	1202876
		4492	3169	4492	3169
229786	224678	1573807	1376129	786876	704295
5009	6875	1786568	1597785	1281099	1209645
		119303	104402	119303	104402
1311	1245	243610	207570	185823	153444
269301	270583	3123760	2930997	1311014	1162151

2-6 各地区连锁零售企业

项　目	商品购进总额		统一配送商品购进额		自有配送中心配送商品购进额	
	2009年	2008年	2009年	2008年	2009年	2008年
全　国	**11075684**	**10913426**	**7592114**	**7509424**	**5671508**	**5525884**
北　京	244426	379241	160527	169930	103104	90240
天　津	3923	3581	3098	2729		
河　北	30590	28072	24917	26652	24917	26652
山　西	65011	55124	62507	52620	77	2
内蒙古	1314	299	1119			
辽　宁	200925	211092	142737	153379	105297	117765
吉　林						
黑龙江	6500	3000				
上　海	3816721	3930202	1687658	1851122	1187116	1351465
江　苏	2425573	2235435	2330020	2115926	2296220	2078632
浙　江	787208	775186	747451	729950	652131	634085
安　徽	505679	350803	199411	183863	132437	136615
福　建	31532	33926	29402	31895	28637	31125
江　西	35361	19999	32220	19999	32220	19999
山　东	541247	501706	306534	286457	284476	272958
河　南	355070	310759	88107	83402	60702	63325
湖　北	74573	55385	70457	53285	58419	39554
湖　南	52085	41829	49449	39073	49186	38809
广　东	1330742	1281257	1230199	1133755	562231	535144
广　西	27647	30594	7272	12262	5453	8365
海　南						
重　庆	104321	69663	75500	48892	56719	41365
四　川	29489	39019	27729	36664	20880	31445
贵　州	2509	1386	2509	1386	32	26
云　南	256130	425762	255950	425633	1833	4051
西　藏						
陕　西	24622	16273	7465	5556	2811	965
甘　肃	684	1497	684	1166		
青　海						
宁　夏	108523	106453	38278	37949		
新　疆	13282	5882	10918	5882	6612	3297

加盟门店经营情况

单位：万元

非自有配送中心配送商品购进额		商品销售总额		零售额	
2009年	2008年	2009年	2008年	2009年	2008年
1278001	**1263197**	**14994109**	**14249659**	**13002266**	**12173465**
20801	18663	291134	364876	239202	306847
498	91	3724	4003	3724	4003
		64560	58248	64289	57443
1824	1783	71311	60183	71311	60183
1119		1464	63	1464	63
23220	21747	228993	237244	208880	213350
		10000	5000	10000	5000
453597	485794	6609232	6182584	6270161	5752125
23617	30131	2736075	2610316	2543358	2419972
63789	61464	984288	976694	752393	702571
7600		525117	340647	208944	165851
45		33007	36478	33007	36478
		44568	25671	44480	25671
20328	11968	652052	574500	539048	480307
1138	296	346322	298978	280149	236823
5448	5425	90144	63085	88521	63085
263	264	60789	49320	60789	49320
602117	576471	1560810	1597137	1281999	1309118
1819	3897	41788	41087	41594	40987
5203	2840	125964	81410	66318	44693
4631	3272	46572	42536	20000	39856
		2782	1949	2782	1949
		293737	441141	7446	8144
		26136	23018	26136	22140
122	331	7445	6553	175	549
38278	37949	121940	119382	121940	119382
2544	811	14156	7556	14156	7556

2-7 按登记注册类型分各地区连锁零售企业基本情况

内资企业

项目	连锁总店数(个)	门店数(个)		年末从业人员(人)		年末零售营业面积(平方米)	
	2009年	2009年	2008年	2009年	2008年	2009年	2008年
全国	**2106**	**158920**	**150826**	**1662756**	**1590674**	**100755487**	**93667382**
北京	127	6028	6009	98849	102899	4155112	4291916
天津	30	1490	1420	21032	22047	2027212	1924265
河北	91	5520	5231	54950	52708	5530459	4826593
山西	39	2023	1858	31901	30677	1159295	1105668
内蒙古	19	1743	1702	13441	13442	336539	320214
辽宁	73	5198	4959	47938	46118	2245650	2150959
吉林	20	778	757	9065	8828	597909	571282
黑龙江	27	625	566	12911	12707	359789	313974
上海	45	16217	16590	210557	218074	5630021	5938291
江苏	151	13770	13040	211309	205352	10930071	10015811
浙江	210	21524	19876	123093	115965	8706964	8235652
安徽	65	7603	7542	69221	65991	3042813	2724747
福建	107	1808	1689	29776	27910	1505528	1359362
江西	65	2268	1756	31970	27075	1705272	1624493
山东	103	9406	8568	127831	103671	12308829	11047065
河南	154	8138	6966	54826	52703	4449690	3999604
湖北	100	5287	5075	89925	85942	4731203	4039675
湖南	83	3500	3208	49712	46633	3466984	3318345
广东	189	12780	13569	149942	148009	14733771	13650367
广西	46	2847	2654	25070	23731	2571458	2556324
海南	4	112	100	807	714	23521	21155
重庆	72	9569	8037	60094	53914	2464793	2084816
四川	83	4742	4410	50554	45915	1716941	1529419
贵州	23	544	453	3588	2861	100901	88878
云南	36	10197	9968	25441	20199	1435876	1362720
西藏	1	12	11	73	74	3346	3346
陕西	26	571	474	20488	20311	764159	664194
甘肃	27	858	840	8625	8212	817260	839559
青海	12	99	100	4144	4060	145600	120477
宁夏	14	1305	1115	5593	4583	239625	191901
新疆	64	2358	2283	20030	19349	2848896	2746310

2-7 续表 1

国有企业

项 目	连锁总店数(个)	门店数(个)		年末从业人员(人)		年末零售营业面积(平方米)	
	2009年	2009年	2008年	2009年	2008年	2009年	2008年
全 国	**156**	**20988**	**20784**	**114670**	**110448**	**8332469**	**7740841**
北 京	5	90	85	2360	2326	177870	147925
天 津	4	583	567	7260	7401	1331687	1299673
河 北	13	1058	973	9920	9709	1656114	1296240
山 西	2	51	57	1026	1185	60161	87951
内蒙古	1	1506	1476	9036	8118	181720	177120
辽 宁	2	156	156	2213	2069	12590	12590
吉 林	2	298	324	1752	1872	105000	102279
黑龙江	3	27	26	2769	2956	26800	26780
上 海	5	1073	1125	5565	5684	70342	73864
江 苏	3	184	195	6653	6803	367805	378788
浙 江	3	327	304	6636	6326	251070	241486
安 徽	6	3459	3446	11853	12283	520934	442665
福 建	12	335	336	3389	3420	223776	221127
江 西	7	40	28	2961	1139	16423	15393
山 东	7	93	97	865	835	49863	52918
河 南	10	615	616	2584	2538	220955	220875
湖 北	9	345	339	6115	5365	281041	279736
湖 南	10	448	410	4545	4341	221762	219896
广 东	7	1226	1218	10331	9891	616200	579796
广 西	1	64	57	668	627	10880	9690
海 南							
重 庆	3	55	56	236	242	26253	27611
四 川	3	93	92	1987	1959	196853	196853
贵 州							
云 南	1	7568	7568	138	138	880	880
西 藏							
陕 西	4	51	51	3575	3447	15620	15620
甘 肃	7	272	235	1678	1554	83259	80169
青 海							
宁 夏	1	8	8	220	281	10609	10609
新 疆	25	963	939	8335	7939	1596002	1522307

2-7 续表 2

集体企业

项　目	连锁总店数(个)	门店数(个)		年末从业人员(人)		年末零售营业面积(平方米)	
	2009年	2009年	2008年	2009年	2008年	2009年	2008年
全　国	**43**	**2952**	**2949**	**24979**	**24071**	**1790773**	**1700213**
北　京	7	328	333	1730	1928	86390	86211
天　津							
河　北	1	3	3	174	196	4500	4500
山　西							
内蒙古	1	10	10	200	150	9360	7488
辽　宁							
吉　林							
黑龙江	1	31	31	46	46	460	460
上　海							
江　苏	3	30	27	617	620	9530	11150
浙　江	2	165	148	525	488	18015	16259
安　徽	1	21	21	149	153	2990	2990
福　建	1	5	5	89	95	1412	1412
江　西							
山　东	4	121	108	2172	1671	10120	9180
河　南	6	501	489	1862	1633	31068	29068
湖　北	1	59	55	900	750	34000	28000
湖　南	1	17	16	304	145	6230	11069
广　东	12	1369	1411	15813	15807	1564123	1479851
广　西							
海　南							
重　庆							
四　川							
贵　州							
云　南	1	6	6	76	67	300	300
西　藏							
陕　西							
甘　肃							
青　海							
宁　夏							
新　疆	1	286	286	322	322	12275	12275

2-7 续表 3

股份合作企业

项目	连锁总店数(个)	门店数(个)		年末从业人员(人)		年末零售营业面积(平方米)	
	2009年	2009年	2008年	2009年	2008年	2009年	2008年
全国	**23**	**934**	**872**	**9681**	**9788**	**285073**	**189022**
北京	2	15	18	29	30	265	199
天津	1	6	6	94	88	342	342
河北	1	17	19	1530	1534	98000	37900
山西	1	34	33	150	150	3056	3027
内蒙古							
辽宁							
吉林							
黑龙江							
上海	1	16	16	74	74	2680	2680
江苏							
浙江	1	9	9	95	55	2618	2567
安徽	1	48	24	2800	2600	83000	50000
福建							
江西							
山东	4	67	70	536	555	15185	14152
河南	1	90	68	223	179	2780	2010
湖北	3	51	58	646	637	16698	15204
湖南							
广东	2	29	37	435	830	15922	21500
广西	1	76	75	801	802	11324	11213
海南							
重庆	1	416	382	1258	1226	14311	11586
四川	1	18	17	79	78	950	900
贵州							
云南							
西藏							
陕西							
甘肃							
青海	1	32	32	741	720	12042	11042
宁夏	1	10	8	190	230	5900	4700
新疆							

2-7 续表 4

联营企业

项　目	连锁总店数（个）	门店数（个）		年末从业人员（人）		年末零售营业面积（平方米）	
	2009年	2009年	2008年	2009年	2008年	2009年	2008年
全　国	**4**	**564**	**549**	**5315**	**5040**	**53813**	**53968**
北　京	1	4	5	52	53	780	880
天　津							
河　北							
山　西							
内蒙古							
辽　宁							
吉　林							
黑龙江							
上　海							
江　苏	1	195	196	2936	2702	24135	23835
浙　江							
安　徽							
福　建							
江　西							
山　东							
河　南							
湖　北							
湖　南							
广　东	2	365	348	2327	2285	28898	29253
广　西							
海　南							
重　庆							
四　川							
贵　州							
云　南							
西　藏							
陕　西							
甘　肃							
青　海							
宁　夏							
新　疆							

2-7 续表 5

有限责任公司

项　目	连锁总店数（个）	门店数（个）		年末从业人员（人）		年末零售营业面积（平方米）	
	2009年	2009年	2008年	2009年	2008年	2009年	2008年
全　国	**823**	**55888**	**53112**	**532368**	**526709**	**23956415**	**22678269**
北　京	61	2877	2966	52724	57870	2340335	2676950
天　津	12	599	549	8848	9415	396046	381346
河　北	33	474	415	11097	10725	492897	458115
山　西	10	788	642	5511	4002	82416	60229
内蒙古	9	115	116	2681	2811	77184	71774
辽　宁	28	1781	1718	16999	16732	536334	459123
吉　林	11	176	192	3585	3822	268865	258605
黑龙江	7	95	92	2185	2279	76625	77086
上　海	24	8346	8169	97069	101476	2561503	2668654
江　苏	58	4065	3861	29936	33958	945921	928484
浙　江	84	8520	7761	36592	33725	1629851	1478089
安　徽	22	852	758	8019	8445	334289	311406
福　建	39	512	485	11667	11327	501506	463191
江　西	25	238	269	7656	7244	335995	308131
山　东	42	2286	2042	35377	34502	5897516	5516085
河　南	63	3291	2489	26398	25416	898770	837748
湖　北	40	2565	2498	22165	21401	821954	798175
湖　南	16	650	487	9065	8069	700037	616607
广　东	77	5222	6265	50379	50564	1997778	1856321
广　西	19	1396	1376	9429	9284	290838	296774
海　南	2	67	55	286	238	9051	6685
重　庆	24	4545	4100	21350	18732	721772	464158
四　川	43	2836	2630	28682	25346	879878	720193
贵　州	15	390	336	2401	1899	65496	55683
云　南	13	989	898	10511	7941	262686	220601
西　藏	1	12	11	73	74	3346	3346
陕　西	11	379	295	9505	8912	352077	278506
甘　肃	5	127	128	1381	1378	27230	23917
青　海	8	57	55	2453	2450	91008	76635
宁　夏	6	1219	1031	4426	3360	181446	136920
新　疆	15	419	423	3918	3312	175765	168732

2-7 续表 6

股份有限公司

项　目	连锁总店数（个）	门店数（个）		年末从业人员（人）		年末零售营业面积（平方米）	
	2009年	2009年	2008年	2009年	2008年	2009年	2008年
全　国	**256**	**44710**	**43017**	**670191**	**623887**	**55533773**	**51741865**
北　京	11	1221	1260	31456	30595	1279337	1135679
天　津	1	13	11	287	280	60527	3539
河　北	22	3647	3501	26413	25236	3046695	2799899
山　西	8	444	438	9710	9970	754504	715776
内蒙古	1	19	18	386	306	2010	1700
辽　宁	11	1105	1091	16197	14228	1268162	1262316
吉　林	1	193	134	1539	942	43200	24700
黑龙江	3	229	196	1611	1689	37676	33829
上　海	6	6434	6958	99119	101620	2787237	3005632
江　苏	7	6864	6488	149704	140131	8685357	7885057
浙　江	9	3263	3143	33150	33058	5492247	5290447
安　徽	10	2893	2907	38243	35275	1757533	1625537
福　建	16	321	307	3428	3009	372649	300154
江　西	20	1921	1392	15865	13307	1151667	1018151
山　东	17	6046	5502	80695	58028	5949317	5113522
河　南	25	2023	1941	9344	8908	2820320	2659350
湖　北	11	1091	1021	41196	39638	2493432	2106052
湖　南	25	1666	1678	26138	24732	2297908	2256375
广　东	15	2424	2276	37695	37294	9399937	8722831
广　西	12	1024	887	11406	10217	2177289	2166362
海　南							
重　庆	2	546	537	16186	15609	933630	919617
四　川	3	410	386	7985	7224	268306	257308
贵　州	1	22	21	79	72	800	750
云　南	2	246	230	3039	2754	826730	804573
西　藏							
陕　西	2	15	15	2454	2743	100586	86910
甘　肃	9	355	397	3789	3780	675085	706442
青　海	1	2	2	460	520	19050	19050
宁　夏							
新　疆	5	273	280	2617	2722	832582	820307

2-7 续表 7

私营企业

项　目	连锁总店数(个)	门店数(个)		年末从业人员(人)		年末零售营业面积(平方米)	
	2009年	2009年	2008年	2009年	2008年	2009年	2008年
全　国	**786**	**32518**	**29194**	**301902**	**287177**	**10640965**	**9470971**
北　京	40	1493	1342	10498	10097	270135	244072
天　津	12	289	287	4543	4863	238610	239365
河　北	21	321	320	5816	5308	232253	229939
山　西	18	706	688	15504	15370	259158	238685
内蒙古	7	93	82	1138	2057	66265	62132
辽　宁	32	2156	1994	12529	13089	428564	416930
吉　林	6	111	107	2189	2192	180844	185698
黑龙江	13	243	221	6300	5737	218228	175819
上　海	8	303	284	8380	8933	205679	185131
江　苏	76	2339	2178	21148	20788	891963	782439
浙　江	110	9198	8475	46011	42241	1313163	1206804
安　徽	25	330	386	8157	7235	344067	292149
福　建	37	618	541	10962	9909	401392	371037
江　西	13	69	67	5488	5385	201187	282818
山　东	28	778	734	7835	7710	384786	339166
河　南	47	1581	1326	13097	12825	358917	200621
湖　北	36	1176	1104	18903	18151	1084078	812508
湖　南	29	627	528	9064	8732	228336	202788
广　东	73	2142	2011	32928	31297	1110413	960315
广　西	11	265	238	2405	2335	63787	54965
海　南	2	45	45	521	476	14470	14470
重　庆	42	4007	2962	21064	18105	768827	661844
四　川	33	1385	1285	11821	11308	370954	354165
贵　州	7	132	96	1108	890	34605	32445
云　南	19	1388	1266	11677	9299	345280	336366
西　藏							
陕　西	9	126	113	4954	5209	295876	283158
甘　肃	6	104	80	1777	1500	31686	29031
青　海	2	8	11	490	370	23500	13750
宁　夏	6	68	68	757	712	41670	39672
新　疆	18	417	355	4838	5054	232272	222689

2-7 续表 8

其他企业

项　目	连锁总店数（个）	门店数（个）		年末从业人员（人）		年末零售营业面积（平方米）	
	2009年	2009年	2008年	2009年	2008年	2009年	2008年
全　国	**15**	**366**	**349**	**3650**	**3554**	**162206**	**92233**
北　京							
天　津							
河　北							
山　西							
内蒙古							
辽　宁							
吉　林							
黑龙江							
上　海	1	45	38	350	287	2580	2330
江　苏	3	93	95	315	350	5360	6058
浙　江	1	42	36	84	72		
安　徽							
福　建	2	17	15	241	150	4793	2441
江　西							
山　东	1	15	15	351	370	2042	2042
河　南	2	37	37	1318	1204	116880	49932
湖　北							
湖　南	2	92	89	596	614	12711	11610
广　东	1	3	3	34	41	500	500
广　西	2	22	21	361	466	17340	17320
海　南							
重　庆							
四　川							
贵　州							
云　南							
西　藏							
陕　西							
甘　肃							
青　海							
宁　夏							
新　疆							

2-7 续表 9

港、澳、台商投资企业

项目	连锁总店数(个)	门店数(个)		年末从业人员(人)		年末零售营业面积(平方米)	
	2009年	2009年	2008年	2009年	2008年	2009年	2008年
全国	**76**	**3132**	**2823**	**148565**	**127527**	**6166919**	**4958866**
北京	6	216	232	6930	6119	116392	106355
天津	3	213	170	6876	7055	285838	285721
河北							
山西	1	8	8	110	110	1116	1116
内蒙古							
辽宁	2	15	14	266	192	8739	11350
吉林	1	12	14	126	115	2000	2000
黑龙江							
上海	7	202	178	42321	35976	1320159	1114294
江苏	8	188	168	24103	16712	732829	396170
浙江	8	266	246	3716	3602	133598	108598
安徽							
福建	3	338	255	19662	15975	1494496	1082325
江西							
山东	1	7		119		2406	
河南	2	62	54	8804	7268	356838	330765
湖北	4	139	93	1392	1106	18606	11253
湖南	4	139	82	2785	1416	70744	28950
广东	19	1010	1008	20758	21516	1127294	1064129
广西							
海南							
重庆	3	119	115	9629	9224	442259	363110
四川	1	22	29	150	193	3000	2150
贵州							
云南	3	176	157	818	948	50605	50580
西藏							
陕西							
甘肃							
青海							
宁夏							
新疆							

2-7 续表 10

外商投资企业

项　目	连锁总店数（个）	门店数（个）		年末从业人员（人）		年末零售营业面积（平方米）	
	2009年	2009年	2008年	2009年	2008年	2009年	2008年
全　国	**145**	**13625**	**13332**	**297518**	**287806**	**11169615**	**10144638**
北　京	20	523	517	24680	26373	1166261	1155941
天　津	5	39	38	3053	3231	144659	144359
河　北	1	8	9	560	498	16833	19568
山　西							
内蒙古							
辽　宁	3	15	13	5200	4510	136269	124269
吉　林							
黑龙江	2	312	312	3046	3350	91824	94760
上　海	13	913	783	29348	31228	996749	963631
江　苏	22	2214	2233	90358	87103	3989387	3278900
浙　江	10	151	148	15153	13729	813879	733844
安　徽	2	19	18	2348	1843	144804	124353
福　建	10	668	663	7132	6502	709050	692829
江　西	1	2	3	42	43	350	500
山　东	10	197	179	9705	9806	256134	246234
河　南	4	49	41	432	467	28422	27272
湖　北	4	23	21	2752	3098	104399	100188
湖　南	4	80	92	5543	6079	207685	205901
广　东	25	8298	8164	89273	81658	1954644	1888382
广　西							
海　南							
重　庆	2	47	41	1732	1502	53800	45200
四　川	2	6	6	1284	1290	61451	61451
贵　州	1	39	33	710	618	7535	6555
云　南	3	19	15	4417	3868	262981	208002
西　藏							
陕　西							
甘　肃							
青　海							
宁　夏							
新　疆	1	3	3	750	1010	22499	22499

2-8 按登记注册类型分各地区连锁零售企业直营门店基本情况

内资企业

项目	门店数（个）		年末从业人员（人）		年末零售营业面积（平方米）	
	2009年	2008年	2009年	2008年	2009年	2008年
全国	**87290**	**82563**	**1425006**	**1361484**	**94643015**	**88042890**
北京	3899	3673	89547	92055	3880879	3973430
天津	1422	1349	20779	21801	1978608	1875127
河北	3634	3457	46706	45804	5368957	4685053
山西	1124	1024	27422	26944	1116366	1065151
内蒙古	1685	1661	13332	13410	326101	318570
辽宁	3417	3183	39533	36842	2011909	1902297
吉林	778	757	9065	8828	597909	571282
黑龙江	517	482	12695	12539	356549	311454
上海	9160	9347	166753	172064	4731260	4969950
江苏	9315	8829	192087	185738	10278898	9499706
浙江	7606	7125	87411	83484	7778976	7389909
安徽	2891	2876	53286	50703	2749151	2489675
福建	1505	1446	29237	27435	1497698	1354557
江西	1594	1523	29765	26231	1657637	1586018
山东	6044	5311	113418	90033	11699961	10459518
河南	4110	3978	42826	43940	4101511	3683795
湖北	3175	2929	81173	76190	4517418	3864432
湖南	2917	2786	47832	45205	3399069	3262622
广东	7180	6657	127851	123803	14342683	13296962
广西	1689	1525	19931	18478	2384853	2355177
海南	112	100	807	714	23521	21155
重庆	2277	2111	44841	42255	2124024	1836955
四川	3363	3108	45693	41916	1627325	1444259
贵州	412	341	3242	2627	95052	84567
云南	3631	3448	24606	19455	1376880	1304011
西藏	12	11	73	74	3346	3346
陕西	494	405	19568	19523	667979	628634
甘肃	854	829	8609	8121	815989	837367
青海	99	100	4144	4060	145600	120477
宁夏	303	177	3585	2707	169225	126241
新疆	2071	2015	19189	18505	2817681	2721193

2-8 续表 1

国有企业

项　目	门店数(个)		年末从业人员(人)		年末零售营业面积(平方米)	
	2009年	2008年	2009年	2008年	2009年	2008年
全　国	**10580**	**10353**	**103383**	**99836**	**7788874**	**7248010**
北　京	90	85	2360	2326	177870	147925
天　津	573	557	7259	7400	1331367	1299353
河　北	987	909	9190	9445	1652167	1292700
山　西	51	57	1026	1185	60161	87951
内蒙古	1506	1476	9036	8118	181720	177120
辽　宁	156	156	2213	2069	12590	12590
吉　林	298	324	1752	1872	105000	102279
黑龙江	27	26	2769	2956	26800	26780
上　海	574	593	3656	3652	53571	58153
江　苏	184	183	6653	6742	367805	376988
浙　江	322	300	6622	6318	250763	241224
安　徽	1489	1476	11400	11833	401934	338865
福　建	235	242	2979	3063	219846	219632
江　西	40	28	2961	1139	16423	15393
山　东	83	86	847	816	49153	52168
河　南	254	257	1062	1049	12360	12360
湖　北	345	339	6115	5365	281041	279736
湖　南	446	408	4491	4321	221562	219696
广　东	160	154	4365	4171	432956	429688
广　西	64	57	668	627	10880	9690
海　南						
重　庆	47	48	196	198	23870	25228
四　川	93	92	1987	1959	196853	196853
贵　州						
云　南	1333	1333	70	70	160	160
西　藏						
陕　西	51	51	3575	3447	15620	15620
甘　肃	270	233	1668	1549	82259	79169
青　海						
宁　夏	8	8	220	281	10609	10609
新　疆	894	875	8243	7865	1593534	1520080

2-8 续表 2

集体企业

项目	门店数(个)		年末从业人员(人)		年末零售营业面积(平方米)	
	2009年	2008年	2009年	2008年	2009年	2008年
全国	**1432**	**1359**	**20384**	**19365**	**1725215**	**1637495**
北京	52	52	1138	1331	63205	62726
天津						
河北	3	3	174	196	4500	4500
山西						
内蒙古	10	10	200	150	9360	7488
辽宁						
吉林						
黑龙江	31	31	46	46	460	460
上海						
江苏	30	27	617	620	9530	11150
浙江	24	25	226	226	9225	9359
安徽	21	21	149	153	2990	2990
福建	5	5	89	95	1412	1412
江西						
山东	68	53	1985	1477	8660	7660
河南	165	157	822	725	17251	17251
湖北	59	55	900	750	34000	28000
湖南	17	16	304	145	6230	11069
广东	655	612	13336	13062	1545817	1460855
广西						
海南						
重庆						
四川						
贵州						
云南	6	6	76	67	300	300
西藏						
陕西						
甘肃						
青海						
宁夏						
新疆	286	286	322	322	12275	12275

2-8 续表 3

股份合作企业

项　目	门店数(个)		年末从业人员(人)		年末零售营业面积(平方米)	
	2009年	2008年	2009年	2008年	2009年	2008年
全　国	**455**	**457**	**7346**	**7735**	**237725**	**164545**
北　京	10	13	24	25	215	150
天　津	6	6	94	88	342	342
河　北	17	19	1530	1534	98000	37900
山　西	34	33	150	150	3056	3027
内蒙古						
辽　宁						
吉　林						
黑龙江						
上　海	16	16	74	74	2680	2680
江　苏						
浙　江	9	9	95	55	2618	2567
安　徽	16	14	1800	1850	50000	38000
福　建						
江　西						
山　东	57	59	507	523	14280	13147
河　南	47	45	131	92	1620	1260
湖　北	51	58	646	637	16698	15204
湖　南						
广　东	29	37	435	830	15922	21500
广　西	76	75	801	802	11324	11213
海　南						
重　庆	27	16	49	47	2078	913
四　川	18	17	79	78	950	900
贵　州						
云　南						
西　藏						
陕　西						
甘　肃						
青　海	32	32	741	720	12042	11042
宁　夏	10	8	190	230	5900	4700
新　疆						

2-8 续表 4

联营企业

项目	门店数(个)		年末从业人员(人)		年末零售营业面积(平方米)	
	2009年	2008年	2009年	2008年	2009年	2008年
全国	**312**	**294**	**2102**	**1979**	**30566**	**31080**
北京	4	5	52	53	780	880
天津						
河北						
山西						
内蒙古						
辽宁						
吉林						
黑龙江						
上海						
江苏	19	19	296	224	6535	6135
浙江						
安徽						
福建						
江西						
山东						
河南						
湖北						
湖南						
广东	289	270	1754	1702	23251	24065
广西						
海南						
重庆						
四川						
贵州						
云南						
西藏						
陕西						
甘肃						
青海						
宁夏						
新疆						

2-8 续表 5

有限责任公司

项　目	门店数（个）		年末从业人员（人）		年末零售营业面积（平方米）	
	2009年	2008年	2009年	2008年	2009年	2008年
全　国	**29110**	**27147**	**449552**	**446882**	**21600344**	**20577229**
北　京	1966	1865	48325	52214	2208261	2507866
天　津	579	527	8771	9345	394362	379228
河　北	468	414	10792	10445	482342	448115
山　西	362	276	2845	2030	51997	30906
内蒙古	75	75	2652	2779	75596	70130
辽　宁	1426	1342	14217	14001	474819	392090
吉　林	176	192	3585	3822	268865	258605
黑龙江	95	92	2185	2279	76625	77086
上　海	5657	5553	87205	91555	2403479	2510059
江　苏	3186	3012	25555	29805	693807	783174
浙　江	2238	2104	24057	22157	1132304	1029444
安　徽	422	412	6435	7046	272534	267391
福　建	486	465	11637	11307	500826	462501
江　西	219	264	7416	7084	301460	274216
山　东	1459	1278	32017	31342	5647620	5265227
河　南	1023	969	20507	21470	816760	781343
湖　北	834	739	15797	14928	742864	716885
湖　南	510	434	8730	7949	677837	606107
广　东	2208	2061	39860	38318	1871812	1741217
广　西	384	321	5350	4819	148904	129318
海　南	67	55	286	238	9051	6685
重　庆	1040	969	14077	12749	545867	323576
四　川	2211	1993	26483	23515	835067	674504
贵　州	277	231	2121	1695	60611	51677
云　南	692	664	9812	7367	245913	206155
西　藏	12	11	73	74	3346	3346
陕　西	328	252	8797	8342	259477	246466
甘　肃	125	119	1375	1292	26959	22725
青　海	57	55	2453	2450	91008	76635
宁　夏	217	93	2418	1484	111046	71260
新　疆	311	310	3719	2981	168925	163292

2-8 续表 6

股份有限公司

项目	门店数（个）		年末从业人员（人）		年末零售营业面积（平方米）	
	2009年	2008年	2009年	2008年	2009年	2008年
全国	**29640**	**28473**	**590867**	**545654**	**53761350**	**49981994**
北京	945	966	29622	28385	1240982	1089756
天津	13	11	287	280	60527	3539
河北	1838	1792	19204	18876	2899695	2671899
山西	444	438	9710	9970	754504	715776
内蒙古	19	18	386	306	2010	1700
辽宁	1098	1084	16144	14175	1260812	1254966
吉林	193	134	1539	942	43200	24700
黑龙江	121	112	1395	1521	34436	31309
上海	2565	2863	67088	67563	2063271	2211597
江苏	4154	3877	141103	131179	8408977	7627239
浙江	2553	2434	31559	31527	5443569	5241035
安徽	662	614	25458	22636	1685226	1556230
福建	321	307	3428	3009	372649	300154
江西	1266	1164	13900	12623	1138567	1013591
山东	3717	3257	70831	48962	5616162	4805151
河南	1929	1863	9103	8729	2814872	2655395
湖北	983	906	39871	38403	2464332	2075786
湖南	1631	1651	26018	24651	2294933	2254325
广东	2423	2274	37603	37044	9382854	8700748
广西	918	844	10426	9489	2135818	2134471
海南						
重庆	546	537	16186	15609	933630	919617
四川	388	382	7568	7184	255491	254978
贵州	22	21	79	72	800	750
云南	246	230	3039	2754	826730	804573
西藏						
陕西	15	15	2454	2743	100586	86910
甘肃	355	397	3789	3780	675085	706442
青海	2	2	460	520	19050	19050
宁夏						
新疆	273	280	2617	2722	832582	820307

2-8 续表 7

私营企业

项 目	门店数（个）		年末从业人员（人）		年末零售营业面积（平方米）	
	2009年	2008年	2009年	2008年	2009年	2008年
全 国	**15531**	**14263**	**248240**	**237014**	**9348519**	**8322088**
北 京	832	687	8026	7721	189566	164127
天 津	251	248	4368	4688	192010	192665
河 北	321	320	5816	5308	232253	229939
山 西	233	220	13691	13609	246648	227491
内蒙古	75	82	1058	2057	57415	62132
辽 宁	737	601	6959	6597	263688	242651
吉 林	111	107	2189	2192	180844	185698
黑龙江	243	221	6300	5737	218228	175819
上 海	303	284	8380	8933	205679	185131
江 苏	1676	1643	17575	16845	788234	690312
浙 江	2418	2217	24768	23129	940497	866280
安 徽	281	339	8044	7185	336467	286199
福 建	447	418	10863	9811	398172	368417
江 西	69	67	5488	5385	201187	282818
山 东	645	563	6880	6543	362044	314123
河 南	676	667	10004	10784	323568	168054
湖 北	903	832	17844	16107	978483	748821
湖 南	303	270	8063	7920	194430	168449
广 东	1413	1246	30464	28635	1069571	918389
广 西	225	207	2325	2275	60587	53165
海 南	45	45	521	476	14470	14470
重 庆	617	541	14333	13652	618579	567621
四 川	653	624	9576	9180	338964	317024
贵 州	113	89	1042	860	33641	32140
云 南	1354	1215	11609	9197	303777	292823
西 藏						
陕 西	100	87	4742	4991	292296	279638
甘 肃	104	80	1777	1500	31686	29031
青 海	8	11	490	370	23500	13750
宁 夏	68	68	757	712	41670	39672
新 疆	307	264	4288	4615	210365	205239

2-8 续表 8

其他企业

项　目	门店数(个)		年末从业人员(人)		年末零售营业面积(平方米)	
	2009年	2008年	2009年	2008年	2009年	2008年
全　国	**230**	**217**	**3132**	**3019**	**150422**	**80449**
北　京						
天　津						
河　北						
山　西						
内蒙古						
辽　宁						
吉　林						
黑龙江						
上　海	45	38	350	287	2580	2330
江　苏	66	68	288	323	4010	4708
浙　江	42	36	84	72		
安　徽						
福　建	11	9	241	150	4793	2441
江　西						
山　东	15	15	351	370	2042	2042
河　南	16	20	1197	1091	115080	48132
湖　北						
湖　南	10	7	226	219	4077	2976
广　东	3	3	34	41	500	500
广　西	22	21	361	466	17340	17320
海　南						
重　庆						
四　川						
贵　州						
云　南						
西　藏						
陕　西						
甘　肃						
青　海						
宁　夏						
新　疆						

2-8 续表 9

港、澳、台商投资企业

项目	门店数(个)		年末从业人员(人)		年末零售营业面积(平方米)	
	2009年	2008年	2009年	2008年	2009年	2008年
全　国	**2855**	**2557**	**111953**	**96090**	**4965448**	**3922043**
北　京	216	232	6930	6119	116392	106355
天　津	213	170	6876	7055	285838	285721
河　北						
山　西	8	8	110	110	1116	1116
内蒙古						
辽　宁	15	14	266	192	8739	11350
吉　林	12	14	126	115	2000	2000
黑龙江						
上　海	141	126	6206	6226	126492	143505
江　苏	163	160	24069	16678	732379	395670
浙　江	259	237	3670	3515	130048	103748
安　徽						
福　建	200	132	19315	15667	1492396	1080480
江　西						
山　东	7		119		2406	
河　南	62	54	8804	7268	356838	330765
湖　北	139	83	1392	1056	18606	10753
湖　南	139	82	2785	1416	70744	28950
广　东	964	944	20688	20308	1125590	1005790
广　西						
海　南						
重　庆	119	115	9629	9224	442259	363110
四　川	22	29	150	193	3000	2150
贵　州						
云　南	176	157	818	948	50605	50580
西　藏						
陕　西						
甘　肃						
青　海						
宁　夏						
新　疆						

2-8 续表 10

外商投资企业

项目	门店数（个）		年末从业人员（人）		年末零售营业面积（平方米）	
	2009年	2008年	2009年	2008年	2009年	2008年
全国	**4491**	**4432**	**224327**	**223443**	**10005746**	**8928818**
北京	505	500	24420	25644	1150128	1094605
天津	39	38	3053	3231	144659	144359
河北	8	9	560	498	16833	19568
山西						
内蒙古						
辽宁	15	13	5200	4510	136269	124269
吉林						
黑龙江	312	312	3046	3350	91824	94760
上海	493	455	27079	29504	961629	940690
江苏	1244	1152	66129	60103	3460601	2689084
浙江	107	92	14438	12787	795023	710241
安徽	19	18	2348	1843	144804	124353
福建	627	626	6972	6350	706970	690949
江西	2	3	42	43	350	500
山东	197	179	9705	9806	256134	246234
河南	41	38	422	442	27322	26472
湖北	23	21	2752	3098	104399	100188
湖南	80	92	5543	6079	207685	205901
广东	665	786	43725	47867	1392850	1372938
广西						
海南						
重庆	47	41	1732	1502	53800	45200
四川	6	6	1284	1290	61451	61451
贵州	39	33	710	618	7535	6555
云南	19	15	4417	3868	262981	208002
西藏						
陕西						
甘肃						
青海						
宁夏						
新疆	3	3	750	1010	22499	22499

2-9 按登记注册类型分各地区连锁零售企业加盟门店基本情况

内资企业

项 目	门店数(个)		年末从业人员(人)		年末零售营业面积(平方米)	
	2009年	2008年	2009年	2008年	2009年	2008年
全 国	**71630**	**68263**	**237750**	**229190**	**6112472**	**5624492**
北 京	2129	2336	9302	10844	274233	318486
天 津	68	71	253	246	48604	49138
河 北	1886	1774	8244	6904	161502	141540
山 西	899	834	4479	3733	42929	40517
内蒙古	58	41	109	32	10438	1644
辽 宁	1781	1776	8405	9276	233741	248662
吉 林						
黑龙江	108	84	216	168	3240	2520
上 海	7057	7243	43804	46010	898761	968341
江 苏	4455	4211	19222	19614	651173	516105
浙 江	13918	12751	35682	32481	927988	845743
安 徽	4712	4666	15935	15288	293662	235072
福 建	303	243	539	475	7830	4805
江 西	674	233	2205	844	47635	38475
山 东	3362	3257	14413	13638	608868	587547
河 南	4028	2988	12000	8763	348179	315809
湖 北	2112	2146	8752	9752	213785	175243
湖 南	583	422	1880	1428	67915	55723
广 东	5600	6912	22091	24206	391088	353405
广 西	1158	1129	5139	5253	186605	201147
海 南						
重 庆	7292	5926	15253	11659	340769	247861
四 川	1379	1302	4861	3999	89616	85160
贵 州	132	112	346	234	5849	4311
云 南	6566	6520	835	744	58996	58709
西 藏						
陕 西	77	69	920	788	96180	35560
甘 肃	4	11	16	91	1271	2192
青 海						
宁 夏	1002	938	2008	1876	70400	65660
新 疆	287	268	841	844	31215	25117

2-9 续表 1

国有企业

项 目	门店数（个）		年末从业人员（人）		年末零售营业面积（平方米）	
	2009年	2008年	2009年	2008年	2009年	2008年
全 国	**10408**	**10431**	**11287**	**10612**	**543595**	**492831**
北 京						
天 津	10	10	1	1	320	320
河 北	71	64	730	264	3947	3540
山 西						
内蒙古						
辽 宁						
吉 林						
黑龙江						
上 海	499	532	1909	2032	16771	15711
江 苏		12		61		1800
浙 江	5	4	14	8	307	262
安 徽	1970	1970	453	450	119000	103800
福 建	100	94	410	357	3930	1495
江 西						
山 东	10	11	18	19	710	750
河 南	361	359	1522	1489	208595	208515
湖 北						
湖 南	2	2	54	20	200	200
广 东	1066	1064	5966	5720	183244	150108
广 西						
海 南						
重 庆	8	8	40	44	2383	2383
四 川						
贵 州						
云 南	6235	6235	68	68	720	720
西 藏						
陕 西						
甘 肃	2	2	10	5	1000	1000
青 海						
宁 夏						
新 疆	69	64	92	74	2468	2227

2-9 续表 2

集体企业

项　目	门店数 (个)		年末从业人员 (人)		年末零售营业面积 (平方米)	
	2009年	2008年	2009年	2008年	2009年	2008年
全　国	**1520**	**1590**	**4595**	**4706**	**65558**	**62718**
北　京	276	281	592	597	23185	23485
天　津						
河　北						
山　西						
内蒙古						
辽　宁						
吉　林						
黑龙江						
上　海						
江　苏						
浙　江	141	123	299	262	8790	6900
安　徽						
福　建						
江　西						
山　东	53	55	187	194	1460	1520
河　南	336	332	1040	908	13817	11817
湖　北						
湖　南						
广　东	714	799	2477	2745	18306	18996
广　西						
海　南						
重　庆						
四　川						
贵　州						
云　南						
西　藏						
陕　西						
甘　肃						
青　海						
宁　夏						
新　疆						

2-9 续表 3

股份合作企业

项　目	门店数（个）		年末从业人员（人）		年末零售营业面积（平方米）	
	2009年	2008年	2009年	2008年	2009年	2008年
全　国	**479**	**415**	**2335**	**2053**	**47348**	**24477**
北　京	5	5	5	5	50	49
天　津						
河　北						
山　西						
内蒙古						
辽　宁						
吉　林						
黑龙江						
上　海						
江　苏						
浙　江						
安　徽	32	10	1000	750	33000	12000
福　建						
江　西						
山　东	10	11	29	32	905	1005
河　南	43	23	92	87	1160	750
湖　北						
湖　南						
广　东						
广　西						
海　南						
重　庆	389	366	1209	1179	12233	10673
四　川						
贵　州						
云　南						
西　藏						
陕　西						
甘　肃						
青　海						
宁　夏						
新　疆						

2-9 续表 4

联营企业

项目	门店数（个）		年末从业人员（人）		年末零售营业面积（平方米）	
	2009年	2008年	2009年	2008年	2009年	2008年
全国	**252**	**255**	**3213**	**3061**	**23247**	**22888**
北京						
天津						
河北						
山西						
内蒙古						
辽宁						
吉林						
黑龙江						
上海						
江苏	176	177	2640	2478	17600	17700
浙江						
安徽						
福建						
江西						
山东						
河南						
湖北						
湖南						
广东	76	78	573	583	5647	5188
广西						
海南						
重庆						
四川						
贵州						
云南						
西藏						
陕西						
甘肃						
青海						
宁夏						
新疆						

2-9 续表 5

有限责任公司

项目	门店数（个）		年末从业人员（人）		年末零售营业面积（平方米）	
	2009年	2008年	2009年	2008年	2009年	2008年
全国	**26778**	**25965**	**82816**	**79827**	**2356071**	**2101040**
北京	911	1101	4399	5656	132074	169084
天津	20	22	77	70	1684	2118
河北	6	1	305	280	10555	10000
山西	426	366	2666	1972	30419	29323
内蒙古	40	41	29	32	1588	1644
辽宁	355	376	2782	2731	61515	67033
吉林						
黑龙江						
上海	2689	2616	9864	9921	158024	158595
江苏	879	849	4381	4153	252114	145310
浙江	6282	5657	12535	11568	497547	448645
安徽	430	346	1584	1399	61755	44015
福建	26	20	30	20	680	690
江西	19	5	240	160	34535	33915
山东	827	764	3360	3160	249896	250858
河南	2268	1520	5891	3946	82010	56405
湖北	1731	1759	6368	6473	79090	81290
湖南	140	53	335	120	22200	10500
广东	3014	4204	10519	12246	125966	115104
广西	1012	1055	4079	4465	141934	167456
海南						
重庆	3505	3131	7273	5983	175905	140582
四川	625	637	2199	1831	44811	45689
贵州	113	105	280	204	4885	4006
云南	297	234	699	574	16773	14446
西藏						
陕西	51	43	708	570	92600	32040
甘肃	2	9	6	86	271	1192
青海						
宁夏	1002	938	2008	1876	70400	65660
新疆	108	113	199	331	6840	5440

2-9 续表 6

股份有限公司

项　目	门店数(个)		年末从业人员(人)		年末零售营业面积(平方米)	
	2009年	2008年	2009年	2008年	2009年	2008年
全　国	**15070**	**14544**	**79324**	**78233**	**1772423**	**1759871**
北　京	276	294	1834	2210	38355	45923
天　津						
河　北	1809	1709	7209	6360	147000	128000
山　西						
内蒙古						
辽　宁	7	7	53	53	7350	7350
吉　林						
黑龙江	108	84	216	168	3240	2520
上　海	3869	4095	32031	34057	723966	794035
江　苏	2710	2611	8601	8952	276380	257818
浙　江	710	709	1591	1531	48678	49412
安　徽	2231	2293	12785	12639	72307	69307
福　建						
江　西	655	228	1965	684	13100	4560
山　东	2329	2245	9864	9066	333155	308371
河　南	94	78	241	179	5448	3955
湖　北	108	115	1325	1235	29100	30266
湖　南	35	27	120	81	2975	2050
广　东	1	2	92	250	17083	22083
广　西	106	43	980	728	41471	31891
海　南						
重　庆						
四　川	22	4	417	40	12815	2330
贵　州						
云　南						
西　藏						
陕　西						
甘　肃						
青　海						
宁　夏						
新　疆						

2-9 续表 7

私营企业

项目	门店数(个)		年末从业人员(人)		年末零售营业面积(平方米)	
	2009年	2008年	2009年	2008年	2009年	2008年
全国	**16987**	**14931**	**53662**	**50163**	**1292446**	**1148883**
北京	661	655	2472	2376	80569	79945
天津	38	39	175	175	46600	46700
河北						
山西	473	468	1813	1761	12510	11194
内蒙古	18		80		8850	
辽宁	1419	1393	5570	6492	164876	174279
吉林						
黑龙江						
上海						
江苏	663	535	3573	3943	103729	92127
浙江	6780	6258	21243	19112	372666	340524
安徽	49	47	113	50	7600	5950
福建	171	123	99	98	3220	2620
江西						
山东	133	171	955	1167	22742	25043
河南	905	659	3093	2041	35349	32567
湖北	273	272	1059	2044	105595	63687
湖南	324	258	1001	812	33906	34339
广东	729	765	2464	2662	40842	41926
广西	40	31	80	60	3200	1800
海南						
重庆	3390	2421	6731	4453	150248	94223
四川	732	661	2245	2128	31990	37141
贵州	19	7	66	30	964	305
云南	34	51	68	102	41503	43543
西藏						
陕西	26	26	212	218	3580	3520
甘肃						
青海						
宁夏						
新疆	110	91	550	439	21907	17450

2-9 续表 8

其他企业

项目	门店数(个)		年末从业人员(人)		年末零售营业面积(平方米)	
	2009年	2008年	2009年	2008年	2009年	2008年
全国	**136**	**132**	**518**	**535**	**11784**	**11784**
北京						
天津						
河北						
山西						
内蒙古						
辽宁						
吉林						
黑龙江						
上海						
江苏	27	27	27	27	1350	1350
浙江						
安徽						
福建	6	6				
江西						
山东						
河南	21	17	121	113	1800	1800
湖北						
湖南	82	82	370	395	8634	8634
广东						
广西						
海南						
重庆						
四川						
贵州						
云南						
西藏						
陕西						
甘肃						
青海						
宁夏						
新疆						

2-9 续表 9

港、澳、台商投资企业

项　目	门店数（个）		年末从业人员（人）		年末零售营业面积（平方米）	
	2009年	2008年	2009年	2008年	2009年	2008年
全　国	**277**	**266**	**36612**	**31437**	**1201471**	**1036823**
北　京						
天　津						
河　北						
山　西						
内蒙古						
辽　宁						
吉　林						
黑龙江						
上　海	61	52	36115	29750	1193667	970789
江　苏	25	8	34	34	450	500
浙　江	7	9	46	87	3550	4850
安　徽						
福　建	138	123	347	308	2100	1845
江　西						
山　东						
河　南						
湖　北		10		50		500
湖　南						
广　东	46	64	70	1208	1704	58339
广　西						
海　南						
重　庆						
四　川						
贵　州						
云　南						
西　藏						
陕　西						
甘　肃						
青　海						
宁　夏						
新　疆						

2-9 续表 10

外商投资企业

项　目	门店数(个)		年末从业人员(人)		年末零售营业面积(平方米)	
	2009年	2008年	2009年	2008年	2009年	2008年
全　国	**9134**	**8900**	**73191**	**64363**	**1163869**	**1215820**
北　京	18	17	260	729	16133	61336
天　津						
河　北						
山　西						
内蒙古						
辽　宁						
吉　林						
黑龙江						
上　海	420	328	2269	1724	35120	22941
江　苏	970	1081	24229	27000	528786	589816
浙　江	44	56	715	942	18856	23603
安　徽						
福　建	41	37	160	152	2080	1880
江　西						
山　东						
河　南	8	3	10	25	1100	800
湖　北						
湖　南						
广　东	7633	7378	45548	33791	561794	515444
广　西						
海　南						
重　庆						
四　川						
贵　州						
云　南						
西　藏						
陕　西						
甘　肃						
青　海						
宁　夏						
新　疆						

2-10 按登记注册类型分各地区连锁零售企业经营情况

内资企业　　单位：万元

项　目	商品购进总额		统一配送商品购进额	
	2009年	2008年	2009年	2008年
全　国	**162774039**	**155774281**	**125366809**	**120846673**
北　京	11308423	10220135	4972266	4310380
天　津	3674768	3224859	3219653	2823179
河　北	5645642	5028460	3770852	3704123
山　西	1975222	1632509	1224912	931158
内蒙古	3614442	3064704	3609134	3060218
辽　宁	4322426	4634167	2930795	3027251
吉　林	901656	839904	729632	670761
黑龙江	1191988	1089909	1080420	1013540
上　海	14525764	14805429	11372245	11357025
江　苏	26135542	25968664	24633056	23615901
浙　江	11924882	12282122	11112085	11442052
安　徽	7808404	7296860	3217582	2754794
福　建	2028015	1979504	1177989	1141605
江　西	2106870	1898860	1413422	1365981
山　东	14352265	12832748	10391195	9940740
河　南	3569912	3102357	3073466	2648119
湖　北	6328876	5237488	4813871	4000034
湖　南	5260141	4724644	4950555	4292261
广　东	21126569	21560284	16875464	18630926
广　西	1894976	1826058	794456	625159
海　南	15240	11348	11792	8763
重　庆	2861473	2773396	1656077	1422919
四　川	2592699	2312079	2042535	1957429
贵　州	110697	85654	48857	38007
云　南	1303831	1368710	1239455	1212045
西　藏	4666	386	4666	386
陕　西	1343180	1180820	921727	816137
甘　肃	1480807	1492579	928823	967719
青　海	84454	81779	64494	59733
宁　夏	364564	365921	290371	293469
新　疆	2915645	2851944	2794965	2714858

2-10 续表 1

内资企业

项　目	自有配送中心配送商品购进额		非自有配送中心配送商品购进额	
	2009年	2008年	2009年	2008年
全　国	**83620241**	**78536751**	**22106033**	**24419826**
北　京	1816924	1896345	444006	417111
天　津	344853	346235	2722209	2351717
河　北	3117710	2830993	47768	47987
山　西	401748	365717	11048	14485
内蒙古	3225797	2739205	9345	6506
辽　宁	1326486	1249895	798920	859792
吉　林	679490	606911	43776	54069
黑龙江	825897	746775	7444	4253
上　海	6665550	6704726	2843616	2817746
江　苏	23558637	22163033	667905	1121755
浙　江	10305140	10631551	314314	363148
安　徽	1270473	1162911	51667	1078
福　建	401584	359758	232087	231438
江　西	338111	319843		
山　东	9031088	8527697	332491	298192
河　南	2115739	1843354	81145	59421
湖　北	4328838	3678523	110660	91265
湖　南	4919700	4269621	30756	22542
广　东	3418526	3120478	12606810	14930118
广　西	373891	204420	68744	71580
海　南	1150	1115		
重　庆	1292907	1088277	7305	5363
四　川	1483986	1472765	73779	51323
贵　州	12225	11428	800	1118
云　南	365794	317713	53086	55347
西　藏				
陕　西	593022	500426	229786	224678
甘　肃	113619	109771	5131	7206
青　海	4331	3722		
宁　夏	147613	169022	39589	39193
新　疆	1139413	1094521	271845	271394

单位：万元

商品销售总额		零售额	
2009年	2008年	2009年	2008年
186027179	**174785706**	**126714154**	**122456096**
13151293	11801476	9793750	9158665
3712291	3176101	3460432	2961235
7043707	6776360	3652611	3443634
2087276	1853390	1788430	1622007
3602209	3059622	3461566	2941609
4871093	5059592	2797451	2826026
868744	916804	823349	871286
1114641	1132266	1021361	1038477
19786023	19792493	13221730	13384014
27482646	25996914	16816689	16390557
12831846	12869078	7423034	8661333
7835816	7057574	5290479	4874251
2734186	2594177	2364389	2341738
3896190	3216631	2509054	2480323
15955210	13993437	12012968	9813477
4068559	3654194	2777368	2513452
7375022	6257925	5687365	4968567
5524360	4983797	4977414	4522037
22761508	22961675	15784251	17641235
3396089	3189691	1777056	1921353
16596	10935	11952	8174
3600986	3332332	2321095	2006530
2888802	2608684	1940374	1704958
109509	91775	104837	87159
2337920	2069566	1090694	834610
4492	3169	4492	3169
1599942	1399147	813012	726435
1794013	1604338	1281274	1210194
119303	104402	119303	104402
365550	326952	307763	272826
3091358	2891209	1278611	1122363

2-10 续表 2

国有企业

项目	商品购进总额		统一配送商品购进额		自有配送中心配送商品购进额	
	2009年	2008年	2009年	2008年	2009年	2008年
全国	**22283412**	**20613276**	**17765526**	**16380248**	**10935108**	**10304382**
北京	267047	203770	263042	198835	7141	5652
天津	2722847	2352358	2722469	2351805	1725	1093
河北	1238199	1240180	1196399	1201695	1084805	1052197
山西	194221	193967	38393	38139		
内蒙古	3458473	2943382	3458473	2943382	3112624	2649042
辽宁	174195	207426				
吉林	590704	522367	568872	501237	568872	501237
黑龙江	563902	550031	563902	549253	555656	541231
上海	208098	214862	128389	131869	38862	36497
江苏	907893	1135594	907893	1135594	907893	1135594
浙江	800266	759444	800266	759444	788724	749412
安徽	2846817	2852585	4063	3506	2928	2406
福建	224610	223293	107110	102277	66278	60826
江西	260795	102092	129192	96559	25689	23859
山东	48861	40799	34477	29178	33517	28074
河南	272179	231851	6848	7593	3627	3656
湖北	1106107	971937	1105168	970970	932722	949120
湖南	1097075	931761	1091461	923256	1091461	923256
广东	1601179	1263599	1558563	1242291	127213	145430
广西	140286	152365				
海南						
重庆	28819	22140	28819	22140	28819	22140
四川	457138	329555	303203	309478	303203	309478
贵州						
云南	288305	487699	288305	487699		
西藏						
陕西	569969	474903	569969	474903	507391	420267
甘肃	525883	446961	231664	164922	110624	105095
青海						
宁夏	6232	5589	6232	5589	6232	5589
新疆	1683311	1752770	1652353	1728637	629102	633234

单位：万元

非自有配送中心配送商品购进额		商品销售总额		零售额	
2009年	2008年	2009年	2008年	2009年	2008年
4527559	**3833193**	**24004449**	**22003844**	**16819276**	**15493011**
3625	3218	286314	226530	284570	224963
2720744	2350712	2756336	2404484	2755458	2404009
		2020577	1991286	1020898	1069803
		246554	246197	246554	246197
		3458473	2943382	3328623	2832870
		218578	229828	86119	69052
		532742	592259	532742	592259
		476450	556319	476450	555022
78711	87415	231724	230068	206444	205954
		951802	949386	458046	440397
11542	10033	740894	690068	374163	332450
		2372286	2360882	2158410	2167776
14219	15488	738890	754967	602911	680570
		366502	118419	35724	29952
		44322	41220	44322	40720
		272680	232278	216959	178705
1504	1734	1341281	991991	844526	692852
		958788	899449	880900	830725
1431350	1096861	1696530	1386359	1158671	865937
		208437	231901	120894	134502
		29368	26125	13062	6322
		605067	547318	135719	91242
		334846	505164		
		761152	652557	820	805
		579143	500660	342620	351036
		5929	5432	5929	5432
265863	267732	1768785	1689316	487745	443460

2-10 续表 3

集体企业

项　目	商品购进总额		统一配送商品购进额		自有配送中心配送商品购进额	
	2009年	2008年	2009年	2008年	2009年	2008年
全　国	**4802417**	**5339261**	**4632846**	**5181719**	**203878**	**205022**
北　京	86382	82818	21875	27757	21643	27529
天　津						
河　北	4035	3215	4035	3215		
山　西						
内蒙古	4006	3205				
辽　宁						
吉　林						
黑龙江	477	427	477	427	477	427
上　海						
江　苏	25216	23056	25216	23056	14323	13616
浙　江	28281	27835	27668	26301	27668	26301
安　徽	8770	10035	4385	5018	4385	5018
福　建	1056	1812	1056	1812	1056	1812
江　西						
山　东	135027	133342	127601	123350	64762	74385
河　南	32973	16462	30579	12744	12317	7724
湖　北	20500	18950				
湖　南	4118	3501				
广　东	4427328	4992636	4367865	4937946	57247	48211
广　西						
海　南						
重　庆						
四　川						
贵　州						
云　南	2158	1874				
西　藏						
陕　西						
甘　肃						
青　海						
宁　夏						
新　疆	22089	20094	22089	20094		

单位：万元

非自有配送中心配送商品购进额		商品销售总额		零售额	
2009年	2008年	2009年	2008年	2009年	2008年
4189525	**4792636**	**5093239**	**5030901**	**3131419**	**3947494**
		87798	85547	85324	82330
		4573	3573	4573	3573
		3604	2883	3604	2883
		848	645	848	645
5001	5623	31711	30467	28714	28736
		29660	28415	9143	9120
		7973	8587	4101	4707
		1550	1833	1550	1833
		154453	136134	67962	53639
987	986	34605	32484	31518	28155
		19600	17100	19600	17100
		3939	2942	2490	1989
4183538	4786027	4682707	4666101	2869789	3710937
		2204	1849	2204	1849
		28013	12342		

2-10 续表 4

股份合作企业

项目	商品购进总额		统一配送商品购进额		自有配送中心配送商品购进额	
	2009年	2008年	2009年	2008年	2009年	2008年
全国	**340507**	**351466**	**249995**	**268126**	**134993**	**135582**
北京	828	937	36	28		
天津	1893	1976	1893	1976		
河北	90307	83427	90307	83427	90307	83427
山西	3061	3539	3061	3539		
内蒙古						
辽宁						
吉林						
黑龙江						
上海	2448	2448	2448	2448		
江苏						
浙江	1787	1543	1787	1543	918	676
安徽	65105	71746	65105	71746		
福建						
江西						
山东	10833	12463	3231	3849	2615	2846
河南	1821	1214	1821	1214	1821	1214
湖北	28164	35440	28164	35353	3584	9878
湖南						
广东	21998	24614	21998	24614	20420	22334
广西	77811	69725				
海南						
重庆	15687	15263	15329	15206	15329	15206
四川	2410	2253	2410	2253		
贵州						
云南						
西藏						
陕西						
甘肃						
青海	12405	20929	12405	20929		
宁夏	3948	3948				
新疆						

单位：万元

非自有配送中心配送商品购进额		商品销售总额		零售额	
2009年	2008年	2009年	2008年	2009年	2008年
26810	**28786**	**565084**	**539643**	**343660**	**324210**
36	28	877	986	193	172
		1239	1166	1239	1166
		93904	73829	93904	73829
		2487	3419	2487	3419
		2445	2445	2445	2445
		1846	1453	1846	1453
		69003	65026	69003	65026
616	1004	19601	21395	8329	9389
		1748	1089	1748	1089
24580	25475	30970	39004	4102	10821
1578	2280	23726	28099	23726	28099
		278960	266857	111650	106750
		15289	14324		
		3300	3250	3300	3250
		14625	13563	14625	13563
		5065	3739	5065	3739

2-10 续表 5

联营企业

项　目	商品购进总额		统一配送商品购进额		自有配送中心配送商品购进额	
	2009年	2008年	2009年	2008年	2009年	2008年
全　国	**313720**	**306062**	**313720**	**306062**	**313069**	**305533**
北　京	652	529	652	529		
天　津						
河　北						
山　西						
内蒙古						
辽　宁						
吉　林						
黑龙江						
上　海						
江　苏	258356	252608	258356	252608	258356	252608
浙　江						
安　徽						
福　建						
江　西						
山　东						
河　南						
湖　北						
湖　南						
广　东	54713	52925	54713	52925	54713	52925
广　西						
海　南						
重　庆						
四　川						
贵　州						
云　南						
西　藏						
陕　西						
甘　肃						
青　海						
宁　夏						
新　疆						

单位：万元

非自有配送中心配送商品购进额		商品销售总额		零售额	
2009年	2008年	2009年	2008年	2009年	2008年
		314157	**289323**	**305213**	**280578**
		867	653	867	653
		257000	234794	248056	226049
		56290	53876	56290	53876

2-10 续表 6

有限责任公司

项　目	商品购进总额		统一配送商品购进额		自有配送中心配送商品购进额	
	2009年	2008年	2009年	2008年	2009年	2008年
全　国	**27353359**	**26176023**	**20274969**	**18860557**	**11431162**	**10738340**
北　京	5085624	4656554	3480788	3024208	1015947	1260028
天　津	689804	651268	433965	410975	335142	332817
河　北	607475	519294	449264	377654	398045	318959
山　西	107593	86993	104633	84129	35722	32542
内蒙古	98897	76977	97595	75695	75900	63232
辽　宁	399700	359166	162208	148658	30057	27985
吉　林	206625	251157	101185	116359	55348	57185
黑龙江	178800	176702	147740	155033	12861	11355
上　海	3591444	3963328	1728279	1789262	344173	347578
江　苏	1497885	2015092	1425519	1945712	813646	877167
浙　江	1929340	1883150	1758765	1710812	1439139	1418743
安　徽	436549	384395	268839	253187	166495	146843
福　建	684410	791170	387545	373168	215148	199258
江　西	651680	625038	511749	513432	45098	41825
山　东	2054275	1754344	1597983	1396155	1261819	1074952
河　南	828619	752826	635171	560487	435039	401888
湖　北	1230770	1152304	1158524	1119664	1013749	981598
湖　南	589199	502233	498105	308603	498006	308505
广　东	3021206	2500422	2649371	2166543	1679410	1395766
广　西	209605	202851	128373	128804	112406	114743
海　南	3178	2256	1150	1115	1150	1115
重　庆	477509	354624	407140	296818	404311	293339
四　川	1300591	1148529	1111950	1023270	601874	585191
贵　州	67442	57395	29290	23023	11663	10708
云　南	301135	348042	272661	241146	114727	101607
西　藏	4666	386	4666	386		
陕　西	382934	337319	111226	102550	80751	75320
甘　肃	26939	22918	12028	4966	554	700
青　海	51982	46993	32021	24947	4331	3722
宁　夏	324666	326738	254421	258234	129100	152197
新　疆	312818	225561	312818	225561	99550	101474

单位：万元

非自有配送中心配送商品购进额		商品销售总额		零售额	
2009年	2008年	2009年	2008年	2009年	2008年
2929724	**3502098**	**31893368**	**30123831**	**25574792**	**24294828**
246175	235503	5798239	5270652	4438511	4272475
1465	1005	650345	517259	614835	469354
38979	40181	657081	576012	458839	426634
7073	8537	112854	86938	112696	86938
4404	2408	80856	68599	80718	68599
70463	60740	486332	400250	462312	382646
43776	54069	227912	261360	182972	216617
		186006	201315	186006	201315
969579	993548	5496081	5824541	3847548	4116675
431221	977635	1785316	2125410	1379820	1854704
100178	87493	1995961	1954058	1396890	1221064
1003	1078	456812	409093	439719	385831
130430	142609	761968	796999	708488	712984
		809805	716567	445369	377147
168178	149284	2230667	1904775	1901614	1657286
29621	16169	885815	773170	818301	705155
54290	48060	1405871	1281085	1169386	1077109
		644416	501424	636314	494638
446246	517059	3345264	2996718	3074390	2700928
13441	11483	213760	204231	209650	194484
		3646	2323	1384	1012
1105	2399	699885	557641	542792	408421
69148	48050	1353586	1274932	1047438	1020853
800	1118	65687	53804	61883	49188
53055	55321	323580	259927	285751	234197
		4492	3169	4492	3169
10083	9078	449469	401886	423069	381804
734	1323	34870	33431	20540	18379
		73884	62467	73884	62467
38278	37949	323615	286965	284192	250234
		329293	316829	264988	242521

2-10 续表 7

股份有限公司

项　　目	商品购进总额		统一配送商品购进额		自有配送中心配送商品购进额	
	2009年	2008年	2009年	2008年	2009年	2008年
全　　国	**95841790**	**92013490**	**73330322**	**71679380**	**54854610**	**51668452**
北　　京	5393701	4788340	920440	724924	733242	555036
天　　津	5278	6652	5278	6652		
河　　北	3508911	2938007	1834247	1793907	1387294	1176563
山　　西	1350428	1027545	825520	541481	299610	286053
内 蒙 古	10851	10112	10851	10112		
辽　　宁	3239006	3738822	2293530	2583386	924771	1019083
吉　　林	39876	33093	39876	33093	39876	33093
黑 龙 江	137603	111822	100968	93392	100299	92829
上　　海	9505836	9431457	9494635	9413428	6282515	6320651
江　　苏	21990593	21120462	20705354	18944227	20658306	18934211
浙　　江	7899813	8411528	7282084	7762391	7122266	7535475
安　　徽	4202083	3756902	2682948	2255042	1049835	969678
福　　建	632805	571662	400561	447703	21269	20450
江　　西	951060	909623	592594	541250	223024	214559
山　　东	11731826	10594651	8291475	8126332	7389082	7147109
河　　南	2080603	1828509	2080603	1828509	1396258	1232014
湖　　北	3602769	2754952	2184744	1572294	2109396	1514316
湖　　南	3229377	2965719	3145454	2876418	3134576	2872550
广　　东	10776027	11500870	7229371	9187270	579245	564144
广　　西	1342144	1257941	615017	448726	252494	83498
海　　南						
重　　庆	1613385	1730445	529376	474248	529376	474248
四　　川	496755	540552	334397	371542	334397	371542
贵　　州	563	720	563	720	563	720
云　　南	364813	222756	364813	222756		
西　　藏						
陕　　西	141183	128060	3879	3010	3879	3010
甘　　肃	907808	1000860	675051	785143		
青　　海	17963	13042	17963	13042		
宁　　夏						
新　　疆	668735	618386	668735	618386	283039	247621

单位：万元

非自有配送中心配送商品购进额		商品销售总额		零售额	
2009年	2008年	2009年	2008年	2009年	2008年
9756765	**11658407**	**110338955**	**104566409**	**68362514**	**67144509**
186071	169277	6436016	5713686	4591981	4239974
		6434	9167	6434	4293
3545	2268	4049188	3891458	1858345	1630692
		1344867	1161691	1046178	930308
		12622	10138	3317	2711
708225	778931	3487946	4025459	1613145	2014623
		40377	28864	40377	28864
		140651	127367	47605	35690
1795326	1736783	12315734	12024687	7425256	7348189
47048	10017	22863277	21116959	13349811	12510993
159818	226916	8471208	8800852	4210705	5823785
50664		4691792	3992760	2385667	2033611
53061	31889	693891	599381	578538	561003
		2421910	2053994	1741044	1778985
132249	112350	13059962	11530990	9678090	7776579
38132	36035	2499787	2311071	1383209	1304158
27665	14343	4237572	3604100	3334169	2863067
10878	3868	3542020	3247015	3137811	2925765
6489806	8476631	11636139	12573075	7377762	9108207
54278	59099	2568692	2352060	1263510	1405385
		2126055	2127709	1096574	1021686
		521696	498938	376072	331207
		1005	825	1005	825
		1145316	944827	460923	309405
		142006	127666	142006	127666
		1146030	1040802	884712	812310
		27958	26140	27958	26140
		708806	624730	300310	188389

2-10 续表 8

私营企业

项　目	商品购进总额		统一配送商品购进额		自有配送中心配送商品购进额	
	2009年	2008年	2009年	2008年	2009年	2008年
全　国	**11710804**	**10872805**	**8676715**	**8071729**	**5689718**	**5139913**
北　京	474190	487188	285433	334099	38952	48100
天　津	254948	212605	56049	51771	7985	12325
河　北	196715	244337	196600	244224	157259	199845
山　西	319918	320465	253306	263870	66416	47123
内蒙古	42214	31029	42214	31029	37273	26931
辽　宁	509525	328754	475057	295207	371659	202827
吉　林	64451	33287	19699	20072	15395	15396
黑龙江	311207	250928	267333	215436	156604	100933
上　海	1208924	1184519	9481	11205		
江　苏	1444330	1412214	1299450	1305066	904539	948810
浙　江	1264133	1197490	1240252	1180430	925161	899813
安　徽	249081	221198	192243	166296	46830	38966
福　建	480955	389447	280949	215705	97064	76473
江　西	243336	262108	179887	214741	44301	39601
山　东	369538	295282	336428	261876	279293	200332
河　南	299099	240430	263826	206507	218428	167941
湖　北	340565	303906	337272	301753	269387	223612
湖　南	336140	316136	211302	178690	191987	160421
广　东	1221941	1222598	991406	1016718	898100	889048
广　西	85754	103827	11690	8281	8991	6179
海　南	12063	9092	10642	7649		
重　庆	726073	650925	675413	614507	315072	283344
四　川	335805	291190	290575	250886	244513	206554
贵　州	42693	27539	19005	14264		
云　南	347419	308339	313675	260444	251067	216107
西　藏						
陕　西	249095	240538	236653	235673	1002	1829
甘　肃	20177	21840	10080	12689	2440	3976
青　海	2105	816	2105	816		
宁　夏	29718	29646	29718	29646	12280	11235
新　疆	228691	235134	138970	122181	127722	112192

单位：万元

非自有配送中心配送商品购进额		商品销售总额		零售额	
2009年	2008年	2009年	2008年	2009年	2008年
665002	**599027**	**13684413**	**12102163**	**12050537**	**10844819**
8098	9086	541181	503422	392305	338100
		297938	244025	82466	82413
5244	5538	218385	240202	216052	239102
3975	5948	380515	355145	380515	355145
4941	4098	46654	34620	45304	34546
20233	20121	678237	404055	635876	359704
		67713	34321	67258	33546
7444	4253	310686	246621	310451	245807
		1730047	1701197	1730047	1701197
181143	125556	1581646	1529229	1343522	1319009
42776	38706	1590585	1393408	1430287	1273461
		237950	221225	233579	217300
34377	41452	532715	438384	467729	382736
		297972	327651	286917	294240
31448	35555	444165	356931	310612	273872
6838	4879	326182	262670	277891	254760
2622	1653	339728	324645	315581	307618
19315	18269	361597	324439	306495	260392
54292	51260	1318511	1254649	1222992	1172575
		87198	83461	32310	29051
		12950	8612	10568	7161
6200	2964	730390	606533	668668	570100
4631	3272	405152	284247	377845	258405
		42817	37145	41949	37145
32	26	531974	357800	341816	289160
219702	215600	247316	217038	247117	216160
4398	5883	33971	29446	33403	28469
		2836	2232	2836	2232
1311	1245	30941	30816	12577	13422
5982	3662	256461	247993	225568	247993

2-10 续表 9

其他企业

项目	商品购进总额		统一配送商品购进额		自有配送中心配送商品购进额	
	2009年	2008年	2009年	2008年	2009年	2008年
全国	**128030**	**101898**	**122717**	**98851**	**57703**	**39527**
北京						
天津						
河北						
山西						
内蒙古						
辽宁						
吉林						
黑龙江						
上海	9013	8813	9013	8813		
江苏	11269	9639	11269	9639	1576	1028
浙江	1263	1132	1263	1132	1263	1132
安徽						
福建	4178	2120	769	940	769	940
江西						
山东	1904	1867				
河南	54618	31065	54618	31065	48249	28918
湖北						
湖南	4232	5294	4232	5294	3669	4889
广东	2178	2620	2178	2620	2178	2620
广西	39377	39349	39377	39349		
海南						
重庆						
四川						
贵州						
云南						
西藏						
陕西						
甘肃						
青海						
宁夏						
新疆						

单位：万元

非自有配送中心配送商品购进额		商品销售总额		零售额	
2009年	2008年	2009年	2008年	2009年	2008年
10648	**5680**	**133513**	**129593**	**126743**	**126647**
		9991	9555	9991	9555
3493	2924	11893	10669	8720	10669
		1692	825		
		5173	2614	5173	2614
		2040	1992	2040	1992
5566	1352	47742	41430	47742	41430
563	405	13599	8528	13405	8528
		2341	2798	631	677
1026	998	39042	51182	39042	51182

2-10 续表 10

港、澳、台商投资企业

项目	商品购进总额		统一配送商品购进额		自有配送中心配送商品购进额	
	2009年	2008年	2009年	2008年	2009年	2008年
全国	**9779183**	**8414356**	**5918565**	**5122772**	**3646286**	**3109549**
北京	351205	318702	203323	191257	12772	12421
天津	325918	296080	123048	85033	71976	42296
河北						
山西	5480	5313				
内蒙古						
辽宁	15634	12949	15634	12949	10026	9772
吉林	3000	2577				
黑龙江						
上海	2560742	2336667	291554	190348	221637	132324
江苏	1171170	727578	696607	631149	486582	467713
浙江	511368	460390	479946	428374	397595	373703
安徽						
福建	1106979	899740	1073979	872680	787918	643900
江西						
山东	1537					
河南	610768	526341	41796	39440	41796	39440
湖北	16755	25656	16755	25656	13934	24918
湖南	67353	46995	52729	31534	38359	31534
广东	1862198	1733869	1754118	1592852	821000	676067
广西						
海南						
重庆	1008928	871581	1008928	871581	707838	611694
四川	9969	17394	9969	17394	9969	17394
贵州						
云南	150181	132526	150181	132526	24885	26373
西藏						
陕西						
甘肃						
青海						
宁夏						
新疆						

单位：万元

非自有配送中心配送商品购进额		商品销售总额		零售额	
2009年	2008年	2009年	2008年	2009年	2008年
1455416	**1226710**	**13173359**	**11057416**	**12094438**	**10052924**
89262	74853	428966	383661	340199	292146
2974	2616	312826	289966	312768	289784
		5473	5473	5473	5473
5607	3177	18980	17036	18980	17036
		4222	3998	4222	3998
61898	51220	4347786	3658627	4327285	3642946
58455	35222	1888376	1316200	1342128	773977
82351	54671	689632	608032	683161	600785
286062	228780	998606	810954	998606	810954
		1108		1108	
		633662	520082	633662	520082
2821	738	23279	31312	23279	31312
14369		85553	63345	85553	63345
550529	515546	2391497	2220116	2025475	1935644
301090	259887	1142101	959654	1120030	936907
		15965	24932	15965	14327
		185327	144029	156544	114210

2-10 续表 11

外商投资企业

项目	商品购进总额		统一配送商品购进额		自有配送中心配送商品购进额	
	2009年	2008年	2009年	2008年	2009年	2008年
全国	**20883817**	**19834978**	**15946021**	**14901209**	**8902565**	**8450375**
北京	2212149	2303914	1162893	1204131	759091	835046
天津	353636	310603	172920	89370		
河北	36833	31933	36833	31933	36833	31933
山西						
内蒙古						
辽宁	310171	275561	228700	198154	151795	121744
吉林						
黑龙江	141721	172709	141721	172709	51386	87180
上海	2896460	2796880	797695	670183	94884	60402
江苏	6209743	5472547	5836539	5258786	4230042	3750680
浙江	1070518	960958	1059185	949418	385865	312658
安徽	230652	197148	112691	127652	112691	127652
福建	1284605	1331350	1274747	1323909	414825	350414
江西	6794	8246	6794	8246		
山东	1088551	1135203	417671	438702	396307	425871
河南	49709	38869	2995	3311	2250	2173
湖北	446505	218241	446505	218241	31041	36443
湖南	184807	195861	41845	54200	41845	54200
广东	3783154	3876668	3708409	3717539	1854848	1939956
广西						
海南						
重庆	89344	78706	89344	78706	89344	78706
四川	136427	128902	136427	128902	116000	116000
贵州	40826	33256				
云南	272109	227121	272109	227121	133519	119320
西藏						
陕西						
甘肃						
青海						
宁夏						
新疆	39103	40302				

单位：万元

非自有配送中心配送商品购进额		商品销售总额		零售额	
2009年	2008年	2009年	2008年	2009年	2008年
2910495	**2607976**	**23199474**	**22167050**	**19794208**	**18605601**
393713	342632	2356196	2293513	2312086	2239462
		369578	307552	369578	307052
		28131	37594	24003	31002
		368670	338058	270225	243709
		232857	226454	232857	226454
486982	424841	3091156	3148272	2693232	2651165
2224	1476	6506854	5739612	5580874	4870064
662645	626301	1393404	1291623	1393305	1291217
		207427	202356	207427	202356
153312	171419	1623051	1795862	1402307	1616705
		6980	8767	3618	4670
6874	1891	1410874	1282908	685172	573280
		46510	40637	46510	40637
385040	148249	221627	228757	221627	228757
		226814	235047	226814	235047
819704	891167	4474350	4438001	3597107	3417022
		94663	76821	94663	76821
		128964	142593	22197	17593
		28499	23045	28499	23045
		336312	262234	335549	262200
		46559	47344	46559	47344

2-11 按登记注册类型分各地区

内资企业

项　目	商品购进总额		统一配送商品购进额		自有配送中心配送商品购进额	
	2009年	2008年	2009年	2008年	2009年	2008年
全　国	**155636049**	**148714376**	**119629513**	**115100939**	**79534265**	**74499997**
北　京	11068576	9869092	4813027	4142106	1713820	1806105
天　津	3670846	3221277	3216555	2820450	344853	346235
河　北	5615051	5000388	3745935	3677471	3092794	2804341
山　西	1910211	1577385	1162405	878538	401671	365715
内蒙古	3613129	3064405	3608015	3060218	3225797	2739205
辽　宁	4121501	4423075	2788058	2873871	1221189	1132130
吉　林	901656	839904	729632	670761	679490	606911
黑龙江	1185488	1086909	1080420	1013540	825897	746775
上　海	12812051	12889590	9734757	9544334	5478434	5353261
江　苏	24857404	24795665	23450472	22562411	22409746	21146838
浙　江	11165121	11546245	10390937	10749681	9667350	10016955
安　徽	7302725	6946057	3018172	2570931	1138036	1026296
福　建	2004685	1950963	1155203	1113619	379563	332543
江　西	2071509	1878861	1381202	1345983	305890	299844
山　东	13811018	12331042	10084661	9654283	8746612	8254739
河　南	3214992	2791728	2985509	2564848	2055187	1780158
湖　北	6254303	5182283	4743414	3946928	4270419	3639150
湖　南	5208056	4682815	4901106	4253189	4870515	4230812
广　东	20442700	20982546	16268121	18116542	3273391	2988319
广　西	1867329	1795464	787184	612897	368438	196056
海　南	15240	11348	11792	8763	1150	1115
重　庆	2757153	2703733	1580577	1374027	1236188	1046912
四　川	2563210	2273060	2014806	1920765	1463106	1441320
贵　州	108188	84268	46349	36621	12193	11402
云　南	1047701	942948	983505	786412	363961	313663
西　藏	4666	386	4666	386		
陕　西	1318558	1164547	914262	810580	590212	499461
甘　肃	1480123	1491082	928140	966553	113619	109771
青　海	84454	81779	64494	59733	4331	3722
宁　夏	256041	259468	252093	255520	147613	169022
新　疆	2902363	2846062	2784047	2708976	1132801	1091224

连锁零售企业直营门店经营情况

单位：万元

非自有配送中心配送商品购进额		商品销售总额		零售额	
2009年	2008年	2009年	2008年	2009年	2008年
21043463	**23394721**	**176996242**	**166075488**	**119519978**	**115611684**
424248	399581	12871992	11469363	9565476	8884044
2721711	2351626	3708567	3172099	3456708	2957232
47768	47987	6979147	6718111	3588322	3386191
9225	12703	2015965	1793207	1717119	1561824
8226	6506	3600745	3059559	3460102	2941546
775700	838046	4642101	4822348	2588571	2612676
43776	54069	868744	916804	823349	871286
7444	4253	1104641	1127266	1011361	1033477
2413244	2356519	16982586	16850899	10731158	10855064
644394	1091625	25984247	24620022	15511008	15204008
262486	319773	11876303	11967062	6699387	8033440
44067	1078	7310699	6716927	5081535	4708400
232043	231438	2709266	2563183	2339469	2310744
		3851622	3190960	2464574	2454652
312163	286224	15303158	13418936	11473920	9333170
80006	59126	3722537	3355515	2497519	2276929
105212	85840	7284878	6195040	5598844	4905681
30493	22279	5463571	4934477	4916625	4472718
12183789	14547950	22071432	22316140	15245017	17091686
66925	67683	3354301	3148604	1735462	1880367
		16596	10935	11952	8174
2102	2523	3475023	3250922	2254777	1961837
69148	48050	2842230	2566148	1920373	1665102
800	1118	106726	89825	102055	85209
53086	55347	2044183	1628425	1083248	826466
		4492	3169	4492	3169
229786	224678	1573807	1376129	786876	704295
5009	6875	1786568	1597785	1281099	1209645
		119303	104402	119303	104402
1311	1245	243610	207570	185823	153444
269301	270583	3077202	2883653	1264455	1114807

2-11 续表 1

国有企业

项　目	商品购进总额		统一配送商品购进额		自有配送中心配送商品购进额	
	2009年	2008年	2009年	2008年	2009年	2008年
全　国	**21007108**	**19487451**	**17024144**	**15620264**	**10859608**	**10240698**
北　京	267047	203770	263042	198835	7141	5652
天　津	2722736	2352243	2722469	2351805	1725	1093
河　北	1221235	1226308	1179435	1187824	1067841	1038326
山　西	194221	193967	38393	38139		
内蒙古	3458473	2943382	3458473	2943382	3112624	2649042
辽　宁	174195	207426				
吉　林	590704	522367	568872	501237	568872	501237
黑龙江	563902	550031	563902	549253	555656	541231
上　海	155886	159489	108711	110015	38862	36497
江　苏	907893	1135508	907893	1135508	907893	1135508
浙　江	800180	759391	800180	759391	788638	749359
安　徽	2642669	2759559	4063	3506	2928	2406
福　建	206359	198543	88858	77528	48027	36076
江　西	260795	102092	129192	96559	25689	23859
山　东	48693	40751	34309	29130	33517	28074
河　南	8540	7763	4154	4094	3140	3152
湖　北	1106107	971937	1105168	970970	932722	949120
湖　南	1086075	921305	1080461	912800	1080461	912800
广　东	1148949	981900	1143517	979184	103502	133466
广　西	140286	152365				
海　南						
重　庆	23819	20140	23819	20140	23819	20140
四　川	457138	329555	303203	309478	303203	309478
贵　州						
云　南	38046	69852	38046	69852		
西　藏						
陕　西	569969	474903	569969	474903	507391	420267
甘　肃	525322	446127	231103	164088	110624	105095
青　海						
宁　夏	6232	5589	6232	5589	6232	5589
新　疆	1681639	1751191	1650680	1727058	629102	633234

单位：万元

非自有配送中心配送商品购进额		商品销售总额		零售额	
2009年	2008年	2009年	2008年	2009年	2008年
4116546	**3560196**	**22703512**	**20836366**	**16214206**	**14995401**
3625	3218	286314	226530	284570	224963
2720744	2350712	2756061	2404198	2755183	2403723
		2002773	1977626	1003095	1056143
		246554	246197	246554	246197
		3458473	2943382	3328623	2832870
		218578	229828	86119	69052
		532742	592259	532742	592259
		476450	556319	476450	555022
59033	65562	171751	168959	171751	168959
		951802	949299	458046	440311
11542	10033	740784	690019	374053	332401
		2166965	2273984	2158410	2167776
14219	15488	719678	728352	583700	653955
		366502	118419	35724	29952
		44156	41173	44156	40674
		9184	8124	8770	7494
1504	1734	1341281	991991	844526	692852
		946788	887889	868900	819165
1040015	845718	1273984	1085758	849523	630846
		208437	231901	120894	134502
		24368	24125	11062	5722
		605067	547318	135719	91242
		48556	72167		
		761152	652557	820	805
		571873	494656	342620	351036
		5929	5432	5929	5432
265863	267732	1767310	1687906	486271	442051

2-11 续表 2

集体企业

项 目	商品购进总额		统一配送商品购进额		自有配送中心配送商品购进额	
	2009年	2008年	2009年	2008年	2009年	2008年
全 国	**4701305**	**5227409**	**4549729**	**5092826**	**125080**	**119190**
北 京	82871	79309	18363	24249	18131	24065
天 津						
河 北	4035	3215	4035	3215		
山 西						
内蒙古	4006	3205				
辽 宁						
吉 林						
黑龙江	477	427	477	427	477	427
上 海						
江 苏	25216	23056	25216	23056	14323	13616
浙 江	24247	23198	24247	23198	24247	23198
安 徽	8770	10035	4385	5018	4385	5018
福 建	1056	1812	1056	1812	1056	1812
江 西						
山 东	71004	59882	63578	49890	1694	1879
河 南	21523	6871	20658	6059	5760	3100
湖 北	20500	18950				
湖 南	4118	3501				
广 东	4409234	4971982	4365625	4935811	55007	46076
广 西						
海 南						
重 庆						
四 川						
贵 州						
云 南	2158	1874				
西 藏						
陕 西						
甘 肃						
青 海						
宁 夏						
新 疆	22089	20094	22089	20094		

单位：万元

非自有配送中心配送商品购进额		商品销售总额		零售额	
2009年	2008年	2009年	2008年	2009年	2008年
4189525	**4792636**	**4975704**	**4921576**	**3091636**	**3910192**
		84210	83273	81874	80722
		4573	3573	4573	3573
		3604	2883	3604	2883
		848	645	848	645
5001	5623	31711	30467	28714	28736
		25316	24274	4799	4979
		7973	8587	4101	4707
		1550	1833	1550	1833
		71430	59587	62551	48448
987	986	24344	24591	21257	20262
		19600	17100	19600	17100
		3939	2942	2490	1989
4183538	4786027	4666388	4647632	2853470	3692468
		2204	1849	2204	1849
		28013	12342		

2-11 续表 3

股份合作企业

项目	商品购进总额		统一配送商品购进额		自有配送中心配送商品购进额	
	2009年	2008年	2009年	2008年	2009年	2008年
全国	**318891**	**328983**	**229297**	**246649**	**127360**	**128492**
北京	804	918	13	9		
天津	1893	1976	1893	1976		
河北	90307	83427	90307	83427	90307	83427
山西	3061	3539	3061	3539		
内蒙古						
辽宁						
吉林						
黑龙江						
上海	2448	2448	2448	2448		
江苏						
浙江	1787	1543	1787	1543	918	676
安徽	52084	57397	52084	57397		
福建						
江西						
山东	9915	11331	3112	3686	2516	2703
河南	1011	853	1011	853	1011	853
湖北	28164	35440	28164	35353	3584	9878
湖南						
广东	21998	24614	21998	24614	20420	22334
广西	77811	69725				
海南						
重庆	8845	8642	8604	8621	8604	8621
四川	2410	2253	2410	2253		
贵州						
云南						
西藏						
陕西						
甘肃						
青海	12405	20929	12405	20929		
宁夏	3948	3948				
新疆						

单位：万元

非自有配送中心配送商品购进额		商品销售总额		零售额	
2009年	2008年	2009年	2008年	2009年	2008年
26767	**28747**	**536166**	**512252**	**321551**	**303012**
13	9	854	967	170	153
		1239	1166	1239	1166
		93904	73829	93904	73829
		2487	3419	2487	3419
		2445	2445	2445	2445
		1846	1453	1846	1453
		48302	44955	48302	44955
596	984	18982	20614	7710	8608
		982	763	982	763
24580	25475	30970	39004	4102	10821
1578	2280	23726	28099	23726	28099
		278960	266857	111650	106750
		8480	8131		
		3300	3250	3300	3250
		14625	13563	14625	13563
		5065	3739	5065	3739

2-11 续表 4

联营企业

项 目	商品购进总额		统一配送商品购进额		自有配送中心配送商品购进额	
	2009年	2008年	2009年	2008年	2009年	2008年
全 国	**75224**	**67430**	**75224**	**67430**	**74572**	**66900**
北 京	652	529	652	529		
天 津						
河 北						
山 西						
内蒙古						
辽 宁						
吉 林						
黑龙江						
上 海						
江 苏	25174	19426	25174	19426	25174	19426
浙 江						
安 徽						
福 建						
江 西						
山 东						
河 南						
湖 北						
湖 南						
广 东	49398	47475	49398	47475	49398	47475
广 西						
海 南						
重 庆						
四 川						
贵 州						
云 南						
西 藏						
陕 西						
甘 肃						
青 海						
宁 夏						
新 疆						

单位：万元

非自有配送中心配送商品购进额		商品销售总额		零售额	
2009年	2008年	2009年	2008年	2009年	2008年
		75509	**71535**	**66565**	**62789**
		867	653	867	653
		23818	22612	14873	13867
		50824	48270	50824	48270

2-11 续表 5

有限责任公司

项目	商品购进总额		统一配送商品购进额		自有配送中心配送商品购进额	
	2009年	2008年	2009年	2008年	2009年	2008年
全国	**25777761**	**24609603**	**19105693**	**17652208**	**10652703**	**10006066**
北京	4920558	4507005	3352034	2883232	941222	1195984
天津	688591	650439	433467	410883	335142	332817
河北	598712	510382	446175	370163	394956	311468
山西	66025	53303	65570	52944	35722	32542
内蒙古	98703	76678	97595	75695	75900	63232
辽宁	355503	315763	158804	145517	27614	26065
吉林	206625	251157	101185	116359	55348	57185
黑龙江	178800	176702	147740	155033	12861	11355
上海	3405308	3739902	1585834	1635464	289916	297887
江苏	1451265	1971552	1380299	1903766	769729	838293
浙江	1527593	1467632	1392564	1335292	1139515	1108032
安徽	333147	310378	258933	245787	156590	139443
福建	680892	788704	384027	370702	211630	196792
江西	648104	624634	511314	513028	44663	41421
山东	1899577	1623254	1449943	1271118	1134088	962093
河南	814318	734443	620870	542104	422568	385182
湖北	1197558	1134712	1125311	1102073	992575	977737
湖南	584617	500777	493523	307147	493424	307049
广东	2874711	2302670	2513490	1977864	1602176	1325979
广西	183450	173577	122443	117763	106954	106379
海南	3178	2256	1150	1115	1150	1115
重庆	443290	329980	389790	284572	388803	282745
四川	1281136	1125793	1093682	1001643	585677	565171
贵州	66682	57142	28529	22770	11630	10682
云南	295460	340450	267166	233683	113090	97880
西藏	4666	386	4666	386		
陕西	363247	325746	108416	101585	77941	74355
甘肃	26817	22256	11906	4635	554	700
青海	51982	46993	32021	24947	4331	3722
宁夏	216143	220285	216143	220285	129100	152197
新疆	311104	224653	311104	224653	97836	100566

单位：万元

非自有配送中心配送商品购进额		商品销售总额		零售额	
2009年	2008年	2009年	2008年	2009年	2008年
2698046	**3168300**	**30100798**	**28374398**	**24157531**	**22922186**
226622	217991	5618029	5101456	4306991	4158352
967	914	649385	516466	613876	468561
38979	40181	647496	566229	449254	416852
7073	8537	71681	53842	71523	53842
4404	2408	80802	68536	80664	68536
70463	60740	428577	343182	404557	325579
43776	54069	227912	261360	182972	216617
		186006	201315	186006	201315
881391	889440	5274151	5562215	3677587	3908077
430408	976584	1677666	2043384	1281142	1779194
62750	54747	1573472	1506026	1140013	982326
1003	1078	354465	333857	337372	310595
130430	142609	757888	794086	704408	710071
		806064	716065	441716	376645
147870	137336	2096908	1790232	1790216	1555869
29621	16169	871692	759775	810668	697578
48842	42635	1357226	1260552	1120742	1056576
		636285	500735	628182	493949
426787	398224	3169460	2774923	2922135	2494590
12963	8806	183376	172160	179461	162513
		3646	2323	1384	1012
	1273	657246	526186	521208	393064
69148	48050	1318994	1247655	1039171	995156
800	1118	64806	53051	61002	48435
53055	55321	317195	253524	279366	227794
		4492	3169	4492	3169
10083	9078	428063	383674	401663	363592
611	992	34695	32882	20365	17830
		73884	62467	73884	62467
		201675	167583	162252	130852
		327565	315487	263260	241179

2-11 续表 6

股份有限公司

项　目	商品购进总额		统一配送商品购进额		自有配送中心配送商品购进额	
	2009年	2008年	2009年	2008年	2009年	2008年
全　国	**92996189**	**89047108**	**70814946**	**69189285**	**52784171**	**49582504**
北　京	5366315	4634473	897029	703797	710014	533910
天　津	5278	6652	5278	6652		
河　北	3504048	2932719	1829385	1788618	1382432	1171275
山　西	1350428	1027545	825520	541481	299610	286053
内蒙古	10851	10112	10851	10112		
辽　宁	3229333	3730102	2283857	2574666	920288	1013578
吉　林	39876	33093	39876	33093	39876	33093
黑龙江	131103	108822	100968	93392	100299	92829
上　海	8030471	7794418	8019270	7776389	5149656	5018877
江　苏	21236627	20471408	20030186	18411514	19995138	18411507
浙　江	7876887	8391646	7259178	7742523	7110947	7524564
安　徽	4025803	3594896	2506669	2093036	927449	840571
福　建	632805	571662	400561	447703	21269	20450
江　西	919274	890027	560808	521654	191239	194963
山　东	11439134	10329268	8224885	8067208	7322492	7087984
河　南	2062365	1815928	2062365	1815928	1396258	1232014
湖　北	3589769	2742804	2175860	1562246	2100511	1504268
湖　南	3228971	2965413	3145048	2876112	3134171	2872244
广　东	10765315	11485038	7229371	9187270	579245	564144
广　西	1340802	1256721	613675	447506	252494	83498
海　南						
重　庆	1613385	1730445	529376	474248	529376	474248
四　川	496286	540093	333928	371083	333928	371083
贵　州	563	720	563	720	563	720
云　南	364813	222756	364813	222756		
西　藏						
陕　西	141183	128060	3879	3010	3879	3010
甘　肃	907808	1000860	675051	785143		
青　海	17963	13042	17963	13042		
宁　夏						
新　疆	668735	618386	668735	618386	283039	247621

单位：万元

非自有配送中心配送商品购进额		商品销售总额		零售额	
2009年	2008年	2009年	2008年	2009年	2008年
9396358	**11299740**	**106098971**	**100356555**	**64618863**	**63495082**
185889	169277	6385420	5597406	4541385	4123694
		6434	9167	6434	4293
3545	2268	4012017	3856653	1821445	1596692
		1344867	1161691	1046178	930308
		12622	10138	3317	2711
703034	775717	3477664	4016214	1605663	2008744
		40377	28864	40377	28864
		130651	122367	37605	30690
1472820	1401518	9794201	9406528	5139337	5064832
35048	7	21976109	20303843	12608794	11829851
148231	217959	8440481	8778554	4179978	5801488
43065		4503690	3843898	2308417	1972647
53061	31889	693891	599381	578538	561003
		2381083	2028825	1700217	1753816
132249	112350	12651031	11168524	9269158	7415294
38132	36035	2488059	2302308	1372127	1295794
27665	14343	4221889	3589297	3318487	2848264
10878	3868	3540809	3246612	3136599	2925362
6489806	8476631	11621856	12551966	7363479	9087098
52936	57879	2557415	2343145	1252233	1396470
		2126055	2127709	1096574	1021686
		521229	498479	375605	330748
		1005	825	1005	825
		1145316	944827	460923	309405
		142006	127666	142006	127666
		1146030	1040802	884712	812310
		27958	26140	27958	26140
		708806	624730	300310	188389

2-11 续表 7

私营企业

项 目	商品购进总额		统一配送商品购进额		自有配送中心配送商品购进额	
	2009年	2008年	2009年	2008年	2009年	2008年
全 国	**10633322**	**9846188**	**7709545**	**7135121**	**4853519**	**4316987**
北 京	430330	443088	281893	331456	37312	46495
天 津	252348	209968	53449	49134	7985	12325
河 北	196715	244337	196600	244224	157259	199845
山 西	296475	299030	229862	242436	66339	47121
内蒙古	41095	31029	41095	31029	37273	26931
辽 宁	362470	169784	345397	153689	273287	92487
吉 林	64451	33287	19699	20072	15395	15396
黑龙江	311207	250928	267333	215436	156604	100933
上 海	1208924	1184519	9481	11205		
江 苏	1200636	1165752	1071110	1060179	695914	727460
浙 江	933166	901703	911719	886601	601822	609995
安 徽	240252	213792	192038	166188	46685	38858
福 建	479394	388121	279932	214935	96812	76473
江 西	243336	262108	179887	214741	44301	39601
山 东	340792	264690	308834	233252	252305	172006
河 南	253009	195194	222225	165133	178201	126940
湖 北	312205	278440	308911	276288	241026	198146
湖 南	300756	287156	178554	152467	159240	134198
广 东	1170917	1166248	942544	961705	861465	846226
广 西	85604	103727	11690	8281	8991	6179
海 南	12063	9092	10642	7649		
重 庆	667814	614528	628988	586417	285586	261158
四 川	326240	275366	281583	236309	240299	195588
贵 州	40944	26406	17257	13131		
云 南	347224	308015	313480	260121	250871	215783
西 藏						
陕 西	244160	235838	231999	231082	1002	1829
甘 肃	20177	21840	10080	12689	2440	3976
青 海	2105	816	2105	816		
宁 夏	29718	29646	29718	29646	12280	11235
新 疆	218797	231738	131440	118785	122825	109803

单位：万元

非自有配送中心配送商品购进额		商品销售总额		零售额	
2009年	2008年	2009年	2008年	2009年	2008年
606511	**540362**	**12375740**	**10876485**	**10926555**	**9799647**
8098	9086	496298	459078	349618	295508
		295448	241102	79976	79489
5244	5538	218385	240202	216052	239102
2152	4165	350377	328058	350377	328058
3822	4098	45244	34620	43894	34546
2203	1589	517281	233125	492232	209301
		67713	34321	67258	33546
7444	4253	310686	246621	310451	245807
		1730047	1701197	1730047	1701197
171119	107162	1311998	1260449	1111470	1102083
39964	37034	1092713	965912	998698	910794
		229304	211646	224933	207720
34333	41452	531086	436918	466100	381269
		297972	327651	286917	294240
31448	35555	418611	336814	298087	262286
5700	4583	280828	218843	236268	213926
2622	1653	313912	297096	291387	280069
19315	18269	324779	290024	269677	225977
42065	39070	1262853	1176695	1181229	1109638
		87070	83361	32183	28951
		12950	8612	10568	7161
2102	1250	658874	564772	625934	541365
		393640	269447	366579	244706
		40915	35949	40047	35949
32	26	530913	356059	340755	287419
219702	215600	242586	212232	242387	212232
4398	5883	33971	29446	33403	28469
		2836	2232	2836	2232
1311	1245	30941	30816	12577	13422
3438	2851	245508	243188	214615	243188

2-11 续表 8

其他企业

项　目	商品购进总额		统一配送商品购进额		自有配送中心配送商品购进额	
	2009年	2008年	2009年	2008年	2009年	2008年
全　国	**126249**	**100204**	**120936**	**97156**	**57253**	**39159**
北　京						
天　津						
河　北						
山　西						
内蒙古						
辽　宁						
吉　林						
黑龙江						
上　海	9013	8813	9013	8813		
江　苏	10594	8964	10594	8964	1576	1028
浙　江	1263	1132	1263	1132	1263	1132
安　徽						
福　建	4178	2120	769	940	769	940
江　西						
山　东	1904	1867				
河　南	54226	30677	54226	30677	48249	28918
湖　北						
湖　南	3519	4663	3519	4663	3219	4522
广　东	2178	2620	2178	2620	2178	2620
广　西	39377	39349	39377	39349		
海　南						
重　庆						
四　川						
贵　州						
云　南						
西　藏						
陕　西						
甘　肃						
青　海						
宁　夏						
新　疆						

单位：万元

非自有配送中心配送商品购进额		商品销售总额		零售额	
2009年	2008年	2009年	2008年	2009年	2008年
9710	**4741**	**129842**	**126321**	**123072**	**123375**
		9991	9555	9991	9555
2818	2249	11143	9968	7970	9968
		1692	825		
		5173	2614	5173	2614
		2040	1992	2040	1992
5566	1352	47448	41113	47448	41113
300	141	10971	6275	10776	6275
		2341	2798	631	677
1026	998	39042	51182	39042	51182

2-11 续表 9

港、澳、台商投资企业

项目	商品购进总额		统一配送商品购进额		自有配送中心配送商品购进额	
	2009年	2008年	2009年	2008年	2009年	2008年
全国	**7711672**	**6366839**	**5903891**	**5053458**	**3631612**	**3096648**
北京	351205	318702	203323	191257	12772	12421
天津	325918	296080	123048	85033	71976	42296
河北						
山西	5480	5313				
内蒙古						
辽宁	15634	12949	15634	12949	10026	9772
吉林	3000	2577				
黑龙江						
上海	507905	360734	291554	190348	221637	132324
江苏	1170631	726741	696068	630313	486044	466877
浙江	509798	459101	478376	427086	396025	372414
安徽						
福建	1100618	895972	1067618	868912	781557	640132
江西						
山东	1537					
河南	610768	526341	41796	39440	41796	39440
湖北	16755	25476	16755	25476	13934	24738
湖南	67353	46995	52729	31534	38359	31534
广东	1855993	1668358	1747913	1529610	814795	669238
广西						
海南						
重庆	1008928	871581	1008928	871581	707838	611694
四川	9969	17394	9969	17394	9969	17394
贵州						
云南	150181	132526	150181	132526	24885	26373
西藏						
陕西						
甘肃						
青海						
宁夏						
新疆						

单位：万元

非自有配送中心配送商品购进额		商品销售总额		零售额	
2009年	2008年	2009年	2008年	2009年	2008年
1455416	**1170297**	**9432395**	**7785978**	**8353655**	**6781486**
89262	74853	428966	383661	340199	292146
2974	2616	312826	289966	312768	289784
		5473	5473	5473	5473
5607	3177	18980	17036	18980	17036
		4222	3998	4222	3998
61898	51220	623146	485621	602644	469940
58455	35222	1887837	1314876	1341590	772653
82351	54671	687207	606043	680735	598796
286062	228780	992596	807396	992596	807396
		1108		1108	
		633662	520082	633662	520082
2821	738	23279	31112	23279	31112
14369		85553	63345	85553	63345
550529	459133	2384148	2128755	2018307	1844283
301090	259887	1142101	959654	1120030	936907
		15965	24932	15965	14327
		185327	144029	156544	114210

2-11 续表 10

外商投资企业

项 目	商品购进总额		统一配送商品购进额		自有配送中心配送商品购进额	
	2009年	2008年	2009年	2008年	2009年	2008年
全 国	**19013634**	**18028974**	**14105876**	**13206833**	**7331705**	**6974147**
北 京	2207570	2275716	1161604	1202475	759091	835046
天 津	353636	310603	172920	89370		
河 北	36833	31933	36833	31933	36833	31933
山 西						
内蒙古						
辽 宁	310171	275561	228700	198154	151795	121744
吉 林						
黑龙江	141721	172709	141721	172709	51386	87180
上 海	2846290	2758450	747524	631753	94884	60402
江 苏	5062846	4410947	4689642	4197186	3083251	2689080
浙 江	1044640	922938	1034452	913129	373093	294458
安 徽	230652	197148	112691	127652	112691	127652
福 建	1282764	1329732	1274492	1323767	414570	350272
江 西	6794	8246	6794	8246		
山 东	1088551	1135203	417671	438702	396307	425871
河 南	49559	38739	2845	3181	2100	2043
湖 北	446505	218241	446505	218241	31041	36443
湖 南	184807	195861	41845	54200	41845	54200
广 东	3142487	3238660	3091759	3161410	1443957	1543800
广 西						
海 南						
重 庆	89344	78706	89344	78706	89344	78706
四 川	136427	128902	136427	128902	116000	116000
贵 州	40826	33256				
云 南	272109	227121	272109	227121	133519	119320
西 藏						
陕 西						
甘 肃						
青 海						
宁 夏						
新 疆	39103	40302				

单位：万元

非自有配送中心配送商品购进额		商品销售总额		零售额	
2009年	2008年	2009年	2008年	2009年	2008年
2695064	**2426297**	**20977266**	**19899046**	**17726901**	**16547985**
392671	341500	2344362	2260750	2301158	2207237
		369578	307552	369578	307052
		28131	37594	24003	31002
		368670	338058	270225	243709
		232857	226454	232857	226454
463756	400274	3010001	3080288	2638284	2600997
2118	1476	5269716	4507512	4343736	3637964
650684	608211	1367084	1218934	1366985	1218528
		207427	202356	207427	202356
153312	171419	1620975	1793937	1400231	1614780
		6980	8767	3618	4670
6874	1891	1410874	1282908	685172	573280
		46210	40337	46210	40337
385040	148249	221627	228757	221627	228757
		226814	235047	226814	235047
640608	753277	3610964	3577760	2861510	2748815
		94663	76821	94663	76821
		128964	142593	22197	17593
		28499	23045	28499	23045
		336312	262234	335549	262200
		46559	47344	46559	47344

2-12 按登记注册类型分各地区

内资企业

项　目	商品购进总额		统一配送商品购进额		自有配送中心配送商品购进额	
	2009年	2008年	2009年	2008年	2009年	2008年
全　国	**7137991**	**7059906**	**5737296**	**5745734**	**4085975**	**4036754**
北　京	239847	351043	159239	168275	103104	90240
天　津	3923	3581	3098	2729		
河　北	30590	28072	24917	26652	24917	26652
山　西	65011	55124	62507	52620	77	2
内蒙古	1314	299	1119			
辽　宁	200925	211092	142737	153379	105297	117765
吉　林						
黑龙江	6500	3000				
上　海	1713713	1915838	1637488	1812692	1187116	1351465
江　苏	1278138	1172999	1182584	1053490	1148891	1016196
浙　江	759761	735877	721148	692371	637790	614596
安　徽	505679	350803	199411	183863	132437	136615
福　建	23330	28541	22786	27986	22021	27216
江　西	35361	19999	32220	19999	32220	19999
山　东	541247	501706	306534	286457	284476	272958
河　南	354920	310629	87957	83272	60552	63196
湖　北	74573	55205	70457	53105	58419	39374
湖　南	52085	41829	49449	39073	49186	38809
广　东	683869	577738	607343	514384	145135	132159
广　西	27647	30594	7272	12262	5453	8365
海　南						
重　庆	104321	69663	75500	48892	56719	41365
四　川	29490	39019	27729	36664	20880	31445
贵　州	2509	1386	2509	1386	32	26
云　南	256130	425762	255950	425633	1833	4051
西　藏						
陕　西	24622	16273	7465	5556	2811	965
甘　肃	684	1497	684	1166		
青　海						
宁　夏	108523	106453	38278	37949		
新　疆	13282	5882	10918	5882	6612	3297

连锁零售企业加盟门店经营情况

单位：万元

非自有配送中心配送商品购进额		商品销售总额		零售额	
2009年	2008年	2009年	2008年	2009年	2008年
1062570	**1025105**	**9030937**	**8710218**	**7194176**	**6844412**
19759	17531	279301	332113	228274	274622
498	91	3724	4003	3724	4003
		64560	58248	64289	57443
1824	1783	71311	60183	71311	60183
1119		1464	63	1464	63
23220	21747	228993	237244	208880	213350
		10000	5000	10000	5000
430372	461227	2803436	2941594	2490572	2528951
23511	30131	1498398	1376892	1305681	1186548
51828	43375	955543	902016	723647	627892
7600		525117	340647	208944	165851
45		24921	30995	24921	30995
		44568	25671	44480	25671
20328	11968	652052	574500	539048	480307
1138	296	346022	298678	279849	236523
5448	5425	90144	62885	88521	62885
263	264	60789	49320	60789	49320
423021	382168	690076	645535	539234	549550
1819	3897	41788	41087	41594	40987
5203	2840	125964	81410	66318	44693
4631	3272	46572	42536	20001	39856
		2782	1949	2782	1949
		293737	441141	7446	8144
		26136	23018	26136	22140
122	331	7445	6553	175	549
38278	37949	121940	119382	121940	119382
2544	811	14156	7556	14156	7556

2-12 续表 1

国有企业

项 目	商品购进总额		统一配送商品购进额		自有配送中心配送商品购进额	
	2009年	2008年	2009年	2008年	2009年	2008年
全 国	**1276304**	**1125825**	**741382**	**759984**	**75500**	**63684**
北 京						
天 津	111	115				
河 北	16965	13872	16965	13872	16965	13872
山 西						
内蒙古						
辽 宁						
吉 林						
黑龙江						
上 海	52212	55373	19678	21854		
江 苏		86		86		86
浙 江	86	53	86	53	86	53
安 徽	204148	93026				
福 建	18251	24750	18251	24750	18251	24750
江 西						
山 东	168	48	168	48		
河 南	263640	224088	2694	3499	487	504
湖 北						
湖 南	11000	10456	11000	10456	11000	10456
广 东	452230	281699	415046	263107	23711	11964
广 西						
海 南						
重 庆	5000	2000	5000	2000	5000	2000
四 川						
贵 州						
云 南	250260	417847	250260	417847		
西 藏						
陕 西						
甘 肃	561	834	561	834		
青 海						
宁 夏						
新 疆	1673	1579	1673	1579		

单位：万元

非自有配送中心配送商品购进额		商品销售总额		零售额	
2009年	2008年	2009年	2008年	2009年	2008年
411013	**272997**	**1300937**	**1167478**	**605070**	**497611**
		275	287	275	287
		17804	13661	17804	13661
19678	21854	59973	61110	34693	36995
			87		87
		110	49	110	49
		205321	86898		
		19212	26615	19212	26615
		165	47	165	47
		263497	224155	208190	171211
		12000	11560	12000	11560
391335	251143	422546	300601	309148	235091
		5000	2000	2000	600
		286290	432997		
		7270	6004		
		1475	1409	1475	1409

2-12 续表 2

集体企业

项目	商品购进总额		统一配送商品购进额		自有配送中心配送商品购进额	
	2009年	2008年	2009年	2008年	2009年	2008年
全国	**101113**	**111852**	**83117**	**88893**	**78798**	**85832**
北京	3511	3509	3511	3509	3511	3464
天津						
河北						
山西						
内蒙古						
辽宁						
吉林						
黑龙江						
上海						
江苏						
浙江	4035	4637	3422	3103	3422	3103
安徽						
福建						
江西						
山东	64023	73460	64023	73460	63068	72506
河南	11450	9591	9921	6686	6557	4624
湖北						
湖南						
广东	18094	20654	2240	2135	2240	2135
广西						
海南						
重庆						
四川						
贵州						
云南						
西藏						
陕西						
甘肃						
青海						
宁夏						
新疆						

单位：万元

非自有配送中心配送商品购进额		商品销售总额		零售额	
2009年	2008年	2009年	2008年	2009年	2008年
		117535	**109324**	**39784**	**37302**
		3588	2274	3450	1608
		4344	4141	4344	4141
		83023	76546	5410	5191
		10261	7893	10261	7893
		16319	18469	16319	18469

2-12 续表 3

集体企业

项　目	商品购进总额		统一配送商品购进额		自有配送中心配送商品购进额	
	2009年	2008年	2009年	2008年	2009年	2008年
全　国	**21616**	**22483**	**20698**	**21477**	**7634**	**7089**
北　京	23	19	23	19		
天　津						
河　北						
山　西						
内蒙古						
辽　宁						
吉　林						
黑龙江						
上　海						
江　苏						
浙　江						
安　徽	13021	14349	13021	14349		
福　建						
江　西						
山　东	919	1133	119	163	99	143
河　南	810	361	810	361	810	361
湖　北						
湖　南						
广　东						
广　西						
海　南						
重　庆	6843	6621	6725	6586	6725	6586
四　川						
贵　州						
云　南						
西　藏						
陕　西						
甘　肃						
青　海						
宁　夏						
新　疆						

单位：万元

非自有配送中心配送商品购进额		商品销售总额		零售额	
2009年	2008年	2009年	2008年	2009年	2008年
43	**39**	**28918**	**27390**	**22109**	**21197**
23	19	23	19	23	19
		20701	20071	20701	20071
20	20	619	781	619	781
		766	326	766	326
		6809	6193		

2-12 续表 4

联营企业

项　目	商品购进总额		统一配送商品购进额		自有配送中心配送商品购进额	
	2009年	2008年	2009年	2008年	2009年	2008年
全　国	**238497**	**238633**	**238497**	**238633**	**238497**	**238633**
北　京						
天　津						
河　北						
山　西						
内蒙古						
辽　宁						
吉　林						
黑龙江						
上　海						
江　苏	233182	233182	233182	233182	233182	233182
浙　江						
安　徽						
福　建						
江　西						
山　东						
河　南						
湖　北						
湖　南						
广　东	5315	5451	5315	5451	5315	5451
广　西						
海　南						
重　庆						
四　川						
贵　州						
云　南						
西　藏						
陕　西						
甘　肃						
青　海						
宁　夏						
新　疆						

单位：万元

非自有配送中心配送商品购进额		商品销售总额		零售额	
2009年	2008年	2009年	2008年	2009年	2008年
		238648	**217789**	**238648**	**217789**
		233183	212183	233183	212183
		5466	5606	5466	5606

2-12 续表 5

有限责任公司

项 目	商品购进总额		统一配送商品购进额		自有配送中心配送商品购进额	
	2009年	2008年	2009年	2008年	2009年	2008年
全 国	**1575597**	**1566420**	**1169276**	**1208349**	**778459**	**732274**
北 京	165065	149548	128754	140976	74725	64044
天 津	1212	829	498	91		
河 北	8763	8912	3090	7492	3090	7492
山 西	41568	33690	39063	31185		
内蒙古	195	299				
辽 宁	44197	43403	3404	3141	2443	1920
吉 林						
黑龙江						
上 海	186136	223426	142445	153799	54257	49691
江 苏	46620	43540	45219	41946	43917	38874
浙 江	401747	415518	366202	375519	299624	310711
安 徽	103402	74017	9905	7400	9905	7400
福 建	3518	2466	3518	2466	3518	2466
江 西	3576	404	435	404	435	404
山 东	154698	131090	148040	125037	127732	112859
河 南	14301	18383	14301	18383	12471	16706
湖 北	33212	17592	33212	17592	21175	3860
湖 南	4582	1456	4582	1456	4582	1456
广 东	146495	197752	135881	188679	77234	69788
广 西	26155	29274	5930	11042	5453	8365
海 南						
重 庆	34219	24645	17350	12246	15508	10594
四 川	19455	22736	18268	21627	16197	20020
贵 州	760	253	760	253	32	26
云 南	5675	7592	5495	7462	1638	3727
西 藏						
陕 西	19686	11573	2811	965	2811	965
甘 肃	122	663	122	331		
青 海						
宁 夏	108523	106453	38278	37949		
新 疆	1715	908	1715	908	1715	908

单位：万元

非自有配送中心配送商品购进额		商品销售总额		零售额	
2009年	2008年	2009年	2008年	2009年	2008年
231678	**333798**	**1792570**	**1749433**	**1417261**	**1372642**
19553	17512	180211	169196	131520	114123
498	91	959	792	959	792
		9585	9783	9585	9783
		41173	33096	41173	33096
		54	63	54	63
		57755	57068	57755	57068
88188	104108	221931	262326	169961	208598
813	1051	107650	82026	98679	75510
37429	32746	422489	448032	256876	238738
		102347	75236	102347	75236
		4080	2913	4080	2913
		3742	502	3654	502
20308	11948	133759	114544	111398	101418
		14123	13396	7633	7577
5448	5425	48645	20533	48645	20533
		8132	689	8132	689
19459	118835	175804	221795	152255	206337
477	2677	30384	32071	30190	31971
1105	1126	42639	31455	21583	15358
		34592	27277	8267	25697
		881	753	881	753
		6386	6403	6386	6403
		21406	18212	21406	18212
122	331	175	549	175	549
38278	37949	121940	119382	121940	119382
		1728	1342	1728	1342

2-12 续表 6

股份有限公司

项 目	商品购进总额		统一配送商品购进额		自有配送中心配送商品购进额	
	2009年	2008年	2009年	2008年	2009年	2008年
全 国	**2845602**	**2966382**	**2515376**	**2490095**	**2070439**	**2085949**
北 京	27386	153868	23410	21127	23228	21127
天 津						
河 北	4863	5288	4863	5288	4863	5288
山 西						
内蒙古						
辽 宁	9673	8720	9673	8720	4482	5505
吉 林						
黑龙江	6500	3000				
上 海	1475365	1637039	1475365	1637039	1132859	1301774
江 苏	753966	649054	675168	532713	663168	522703
浙 江	22926	19882	22906	19868	11319	10911
安 徽	176279	162006	176279	162006	122386	129107
福 建						
江 西	31785	19595	31785	19595	31785	19595
山 东	292693	265383	66590	59124	66590	59124
河 南	18237	12581	18237	12581		
湖 北	13000	12148	8884	10048	8884	10048
湖 南	406	306	406	306	406	306
广 东	10712	15832				
广 西	1342	1220	1342	1220		
海 南						
重 庆						
四 川	469	459	469	459	469	459
贵 州						
云 南						
西 藏						
陕 西						
甘 肃						
青 海						
宁 夏						
新 疆						

单位：万元

非自有配送中心配送商品购进额		商品销售总额		零售额	
2009年	2008年	2009年	2008年	2009年	2008年
360406	**358667**	**4239984**	**4209854**	**3743651**	**3649427**
182		50595	116280	50595	116280
		37171	34805	36900	34000
5191	3215	10282	9246	7482	5879
		10000	5000	10000	5000
322506	335265	2521533	2618159	2285919	2283357
12000	10010	887168	813116	741018	681142
11586	8957	30727	22298	30727	22298
7600		188102	148863	77250	60964
		40827	25169	40827	25169
		408931	362466	408931	361285
		11728	8764	11082	8364
		15683	14803	15683	14803
		1211	403	1211	403
		14283	21109	14283	21109
1342	1220	11276	8916	11276	8916
		467	459	467	459

2-12 续表 7

私营企业

项目	商品购进总额		统一配送商品购进额		自有配送中心配送商品购进额	
	2009年	2008年	2009年	2008年	2009年	2008年
全国	**1077481**	**1026617**	**967169**	**936608**	**836199**	**822926**
北京	43860	44100	3540	2644	1640	1605
天津	2600	2638	2600	2638		
河北						
山西	23444	21435	23444	21435	77	2
内蒙古	1119		1119			
辽宁	147055	158969	129660	141518	98372	110340
吉林						
黑龙江						
上海						
江苏	243694	246461	228340	244887	208624	221350
浙江	330967	295787	328533	293829	323339	289818
安徽	8828	7406	205	108	145	108
福建	1561	1326	1017	770	252	
江西						
山东	28746	30592	27595	28624	26988	28326
河南	46090	45237	41601	41374	40227	41001
湖北	28360	25465	28360	25465	28360	25465
湖南	35384	28979	32748	26223	32748	26223
广东	51024	56350	48862	55012	36635	42822
广西	150	100				
海南						
重庆	58259	36397	46425	28060	29486	22186
四川	9566	15824	8992	14577	4214	10966
贵州	1749	1133	1749	1133		
云南	195	324	195	324	195	324
西藏						
陕西	4935	4700	4654	4591		
甘肃						
青海						
宁夏						
新疆	9895	3396	7531	3396	4897	2389

单位：万元

非自有配送中心配送商品购进额		商品销售总额		零售额	
2009年	2008年	2009年	2008年	2009年	2008年
58491	**58665**	**1308673**	**1225678**	**1123982**	**1045172**
		44883	44344	42687	42592
		2490	2924	2490	2924
1824	1783	30138	27087	30138	27087
1119		1410		1410	
18029	18532	160956	170931	143644	150403
10023	18394	269648	268780	232053	216926
2813	1672	497872	427496	431589	362667
		8646	9579	8646	9579
45		1629	1467	1629	1467
		25554	20117	12525	11586
1138	296	45354	43828	41624	40835
		25816	27549	24194	27549
		36818	34415	36818	34415
12227	12190	55658	77955	41763	62938
		127	100	127	100
4098	1714	71516	41761	42735	28736
4631	3272	11513	14800	11267	13700
		1902	1196	1902	1196
		1060	1741	1060	1741
		4730	4806	4730	3928
2544	811	10953	4805	10953	4805

2-12 续表 8

其他企业

项 目	商品购进总额		统一配送商品购进额		自有配送中心配送商品购进额	
	2009年	2008年	2009年	2008年	2009年	2008年
全 国	**1781**	**1695**	**1781**	**1695**	**450**	**368**
北 京						
天 津						
河 北						
山 西						
内蒙古						
辽 宁						
吉 林						
黑龙江						
上 海						
江 苏	675	675	675	675		
浙 江						
安 徽						
福 建						
江 西						
山 东						
河 南	393	388	393	388		
湖 北						
湖 南	713	631	713	631	450	368
广 东						
广 西						
海 南						
重 庆						
四 川						
贵 州						
云 南						
西 藏						
陕 西						
甘 肃						
青 海						
宁 夏						
新 疆						

单位：万元

非自有配送中心配送商品购进额		商品销售总额		零售额	
2009年	2008年	2009年	2008年	2009年	2008年
938	**939**	**3672**	**3272**	**3672**	**3272**
675	675	750	701	750	701
		294	318	294	318
263	264	2628	2253	2628	2253

2-12 续表 9

港、澳、台商投资企业

项目	商品购进总额		统一配送商品购进额		自有配送中心配送商品购进额	
	2009年	2008年	2009年	2008年	2009年	2008年
全国	**2067510**	**2047516**	**14674**	**69314**	**14674**	**12901**
北京						
天津						
河北						
山西						
内蒙古						
辽宁						
吉林						
黑龙江						
上海	2052837	1975933				
江苏	538	836	538	836	538	836
浙江	1569	1289	1569	1289	1569	1289
安徽						
福建	6361	3768	6361	3768	6361	3768
江西						
山东						
河南						
湖北		180		180		180
湖南						
广东	6205	65511	6205	63242	6205	6829
广西						
海南						
重庆						
四川						
贵州						
云南						
西藏						
陕西						
甘肃						
青海						
宁夏						
新疆						

单位：万元

非自有配送中心配送商品购进额		商品销售总额		零售额	
2009年	2008年	2009年	2008年	2009年	2008年
	56413	**3740964**	**3271438**	**3740783**	**3271438**
		3724641	3173006	3724641	3173006
		538	1324	538	1324
		2426	1989	2426	1989
		6010	3558	6010	3558
			200		200
	56413	7349	91361	7168	91361

2-12 续表 10

外商投资企业

项 目	商品购进总额		统一配送商品购进额		自有配送中心配送商品购进额	
	2009年	2008年	2009年	2008年	2009年	2008年
全 国	**1870183**	**1806004**	**1840145**	**1694376**	**1570859**	**1476228**
北 京	4579	28198	1289	1656		
天 津						
河 北						
山 西						
内蒙古						
辽 宁						
吉 林						
黑龙江						
上 海	50171	38430	50171	38430		
江 苏	1146897	1061600	1146897	1061600	1146791	1061600
浙 江	25878	38021	24733	36290	12772	18200
安 徽						
福 建	1841	1617	255	142	255	142
江 西						
山 东						
河 南	150	130	150	130	150	130
湖 北						
湖 南						
广 东	640668	638009	616651	556129	410891	396156
广 西						
海 南						
重 庆						
四 川						
贵 州						
云 南						
西 藏						
陕 西						
甘 肃						
青 海						
宁 夏						
新 疆						

单位：万元

非自有配送中心配送商品购进额		商品销售总额		零售额	
2009年	2008年	2009年	2008年	2009年	2008年
215431	**181679**	**2222208**	**2268003**	**2067307**	**2057616**
1042	1133	11834	32764	10928	32225
23226	24567	81155	67984	54948	50168
106		1237138	1232100	1237138	1232100
11961	18089	26320	72689	26320	72689
		2076	1925	2076	1925
		300	300	300	300
179096	137890	863385	860241	735597	668207

2-13 按行业分各地区连锁零售企业基本情况

批发业

项目	连锁总店数（个）	门店数（个）		年末从业人员（人）		年末零售营业面积（平方米）	
	2009年	2009年	2008年	2009年	2008年	2009年	2008年
全国	**193**	**42675**	**40575**	**195770**	**188828**	**24719747**	**23368654**
北京	4	338	290	1325	1234	27594	23527
天津	2	13	12	794	622	7470	3452
河北	24	2182	2120	17792	17905	2758211	2561022
山西	1	11	11	770	770	28881	28881
内蒙古	1	19	18	386	306	2010	1700
辽宁	8	444	408	5121	5111	405252	405752
吉林							
黑龙江	1	33	37	399	464	796	912
上海							
江苏	8	2687	2622	10531	9573	319705	308780
浙江	19	8532	7734	43311	40583	5577697	5303523
安徽	5	5698	5765	17668	18584	587493	510183
福建	5	44	42	1565	1616	27189	30820
江西	4	104	96	3234	1491	210715	215653
山东	8	594	590	5073	4948	240521	241370
河南	19	3274	2481	12121	9748	1761567	1612466
湖北	5	172	163	1515	1445	29550	27437
湖南	2	25	25	850	827	5704	5654
广东	24	5683	5608	47910	49460	10186791	9566996
广西	7	1191	1192	7361	7127	1352521	1395611
海南							
重庆	10	1890	1702	3986	3785	181587	122704
四川	10	240	244	2051	2006	13667	12547
贵州							
云南	9	7859	7848	3068	2870	742579	722636
西藏							
陕西	4	51	51	3575	3447	15620	15620
甘肃	6	218	200	2471	2160	127112	146053
青海							
宁夏	2	1024	960	2057	1925	82400	77660
新疆	5	349	356	836	821	27115	27695

2-13 续表 1

农畜产品批发

项目	连锁总店数（个）	门店数（个）		年末从业人员（人）		年末零售营业面积（平方米）	
	2009年	2009年	2008年	2009年	2008年	2009年	2008年
全国	**5**	**2363**	**2304**	**4929**	**5693**	**387919**	**378184**
北京							
天津							
河北	1	27	27	81	160	4800	3200
山西							
内蒙古							
辽宁							
吉林							
黑龙江							
上海							
江苏	1	1842	1806	4273	4958	310315	300315
浙江	1	417	417	452	452	69824	71724
安徽							
福建	1	9	9	51	55	1260	1260
江西							
山东							
河南	1	68	45	72	68	1720	1685
湖北							
湖南							
广东							
广西							
海南							
重庆							
四川							
贵州							
云南							
西藏							
陕西							
甘肃							
青海							
宁夏							
新疆							

2-13 续表 2

食品、饮料及烟草制品批发

项 目	连锁总店数(个)	门店数(个)		年末从业人员(人)		年末零售营业面积(平方米)	
	2009年	2009年	2008年	2009年	2008年	2009年	2008年
全 国	**32**	**3701**	**2963**	**26258**	**20431**	**181559**	**156101**
北 京							
天 津							
河 北	2	18	17	1067	977	110	90
山 西	1	11	11	770	770	28881	28881
内蒙古							
辽 宁							
吉 林							
黑龙江							
上 海							
江 苏	3	607	521	4790	3294	8990	8165
浙 江	3	81	82	915	649	12313	9798
安 徽							
福 建	2	27	26	1364	1368	23479	23479
江 西	2	16	5	2175	432	30	
山 东	2	85	84	2058	1926	8625	8475
河 南	1	1840	1117	5414	3440	58257	37312
湖 北	2	13	9	582	515	370	257
湖 南							
广 东	5	804	889	1644	1743	18062	17202
广 西							
海 南							
重 庆	1	145	145	489	489	6700	6700
四 川	3	23	23	1309	1288	1320	1320
贵 州							
云 南	1	3	6	57	55	965	965
西 藏							
陕 西	3	19	19	3441	3302	10000	10000
甘 肃							
青 海							
宁 夏							
新 疆	1	9	9	183	183	3457	3457

2-13 续表 3

纺织、服装及日用品批发

项目	连锁总店数（个）	门店数（个）		年末从业人员（人）		年末零售营业面积（平方米）	
	2009年	2009年	2008年	2009年	2008年	2009年	2008年
全国	**11**	**4632**	**4233**	**19140**	**17116**	**220073**	**179745**
北京	1	120	71	301	141	8090	4023
天津							
河北							
山西							
内蒙古							
辽宁							
吉林							
黑龙江							
上海							
江苏	1	3	3	30	30	400	300
浙江	3	4015	3672	16463	14565	192563	158569
安徽							
福建							
江西							
山东							
河南							
湖北							
湖南	1	17	17	636	605	2450	2400
广东	5	477	470	1710	1775	16570	14453
广西							
海南							
重庆							
四川							
贵州							
云南							
西藏							
陕西							
甘肃							
青海							
宁夏							
新疆							

2-13 续表 4

文化、体育用品及器材批发

项 目	连锁总店数(个)	门店数(个)		年末从业人员(人)		年末零售营业面积(平方米)	
	2009年	2009年	2008年	2009年	2008年	2009年	2008年
全 国	**4**	**22**	**21**	**765**	**945**	**14550**	**17340**
北 京							
天 津							
河 北							
山 西							
内蒙古							
辽 宁							
吉 林							
黑龙江							
上 海							
江 苏							
浙 江							
安 徽							
福 建							
江 西							
山 东							
河 南							
湖 北							
湖 南							
广 东	4	22	21	765	945	14550	17340
广 西							
海 南							
重 庆							
四 川							
贵 州							
云 南							
西 藏							
陕 西							
甘 肃							
青 海							
宁 夏							
新 疆							

2-13 续表 5

医药及医疗器材批发

项　目	连锁总店数(个)	门店数(个)		年末从业人员(人)		年末零售营业面积(平方米)	
	2009年	2009年	2008年	2009年	2008年	2009年	2008年
全　国	**27**	**2675**	**2689**	**9865**	**9776**	**142443**	**109100**
北　京							
天　津							
河　北	2	7	8	91	95	690	770
山　西							
内蒙古	1	19	18	386	306	2010	1700
辽　宁							
吉　林							
黑龙江							
上　海							
江　苏							
浙　江							
安　徽	1	6	6	38	27	600	600
福　建	1	5	5	69	67	250	250
江　西							
山　东							
河　南	3	98	98	338	333	4560	4560
湖　北	2	64	64	321	320	1180	1180
湖　南	1	8	8	214	222	3254	3254
广　东	3	1474	1499	5822	5874	78426	46274
广　西							
海　南							
重　庆	4	675	669	1405	1394	27530	27205
四　川	3	192	191	507	470	10687	10067
贵　州							
云　南	4	91	82	460	441	6857	6435
西　藏							
陕　西	1	32	32	134	145	5620	5620
甘　肃							
青　海							
宁　夏							
新　疆	1	4	9	80	82	779	1185

2-13 续表 6

矿产品、建材及化工产品批发

项目	连锁总店数(个)	门店数(个)		年末从业人员(人)		年末零售营业面积(平方米)	
	2009年	2009年	2008年	2009年	2008年	2009年	2008年
全国	**87**	**26847**	**26347**	**124524**	**125190**	**23135802**	**21994942**
北京							
天津							
河北	19	2130	2068	16553	16673	2752611	2556962
山西							
内蒙古							
辽宁	6	423	381	4995	4983	403648	403848
吉林							
黑龙江	1	33	37	399	464	796	912
上海							
江苏	2	223	265	1389	1205		
浙江	8	2730	2606	22905	22916	5102360	4906524
安徽	4	5692	5759	17630	18557	586893	509583
福建	1	3	2	81	126	2200	5831
江西							
山东	3	479	474	2500	2493	219528	220460
河南	13	1264	1217	6260	5862	1695030	1566809
湖北	1	95	90	612	610	28000	26000
湖南							
广东	4	2611	2461	35063	36169	10019903	9434597
广西	7	1191	1192	7361	7127	1352521	1395611
海南							
重庆	3	641	547	1520	1462	14311	11586
四川	2	12	16	99	110		
贵州							
云南	2	7742	7734	2056	1792	725610	709453
西藏							
陕西							
甘肃	6	218	200	2471	2160	127112	146053
青海							
宁夏	2	1024	960	2057	1925	82400	77660
新疆	3	336	338	573	556	22879	23053

2-13 续表 7

机械设备、五金交电及电子产品批发

项 目	连锁总店数(个)	门店数(个)		年末从业人员(人)		年末零售营业面积(平方米)	
	2009年	2009年	2008年	2009年	2008年	2009年	2008年
全 国	**12**	**231**	**207**	**3903**	**3815**	**57826**	**47544**
北 京							
天 津	2	13	12	794	622	7470	3452
河 北							
山 西							
内蒙古							
辽 宁	1	2	2	8	8	104	104
吉 林							
黑龙江							
上 海							
江 苏							
浙 江	1	6	6	40	33	145	145
安 徽							
福 建							
江 西	1	4	4	39	39	1200	1200
山 东	1	4	4	104	108	3600	3600
河 南	1	4	4	37	45	2000	2100
湖 北							
湖 南							
广 东	1	162	135	2250	2240	32500	30000
广 西							
海 南							
重 庆							
四 川	2	13	14	136	138	1660	1160
贵 州							
云 南	2	23	26	495	582	9147	5783
西 藏							
陕 西							
甘 肃							
青 海							
宁 夏							
新 疆							

2-13 续表 8

其他批发

项目	连锁总店数(个)	门店数(个)		年末从业人员(人)		年末零售营业面积(平方米)	
	2009年	2009年	2008年	2009年	2008年	2009年	2008年
全国	**15**	**2204**	**1811**	**6386**	**5862**	**579575**	**485698**
北京	3	218	219	1024	1093	19504	19504
天津							
河北							
山西							
内蒙古							
辽宁	1	19	25	118	120	1500	1800
吉林							
黑龙江							
上海							
江苏	1	12	27	49	86		
浙江	3	1283	951	2536	1968	200492	156763
安徽							
福建							
江西	1	84	87	1020	1020	209485	214453
山东	2	26	28	411	421	8768	8835
河南							
湖北							
湖南							
广东	2	133	133	656	714	6780	7130
广西							
海南							
重庆	2	429	341	572	440	133046	77213
四川							
贵州							
云南							
西藏							
陕西							
甘肃							
青海							
宁夏							
新疆							

2-13 续表 9

零售业

项目	连锁总店数(个)	门店数(个)		年末从业人员(人)		年末零售营业面积(平方米)	
	2009年	2009年	2008年	2009年	2008年	2009年	2008年
全国	**2134**	**133002**	**126406**	**1913069**	**1817179**	**93372274**	**85402232**
北京	149	6429	6468	129134	134157	5410171	5530685
天津	36	1729	1616	30167	31711	2450239	2350893
河北	68	3346	3120	37718	35301	2789081	2285139
山西	39	2020	1855	31241	30017	1131530	1077903
内蒙古	18	1724	1684	13055	13136	334529	318514
辽宁	70	4784	4578	48283	45709	1985406	1880826
吉林	21	790	771	9191	8943	599909	573282
黑龙江	28	904	841	15558	15593	450817	407822
上海	65	17332	17551	282226	285278	7946929	8016216
江苏	173	13485	12819	315239	299594	15332582	13382101
浙江	209	13409	12536	98651	92713	4076744	3774571
安徽	62	1924	1795	53901	49250	2600124	2338917
福建	115	2770	2565	55005	48771	3681885	3103696
江西	62	2166	1663	28778	25627	1494907	1409340
山东	106	9016	8157	132582	108529	12326848	11051929
河南	141	4975	4580	51941	50690	3073383	2745175
湖北	103	5277	5026	92554	88701	4824658	4123679
湖南	89	3694	3357	57190	53301	3739709	3547542
广东	209	16405	17133	212063	201723	7628918	7035882
广西	39	1656	1462	17709	16604	1218937	1160713
海南	4	112	100	807	714	23521	21155
重庆	67	7845	6491	67469	60855	2779265	2370422
四川	76	4530	4201	49937	45392	1767725	1580473
贵州	24	583	486	4298	3479	108436	95433
云南	33	2533	2292	27608	22145	1006883	898666
西藏	1	12	11	73	74	3346	3346
陕西	22	520	423	16913	16864	748539	648574
甘肃	21	640	640	6154	6052	690148	693506
青海	12	99	100	4144	4060	145600	120477
宁夏	12	281	155	3536	2658	157225	114241
新疆	60	2012	1930	19944	19538	2844280	2741114

2-13 续表 10

综合零售

项目	连锁总店数(个)	门店数(个)		年末从业人员(人)		年末零售营业面积(平方米)	
	2009年	2009年	2008年	2009年	2008年	2009年	2008年
全　国	**790**	**56568**	**54337**	**1254596**	**1184470**	**56707417**	**49860137**
北　京	67	3228	3296	87650	87613	3679904	3324807
天　津	12	525	472	12288	13577	569545	543011
河　北	26	422	395	20128	18986	1176198	1053202
山　西	15	995	913	22069	21067	436659	375081
内蒙古	7	85	83	2603	2618	103591	97983
辽　宁	17	1922	1823	13815	13997	427375	388320
吉　林	6	138	150	3649	3583	305858	302090
黑龙江	7	259	216	7084	7092	216567	194299
上　海	34	13779	13854	239472	236872	6811033	6640622
江　苏	72	6958	6524	248491	228479	9547105	7577349
浙　江	98	8730	8248	70867	66340	3314236	3025222
安　徽	38	1210	1026	43686	39455	1692769	1476040
福　建	29	395	360	31778	26697	1942090	1446612
江　西	15	111	99	12200	11524	544977	591228
山　东	49	4363	4142	115789	92350	10613051	9546930
河　南	53	1960	1723	34401	33675	1230402	1060872
湖　北	26	1502	1407	56860	54627	3637559	2991151
湖　南	20	329	297	25911	24069	1653252	1489393
广　东	76	2777	3947	94182	100631	4439578	4106855
广　西	10	436	315	7821	6918	225517	183145
海　南	1	16	16	108	102	5481	5365
重　庆	26	2552	1679	40950	36277	1838615	1506183
四　川	33	2357	2121	27627	24528	772640	628062
贵　州	9	201	175	1387	1046	36246	29113
云　南	9	487	389	9308	7953	376239	302765
西　藏							
陕　西	13	313	232	14823	15029	716864	620029
甘　肃	3	48	38	1439	1176	23650	22445
青　海	5	49	50	3021	3145	95265	84265
宁　夏	5	69	50	2103	1824	90484	72922
新　疆	9	352	297	3086	3220	184667	174776

2-13 续表 11

食品、饮料及烟草制品专门零售

项　目	连锁总店数（个）	门店数（个）		年末从业人员（人）		年末零售营业面积（平方米）	
	2009年	2009年	2008年	2009年	2008年	2009年	2008年
全　国	**179**	**9105**	**7902**	**53220**	**49157**	**788536**	**727704**
北　京	18	960	796	8946	7825	101547	85541
天　津	9	328	275	5020	4782	93809	31991
河　北	4	36	29	328	273	5660	3455
山　西	3	211	196	906	856	13656	12577
内蒙古							
辽　宁	3	70	65	667	808	6538	4817
吉　林	2	40	41	393	352	5900	3179
黑龙江							
上　海	2	57	58	481	482	8046	5586
江　苏	28	1188	1079	5135	4912	113223	103946
浙　江	23	1649	1528	5006	4765	113005	111171
安　徽	3	58	122	778	637	7200	6635
福　建	17	773	659	2935	2541	25782	18912
江　西	5	720	329	3327	2005	21430	14150
山　东	4	480	428	2237	2054	24422	23132
河　南	11	411	415	1588	1567	29155	30107
湖　北	11	312	254	6113	5986	22571	69003
湖　南	8	137	136	2799	3557	114077	122972
广　东	14	1129	963	4233	3641	35671	32898
广　西	1	8	8	108	100	105	105
海　南							
重　庆	5	75	63	417	318	10410	11550
四　川	1	357	355	1120	1104	28510	28510
贵　州							
云　南	2	58	58	252	219	2518	2371
西　藏	1	12	11	73	74	3346	3346
陕　西							
甘　肃							
青　海							
宁　夏							
新　疆	4	36	34	358	299	1955	1750

2-13 续表 12

纺织、服装及日用品专门零售

项目	连锁总店数(个)	门店数(个)		年末从业人员(人)		年末零售营业面积(平方米)	
	2009年	2009年	2008年	2009年	2008年	2009年	2008年
全国	**114**	**11192**	**10785**	**89311**	**79194**	**925836**	**842987**
北京	22	350	378	6478	7285	102243	101472
天津	3	43	44	379	509	5057	6378
河北	3	86	87	472	427	10719	10897
山西	1	8	8	110	110	1116	1116
内蒙古							
辽宁	4	58	53	579	454	15846	18693
吉林	1	12	14	126	115	2000	2000
黑龙江							
上海	3	1298	1195	3945	3860	48133	44464
江苏	3	108	105	2984	4332	104003	103853
浙江	8	173	165	2514	2421	35711	30113
安徽							
福建	6	179	171	1435	1402	19358	18613
江西	3	15	12	816	297	14309	4567
山东	1	5	5	40	31	3601	3601
河南	9	177	168	1163	1167	23044	22661
湖北	9	305	252	4422	3941	75933	67368
湖南	3	37	33	1020	1037	12669	12219
广东	19	7875	7714	58078	48024	347862	311797
广西							
海南							
重庆	7	191	118	1338	1190	18623	16539
四川	4	223	223	2126	1705	48566	44615
贵州							
云南	1	10	5	388	177	9516	4714
西藏							
陕西	2	31	24	408	340	4027	3557
甘肃							
青海	2	8	11	490	370	23500	13750
宁夏							
新疆							

2-13 续表 13

文化、体育用品及器材专门零售

项目	连锁总店数（个）	门店数（个）		年末从业人员（人）		年末零售营业面积（平方米）	
	2009年	2009年	2008年	2009年	2008年	2009年	2008年
全国	**78**	**2093**	**2123**	**42885**	**43582**	**1480621**	**1467221**
北京	6	94	65	970	1095	40118	37081
天津							
河北							
山西							
内蒙古	1	8	7	87	96	7486	7356
辽宁	1	18	18	873	788	44766	42126
吉林							
黑龙江	3	33	34	1288	1340	39799	40839
上海	2	176	230	2734	3285	102572	112794
江苏	6	399	413	8492	9406	403999	420810
浙江	2	277	271	6448	6246	246803	238545
安徽	2	27	24	700	778	28720	28506
福建	3	14	15	202	204	8051	8683
江西	4	18	19	317	252	6920	6950
山东	7	44	43	982	993	54718	54213
河南	2	13	13	332	318	2800	2800
湖北	4	34	39	1237	1329	31371	21585
湖南	3	32	28	1732	1689	12777	11580
广东	10	87	94	1793	1951	33809	36944
广西	1	4	3	280	280	15000	15000
海南							
重庆	2	272	286	3130	3130	60478	61795
四川	2	348	324	7284	6461	134863	119990
贵州							
云南	4	77	80	2199	2068	88647	81929
西藏							
陕西							
甘肃							
青海							
宁夏	1	8	8	220	281	10609	10609
新疆	12	110	109	1585	1592	106315	107086

2-13 续表 14

医药及医疗器材专门零售

项　目	连锁总店数（个）	门店数（个）		年末从业人员（人）		年末零售营业面积（平方米）	
	2009年	2009年	2008年	2009年	2008年	2009年	2008年
全　国	**527**	**30543**	**28365**	**170139**	**149759**	**3358166**	**2939135**
北　京	20	693	787	3696	4574	110588	118830
天　津	3	112	108	720	750	15833	15562
河　北	18	2129	1995	11389	10341	236967	239616
山　西	11	347	274	2540	1749	50136	28475
内蒙古	7	115	107	703	1630	12732	11501
辽　宁	31	1838	1755	17538	16553	374982	321899
吉　林	7	309	246	2378	1675	53944	34144
黑龙江	12	528	512	3670	3729	106968	106972
上　海	9	1068	1050	6715	6076	98335	97131
江　苏	38	1327	1251	7105	6753	166632	157473
浙　江	60	2221	1954	8891	7903	208274	188965
安　徽	12	199	214	2614	2294	39201	35384
福　建	12	191	171	1329	1096	40513	38699
江　西	9	362	360	3121	3323	51363	48600
山　东	30	910	782	4447	3705	129776	82339
河　南	37	1387	1265	6806	6565	104663	95738
湖　北	34	2581	2567	12088	11785	197077	192905
湖　南	16	1167	880	8891	6811	191818	149879
广　东	39	3668	3574	21687	16853	314093	236831
广　西	16	796	745	4493	4241	78941	71830
海　南	3	96	84	699	612	18040	15790
重　庆	20	4219	3812	11208	9694	170395	155640
四　川	23	992	924	5002	4151	109550	93340
贵　州	13	368	297	2610	2132	31874	26004
云　南	8	1696	1578	12531	8372	295163	258655
西　藏							
陕　西	5	169	160	1504	1326	17548	15988
甘　肃	10	205	183	1831	1739	37956	31783
青　海	3	36	34	343	311	3815	3946
宁　夏	4	145	43	849	244	25636	5957
新　疆	17	669	653	2741	2772	65353	59259

2-13 续表 15

汽车、摩托车、燃料及零配件专门零售

项　目	连锁总店数(个)	门店数(个)		年末从业人员(人)		年末零售营业面积(平方米)	
	2009年	2009年	2008年	2009年	2008年	2009年	2008年
全　国	**183**	**19583**	**18881**	**165621**	**160022**	**22116075**	**21523532**
北　京	3	682	696	7041	7664	278141	659170
天　津	3	571	555	7615	7739	1349946	1317646
河　北	3	523	463	2717	2658	1228152	858977
山　西	5	431	438	3792	4097	515510	543166
内蒙古	1	1506	1476	9036	8118	181720	177120
辽　宁	8	809	797	12318	10302	873104	866058
吉　林	1	267	293	1396	1560	100000	100000
黑龙江	1	12	12	2231	2382	1001	1001
上　海	2	687	880	9113	11279	220748	306317
江　苏	5	3224	3068	25716	24189	4275083	4214274
浙　江	4	20	18	133	92	4505	4770
安　徽	1	362	334	3673	3280	700000	640000
福　建	26	987	995	10913	10369	1208606	1169860
江　西	17	900	793	7486	6082	773652	639468
山　东	6	3143	2683	5647	6094	1344425	1191688
河　南	5	550	532	1847	1818	1086956	1058400
湖　北	10	405	377	6555	5640	427633	374936
湖　南	31	1921	1901	14663	13979	1621814	1580999
广　东	14	388	379	8018	7248	1292130	1273545
广　西	5	357	338	3627	3577	838526	830825
海　南							
重　庆	4	453	452	7387	7217	342678	341782
四　川	3	150	149	1541	1517	325647	329522
贵　州	2	14	14	301	301	40316	40316
云　南	1	72	64	1121	1100	102000	96000
西　藏							
陕　西	1	5	5	63	76	6000	6000
甘　肃	8	387	419	2884	3137	628542	639278
青　海							
宁　夏							
新　疆	13	757	750	8787	8507	2349240	2262414

2-13 续表 16

家用电器及电子产品专门零售

项　目	连锁总店数(个)	门店数(个)		年末从业人员(人)		年末零售营业面积(平方米)	
	2009年	2009年	2008年	2009年	2008年	2009年	2008年
全　国	**207**	**2949**	**3062**	**119307**	**131113**	**6677518**	**6531746**
北　京	9	383	410	11942	14940	839630	907432
天　津	4	65	78	2614	2885	261817	282373
河　北	8	85	90	2393	2289	123865	111894
山　西	4	28	26	1824	2138	114453	117488
内蒙古	2	10	11	626	674	29000	24554
辽　宁	5	67	66	2456	2787	238795	236913
吉　林	4	24	27	1249	1658	132207	131869
黑龙江	4	41	36	1239	1004	86022	64251
上　海	6	194	198	14756	17069	440680	461990
江　苏	15	231	326	16654	20579	663596	727430
浙　江	10	320	332	3853	4070	136615	158290
安　徽	6	68	75	2450	2806	132234	152352
福　建	21	174	149	6140	6219	427645	393791
江　西	5	24	32	1016	1636	69596	91337
山　东	7	53	57	3095	2928	133605	126809
河　南	20	152	139	4459	4278	387378	265562
湖　北	9	138	130	5279	5393	432514	406731
湖　南	7	64	75	2132	2120	132102	179300
广　东	30	426	415	22012	20950	914503	771257
广　西	4	21	21	1090	1250	55821	55821
海　南							
重　庆	3	83	81	3039	3029	338066	276933
四　川	9	101	103	5051	5734	320949	309434
贵　州							
云　南	7	73	65	1632	2036	130334	149791
西　藏							
陕　西	1	2	2	115	93	4100	3000
甘　肃							
青　海	1	4	3	195	150	21020	16516
宁　夏	2	59	54	364	309	30496	24753
新　疆	4	59	61	1632	2089	80475	83875

2-13 续表 17

五金、家具及室内装修材料专门零售

项目	连锁总店数（个）	门店数（个）		年末从业人员（人）		年末零售营业面积（平方米）	
	2009年	2009年	2008年	2009年	2008年	2009年	2008年
全国	**24**	**147**	**160**	**12530**	**14582**	**936416**	**1133152**
北京	4	39	40	2411	3161	258000	296352
天津	1	5	5	960	898	51632	51632
河北							
山西							
内蒙古							
辽宁	1	2	1	37	20	4000	2000
吉林							
黑龙江							
上海	5	30	47	4429	5762	211664	342761
江苏	3	5	5	460	693	46675	65000
浙江	2	3	3	279	326	13598	13598
安徽							
福建							
江西							
山东	1	3	3	104	176	20000	20000
河南							
湖北							
湖南							
广东	5	29	28	1909	2295	247572	262855
广西							
海南							
重庆							
四川	1	2	2	186	192	27000	27000
贵州							
云南							
西藏							
陕西							
甘肃							
青海							
宁夏							
新疆	1	29	26	1755	1059	56275	51954

2-13 续表 18

无店铺及其他零售

项目	连锁总店数(个)	门店数(个)		年末从业人员(人)		年末零售营业面积(平方米)	
	2009年	2009年	2008年	2009年	2008年	2009年	2008年
全国	**32**	**822**	**791**	**5460**	**5300**	**381689**	**376618**
北京							
天津	1	80	79	571	571	102600	102300
河北	6	65	61	291	327	7520	7098
山西							
内蒙古							
辽宁							
吉林							
黑龙江	1	31	31	46	46	460	460
上海	2	43	39	581	593	5718	4551
江苏	3	45	48	202	251	12266	11966
浙江	2	16	17	660	550	3997	3897
安徽							
福建	1	57	45	273	243	9840	8526
江西	4	16	19	495	508	12660	13040
山东	1	15	14	241	198	3250	3217
河南	4	325	325	1345	1302	208985	209035
湖北							
湖南	1	7	7	42	39	1200	1200
广东	2	26	19	151	130	3700	2900
广西	2	34	32	290	238	5027	3987
海南							
重庆							
四川							
贵州							
云南	1	60	53	177	220	2466	2441
西藏							
陕西							
甘肃							
青海	1	2	2	95	84	2000	2000
宁夏							
新疆							

2-14 按行业分各地区连锁零售企业直营门店基本情况

批发业

项　目	门店数（个）		年末从业人员（人）		年末零售营业面积（平方米）	
	2009年	2008年	2009年	2008年	2009年	2008年
全　国	**16359**	**15627**	**142250**	**138418**	**23454397**	**22242701**
北　京	80	37	348	242	6417	2858
天　津	13	12	794	622	7470	3452
河　北	2155	2093	17711	17745	2753411	2557822
山　西	11	11	770	770	28881	28881
内蒙古	19	18	386	306	2010	1700
辽　宁	444	408	5121	5111	405252	405752
吉　林						
黑龙江	33	37	399	464	796	912
上　海						
江　苏	820	772	6501	4808	203325	202400
浙　江	3074	2900	24468	24021	5208511	5005853
安　徽	1531	1535	11722	12484	468493	406383
福　建	44	42	1565	1616	27189	30820
江　西	104	96	3234	1491	210715	215653
山　东	361	355	4170	4046	224181	224970
河　南	1367	1317	6719	6310	1703087	1574121
湖　北	111	102	1314	1245	28550	26437
湖　南	25	25	850	827	5704	5654
广　东	3068	2873	38603	39970	9950011	9344394
广　西	630	569	5634	5152	1260830	1274030
海　南						
重　庆	157	131	371	331	32780	5420
四　川	63	67	1674	1601	5119	3946
贵　州						
云　南	1611	1600	2975	2784	740818	720875
西　藏						
陕　西	51	51	3575	3447	15620	15620
甘　肃	216	198	2461	2155	126112	145053
青　海						
宁　夏	22	22	49	49	12000	12000
新　疆	349	356	836	821	27115	27695

2-14 续表 1

农畜产品批发

项　　目	门店数(个)		年末从业人员(人)		年末零售营业面积(平方米)	
	2009年	2008年	2009年	2008年	2009年	2008年
全　　国	**443**	**443**	**788**	**785**	**256075**	**257975**
北　　京						
天　　津						
河　　北						
山　　西						
内 蒙 古						
辽　　宁						
吉　　林						
黑 龙 江						
上　　海						
江　　苏	69	69	372	365	193935	193935
浙　　江	365	365	365	365	60880	62780
安　　徽						
福　　建	9	9	51	55	1260	1260
江　　西						
山　　东						
河　　南						
湖　　北						
湖　　南						
广　　东						
广　　西						
海　　南						
重　　庆						
四　　川						
贵　　州						
云　　南						
西　　藏						
陕　　西						
甘　　肃						
青　　海						
宁　　夏						
新　　疆						

2-14 续表 2

食品、饮料及烟草制品批发

项目	门店数（个）		年末从业人员（人）		年末零售营业面积（平方米）	
	2009年	2008年	2009年	2008年	2009年	2008年
全国	**970**	**866**	**19359**	**15316**	**108844**	**102841**
北京						
天津						
河北	18	17	1067	977	110	90
山西	11	11	770	770	28881	28881
内蒙古						
辽宁						
吉林						
黑龙江						
上海						
江苏	607	521	4790	3294	8990	8165
浙江	26	27	807	545	9458	7038
安徽						
福建	27	26	1364	1368	23479	23479
江西	16	5	2175	432	30	
山东	85	84	2058	1926	8625	8475
河南	20	17	171	150	1857	1012
湖北	13	9	582	515	370	257
湖南						
广东	93	92	585	511	11302	9702
广西						
海南						
重庆						
四川	23	23	1309	1288	1320	1320
贵州						
云南	3	6	57	55	965	965
西藏						
陕西	19	19	3441	3302	10000	10000
甘肃						
青海						
宁夏						
新疆	9	9	183	183	3457	3457

2-14 续表 3

纺织、服装及日用品批发

项　目	门店数(个)		年末从业人员(人)		年末零售营业面积(平方米)	
	2009年	2008年	2009年	2008年	2009年	2008年
全　国	**253**	**158**	**1955**	**1766**	**21996**	**13621**
北　京	68	24	149	80	5231	1518
天　津						
河　北						
山　西						
内蒙古						
辽　宁						
吉　林						
黑龙江						
上　海						
江　苏	3	3	30	30	400	300
浙　江	37	17	188	55	3275	850
安　徽						
福　建						
江　西						
山　东						
河　南						
湖　北						
湖　南	17	17	636	605	2450	2400
广　东	128	97	952	996	10640	8553
广　西						
海　南						
重　庆						
四　川						
贵　州						
云　南						
西　藏						
陕　西						
甘　肃						
青　海						
宁　夏						
新　疆						

2-14 续表 4

文化、体育用品及器材批发

项目	门店数（个）		年末从业人员（人）		年末零售营业面积（平方米）	
	2009年	2008年	2009年	2008年	2009年	2008年
全国	**22**	**21**	**765**	**945**	**14550**	**17340**
北京						
天津						
河北						
山西						
内蒙古						
辽宁						
吉林						
黑龙江						
上海						
江苏						
浙江						
安徽						
福建						
江西						
山东						
河南						
湖北						
湖南						
广东	22	21	765	945	14550	17340
广西						
海南						
重庆						
四川						
贵州						
云南						
西藏						
陕西						
甘肃						
青海						
宁夏						
新疆						

2-14 续表 5

医药及医疗器材批发

项　目	门店数(个)		年末从业人员(人)		年末零售营业面积(平方米)	
	2009年	2008年	2009年	2008年	2009年	2008年
全　国	**336**	**329**	**2281**	**2128**	**30178**	**27949**
北　京						
天　津						
河　北	7	8	91	95	690	770
山　西						
内蒙古	19	18	386	306	2010	1700
辽　宁						
吉　林						
黑龙江						
上　海						
江　苏						
浙　江						
安　徽	6	6	38	27	600	600
福　建	5	5	69	67	250	250
江　西						
山　东						
河　南	79	79	251	253	4200	4200
湖　北	3	3	120	120	180	180
湖　南	8	8	214	222	3254	3254
广　东	44	42	220	210	2560	1280
广　西						
海　南						
重　庆	35	35	105	105	2000	1970
四　川	16	15	138	73	2219	1546
贵　州						
云　南	78	69	435	423	5816	5394
西　藏						
陕　西	32	32	134	145	5620	5620
甘　肃						
青　海						
宁　夏						
新　疆	4	9	80	82	779	1185

2-14 续表 6

矿产品、建材及化工产品批发

项 目	门店数（个）		年末从业人员（人）		年末零售营业面积（平方米）	
	2009年	2008年	2009年	2008年	2009年	2008年
全 国	**13618**	**13137**	**111331**	**111896**	**22688524**	**21525980**
北 京						
天 津						
河 北	2130	2068	16553	16673	2752611	2556962
山 西						
内蒙古						
辽 宁	423	381	4995	4983	403648	403848
吉 林						
黑龙江	33	37	399	464	796	912
上 海						
江 苏	141	179	1309	1119		
浙 江	2382	2258	22537	22551	5100440	4904604
安 徽	1525	1529	11684	12457	467893	405783
福 建	3	2	81	126	2200	5831
江 西						
山 东	246	239	1597	1591	203188	204060
河 南	1264	1217	6260	5862	1695030	1566809
湖 北	95	90	612	610	28000	26000
湖 南						
广 东	2573	2426	34320	35544	9885929	9287389
广 西	630	569	5634	5152	1260830	1274030
海 南						
重 庆	80	69	180	170	2078	913
四 川	12	16	99	110		
贵 州						
云 南	1507	1499	1988	1724	724890	708733
西 藏						
陕 西						
甘 肃	216	198	2461	2155	126112	145053
青 海						
宁 夏	22	22	49	49	12000	12000
新 疆	336	338	573	556	22879	23053

2-14 续表 7

机械设备、五金交电及电子产品批发

项　目	门店数（个）		年末从业人员（人）		年末零售营业面积（平方米）	
	2009年	2008年	2009年	2008年	2009年	2008年
全　国	**143**	**133**	**2750**	**2617**	**43496**	**30464**
北　京						
天　津	13	12	794	622	7470	3452
河　北						
山　西						
内蒙古						
辽　宁	2	2	8	8	104	104
吉　林						
黑龙江						
上　海						
江　苏						
浙　江	6	6	40	33	145	145
安　徽						
福　建						
江　西	4	4	39	39	1200	1200
山　东	4	4	104	108	3600	3600
河　南	4	4	37	45	2000	2100
湖　北						
湖　南						
广　东	75	62	1105	1050	18250	13000
广　西						
海　南						
重　庆						
四　川	12	13	128	130	1580	1080
贵　州						
云　南	23	26	495	582	9147	5783
西　藏						
陕　西						
甘　肃						
青　海						
宁　夏						
新　疆						

2-14 续表 8

其他批发

项目	门店数(个)		年末从业人员(人)		年末零售营业面积(平方米)	
	2009年	2008年	2009年	2008年	2009年	2008年
全　国	**574**	**540**	**3021**	**2965**	**290734**	**266531**
北　京	12	13	199	162	1186	1340
天　津						
河　北						
山　西						
内蒙古						
辽　宁	19	25	118	120	1500	1800
吉　林						
黑龙江						
上　海						
江　苏						
浙　江	258	227	531	472	34313	30436
安　徽						
福　建						
江　西	84	87	1020	1020	209485	214453
山　东	26	28	411	421	8768	8835
河　南						
湖　北						
湖　南						
广　东	133	133	656	714	6780	7130
广　西						
海　南						
重　庆	42	27	86	56	28702	2537
四　川						
贵　州						
云　南						
西　藏						
陕　西						
甘　肃						
青　海						
宁　夏						
新　疆						

2-14 续表 9

零售业

项目	门店数(个)		年末从业人员(人)		年末零售营业面积(平方米)	
	2009年	2008年	2009年	2008年	2009年	2008年
全国	**78277**	**73925**	**1619036**	**1542599**	**86159812**	**78651050**
北京	4540	4368	120549	123576	5140982	5171532
天津	1661	1545	29914	31465	2401635	2301755
河北	1487	1373	29555	28557	2632379	2146799
山西	1121	1021	26762	26284	1088601	1037386
内蒙古	1666	1643	12946	13104	324091	316870
辽宁	3003	2802	39878	36433	1751665	1632164
吉林	790	771	9191	8943	599909	573282
黑龙江	796	757	15342	15425	447577	405302
上海	9794	9928	200038	207794	5819381	6054145
江苏	9902	9369	275784	257711	14268553	12382060
浙江	4898	4554	81051	75765	3495536	3198045
安徽	1379	1359	43912	40062	2425462	2207645
福建	2288	2162	53959	47836	3669875	3095166
江西	1492	1430	26573	24783	1447272	1370865
山东	5887	5135	119072	95793	11734320	10480782
河南	2846	2753	45333	45340	2782584	2466911
湖北	3226	2931	84003	79099	4611873	3948936
湖南	3111	2935	55310	51873	3671794	3491819
广东	5741	5514	153661	152008	6911112	6331296
广西	1059	956	14297	13326	1124023	1081147
海南	112	100	807	714	23521	21155
重庆	2286	2136	55831	52650	2587303	2239845
四川	3328	3076	45453	41798	1686657	1503914
贵州	451	374	3952	3245	102587	91122
云南	2215	2020	26866	21487	949648	841718
西藏	12	11	73	74	3346	3346
陕西	443	354	15993	16076	652359	613014
甘肃	638	631	6148	5966	689877	692314
青海	99	100	4144	4060	145600	120477
宁夏	281	155	3536	2658	157225	114241
新疆	1725	1662	19103	18694	2813065	2715997

2-14 续表 10

综合零售

项 目	门店数（个）		年末从业人员（人）		年末零售营业面积（平方米）	
	2009年	2008年	2009年	2008年	2009年	2008年
全 国	**28645**	**26769**	**1064749**	**995849**	**51275899**	**44772551**
北 京	1951	1855	82188	81721	3496655	3113270
天 津	525	472	12288	13577	569545	543011
河 北	351	334	19127	18454	1162351	1040062
山 西	201	190	17905	17669	397930	338777
内蒙古	67	83	2523	2618	94741	97983
辽 宁	513	441	8655	8086	301362	259447
吉 林	138	150	3649	3583	305858	302090
黑龙江	151	132	6868	6924	213327	191779
上 海	7722	7619	162578	164411	4760252	4746936
江 苏	3931	3564	211531	189366	8552381	6639565
浙 江	2028	1865	57652	53513	2826497	2531741
安 徽	684	615	33818	30341	1521762	1348783
福 建	379	354	31669	26597	1938570	1443812
江 西	106	94	12040	11364	511062	557313
山 东	1489	1380	103190	80474	10031121	8986425
河 南	686	737	30675	31095	1177442	1020253
湖 北	1367	1253	55283	52086	3515619	2909127
湖 南	325	296	25821	24049	1651052	1488893
广 东	1937	1744	84185	84651	4189129	3761372
广 西	246	208	6075	5270	159018	131064
海 南	16	16	108	102	5481	5365
重 庆	798	699	37372	34802	1750425	1471043
四 川	2002	1836	26168	23170	752290	602561
贵 州	139	108	1307	974	33146	26433
云 南	206	170	8658	7412	361243	289776
西 藏						
陕 西	261	188	14055	14397	623264	586989
甘 肃	48	38	1439	1176	23650	22445
青 海	49	50	3021	3145	95265	84265
宁 夏	69	50	2103	1824	90484	72922
新 疆	260	228	2798	2998	164977	159049

2-14 续表 11

食品、饮料及烟草制品专门零售

项 目	门店数(个)		年末从业人员(人)		年末零售营业面积(平方米)	
	2009年	2008年	2009年	2008年	2009年	2008年
全 国	**5310**	**4836**	**41912**	**39925**	**648865**	**608009**
北 京	609	470	6266	5232	66734	52233
天 津	311	256	4969	4741	92883	30631
河 北	36	29	328	273	5660	3455
山 西	211	196	906	856	13656	12577
内蒙古						
辽 宁	70	65	667	808	6538	4817
吉 林	40	41	393	352	5900	3179
黑龙江						
上 海	57	58	481	482	8046	5586
江 苏	1071	982	4619	4207	91823	88846
浙 江	946	872	4159	3951	90005	89891
安 徽	46	104	698	607	5910	5445
福 建	375	322	2178	1876	19752	15572
江 西	52	101	1294	1321	7910	9590
山 东	286	265	1511	1433	17909	17402
河 南	261	218	1371	1347	22665	20787
湖 北	310	254	6100	5986	22371	69003
湖 南	136	135	2769	3526	111417	119812
广 东	334	309	1810	1657	24537	22781
广 西	8	8	108	100	105	105
海 南						
重 庆	63	63	393	318	10150	11550
四 川	3	3	398	390	17950	17950
贵 州						
云 南	58	58	252	219	2518	2371
西 藏	12	11	73	74	3346	3346
陕 西						
甘 肃						
青 海						
宁 夏						
新 疆	15	16	169	169	1080	1080

2-14 续表 12

纺织、服装及日用品专门零售

项目	门店数（个）		年末从业人员（人）		年末零售营业面积（平方米）	
	2009年	2008年	2009年	2008年	2009年	2008年
全国	**2493**	**2456**	**45132**	**45990**	**613520**	**576313**
北京	326	354	6318	7144	99815	99207
天津	43	44	379	509	5057	6378
河北	86	87	472	427	10719	10897
山西	8	8	110	110	1116	1116
内蒙古						
辽宁	57	53	576	454	15763	18693
吉林	12	14	126	115	2000	2000
黑龙江						
上海	491	441	1540	1479	19235	17794
江苏	82	83	2886	4211	103000	103050
浙江	173	141	2514	2051	35711	28313
安徽						
福建	137	131	1285	1252	17578	16913
江西	14	12	804	297	14109	4567
山东	5	5	40	31	3601	3601
河南	169	165	1153	1142	21944	21861
湖北	305	242	4422	3891	75933	66868
湖南	37	33	1020	1037	12669	12219
广东	347	456	18229	19103	100116	107672
广西						
海南						
重庆	88	83	1164	1062	13253	12189
四川	67	66	832	803	25594	21370
贵州						
云南	7	3	364	162	8780	4298
西藏						
陕西	31	24	408	340	4027	3557
甘肃						
青海	8	11	490	370	23500	13750
宁夏						
新疆						

2-14 续表 13

文化、体育用品及器材专门零售

项目	门店数(个)		年末从业人员(人)		年末零售营业面积(平方米)	
	2009年	2008年	2009年	2008年	2009年	2008年
全国	**1721**	**1759**	**40901**	**41963**	**1441401**	**1439722**
北京	89	57	960	1079	39793	36602
天津						
河北						
山西						
内蒙古	8	7	87	96	7486	7356
辽宁	18	18	873	788	44766	42126
吉林						
黑龙江	33	34	1288	1340	39799	40839
上海	176	230	2734	3285	102572	112794
江苏	244	252	7475	8346	386869	405120
浙江	277	271	6448	6246	246803	238545
安徽	27	24	700	778	28720	28506
福建	14	15	202	204	8051	8683
江西	18	19	317	252	6920	6950
山东	44	43	982	993	54718	54213
河南	8	8	141	120	2400	2400
湖北	28	33	1087	1229	30671	20885
湖南	32	28	1732	1689	12777	11580
广东	86	93	1790	1947	33709	36844
广西	4	3	280	280	15000	15000
海南						
重庆	105	118	2963	2958	53798	55065
四川	326	320	6867	6421	122048	117660
贵州						
云南	69	72	2183	2052	87877	81159
西藏						
陕西						
甘肃						
青海						
宁夏	8	8	220	281	10609	10609
新疆	107	106	1572	1579	106015	106786

2-14 续表 14

医药及医疗器材专门零售

项　目	门店数（个）		年末从业人员（人）		年末零售营业面积（平方米）	
	2009年	2008年	2009年	2008年	2009年	2008年
全　国	**17268**	**15867**	**127639**	**112588**	**2538568**	**2214374**
北　京	469	520	3563	3511	78502	75546
天　津	99	95	693	720	14755	14484
河　北	341	309	4227	4129	94112	114416
山　西	242	163	2225	1414	45936	24262
内蒙古	75	66	674	1598	11144	9857
辽　宁	1484	1379	14759	13822	313550	254866
吉　林	309	246	2378	1675	53944	34144
黑龙江	528	512	3670	3729	106968	106972
上　海	490	521	3950	3566	56442	61936
江　苏	1107	1057	6555	6233	148582	137607
浙　江	1229	1131	6033	5513	153923	142380
安　徽	195	210	2588	2265	38636	34359
福　建	165	151	1299	1076	39833	38009
江　西	362	360	3121	3323	51363	48600
山　东	849	685	4262	3466	125691	77427
河　南	1007	940	5537	5388	79702	73480
湖　北	683	652	5508	5105	109132	103386
湖　南	591	462	7185	5454	128963	98016
广　东	2187	2089	16349	14580	222050	207736
广　西	389	346	2827	2611	50526	44345
海　南	96	84	699	612	18040	15790
重　庆	696	640	3513	3264	78933	71283
四　川	677	597	4410	3571	95179	78417
贵　州	298	252	2344	1970	29125	24373
云　南	1670	1535	12479	8286	254430	215882
西　藏						
陕　西	148	139	1384	1206	16968	15468
甘　肃	203	174	1825	1653	37685	30591
青　海	36	34	343	311	3815	3946
宁　夏	145	43	849	244	25636	5957
新　疆	498	475	2390	2293	55003	50839

2-14 续表 15

汽车、摩托车、燃料及零配件专门零售

项　目	门店数（个）		年末从业人员（人）		年末零售营业面积（平方米）	
	2009年	2008年	2009年	2008年	2009年	2008年
全　国	**19449**	**18718**	**164548**	**158973**	**21982535**	**21383896**
北　京	676	667	7023	7399	276461	651050
天　津	571	555	7615	7739	1349946	1317646
河　北	523	463	2717	2658	1228152	858977
山　西	431	438	3792	4097	515510	543166
内蒙古	1506	1476	9036	8118	181720	177120
辽　宁	802	790	12265	10249	865754	858708
吉　林	267	293	1396	1560	100000	100000
黑龙江	12	12	2231	2382	1001	1001
上　海	591	775	8989	11147	214772	299797
江　苏	3224	3068	25716	24189	4275083	4214274
浙　江	20	18	133	92	4505	4770
安　徽	362	334	3673	3280	700000	640000
福　建	987	995	10913	10369	1208606	1169860
江　西	900	793	7486	6082	773652	639468
山　东	3143	2683	5647	6094	1344425	1191688
河　南	550	532	1847	1818	1086956	1058400
湖　北	405	377	6555	5640	427633	374936
湖　南	1919	1899	14609	13959	1621614	1580799
广　东	369	363	7226	6705	1175796	1158099
广　西	357	338	3627	3577	838526	830825
海　南						
重　庆	453	452	7387	7217	342678	341782
四　川	150	149	1541	1517	325647	329522
贵　州	14	14	301	301	40316	40316
云　南	72	64	1121	1100	102000	96000
西　藏						
陕　西	1	1	31	40	4000	4000
甘　肃	387	419	2884	3137	628542	639278
青　海						
宁　夏						
新　疆	757	750	8787	8507	2349240	2262414

2-14 续表 16

家用电器及电子产品专门零售

项目	门店数(个)		年末从业人员(人)		年末零售营业面积(平方米)	
	2009年	2008年	2009年	2008年	2009年	2008年
全国	**2770**	**2927**	**117640**	**129384**	**6606922**	**6458710**
北京	383	410	11942	14940	839630	907432
天津	65	78	2614	2885	261817	282373
河北	85	90	2393	2289	123865	111894
山西	28	26	1824	2138	114453	117488
内蒙古	10	11	626	674	29000	24554
辽宁	57	55	2046	2206	199932	191507
吉林	24	27	1249	1658	132207	131869
黑龙江	41	36	1239	1004	86022	64251
上海	194	198	14756	17069	440680	461990
江苏	193	316	16340	20244	651874	717272
浙江	206	236	3173	3523	120497	144910
安徽	65	72	2435	2791	130434	150552
福建	174	149	6140	6219	427645	393791
江西	24	32	1016	1636	69596	91337
山东	53	57	3095	2928	133605	126809
河南	148	136	4442	4268	387285	265490
湖北	128	120	5048	5162	430514	404731
湖南	64	75	2132	2120	132102	179300
广东	426	413	22012	20940	914503	771037
广西	21	21	1090	1250	55821	55821
海南						
重庆	83	81	3039	3029	338066	276933
四川	101	103	5051	5734	320949	309434
贵州						
云南	73	65	1632	2036	130334	149791
西藏						
陕西	2	2	115	93	4100	3000
甘肃						
青海	4	3	195	150	21020	16516
宁夏	59	54	364	309	30496	24753
新疆	59	61	1632	2089	80475	83875

2-14 续表 17

五金、家具及室内装修材料专门零售

项目	门店数(个)		年末从业人员(人)		年末零售营业面积(平方米)	
	2009年	2008年	2009年	2008年	2009年	2008年
全国	**145**	**155**	**12408**	**13971**	**921808**	**1072992**
北京	37	35	2289	2550	243392	236192
天津	5	5	960	898	51632	51632
河北						
山西						
内蒙古						
辽宁	2	1	37	20	4000	2000
吉林						
黑龙江						
上海	30	47	4429	5762	211664	342761
江苏	5	5	460	693	46675	65000
浙江	3	3	279	326	13598	13598
安徽						
福建						
江西						
山东	3	3	104	176	20000	20000
河南						
湖北						
湖南						
广东	29	28	1909	2295	247572	262855
广西						
海南						
重庆						
四川	2	2	186	192	27000	27000
贵州						
云南						
西藏						
陕西						
甘肃						
青海						
宁夏						
新疆	29	26	1755	1059	56275	51954

2-14 续表 18

无店铺及其他零售

项　目	门店数(个)		年末从业人员(人)		年末零售营业面积(平方米)	
	2009年	2008年	2009年	2008年	2009年	2008年
全　国	**476**	**438**	**4107**	**3956**	**130294**	**124483**
北　京						
天　津	42	40	396	396	56000	55600
河　北	65	61	291	327	7520	7098
山　西						
内蒙古						
辽　宁						
吉　林						
黑龙江	31	31	46	46	460	460
上　海	43	39	581	593	5718	4551
江　苏	45	42	202	222	12266	11326
浙　江	16	17	660	550	3997	3897
安　徽						
福　建	57	45	273	243	9840	8526
江　西	16	19	495	508	12660	13040
山　东	15	14	241	198	3250	3217
河　南	17	17	167	162	4190	4240
湖　北						
湖　南	7	7	42	39	1200	1200
广　东	26	19	151	130	3700	2900
广　西	34	32	290	238	5027	3987
海　南						
重　庆						
四　川						
贵　州						
云　南	60	53	177	220	2466	2441
西　藏						
陕　西						
甘　肃						
青　海	2	2	95	84	2000	2000
宁　夏						
新　疆						

2-15 按行业分各地区连锁零售企业加盟门店基本情况

批发业

项　目	门店数（个）		年末从业人员（人）		年末零售营业面积（平方米）	
	2009年	2008年	2009年	2008年	2009年	2008年
全　国	**26316**	**24948**	**53520**	**50410**	**1265350**	**1125953**
北　京	258	253	977	992	21177	20669
天　津						
河　北	27	27	81	160	4800	3200
山　西						
内蒙古						
辽　宁						
吉　林						
黑龙江						
上　海						
江　苏	1867	1850	4030	4765	116380	106380
浙　江	5458	4834	18843	16562	369186	297670
安　徽	4167	4230	5946	6100	119000	103800
福　建						
江　西						
山　东	233	235	903	902	16340	16400
河　南	1907	1164	5402	3438	58480	38345
湖　北	61	61	201	200	1000	1000
湖　南						
广　东	2615	2735	9307	9490	236780	222602
广　西	561	623	1727	1975	91691	121581
海　南						
重　庆	1733	1571	3615	3454	148807	117284
四　川	177	177	377	405	8548	8601
贵　州						
云　南	6248	6248	93	86	1761	1761
西　藏						
陕　西						
甘　肃	2	2	10	5	1000	1000
青　海						
宁　夏	1002	938	2008	1876	70400	65660
新　疆						

2-15 续表 1

农畜产品批发

项　目	门店数（个）		年末从业人员（人）		年末零售营业面积（平方米）	
	2009年	2008年	2009年	2008年	2009年	2008年
全　国	**1920**	**1861**	**4141**	**4908**	**131844**	**120209**
北　京						
天　津						
河　北	27	27	81	160	4800	3200
山　西						
内蒙古						
辽　宁						
吉　林						
黑龙江						
上　海						
江　苏	1773	1737	3901	4593	116380	106380
浙　江	52	52	87	87	8944	8944
安　徽						
福　建						
江　西						
山　东						
河　南	68	45	72	68	1720	1685
湖　北						
湖　南						
广　东						
广　西						
海　南						
重　庆						
四　川						
贵　州						
云　南						
西　藏						
陕　西						
甘　肃						
青　海						
宁　夏						
新　疆						

2-15 续表 2

食品、饮料及烟草制品批发

项 目	门店数（个）		年末从业人员（人）		年末零售营业面积（平方米）	
	2009年	2008年	2009年	2008年	2009年	2008年
全 国	**2731**	**2097**	**6899**	**5115**	**72715**	**53260**
北 京						
天 津						
河 北						
山 西						
内蒙古						
辽 宁						
吉 林						
黑龙江						
上 海						
江 苏						
浙 江	55	55	108	104	2855	2760
安 徽						
福 建						
江 西						
山 东						
河 南	1820	1100	5243	3290	56400	36300
湖 北						
湖 南						
广 东	711	797	1059	1232	6760	7500
广 西						
海 南						
重 庆	145	145	489	489	6700	6700
四 川						
贵 州						
云 南						
西 藏						
陕 西						
甘 肃						
青 海						
宁 夏						
新 疆						

2-15 续表 3

纺织、服装及日用品批发

项 目	门店数(个)		年末从业人员(人)		年末零售营业面积(平方米)	
	2009年	2008年	2009年	2008年	2009年	2008年
全 国	**4379**	**4075**	**17185**	**15350**	**198077**	**166124**
北 京	52	47	152	61	2859	2505
天 津						
河 北						
山 西						
内蒙古						
辽 宁						
吉 林						
黑龙江						
上 海						
江 苏						
浙 江	3978	3655	16275	14510	189288	157719
安 徽						
福 建						
江 西						
山 东						
河 南						
湖 北						
湖 南						
广 东	349	373	758	779	5930	5900
广 西						
海 南						
重 庆						
四 川						
贵 州						
云 南						
西 藏						
陕 西						
甘 肃						
青 海						
宁 夏						
新 疆						

2-15 续表 4

医药及医疗器材批发

项　目	门店数（个）		年末从业人员（人）		年末零售营业面积（平方米）	
	2009年	2008年	2009年	2008年	2009年	2008年
全　国	**2339**	**2360**	**7584**	**7648**	**112265**	**81151**
北　京						
天　津						
河　北						
山　西						
内蒙古						
辽　宁						
吉　林						
黑龙江						
上　海						
江　苏						
浙　江						
安　徽						
福　建						
江　西						
山　东						
河　南	19	19	87	80	360	360
湖　北	61	61	201	200	1000	1000
湖　南						
广　东	1430	1457	5602	5664	75866	44994
广　西						
海　南						
重　庆	640	634	1300	1289	25530	25235
四　川	176	176	369	397	8468	8521
贵　州						
云　南	13	13	25	18	1041	1041
西　藏						
陕　西						
甘　肃						
青　海						
宁　夏						
新　疆						

2-15 续表 5

矿产品、建材及化工产品批发

项　　目	门店数(个)		年末从业人员(人)		年末零售营业面积(平方米)	
	2009年	2008年	2009年	2008年	2009年	2008年
全　　国	**13229**	**13210**	**13193**	**13294**	**447278**	**468962**
北　　京						
天　　津						
河　　北						
山　　西						
内 蒙 古						
辽　　宁						
吉　　林						
黑 龙 江						
上　　海						
江　　苏	82	86	80	86		
浙　　江	348	348	368	365	1920	1920
安　　徽	4167	4230	5946	6100	119000	103800
福　　建						
江　　西						
山　　东	233	235	903	902	16340	16400
河　　南						
湖　　北						
湖　　南						
广　　东	38	35	743	625	133974	147208
广　　西	561	623	1727	1975	91691	121581
海　　南						
重　　庆	561	478	1340	1292	12233	10673
四　　川						
贵　　州						
云　　南	6235	6235	68	68	720	720
西　　藏						
陕　　西						
甘　　肃	2	2	10	5	1000	1000
青　　海						
宁　　夏	1002	938	2008	1876	70400	65660
新　　疆						

2-15 续表 6

机械设备、五金交电及电子产品批发

项目	门店数(个)		年末从业人员(人)		年末零售营业面积(平方米)	
	2009年	2008年	2009年	2008年	2009年	2008年
全国	**88**	**74**	**1153**	**1198**	**14330**	**17080**
北京						
天津						
河北						
山西						
内蒙古						
辽宁						
吉林						
黑龙江						
上海						
江苏						
浙江						
安徽						
福建						
江西						
山东						
河南						
湖北						
湖南						
广东	87	73	1145	1190	14250	17000
广西						
海南						
重庆						
四川	1	1	8	8	80	80
贵州						
云南						
西藏						
陕西						
甘肃						
青海						
宁夏						
新疆						

2-15 续表 7

其他批发

项目	门店数（个）		年末从业人员（人）		年末零售营业面积（平方米）	
	2009年	2008年	2009年	2008年	2009年	2008年
全国	**1630**	**1271**	**3365**	**2897**	**288841**	**219167**
北京	206	206	825	931	18318	18164
天津						
河北						
山西						
内蒙古						
辽宁						
吉林						
黑龙江						
上海						
江苏	12	27	49	86		
浙江	1025	724	2005	1496	166179	126327
安徽						
福建						
江西						
山东						
河南						
湖北						
湖南						
广东						
广西						
海南						
重庆	387	314	486	384	104344	74676
四川						
贵州						
云南						
西藏						
陕西						
甘肃						
青海						
宁夏						
新疆						

2-15 续表 8

零售业

项　目	门店数(个)		年末从业人员(人)		年末零售营业面积(平方米)	
	2009年	2008年	2009年	2008年	2009年	2008年
全　国	**54725**	**52481**	**294033**	**274580**	**7212462**	**6751182**
北　京	1889	2100	8585	10581	269189	359153
天　津	68	71	253	246	48604	49138
河　北	1859	1747	8163	6744	156702	138340
山　西	899	834	4479	3733	42929	40517
内蒙古	58	41	109	32	10438	1644
辽　宁	1781	1776	8405	9276	233741	248662
吉　林						
黑龙江	108	84	216	168	3240	2520
上　海	7538	7623	82188	77484	2127548	1962071
江　苏	3583	3450	39455	41883	1064029	1000041
浙　江	8511	7982	17600	16948	581208	576526
安　徽	545	436	9989	9188	174662	131272
福　建	482	403	1046	935	12010	8530
江　西	674	233	2205	844	47635	38475
山　东	3129	3022	13510	12736	592528	571147
河　南	2129	1827	6608	5350	290799	278264
湖　北	2051	2095	8551	9602	212785	174743
湖　南	583	422	1880	1428	67915	55723
广　东	10664	11619	58402	49715	717806	704586
广　西	597	506	3412	3278	94914	79566
海　南						
重　庆	5559	4355	11638	8205	191962	130577
四　川	1202	1125	4484	3594	81068	76559
贵　州	132	112	346	234	5849	4311
云　南	318	272	742	658	57235	56948
西　藏						
陕　西	77	69	920	788	96180	35560
甘　肃	2	9	6	86	271	1192
青　海						
宁　夏						
新　疆	841	844	31215	25117	13282	5882

2-15 续表 9

综合零售

项目	门店数(个)		年末从业人员(人)		年末零售营业面积(平方米)	
	2009年	2008年	2009年	2008年	2009年	2008年
全国	**27923**	**27568**	**189847**	**188621**	**5431518**	**5087586**
北京	1277	1441	5462	5892	183249	211537
天津						
河北	71	61	1001	532	13847	13140
山西	794	723	4164	3398	38729	36304
内蒙古	18		80		8850	
辽宁	1409	1382	5160	5911	126013	128873
吉林						
黑龙江	108	84	216	168	3240	2520
上海	6057	6235	76894	72461	2050781	1893686
江苏	3027	2960	36960	39113	994724	937784
浙江	6702	6383	13215	12827	487739	493481
安徽	526	411	9868	9114	171007	127257
福建	16	6	109	100	3520	2800
江西	5	5	160	160	33915	33915
山东	2874	2762	12599	11876	581930	560505
河南	1274	986	3726	2580	52960	40619
湖北	135	154	1577	2541	121940	82024
湖南	4	1	90	20	2200	500
广东	840	2203	9997	15980	250449	345483
广西	190	107	1746	1648	66499	52081
海南						
重庆	1754	980	3578	1475	88190	35140
四川	355	285	1459	1358	20350	25501
贵州	62	67	80	72	3100	2680
云南	281	219	650	541	14996	12989
西藏						
陕西	52	44	768	632	93600	33040
甘肃						
青海						
宁夏						
新疆	288	222	19690	15727	9066	2806

2-15 续表 10

食品、饮料及烟草制品专门零售

项　目	门店数（个）		年末从业人员（人）		年末零售营业面积（平方米）	
	2009年	2008年	2009年	2008年	2009年	2008年
全　国	**3795**	**3066**	**11308**	**9232**	**139671**	**119695**
北　京	351	326	2680	2593	34813	33308
天　津	17	19	51	41	926	1360
河　北						
山　西						
内蒙古						
辽　宁						
吉　林						
黑龙江						
上　海						
江　苏	117	97	516	705	21400	15100
浙　江	703	656	847	814	23000	21280
安　徽	12	18	80	30	1290	1190
福　建	398	337	757	665	6030	3340
江　西	668	228	2033	684	13520	4560
山　东	194	163	726	621	6513	5730
河　南	150	197	217	220	6490	9320
湖　北	2		13		200	
湖　南	1	1	30	31	2660	3160
广　东	795	654	2423	1984	11134	10117
广　西						
海　南						
重　庆	12		24		260	
四　川	354	352	722	714	10560	10560
贵　州						
云　南						
西　藏						
陕　西						
甘　肃						
青　海						
宁　夏						
新　疆	189	130	875	670	1296	937

2-15 续表 11

纺织、服装及日用品专门零售

项目	门店数(个)		年末从业人员(人)		年末零售营业面积(平方米)	
	2009年	2008年	2009年	2008年	2009年	2008年
全国	**8699**	**8329**	**44179**	**33204**	**312316**	**266674**
北京	24	24	160	141	2428	2265
天津						
河北						
山西						
内蒙古						
辽宁	1		3		83	
吉林						
黑龙江						
上海	807	754	2405	2381	28898	26670
江苏	26	22	98	121	1003	803
浙江		24		370		1800
安徽						
福建	42	40	150	150	1780	1700
江西	1		12		200	
山东						
河南	8	3	10	25	1100	800
湖北		10		50		500
湖南						
广东	7528	7258	39849	28921	247746	204125
广西						
海南						
重庆	103	35	174	128	5370	4350
四川	156	157	1294	902	22972	23245
贵州						
云南	3	2	24	15	736	416
西藏						
陕西						
甘肃						
青海						
宁夏						
新疆						

2-15 续表 12

文化、体育用品及器材专门零售

项 目	门店数(个)		年末从业人员(人)		年末零售营业面积(平方米)	
	2009年	2008年	2009年	2008年	2009年	2008年
全 国	**372**	**364**	**1984**	**1619**	**39220**	**27499**
北 京	5	8	10	16	325	479
天 津						
河 北						
山 西						
内蒙古						
辽 宁						
吉 林						
黑龙江						
上 海						
江 苏	155	161	1017	1060	17130	15690
浙 江						
安 徽						
福 建						
江 西						
山 东						
河 南	5	5	191	198	400	400
湖 北	6	6	150	100	700	700
湖 南						
广 东	1	1	3	4	100	100
广 西						
海 南						
重 庆	167	168	167	172	6680	6730
四 川	22	4	417	40	12815	2330
贵 州						
云 南	8	8	16	16	770	770
西 藏						
陕 西						
甘 肃						
青 海						
宁 夏						
新 疆	13	13	300	300	806	740

2-15 续表 13

医药及医疗器材专门零售

项目	门店数（个）		年末从业人员（人）		年末零售营业面积（平方米）	
	2009年	2008年	2009年	2008年	2009年	2008年
全国	**13275**	**12498**	**42500**	**37171**	**819598**	**724761**
北京	224	267	133	1063	32086	43284
天津	13	13	27	30	1078	1078
河北	1788	1686	7162	6212	142855	125200
山西	105	111	315	335	4200	4213
内蒙古	40	41	29	32	1588	1644
辽宁	354	376	2779	2731	61432	67033
吉林						
黑龙江						
上海	578	529	2765	2510	41893	35195
江苏	220	194	550	520	18050	19866
浙江	992	823	2858	2390	54351	46585
安徽	4	4	26	29	565	1025
福建	26	20	30	20	680	690
江西						
山东	61	97	185	239	4085	4912
河南	380	325	1269	1177	24961	22258
湖北	1898	1915	6580	6680	87945	89519
湖南	576	418	1706	1357	62855	51863
广东	1481	1485	5338	2273	92043	29095
广西	407	399	1666	1630	28415	27485
海南						
重庆	3523	3172	7695	6430	91462	84357
四川	315	327	592	580	14371	14923
贵州	70	45	266	162	2749	1631
云南	26	43	52	86	40733	42773
西藏						
陕西	21	21	120	120	580	520
甘肃	2	9	6	86	271	1192
青海						
宁夏						
新疆	351	479	10350	8420	2114	1399

2-15 续表 14

汽车、摩托车、燃料及零配件专门零售

项目	门店数（个）		年末从业人员（人）		年末零售营业面积（平方米）	
	2009年	2008年	2009年	2008年	2009年	2008年
全国	**134**	**163**	**1073**	**1049**	**133540**	**139636**
北京	6	29	18	265	1680	8120
天津						
河北						
山西						
内蒙古						
辽宁	7	7	53	53	7350	7350
吉林						
黑龙江						
上海	96	105	124	132	5976	6520
江苏						
浙江						
安徽						
福建						
江西						
山东						
河南						
湖北						
湖南	2	2	54	20	200	200
广东	19	16	792	543	116334	115446
广西						
海南						
重庆						
四川						
贵州						
云南						
西藏						
陕西	4	4	32	36	2000	2000
甘肃						
青海						
宁夏						
新疆						

2-15 续表 15

家用电器及电子产品专门零售

项目	门店数（个）		年末从业人员（人）		年末零售营业面积（平方米）	
	2009年	2008年	2009年	2008年	2009年	2008年
全国	**179**	**135**	**1667**	**1729**	**70596**	**73036**
北京						
天津						
河北						
山西						
内蒙古						
辽宁	10	11	410	581	38863	45406
吉林						
黑龙江						
上海						
江苏	38	10	314	335	11722	10158
浙江	114	96	680	547	16118	13380
安徽	3	3	15	15	1800	1800
福建						
江西						
山东						
河南	4	3	17	10	93	72
湖北	10	10	231	231	2000	2000
湖南						
广东		2		10		220
广西						
海南						
重庆						
四川						
贵州						
云南						
西藏						
陕西						
甘肃						
青海						
宁夏						
新疆						

2-15 续表 16

五金、家具及室内装修材料专门零售

项目	门店数(个)		年末从业人员(人)		年末零售营业面积(平方米)	
	2009年	2008年	2009年	2008年	2009年	2008年
全国	**2**	**5**	**122**	**611**	**14608**	**60160**
北京	2	5	122	611	14608	60160
天津						
河北						
山西						
内蒙古						
辽宁						
吉林						
黑龙江						
上海						
江苏						
浙江						
安徽						
福建						
江西						
山东						
河南						
湖北						
湖南						
广东						
广西						
海南						
重庆						
四川						
贵州						
云南						
西藏						
陕西						
甘肃						
青海						
宁夏						
新疆						

2-15 续表 17

无店铺及其他零售

项 目	门店数(个)		年末从业人员(人)		年末零售营业面积(平方米)	
	2009年	2008年	2009年	2008年	2009年	2008年
全 国	**346**	**353**	**1353**	**1344**	**251395**	**252135**
北 京						
天 津	38	39	175	175	46600	46700
河 北						
山 西						
内蒙古						
辽 宁						
吉 林						
黑龙江						
上 海						
江 苏		6		29		640
浙 江						
安 徽						
福 建						
江 西						
山 东						
河 南	308	308	1178	1140	204795	204795
湖 北						
湖 南						
广 东						
广 西						
海 南						
重 庆						
四 川						
贵 州						
云 南						
西 藏						
陕 西						
甘 肃						
青 海						
宁 夏						
新 疆						

2-16 按行业分各地区

批发业

项　目	商品购进总额		统一配送商品购进额		自有配送中心配送商品购进额	
	2009年	2008年	2009年	2008年	2009年	2008年
全　国	**37600087**	**39335895**	**28468521**	**31213303**	**14661801**	**14555163**
北　京	74776	76476	52628	76476	1489	2632
天　津	20675	16394	18656	13807		
河　北	3264407	3299917	2579289	2594328	2163466	1999849
山　西	155828	155828				
内蒙古	10851	10112	10851	10112		
辽　宁	1048270	1249154	240331	267545		
吉　林						
黑龙江	74824	68457	74824	68457	74824	68457
上　海						
江　苏	886848	840187	806002	723846	775836	709350
浙　江	8072369	8569281	7423130	7884860	7393194	7869176
安　徽	3661079	3590930	822887	745311	772223	745311
福　建	63850	144266	37751	103471	16863	18454
江　西	226783	70544	99856	69516		
山　东	1144257	1196722	1130690	1180003	408676	458219
河　南	1621513	1400306	1610778	1391090	1327240	1151316
湖　北	173510	158133	173510	158133	142433	126051
湖　南	62509	59968	62509	59968	44090	42123
广　东	14123229	15558342	11169329	13780500	346909	433423
广　西	824859	703042	219753	56364	219584	54069
海　南						
重　庆	67988	60612	44912	45206	44752	45056
四　川	349411	351179	318349	321970	306582	311929
贵　州						
云　南	380397	555370	376986	553033	74943	61828
西　藏						
陕　西	569969	474903	569969	474903	507391	420267
甘　肃	461143	495024	435037	472159		
青　海						
宁　夏	119908	117838	49663	49334		
新　疆	140833	112908	140833	112908	41308	37654

连锁零售企业经营情况

单位：万元

非自有配送中心配送商品购进额		商品销售总额		零售额	
2009年	2008年	2009年	2008年	2009年	2008年
11048987	**13560948**	**43268033**	**43496639**	**20828578**	**24920594**
		70586	72905	3113	3741
		36536	16106	4013	322
705	624	4081152	4096093	1137191	1059190
		207057	207057	207057	207057
		12622	10138	3317	2711
		1181528	1227745	444233	522053
		76862	75147	6656	5759
16856	14496	1062203	953443	430542	418940
15174	382	8732749	9096217	4007438	5561515
50664		3257151	3101283	2178474	2188405
20888	85017	69416	116901	14522	28209
		708454	471787	271852	292520
20308	11948	1215670	1191580	591659	575456
38213	36193	1923126	1774375	944505	860504
24580	25475	287099	257773	95827	65434
18419	17845	38678	35954	8375	7771
10804542	13328549	15081058	16145008	9180100	11691371
169	2295	1804618	1536021	714793	860269
160	150	78171	63561	9939	7599
		487783	404702	8513	7299
32	26	1220467	1299946	120213	149804
		761152	652557	820	805
		589634	444104	278580	242712
38278	37949	135803	133245	121940	119382
		148461	112994	44909	41767

2-16 续表 1

农畜产品批发

项　目	商品购进总额		统一配送商品购进额		自有配送中心配送商品购进额	
	2009年	2008年	2009年	2008年	2009年	2008年
全　国	**632743**	**546931**	**545656**	**423585**	**533656**	**413585**
北　京						
天　津						
河　北	262	788	262	788	262	788
山　西						
内蒙古						
辽　宁						
吉　林						
黑龙江						
上　海						
江　苏	584889	503512	505168	387171	493168	377171
浙　江	34844	30925	34844	30925	34844	30925
安　徽						
福　建	7367	7006				
江　西						
山　东						
河　南	5382	4700	5382	4700	5382	4700
湖　北						
湖　南						
广　东						
广　西						
海　南						
重　庆						
四　川						
贵　州						
云　南						
西　藏						
陕　西						
甘　肃						
青　海						
宁　夏						
新　疆						

单位：万元

非自有配送中心配送商品购进额		商品销售总额		零售额	
2009年	2008年	2009年	2008年	2009年	2008年
12000	**10000**	**653326**	**661379**	**379936**	**364032**
		271	805		
12000	10000	606687	617274	376873	361148
		33187	31389		
		7908	7358	2410	2397
		5272	4554	652	487

2-16 续表 2

食品、饮料及烟草制品批发

项　目	商品购进总额		统一配送商品购进额		自有配送中心配送商品购进额	
	2009年	2008年	2009年	2008年	2009年	2008年
全　国	**2346555**	**2109469**	**2044464**	**1919493**	**1775866**	**1734136**
北　京						
天　津						
河　北	290101	226064	290101	226064	289397	225440
山　西	155828	155828				
内蒙古						
辽　宁						
吉　林						
黑龙江						
上　海						
江　苏	252561	288001	251435	288001	238125	288001
浙　江	59291	60305	58478	60043	43304	59661
安　徽						
福　建	33758	50442	15026	16653	15026	16653
江　西	225252	69516	99856	69516		
山　东	335551	375273	335524	375273	335524	375273
河　南	4928	4730	4928	4730	4928	4730
湖　北	13152	12996	13152	12996	6655	6388
湖　南						
广　东	30567	26847	30398	26751	27359	25025
广　西						
海　南						
重　庆	2360	2054	2360	2054	2360	2054
四　川	309834	316165	309834	316165	303203	309478
贵　州						
云　南	2595	1165	2595	1165	2595	1165
西　藏						
陕　西	567751	472798	567751	472798	507391	420267
甘　肃						
青　海						
宁　夏						
新　疆	63027	47285	63027	47285		

单位：万元

非自有配送中心配送商品购进额		商品销售总额		零售额	
2009年	2008年	2009年	2008年	2009年	2008年
15878	**1005**	**3165304**	**2519319**	**420238**	**348484**
705	624	328326	292067	123	159
		207057	207057	207057	207057
		399498	282017	53039	57219
15174	382	62935	63429	14060	8036
		37313	17993	9708	12138
		330736	88218		
		400012	381791	78748	30528
		5288	4660	2487	1842
		79996	73520	23535	601
		42209	32704	26628	25635
		2114	1566	2114	1566
		446858	370551	2240	2581
		3246	1123	499	1123
		759103	650544		
		60613	52080		

2-16 续表 3

纺织、服装及日用品批发

项　目	商品购进总额		统一配送商品购进额		自有配送中心配送商品购进额	
	2009年	2008年	2009年	2008年	2009年	2008年
全　国	**375227**	**353548**	**375227**	**353548**	**326598**	**314110**
北　京	5713	3228	5713	3228		
天　津						
河　北						
山　西						
内蒙古						
辽　宁						
吉　林						
黑龙江						
上　海						
江　苏	2747	2786	2747	2786	2747	2786
浙　江	262807	234472	262807	234472	262807	234472
安　徽						
福　建						
江　西						
山　东						
河　南						
湖　北						
湖　南	18419	17845	18419	17845		
广　东	85541	95216	85541	95216	61045	76852
广　西						
海　南						
重　庆						
四　川						
贵　州						
云　南						
西　藏						
陕　西						
甘　肃						
青　海						
宁　夏						
新　疆						

单位：万元

非自有配送中心配送商品购进额		商品销售总额		零售额	
2009年	2008年	2009年	2008年	2009年	2008年
42915	**36209**	**565674**	**482828**	**391028**	**318095**
		6850	3919		
		3865	2786	630	573
		428483	356312	363439	292726
18419	17845	18585	17740		
24496	18364	107891	102071	26959	24796

2-16 续表 4

文化、体育用品及器材批发

项目	商品购进总额		统一配送商品购进额		自有配送中心配送商品购进额	
	2009年	2008年	2009年	2008年	2009年	2008年
全国	**104028**	**140054**	**104028**	**140054**	**89189**	**123252**
北京						
天津						
河北						
山西						
内蒙古						
辽宁						
吉林						
黑龙江						
上海						
江苏						
浙江						
安徽						
福建						
江西						
山东						
河南						
湖北						
湖南						
广东	104028	140054	104028	140054	89189	123252
广西						
海南						
重庆						
四川						
贵州						
云南						
西藏						
陕西						
甘肃						
青海						
宁夏						
新疆						

单位：万元

非自有配送中心配送商品购进额		商品销售总额		零售额	
2009年	2008年	2009年	2008年	2009年	2008年
		106078	**169796**	**7990**	**9878**
		106078	169796	7990	9878

2-16 续表 5

医药及医疗器材批发

项目	商品购进总额		统一配送商品购进额		自有配送中心配送商品购进额	
	2009年	2008年	2009年	2008年	2009年	2008年
全国	**289518**	**215987**	**222925**	**176671**	**119823**	**106484**
北京						
天津						
河北	16008	14215	16008	14215	8746	8746
山西						
内蒙古	10851	10112	10851	10112		
辽宁						
吉林						
黑龙江						
上海						
江苏						
浙江						
安徽	2594	4147	2594	4147	2594	4147
福建	1837	1801	1837	1801	1837	1801
江西						
山东						
河南	6967	6645	5450	5400	5181	5072
湖北	26495	28220	26495	28220	1915	2745
湖南	44090	42123	44090	42123	44090	42123
广东	104532	54451	60916	32143	30303	15824
广西						
海南						
重庆	29170	26635	12309	14319	12149	14169
四川	5797	4691	4610	3582	3379	2451
贵州						
云南	24550	12966	21138	10629	9630	9406
西藏						
陕西	2218	2105	2218	2105		
甘肃						
青海						
宁夏						
新疆	14409	7876	14409	7876		

单位：万元

非自有配送中心配送商品购进额		商品销售总额		零售额	
2009年	2008年	2009年	2008年	2009年	2008年
55654	**42298**	**351203**	**229507**	**131499**	**76676**
		16289	15687	2458	2222
		12622	10138	3317	2711
		150	80	150	80
		2031	1732		
269	328	12933	12325	111	101
24580	25475	27871	29534	599	2945
		20094	18214	8375	7771
30613	16319	167633	87194	95376	50427
160	150	37744	27559	3486	2523
		5441	4463	3723	2883
32	26	31122	13468	12784	3912
		2049	2013	820	805
		15226	7101	300	296

2-16 续表 6

矿产品、建材及化工产品批发

项目	商品购进总额		统一配送商品购进额		自有配送中心配送商品购进额	
	2009年	2008年	2009年	2008年	2009年	2008年
全国	**33130867**	**35105145**	**24541573**	**27405096**	**11259591**	**11165712**
北京						
天津						
河北	2958036	3058850	2272918	2353261	1865061	1764875
山西						
内蒙古						
辽宁	1036491	1236714	232977	259504		
吉林						
黑龙江	74824	68457	74824	68457	74824	68457
上海						
江苏	40430	41666	40430	41666	35574	37170
浙江	7353602	7776197	6729763	7121919	6715001	7106616
安徽	3658485	3586783	820293	741164	769629	741164
福建	20888	85017	20888	85017		
江西						
山东	788777	798169	788777	798169	66762	76385
河南	1595018	1376260	1595018	1376260	1311750	1136814
湖北	133863	116918	133863	116918	133863	116918
湖南						
广东	13659548	15049304	10749433	13293866		
广西	824859	703042	219753	56364	219584	54069
海南						
重庆	26594	25647	26236	25591	26236	25591
四川	26701	23812				
贵州						
云南	288305	487699	288305	487699		
西藏						
陕西						
甘肃	461143	495024	435037	472159		
青海						
宁夏	119908	117838	49663	49334		
新疆	63397	57747	63397	57747	41308	37654

单位：万元

非自有配送中心配送商品购进额		商品销售总额		零售额	
2009年	2008年	2009年	2008年	2009年	2008年
10922540	**13471436**	**37280303**	**38131291**	**19087415**	**23305320**
		3736265	3787534	1134610	1056810
		1169485	1216133	441712	520517
		76862	75147	6656	5759
4856	4496	44520	46270		
		7835064	8141566	3626357	5258532
50664		3257001	3101203	2178324	2188325
20888	85017	22164	89818	2403	13674
20308	11948	786483	779966	505934	537548
37944	35865	1890409	1743106	937548	854732
		179232	154720	71693	61888
10749433	13293866	14510391	15553618	8926148	11457053
169	2295	1804618	1536021	714793	860269
		25929	25306		
		28471	22487		
		1115348	1227234	96110	86648
		589634	444104	278580	242712
38278	37949	135803	133245	121940	119382
		72622	53813	44609	41471

2-16 续表 7

机械设备、五金交电及电子产品批发

项　目	商品购进总额		统一配送商品购进额		自有配送中心配送商品购进额	
	2009年	2008年	2009年	2008年	2009年	2008年
全　国	**195405**	**189555**	**175038**	**169281**	**150034**	**150752**
北　京						
天　津	20675	16394	18656	13807		
河　北						
山　西						
内蒙古						
辽　宁	4638	4614	213	215		
吉　林						
黑龙江						
上　海						
江　苏						
浙　江	11113	10240	11113	10240	11113	10240
安　徽						
福　建						
江　西	1532	1028				
山　东	6390	6561	6390	6561	6390	6561
河　南	9218	7971				
湖　北						
湖　南						
广　东	69814	82694	69814	82694	69814	82694
广　西						
海　南						
重　庆						
四　川	7078	6512	3905	2224		
贵　州						
云　南	64947	53541	64947	53541	62717	51257
西　藏						
陕　西						
甘　肃						
青　海						
宁　夏						
新　疆						

单位：万元

非自有配送中心配送商品购进额		商品销售总额		零售额	
2009年	2008年	2009年	2008年	2009年	2008年
		221478	**197588**	**100892**	**154011**
		36536	16106	4013	322
		4943	4757		
		10899	10286	3583	2222
		6592	4984	6592	4984
		5894	3217		
		9223	9731	3707	3342
		69627	83186	69627	83186
		7013	7201	2550	1834
		70751	58121	10820	58121

2-16 续表 8

其他批发

项目	商品购进总额		统一配送商品购进额		自有配送中心配送商品购进额	
	2009年	2008年	2009年	2008年	2009年	2008年
全　国	**525743**	**675207**	**459610**	**625574**	**407044**	**547133**
北　京	69064	73248	46915	73248	1489	2632
天　津						
河　北						
山　西						
内蒙古						
辽　宁	7141	7826	7141	7826		
吉　林						
黑龙江						
上　海						
江　苏	6222	4221	6222	4221	6222	4221
浙　江	350714	457142	326126	427262	326126	427262
安　徽						
福　建						
江　西						
山　东	13540	16719				
河　南						
湖　北						
湖　南						
广　东	69199	109776	69199	109776	69199	109776
广　西						
海　南						
重　庆	9864	6276	4008	3242	4008	3242
四　川						
贵　州						
云　南						
西　藏						
陕　西						
甘　肃						
青　海						
宁　夏						
新　疆						

单位：万元

非自有配送中心配送商品购进额		商品销售总额		零售额	
2009年	2008年	2009年	2008年	2009年	2008年
		924668	**1104932**	**309581**	**344098**
		63735	68986	3113	3741
		7100	6855	2522	1536
		7633	5095		
		362180	493235		
		371126	378584	265260	287536
		23280	26607	6976	7380
		77229	116439	27372	40396
		12384	9131	4338	3510

2-16 续表 9

零售业

项 目	商品购进总额		统一配送商品购进额		自有配送中心配送商品购进额	
	2009年	2008年	2009年	2008年	2009年	2008年
全 国	**155836952**	**144687720**	**118762874**	**109657351**	**81507290**	**75541512**
北 京	13797001	12766275	6285854	5629292	2587298	2741179
天 津	4333648	3815147	3496964	2983775	416829	388531
河 北	2418068	1760476	1228396	1141727	991078	863076
山 西	1824873	1481994	1224912	931158	401748	365717
内蒙古	3603591	3054592	3598283	3050106	3225797	2739205
辽 宁	3599960	3673523	2934798	2970809	1488307	1381411
吉 林	904657	842481	729632	670761	679490	606911
黑龙江	1258885	1194160	1147317	1117792	802459	765497
上 海	19982965	19938975	12461493	12217556	6982070	6897452
江 苏	32629606	31328602	30360199	28781990	27499425	25672076
浙 江	5434398	5134190	5228086	4934984	3695406	3448736
安 徽	4377977	3903078	2507386	2137134	610941	545252
福 建	4355749	4066327	3488964	3234722	1587464	1335618
江 西	1886881	1836562	1320360	1304712	338111	319843
山 东	14298096	12771228	9678176	9199438	9018719	8495349
河 南	2608876	2267261	1507479	1299779	832544	733651
湖 北	6618626	5323252	5103621	4085797	4231380	3613834
湖 南	5449791	4907533	4982619	4318027	4955814	4313232
广 东	12648693	11612478	11168663	10160816	5747465	5303079
广 西	1070117	1123017	574704	568795	154307	150351
海 南	15240	11348	11792	8763	1150	1115
重 庆	3891756	3663071	2709436	2328000	2045336	1733621
四 川	2389684	2107196	1870582	1781755	1303373	1294231
贵 州	151523	118910	48857	38007	12225	11428
云 南	1345724	1172986	1284759	1018658	449255	401579
西 藏	4666	386	4666	386		
陕 西	773212	705917	351758	341233	85631	80159
甘 肃	1019664	997554	493787	495560	113619	109771
青 海	84454	81779	64494	59733	4331	3722
宁 夏	244655	248083	240707	244135	147613	169022
新 疆	2813914	2779339	2654131	2601950	1098104	1056867

单位：万元

非自有配送中心配送商品购进额		商品销售总额		零售额	
2009年	2008年	2009年	2008年	2009年	2008年
15422957	**14693564**	**179131979**	**164513532**	**137774222**	**126194027**
926981	834596	15865869	14405746	12442922	11686532
2725183	2354333	4358158	3757514	4138764	3557748
47063	47363	2990686	2717861	2539423	2415446
11048	14485	1885692	1651806	1586846	1420423
9345	6506	3589588	3049484	3458249	2938898
804528	862969	4077216	4186941	2642424	2564718
43776	54069	872966	920803	827571	875284
7444	4253	1270636	1283572	1247562	1259172
3392496	3293807	27224965	26599392	20242247	19678125
711728	1143957	34815672	32099283	23309149	21615657
1044136	1043738	6182134	5672516	5492062	4991820
1003	1078	4786091	4158647	3319432	2888201
650573	546620	5286428	5084092	4750780	4741188
		3194715	2753611	2240820	2192473
319058	288135	16151521	14084765	12107589	9811301
42932	23228	2825605	2440538	2513035	2213667
473941	214776	7332829	6260221	5836444	5163202
26705	4697	5798049	5246235	5281406	4812658
3172501	3008282	14546297	13474784	12226734	11302531
68576	69284	1591470	1653669	1062263	1061085
		16596	10935	11952	8174
308235	265100	4759580	4305246	3525849	3012659
73779	51323	2545949	2371506	1970024	1729579
800	1118	138008	114819	133336	110204
53055	55321	1639092	1175884	1462574	1061216
		4492	3169	4492	3169
229786	224678	838790	746590	812192	725630
5131	7206	1204380	1160234	1002694	967482
		119303	104402	119303	104402
1311	1245	229747	193707	185823	153444
271845	271394	2989456	2825560	1280261	1127940

2-16 续表 10

综合零售

项目	商品购进总额		统一配送商品购进额		自有配送中心配送商品购进额	
	2009年	2008年	2009年	2008年	2009年	2008年
全国	**76512633**	**68220684**	**52615255**	**45911213**	**36500330**	**31663196**
北京	6445037	5968428	3236697	2966862	962309	1196705
天津	676421	631816	225540	165867	150951	106243
河北	1593607	969543	410115	368210	361845	315231
山西	563755	507616	253334	246794	116139	98799
内蒙古	82142	65605	78136	62400	70721	57313
辽宁	480503	441469	354078	318436	202194	172502
吉林	141383	116824	40040	41855	35735	37179
黑龙江	403143	323858	354058	296975	170575	117322
上海	12404894	12176855	6355534	6056347	2593643	2463867
江苏	20142562	17633711	18218820	15377648	16750351	14228004
浙江	3700246	3412569	3506737	3225283	2390557	2188609
安徽	3020753	2840830	1279098	1184928	486235	444401
福建	1537903	1246767	1336553	1085104	890515	732552
江西	581285	575062	244167	269263	74864	68173
山东	7084053	5927578	3056375	2516029	2643025	2133914
河南	1097611	923875	437246	345085	217166	186294
湖北	4066269	2990101	2597228	1759549	2140706	1532635
湖南	1200496	1027183	978383	698520	952241	694227
广东	6402801	6102338	5481547	5194499	2787564	2635193
广西	195252	196213	123627	130638	69350	71539
海南	2028	1141				
重庆	2183509	1861237	2135105	1815402	1491492	1236750
四川	955795	888798	870814	849079	654463	668489
贵州	25966	17775	24415	17775	6612	5686
云南	478066	403242	475908	401368	133026	128707
西藏						
陕西	732778	671649	320723	313241	81411	75848
甘肃	16935	19011	6838	9859	2440	3976
青海	57503	60971	37542	38925	506	991
宁夏	106771	86515	102823	82567	12280	11235
新疆	133167	132106	73775	72708	51416	50813

单位：万元

非自有配送中心配送商品购进额		商品销售总额		零售额	
2009年	2008年	2009年	2008年	2009年	2008年
7905047	**7192152**	**91118731**	**81123789**	**74249303**	**65675923**
866237	774988	7956670	7260536	7253152	6675246
		653841	506681	653841	506181
44235	44597	1681301	1312656	1537642	1311455
8678	12000	614675	545223	614675	545223
7335	5004	63746	54152	63746	54152
19920	20147	581022	527218	451198	400646
		146644	113989	101249	68471
7444	4253	427533	362218	404694	339929
3373684	3265518	18679403	18105241	15649166	14944228
179467	59216	21440962	18166435	13881414	11490247
834764	770573	4475533	4032079	4315520	3897935
1003	1078	3415776	3149685	2214419	1902218
295039	244818	1512801	1224120	1508160	1210077
		724336	711907	640361	605305
167711	147811	8429876	7041371	6839403	5589908
37279	17678	1131270	961134	1108020	936327
406043	171060	4398815	3823522	3590942	3170382
26142	4292	1408255	1195296	1406806	1194343
974635	1055452	7753630	7257160	6906036	6539842
54278	59099	199713	188736	177571	162866
		2261	1310		
302796	261501	2633454	2176259	2532783	2085803
50329	31813	1019023	881999	684988	565935
		29202	20870	27977	20870
6614	5838	568302	450436	546522	429370
229786	224678	792383	703418	765785	683335
4398	5883	30185	26295	29617	25318
		88732	78717	88732	78717
1311	1245	98656	88273	94155	84741
5920	3611	160730	156856	160730	156856

2-16 续表 11

食品、饮料及烟草制品专门零售

项目	商品购进总额		统一配送商品购进额		自有配送中心配送商品购进额	
	2009年	2008年	2009年	2008年	2009年	2008年
全国	**2092216**	**1789617**	**1964571**	**1653940**	**1114775**	**1007988**
北京	192582	189218	183993	183829	177424	175218
天津	111918	93331	88087	70096		
河北	6431	6264	6316	6150	150	157
山西	29575	28889	29119	28529	26058	24990
内蒙古						
辽宁	20634	19763	10215	9560	1965	2521
吉林	24746	24519				
黑龙江						
上海	56150	57553	56150	57553	53702	55104
江苏	284951	276571	282100	257562	150703	119083
浙江	174945	176476	167274	168953	123468	127179
安徽	9107	9387	5060	4040		
福建	171191	153982	162619	145412	91795	83586
江西	297157	260418	290422	256326	35890	24919
山东	143419	102221	141515	100355	134015	94024
河南	62789	67534	59849	65584	49307	54956
湖北	265273	91869	256974	86021	76309	58114
湖南	78024	86136	73627	81663	73627	81663
广东	82661	77257	70587	64075	65294	59180
广西	1068	997	1068	997	1068	997
海南						
重庆	15393	9717	15393	9717	11943	7023
四川	12325	14008	12325	14008	12325	14008
贵州						
云南	15465	15686	15465	15686		
西藏	4666	386	4666	386		
陕西						
甘肃						
青海						
宁夏						
新疆	31747	27438	31747	27438	29734	25266

单位：万元

非自有配送中心配送商品购进额		商品销售总额		零售额	
2009年	2008年	2009年	2008年	2009年	2008年
195898	**189615**	**2535114**	**2088214**	**1585307**	**1484386**
457	531	264770	229392	260938	225160
		118958	108243	110745	95148
1793	1953	8955	7922	8955	7922
		29070	28796	28913	28796
		22126	23752	13767	15399
		30260	29612	30260	29612
		69457	72326	23533	24041
90664	97297	325218	309343	278113	273604
29502	27097	201409	190769	176036	163791
		9085	8793	9085	8793
64092	56069	182894	166123	168535	152159
		390956	340797	56555	43880
		173087	112629	54137	40299
220	251	64968	64251	63900	63184
4659	2404	357570	132615	91820	99849
		84191	94323	80279	89478
4449	3963	111072	89343	68863	69546
		1688	1417	1688	1417
		17707	13731	17707	13731
		11626	12710	11626	12710
		18599	16889	18599	16889
		4492	3169	4492	3169
62	50	36954	31270	6757	5809

2-16 续表 12

纺织、服装及日用品专门零售

项目	商品购进总额		统一配送商品购进额		自有配送中心配送商品购进额	
	2009年	2008年	2009年	2008年	2009年	2008年
全国	**1737559**	**1728999**	**1300339**	**1297201**	**967337**	**1008516**
北京	302571	310421	150089	156452	36264	44180
天津	8944	11497	8944	11497	5970	8881
河北	37669	34953	37669	34953	37669	34953
山西	5480	5313				
内蒙古						
辽宁	26704	19816	26704	19816	11523	11663
吉林	3000	2577				
黑龙江						
上海	65651	66311	53281	48980	45682	40968
江苏	91464	90990	91464	90990	91464	90990
浙江	139130	126188	139130	126188	28494	33077
安徽						
福建	27132	21581	18511	13955	14378	11535
江西	26727	5631	24818	3628	6736	3628
山东	1183	1211	1183	1211	1183	1211
河南	37987	68282	37626	67890	37241	67548
湖北	83531	92739	83531	92739	56151	53992
湖南	21073	22605	2630	2626	2630	2626
广东	759527	746192	555858	555457	543965	545563
广西						
海南						
重庆	28114	17981	16656	12821	10603	9629
四川	56466	73486	37042	46771	37042	46771
贵州						
云南	9547	6959	9547	6959		
西藏						
陕西	3551	3451	3551	3451	342	1301
甘肃						
青海	2105	816	2105	816		
宁夏						
新疆						

单位：万元

非自有配送中心配送商品购进额		商品销售总额		零售额	
2009年	2008年	2009年	2008年	2009年	2008年
39486	**31324**	**2228314**	**2113880**	**1604941**	**1492063**
8280	7129	405896	395646	229737	212556
2974	2616	15105	18483	14280	17940
		40248	37200	4368	4124
		5473	5473	5473	5473
5607	3177	36100	25527	36100	25527
		4222	3998	4222	3998
3753	4659	138477	122802	138477	122802
		94598	95817	60014	60001
5483	4271	72050	57367	63688	49374
		34593	28800	34423	28622
		30486	6557	21019	4408
		1230	1325	1230	1325
385	342	45327	38922	45176	38811
		119070	116078	113036	93407
		28824	31627	27073	31627
8795	6760	1035117	1030360	729466	715764
4210	2370	37282	23420	17024	13532
		63497	60368	39418	48662
		10301	5814	10301	5814
		7580	6067	7580	6067
		2836	2232	2836	2232

2-16 续表 13

文化、体育用品及器材专门零售

项　目	商品购进总额		统一配送商品购进额		自有配送中心配送商品购进额	
	2009年	2008年	2009年	2008年	2009年	2008年
全　国	**3442850**	**3664439**	**3278619**	**3504348**	**2970810**	**3260755**
北　京	35593	41684	35134	34263	688	765
天　津						
河　北						
山　西						
内蒙古	3105	2320	3105	2320		
辽　宁	21716	20587				
吉　林						
黑龙江	70887	70723	70887	69946	1761	1702
上　海	116657	156440	107832	147823	107832	147823
江　苏	1341287	1580493	1321784	1569886	1254525	1546751
浙　江	789881	751784	789881	751784	785039	746073
安　徽	34822	29628	34822	29628	34822	29628
福　建	33709	9072	33709	9072	6598	4024
江　西	36872	36159	30951	31819	20509	20388
山　东	62139	61113	62139	61113	56784	56121
河　南	2715	3442	2715	3442		
湖　北	47052	40329	46113	39362	40130	32867
湖　南	89754	100907	3127	4371	3127	4371
广　东	64968	60831	60576	56689	55677	51020
广　西	15367	15791	15367	15791	15367	15791
海　南						
重　庆	187854	166893	187854	166893	187854	166893
四　川	330848	369901	330848	369901	329516	366970
贵　州						
云　南	51858	53868	50606	52809	28967	27397
西　藏						
陕　西						
甘　肃						
青　海						
宁　夏	6232	5589	6232	5589	6232	5589
新　疆	99537	86884	84939	81847	35383	36582

单位：万元

非自有配送中心配送商品购进额		商品销售总额		零售额	
2009年	2008年	2009年	2008年	2009年	2008年
142205	**99626**	**3512760**	**3417913**	**2287851**	**2185177**
33320	32887	48136	58818	43517	49366
		5325	2300	5325	2300
		21721	20093	14589	16329
		56294	84368	56294	83070
		110013	130013	93715	114189
67253	23136	1449261	1456248	836804	817595
		729070	679160	361547	320709
		34599	28895	32295	27120
		35408	12081	3716	4330
		44064	45511	40702	41414
4774	4356	61655	58299	29778	29257
		2876	3509	2876	3509
		39600	40962	36273	40962
		99449	103301	66423	57761
3661	4143	59334	53636	42240	37967
		13575	12617	13575	12617
		185010	167252	142831	113045
		357011	315456	318476	278329
21639	25412	56585	52441	46053	44557
		5929	5432	5929	5432
11558	9692	97845	87523	94893	85321

2-16 续表 14

医药及医疗器材专门零售

项　目	商品购进总额		统一配送商品购进额		自有配送中心配送商品购进额	
	2009年	2008年	2009年	2008年	2009年	2008年
全　国	**3510928**	**3014872**	**2971775**	**2459160**	**2353218**	**1908491**
北　京	202812	101528	196484	96000	159049	62206
天　津	7306	5719	7306	5719	5841	4713
河　北	110432	169330	108977	155836	107666	147336
山　西	55440	35052	52090	33109	26279	18128
内蒙古	16560	12167	15258	10886	13248	9384
辽　宁	287519	256864	87810	81977	28385	26068
吉　林	49832	42195	48821	41380	48821	41380
黑龙江	92469	125543	92469	125543	72212	102948
上　海	154071	161040	83518	90419	68459	66788
江　苏	248628	170256	248175	168971	188092	150178
浙　江	199373	182178	197885	182088	129158	114327
安　徽	64927	58110	63561	57102	24079	12115
福　建	37090	29647	31471	24555	15482	9115
江　西	37848	34976	32734	30309	26851	25437
山　东	114930	69706	55621	52007	42120	39564
河　南	212112	153653	206857	147881	163922	115618
湖　北	132666	102215	132666	102127	107328	72955
湖　南	178232	131152	178232	131152	177669	130747
广　东	459020	370646	451545	365304	432188	338381
广　西	50637	39686	48377	37442	28855	22577
海　南	13212	10207	11792	8763	1150	1115
重　庆	159812	133756	121362	105877	110379	96034
四　川	146394	100223	139514	93658	103187	63861
贵　州	65269	53931	24443	20232	5613	5741
云　南	251137	332203	193582	180808	167750	155950
西　藏						
陕　西	29508	26750	24461	22586	3879	3010
甘　肃	32501	26741	16566	8788	554	700
青　海	6185	5888	6185	5888	3825	2731
宁　夏	25708	13632	25708	13632	24059	11983
新　疆	69301	59879	68307	59123	67121	57402

单位：万元

非自有配送中心配送商品购进额		商品销售总额		零售额	
2009年	2008年	2009年	2008年	2009年	2008年
182771	**162519**	**4179016**	**3545177**	**3713186**	**3156648**
15787	14666	231373	203933	185856	121342
1465	1005	8611	6922	8611	6835
1035	814	176588	212831	176588	212831
2370	2486	56154	32921	56154	32921
2010	1502	15492	11999	14142	11925
5666	5684	372846	293662	369361	289586
		51923	39941	51923	39941
		168626	154604	168626	154604
15059	23631	188622	193446	156626	169331
29710	8409	269738	202856	253343	200781
14570	14882	229075	203388	225180	198155
		65354	59584	57140	46766
5047	4700	40562	34621	39737	33580
		50634	44556	50634	44556
516	416	128328	69798	89202	69150
987	986	218543	154677	172730	148274
6232	6001	178052	134690	170616	128010
563	405	212029	173923	209979	173768
16443	19496	542319	496454	481806	418076
14298	10186	58208	46962	57932	46712
		14334	9625	11952	8174
1229	1229	182680	153702	130821	112312
23450	19509	144597	133846	123112	100830
800	1118	56988	45857	56988	45857
24801	24072	342604	280662	237092	211609
		31555	32163	31555	31286
734	1323	41083	37720	26490	22320
		7235	7427	7235	7427
		29200	13123	26959	11160
		65661	59287	64797	58530

2-16 续表 15

汽车、摩托车、燃料及零配件专门零售

项目	商品购进总额		统一配送商品购进额		自有配送中心配送商品购进额	
	2009年	2008年	2009年	2008年	2009年	2008年
全国	**53054800**	**51154347**	**45692246**	**44355250**	**30090368**	**30120491**
北京	4429563	3781985	1033226	686339		
天津	2893664	2440082	2893664	2440082		
河北	468509	400055	468509	400055	356915	250557
山西	974547	711779	747261	484493	182959	190926
内蒙古	3458473	2943382	3458473	2943382	3112624	2649042
辽宁	2370383	2701379	2063488	2327374	924771	1019083
吉林	568872	501237	568872	501237	568872	501237
黑龙江	553896	539528	553896	539528	553896	539528
上海	4929367	5306036	4918166	5288006	3521372	3932012
江苏	8669788	9217836	8669788	9217836	8127242	8606877
浙江	25796	8097	22151	3791	3256	3791
安徽	970193	719774	970193	719774		
福建	1948451	2002239	1690781	1782042	465407	392130
江西	782920	794185	590910	600813	173260	177298
山东	6536526	6206574	6114877	6148933	6114877	6148933
河南	441747	417210	441747	417210	77687	88679
湖北	1223039	1268864	1223039	1268864	1103427	1178244
湖南	3695699	3358229	3689734	3349724	3689734	3349724
广东	2420476	2179480	2180574	1930533	149694	160482
广西	646363	688757	308246	306129		
海南						
重庆	1096282	1264903	12274	8706	12274	8706
四川	317734	190241				
贵州	60289	47204				
云南	364813	222756	364813	222756		
西藏						
陕西	3022	1955	3022	1955		
甘肃	970229	951803	470382	476912	110624	105095
青海						
宁夏						
新疆	2234160	2288776	2234160	2288776	841480	818147

单位：万元

非自有配送中心配送商品购进额		商品销售总额		零售额	
2009年	2008年	2009年	2008年	2009年	2008年
5797511	**5233432**	**58796173**	**56106273**	**39113388**	**37687998**
		4770679	4042920	2437755	2367117
2720744	2350712	2931259	2506690	2931259	2506690
		886596	955826	628027	702565
		992993	849926	694304	618543
		3458473	2943382	3328623	2832870
708225	778931	2528154	3028492	1242162	1549032
		505610	566000	505610	566000
		466602	545568	466602	545568
		5161437	5379249	1533316	1903650
	84	9460595	9567489	6267230	6622384
		25612	8732	16050	6387
		996060	648783	747778	646305
206373	203309	2847363	3012936	2402223	2733552
		1830435	1469655	1317738	1332862
		7007006	6454138	4743583	3734250
		573382	531316	423940	431324
56754	35063	1444403	1286927	1153097	991626
		3727772	3441948	3257392	3062417
1851110	1607294	2481253	2263894	1774803	1626609
		1150147	1227623	681717	700955
		1307633	1404501	289107	309851
		328281	365349	191194	142705
		51818	48093	48371	43477
		364813	222756	364813	222756
		2751	2294	2751	2294
		1133111	1096220	946587	919843
254305	258040	2361933	2235567	717356	566366

2-16 续表 16

家用电器及电子产品专门零售

项　目	商品购进总额		统一配送商品购进额		自有配送中心配送商品购进额	
	2009年	2008年	2009年	2008年	2009年	2008年
全　国	**14095760**	**14011093**	**10055168**	**10024641**	**6879286**	**6279525**
北　京	2117083	2245928	1427877	1484036	1229210	1240594
天　津	570724	555482	266894	283891	254067	268694
河　北	195996	171960	191386	168150	124423	110090
山　西	196077	193344	143109	138233	50313	32874
内蒙古	43311	31119	43311	31119	29204	23467
辽　宁	390809	212412	390809	212412	319470	149574
吉　林	116824	155129	71900	86290	26062	27116
黑龙江	138015	134081	75531	85373	3540	3570
上　海	1648316	1658455	390515	397940	94884	60402
江　苏	1818670	2312171	1495813	2052523	927397	909565
浙　江	331185	392917	331185	392917	161590	151698
安　徽	278175	245348	154652	141662	65805	59108
福　建	593800	596311	208847	167854	103289	102676
江　西	115516	121750	106359	112554		
山　东	344879	391193	241208	314171	26713	21582
河　南	490763	409860	319002	249830	285530	218836
湖　北	800795	737135	764070	737135	707329	685027
湖　南	184434	179284	56886	49970	56787	49872
广　东	2355125	1972355	2273197	1904007	1692393	1488882
广　西	157880	176910	74468	73135	36118	34785
海　南						
重　庆	220792	208585	220792	208585	220792	208585
四　川	549694	457638	459614	395437	166842	134132
贵　州						
云　南	151888	113884	151888	113884	119513	89525
西　藏						
陕　西	4353	2111				
甘　肃						
青　海	16939	12528	16939	12528		
宁　夏	105945	142347	105945	142347	105041	140214
新　疆	157772	180855	72971	68658	72971	68658

单位：万元

非自有配送中心配送商品购进额		商品销售总额		零售额	
2009年	2008年	2009年	2008年	2009年	2008年
1127982	**1756342**	**15176914**	**14847704**	**13902879**	**13491011**
2900	4395	2043303	2077797	1901006	1913887
		564655	533946	354298	348405
		188864	183581	175709	168704
		187327	189468	187327	189468
		46551	37651	46413	37651
65110	55031	513329	266665	513329	266665
43776	54069	134306	167262	134306	167262
		150733	136171	150498	135357
		2217769	2206784	2171292	2177056
344117	955816	1733694	2240916	1691203	2090867
159818	226916	367136	422409	253844	276856
		265217	262906	258715	257000
73548	30996	623674	596850	584854	570307
		115117	127091	105164	112761
146057	135552	338640	332137	338640	332137
4061	3971	525888	463093	488303	421497
252	249	795317	725428	680661	638967
		235428	203747	231353	201193
288341	289348	2426845	2149092	2086795	1759881
		162602	171417	124573	131620
		395813	366380	395575	364386
		599716	584187	579013	562815
		251449	121245	224252	119557
		4521	2648	4521	2648
		18990	14641	18990	14641
		95962	86880	58780	52112
		174070	177313	143466	177313

2-16 续表 17

五金、家具及室内装修材料专门零售

项目	商品购进总额		统一配送商品购进额		自有配送中心配送商品购进额	
	2009年	2008年	2009年	2008年	2009年	2008年
全国	**603903**	**716331**	**369949**	**295226**	**164078**	**186449**
北京	71759	127083	22354	21511	22354	21511
天津	58142	70597				
河北						
山西						
内蒙古						
辽宁	1693	1234	1693	1234		
吉林						
黑龙江						
上海	214727	339161	103365	113364	103365	113364
江苏	28158	39135	28158	39135	6726	13769
浙江	16148	18392	16148	18392	16148	18392
安徽						
福建						
江西						
山东	5709	6013				
河南						
湖北						
湖南						
广东	98909	98415	89574	85287	15485	19412
广西						
海南						
重庆						
四川	20427	12902	20427	12902		
贵州						
云南						
西藏						
陕西						
甘肃						
青海						
宁夏						
新疆	88231	3400	88231	3400		

单位：万元

非自有配送中心配送商品购进额		商品销售总额		零售额	
2009年	2008年	2009年	2008年	2009年	2008年
25067	**21826**	**829346**	**884414**	**667911**	**702865**
		145041	136704	130962	121859
		59474	69202	59474	69202
		1917	1534	1917	1534
		320553	370878	173774	204174
		36393	52538	35816	52538
		16887	20968	16887	20968
		6443	9449	6443	9449
25067	21826	128179	127804	128179	127804
		22197	17593	22197	17593
		92262	77745	92262	77745

2-16 续表 18

无店铺及其他零售

项 目	商品购进总额		统一配送商品购进额		自有配送中心配送商品购进额	
	2009年	2008年	2009年	2008年	2009年	2008年
全 国	**786303**	**387339**	**514952**	**156374**	**467087**	**106101**
北 京						
天 津	6531	6625	6531	6625		
河 北	5423	8372	5423	8372	2410	4754
山 西						
内蒙古						
辽 宁						
吉 林						
黑龙江	477	427	477	427	477	427
上 海	393132	17124	393132	17124	393132	17124
江 苏	4097	7438	4097	7438	2925	6860
浙 江	57696	65590	57696	65590	57696	65590
安 徽						
福 建	6474	6729	6474	6729		
江 西	8558	8381				
山 东	5257	5620	5257	5620		
河 南	263152	223406	2438	2857	1693	1719
湖 北						
湖 南	2079	2036				
广 东	5205	4965	5205	4965	5205	4965
广 西	3550	4663	3550	4663	3550	4663
海 南						
重 庆						
四 川						
贵 州						
云 南	22950	24388	22950	24388		
西 藏						
陕 西						
甘 肃						
青 海	1724	1577	1724	1577		
宁 夏						
新 疆						

单位：万元

非自有配送中心配送商品购进额		商品销售总额		零售额	
2009年	2008年	2009年	2008年	2009年	2008年
6992	**6729**	**755610**	**386168**	**649458**	**317956**
		6257	7347	6257	7347
		8135	7846	8135	7846
		848	645	848	645
		339233	18655	302349	18655
518		5213	7642	5213	7642
		65363	57644	63310	57644
6474	6729	9132	8562	9132	8562
		8688	7537	8647	7288
		5257	5620	5172	5527
		263352	223636	208091	170741
		2100	2070	2100	2070
		8546	7041	8546	7041
		5538	4898	5207	4898
		26439	25642	14942	10666
		1509	1385	1509	1385

2-17 按行业分各地区连锁

批发业

项　目	商品购进总额		统一配送商品购进额		自有配送中心配送商品购进额	
	2009年	2008年	2009年	2008年	2009年	2008年
全　国	**35513724**	**37291309**	**26853545**	**29585643**	**13624144**	**13617493**
北　京	19172	18473	19172	18473	1489	2632
天　津	20675	16394	18656	13807		
河　北	3264145	3299128	2579026	2593540	2163203	1999060
山　西	155828	155828				
内蒙古	10851	10112	10851	10112		
辽　宁	1048270	1249154	240331	267545		
吉　林						
黑龙江	74824	68457	74824	68457	74824	68457
上　海						
江　苏	405801	445414	403753	445414	385587	440918
浙　江	7657210	8146581	7039265	7497428	7023198	7495613
安　徽	3348365	3389917	714321	637324	671257	637324
福　建	63850	144266	37751	103471	16863	18454
江　西	226783	70544	99856	69516		
山　东	1058881	1110269	1045314	1093550	343608	383713
河　南	1611397	1391254	1602007	1383158	1318469	1143383
湖　北	171595	155388	171595	155388	140518	123306
湖　南	62509	59968	62509	59968	44090	42123
广　东	13788063	15247408	10888851	13564422	265925	353329
广　西	822326	695410	217220	48733	217178	48733
海　南						
重　庆	43951	38848	28226	29226	28201	29206
四　川	346503	347714	316629	320403	306093	311492
贵　州						
云　南	129957	137394	126726	135186	74943	61828
西　藏						
陕　西	569969	474903	569969	474903	507391	420267
甘　肃	460581	494190	434476	471325		
青　海						
宁　夏	11385	11385	11385	11385		
新　疆	140833	112908			41308	37654

零售企业直营门店经营情况

单位：万元

非自有配送中心配送商品购进额		商品销售总额		零售额	
2009年	2008年	2009年	2008年	2009年	2008年
10771046	**13362642**	**40822422**	**41205635**	**19665453**	**23953463**
		19698	16080	3113	3741
		36536	16106	4013	322
705	624	4080881	4095288	1137191	1059190
		207057	207057	207057	207057
		12622	10138	3317	2711
		1181528	1227745	444233	522053
		76862	75147	6656	5759
4856	4496	565417	506326	89525	111000
15174	382	8145741	8528870	3650889	5266272
43065		2940978	2926487	2178474	2188405
20888	85017	69416	116901	14522	28209
		708454	471787	271852	292520
		1111794	1103417	587758	571775
38213	36193	1911834	1764801	942286	858856
24580	25475	285078	255028	95428	62689
18419	17845	38678	35954	8375	7771
10605048	13192565	14661976	15801022	8863939	11477436
42		1792419	1520160	702594	844408
25	20	50786	41936	2367	1999
		484694	400963	7388	6240
32	26	934134	866910	120170	149766
		761152	652557	820	805
		582364	438100	278580	242712
		13863	13863		
		148461	112994	44909	41767

2-17 续表 1

农畜产品批发

项 目	商品购进总额		统一配送商品购进额		自有配送中心配送商品购进额	
	2009年	2008年	2009年	2008年	2009年	2008年
全 国	**154164**	**147455**	**145875**	**140449**	**145875**	**140449**
北 京						
天 津						
河 北						
山 西						
内蒙古						
辽 宁						
吉 林						
黑龙江						
上 海						
江 苏	118923	115709	118000	115709	118000	115709
浙 江	27875	24740	27875	24740	27875	24740
安 徽						
福 建	7367	7006				
江 西						
山 东						
河 南						
湖 北						
湖 南						
广 东						
广 西						
海 南						
重 庆						
四 川						
贵 州						
云 南						
西 藏						
陕 西						
甘 肃						
青 海						
宁 夏						
新 疆						

单位：万元

非自有配送中心配送商品购进额		商品销售总额		零售额	
2009年	2008年	2009年	2008年	2009年	2008年
		153837	**209828**	**38266**	**55605**
		119519	177360	35856	53208
		26410	25111		
		7908	7358	2410	2397

2-17 续表 2

食品、饮料及烟草制品批发

项目	商品购进总额		统一配送商品购进额		自有配送中心配送商品购进额	
	2009年	2008年	2009年	2008年	2009年	2008年
全国	**2329358**	**2091982**	**2027844**	**1902239**	**1759246**	**1716882**
北京						
天津						
河北	290101	226064	290101	226064	289397	225440
山西	155828	155828				
内蒙古						
辽宁						
吉林						
黑龙江						
上海						
江苏	252561	288001	251435	288001	238125	288001
浙江	56786	57351	56550	57321	41376	56940
安徽						
福建	33758	50442	15026	16653	15026	16653
江西	225252	69516	99856	69516		
山东	335551	375273	335524	375273	335524	375273
河南	1539	1497	1539	1497	1539	1497
湖北	13152	12996	13152	12996	6655	6388
湖南						
广东	21624	17601	21455	17505	18416	15779
广西						
海南						
重庆						
四川	309834	316165	309834	316165	303203	309478
贵州						
云南	2595	1165	2595	1165	2595	1165
西藏						
陕西	567751	472798	567751	472798	507391	420267
甘肃						
青海						
宁夏						
新疆	63027	47285				

单位：万元

非自有配送中心配送商品购进额		商品销售总额		零售额	
2009年	2008年	2009年	2008年	2009年	2008年
15878	**1005**	**3145006**	**2501080**	**401810**	**331997**
705	624	328326	292067	123	159
		207057	207057	207057	207057
		399498	282017	53039	57219
15174	382	59146	59361	10271	3968
		37313	17993	9708	12138
		330736	88218		
		400012	381791	78748	30528
		1851	1748	920	682
		79996	73520	23535	601
		31251	23011	15670	15942
		446858	370551	2240	2581
		3246	1123	499	1123
		759103	650544		
		60613	52080		

2-17 续表 3

纺织、服装及日用品批发

项目	商品购进总额		统一配送商品购进额		自有配送中心配送商品购进额	
	2009年	2008年	2009年	2008年	2009年	2008年
全国	**92128**	**88151**	**92128**	**88151**	**56054**	**60143**
北京	3813	2190	3813	2190		
天津						
河北						
山西						
内蒙古						
辽宁						
吉林						
黑龙江						
上海						
江苏	2747	2786	2747	2786	2747	2786
浙江	5562	1025	5562	1025	5562	1025
安徽						
福建						
江西						
山东						
河南						
湖北						
湖南	18419	17845	18419	17845		
广东	61587	64305	61587	64305	47745	56332
广西						
海南						
重庆						
四川						
贵州						
云南						
西藏						
陕西						
甘肃						
青海						
宁夏						
新疆						

单位：万元

非自有配送中心配送商品购进额		商品销售总额		零售额	
2009年	2008年	2009年	2008年	2009年	2008年
32261	**25818**	**119522**	**105158**	**38268**	**26920**
		4654	2167		
		3865	2786	630	573
		10679	1550	10679	1550
18419	17845	18585	17740		
13842	7973	81739	80914	26959	24796

2-17 续表 4

文化、体育用品及器材批发

项　目	商品购进总额		统一配送商品购进额		自有配送中心配送商品购进额	
	2009年	2008年	2009年	2008年	2009年	2008年
全　国	**104028**	**140054**	**104028**	**140054**	**89189**	**123252**
北　京						
天　津						
河　北						
山　西						
内蒙古						
辽　宁						
吉　林						
黑龙江						
上　海						
江　苏						
浙　江						
安　徽						
福　建						
江　西						
山　东						
河　南						
湖　北						
湖　南						
广　东	104028	140054	104028	140054	89189	123252
广　西						
海　南						
重　庆						
四　川						
贵　州						
云　南						
西　藏						
陕　西						
甘　肃						
青　海						
宁　夏						
新　疆						

单位：万元

非自有配送中心配送商品购进额		商品销售总额		零售额	
2009年	2008年	2009年	2008年	2009年	2008年
		106078	**169796**	**7990**	**9878**
		106078	169796	7990	9878

2-17 续表 5

医药及医疗器材批发

项目	商品购进总额		统一配送商品购进额		自有配送中心配送商品购进额	
	2009年	2008年	2009年	2008年	2009年	2008年
全国	**188863**	**157654**	**169342**	**145017**	**90956**	**88777**
北京						
天津						
河北	16008	14215	16008	14215	8746	8746
山西						
内蒙古	10851	10112	10851	10112		
辽宁						
吉林						
黑龙江						
上海						
江苏						
浙江						
安徽	2594	4147	2594	4147	2594	4147
福建	1837	1801	1837	1801	1837	1801
江西						
山东						
河南	5622	5525	5450	5400	5181	5072
湖北	24580	25475	24580	25475		
湖南	44090	42123	44090	42123	44090	42123
广东	18112	9056	12680	6340	5416	2708
广西						
海南						
重庆	21284	20369	10597	12780	10572	12760
四川	2890	2014	2890	2014	2890	2014
贵州						
云南	24369	12836	21138	10629	9630	9406
西藏						
陕西	2218	2105	2218	2105		
甘肃						
青海						
宁夏						
新疆	14409	7876				

单位：万元

非自有配送中心配送商品购进额		商品销售总额		零售额	
2009年	2008年	2009年	2008年	2009年	2008年
32170	**29481**	**196945**	**143111**	**48745**	**29260**
		16289	15687	2458	2222
		12622	10138	3317	2711
		150	80	150	80
		2031	1732		
269	328	10351	10217	111	101
24580	25475	25850	26788	200	200
		20094	18214	8375	7771
7264	3632	30160	15080	16752	8376
25	20	28446	20636	921	829
		2600	1996	2600	1996
32	26	31079	13430	12742	3873
		2049	2013	820	805
		15226	7101	300	296

2-17 续表 6

矿产品、建材及化工产品批发

项目	商品购进总额		统一配送商品购进额		自有配送中心配送商品购进额	
	2009年	2008年	2009年	2008年	2009年	2008年
全国	**32144415**	**34058798**	**23852266**	**26600734**	**11066776**	**10958998**
北京						
天津						
河北	2958036	3058850	2272918	2353261	1865061	1764875
山西						
内蒙古						
辽宁	1036491	1236714	232977	259504		
吉林						
黑龙江	74824	68457	74824	68457	74824	68457
上海						
江苏	31571	38918	31571	38918	26715	34422
浙江	7328031	7751261	6710322	7102138	6709429	7100704
安徽	3345771	3385770	711727	633177	668662	633177
福建	20888	85017	20888	85017		
江西						
山东	703401	711716	703401	711716	1694	1879
河南	1595018	1376260	1595018	1376260	1311750	1136814
湖北	133863	116918	133863	116918	133863	116918
湖南						
广东	13477553	14861134	10583942	13180960		
广西	822326	695410	217220	48733	217178	48733
海南						
重庆	16534	15386	16293	15366	16293	15366
四川	26701	23812				
贵州						
云南	38046	69852	38046	69852		
西藏						
陕西						
甘肃	460581	494190	434476	471325		
青海						
宁夏	11385	11385	11385	11385		
新疆	63397	57747			41308	37654

单位：万元

非自有配送中心配送商品购进额		商品销售总额		零售额	
2009年	2008年	2009年	2008年	2009年	2008年
10690736	**13306338**	**36176813**	**37053801**	**18753143**	**23044801**
		3736265	3787534	1134610	1056810
		1169485	1216133	441712	520517
		76862	75147	6656	5759
4856	4496	42535	44162		
		7805292	8111745	3626357	5258532
43065		2940828	2926407	2178324	2188325
20888	85017	22164	89818	2403	13674
		682607	691803	502033	533867
37944	35865	1890409	1743106	937548	854732
		179232	154720	71693	61888
10583942	13180960	14296239	15353192	8729916	11335458
42		1792419	1520160	702594	844408
		16097	17374		
		28471	22487		
		829058	794237	96110	86648
		582364	438100	278580	242712
		13863	13863		
		72622	53813	44609	41471

2-17 续表 7

机械设备、五金交电及电子产品批发

项目	商品购进总额		统一配送商品购进额		自有配送中心配送商品购进额	
	2009年	2008年	2009年	2008年	2009年	2008年
全国	**161551**	**151554**	**141184**	**132069**	**116180**	**113540**
北京						
天津	20675	16394	18656	13807		
河北						
山西						
内蒙古						
辽宁	4638	4614	213	215		
吉林						
黑龙江						
上海						
江苏						
浙江	11113	10240	11113	10240	11113	10240
安徽						
福建						
江西	1532	1028				
山东	6390	6561	6390	6561	6390	6561
河南	9218	7971				
湖北						
湖南						
广东	35960	45482	35960	45482	35960	45482
广西						
海南						
重庆						
四川	7078	5723	3905	2224		
贵州						
云南	64947	53541	64947	53541	62717	51257
西藏						
陕西						
甘肃						
青海						
宁夏						
新疆						

单位：万元

非自有配送中心配送商品购进额		商品销售总额		零售额	
2009年	2008年	2009年	2008年	2009年	2008年
		190883	**155721**	**70544**	**113244**
		36536	16106	4013	322
		4943	4757		
		10899	10286	3583	2222
		6592	4984	6592	4984
		5894	3217		
		9223	9731	3707	3342
		39280	42590	39280	42590
		6765	5930	2549	1663
		70751	58121	10820	58121

2-17 续表 8

其他批发

项 目	商品购进总额		统一配送商品购进额		自有配送中心配送商品购进额	
	2009年	2008年	2009年	2008年	2009年	2008年
全 国	**339216**	**455660**	**320879**	**436929**	**299868**	**415452**
北 京	15359	16284	15359	16284	1489	2632
天 津						
河 北						
山 西						
内蒙古						
辽 宁	7141	7826	7141	7826		
吉 林						
黑龙江						
上 海						
江 苏						
浙 江	227844	301964	227844	301964	227844	301964
安 徽						
福 建						
江 西						
山 东	13540	16719				
河 南						
湖 北						
湖 南						
广 东	69199	109776	69199	109776	69199	109776
广 西						
海 南						
重 庆	6133	3093	1336	1081	1336	1081
四 川						
贵 州						
云 南						
西 藏						
陕 西						
甘 肃						
青 海						
宁 夏						
新 疆						

单位：万元

非自有配送中心配送商品购进额		商品销售总额		零售额	
2009年	2008年	2009年	2008年	2009年	2008年
		733338	**867140**	**306689**	**341759**
		15044	13913	3113	3741
		7100	6855	2522	1536
		233315	320816		
		371126	378584	265260	287536
		23280	26607	6976	7380
		77229	116439	27372	40396
		6243	3926	1446	1170

2-17 续表 9

零售业

项 目	商品购进总额		统一配送商品购进额		自有配送中心配送商品购进额	
	2009年	2008年	2009年	2008年	2009年	2008年
全 国	**146847630**	**135818880**	**112785735**	**103775587**	**76873439**	**70953298**
北 京	13608179	12445036	6158782	5517365	2484194	2650940
天 津	4329725	3811566	3493867	2981046	416829	388531
河 北	2387739	1733193	1203742	1115863	966423	837213
山 西	1759862	1426869	1162405	878538	401671	365715
内蒙古	3602278	3054293	3597164	3050106	3225797	2739205
辽 宁	3399035	3462432	2792060	2817429	1383010	1263646
吉 林	904657	842481	729632	670761	679490	606911
黑龙江	1252385	1191160	1147317	1117792	802459	765497
上 海	16166245	16008774	10773835	10366434	5794954	5545987
江 苏	30685080	29487939	28432429	26944496	25593454	23861876
浙 江	5062349	4781703	4864500	4592467	3413270	3188214
安 徽	4185012	3753288	2416542	2061259	579470	516624
福 建	4324217	4032401	3459562	3202827	1558827	1304493
江 西	1851520	1816563	1288140	1284713	305890	299844
山 东	13842225	12355976	9457018	8999435	8799311	8296897
河 南	2263922	1965554	1428143	1224310	780613	678258
湖 北	6545968	5270612	5035079	4035257	4174877	3577025
湖 南	5397706	4865704	4933170	4278954	4906629	4274422
广 东	11653117	10642156	10218942	9243140	5266218	4848029
广 西	1045003	1100054	569965	564164	151261	147323
海 南	15240	11348	11792	8763	1150	1115
重 庆	3811473	3615172	2650622	2295088	2005169	1708105
四 川	2363102	2071642	1844573	1746658	1282982	1263222
贵 州	149015	117524	46349	36621	12193	11402
云 南	1340034	1165200	1279070	1010872	447423	397529
西 藏	4666	386	4666	386		
陕 西	748590	689644	344293	335677	82821	79194
甘 肃	1019542	996892	493664	495228	113619	109771
青 海	84454	81779	64494	59733	4331	3722
宁 夏	244655	248083	240707	244135	147613	169022
新 疆	2800633	2773456	287	268	1091493	1053570

单位：万元

非自有配送中心配送商品购进额		商品销售总额		零售额	
2009年	2008年	2009年	2008年	2009年	2008年
14422898	**13628673**	**166583481**	**152554878**	**125935081**	**114987692**
906180	815933	15625622	14097694	12203720	11379685
2724685	2354242	4354434	3753511	4135040	3553746
47063	47363	2926397	2660418	2475134	2358003
9225	12703	1814381	1591623	1515535	1360239
8226	6506	3588123	3049421	3456785	2938836
781308	841222	3848223	3949697	2433544	2351368
43776	54069	872966	920803	827571	875284
7444	4253	1260636	1278573	1237562	1254172
2938898	2808013	20615733	20416808	13972086	13926001
700111	1123827	32576383	29936084	21106809	19503625
980348	982274	5784853	5263169	5096218	4584492
1003	1078	4577147	3992796	3110488	2722350
650529	546620	5253421	5047615	4717773	4704710
		3150147	2727940	2196340	2166802
319038	288115	15603345	13598427	11572442	9334676
41793	22932	2490574	2151133	2235104	1978491
468493	209351	7244706	6199881	5748322	5102862
26442	4433	5737260	5196915	5220617	4763338
2769878	2567795	13404568	12221634	11260895	10207348
66883	67683	1561882	1628443	1032869	1035959
		16596	10935	11952	8174
303167	262390	4661001	4245461	3467103	2973565
69148	48050	2502466	2332709	1951148	1690782
800	1118	135225	112870	130553	108254
53055	55321	1631689	1167778	1455171	1053111
		4492	3169	4492	3169
229786	224678	812655	723572	786057	703490
5009	6875	1204205	1159685	1002519	966932
		119303	104402	119303	104402
1311	1245	229747	193707	185823	153444
269301	270583	2975300	2818004	1266105	1120384

2-17 续表 10

综合零售

项 目	商品购进总额		统一配送商品购进额		自有配送中心配送商品购进额	
	2009年	2008年	2009年	2008年	2009年	2008年
全 国	**69880945**	**61761691**	**48605792**	**41953572**	**33347947**	**28636884**
北 京	6358826	5887625	3204801	2936185	948484	1181518
天 津	676421	631816	225540	165867	150951	106243
河 北	1567930	946930	390112	347018	341841	294038
山 西	500567	454275	192650	195956	116062	98797
内蒙古	81023	65605	77017	62400	70721	57313
辽 宁	421295	375714	312265	270131	191668	155375
吉 林	141383	116824	40040	41855	35735	37179
黑龙江	396643	320858	354058	296975	170575	117322
上 海	9114753	8899221	5167824	4829737	1899758	1721520
江 苏	18422061	16023574	16506298	13768371	15039187	12621508
浙 江	3390140	3119000	3201652	2938289	2149974	1968727
安 徽	2830223	2693279	1190456	1110909	456908	417629
福 建	1536087	1245300	1335281	1084192	890008	732410
江 西	580850	574658	243732	268859	74429	67769
山 东	6651845	5537140	2858879	2340773	2445656	1959006
河 南	1066174	901545	408609	326349	193237	169963
湖 北	4030443	2958835	2565518	1730383	2108996	1503469
湖 南	1200411	1027163	978298	698500	952156	694207
广 东	6116322	5698139	5230309	4833873	2633946	2495006
广 西	173535	176661	122285	129418	69350	71539
海 南	2028	1141				
重 庆	2156609	1853848	2109414	1808817	1476094	1231018
四 川	948877	880669	863895	840950	652322	663971
贵 州	25238	17547	23687	17547	6612	5686
云 南	473145	398564	470987	396690	131389	124980
西 藏						
陕 西	712810	659967	317913	312275	78601	74883
甘 肃	16935	19011	6838	9859	2440	3976
青 海	57503	60971	37542	38925	506	991
宁 夏	106771	86515	102823	82567	12280	11235
新 疆	124101	129300	92	69	48063	49606

单位：万元

非自有配送中心配送商品购进额		商品销售总额		零售额	
2009年	2008年	2009年	2008年	2009年	2008年
7328687	**6435455**	**81234907**	**71858408**	**64463434**	**56546074**
848901	761814	7848277	7156322	7144898	6571698
		653841	506681	653841	506181
44235	44597	1653973	1289360	1510313	1288158
8678	12000	545223	486794	545223	486794
6216	5004	62336	54152	62336	54152
1891	1615	505930	448259	393418	342215
		146644	113989	101249	68471
7444	4253	417533	357218	394694	334929
2926803	2795117	12617849	12599230	9659073	9549185
178598	58456	19455612	16257538	11896064	9581349
785770	720951	4149047	3683116	3990471	3550991
1003	1078	3209343	2986181	2007987	1738714
294995	244818	1510917	1222511	1506276	1208468
		723814	711406	639839	604803
167691	147791	7904783	6572978	6314399	5122766
36140	17383	1104269	944430	1081019	919623
406043	171060	4364020	3788662	3556147	3135522
26142	4292	1408100	1195256	1406651	1194303
942866	857153	7431773	6775926	6584179	6058609
52936	57879	174367	167805	152419	142035
		2261	1310		
301090	261160	2603525	2168079	2510178	2077623
45699	28541	1010640	874184	676604	558120
		28377	20162	27152	20162
6614	5838	562590	444972	540811	423906
229786	224678	770679	685098	744081	665015
4398	5883	30185	26295	29617	25318
		88732	78717	88732	78717
1311	1245	98656	88273	94155	84741
3438	2851	151609	153508	151609	153508

2-17 续表 11

食品、饮料及烟草制品专门零售

项目	商品购进总额		统一配送商品购进额		自有配送中心配送商品购进额	
	2009年	2008年	2009年	2008年	2009年	2008年
全国	**1863207**	**1568813**	**1756400**	**1450356**	**919458**	**812126**
北京	117119	123592	108660	118324	102114	109732
天津	111093	92478	88087	70096		
河北	6431	6264	6316	6150	150	157
山西	29575	28889	29119	28529	26058	24990
内蒙古						
辽宁	20634	19763	10215	9560	1965	2521
吉林	24746	24519				
黑龙江						
上海	56150	57553	56150	57553	53702	55104
江苏	270669	265941	268356	247666	146459	113985
浙江	159823	161449	155504	157230	114907	118309
安徽	8816	9006	5000	4040		
福建	146579	125464	138007	116894	67183	55068
江西	262861	240823	258636	236731	4105	5324
山东	122258	79557	120354	77690	112854	71360
河南	41310	34204	38370	32254	27827	21626
湖北	265038	91869	256739	86021	76074	58114
湖南	75387	83380	73627	81663	73627	81663
广东	67671	63217	66211	59108	60918	54213
广西	1068	997	1068	997	1068	997
海南						
重庆	15147	9717	15147	9717	11697	7023
四川	10251	7560	10251	7560	10251	7560
贵州						
云南	15465	15686	15465	15686		
西藏	4666	386	4666	386		
陕西						
甘肃						
青海						
宁夏						
新疆	30451	26501	21	18	28500	24379

单位：万元

非自有配送中心配送商品购进额		商品销售总额		零售额	
2009年	2008年	2009年	2008年	2009年	2008年
192604	**186522**	**2267207**	**1855801**	**1340976**	**1267103**
434	512	169646	153127	165813	148894
		117807	107250	109595	94155
1793	1953	8955	7922	8955	7922
		29070	28796	28913	28796
		22126	23752	13767	15399
		30260	29612	30260	29612
		69457	72326	23533	24041
90664	97127	309079	298031	263212	263713
26294	24244	183024	174490	157652	147513
		8811	8412	8811	8412
64092	56069	157672	135951	143314	121987
		347613	315628	13212	18711
		152997	97969	46987	34099
220	251	42753	34714	41685	33647
4659	2404	357179	132615	91429	99849
		81334	91518	77422	86673
4449	3963	92913	71144	60102	56597
		1688	1417	1688	1417
		17521	13731	17521	13731
		9395	7614	9395	7614
		18599	16889	18599	16889
		4492	3169	4492	3169
		34815	29725	4617	4265

2-17 续表 12

纺织、服装及日用品专门零售

项　目	商品购进总额		统一配送商品购进额		自有配送中心配送商品购进额	
	2009年	2008年	2009年	2008年	2009年	2008年
全　国	**1426304**	**1417487**	**994551**	**988400**	**668924**	**708395**
北　京	299275	309341	146792	155372	36264	44180
天　津	8944	11497	8944	11497	5970	8881
河　北	37669	34953	37669	34953	37669	34953
山　西	5480	5313				
内蒙古						
辽　宁	26647	19816	26647	19816	11466	11663
吉　林	3000	2577				
黑龙江						
上　海	43648	47945	31278	30614	23678	22602
江　苏	91338	90812	91338	90812	91338	90812
浙　江	139130	124530	139130	124530	28494	33077
安　徽						
福　建	25546	20105	18511	13955	14378	11535
江　西	26097	5631	24818	3628	6736	3628
山　东	1183	1211	1183	1211	1183	1211
河　南	37837	68152	37476	67760	37091	67418
湖　北	83531	92559	83531	92559	56151	53812
湖　南	21073	22605	2630	2626	2630	2626
广　东	493525	478467	289856	287732	279258	279771
广　西						
海　南						
重　庆	23226	15978	14446	11596	10603	9629
四　川	44524	57552	25673	31295	25673	31295
贵　州						
云　南	8974	4175	8974	4175		
西　藏						
陕　西	3551	3451	3551	3451	342	1301
甘　肃						
青　海	2105	816	2105	816		
宁　夏						
新　疆						

单位：万元

非自有配送中心配送商品购进额		商品销售总额		零售额	
2009年	2008年	2009年	2008年	2009年	2008年
35053	**27731**	**1708030**	**1590786**	**1229283**	**1087470**
7352	6695	400063	391375	224810	208824
2974	2616	15105	18483	14280	17940
		40248	37200	4368	4124
		5473	5473	5473	5473
5607	3177	36051	25527	36051	25527
		4222	3998	4222	3998
3753	4659	94471	81678	94471	81678
		94303	95500	59718	59684
5483	4271	72050	55519	63688	47526
		32772	27016	32602	26838
		29783	6557	20404	4408
		1230	1325	1230	1325
385	342	45027	38622	44876	38511
		119070	115878	113036	93207
		28824	31627	27073	31627
7500	4827	601339	579239	407102	379741
2000	1145	28856	20555	17024	13532
		39056	42004	38768	30298
		9669	4913	9669	4913
		7580	6067	7580	6067
		2836	2232	2836	2232

2-17 续表 13

文化、体育用品及器材专门零售

项　目	商品购进总额		统一配送商品购进额		自有配送中心配送商品购进额	
	2009年	2008年	2009年	2008年	2009年	2008年
全　国	**3310432**	**3526127**	**3154340**	**3367610**	**2860527**	**3147372**
北　京	34622	40460	34163	33038	688	765
天　津						
河　北						
山　西						
内蒙古	3105	2320	3105	2320		
辽　宁	21716	20587				
吉　林						
黑龙江	70887	70723	70887	69946	1761	1702
上　海	116657	156440	107832	147823	107832	147823
江　苏	1214018	1448514	1202653	1439481	1145407	1434739
浙　江	789881	751784	789881	751784	785039	746073
安　徽	34822	29628	34822	29628	34822	29628
福　建	33709	9072	33709	9072	6598	4024
江　西	36872	36159	30951	31819	20509	20388
山　东	62139	61113	62139	61113	56784	56121
河　南	508	447	508	447		
湖　北	46835	40061	45895	39094	39913	32599
湖　南	89754	100907	3127	4371	3127	4371
广　东	64857	60667	60465	56525	55566	50856
广　西	15367	15791	15367	15791	15367	15791
海　南						
重　庆	187486	166413	187486	166413	187486	166413
四　川	330379	369442	330379	369442	329047	366511
贵　州						
云　南	51858	53868	50606	52809	28967	27397
西　藏						
陕　西						
甘　肃						
青　海						
宁　夏	6232	5589	6232	5589	6232	5589
新　疆	98731	86144	3	3	35383	36582

单位：万元

非自有配送中心配送商品购进额		商品销售总额		零售额	
2009年	2008年	2009年	2008年	2009年	2008年
131221	**80007**	**3367833**	**3279051**	**2178660**	**2096243**
32349	31663	47967	58642	43348	49190
		5325	2300	5325	2300
		21721	20093	14589	16329
		56294	84368	56294	83070
		110013	130013	93715	114189
57240	4741	1308669	1322666	731822	733759
		729070	679160	361547	320709
		34599	28895	32295	27120
		35408	12081	3716	4330
		44064	45511	40702	41414
4774	4356	61655	58299	29778	29257
		668	514	668	514
		39383	40694	36055	40694
		99449	103301	66423	57761
3661	4143	59208	53454	42240	37967
		13575	12617	13575	12617
		184642	166776	142463	112569
		356544	314997	318008	277869
21639	25412	56570	52429	46038	44545
		5929	5432	5929	5432
11558	9692	97078	86812	94126	84610

2-17 续表 14

医药及医疗器材专门零售

项目	商品购进总额		统一配送商品购进额		自有配送中心配送商品购进额	
	2009年	2008年	2009年	2008年	2009年	2008年
全国	**3151363**	**2713061**	**2699290**	**2241992**	**2138319**	**1752926**
北京	187199	88052	180909	82560	145080	52639
天津	6808	5627	6808	5627	5841	4713
河北	105782	164659	104327	151165	103015	142665
山西	53616	33269	50266	31326	26279	18128
内蒙古	16365	11868	15258	10886	13248	9384
辽宁	243379	213461	84463	78836	25999	24148
吉林	49832	42195	48821	41380	48821	41380
黑龙江	92469	125543	92469	125543	72212	102948
上海	120723	117591	76801	75026	68459	66788
江苏	243523	166660	243170	165376	184015	147903
浙江	172656	159383	171257	159383	104684	93039
安徽	64557	57704	63192	56696	23710	11709
福建	33572	27181	27953	22089	11964	6649
江西	37848	34976	32734	30309	26851	25437
山东	112429	67556	53120	49924	41242	38684
河南	184065	131824	180461	128147	158014	110561
湖北	102818	89589	102818	89502	82987	65760
湖南	139869	102555	139869	102555	139569	102414
广东	398261	323611	390786	318269	373753	294867
广西	47240	36276	44980	34032	25808	19548
海南	13212	10207	11792	8763	1150	1115
重庆	111930	95728	91063	81255	86223	76731
四川	141216	95638	134335	89073	98847	59753
贵州	63488	52773	22662	19073	5581	5716
云南	250941	331879	193386	180485	167555	155626
西藏						
陕西	26108	23176	21061	19012	3879	3010
甘肃	32379	26078	16444	8457	554	700
青海	6185	5888	6185	5888	3825	2731
宁夏	25708	13632	25708	13632	24059	11983
新疆	67187	58480	171	178	65096	56199

单位：万元

非自有配送中心配送商品购进额		商品销售总额		零售额	
2009年	2008年	2009年	2008年	2009年	2008年
161794	**129538**	**3720283**	**3146725**	**3313289**	**2803617**
14244	10855	214175	188488	168659	105897
967	914	8527	6836	8527	6750
1035	814	139628	178684	139628	178684
547	703	54295	31166	54295	31166
2010	1502	15438	11936	14088	11862
5666	5684	315141	236594	311655	232518
		51923	39941	51923	39941
		168626	154604	168626	154604
8343	8238	156178	148749	156178	148749
28974	7604	264174	198716	247880	196642
14570	14850	202065	178248	198170	173015
		64891	59068	56677	46251
5047	4700	36482	31708	35657	30667
		50634	44556	50634	44556
516	416	125335	66513	86209	65866
987	986	197055	136321	153082	131252
784	576	132530	118708	125093	112028
300	141	166252	139008	164202	138853
14119	15976	462950	425102	402436	347994
13947	9804	53965	42667	53689	42417
		14334	9625	11952	8174
77	85	123010	105440	95235	81875
23450	19509	136637	126783	115968	93767
800	1118	55030	44616	55030	44616
24801	24072	341558	278933	236046	209880
		28573	28659	28573	28659
611	992	40908	37171	26316	21771
		7235	7427	7235	7427
		29200	13123	26959	11160
		63533	57335	62668	56578

2-17 续表 15

汽车、摩托车、燃料及零配件专门零售

项　目	商品购进总额		统一配送商品购进额		自有配送中心配送商品购进额	
	2009年	2008年	2009年	2008年	2009年	2008年
全　国	**52190435**	**50174180**	**44831856**	**43507570**	**29603658**	**29513777**
北　京	4425587	3649499	1033226	686339		
天　津	2893664	2440082	2893664	2440082		
河　北	468509	400055	468509	400055	356915	250557
山　西	974547	711779	747261	484493	182959	190926
内蒙古	3458473	2943382	3458473	2943382	3112624	2649042
辽　宁	2360710	2692659	2053815	2318654	920288	1013578
吉　林	568872	501237	568872	501237	568872	501237
黑龙江	553896	539528	553896	539528	553896	539528
上　海	4458139	4715283	4446938	4697254	3050144	3341260
江　苏	8669788	9217836	8669788	9217836	8127242	8606877
浙　江	25796	8097	22151	3791	3256	3791
安　徽	970193	719774	970193	719774		
福　建	1948451	2002239	1690781	1782042	465407	392130
江　西	782920	794185	590910	600813	173260	177298
山　东	6536526	6206574	6114877	6148933	6114877	6148933
河　南	441747	417210	441747	417210	77687	88679
湖　北	1223039	1268864	1223039	1268864	1103427	1178244
湖　南	3684699	3347773	3678734	3339268	3678734	3339268
广　东	2053241	1942745	1813339	1693798	149694	160482
广　西	646363	688757	308246	306129		
海　南						
重　庆	1096282	1264903	12274	8706	12274	8706
四　川	317734	190241				
贵　州	60289	47204				
云　南	364813	222756	364813	222756		
西　藏						
陕　西	1768	939	1768	939		
甘　肃	970229	951803	470382	476912	110624	105095
青　海						
宁　夏						
新　疆	2234160	2288776			841480	818147

单位：万元

非自有配送中心配送商品购进额		商品销售总额		零售额	
2009年	2008年	2009年	2008年	2009年	2008年
5425085	**4993482**	**58008695**	**55185953**	**38619276**	**37102589**
		4766601	3965951	2433677	2290148
2720744	2350712	2931259	2506690	2931259	2506690
		886596	955826	628027	702565
		992993	849926	694304	618543
		3458473	2943382	3328623	2832870
703034	775717	2517873	3019246	1234681	1543153
		505610	566000	505610	566000
		466602	545568	466602	545568
		4690209	4788496	1297701	1608274
	84	9460595	9567489	6267230	6622384
		25612	8732	16050	6387
		996060	648783	747778	646305
206373	203309	2847363	3012936	2402223	2733552
		1830435	1469655	1317738	1332862
		7007006	6454138	4743583	3734250
		573382	531316	423940	431324
56754	35063	1444403	1286927	1153097	991626
		3715772	3430388	3245392	3050857
1483875	1370559	2192814	2033295	1541316	1432178
		1150147	1227623	681717	700955
		1307633	1404501	289107	309851
		328281	365349	191194	142705
		51818	48093	48371	43477
		364813	222756	364813	222756
		1301	1101	1301	1101
		1133111	1096220	946587	919843
254305	258040	2361933	2235567	717356	566366

2-17 续表 16

家用电器及电子产品专门零售

项　目	商品购进总额		统一配送商品购进额		自有配送中心配送商品购进额	
	2009年	2008年	2009年	2008年	2009年	2008年
全　国	**13901343**	**13804147**	**9861204**	**9817695**	**6703440**	**6089837**
北　京	2117083	2245928	1427877	1484036	1229210	1240594
天　津	570724	555482	266894	283891	254067	268694
河　北	195996	171960	191386	168150	124423	110090
山　西	196077	193344	143109	138233	50313	32874
内蒙古	43311	31119	43311	31119	29204	23467
辽　宁	302963	119199	302963	119199	231624	56360
吉　林	116824	155129	71900	86290	26062	27116
黑龙江	138015	134081	75531	85373	3540	3570
上　海	1648316	1658455	390515	397940	94884	60402
江　苏	1741429	2228597	1418571	1968949	850155	825991
浙　江	311081	373478	311081	373478	153073	141216
安　徽	276401	243898	152878	140212	64031	57658
福　建	593800	596311	208847	167854	103289	102676
江　西	115516	121750	106359	112554		
山　东	344879	391193	241208	314171	26713	21582
河　南	489844	409316	318536	249286	285065	218292
湖　北	794264	728834	757539	728834	707329	685027
湖　南	184434	179284	56886	49970	56787	49872
广　东	2355125	1971930	2273197	1903582	1692393	1488457
广　西	157880	176910	74468	73135	36118	34785
海　南						
重　庆	220792	208585	220792	208585	220792	208585
四　川	549694	457638	459614	395437	166842	134132
贵　州						
云　南	151888	113884	151888	113884	119513	89525
西　藏						
陕　西	4353	2111				
甘　肃						
青　海	16939	12528	16939	12528		
宁　夏	105945	142347	105945	142347	105041	140214
新　疆	157772	180855			72971	68658

单位：万元

非自有配送中心配送商品购进额		商品销售总额		零售额	
2009年	2008年	2009年	2008年	2009年	2008年
1116396	**1747385**	**14964226**	**14622450**	**13690190**	**13265758**
2900	4395	2043303	2077797	1901006	1913887
		564655	533946	354298	348405
		188864	183581	175709	168704
		187327	189468	187327	189468
		46551	37651	46413	37651
65110	55031	427465	174693	427465	174693
43776	54069	134306	167262	134306	167262
		150733	136171	150498	135357
		2217769	2206784	2171292	2177056
344117	955816	1642346	2136658	1599855	1986609
148231	217959	341736	405292	228444	259739
		263443	261456	256941	255550
73548	30996	623674	596850	584854	570307
		115117	127091	105164	112761
146057	135552	338640	332137	338640	332137
4061	3971	524783	462130	487197	420534
252	249	788121	716399	673465	629937
		235428	203747	231353	201193
288341	289348	2426845	2148628	2086795	1759417
		162602	171417	124573	131620
		395813	366380	395575	364386
		599716	584187	579013	562815
		251449	121245	224252	119557
		4521	2648	4521	2648
		18990	14641	18990	14641
		95962	86880	58780	52112
		174070	177313	143466	177313

2-17 续表 17

五金、家具及室内装修材料专门零售

项 目	商品购进总额		统一配送商品购进额		自有配送中心配送商品购进额	
	2009年	2008年	2009年	2008年	2009年	2008年
全 国	**600612**	**689789**	**369949**	**295226**	**164078**	**186449**
北 京	68469	100541	22354	21511	22354	21511
天 津	58142	70597				
河 北						
山 西						
内蒙古						
辽 宁	1693	1234	1693	1234		
吉 林						
黑龙江						
上 海	214727	339161	103365	113364	103365	113364
江 苏	28158	39135	28158	39135	6726	13769
浙 江	16148	18392	16148	18392	16148	18392
安 徽						
福 建						
江 西						
山 东	5709	6013				
河 南						
湖 北						
湖 南						
广 东	98909	98415	89574	85287	15485	19412
广 西						
海 南						
重 庆						
四 川	20427	12902	20427	12902		
贵 州						
云 南						
西 藏						
陕 西						
甘 肃						
青 海						
宁 夏						
新 疆	88231	3400				

单位：万元

非自有配送中心配送商品购进额		商品销售总额		零售额	
2009年	2008年	2009年	2008年	2009年	2008年
25067	**21826**	**819895**	**853702**	**658460**	**672153**
		135590	105993	121511	91147
		59474	69202	59474	69202
		1917	1534	1917	1534
		320553	370878	173774	204174
		36393	52538	35816	52538
		16887	20968	16887	20968
		6443	9449	6443	9449
25067	21826	128179	127804	128179	127804
		22197	17593	22197	17593
		92262	77745	92262	77745

2-17 续表 18

无店铺及其他零售

项目	商品购进总额		统一配送商品购进额		自有配送中心配送商品购进额	
	2009年	2008年	2009年	2008年	2009年	2008年
全国	**522989**	**163584**	**512352**	**153167**	**467087**	**105532**
北京						
天津	3931	3987	3931	3987		
河北	5423	8372	5423	8372	2410	4754
山西						
内蒙古						
辽宁						
吉林						
黑龙江	477	427	477	427	477	427
上海	393132	17124	393132	17124	393132	17124
江苏	4097	6870	4097	6870	2925	6291
浙江	57696	65590	57696	65590	57696	65590
安徽						
福建	6474	6729	6474	6729		
江西	8558	8381				
山东	5257	5620	5257	5620		
河南	2438	2857	2438	2857	1693	1719
湖北						
湖南	2079	2036				
广东	5205	4965	5205	4965	5205	4965
广西	3550	4663	3550	4663	3550	4663
海南						
重庆						
四川						
贵州						
云南	22950	24388	22950	24388		
西藏						
陕西						
甘肃						
青海	1724	1577	1724	1577		
宁夏						
新疆						

单位：万元

非自有配送中心配送商品购进额		商品销售总额		零售额	
2009年	2008年	2009年	2008年	2009年	2008年
6992	**6729**	**492406**	**162002**	**441515**	**146685**
		3767	4423	3767	4423
		8135	7846	8135	7846
		848	645	848	645
		339233	18655	302349	18655
518		5213	6948	5213	6948
		65363	57644	63310	57644
6474	6729	9132	8562	9132	8562
		8688	7537	8647	7288
		5257	5620	5172	5527
		2638	3087	2638	3087
		2100	2070	2100	2070
		8546	7041	8546	7041
		5538	4898	5207	4898
		26439	25642	14942	10666
		1509	1385	1509	1385

2-18 按行业分各地区连锁

批发业

项目	商品购进总额		统一配送商品购进额		自有配送中心配送商品购进额	
	2009年	2008年	2009年	2008年	2009年	2008年
全国	**2086362**	**2044586**	**1614976**	**1627660**	**1037657**	**937670**
北京	55605	58003	33456	58003		
天津						
河北	262	788	262	788	262	788
山西						
内蒙古						
辽宁						
吉林						
黑龙江						
上海						
江苏	481047	394773	402249	278432	390249	268432
浙江	415159	422700	383865	387432	369996	373563
安徽	312714	201013	108566	107987	100966	107987
福建						
江西						
山东	85376	86454	85376	86454	65068	74506
河南	10116	9053	8771	7933	8771	7933
湖北	1915	2745	1915	2745	1915	2745
湖南						
广东	335166	310934	280478	216078	80984	80094
广西	2533	7631	2533	7631	2406	5336
海南						
重庆	24038	21763	16686	15979	16551	15849
四川	2908	3465	1720	1568	489	437
贵州						
云南	250440	417976	250260	417847		
西藏						
陕西						
甘肃	561	834	561	834		
青海						
宁夏	108523	106453	38278	37949		
新疆	140833	112908				

零售企业加盟门店经营情况

单位：万元

非自有配送中心配送商品购进额		商品销售总额		零售额	
2009年	2008年	2009年	2008年	2009年	2008年
277941	**198306**	**2445611**	**2291005**	**1163125**	**967131**
		50888	56825		
		271	805		
12000	10000	496786	447117	341018	307940
		587008	567347	356549	295243
7600		316173	174796		
20308	11948	103876	88163	3901	3681
		11291	9574	2219	1648
		2021	2745	399	2745
199494	135984	419082	343986	316161	213935
127	2295	12199	15861	12199	15861
135	130	27385	21625	7572	5599
		3089	3739	1125	1059
		286333	433035	43	38
		7270	6004		
38278	37949	121940	119382	121940	119382

2-18 续表 1

农畜产品批发

项　目	商品购进总额		统一配送商品购进额		自有配送中心配送商品购进额	
	2009年	2008年	2009年	2008年	2009年	2008年
全　国	**478579**	**399476**	**399781**	**283136**	**387781**	**273136**
北　京						
天　津						
河　北	262	788	262	788	262	788
山　西						
内蒙古						
辽　宁						
吉　林						
黑龙江						
上　海						
江　苏	465966	387803	387168	271462	375168	261462
浙　江	6969	6185	6969	6185	6969	6185
安　徽						
福　建						
江　西						
山　东						
河　南	5382	4700	5382	4700	5382	4700
湖　北						
湖　南						
广　东						
广　西						
海　南						
重　庆						
四　川						
贵　州						
云　南						
西　藏						
陕　西						
甘　肃						
青　海						
宁　夏						
新　疆						

单位：万元

非自有配送中心配送商品购进额		商品销售总额		零售额	
2009年	2008年	2009年	2008年	2009年	2008年
12000	**10000**	**499489**	**451551**	**341670**	**308427**
		271	805		
12000	10000	487168	439914	341018	307940
		6777	6278		
		5272	4554	652	487

2-18 续表 2

食品、饮料及烟草制品批发

项　目	商品购进总额		统一配送商品购进额		自有配送中心配送商品购进额	
	2009年	2008年	2009年	2008年	2009年	2008年
全　国	**17196**	**17487**	**16620**	**17254**	**16620**	**17254**
北　京						
天　津						
河　北						
山　西						
内蒙古						
辽　宁						
吉　林						
黑龙江						
上　海						
江　苏						
浙　江	2505	2954	1929	2722	1929	2722
安　徽						
福　建						
江　西						
山　东						
河　南	3389	3233	3389	3233	3389	3233
湖　北						
湖　南						
广　东	8943	9246	8943	9246	8943	9246
广　西						
海　南						
重　庆	2360	2054	2360	2054	2360	2054
四　川						
贵　州						
云　南						
西　藏						
陕　西						
甘　肃						
青　海						
宁　夏						
新　疆	63027	47285				

单位：万元

非自有配送中心配送商品购进额		商品销售总额		零售额	
2009年	2008年	2009年	2008年	2009年	2008年
		20298	**18239**	**18428**	**16487**
		3789	4068	3789	4068
		3437	2912	1567	1161
		10958	9693	10958	9693
		2114	1566	2114	1566

2-18 续表 3

纺织、服装及日用品批发

项　目	商品购进总额		统一配送商品购进额		自有配送中心配送商品购进额	
	2009年	2008年	2009年	2008年	2009年	2008年
全　国	**283099**	**265397**	**283099**	**265397**	**270545**	**253967**
北　京	1900	1039	1900	1039		
天　津						
河　北						
山　西						
内蒙古						
辽　宁						
吉　林						
黑龙江						
上　海						
江　苏						
浙　江	257245	233447	257245	233447	257245	233447
安　徽						
福　建						
江　西						
山　东						
河　南						
湖　北						
湖　南						
广　东	23954	30911	23954	30911	13300	20520
广　西						
海　南						
重　庆						
四　川						
贵　州						
云　南						
西　藏						
陕　西						
甘　肃						
青　海						
宁　夏						
新　疆						

单位：万元

非自有配送中心配送商品购进额		商品销售总额		零售额	
2009年	2008年	2009年	2008年	2009年	2008年
10654	**10391**	**446153**	**377670**	**352760**	**291175**
		2197	1752		
		417804	354762	352760	291175
10654	10391	26152	21157		

2-18 续表 4

医药及医疗器材批发

项　目	商品购进总额		统一配送商品购进额		自有配送中心配送商品购进额	
	2009年	2008年	2009年	2008年	2009年	2008年
全　国	**100655**	**58333**	**53583**	**31655**	**28868**	**17707**
北　京						
天　津						
河　北						
山　西						
内蒙古						
辽　宁						
吉　林						
黑龙江						
上　海						
江　苏						
浙　江						
安　徽						
福　建						
江　西						
山　东						
河　南	1345	1120				
湖　北	1915	2745	1915	2745	1915	2745
湖　南						
广　东	86420	45395	48236	25803	24887	13116
广　西						
海　南						
重　庆	7887	6266	1712	1539	1577	1409
四　川	2908	2677	1720	1568	489	437
贵　州						
云　南	180	130				
西　藏						
陕　西						
甘　肃						
青　海						
宁　夏						
新　疆	14409	7876				

单位：万元

非自有配送中心配送商品购进额		商品销售总额		零售额	
2009年	2008年	2009年	2008年	2009年	2008年
23484	**12817**	**154258**	**86396**	**82754**	**47416**
		2582	2108		
		2021	2745	399	2745
23349	12687	137473	72114	78624	42051
135	130	9298	6923	2566	1694
		2841	2468	1123	888
		43	38	43	38

2-18 续表 5

矿产品、建材及化工产品批发

项　目	商品购进总额		统一配送商品购进额		自有配送中心配送商品购进额	
	2009年	2008年	2009年	2008年	2009年	2008年
全　国	**986452**	**1046347**	**689307**	**804362**	**192814**	**206714**
北　京						
天　津						
河　北						
山　西						
内蒙古						
辽　宁						
吉　林						
黑龙江						
上　海						
江　苏	8859	2749	8859	2749	8859	2749
浙　江	25571	24936	19441	19780	5572	5912
安　徽	312714	201013	108566	107987	100966	107987
福　建						
江　西						
山　东	85376	86454	85376	86454	65068	74506
河　南						
湖　北						
湖　南						
广　东	181995	188170	165491	112906		
广　西	2533	7631	2533	7631	2406	5336
海　南						
重　庆	10060	10260	9943	10225	9943	10225
四　川						
贵　州						
云　南	250260	417847	250260	417847		
西　藏						
陕　西						
甘　肃	561	834	561	834		
青　海						
宁　夏	108523	106453	38278	37949		
新　疆	63397	57747				

单位：万元

非自有配送中心配送商品购进额		商品销售总额		零售额	
2009年	2008年	2009年	2008年	2009年	2008年
231803	**165098**	**1103489**	**1077490**	**334272**	**260519**
		1985	2108		
		29772	29821		
7600		316173	174796		
20308	11948	103876	88163	3901	3681
165491	112906	214152	200426	196232	121595
127	2295	12199	15861	12199	15861
		9832	7932		
		286290	432997		
		7270	6004		
38278	37949	121940	119382	121940	119382

2-18 续表 6

机械设备、五金交电及电子产品批发

项　目	商品购进总额		统一配送商品购进额		自有配送中心配送商品购进额	
	2009年	2008年	2009年	2008年	2009年	2008年
全　国	**33854**	**38001**	**33854**	**37212**	**33854**	**37212**
北　京						
天　津						
河　北						
山　西						
内蒙古						
辽　宁						
吉　林						
黑龙江						
上　海						
江　苏						
浙　江						
安　徽						
福　建						
江　西						
山　东						
河　南						
湖　北						
湖　南						
广　东	33854	37212	33854	37212	33854	37212
广　西						
海　南						
重　庆						
四　川		789				
贵　州						
云　南						
西　藏						
陕　西						
甘　肃						
青　海						
宁　夏						
新　疆						

单位：万元

非自有配送中心配送商品购进额		商品销售总额		零售额	
2009年	2008年	2009年	2008年	2009年	2008年
		30595	**41867**	**30349**	**40767**
		30347	40596	30347	40596
		248	1271	2	171

2-18 续表 7

其他批发

项目	商品购进总额		统一配送商品购进额		自有配送中心配送商品购进额	
	2009年	2008年	2009年	2008年	2009年	2008年
全国	**186527**	**219547**	**138731**	**188645**	**107176**	**131681**
北京	53704	56964	31556	56964		
天津						
河北						
山西						
内蒙古						
辽宁						
吉林						
黑龙江						
上海						
江苏	6222	4221	6222	4221	6222	4221
浙江	122870	155178	98282	125298	98282	125298
安徽						
福建						
江西						
山东						
河南						
湖北						
湖南						
广东						
广西						
海南						
重庆	3731	3183	2672	2162	2672	2162
四川						
贵州						
云南						
西藏						
陕西						
甘肃						
青海						
宁夏						
新疆						

单位：万元

非自有配送中心配送商品购进额		商品销售总额		零售额	
2009年	2008年	2009年	2008年	2009年	2008年
		191330	**237792**	**2892**	**2340**
		48691	55073		
		7633	5095		
		128865	172419		
		6141	5205	2892	2340

2-18 续表 8

零售业

项　目	商品购进总额		统一配送商品购进额		自有配送中心配送商品购进额	
	2009年	2008年	2009年	2008年	2009年	2008年
全　国	**8989322**	**8868840**	**5977138**	**5881764**	**4633851**	**4588214**
北　京	188821	321238	127071	111927	103104	90240
天　津	3923	3581	3098	2729		
河　北	30328	27284	24654	25863	24654	25863
山　西	65011	55124	62507	52620	77	2
内蒙古	1314	299	1119			
辽　宁	200925	211092	142737	153379	105297	117765
吉　林						
黑龙江	6500	3000				
上　海	3816721	3930202	1687658	1851122	1187116	1351465
江　苏	1944526	1840662	1927770	1837494	1905971	1810200
浙　江	372049	352486	363586	342518	282136	260522
安　徽	192965	149790	90845	75875	31470	28628
福　建	31532	33926	29401	31895	28637	31125
江　西	35361	19999	32220	19999	32220	19999
山　东	455871	415252	221158	200003	219408	198452
河　南	344954	301707	79336	75469	51931	55393
湖　北	72657	52640	68541	50540	56504	36808
湖　南	52085	41829	49449	39073	49186	38809
广　东	995576	970323	949721	917676	481247	455050
广　西	25114	22963	4739	4630	3047	3029
海　南						
重　庆	80283	47899	58814	32912	40168	25516
四　川	26582	35554	26009	35096	20392	31009
贵　州	2509	1386	2509	1386	32	26
云　南	5690	7786	5690	7786	1833	4051
西　藏						
陕　西	24622	16273	7465	5556	2811	965
甘　肃	122	663	122	331		
青　海						
宁　夏						
新　疆	2643213	2596068	10918	5882	6612	3297

单位：万元

非自有配送中心配送商品购进额		商品销售总额		零售额	
2009年	2008年	2009年	2008年	2009年	2008年
1000059	**1064890**	**12548498**	**11958654**	**11839141**	**11206334**
20801	18663	240247	308051	239202	306847
498	91	3724	4003	3724	4003
		64289	57443	64289	57443
1824	1783	71311	60183	71311	60183
1119		1464	63	1464	63
23220	21747	228993	237244	208880	213350
		10000	5000	10000	5000
453597	485794	6609232	6182584	6270161	5752125
11617	20131	2239289	2163199	2202340	2112033
63789	61464	397281	409347	395844	407328
		208944	165851	208944	165851
45		33007	36478	33007	36478
		44568	25671	44480	25671
20	20	548176	486337	535147	476626
1138	296	335031	289404	277930	235175
5448	5425	88123	60340	88123	60340
263	264	60789	49320	60789	49320
402623	440487	1141729	1253151	965839	1095183
1693	1602	29589	25226	29394	25126
5068	2710	98579	59785	58746	39094
4631	3272	43483	38797	18876	38797
		2782	1949	2782	1949
		7404	8106	7404	8106
		26136	23018	26136	22140
122	331	175	549	175	549
2544	811	14156	7556	14156	7556

2-18 续表 9

综合零售

项目	商品购进总额		统一配送商品购进额		自有配送中心配送商品购进额	
	2009年	2008年	2009年	2008年	2009年	2008年
全国	**6631688**	**6458993**	**4009463**	**3957641**	**3152383**	**3026312**
北京	86211	80803	31896	30676	13826	15187
天津						
河北	25677	22613	20004	21193	20004	21193
山西	63188	53342	60683	50837	77	2
内蒙古	1119		1119			
辽宁	59208	65756	41814	48305	10526	17126
吉林						
黑龙江	6500	3000				
上海	3290141	3277634	1187710	1226610	693884	742346
江苏	1720502	1610137	1712523	1609277	1711164	1606495
浙江	310106	293568	305085	286993	240583	219882
安徽	190530	147552	88641	74019	29327	26772
福建	1816	1467	1272	912	507	142
江西	435	404	435	404	435	404
山东	432209	390438	197496	175256	197369	174908
河南	31437	22330	28637	18736	23929	16332
湖北	35826	31266	31710	29166	31710	29166
湖南	85	20	85	20	85	20
广东	286479	404199	251238	360626	153618	140188
广西	21717	19553	1342	1220		
海南						
重庆	26900	7388	25692	6585	15398	5733
四川	6919	8129	6919	8129	2140	4518
贵州	728	227	728	227		
云南	4922	4679	4922	4679	1638	3727
西藏						
陕西	19967	11682	2811	965	2811	965
甘肃						
青海						
宁夏						
新疆	67073	69902	6702	2806	3353	1207

单位：万元

非自有配送中心配送商品购进额		商品销售总额		零售额	
2009年	2008年	2009年	2008年	2009年	2008年
576360	**756698**	**9883824**	**9265381**	**9785869**	**9129849**
17336	13174	108393	104214	108255	103548
		27328	23296	27328	23296
		69452	58429	69452	58429
1119		1410		1410	
18029	18532	75092	78959	57779	58432
		10000	5000	10000	5000
446881	470401	6061554	5506011	5990093	5395042
869	761	1985350	1908897	1985350	1908897
48994	49622	326486	348963	325049	346944
		206432	163504	206432	163504
45		1884	1608	1884	1608
		522	502	522	502
20	20	525093	468393	525004	467141
1138	296	27001	16704	27001	16704
		34795	34860	34795	34860
		155	40	155	40
31769	198299	321857	481234	321857	481234
1342	1220	25346	20931	25151	20831
1706	341	29929	8181	22606	8181
4631	3272	8384	7815	8384	7815
		825	708	825	708
		5712	5464	5712	5464
		21704	18320	21704	18320
2482	761	9122	3348	9122	3348

2-18 续表 10

食品、饮料及烟草制品专门零售

项　目	商品购进总额		统一配送商品购进额		自有配送中心配送商品购进额	
	2009年	2008年	2009年	2008年	2009年	2008年
全　国	**229009**	**220804**	**208171**	**203583**	**195317**	**195862**
北　京	75463	65625	75333	65505	75310	65486
天　津	825	853				
河　北						
山　西						
内蒙古						
辽　宁						
吉　林						
黑龙江						
上　海						
江　苏	14282	10630	13744	9896	4244	5098
浙　江	15122	15027	11770	11723	8561	8870
安　徽	292	382	60			
福　建	24612	28517	24612	28517	24612	28517
江　西	34296	19595	31785	19595	31785	19595
山　东	21161	22664	21161	22664	21161	22664
河　南	21479	33330	21479	33330	21479	33330
湖　北	235		235		235	
湖　南	2636	2756				
广　东	14990	14040	4376	4967	4376	4967
广　西						
海　南						
重　庆	246		246		246	
四　川	2074	6448	2074	6448	2074	6448
贵　州						
云　南						
西　藏						
陕　西						
甘　肃						
青　海						
宁　夏						
新　疆	30451	26501	1296	937	1234	887

单位：万元

非自有配送中心配送商品购进额		商品销售总额		零售额	
2009年	2008年	2009年	2008年	2009年	2008年
3294	**3093**	**267908**	**232413**	**244331**	**217283**
23	19	95125	76266	95125	76266
		1151	993	1151	993
	171	16139	11311	14901	9891
3208	2854	18384	16279	18384	16279
		275	382	275	382
		25222	30172	25222	30172
		43343	25169	43343	25169
		20090	14660	7150	6200
		22215	29537	22215	29537
		391		391	
		2857	2805	2857	2805
		18159	18199	8761	12949
		186		186	
		2231	5096	2231	5096
62	50	2140	1545	2140	1545

2-18 续表 11

纺织、服装及日用品专门零售

项　目	商品购进总额		统一配送商品购进额		自有配送中心配送商品购进额	
	2009年	2008年	2009年	2008年	2009年	2008年
全　国	**311256**	**311512**	**305788**	**308801**	**298414**	**300121**
北　京	3297	1080	3297	1080		
天　津						
河　北						
山　西						
内蒙古						
辽　宁	58		58		58	
吉　林						
黑龙江						
上　海	22004	18366	22004	18366	22004	18366
江　苏	127	178	127	178	127	178
浙　江		1658		1658		
安　徽						
福　建	1586	1476				
江　西	630					
山　东						
河　南	150	130	150	130	150	130
湖　北		180		180		180
湖　南						
广　东	266002	267725	266002	267725	264707	265792
广　西						
海　南						
重　庆	4888	2003	2210	1225		
四　川	11942	15933	11369	15476	11369	15476
贵　州						
云　南	573	2784	573	2784		
西　藏						
陕　西						
甘　肃						
青　海						
宁　夏						
新　疆						

单位：万元

非自有配送中心配送商品购进额		商品销售总额		零售额	
2009年	2008年	2009年	2008年	2009年	2008年
4433	**3593**	**520284**	**523094**	**375659**	**404592**
928	435	5833	4271	4927	3733
		49		49	
		44005	41124	44005	41124
		296	317	296	317
			1848		1848
		1821	1784	1821	1784
		703		615	
		300	300	300	300
			200		200
1295	1933	433778	451121	322364	336023
2210	1225	8426	2865		
		24442	18364	650	18364
		632	901	632	901

2-18 续表 12

文化、体育用品及器材专门零售

项目	商品购进总额		统一配送商品购进额		自有配送中心配送商品购进额	
	2009年	2008年	2009年	2008年	2009年	2008年
全国	**132417**	**138311**	**124279**	**136737**	**110283**	**113383**
北京	971	1225	971	1225		
天津						
河北						
山西						
内蒙古						
辽宁						
吉林						
黑龙江						
上海						
江苏	127269	131980	119131	130406	109118	112011
浙江						
安徽						
福建						
江西						
山东						
河南	2208	2996	2208	2996		
湖北	217	268	217	268	217	268
湖南						
广东	111	164	111	164	111	164
广西						
海南						
重庆	367	480	367	480	367	480
四川	469	459	469	459	469	459
贵州						
云南						
西藏						
陕西						
甘肃						
青海						
宁夏						
新疆	84134	81107	806	740		

单位：万元

非自有配送中心配送商品购进额		商品销售总额		零售额	
2009年	2008年	2009年	2008年	2009年	2008年
10983	**19619**	**144928**	**138862**	**109192**	**88934**
971	1225	169	176	169	176
10013	18394	140592	133582	104982	83836
		2208	2996	2208	2996
		217	268	217	268
		126	182		
		367	476	367	476
		467	459	467	459
		15	12	15	12
		766	711	766	711

2-18 续表 13

医药及医疗器材专门零售

项　目	商品购进总额		统一配送商品购进额		自有配送中心配送商品购进额	
	2009年	2008年	2009年	2008年	2009年	2008年
全　国	**359565**	**301811**	**272484**	**217169**	**214899**	**155565**
北　京	15613	13476	15575	13441	13969	9567
天　津	498	91	498	91		
河　北	4651	4671	4651	4671	4651	4671
山　西	1824	1783	1824	1783		
内蒙古	195	299				
辽　宁	44140	43403	3347	3141	2385	1920
吉　林						
黑龙江						
上　海	33348	43449	6716	15394		
江　苏	5105	3595	5005	3595	4077	2276
浙　江	26717	22795	26627	22705	24474	21288
安　徽	369	406	369	406	369	406
福　建	3518	2466	3518	2466	3518	2466
江　西						
山　东	2501	2150	2501	2083	878	880
河　南	28047	21829	26396	19734	5907	5057
湖　北	29848	12625	29848	12625	24342	7195
湖　南	38364	28597	38364	28597	38101	28333
广　东	60759	47034	60759	47034	58435	43514
广　西	3397	3410	3397	3410	3047	3029
海　南						
重　庆	47882	38028	30298	24622	24156	19303
四　川	5178	4584	5178	4584	4340	4108
贵　州	1781	1159	1781	1159	32	26
云　南	195	324	195	324	195	324
西　藏						
陕　西	3401	3574	3401	3574		
甘　肃	122	663	122	331		
青　海						
宁　夏						
新　疆	66194	57724	2114	1399	2025	1203

单位：万元

非自有配送中心配送商品购进额		商品销售总额		零售额	
2009年	2008年	2009年	2008年	2009年	2008年
20977	**32981**	**458733**	**398453**	**399897**	**353031**
1543	3811	17197	15445	17197	15445
498	91	83	86	83	86
		36961	34147	36961	34147
1824	1783	1859	1754	1859	1754
		54	63	54	63
		57706	57068	57706	57068
6716	15394	32445	44697	448	20582
736	805	5564	4139	5464	4139
	32	27010	25140	27010	25140
		463	515	463	515
		4080	2913	4080	2913
		2993	3285	2993	3285
		21488	18356	19648	17022
5448	5425	45522	15982	45522	15982
263	264	45777	34915	45777	34915
2324	3520	79369	71352	79369	70082
351	382	4243	4295	4243	4295
1152	1144	59670	48263	35587	30437
		7960	7063	7144	7063
		1958	1241	1958	1241
		1045	1729	1045	1729
		2981	3505	2981	2627
122	331	175	549	175	549
		2128	1952	2128	1952

2-18 续表 14

汽车、摩托车、燃料及零配件专门零售

项　目	商品购进总额		统一配送商品购进额		自有配送中心配送商品购进额	
	2009年	2008年	2009年	2008年	2009年	2008年
全　国	**864366**	**980167**	**860390**	**847680**	**486710**	**606714**
北　京	3976	132487				
天　津						
河　北						
山　西						
内蒙古						
辽　宁	9673	8720	9673	8720	4482	5505
吉　林						
黑龙江						
上　海	471228	590753	471228	590753	471228	590753
江　苏						
浙　江						
安　徽						
福　建						
江　西						
山　东						
河　南						
湖　北						
湖　南	11000	10456	11000	10456	11000	10456
广　东	367235	236735	367235	236735		
广　西						
海　南						
重　庆						
四　川						
贵　州						
云　南						
西　藏						
陕　西	1254	1017	1254	1017		
甘　肃						
青　海						
宁　夏						
新　疆	2234160	2288776				

单位：万元

非自有配送中心配送商品购进额		商品销售总额		零售额	
2009年	2008年	2009年	2008年	2009年	2008年
372426	**239950**	**787478**	**920319**	**494112**	**585408**
		4078	76969	4078	76969
5191	3215	10282	9246	7482	5879
		471228	590753	235614	295376
		12000	11560	12000	11560
367235	236735	288439	230599	233487	194431
		1451	1193	1451	1193

2-18 续表 15

家用电器及电子产品专门零售

项 目	商品购进总额		统一配送商品购进额		自有配送中心配送商品购进额	
	2009年	2008年	2009年	2008年	2009年	2008年
全 国	**194417**	**206946**	**193963**	**206946**	**175846**	**189688**
北 京						
天 津						
河 北						
山 西						
内蒙古						
辽 宁	87847	93214	87847	93214	87847	93214
吉 林						
黑龙江						
上 海						
江 苏	77242	83574	77242	83574	77242	83574
浙 江	20104	19439	20104	19439	8517	10482
安 徽	1774	1450	1774	1450	1774	1450
福 建						
江 西						
山 东						
河 南	919	544	466	544	466	544
湖 北	6531	8301	6531	8301		
湖 南						
广 东		425		425		425
广 西						
海 南						
重 庆						
四 川						
贵 州						
云 南						
西 藏						
陕 西						
甘 肃						
青 海						
宁 夏						
新 疆	72971	68658				

单位：万元

非自有配送中心配送商品购进额		商品销售总额		零售额	
2009年	2008年	2009年	2008年	2009年	2008年
11586	**8957**	**212689**	**225254**	**212689**	**225254**
		85864	91972	85864	91972
		91349	104258	91349	104258
11586	8957	25400	17116	25400	17116
		1774	1450	1774	1450
		1105	964	1105	964
		7196	9030	7196	9030
			464		464

2-18 续表 16

五金、家具及室内装修材料专门零售

项　目	商品购进总额		统一配送商品购进额		自有配送中心配送商品购进额	
	2009年	2008年	2009年	2008年	2009年	2008年
全　国	**3291**	**26542**				
北　京	3291	26542				
天　津						
河　北						
山　西						
内蒙古						
辽　宁						
吉　林						
黑龙江						
上　海						
江　苏						
浙　江						
安　徽						
福　建						
江　西						
山　东						
河　南						
湖　北						
湖　南						
广　东						
广　西						
海　南						
重　庆						
四　川						
贵　州						
云　南						
西　藏						
陕　西						
甘　肃						
青　海						
宁　夏						
新　疆	88231	3400				

单位：万元

非自有配送中心配送商品购进额		商品销售总额		零售额	
2009年	2008年	2009年	2008年	2009年	2008年
		9451	**30712**	**9451**	**30712**
		9451	30712	9451	30712

2-18 续表 17

无店铺及其他零售

项　目	商品购进总额		统一配送商品购进额		自有配送中心配送商品购进额	
	2009年	2008年	2009年	2008年	2009年	2008年
全　国	**263314**	**223755**	**2600**	**3206**		**569**
北　京						
天　津	2600	2638	2600	2638		
河　北						
山　西						
内蒙古						
辽　宁						
吉　林						
黑龙江						
上　海						
江　苏		569		569		569
浙　江						
安　徽						
福　建						
江　西						
山　东						
河　南	260714	220548				
湖　北						
湖　南						
广　东						
广　西						
海　南						
重　庆						
四　川						
贵　州						
云　南						
西　藏						
陕　西						
甘　肃						
青　海						
宁　夏						
新　疆						

单位：万元

非自有配送中心配送商品购进额		商品销售总额		零售额	
2009年	2008年	2009年	2008年	2009年	2008年
		263204	**224166**	**207943**	**171271**
		2490	2924	2490	2924
			694		694
		260714	220548	205453	167654

2-19 按业态分各地区连锁零售企业基本情况

便利店

项 目	连锁总店数(个)	门店数(个)		年末从业人员(人)		年末零售营业面积(平方米)	
	2009年	2009年	2008年	2009年	2008年	2009年	2008年
全 国	**96**	**15779**	**16178**	**92789**	**92216**	**1442707**	**1284861**
北 京	11	696	655	5079	4701	79930	76440
天 津	4	288	233	2801	2703	34000	29080
河 北	5	1942	1822	9260	7878	162728	143142
山 西	5	918	849	5978	4873	52434	47745
内蒙古							
辽 宁	4	375	384	1387	1470	56121	56518
吉 林	1	16	13	118	106	2100	1600
黑龙江							
上 海	9	5845	5764	33586	33109	369911	364864
江 苏	10	384	347	2424	2656	26070	27349
浙 江	10	1547	1167	3388	2903	90758	72335
安 徽	2	60	69	377	396	6400	6555
福 建	4	259	234	1014	960	8272	7781
江 西	1	28	63	130	128	905	2037
山 东	1	15	16	42	53	2717	1617
河 南	4	26	27	306	284	3031	2793
湖 北	2	69	70	618	630	31450	31750
湖 南	3	37	29	451	340	16012	11372
广 东	10	1848	3179	12793	17866	231438	176816
广 西	1	4	4	49	51	865	1405
海 南							
重 庆	1	235	129	598	375	9810	4900
四 川	4	991	952	11082	9627	231268	198585
贵 州	2	82	63	471	310	11270	6201
云 南							
西 藏							
陕 西							
甘 肃							
青 海	1	32	32	741	720	12042	11042
宁 夏							
新 疆	1	82	77	96	77	3175	2934

2-19 续表 1

折扣店

项目	连锁总店数(个)	门店数(个)		年末从业人员(人)		年末零售营业面积(平方米)	
	2009年	2009年	2008年	2009年	2008年	2009年	2008年
全国	**4**	**859**	**783**	**7979**	**8434**	**243244**	**222733**
北京	2	136	132	1448	2018	68243	60149
天津							
河北							
山西							
内蒙古							
辽宁							
吉林							
黑龙江							
上海	2	723	651	6531	6416	175001	162584
江苏							
浙江							
安徽							
福建							
江西							
山东							
河南							
湖北							
湖南							
广东							
广西							
海南							
重庆							
四川							
贵州							
云南							
西藏							
陕西							
甘肃							
青海							
宁夏							
新疆							

2-19　续表 2

超市

项　目	连锁总店数（个）	门店数（个）		年末从业人员（人）		年末零售营业面积（平方米）	
	2009年	2009年	2008年	2009年	2008年	2009年	2008年
全　国	**458**	**33224**	**31157**	**488642**	**480770**	**19248523**	**17041895**
北　京	24	1874	2011	40668	42943	1673024	1596807
天　津	3	381	338	2652	3358	86309	80940
河　北	16	192	185	8127	7618	514313	403449
山　西	5	44	44	2226	3176	76297	58039
内蒙古	7	74	71	1313	2218	91052	84915
辽　宁	7	1494	1424	6439	7639	202844	196050
吉　林	3	64	61	2622	2440	91665	85019
黑龙江	4	56	50	3710	3446	126253	108205
上　海	7	6292	6583	111745	114835	3350653	3491250
江　苏	30	3814	3641	82174	82446	3192511	2597660
浙　江	69	7529	7263	42078	39446	1892154	1744218
安　徽	32	957	820	15457	14158	622898	482498
福　建	20	229	205	9093	7751	308856	267051
江　西	7	56	49	2979	2634	37759	35810
山　东	26	1962	1796	44057	43225	3106433	2638806
河　南	52	1555	1321	22133	20452	631581	564570
湖　北	15	641	595	16689	15666	712858	456491
湖　南	13	164	173	5052	5578	227520	239824
广　东	32	719	633	19810	19452	809806	761801
广　西	8	409	320	7039	6355	207464	173853
海　南	2	47	47	615	564	18481	18365
重　庆	23	2113	1362	14724	11288	445714	234292
四　川	24	1683	1461	13961	12136	344155	298354
贵　州	4	34	16	563	384	15686	12886
云　南	2	316	254	2447	2116	75034	64479
西　藏							
陕　西	9	143	130	5995	5830	202800	189317
甘　肃	2	45	35	757	608	19350	18925
青　海	3	8	9	493	467	12620	12800
宁　夏	5	70	51	2203	2002	100083	82521
新　疆	4	259	209	821	539	52350	42700

2-19 续表 3

大型超市

项目	连锁总店数(个)	门店数(个)		年末从业人员(人)		年末零售营业面积(平方米)	
	2009年	2009年	2008年	2009年	2008年	2009年	2008年
全国	**134**	**2493**	**2292**	**326643**	**311597**	**18447677**	**16324036**
北京	10	70	63	18015	16217	667594	570488
天津	5	37	35	8519	9116	466436	445491
河北	4	22	21	4108	4134	179913	168510
山西	3	25	17	4017	3774	181546	156040
内蒙古							
辽宁	4	19	14	5726	4872	164985	135804
吉林	1	4	3	244	280	127600	127600
黑龙江	1	5	5	1596	1779	39974	39974
上海	7	228	217	76350	70759	2529617	2271855
江苏	16	149	135	28508	24246	1004911	737090
浙江	17	314	331	19986	19125	716799	683069
安徽	1	6	5	1752	1225	105287	84836
福建	4	119	101	21515	17900	1575792	1125862
江西	4	18	17	3229	3138	194438	192938
山东	9	38	37	12066	11922	3678806	3647233
河南	3	20	26	3197	5597	301428	104652
湖北	8	801	753	30834	30662	2063326	1834004
湖南	6	158	140	20656	19007	1254331	1141940
广东	19	358	301	45237	46854	2040497	1864888
广西							
海南							
重庆	2	48	23	7807	7500	348000	320000
四川	2	15	12	3016	2882	188148	116320
贵州							
云南	2	13	10	4199	3643	237579	182600
西藏							
陕西	1	13	13	3437	3841	232478	224650
甘肃							
青海	1	2	2	460	520	19050	19050
宁夏							
新疆	4	11	11	2169	2604	129142	129142

2-19 续表 4

仓储会员店

项　目	连锁总店数(个)	门店数(个)		年末从业人员(人)		年末零售营业面积(平方米)	
	2009年	2009年	2008年	2009年	2008年	2009年	2008年
全　国	**6**	**179**	**173**	**14545**	**15963**	**548410**	**521764**
北　京	1	7	7	2624	3105	130869	130869
天　津							
河　北							
山　西	1	10	6	2863	2749	54066	40566
内蒙古							
辽　宁							
吉　林	1	11	11	180	172	4337	4337
黑龙江							
上　海	2	46	44	8542	9601	353538	340392
江　苏							
浙　江							
安　徽							
福　建							
江　西							
山　东							
河　南	1	105	105	336	336	5600	5600
湖　北							
湖　南							
广　东							
广　西							
海　南							
重　庆							
四　川							
贵　州							
云　南							
西　藏							
陕　西							
甘　肃							
青　海							
宁　夏							
新　疆							

2-19 续表 5

百货店

项　目	连锁总店数(个)	门店数(个)		年末从业人员(人)		年末零售营业面积(平方米)	
	2009年	2009年	2008年	2009年	2008年	2009年	2008年
全　国	**105**	**5304**	**5109**	**238641**	**202117**	**13383742**	**11520282**
北　京	8	60	55	15751	14897	955722	784985
天　津	1	3	3	166	160	1200	1200
河　北	5	108	108	6182	5893	477044	476401
山　西	2	12	11	7431	6881	114070	108894
内蒙古	1	3	3	1397	1484	21373	21373
辽　宁	2	30	37	717	920	42887	49730
吉　林	1	59	75	603	691	82256	85134
黑龙江	2	198	161	1778	1867	50340	46120
上　海							
江　苏	7	1079	1004	29751	23162	1294081	813287
浙　江	4	179	243	5775	5302	563270	497717
安　徽	4	208	186	26679	24195	946752	890512
福　建	5	35	30	2631	2155	121726	97025
江　西	4	21	19	5451	5196	270500	321200
山　东	14	2343	2285	60385	37926	3836874	3271353
河　南	6	159	153	10811	9191	435839	405654
湖　北	1	75	59	11392	10426	892298	757941
湖　南	4	52	49	2239	2370	269491	220004
广　东	17	232	195	23116	23444	1545063	1372358
广　西							
海　南							
重　庆	7	397	377	19227	18331	1057711	966375
四　川	3	23	33	889	1136	50120	51120
贵　州	1	6	2	95	97	3800	4250
云　南	2	8	8	514	615	38639	38639
西　藏							
陕　西	3	11	10	4708	4740	262686	199010
甘　肃							
青　海	1	3	3	953	1038	50000	40000
宁　夏							
新　疆							

2-19 续表 6

专业店(含加油站)

项　目	连锁总店数(个)	门店数(个)		年末从业人员(人)		年末零售营业面积(平方米)	
	2009年	2009年	2008年	2009年	2008年	2009年	2008年
全　国	**1203**	**82704**	**77887**	**752892**	**722349**	**60753451**	**57911770**
北　京	65	2740	2815	32423	36644	1400658	1854997
天　津	13	840	827	11297	11595	1624822	1614996
河　北	50	3066	2923	25559	25667	4193324	3636770
山　西	19	772	743	7917	8353	647365	681395
内蒙古	9	1642	1605	10119	9210	213104	208026
辽　宁	53	3102	2911	37766	34417	1897731	1822981
吉　林	11	560	531	4834	4722	284751	265113
黑龙江	21	674	659	8773	8855	233029	212438
上　海	19	1948	2156	25979	28026	618560	684156
江　苏	89	9808	9461	173738	166624	9767257	9129206
浙　江	111	7727	7011	50864	48883	6158495	5881611
安　徽	24	4302	4337	25943	26659	1362900	1255819
福　建	64	1468	1391	16355	15082	1436560	1323817
江　西	41	1438	1343	15064	14408	1136559	1024859
山　东	57	4852	4243	18828	18093	1887882	1682159
河　南	70	5111	4234	23352	20690	3307048	3124473
湖　北	67	3407	3357	27888	26599	1078892	1012401
湖　南	54	3151	2852	26156	23416	1939973	1904991
广　东	120	8820	8519	93331	88206	12607913	11878666
广　西	33	2392	2293	17511	16757	2342224	2361561
海　南	2	65	53	192	150	5040	2790
重　庆	33	6197	5541	25077	23063	755294	719668
四　川	46	1812	1741	20731	19785	898446	865846
贵　州	13	402	349	2696	2245	53245	48236
云　南	26	2216	2056	20024	14959	1306359	1232884
西　藏							
陕　西	10	388	305	4360	4050	50195	35217
甘　肃	22	710	712	6756	6505	777306	804762
青　海	5	50	51	1302	1165	30868	21069
宁　夏	8	1213	1042	3341	2532	127542	97380
新　疆	48	1831	1826	14716	14989	2610109	2523483

2-19 续表 7

加油站

项目	连锁总店数（个）	门店数（个）		年末从业人员（人）		年末零售营业面积（平方米）	
	2009年	2009年	2008年	2009年	2008年	2009年	2008年
全国	**209**	**29345**	**28202**	**260052**	**255864**	**42952320**	**41365172**
北京	2	675	691	6866	7525	271665	656948
天津	3	571	555	7615	7739	1349946	1317646
河北	21	2597	2470	18717	18519	3926555	3353987
山西	5	431	438	3792	4097	515510	543166
内蒙古	1	1506	1476	9036	8118	181720	177120
辽宁	12	1144	1130	17064	15095	1275752	1269906
吉林							
黑龙江	2	45	49	2630	2846	1797	1913
上海	2	687	880	9113	11279	220748	306317
江苏	3	3209	3053	25539	24003	4265283	4209364
浙江	4	2225	2103	22407	22376	5098262	4902186
安徽	3	1772	1748	14618	15042	1165893	1041583
福建	26	983	990	10979	10481	1210266	1175211
江西	14	883	781	7086	5819	757956	627223
山东	7	3388	2921	7241	7682	1547553	1395688
河南	8	864	837	3788	3643	1804316	1768518
湖北	10	474	445	6331	5414	394987	360641
湖南	31	1921	1901	14663	13979	1621814	1580999
广东	12	2857	2703	38258	39235	10740020	10139445
广西	11	979	902	9281	8755	2111387	2118176
海南							
重庆	1	423	420	7266	7096	327645	325321
四川	2	138	137	1490	1469	324147	328022
贵州							
云南	1	174	166	1918	1654	724730	708573
西藏							
陕西							
甘肃	14	605	619	5355	5297	755654	785331
青海							
宁夏							
新疆	14	794	787	8999	8701	2358714	2271888

2-19 续表 8

专卖店

项　目	连锁总店数（个）	门店数（个）		年末从业人员（人）		年末零售营业面积（平方米）	
	2009年	2009年	2008年	2009年	2008年	2009年	2008年
全　国	**268**	**24075**	**22462**	**160642**	**141175**	**2471493**	**2221621**
北　京	30	1157	993	12257	11910	208021	187571
天　津	10	184	184	4150	4237	187340	129054
河　北	9	160	147	2155	1899	17440	15951
山　西	4	212	196	1012	981	15134	14105
内蒙古	2	24	23	612	530	11010	5900
辽　宁	6	186	195	1156	1306	17090	18495
吉　林	2	43	45	482	427	7000	4279
黑龙江							
上　海	13	2167	2030	10092	10118	162524	160235
江　苏	19	696	611	3717	2983	202474	172240
浙　江	15	4642	4252	19592	17311	219367	185546
安　徽	3	49	103	898	741	22380	20880
福　建	23	704	646	5962	6539	257868	312980
江　西	9	709	268	5159	1614	65461	48149
山　东	5	352	324	2043	1956	26657	26131
河　南	21	790	735	3236	3199	122903	122414
湖　北	13	446	345	6343	5869	74754	57932
湖　南	11	157	139	3486	3417	38086	35065
广　东	29	10077	9880	63780	53186	349766	311033
广　西	1	19	19	38	38	480	480
海　南							
重　庆	10	436	518	3698	3840	217005	175456
四　川	6	244	244	2123	1640	42255	35795
贵　州	3	37	35	394	371	23635	23110
云　南	8	250	223	2689	2429	42254	33536
西　藏	1	12	11	73	74	3346	3346
陕　西	2	15	15	1161	1112	7000	7000
甘　肃	3	103	93	1112	1099	20604	15872
青　海	1	4	3	195	150	21020	16516
宁　夏	1	22	22	49	49	12000	12000
新　疆	8	178	163	2978	2150	76619	70550

2-19　续表 9

家居建材商店

项　目	连锁总店数(个)	门店数(个)		年末从业人员(人)		年末零售营业面积(平方米)	
	2009年	2009年	2008年	2009年	2008年	2009年	2008年
全　国	**19**	**102**	**114**	**9479**	**11645**	**792936**	**952355**
北　京	2	27	27	2194	2956	253704	291906
天　津	2	9	8	1376	1164	57602	53584
河　北							
山　西							
内蒙古							
辽　宁	1	2	1	37	20	4000	2000
吉　林							
黑龙江							
上　海	4	26	41	3337	4521	179960	295205
江　苏	2	3	3	340	393	22000	30000
浙　江	2	3	3	279	326	13598	13598
安　徽							
福　建							
江　西							
山　东	1	3	3	104	176	20000	20000
河　南							
湖　北							
湖　南							
广　东	4	27	26	1626	1897	215072	219062
广　西							
海　南							
重　庆							
四　川	1	2	2	186	192	27000	27000
贵　州							
云　南							
西　藏							
陕　西							
甘　肃							
青　海							
宁　夏							
新　疆							

2-19 续表 10

厂家直销中心

项　目	连锁总店数(个)	门店数(个)		年末从业人员(人)		年末零售营业面积(平方米)	
	2009年	2009年	2008年	2009年	2008年	2009年	2008年
全　国	**6**	**410**	**407**	**1028**	**1019**	**32427**	**30374**
北　京							
天　津							
河　北	1	13	13	52	48	180	180
山　西							
内蒙古							
辽　宁							
吉　林							
黑龙江	1	4	3	100	110	2017	1997
上　海							
江　苏							
浙　江							
安　徽							
福　建							
江　西							
山　东	1	45	43	130	126	8000	6000
河　南	1	338	338	441	441	21600	21600
湖　北	2	10	10	305	294	630	597
湖　南							
广　东							
广　西							
海　南							
重　庆							
四　川							
贵　州							
云　南							
西　藏							
陕　西							
甘　肃							
青　海							
宁　夏							
新　疆							

2-19 续表 11

其他

项　目	连锁总店数（个）	门店数（个）		年末从业人员（人）		年末零售营业面积（平方米）	
	2009年	2009年	2008年	2009年	2008年	2009年	2008年
全　国	**28**	**10548**	**10419**	**15559**	**18722**	**727411**	**739195**
北　京							
天　津							
河　北	2	25	21	67	69	2350	1758
山　西	1	38		567		19499	
内蒙古							
辽　宁	1	20	20	176	176	5000	5000
吉　林	1	33	32	108	105	200	200
黑龙江							
上　海	2	57	65	6064	7893	207165	245675
江　苏	8	239	239	5118	6657	142983	184049
浙　江							
安　徽	1	2040	2040	463	460	121000	108000
福　建							
江　西							
山　东							
河　南	2	145	122	250	248	5920	5885
湖　北							
湖　南							
广　东	2	7	8	280	278	16154	18254
广　西	3	23	18	433	530	20425	19025
海　南							
重　庆	1	309	243	324	243	127318	72435
四　川							
贵　州	1	22	21	79	72	800	750
云　南	2	7589	7589	803	1253	49597	69164
西　藏							
陕　西	1	1	1	827	738	9000	9000
甘　肃							
青　海							
宁　夏							
新　疆							

2-20 按业态分各地区连锁零售企业直营门店基本情况

便利店

项 目	门店数(个)		年末从业人员(人)		年末零售营业面积(平方米)	
	2009年	2008年	2009年	2008年	2009年	2008年
全 国	**8506**	**8143**	**66758**	**64128**	**1045707**	**870544**
北 京	513	469	4839	4444	70413	66816
天 津	288	233	2801	2703	34000	29080
河 北	90	80	1406	1426	16681	15202
山 西	127	128	1844	1515	14105	11841
内蒙古						
辽 宁	353	327	1315	1281	54171	52158
吉 林	16	13	118	106	2100	1600
黑龙江						
上 海	3948	3861	27005	26350	281159	274082
江 苏	354	324	2356	2513	25330	25945
浙 江	263	211	1143	1248	26293	25110
安 徽	46	48	324	336	5210	5015
福 建	108	108	627	650	5472	5756
江 西	15	63	62	128	485	2037
山 东	10	10	27	35	2217	1017
河 南	26	27	306	284	3031	2793
湖 北	69	70	618	630	31450	31750
湖 南	37	29	451	340	16012	11372
广 东	1100	1058	9038	9298	198166	88630
广 西	4	4	49	51	865	1405
海 南						
重 庆	25	24	148	145	3310	2450
四 川	984	945	11052	9599	230918	198235
贵 州	82	63	471	310	11270	6201
云 南						
西 藏						
陕 西						
甘 肃						
青 海	32	32	741	720	12042	11042
宁 夏						
新 疆	16	16	17	16	1007	1007

2-20 续表 1

折扣店

项目	门店数（个）		年末从业人员（人）		年末零售营业面积（平方米）	
	2009年	2008年	2009年	2008年	2009年	2008年
全国	**801**	**770**	**7561**	**8345**	**233585**	**221023**
北京	136	132	1448	2018	68243	60149
天津						
河北						
山西						
内蒙古						
辽宁						
吉林						
黑龙江						
上海	665	638	6113	6327	165342	160874
江苏						
浙江						
安徽						
福建						
江西						
山东						
河南						
湖北						
湖南						
广东						
广西						
海南						
重庆						
四川						
贵州						
云南						
西藏						
陕西						
甘肃						
青海						
宁夏						
新疆						

2-20 续表 2

超市

项 目	门店数(个)		年末从业人员(人)		年末零售营业面积(平方米)	
	2009年	2008年	2009年	2008年	2009年	2008年
全 国	**13730**	**12896**	**384234**	**373919**	**16237279**	**14157299**
北 京	827	806	36040	37826	1511224	1405762
天 津	381	338	2652	3358	86309	80940
河 北	192	185	8127	7618	514313	403449
山 西	44	44	2226	3176	76297	58039
内蒙古	56	71	1233	2218	82202	84915
辽 宁	107	99	1351	1917	78781	71537
吉 林	64	61	2622	2440	91665	85019
黑龙江	56	50	3710	3446	126253	108205
上 海	2519	2593	79838	80910	2632663	2703735
江 苏	1705	1534	49653	47291	2340597	1800870
浙 江	1410	1289	30989	28657	1490344	1349017
安 徽	468	445	12914	12063	524698	424898
福 建	226	202	9024	7653	306036	264431
江 西	56	49	2979	2634	37759	35810
山 东	1249	1156	40408	39651	2837660	2369980
河 南	616	671	18731	18202	598521	538851
湖 北	577	518	16177	14140	616858	401473
湖 南	159	171	4932	5527	222660	236164
广 东	589	497	18869	18491	777743	731310
广 西	259	244	5373	4767	144165	123572
海 南	47	47	615	564	18481	18365
重 庆	557	487	11572	10043	363764	201602
四 川	999	863	11839	10145	313881	263516
贵 州	34	16	563	384	15686	12886
云 南	35	35	1797	1575	60038	51490
西 藏						
陕 西	142	129	5935	5768	201800	188317
甘 肃	45	35	757	608	19350	18925
青 海	8	9	493	467	12620	12800
宁 夏	70	51	2203	2002	100083	82521
新 疆	233	201	612	378	34828	28900

2-20 续表 3

大型超市

项　目	门店数(个)		年末从业人员(人)		年末零售营业面积(平方米)	
	2009年	2008年	2009年	2008年	2009年	2008年
全　国	**2280**	**2094**	**283293**	**274670**	**17014600**	**15127273**
北　京	70	63	18015	16217	667594	570488
天　津	37	35	8519	9116	466436	445491
河　北	21	20	3833	3854	169913	158510
山　西	25	17	4017	3774	181546	156040
内蒙古						
辽　宁	19	14	5726	4872	164985	135804
吉　林	4	3	244	280	127600	127600
黑龙江	5	5	1596	1779	39974	39974
上　海	162	161	39397	40171	1313350	1278466
江　苏	149	135	28508	24246	1004911	737090
浙　江	290	299	19351	18279	699543	661386
安　徽	6	5	1752	1225	105287	84836
福　建	119	101	21515	17900	1575792	1125862
江　西	18	17	3229	3138	194438	192938
山　东	38	37	12066	11922	3678806	3647233
河　南	20	26	3197	5597	301428	104652
湖　北	730	676	29769	29647	2037386	1806998
湖　南	158	140	20656	19007	1254331	1141940
广　东	307	269	40815	42656	1876883	1720203
广　西						
海　南						
重　庆	48	23	7807	7500	348000	320000
四　川	15	12	3016	2882	188148	116320
贵　州						
云　南	13	10	4199	3643	237579	182600
西　藏						
陕　西	13	13	3437	3841	232478	224650
甘　肃						
青　海	2	2	460	520	19050	19050
宁　夏						
新　疆	11	11	2169	2604	129142	129142

2-20 续表 4

仓储会员店

项目	门店数(个)		年末从业人员(人)		年末零售营业面积(平方米)	
	2009年	2008年	2009年	2008年	2009年	2008年
全国	**141**	**135**	**14410**	**15828**	**545490**	**518844**
北京	7	7	2624	3105	130869	130869
天津						
河北						
山西	10	6	2863	2749	54066	40566
内蒙古						
辽宁						
吉林	11	11	180	172	4337	4337
黑龙江						
上海	46	44	8542	9601	353538	340392
江苏						
浙江						
安徽						
福建						
江西						
山东						
河南	67	67	201	201	2680	2680
湖北						
湖南						
广东						
广西						
海南						
重庆						
四川						
贵州						
云南						
西藏						
陕西						
甘肃						
青海						
宁夏						
新疆						

2-20 续表 5

百货店

项目	门店数(个)		年末从业人员(人)		年末零售营业面积(平方米)	
	2009年	2008年	2009年	2008年	2009年	2008年
全国	**1787**	**1652**	**214150**	**177634**	**12647106**	**10779410**
北京	60	55	15751	14897	955722	784985
天津	3	3	166	160	1200	1200
河北	108	108	6182	5893	477044	476401
山西	12	11	7431	6881	114070	108894
内蒙古	3	3	1397	1484	21373	21373
辽宁	20	26	307	339	4024	4324
吉林	59	75	603	691	82256	85134
黑龙江	90	77	1562	1699	47100	43600
上海						
江苏	142	133	25051	18807	1134081	662087
浙江	74	69	5438	4806	529587	442133
安徽	174	153	19387	17206	874445	821205
福建	35	30	2631	2155	121726	97025
江西	21	19	5451	5196	270500	321200
山东	199	181	51465	29657	3525180	2981157
河南	159	153	10811	9191	435839	405654
湖北	75	59	11392	10426	892298	757941
湖南	52	49	2239	2370	269491	220004
广东	206	165	21547	20490	1515434	1282749
广西						
海南						
重庆	247	229	18687	17810	1050491	959325
四川	23	33	889	1136	50120	51120
贵州	6	2	95	97	3800	4250
云南	8	8	514	615	38639	38639
西藏						
陕西	8	8	4201	4590	182686	169010
甘肃						
青海	3	3	953	1038	50000	40000
宁夏						
新疆						

2-20 续表 6

专业店(含加油站)

项　目	门店数(个)		年末从业人员(人)		年末零售营业面积(平方米)	
	2009年	2008年	2009年	2008年	2009年	2008年
全　国	**57761**	**54836**	**678738**	**654026**	**58811390**	**56132698**
北　京	2228	2231	30683	33710	1333889	1771817
天　津	789	775	11095	11390	1577144	1567218
河　北	3038	2892	25474	25495	4188424	3633170
山　西	667	632	7602	8018	643165	677182
内蒙古	1602	1564	10090	9178	211516	206382
辽　宁	2788	2588	35031	31753	1832303	1752798
吉　林	560	531	4834	4722	284751	265113
黑龙江	674	659	8773	8855	233029	212438
上　海	1274	1522	23090	25384	570691	642441
江　苏	7476	7189	167599	159656	9600952	8973529
浙　江	5280	4998	45014	43689	5914723	5684947
安　徽	2098	2070	20409	20965	1360535	1252994
福　建	1442	1371	16325	15062	1435880	1323127
江　西	1433	1338	14904	14248	1102644	990944
山　东	4401	3778	17152	16446	1863230	1657527
河　南	2696	2593	16166	15556	3091855	2932333
湖　北	1432	1365	20726	19388	987247	919182
湖　南	2573	2432	24396	22039	1876918	1852928
广　东	5981	5679	81250	79344	12188612	11535496
广　西	1384	1240	14038	13092	2218918	2210695
海　南	65	53	192	150	5040	2790
重　庆	1198	1143	14432	13987	614258	592384
四　川	1280	1201	19316	18707	862426	839119
贵　州	270	237	2350	2011	47396	43925
云　南	2169	1992	19931	14839	1263815	1188300
西　藏						
陕　西	319	243	4039	3510	37015	32657
甘　肃	706	701	6740	6414	776035	802570
青　海	50	51	1302	1165	30868	21069
宁　夏	211	104	1333	656	57142	31720
新　疆	1677	1664	14452	14597	2600969	2515903

2-20 续表 7

加油站

项　目	门店数（个）		年末从业人员（人）		年末零售营业面积（平方米）	
	2009年	2008年	2009年	2008年	2009年	2008年
全　国	**29191**	**28018**	**258997**	**254711**	**42788569**	**41181203**
北　京	669	662	6848	7260	269985	648828
天　津	571	555	7615	7739	1349946	1317646
河　北	2597	2470	18717	18519	3926555	3353987
山　西	431	438	3792	4097	515510	543166
内蒙古	1506	1476	9036	8118	181720	177120
辽　宁	1137	1123	17011	15042	1268402	1262556
吉　林						
黑龙江	45	49	2630	2846	1797	1913
上　海	591	775	8989	11147	214772	299797
江　苏	3209	3053	25539	24003	4265283	4209364
浙　江	2225	2103	22407	22376	5098262	4902186
安　徽	1772	1748	14618	15042	1165893	1041583
福　建	983	990	10979	10481	1210266	1175211
江　西	883	781	7086	5819	757956	627223
山　东	3388	2921	7241	7682	1547553	1395688
河　南	864	837	3788	3643	1804316	1768518
湖　北	474	445	6331	5414	394987	360641
湖　南	1919	1899	14609	13959	1621614	1580799
广　东	2819	2668	37515	38610	10606046	9992237
广　西	976	898	9228	8702	2097816	2104605
海　南						
重　庆	423	420	7266	7096	327645	325321
四　川	138	137	1490	1469	324147	328022
贵　州						
云　南	174	166	1918	1654	724730	708573
西　藏						
陕　西						
甘　肃	603	617	5345	5292	754654	784331
青　海						
宁　夏						
新　疆	794	787	8999	8701	2358714	2271888

2-20 续表 8

专卖店

项　目	门店数（个）		年末从业人员（人）		年末零售营业面积（平方米）	
	2009年	2008年	2009年	2008年	2009年	2008年
全　国	**7493**	**6934**	**87474**	**82880**	**1783912**	**1618469**
北　京	754	620	9425	9256	170349	151758
天　津	167	165	4099	4196	186414	127694
河　北	155	147	2125	1899	16885	15951
山　西	209	194	982	941	14734	13705
内蒙古	24	23	612	530	11010	5900
辽　宁	138	135	1056	1186	13653	14295
吉　林	43	45	482	427	7000	4279
黑龙江						
上　海	1097	1003	6652	6637	115513	113275
江　苏	681	611	3687	2983	202374	172240
浙　江	652	585	3305	2781	29959	27707
安　徽	48	103	838	741	21780	20880
福　建	402	392	5402	6032	252158	309785
江　西	53	40	3182	930	52161	43589
山　东	310	289	1900	1832	24408	23838
河　南	549	449	2388	2339	46617	42869
湖　北	444	335	6330	5819	74554	57432
湖　南	157	139	3486	3417	38086	35065
广　东	592	685	18839	19524	73059	79986
广　西	19	19	38	38	480	480
海　南						
重　庆	338	346	3511	3481	212078	167487
四　川	88	87	829	738	19283	12550
贵　州	37	35	394	371	23635	23110
云　南	247	221	2665	2414	41518	33120
西　藏	12	11	73	74	3346	3346
陕　西	11	11	1129	1076	5000	5000
甘　肃	103	93	1112	1099	20604	15872
青　海	4	3	195	150	21020	16516
宁　夏	22	22	49	49	12000	12000
新　疆	137	126	2689	1920	74234	68740

2-20 续表 9

家居建材商店

项　目	门店数(个)		年末从业人员(人)		年末零售营业面积(平方米)	
	2009年	2008年	2009年	2008年	2009年	2008年
全　国	**100**	**109**	**9357**	**11034**	**778328**	**892195**
北　京	25	22	2072	2345	239096	231746
天　津	9	8	1376	1164	57602	53584
河　北						
山　西						
内蒙古						
辽　宁	2	1	37	20	4000	2000
吉　林						
黑龙江						
上　海	26	41	3337	4521	179960	295205
江　苏	3	3	340	393	22000	30000
浙　江	3	3	279	326	13598	13598
安　徽						
福　建						
江　西						
山　东	3	3	104	176	20000	20000
河　南						
湖　北						
湖　南						
广　东	27	26	1626	1897	215072	219062
广　西						
海　南						
重　庆						
四　川	2	2	186	192	27000	27000
贵　州						
云　南						
西　藏						
陕　西						
甘　肃						
青　海						
宁　夏						
新　疆						

2-20 续表 10

厂家直销中心

项目	门店数（个）		年末从业人员（人）		年末零售营业面积（平方米）	
	2009年	2008年	2009年	2008年	2009年	2008年
全国	**68**	**69**	**651**	**672**	**11327**	**14774**
北京						
天津						
河北	13	13	52	48	180	180
山西						
内蒙古						
辽宁						
吉林						
黑龙江	4	3	100	110	2017	1997
上海						
江苏						
浙江						
安徽						
福建						
江西						
山东	38	36	120	120	7000	5000
河南	3	7	74	100	1500	7000
湖北	10	10	305	294	630	597
湖南						
广东						
广西						
海南						
重庆						
四川						
贵州						
云南						
西藏						
陕西						
甘肃						
青海						
宁夏						
新疆						

2-20 续表 11

其他

项　　目	门店数(个)		年末从业人员(人)		年末零售营业面积(平方米)	
	2009年	2008年	2009年	2008年	2009年	2008年
全　国	**1969**	**1914**	**14660**	**17881**	**505485**	**561222**
北　京						
天　津						
河　北	25	21	67	69	2350	1758
山　西	38		567		19499	
内蒙古						
辽　宁	20	20	176	176	5000	5000
吉　林	33	32	108	105	200	200
黑龙江						
上　海	57	65	6064	7893	207165	245675
江　苏	212	212	5091	6630	141633	182699
浙　江						
安　徽	70	70	10	10	2000	4200
福　建						
江　西						
山　东						
河　南	77	77	178	180	4200	4200
湖　北						
湖　南						
广　东	7	8	280	278	16154	18254
广　西	23	18	433	530	20425	19025
海　南						
重　庆	30	15	45	15	28182	2017
四　川						
贵　州	22	21	79	72	800	750
云　南	1354	1354	735	1185	48877	68444
西　藏						
陕　西	1	1	827	738	9000	9000
甘　肃						
青　海						
宁　夏						
新　疆						

2-21 按业态分各地区连锁零售企业加盟门店基本情况

便利店

项　目	门店数（个）		年末从业人员（人）		年末零售营业面积（平方米）	
	2009年	2008年	2009年	2008年	2009年	2008年
全　国	**7273**	**8035**	**26031**	**28088**	**397000**	**414317**
北　京	183	186	240	257	9517	9624
天　津						
河　北	1852	1742	7854	6452	146047	127940
山　西	791	721	4134	3358	38329	35904
内蒙古						
辽　宁	22	57	72	189	1950	4360
吉　林						
黑龙江						
上　海	1897	1903	6581	6759	88752	90782
江　苏	30	23	68	143	740	1404
浙　江	1284	956	2245	1655	64465	47225
安　徽	14	21	53	60	1190	1540
福　建	151	126	387	310	2800	2025
江　西	13		68		420	
山　东	5	6	15	18	500	600
河　南						
湖　北						
湖　南						
广　东	748	2121	3755	8568	33272	88186
广　西						
海　南						
重　庆	210	105	450	230	6500	2450
四　川	7	7	30	28	350	350
贵　州						
云　南						
西　藏						
陕　西						
甘　肃						
青　海						
宁　夏						
新　疆	66	61	79	61	2168	1927

2-21 续表 1

折扣店

项目	门店数(个)		年末从业人员(人)		年末零售营业面积(平方米)	
	2009年	2008年	2009年	2008年	2009年	2008年
全国	**58**	**13**	**418**	**89**	**9659**	**1710**
北京						
天津						
河北						
山西						
内蒙古						
辽宁						
吉林						
黑龙江						
上海	58	13	418	89	9659	1710
江苏						
浙江						
安徽						
福建						
江西						
山东						
河南						
湖北						
湖南						
广东						
广西						
海南						
重庆						
四川						
贵州						
云南						
西藏						
陕西						
甘肃						
青海						
宁夏						
新疆						

2-21 续表 2

超市

项目	门店数(个)		年末从业人员(人)		年末零售营业面积(平方米)	
	2009年	2008年	2009年	2008年	2009年	2008年
全国	**19494**	**18261**	**104408**	**106851**	**3011244**	**2884596**
北京	1047	1205	4628	5117	161800	191045
天津						
河北						
山西						
内蒙古	18		80		8850	
辽宁	1387	1325	5088	5722	124063	124513
吉林						
黑龙江						
上海	3773	3990	31907	33925	717990	787515
江苏	2109	2107	32521	35155	851914	796790
浙江	6119	5974	11089	10789	401810	395201
安徽	489	375	2543	2095	98200	57600
福建	3	3	69	98	2820	2620
江西						
山东	713	640	3649	3574	268773	268826
河南	939	650	3402	2250	33060	25719
湖北	64	77	512	1526	96000	55018
湖南	5	2	120	51	4860	3660
广东	130	136	941	961	32063	30491
广西	150	76	1666	1588	63299	50281
海南						
重庆	1556	875	3152	1245	81950	32690
四川	684	598	2122	1991	30274	34838
贵州						
云南	281	219	650	541	14996	12989
西藏						
陕西	1	1	60	62	1000	1000
甘肃						
青海						
宁夏						
新疆	26	8	209	161	17522	13800

2-21 续表 3

大型超市

项目	门店数(个)		年末从业人员(人)		年末零售营业面积(平方米)	
	2009年	2008年	2009年	2008年	2009年	2008年
全国	**213**	**198**	**43350**	**36927**	**1433077**	**1196763**
北京						
天津						
河北	1	1	275	280	10000	10000
山西						
内蒙古						
辽宁						
吉林						
黑龙江						
上海	66	56	36953	30588	1216267	993389
江苏						
浙江	24	32	635	846	17256	21683
安徽						
福建						
江西						
山东						
河南						
湖北	71	77	1065	1015	25940	27006
湖南						
广东	51	32	4422	4198	163614	144685
广西						
海南						
重庆						
四川						
贵州						
云南						
西藏						
陕西						
甘肃						
青海						
宁夏						
新疆						

2-21 续表 4

仓储会员店

项　目	门店数(个)		年末从业人员(人)		年末零售营业面积(平方米)	
	2009年	2008年	2009年	2008年	2009年	2008年
全　国	**38**	**38**	**135**	**135**	**2920**	**2920**
北　京						
天　津						
河　北						
山　西						
内蒙古						
辽　宁						
吉　林						
黑龙江						
上　海						
江　苏						
浙　江						
安　徽						
福　建						
江　西						
山　东						
河　南	38	38	135	135	2920	2920
湖　北						
湖　南						
广　东						
广　西						
海　南						
重　庆						
四　川						
贵　州						
云　南						
西　藏						
陕　西						
甘　肃						
青　海						
宁　夏						
新　疆						

2-21 续表 5

百货店

项目	门店数(个)		年末从业人员(人)		年末零售营业面积(平方米)	
	2009年	2008年	2009年	2008年	2009年	2008年
全国	**3517**	**3457**	**24491**	**24483**	**736636**	**740872**
北京						
天津						
河北						
山西						
内蒙古						
辽宁	10	11	410	581	38863	45406
吉林						
黑龙江	108	84	216	168	3240	2520
上海						
江苏	937	871	4700	4355	160000	151200
浙江	105	174	337	496	33683	55584
安徽	34	33	7292	6989	72307	69307
福建						
江西						
山东	2144	2104	8920	8269	311694	290196
河南						
湖北						
湖南						
广东	26	30	1569	2954	29629	89609
广西						
海南						
重庆	150	148	540	521	7220	7050
四川						
贵州						
云南						
西藏						
陕西	3	2	507	150	80000	30000
甘肃						
青海						
宁夏						
新疆						

2-21 续表 6

专业店(含加油站)

项　目	门店数(个)		年末从业人员(人)		年末零售营业面积(平方米)	
	2009年	2008年	2009年	2008年	2009年	2008年
全　国	**24943**	**23051**	**74154**	**68323**	**1942061**	**1779072**
北　京	512	584	1740	2934	66769	83180
天　津	51	52	202	205	47678	47778
河　北	28	31	85	172	4900	3600
山　西	105	111	315	335	4200	4213
内蒙古	40	41	29	32	1588	1644
辽　宁	314	323	2735	2664	65428	70183
吉　林						
黑龙江						
上　海	674	634	2889	2642	47869	41715
江　苏	2332	2272	6139	6968	166305	155677
浙　江	2447	2013	5850	5194	243772	196664
安　徽	2204	2267	5534	5694	2365	2825
福　建	26	20	30	20	680	690
江　西	5	5	160	160	33915	33915
山　东	451	465	1676	1647	24652	24632
河　南	2415	1641	7186	5134	215193	192140
湖　北	1975	1992	7162	7211	91645	93219
湖　南	578	420	1760	1377	63055	52063
广　东	2839	2840	12081	8862	419301	343170
广　西	1008	1053	3473	3665	123306	150866
海　南						
重　庆	4999	4398	10645	9076	141036	127284
四　川	532	540	1415	1078	36020	26727
贵　州	132	112	346	234	5849	4311
云　南	47	64	93	120	42544	44584
西　藏						
陕　西	69	62	321	540	13180	2560
甘　肃	4	11	16	91	1271	2192
青　海						
宁　夏	1002	938	2008	1876	70400	65660
新　疆	154	162	264	392	9140	7580

2-21 续表 7

加油站

项目	门店数（个）		年末从业人员（人）		年末零售营业面积（平方米）	
	2009年	2008年	2009年	2008年	2009年	2008年
全国	**154**	**184**	**1055**	**1153**	**163751**	**183969**
北京	6	29	18	265	1680	8120
天津						
河北						
山西						
内蒙古						
辽宁	7	7	53	53	7350	7350
吉林						
黑龙江						
上海	96	105	124	132	5976	6520
江苏						
浙江						
安徽						
福建						
江西						
山东						
河南						
湖北						
湖南	2	2	54	20	200	200
广东	38	35	743	625	133974	147208
广西	3	4	53	53	13571	13571
海南						
重庆						
四川						
贵州						
云南						
西藏						
陕西						
甘肃	2	2	10	5	1000	1000
青海						
宁夏						
新疆						

2-21 续表 8

专卖店

项　目	门店数(个)		年末从业人员(人)		年末零售营业面积(平方米)	
	2009年	2008年	2009年	2008年	2009年	2008年
全　国	**16582**	**15528**	**73168**	**58295**	**687581**	**603152**
北　京	403	373	2832	2654	37672	35813
天　津	17	19	51	41	926	1360
河　北	5		30		555	
山　西	3	2	30	40	400	400
内蒙古						
辽　宁	48	60	100	120	3437	4200
吉　林						
黑龙江						
上　海	1070	1027	3440	3481	47011	46960
江　苏	15		30		100	
浙　江	3990	3667	16287	14530	189408	157839
安　徽	1		60		600	
福　建	302	254	560	507	5710	3195
江　西	656	228	1977	684	13300	4560
山　东	42	35	143	124	2249	2293
河　南	241	286	848	860	76286	79545
湖　北	2	10	13	50	200	500
湖　南						
广　东	9485	9195	44941	33662	276707	231047
广　西						
海　南						
重　庆	98	172	187	359	4927	7969
四　川	156	157	1294	902	22972	23245
贵　州						
云　南	3	2	24	15	736	416
西　藏						
陕　西	4	4	32	36	2000	2000
甘　肃						
青　海						
宁　夏						
新　疆	41	37	289	230	2385	1810

2-21 续表 9

家居建材商店

项　目	门店数(个)		年末从业人员(人)		年末零售营业面积(平方米)	
	2009年	2008年	2009年	2008年	2009年	2008年
全　国	**2**	**5**	**122**	**611**	**14608**	**60160**
北　京	2	5	122	611	14608	60160
天　津						
河　北						
山　西						
内蒙古						
辽　宁						
吉　林						
黑龙江						
上　海						
江　苏						
浙　江						
安　徽						
福　建						
江　西						
山　东						
河　南						
湖　北						
湖　南						
广　东						
广　西						
海　南						
重　庆						
四　川						
贵　州						
云　南						
西　藏						
陕　西						
甘　肃						
青　海						
宁　夏						
新　疆						

2-21 续表 10

厂家直销中心

项 目	门店数(个)		年末从业人员(人)		年末零售营业面积(平方米)	
	2009年	2008年	2009年	2008年	2009年	2008年
全 国	**342**	**338**	**377**	**347**	**21100**	**15600**
北 京						
天 津						
河 北						
山 西						
内 蒙 古						
辽 宁						
吉 林						
黑 龙 江						
上 海						
江 苏						
浙 江						
安 徽						
福 建						
江 西						
山 东	7	7	10	6	1000	1000
河 南	335	331	367	341	20100	14600
湖 北						
湖 南						
广 东						
广 西						
海 南						
重 庆						
四 川						
贵 州						
云 南						
西 藏						
陕 西						
甘 肃						
青 海						
宁 夏						
新 疆						

2-21 续表 11

其他

项目	门店数（个）		年末从业人员（人）		年末零售营业面积（平方米）	
	2009年	2008年	2009年	2008年	2009年	2008年
全国	**8579**	**8505**	**899**	**841**	**221926**	**177973**
北京						
天津						
河北						
山西						
内蒙古						
辽宁						
吉林						
黑龙江						
上海						
江苏	27	27	27	27	1350	1350
浙江						
安徽	1970	1970	453	450	119000	103800
福建						
江西						
山东						
河南	68	45	72	68	1720	1685
湖北						
湖南						
广东						
广西						
海南						
重庆	279	228	279	228	99136	70418
四川						
贵州						
云南	6235	6235	68	68	720	720
西藏						
陕西						
甘肃						
青海						
宁夏						
新疆						

2-22 按业态分各地区

便利店

项　目	商品购进总额		统一配送商品购进额		自有配送中心配送商品购进额	
	2009年	2008年	2009年	2008年	2009年	2008年
全　国	**2352976**	**2426771**	**1860682**	**1891432**	**1102513**	**1127739**
北　京	157252	147733	122486	102338	8632	7785
天　津	74407	63977	50319	41859		
河　北	42554	38777	39580	36862	39580	36862
山　西	94846	84378	91886	81514	14693	14347
内蒙古						
辽　宁	40389	41371	38393	39529	16333	18150
吉　林	2747	2523	2747	2523	2747	2523
黑龙江						
上　海	756437	782941	364573	358351	101096	99875
江　苏	55716	54925	55716	54878	5051	7701
浙　江	58133	43515	57321	43253	27986	21036
安　徽	6178	5377	5446	4408	5446	4408
福　建	18815	14482	18815	14482	16754	12568
江　西	4833	2354				
山　东	3147	3897	1658	2010	1042	1007
河　南	3403	2480	1346	1294	35	40
湖　北	16818	12784	13637	10649	13637	10649
湖　南	9127	6721	9127	6721	9127	6721
广　东	539238	640871	520643	613587	426646	457131
广　西	624	739	229	248	229	248
海　南						
重　庆	2582	1734	2582	1734		
四　川	443764	447211	443764	447211	406868	421003
贵　州	8163	5686	6612	5686	6612	5686
云　南						
西　藏						
陕　西						
甘　肃						
青　海	12405	20929	12405	20929		
宁　夏						
新　疆	1400	1367	1400	1367		

连锁零售企业经营情况

单位：万元

非自有配送中心配送商品购进额		商品销售总额		零售额	
2009年	2008年	2009年	2008年	2009年	2008年
392674	**485004**	**2698301**	**2685460**	**2321498**	**2376311**
109537	91332	166277	164038	165163	162771
		80129	68216	80129	68216
		76376	70702	76376	70702
		103154	89483	102996	89483
3110	3622	46705	48828	45265	46315
		2999	2899	2999	2899
206457	217244	959357	980169	816312	863260
8835	7591	51537	53183	51029	52671
14316	13931	57116	45749	53237	44584
		6148	5818	4729	4704
2060	1914	18840	15158	18733	15039
		4854	2364	4854	2364
616	1004	2806	3452	1363	1580
		4320	3190	4320	3190
		18449	14943	11342	14943
		8806	7788	8806	7788
46449	147418	575130	640739	571966	638947
		717	863	717	863
		2320	1581	2320	1581
1294	950	486037	445279	272975	263393
		10404	6280	10047	6280
		14625	13563	14625	13563
		1196	1175	1196	1175

2-22 续表 1

折扣店

项目	商品购进总额		统一配送商品购进额		自有配送中心配送商品购进额	
	2009年	2008年	2009年	2008年	2009年	2008年
全国	**333943**	**298515**	**248204**	**228148**		
北京	135250	115995	49511	45628		
天津						
河北						
山西						
内蒙古						
辽宁						
吉林						
黑龙江						
上海	198693	182520	198693	182520		
江苏						
浙江						
安徽						
福建						
江西						
山东						
河南						
湖北						
湖南						
广东						
广西						
海南						
重庆						
四川						
贵州						
云南						
西藏						
陕西						
甘肃						
青海						
宁夏						
新疆						

单位：万元

非自有配送中心配送商品购进额		商品销售总额		零售额	
2009年	2008年	2009年	2008年	2009年	2008年
49511	**45628**	**371692**	**330962**	**371437**	**329637**
49511	45628	151814	132558	151814	132558
		219878	198403	219623	197079

2-22 续表 2

超市

项 目	商品购进总额		统一配送商品购进额		自有配送中心配送商品购进额	
	2009年	2008年	2009年	2008年	2009年	2008年
全 国	**20683220**	**18891209**	**16447500**	**15073417**	**11288614**	**10586172**
北 京	2299501	2201150	1904267	1835477	460574	768560
天 津	124457	101142	124356	101019	51987	43134
河 北	379215	328682	284199	243526	264118	219774
山 西	92062	87854	83283	79707	72760	67174
内蒙古	50289	35970	46283	32765	35763	25358
辽 宁	124878	119151	85880	81265	33913	33120
吉 林	95924	67008	9583	9808	9583	9808
黑龙江	167899	108686	155449	100233	148005	95980
上 海	5231448	5202445	4148133	4019671	2270910	2231668
江 苏	4178770	3695143	4054217	3635647	3886910	3526376
浙 江	1786783	1661235	1673532	1551050	1364036	1250166
安 徽	502972	444805	286922	273835	83437	80127
福 建	311577	264021	126299	97258	62338	47955
江 西	46179	46365	39731	40081	17781	18278
山 东	2651453	2256610	1383349	1173814	1282112	1088430
河 南	415345	340027	346465	288881	184473	165434
湖 北	315650	269532	279264	239568	226399	193561
湖 南	164269	156566	153940	147105	153044	146680
广 东	665070	654799	438940	462435	195651	191371
广 西	163209	165377	94766	102083	40488	42985
海 南	12670	8790	10642	7649		
重 庆	252696	140135	204292	94300	180437	85337
四 川	290665	221413	205683	181694	133133	129400
贵 州	8109	4331	8109	4331		
云 南	52958	50030	52958	50030	24057	27278
西 藏						
陕 西	140153	125133	112173	108421	74391	69835
甘 肃	6838	9859	6838	9859	2440	3976
青 海	3798	4554	3798	4554		
宁 夏	110814	90105	106866	86157	18513	16824
新 疆	37573	30291	17284	11195	11364	7584

单位：万元

非自有配送中心配送商品购进额		商品销售总额		零售额	
2009年	2008年	2009年	2008年	2009年	2008年
2893759	**2753699**	**25695210**	**23593441**	**21596827**	**19872033**
322324	313903	3009132	2813202	2335777	2261352
		116204	14272	116204	14272
11673	11328	382077	327064	381131	325863
7073	8537	134555	117779	134555	117779
7335	5004	57282	40705	57282	40705
16810	16525	143838	135046	113898	105336
		100870	69431	55930	24688
7444	4253	147467	89041	147467	89041
1857224	1788003	8529738	8512938	6759174	6682752
115871	60284	4407328	3960975	3729394	3459253
79526	79301	1967120	1762442	1815678	1635912
1003	1078	501273	437715	497211	433573
15215	16168	341593	256749	319344	245948
		63137	60073	63137	60073
18957	20397	2904223	2531461	2411539	2079352
31713	16326	440829	393869	431122	382509
51431	44697	308422	299790	250830	275222
896	424	166230	144407	164286	143454
221544	255285	765302	709451	732869	680246
54278	59099	177553	165400	155810	144966
		12829	8472	10568	7161
1706	1614	318064	174957	257652	125928
49035	30863	304893	214825	295876	210498
		8959	4970	8959	4970
		55427	52935	51937	50298
11073	9870	154999	141536	128401	121454
4398	5883	19960	16805	19391	15829
		14186	13524	14186	13524
1311	1245	101892	91435	97391	87903
5920	3611	39826	32172	39826	32172

2-22 续表 3

大型超市

项　目	商品购进总额		统一配送商品购进额		自有配送中心配送商品购进额	
	2009年	2008年	2009年	2008年	2009年	2008年
全　国	**19421352**	**17632398**	**11917902**	**10299967**	**6256805**	**5386992**
北　京	1517312	1472387	174261	167322	114627	126247
天　津	507280	490344	98964	63109	98964	63109
河　北	164165	160972	80408	84141	48847	51844
山　西	238640	194027	59738	45231	59738	45231
内蒙古						
辽　宁	314131	281459	228700	198154	151795	121744
吉　林	4305	4676	4305	4676		
黑龙江	90335	85529	90335	85529		
上　海	4747919	4671282	1284939	1205730		
江　苏	1252609	1148363	1115433	1047758	562939	572951
浙　江	898054	877625	872644	851947	620189	583912
安　徽	140864	127652	112691	127652	112691	127652
福　建	1173134	960918	1140134	933858	805065	661444
江　西	104396	79790	32511	27333	32511	27333
山　东	758212	710935	310351	282988	21978	11622
河　南	116635	93951	114483	70309	55058	33367
湖　北	2408941	1535933	1608376	917219	1174291	714426
湖　南	772653	704716	582565	409436	557318	405569
广　东	3018032	2899141	2852432	2685180	1494152	1505517
广　西						
海　南						
重　庆	400122	382433	400122	382433	84035	74367
四　川	217599	212735	217599	212735	116000	116000
贵　州						
云　南	245145	209229	245145	209229	106555	101429
西　藏						
陕　西	218712	214808	218712	214808		
甘　肃						
青　海	17963	13042	17963	13042		
宁　夏						
新　疆	94194	100448	55091	60146	40051	43229

单位：万元

非自有配送中心配送商品购进额		商品销售总额		零售额	
2009年	2008年	2009年	2008年	2009年	2008年
2690869	**2204789**	**24435485**	**22353945**	**21162580**	**19185027**
37215	20542	1596080	1535610	1592947	1528446
		489637	451141	489637	450641
31561	32297	159702	169064	159702	169064
		223086	202384	223086	202384
		388089	344215	289643	249867
		4550	2837	4095	2062
		121293	124454	121293	124454
1201856	1128003	7428272	6935972	6371791	5787634
60799		1981865	1720088	1470203	1213681
213668	229972	1026285	927869	1025333	926251
		130556	129260	130556	129260
279000	228780	1084637	880904	1084613	880904
		119960	110915	97629	88124
132249	112350	960316	851068	530752	469837
7718	2621	107872	82131	98475	71470
385040	148249	2800876	2427577	2136491	1892152
25247	3868	1013196	922760	1013196	922760
97804	83300	3573916	3434049	3204609	3099388
		352311	315695	352311	315695
		207088	208928	100322	83928
		308169	243747	308169	243747
218712	214808	210062	183630	210062	183630
		27958	26140	27958	26140
		119708	123508	119708	123508

2-22 续表 4

仓储会员店

项　目	商品购进总额		统一配送商品购进额		自有配送中心配送商品购进额	
	2009年	2008年	2009年	2008年	2009年	2008年
全　国	**1426487**	**1367099**	**291685**	**277628**	**15276**	**2518**
北　京	274804	243948	274804	243948		
天　津						
河　北						
山　西	15961	34627	14446	31163	12841	
内蒙古						
辽　宁						
吉　林	6285	8646				
黑龙江						
上　海	1127003	1077361				
江　苏						
浙　江						
安　徽						
福　建						
江　西						
山　东						
河　南	2434	2518	2434	2518	2434	2518
湖　北						
湖　南						
广　东						
广　西						
海　南						
重　庆						
四　川						
贵　州						
云　南						
西　藏						
陕　西						
甘　肃						
青　海						
宁　夏						
新　疆						

单位：万元

非自有配送中心配送商品购进额		商品销售总额		零售额	
2009年	2008年	2009年	2008年	2009年	2008年
276409	**247410**	**1425250**	**1425822**	**1371355**	**1359040**
274804	243948	290750	241806	290750	241806
1605	3463	34915	28843	34915	28843
		7885	9446	7885	9446
		1089597	1143101	1035702	1076320
		2104	2626	2104	2626

2-22 续表 5

百货店

项　目	商品购进总额		统一配送商品购进额		自有配送中心配送商品购进额	
	2009年	2008年	2009年	2008年	2009年	2008年
全　国	**20613112**	**17276897**	**11264148**	**9698277**	**7314483**	**6130493**
北　京	1909111	1632686	619978	467427	371711	281249
天　津	18377	16473				
河　北	1024290	457595	22546	20164	21544	19192
山　西	165847	146523	47127	36542		
内蒙古	9706	10353	9706	10353	9706	10353
辽　宁	103772	109514	103772	109514	96631	101688
吉　林	34870	36494	26152	27370	26152	27370
黑龙江	144909	129642	108274	111213	22570	21342
上　海						
江　苏	2428881	1632224	2011548	1610924	1300159	1083570
浙　江	955899	831530	924477	799515	380256	335234
安　徽	2389735	2276638	893673	792826	282766	228866
福　建	101828	87163	100023	85405	54460	53753
江　西	407637	427580	147353	179287		
山　东	3739781	3119937	1428174	1213077	1337893	1032855
河　南	637547	548212	46439	43033	40972	38446
湖　北	1379426	1218289	742330	632721	742330	632721
湖　南	330891	241860	304798	213465	304798	213465
广　东	2744663	2524678	2057266	1886156	1061780	937307
广　西						
海　南						
重　庆	1552148	1352145	1542910	1347544	1239977	1086835
四　川	20274	25258	20274	25258	20274	25258
贵　州	4476	3730	4476	3730		
云　南	104504	83638	102346	81764		
西　藏						
陕　西	384074	341697				
甘　肃						
青　海	20467	23036	506	991	506	991
宁　夏						
新　疆						

单位：万元

非自有配送中心配送商品购进额		商品销售总额		零售额	
2009年	2008年	2009年	2008年	2009年	2008年
1471178	**1307273**	**24982548**	**21096902**	**21761985**	**18127519**
		2512439	2161402	2510285	2158733
		15971	13172	15971	13172
1001	972	1114841	794462	972128	794462
		164590	144471	164590	144471
		17799	19601	17799	19601
		101551	107188	96972	101869
		33339	32275	33339	32275
		158773	148723	135934	126434
		2953691	2182142	2511436	1743817
544221	464281	1416541	1295039	1414332	1292043
		2782699	2578694	1588167	1340218
		147888	126341	145828	124931
		517979	522537	457011	439049
15889	14061	4649981	3750497	3984548	3135424
220	251	659021	543685	654875	540899
		1352248	1150076	1230186	1046893
		298076	205129	298076	205129
608757	567820	3463642	3079553	2961389	2676003
301090	259887	1987033	1700760	1935829	1652042
		35554	27648	35266	26547
		4502	4538	3634	4538
		132235	93644	132235	93644
		434621	389884	434621	389884
		27536	25443	27536	25443

2-22 续表 6

专业店(含加油站)

项 目	商品购进总额		统一配送商品购进额		自有配送中心配送商品购进额	
	2009年	2008年	2009年	2008年	2009年	2008年
全 国	**121464225**	**119367834**	**99909432**	**98517559**	**66873020**	**63891461**
北 京	6843151	6242313	2933385	2559253	1426664	1344785
天 津	3300532	2867666	3178011	2739385	261633	274500
河 北	3763923	3832762	3072740	3109870	2473224	2294662
山 西	1329169	1055980	889736	627883	215659	213976
内 蒙 古	3529490	3000617	3528188	2999336	3180329	2703494
辽 宁	4017315	4323787	2681057	2772700	1172346	1089747
吉 林	734522	698560	685673	625517	639836	566343
黑 龙 江	928805	937058	866322	887572	704948	714930
上 海	6823888	6867709	5467363	5509925	4046498	4121487
江 苏	24985409	25095071	23381836	22669835	22181122	20920796
浙 江	9410797	9921944	8726140	9206460	8314569	8773473
安 徽	4772707	4415917	2020909	1671208	893253	841033
福 建	2393136	2428890	1991597	2068390	611343	535514
江 西	1268538	1217256	1055002	1004965	245193	245685
山 东	8122163	7752812	7525376	7591672	6636611	6714304
河 南	2910964	2506093	2498792	2137601	1783947	1512246
湖 北	2414788	2350751	2377123	2349696	2148772	2122327
湖 南	4092091	3698378	3958071	3559997	3939089	3541747
广 东	19025651	19675645	15725704	17560748	2257127	1988165
广 西	1690075	1619639	658393	482525	331629	159759
海 南	2570	2558	1150	1115	1150	1115
重 庆	1676015	1782284	544931	494417	527232	480487
四 川	1687882	1463777	1245128	1178276	901520	872299
贵 州	91624	68516	27111	21985	5051	5022
云 南	845138	735165	782920	580596	290994	244654
西 藏						
陕 西	427649	367355	418250	361081	409422	353251
甘 肃	1448423	1462196	911351	954917	111179	105795
青 海	12882	7690	12882	7690	3825	2731
宁 夏	242365	264431	172120	195927	129100	152197
新 疆	2672564	2705011	2572172	2587021	1029759	994938

单位：万元

非自有配送中心配送商品购进额		商品销售总额		零售额	
2009年	2008年	2009年	2008年	2009年	2008年
18353076	**20848324**	**133739413**	**128415726**	**84003971**	**84276590**
111828	96835	7249981	6504020	4572040	4415504
2722209	2351717	3330109	2900347	3308356	2873392
2828	2767	4986698	5135485	2063336	2089277
2370	2486	1385634	1241433	1086946	1010050
2010	1502	3499909	2980550	3368570	2869964
784608	842822	4522165	4722414	2492840	2534742
43776	54069	691016	772509	691016	772509
		918182	994691	847742	923191
15059	23631	7542832	7452251	3783054	3907322
451698	1004120	25861299	24576671	15377728	15023037
201242	252364	9867229	10238233	4726734	6257771
50664		4388848	3895837	3261049	3154862
300204	304836	3312226	3402421	2755454	2989671
		2748871	2382191	1705269	1783049
171655	152272	8655708	8004279	5700732	4641349
40840	39553	3378517	3046433	2121324	1940001
59229	46568	2790988	2498044	2190431	1912071
18983	18250	4168834	3822863	3664121	3412441
12972701	15256449	20188807	20707553	13219461	15197867
14467	12481	3176568	2970796	1579593	1722892
		3767	2463	1384	1012
4495	2624	1941036	1944296	768232	708279
23450	19509	1912681	1800399	1213269	1086877
800	1118	82008	69566	82008	69566
53086	55347	1736048	1412847	901301	689111
		574532	491835	37177	29173
734	1323	1740897	1556201	1243056	1178086
		16008	11091	16008	11091
38278	37949	249795	221654	210372	184924
265863	267732	2818216	2656355	1015371	887509

2-22 续表 7

加油站

项　目	商品购进总额		统一配送商品购进额		自有配送中心配送商品购进额	
	2009年	2008年	2009年	2008年	2009年	2008年
全　国	**80387721**	**81161366**	**65107921**	**67289848**	**38960103**	**39143296**
北　京	4151988	3515907	1033226	686339		
天　津	2893664	2440082	2893664	2440082		
河　北	3378852	3446033	2693734	2740445	2174283	2002560
山　西	974547	711779	747261	484493	182959	190926
内蒙古	3458473	2943382	3458473	2943382	3112624	2649042
辽　宁	3401689	3934601	2293530	2583386	924771	1019083
吉　林						
黑龙江	628719	607986	628719	607986	628719	607986
上　海	4929367	5306036	4918166	5288006	3521372	3932012
江　苏	8664393	9212996	8664393	9212996	8123051	8602121
浙　江	7345515	7748720	6724162	7095291	6705267	7095291
安　徽	3692252	3418155	1066714	779260	96520	59486
福　建	1968388	2086358	1710719	1866160	464457	391232
江　西	666738	665172	478634	471800	173260	177298
山　东	7238232	6916411	6816584	6858770	6114877	6148933
河　南	852484	860720	852484	860720	462424	473331
湖　北	1325003	1350206	1325003	1350206	1234481	1280306
湖　南	3695699	3358229	3689734	3349724	3689734	3349724
广　东	14552193	16039879	11412675	14044434	146978	158331
广　西	1467845	1384147	524622	354842	216376	48713
海　南						
重　庆	1084008	1256197				
四　川	316293	189088				
贵　州						
云　南						
西　藏						
陕　西						
甘　肃	1431371	1446827	905419	949072	110624	105095
青　海						
宁　夏						
新　疆	2270007	2322456	2270007	2322456	877327	851827

单位：万元

非自有配送中心配送商品购进额		商品销售总额		零售额	
2009年	2008年	2009年	2008年	2009年	2008年
15030473	**17419361**	**89962141**	**88634964**	**55114313**	**58297275**
		4494347	3751858	2238448	2158439
2720744	2350712	2931259	2506690	2931259	2506690
		4511054	4552625	1715085	1718798
		992993	849926	694304	618543
		3458473	2943382	3328623	2832870
708225	778931	3691134	4241162	1683874	2069549
		543464	620715	473258	551327
		5161437	5379249	1533316	1903650
		9454322	9561799	6261045	6616694
		7821010	8108127	3637775	5259103
		3247387	2929564	2926102	2834630
227261	288325	2868581	3101872	2403680	2746343
		1675737	1344602	1237316	1235095
		7687113	7143811	5245519	4268033
		1207850	1148508	769984	768996
27665	14343	1586478	1410549	1196638	1022721
		3727772	3441948	3257392	3062417
11092275	13729010	15424834	16551067	9633995	12268242
		2951745	2755457	1393490	1553038
		1294531	1392336	284797	306277
		326853	364207	191194	142705
		780502	722070	96110	86648
		1722745	1540324	1225167	1162556
254305	258040	2400520	2273114	755944	603913

2-22 续表 8

专卖店

项目	商品购进总额		统一配送商品购进额		自有配送中心配送商品购进额	
	2009年	2008年	2009年	2008年	2009年	2008年
全国	**5468994**	**4743615**	**4029064**	**3449870**	**2888492**	**2587897**
北京	687260	682569	259790	284376	206580	215185
天津	252473	207535	45314	38402	4245	7788
河北	307874	241228	307759	241115	306778	240214
山西	35346	34433	29866	29120	26058	24990
内蒙古	24958	17764	24958	17764		
辽宁	42593	42776	32175	32573	13831	13577
吉林	24833	23707				
黑龙江						
上海	617665	519859	587980	482501	460202	331058
江苏	328093	296621	263984	246018	85582	74114
浙江	380954	349229	380954	349229	365416	335700
安徽	13947	16896	10632	12518	5572	8478
福建	421110	455119	149847	138802	54367	42838
江西	282082	133761	145620	122562	42626	28547
山东	157189	113547	155258	111680	147758	105350
河南	134414	165562	98821	138634	83658	124645
湖北	248065	86358	247953	86341	61730	59812
湖南	143270	159259	36627	41271	36528	41173
广东	700336	692766	675606	666119	643532	637598
广西	478	432	478	432	478	432
海南						
重庆	72175	61709	55504	49534	54399	48409
四川	58484	75079	36056	45650	32161	42199
贵州	38588	35926	1987	1554		
云南	177024	152231	177024	152009	89544	79682
西藏	4666	386	4666	386		
陕西	112232	79295	112232	79295	109210	77340
甘肃	25546	20523	10634	2943		
青海	16939	12528	16939	12528		
宁夏	11385	11385	11385	11385		
新疆	149017	55129	149017	55129	58239	48770

单位：万元

非自有配送中心配送商品购进额		商品销售总额		零售额	
2009年	2008年	2009年	2008年	2009年	2008年
338923	**355815**	**6973114**	**5940520**	**4692570**	**4310187**
21762	22409	841215	814209	708493	677296
2974	2616	283698	242775	73007	69175
705	624	351391	316555	23188	24646
		34715	34469	34715	34469
		27219	18766	17915	11339
		50112	51212	41753	42859
		31355	30258	31355	30258
111900	136926	832003	680465	726188	567587
88999	83847	333531	294626	311855	277817
6336	4271	563704	478434	447299	375806
		19843	19501	16195	13990
74981	79939	450660	519420	441332	512904
		448368	147318	184772	112333
		184314	123339	60471	46966
385	342	146138	134617	140991	130035
2821	738	342916	121958	109853	84846
		181584	179241	141295	128856
26894	22929	960726	946288	616710	599290
		857	524	543	524
1105	1126	232647	228008	215105	213224
		65282	61537	38631	48043
		31128	28640	27682	24024
		184602	155446	89096	122174
		4492	3169	4492	3169
		145633	124568	2751	2294
		33157	31332	18826	16280
		18990	14641	18990	14641
		13863	13863		
62	50	158970	125342	149069	125342

2-22 续表 9

家居建材商店

项目	商品购进总额		统一配送商品购进额		自有配送中心配送商品购进额	
	2009年	2008年	2009年	2008年	2009年	2008年
全国	**437650**	**618232**	**246228**	**248526**	**134998**	**151168**
北京	48136	103969				
天津	76798	84404	18656	13807		
河北						
山西						
内蒙古						
辽宁	1693	1234	1693	1234		
吉林						
黑龙江						
上海	173465	289364	103365	113364	103365	113364
江苏	21432	25366	21432	25366		
浙江	16148	18392	16148	18392	16148	18392
安徽						
福建						
江西						
山东	5709	6013				
河南						
湖北						
湖南						
广东	73842	76589	64507	63461	15485	19412
广西						
海南						
重庆						
四川	20427	12902	20427	12902		
贵州						
云南						
西藏						
陕西						
甘肃						
青海						
宁夏						
新疆						

单位：万元

非自有配送中心配送商品购进额		商品销售总额		零售额	
2009年	2008年	2009年	2008年	2009年	2008年
		633494	**678247**	**520561**	**563831**
		118767	111807	118767	111807
		78947	83696	59474	69202
		1917	1534	1917	1534
		266658	304096	173774	204174
		27637	33677	27060	33677
		16887	20968	16887	20968
		6443	9449	6443	9449
		94041	95428	94041	95428
		22197	17593	22197	17593

2-22 续表 10

厂家直销中心

项　目	商品购进总额		统一配送商品购进额		自有配送中心配送商品购进额	
	2009年	2008年	2009年	2008年	2009年	2008年
全　国	**18203**	**16796**	**18203**	**16796**	**11709**	**11247**
北　京						
天　津						
河　北	150	157	150	157	150	157
山　西						
内蒙古						
辽　宁						
吉　林						
黑龙江	1761	1702	1761	1702	1761	1702
上　海						
江　苏						
浙　江						
安　徽						
福　建						
江　西						
山　东	4700	4200	4700	4200		
河　南	3144	3000	3144	3000	3144	3000
湖　北	8448	7737	8448	7737	6655	6388
湖　南						
广　东						
广　西						
海　南						
重　庆						
四　川						
贵　州						
云　南						
西　藏						
陕　西						
甘　肃						
青　海						
宁　夏						
新　疆						

单位：万元

非自有配送中心配送商品购进额		商品销售总额		零售额	
2009年	2008年	2009年	2008年	2009年	2008年
		15222	**13507**	**12332**	**10408**
		446	436	446	436
		1782	1812	1782	1812
		3400	2800	3400	2800
		3566	2853	3566	2853
		6028	5607	3138	2508

2-22 续表 11

其他

项目	商品购进总额		统一配送商品购进额		自有配送中心配送商品购进额	
	2009年	2008年	2009年	2008年	2009年	2008年
全国	**1216876**	**1384249**	**998347**	**1169035**	**283181**	**220987**
北京						
天津						
河北	303	220	303	220	303	220
山西	8831		8831			
内蒙古						
辽宁	3459	3386	3459	3386	3459	3386
吉林	1172	867	1172	867	1172	867
黑龙江						
上海	306448	345494	306448	345494		
江苏	265544	221075	262035	215411	253499	195920
浙江						
安徽	212654	206724				
福建						
江西						
山东						
河南	6504	5725	6332	5600	6063	5272
湖北						
湖南						
广东	5089	6332	2894	3630		
广西	40591	39870	40591	39870	1068	997
海南						
重庆	4008	3242	4008	3242	4008	3242
四川						
贵州	563	720	563	720	563	720
云南	301353	498063	301353	498063	13048	10364
西藏						
陕西	60359	52531	60359	52531		
甘肃						
青海						
宁夏						
新疆						

单位：万元

非自有配送中心配送商品购进额		商品销售总额		零售额	
2009年	2008年	2009年	2008年	2009年	2008年
5545	**6570**	**1430284**	**1475641**	**787684**	**704038**
		308	186	308	186
		12100		12100	
		4367	4249	4367	4249
		953	1148	953	1148
		356630	391998	356630	391998
2382	2611	260987	231364	260987	230646
		213876	193106		
269	328	6363	5510	763	588
2894	3630	5790	6732	5790	6732
		40393	52109	40393	52109
		4338	3510	4338	3510
		1005	825	1005	825
		443079	517210	100050	12047
		80095	67694		

2-23 按业态分各地区连锁

便利店

项目	商品购进总额		统一配送商品购进额		自有配送中心配送商品购进额	
	2009年	2008年	2009年	2008年	2009年	2008年
全国	**1996978**	**2003588**	**1541317**	**1530009**	**1008988**	**1038268**
北京	154287	143886	119520	98492	7469	6121
天津	74407	63977	50319	41859		
河北	21006	20576	18032	18661	18032	18661
山西	31704	31067	31248	30708	14615	14345
内蒙古						
辽宁	36291	31521	34861	30605	14020	11233
吉林	2747	2523	2747	2523	2747	2523
黑龙江						
上海	595124	602084	232703	231971	68843	68550
江苏	54828	52474	54828	52428	4513	6707
浙江	36830	26541	36594	26511	10991	6756
安徽	5801	4887	5301	4300	5301	4300
福建	11902	10572	11902	10572	9886	8658
江西	2322	2354				
山东	2247	2817	1558	1900	962	917
河南	3403	2480	1346	1294	35	40
湖北	16818	12784	13637	10649	13637	10649
湖南	9127	6721	9127	6721	9127	6721
广东	470678	510012	452082	484997	415437	445500
广西	624	739	229	248	229	248
海南						
重庆	2305	1567	2305	1567		
四川	443429	446861	443429	446861	406533	420653
贵州	8163	5686	6612	5686	6612	5686
云南						
西藏						
陕西						
甘肃						
青海	12405	20929	12405	20929		
宁夏						
新疆	533	528	533	528		

零售企业直营门店经营情况

单位：万元

非自有配送中心配送商品购进额		商品销售总额		零售额	
2009年	2008年	2009年	2008年	2009年	2008年
289900	**280881**	**2245570**	**2158852**	**1895291**	**1869639**
107735	89149	162896	159607	161783	158340
		80129	68216	80129	68216
		21691	23188	21691	23188
		33753	31092	33595	31092
1891	1615	43583	40247	42461	39077
		2999	2899	2999	2899
127336	135836	750544	754311	633706	655217
8729	7420	50611	49987	50103	49475
12018	12498	36061	28826	32182	28438
		5772	5326	4352	4212
2016	1914	12328	11458	12221	11339
		2338	2364	2338	2364
596	984	2206	2732	763	860
		4320	3190	4320	3190
		18449	14943	11342	14943
		8806	7788	8806	7788
28285	30516	495168	485197	492004	483405
		717	863	717	863
		1997	1328	1997	1328
1294	950	485687	444970	272625	263084
		10404	6280	10047	6280
		14625	13563	14625	13563
		488	477	488	477

2-23 续表 1

折扣店

项 目	商品购进总额		统一配送商品购进额		自有配送中心配送商品购进额	
	2009年	2008年	2009年	2008年	2009年	2008年
全 国	**327493**	**298300**	**241754**	**227933**		
北 京	135250	115995	49511	45628		
天 津						
河 北						
山 西						
内蒙古						
辽 宁						
吉 林						
黑龙江						
上 海	192243	182304	192243	182304		
江 苏						
浙 江						
安 徽						
福 建						
江 西						
山 东						
河 南						
湖 北						
湖 南						
广 东						
广 西						
海 南						
重 庆						
四 川						
贵 州						
云 南						
西 藏						
陕 西						
甘 肃						
青 海						
宁 夏						
新 疆						

单位：万元

非自有配送中心配送商品购进额		商品销售总额		零售额	
2009年	2008年	2009年	2008年	2009年	2008年
49511	**45628**	**364339**	**330716**	**364084**	**329391**
49511	45628	151814	132558	151814	132558
		212525	198158	212270	196833

2-23 续表 2

超市

项目	商品购进总额		统一配送商品购进额		自有配送中心配送商品购进额	
	2009年	2008年	2009年	2008年	2009年	2008年
全国	**17421606**	**15773778**	**13445226**	**12167868**	**8778667**	**8153519**
北京	2231607	2135229	1890689	1819683	447911	755037
天津	124457	101142	124356	101019	51987	43134
河北	379215	328682	284199	243526	264118	219774
山西	92062	87854	83283	79707	72760	67174
内蒙古	49170	35970	45164	32765	35763	25358
辽宁	69768	63246	47599	41884	25700	22910
吉林	95924	67008	9583	9808	9583	9808
黑龙江	167899	108686	155449	100233	148005	95980
上海	4227311	4156158	3143997	2973384	1609279	1520646
江苏	2737378	2343171	2621187	2285164	2464334	2182012
浙江	1534725	1428525	1428703	1326487	1172660	1076045
安徽	380300	351379	266139	253942	75675	74583
福建	310312	262695	125579	96488	62338	47955
江西	46179	46365	39731	40081	17781	18278
山东	2482505	2106295	1253899	1059191	1152661	974037
河南	386153	325592	320073	278040	162789	156997
湖北	291256	248767	254870	218803	202005	172796
湖南	161547	153789	153855	147085	152959	146660
广东	645038	620874	420070	428830	190386	182750
广西	141642	145925	93424	100863	40488	42985
海南	12670	8790	10642	7649		
重庆	225826	132913	178630	87882	164793	79604
四川	281820	207175	196838	167456	128919	118434
贵州	8109	4331	8109	4331		
云南	48036	45351	48036	45351	22420	23551
西藏						
陕西	139872	125024	112173	108421	74391	69835
甘肃	6838	9859	6838	9859	2440	3976
青海	3798	4554	3798	4554		
宁夏	110814	90105	106866	86157	18513	16824
新疆	29374	28324	11449	9228	8011	6377

单位：万元

非自有配送中心配送商品购进额		商品销售总额		零售额	
2009年	2008年	2009年	2008年	2009年	2008年
2489587	**2337326**	**21178846**	**19235560**	**17106551**	**15575951**
322142	313903	2924152	2728476	2250935	2177292
		116204	14272	116204	14272
11673	11328	382077	327064	381131	325863
7073	8537	134555	117779	134555	117779
6216	5004	55872	40705	55872	40705
		71868	64669	58923	54143
		100870	69431	55930	24688
7444	4253	147467	89041	147467	89041
1534718	1452738	6479433	6485532	4708869	4694771
115164	59528	2811813	2422839	2133880	1921116
41582	46348	1700999	1516751	1550993	1391464
1003	1078	372235	335285	368174	331144
15215	16168	340211	255283	317961	244482
		63137	60073	63137	60073
18957	20397	2751867	2390110	2259183	1939182
30574	16030	416629	381210	406922	369850
51431	44697	287077	277230	229485	252662
896	424	163219	141561	161274	140609
207939	230301	730261	650490	697827	621286
52936	57879	152335	144569	130786	124235
		12829	8472	10568	7161
	1273	288273	167029	235184	118000
44405	27591	294638	202533	285622	198206
		8959	4970	8959	4970
		49715	47471	46226	44834
11073	9870	154702	141428	128104	121346
4398	5883	19960	16805	19391	15829
		14186	13524	14186	13524
1311	1245	101892	91435	97391	87903
3438	2851	31413	29522	31413	29522

2-23 续表 3

大型超市

项目	商品购进总额		统一配送商品购进额		自有配送中心配送商品购进额	
	2009年	2008年	2009年	2008年	2009年	2008年
全国	**17128396**	**15427420**	**11716381**	**10103402**	**6093907**	**5230599**
北京	1517312	1472387	174261	167322	114627	126247
天津	507280	490344	98964	63109	98964	63109
河北	155436	152060	77353	76650	45792	44353
山西	238640	194027	59738	45231	59738	45231
内蒙古						
辽宁	314131	281459	228700	198154	151795	121744
吉林	4305	4676	4305	4676		
黑龙江	90335	85529	90335	85529		
上海	2674931	2674736	1284939	1205730		
江苏	1252609	1148363	1115433	1047758	562939	572951
浙江	875163	843005	850897	819058	610403	569112
安徽	140864	127652	112691	127652	112691	127652
福建	1173134	960918	1140134	933858	805065	661444
江西	104396	79790	32511	27333	32511	27333
山东	758212	710935	310351	282988	21978	11622
河南	116635	93951	114483	70309	55058	33367
湖北	2397508	1525433	1601060	908819	1166974	706026
湖南	772653	704716	582565	409436	557318	405569
广东	2841117	2744742	2683029	2537397	1351413	1379816
广西						
海南						
重庆	400122	382433	400122	382433	84035	74367
四川	217599	212735	217599	212735	116000	116000
贵州						
云南	245145	209229	245145	209229	106555	101429
西藏						
陕西	218712	214808	218712	214808		
甘肃						
青海	17963	13042	17963	13042		
宁夏						
新疆	94194	100448	55091	60146	40051	43229

单位：万元

非自有配送中心配送商品购进额		商品销售总额		零售额	
2009年	2008年	2009年	2008年	2009年	2008年
2678908	**2186700**	**20450618**	**18892341**	**17177713**	**15723423**
37215	20542	1596080	1535610	1592947	1528446
		489637	451141	489637	450641
31561	32297	150159	159282	150159	159282
		223086	202384	223086	202384
		388089	344215	289643	249867
		4550	2837	4095	2062
		121293	124454	121293	124454
1201856	1128003	3678442	3737199	2621961	2588861
60799		1981865	1720088	1470203	1213681
201708	211883	1002876	858715	1001925	857097
		130556	129260	130556	129260
279000	228780	1084637	880904	1084613	880904
		119960	110915	97629	88124
132249	112350	960316	851068	530752	469837
7718	2621	107872	82131	98475	71470
385040	148249	2787426	2415277	2123041	1879852
25247	3868	1013196	922760	1013196	922760
97804	83300	3385281	3262454	3015973	2927793
		352311	315695	352311	315695
		207088	208928	100322	83928
		308169	243747	308169	243747
218712	214808	210062	183630	210062	183630
		27958	26140	27958	26140
		119708	123508	119708	123508

2-23 续表 4

仓储会员店

项目	商品购进总额		统一配送商品购进额		自有配送中心配送商品购进额	
	2009年	2008年	2009年	2008年	2009年	2008年
全国	**1426000**	**1366595**	**291198**	**277124**	**14789**	**2014**
北京	274804	243948	274804	243948		
天津						
河北						
山西	15961	34627	14446	31163	12841	
内蒙古						
辽宁						
吉林	6285	8646				
黑龙江						
上海	1127003	1077361				
江苏						
浙江						
安徽						
福建						
江西						
山东						
河南	1947	2014	1947	2014	1947	2014
湖北						
湖南						
广东						
广西						
海南						
重庆						
四川						
贵州						
云南						
西藏						
陕西						
甘肃						
青海						
宁夏						
新疆						

单位：万元

非自有配送中心配送商品购进额		商品销售总额		零售额	
2009年	2008年	2009年	2008年	2009年	2008年
276409	**247410**	**1424829**	**1425296**	**1370935**	**1358515**
274804	243948	290750	241806	290750	241806
1605	3463	34915	28843	34915	28843
		7885	9446	7885	9446
		1089597	1143101	1035702	1076320
		1683	2101	1683	2101

2-23 续表 5

百货店

项目	商品购进总额		统一配送商品购进额		自有配送中心配送商品购进额	
	2009年	2008年	2009年	2008年	2009年	2008年
全国	**19824711**	**16498044**	**10720561**	**9146122**	**6817190**	**5667649**
北京	1909111	1632686	619978	467427	371711	281249
天津	18377	16473				
河北	1024290	457595	22546	20164	21544	19192
山西	165847	146523	47127	36542		
内蒙古	9706	10353	9706	10353	9706	10353
辽宁	15925	16300	15925	16300	8785	8474
吉林	34870	36494	26152	27370	26152	27370
黑龙江	138409	126642	108274	111213	22570	21342
上海						
江苏	2140881	1370990	1723548	1349690	1012159	822335
浙江	926071	806732	894649	774716	350428	310435
安徽	2322022	2222619	825960	738808	261346	207746
福建	101828	87163	100023	85405	54460	53753
江西	407637	427580	147353	179287		
山东	3477527	2880992	1360336	1152653	1270055	972430
河南	637547	548212	46439	43033	40972	38446
湖北	1379426	1218289	742330	632721	742330	632721
湖南	330891	241860	304798	213465	304798	213465
广东	2718097	2433914	2057266	1829743	1061780	937307
广西						
海南						
重庆	1549331	1349873	1540550	1345491	1237617	1084782
四川	20274	25258	20274	25258	20274	25258
贵州	4476	3730	4476	3730		
云南	104504	83638	102346	81764		
西藏						
陕西	367199	331089				
甘肃						
青海	20467	23036	506	991	506	991
宁夏						
新疆						

单位：万元

非自有配送中心配送商品购进额		商品销售总额		零售额	
2009年	2008年	2009年	2008年	2009年	2008年
1471178	**1250860**	**23953344**	**20076680**	**20733367**	**17107602**
		2512439	2161402	2510285	2158733
		15971	13172	15971	13172
1001	972	1114841	794462	972128	794462
		164590	144471	164590	144471
		17799	19601	17799	19601
		15687	15216	11108	9897
		33339	32275	33339	32275
		148773	143723	125934	121434
		2553691	1808950	2111436	1370625
544221	464281	1380870	1260606	1378661	1257610
		2705449	2517730	1510917	1279254
		147888	126341	145828	124931
		517979	522537	457011	439049
15889	14061	4277933	3424246	3612500	2809172
220	251	659021	543685	654875	540899
		1352248	1150076	1230186	1046893
		298076	205129	298076	205129
608757	511407	3437158	2965586	2934904	2562036
301090	259887	1984333	1698889	1933715	1650476
		35554	27648	35266	26547
		4502	4538	3634	4538
		132235	93644	132235	93644
		415434	377311	415434	377311
		27536	25443	27536	25443

2-23 续表 6

专业店(含加油站)

项目	商品购进总额		统一配送商品购进额		自有配送中心配送商品购进额	
	2009年	2008年	2009年	2008年	2009年	2008年
全国	**118464803**	**116397547**	**97510617**	**96290135**	**65271500**	**62282613**
北京	6750239	6026045	2866635	2475507	1412695	1335218
天津	3297434	2864938	3174913	2736656	261633	274500
河北	3763644	3831803	3072462	3108911	2472945	2293703
山西	1327346	1054198	887913	626100	215659	213976
内蒙古	3529295	3000318	3528188	2999336	3180329	2703494
辽宁	3964285	4272564	2668820	2761738	1165421	1082322
吉林	734522	698560	685673	625517	639836	566343
黑龙江	928805	937058	866322	887572	704948	714930
上海	6319313	6233507	4989418	4903779	3575269	3530734
江苏	24290991	24475967	22774609	22168751	21596217	20448756
浙江	9207014	9689382	8553166	9009023	8167768	8600908
安徽	4661997	4306074	1910200	1561364	790143	731189
福建	2389618	2426424	1988079	2065924	607825	533048
江西	1268103	1216853	1054567	1004561	244758	245281
山东	8034269	7663955	7437482	7502882	6570255	6638564
河南	2648587	2281714	2467527	2112201	1774897	1504099
湖北	2376276	2326811	2338611	2325756	2122298	2112119
湖南	4042727	3659325	3908707	3520944	3889988	3502958
广东	18331789	19140171	15096623	17128681	2187741	1923879
广西	1683995	1608498	652464	471484	326176	151395
海南	2570	2558	1150	1115	1150	1115
重庆	1612956	1731452	503043	458749	492727	450367
四川	1679514	1455280	1237948	1171676	896557	867646
贵州	89115	67130	24602	20599	5018	4996
云南	844763	734711	782725	580272	290799	244330
西藏						
陕西	421438	362816	412039	356541	406611	352286
甘肃	1447739	1460699	910667	953751	111179	105795
青海	12882	7690	12882	7690	3825	2731
宁夏	133842	157978	133842	157978	129100	152197
新疆	2669734	2703068	2569342	2585078	1027734	993734

单位：万元

非自有配送中心配送商品购进额		商品销售总额		零售额	
2009年	2008年	2009年	2008年	2009年	2008年
17651756	**20346114**	**130564710**	**125300441**	**81976689**	**82362160**
93034	80373	7153980	6337029	4525636	4304125
2721711	2351626	3327536	2897337	3305783	2870382
2828	2767	4986407	5134533	2063317	2089130
547	703	1383775	1239679	1085086	1008296
2010	1502	3499855	2980487	3368516	2869901
779417	839608	4456550	4658607	2430025	2474302
43776	54069	691016	772509	691016	772509
		918182	994691	847742	923191
8343	8238	7039159	6816801	3546992	3591364
429569	975591	25122616	23881580	14831761	14518290
189656	243375	9647397	9982829	4672317	6210885
43065		4275759	3805973	3258811	3152897
300204	304836	3308146	3399507	2751374	2986758
		2748349	2381690	1704747	1782547
151347	140324	8547194	7911659	5692282	4633280
40840	39553	3122245	2825399	1923378	1774499
53781	41143	2736031	2470019	2137096	1884047
18719	17987	4111057	3776389	3606344	3365966
12413007	14888668	19488546	20130791	12661810	14774764
13990	9804	3159999	2950540	1563023	1702637
		3767	2463	1384	1012
2102	1250	1859696	1882758	732376	678258
23450	19509	1901155	1788828	1204523	1077985
800	1118	79226	67616	79226	67616
53086	55347	1734945	1411068	900198	687332
		569331	482690	31976	20907
611	992	1733452	1549648	1242881	1177536
		16008	11091	16008	11091
		127855	102272	88432	65542
265863	267732	2815475	2653959	1012630	885112

2-23 续表 7

加油站

项目	商品购进总额		统一配送商品购进额		自有配送中心配送商品购进额	
	2009年	2008年	2009年	2008年	2009年	2008年
全国	**79709288**	**80229947**	**64449968**	**66566179**	**38473392**	**38536582**
北京	4148012	3383420	1033226	686339		
天津	2893664	2440082	2893664	2440082		
河北	3378852	3446033	2693734	2740445	2174283	2002560
山西	974547	711779	747261	484493	182959	190926
内蒙古	3458473	2943382	3458473	2943382	3112624	2649042
辽宁	3392016	3925881	2283857	2574666	920288	1013578
吉林						
黑龙江	628719	607986	628719	607986	628719	607986
上海	4458139	4715283	4446938	4697254	3050144	3341260
江苏	8664393	9212996	8664393	9212996	8123051	8602121
浙江	7345515	7748720	6724162	7095291	6705267	7095291
安徽	3692252	3418155	1066714	779260	96520	59486
福建	1968388	2086358	1710719	1866160	464457	391232
江西	666738	665172	478634	471800	173260	177298
山东	7238232	6916411	6816584	6858770	6114877	6148933
河南	852484	860720	852484	860720	462424	473331
湖北	1325003	1350206	1325003	1350206	1234481	1280306
湖南	3684699	3347773	3678734	3339268	3678734	3339268
广东	14370198	15851709	11247184	13931528	146978	158331
广西	1467845	1384147	524622	354842	216376	48713
海南						
重庆	1084008	1256197				
四川	316293	189088				
贵州						
云南						
西藏						
陕西						
甘肃	1430810	1445993	904858	948237	110624	105095
青海						
宁夏						
新疆	2270007	2322456	2270007	2322456	877327	851827

单位：万元

非自有配送中心配送商品购进额		商品销售总额		零售额	
2009年	2008年	2009年	2008年	2009年	2008年
14859792	**17303240**	**89233197**	**87732311**	**54648973**	**57778200**
		4490268	3674889	2234369	2081470
2720744	2350712	2931259	2506690	2931259	2506690
		4511054	4552625	1715085	1718798
		992993	849926	694304	618543
		3458473	2943382	3328623	2832870
703034	775717	3680853	4231916	1676392	2063670
		543464	620715	473258	551327
		4690209	4788496	1297701	1608274
		9454322	9561799	6261045	6616694
		7821010	8108127	3637775	5259103
		3247387	2929564	2926102	2834630
227261	288325	2868581	3101872	2403680	2746343
		1675737	1344602	1237316	1235095
		7687113	7143811	5245519	4268033
		1207850	1148508	769984	768996
27665	14343	1586478	1410549	1196638	1022721
		3715772	3430388	3245392	3050857
10926784	13616104	15210682	16350641	9437763	12146647
		2941811	2747762	1383556	1545342
		1294531	1392336	284797	306277
		326853	364207	191194	142705
		780502	722070	96110	86648
		1715475	1534320	1225167	1162556
254305	258040	2400520	2273114	755944	603913

2-23 续表 8

专卖店

项　目	商品购进总额		统一配送商品购进额		自有配送中心配送商品购进额	
	2009年	2008年	2009年	2008年	2009年	2008年
全　国	**4567565**	**3872792**	**3170937**	**2611864**	**2092706**	**1821588**
北　京	609896	615905	182556	217832	131270	149699
天　津	251648	206682	45314	38402	4245	7788
河　北	307840	241228	307725	241115	306743	240214
山　西	35301	34402	29821	29089	26058	24990
内蒙古	24958	17764	24958	17764		
辽　宁	41753	41877	31335	31674	13831	13577
吉　林	24833	23707				
黑龙江						
上　海	550408	447766	520723	410408	438198	312692
江　苏	327893	296621	263784	246018	85382	74114
浙　江	123609	115708	123609	115708	108071	102179
安　徽	13887	16896	10572	12518	5572	8478
福　建	401273	428894	131596	114053	36116	18088
江　西	249666	114165	113834	102967	10841	8952
山　东	136437	91238	134507	89371	127007	83041
河　南	78781	100821	76241	98677	61559	85107
湖　北	247831	86178	247718	86161	61495	59632
湖　南	143270	159259	36627	41271	36528	41173
广　东	355530	356930	331321	330823	309901	312693
广　西	478	432	478	432	478	432
海　南						
重　庆	63548	54701	52862	47112	52862	47112
四　川	46542	59146	24687	30174	20792	26723
贵　州	38588	35926	1987	1554		
云　南	176451	149447	176451	149225	89544	79682
西　藏	4666	386	4666	386		
陕　西	110978	78279	110978	78279	109210	77340
甘　肃	25546	20523	10634	2943		
青　海	16939	12528	16939	12528		
宁　夏	11385	11385	11385	11385		
新　疆	147632	53996	147632	53996	57005	47884

单位：万元

非自有配送中心配送商品购进额		商品销售总额		零售额	
2009年	2008年	2009年	2008年	2009年	2008年
281825	**290502**	**5657323**	**4733633**	**3671772**	**3372637**
21739	22390	743894	736191	613368	601030
2974	2616	282548	241782	71856	68182
705	624	351350	316555	23146	24646
		34665	34431	34665	34431
		27219	18766	17915	11339
		47692	48705	39332	40353
		31355	30258	31355	30258
66647	83199	742744	585613	682183	526463
88999	83847	333330	294626	311654	277817
6336	4271	145504	123344	94143	84302
		19800	19501	16152	13990
74981	79939	429627	491022	420299	484506
		406838	122149	143331	87164
		165979	109982	55077	42069
385	342	88481	76410	86560	74386
2821	738	342525	121758	109462	84646
		181584	179241	141295	128856
16240	12538	430300	425977	222484	213339
		857	524	543	524
		223731	220528	212441	210639
		40840	43174	37981	29680
		31128	28640	27682	24024
		183970	154546	88464	121273
		4492	3169	4492	3169
		144183	123375	1301	1101
		33157	31332	18826	16280
		18990	14641	18990	14641
		13863	13863		
		156677	123531	146776	123531

2-23 续表 9

家居建材商店

项　目	商品购进总额		统一配送商品购进额		自有配送中心配送商品购进额	
	2009年	2008年	2009年	2008年	2009年	2008年
全　国	**434359**	**591690**	**246228**	**248526**	**134998**	**151168**
北　京	44845	77427				
天　津	76798	84404	18656	13807		
河　北						
山　西						
内蒙古						
辽　宁	1693	1234	1693	1234		
吉　林						
黑龙江						
上　海	173465	289364	103365	113364	103365	113364
江　苏	21432	25366	21432	25366		
浙　江	16148	18392	16148	18392	16148	18392
安　徽						
福　建						
江　西						
山　东	5709	6013				
河　南						
湖　北						
湖　南						
广　东	73842	76589	64507	63461	15485	19412
广　西						
海　南						
重　庆						
四　川	20427	12902	20427	12902		
贵　州						
云　南						
西　藏						
陕　西						
甘　肃						
青　海						
宁　夏						
新　疆						

单位：万元

非自有配送中心配送商品购进额		商品销售总额		零售额	
2009年	2008年	2009年	2008年	2009年	2008年
		624043	**647535**	**511110**	**533119**
		109316	81095	109316	81095
		78947	83696	59474	69202
		1917	1534	1917	1534
		266658	304096	173774	204174
		27637	33677	27060	33677
		16887	20968	16887	20968
		6443	9449	6443	9449
		94041	95428	94041	95428
		22197	17593	22197	17593

2-23 续表 10

厂家直销中心

项 目	商品购进总额		统一配送商品购进额		自有配送中心配送商品购进额	
	2009年	2008年	2009年	2008年	2009年	2008年
全 国	**15703**	**14596**	**15703**	**14596**	**9709**	**9247**
北 京						
天 津						
河 北	150	157	150	157	150	157
山 西						
内蒙古						
辽 宁						
吉 林						
黑龙江	1761	1702	1761	1702	1761	1702
上 海						
江 苏						
浙 江						
安 徽						
福 建						
江 西						
山 东	4200	4000	4200	4000		
河 南	1144	1000	1144	1000	1144	1000
湖 北	8448	7737	8448	7737	6655	6388
湖 南						
广 东						
广 西						
海 南						
重 庆						
四 川						
贵 州						
云 南						
西 藏						
陕 西						
甘 肃						
青 海						
宁 夏						
新 疆						

单位：万元

非自有配送中心配送商品购进额		商品销售总额		零售额	
2009年	2008年	2009年	2008年	2009年	2008年
		12522	**11307**	**9632**	**8208**
		446	436	446	436
		1782	1812	1782	1812
		3200	2600	3200	2600
		1066	853	1066	853
		6028	5607	3138	2508

2-23 续表 11

其他

项目	商品购进总额		统一配送商品购进额		自有配送中心配送商品购进额	
	2009年	2008年	2009年	2008年	2009年	2008年
全国	**753740**	**865840**	**739359**	**743651**	**275127**	**214126**
北京						
天津						
河北	303	220	303	220	303	220
山西	8831		8831			
内蒙古						
辽宁	3459	3386	3459	3386	3459	3386
吉林	1172	867	1172	867	1172	867
黑龙江						
上海	306448	345494	306448	345494		
江苏	264869	220400	261360	214736	253499	195920
浙江						
安徽	8506	113698				
福建						
江西						
山东						
河南	1122	1025	950	900	681	572
湖北						
湖南						
广东	5089	6332	2894	3630		
广西	40591	39870	40591	39870	1068	997
海南						
重庆	1336	1081	1336	1081	1336	1081
四川						
贵州	563	720	563	720	563	720
云南	51093	80216	51093	80216	13048	10364
西藏						
陕西	60359	52531	60359	52531		
甘肃						
青海						
宁夏						
新疆						

单位：万元

非自有配送中心配送商品购进额		商品销售总额		零售额	
2009年	2008年	2009年	2008年	2009年	2008年
4870	**5895**	**929758**	**948152**	**783390**	**700510**
		308	186	308	186
		12100		12100	
		4367	4249	4367	4249
		953	1148	953	1148
		356630	391998	356630	391998
1707	1936	260237	230663	260237	229945
		8555	106208		
269	328	1090	956	111	101
2894	3630	5790	6732	5790	6732
		40393	52109	40393	52109
		1446	1170	1446	1170
		1005	825	1005	825
		156788	84213	100050	12047
		80095	67694		

2-24 按业态分各地区连锁

便利店

项目	商品购进总额		统一配送商品购进额		自有配送中心配送商品购进额	
	2009年	2008年	2009年	2008年	2009年	2008年
全国	**355997**	**423183**	**319365**	**361423**	**93525**	**89472**
北京	2966	3847	2966	3847	1163	1664
天津						
河北	21549	18201	21549	18201	21549	18201
山西	63143	53310	60638	50806	77	2
内蒙古						
辽宁	4098	9850	3532	8924	2313	6917
吉林						
黑龙江						
上海	161313	180858	131870	126380	32253	31325
江苏	888	2450	888	2450	538	994
浙江	21303	16973	20727	16741	16995	14280
安徽	377	490	145	108	145	108
福建	6912	3910	6912	3910	6868	3910
江西	2511					
山东	900	1080	100	110	80	90
河南						
湖北						
湖南						
广东	68560	130859	68560	128590	11209	11632
广西						
海南						
重庆	277	167	277	167		
四川	335	350	335	350	335	350
贵州						
云南						
西藏						
陕西						
甘肃						
青海						
宁夏						
新疆	867	839	867	839		

零售企业加盟门店经营情况

单位：万元

非自有配送中心配送商品购进额		商品销售总额		零售额	
2009年	2008年	2009年	2008年	2009年	2008年
102775	**204123**	**452731**	**526608**	**426207**	**506672**
1802	2183	3381	4431	3381	4431
		54685	47514	54685	47514
		69401	58391	69401	58391
1219	2007	3122	8582	2804	7238
79122	81408	208813	225858	182606	208043
106	171	926	3196	926	3196
2297	1434	21055	16923	21055	16146
		377	492	377	492
45		6512	3700	6512	3700
		2517		2517	
20	20	600	720	600	720
18164	116902	79962	155542	79962	155542
		324	253	324	253
		350	309	350	309
		708	698	708	698

2-24 续表 1

折扣店

项目	商品购进总额		统一配送商品购进额		自有配送中心配送商品购进额	
	2009年	2008年	2009年	2008年	2009年	2008年
全国	**6450**	**216**	**6450**	**216**		
北京						
天津						
河北						
山西						
内蒙古						
辽宁						
吉林						
黑龙江						
上海	6450	216	6450	216		
江苏						
浙江						
安徽						
福建						
江西						
山东						
河南						
湖北						
湖南						
广东						
广西						
海南						
重庆						
四川						
贵州						
云南						
西藏						
陕西						
甘肃						
青海						
宁夏						
新疆						

单位：万元

非自有配送中心配送商品购进额		商品销售总额		零售额	
2009年	2008年	2009年	2008年	2009年	2008年
		7353	**246**	**7353**	**246**
		7353	246	7353	246

2-24 续表 2

超市

项 目	商品购进总额		统一配送商品购进额		自有配送中心配送商品购进额	
	2009年	2008年	2009年	2008年	2009年	2008年
全 国	**3261614**	**3117431**	**3002273**	**2905549**	**2509948**	**2432653**
北 京	67894	65921	13578	15794	12662	13523
天 津						
河 北						
山 西						
内蒙古	1119		1119			
辽 宁	55110	55905	38281	39380	8213	10209
吉 林						
黑龙江						
上 海	1004137	1046287	1004137	1046287	661631	711021
江 苏	1441392	1351972	1433030	1350483	1422576	1344365
浙 江	252057	232710	244829	224563	191377	174121
安 徽	122672	93426	20783	19893	7762	5544
福 建	1265	1326	720	770		
江 西						
山 东	168948	150315	129450	114623	129450	114394
河 南	29192	14435	26392	10842	21684	8437
湖 北	24393	20766	24393	20766	24393	20766
湖 南	2721	2776	85	20	85	20
广 东	20032	33925	18870	33605	5265	8621
广 西	21567	19453	1342	1220		
海 南						
重 庆	26870	7222	25662	6419	15644	5733
四 川	8845	14238	8845	14238	4214	10966
贵 州						
云 南	4922	4679	4922	4679	1638	3727
西 藏						
陕 西	281	109				
甘 肃						
青 海						
宁 夏						
新 疆	8199	1968	5835	1968	3353	1207

单位：万元

非自有配送中心配送商品购进额		商品销售总额		零售额	
2009年	2008年	2009年	2008年	2009年	2008年
404172	**416373**	**4516363**	**4357881**	**4490275**	**4296082**
182		84981	84726	84842	84060
1119		1410		1410	
16810	16525	71970	70377	54975	51193
322506	335265	2050305	2027406	2050305	1987981
707	756	1595515	1538137	1595515	1538137
37944	32953	266122	245691	264685	244448
		129037	102430	129037	102430
		1383	1467	1383	1467
		152356	141351	152356	140170
1138	296	24200	12659	24200	12659
		21345	22560	21345	22560
		3012	2845	3012	2845
13605	24984	35041	58960	35041	58960
1342	1220	25218	20831	25024	20731
1706	341	29792	7928	22468	7928
4631	3272	10255	12292	10255	12292
		5712	5464	5712	5464
		298	108	298	108
2482	761	8413	2650	8413	2650

2-24 续表 3

大型超市

项目	商品购进总额		统一配送商品购进额		自有配送中心配送商品购进额	
	2009年	2008年	2009年	2008年	2009年	2008年
全国	**2292956**	**2204978**	**201521**	**196565**	**162897**	**156393**
北京						
天津						
河北	8729	8912	3055	7492	3055	7492
山西						
内蒙古						
辽宁						
吉林						
黑龙江						
上海	2072988	1996547				
江苏						
浙江	22892	34621	21747	32890	9786	14800
安徽						
福建						
江西						
山东						
河南						
湖北	11433	10500	7317	8400	7317	8400
湖南						
广东	176916	154400	169403	147784	142739	125701
广西						
海南						
重庆						
四川						
贵州						
云南						
西藏						
陕西						
甘肃						
青海						
宁夏						
新疆						

单位：万元

非自有配送中心配送商品购进额		商品销售总额		零售额	
2009年	2008年	2009年	2008年	2009年	2008年
11961	**18089**	**3984867**	**3461604**	**3984867**	**3461604**
		9543	9783	9543	9783
		3749830	3198773	3749830	3198773
11961	18089	23409	69153	23409	69153
		13450	12300	13450	12300
		188635	171595	188635	171595

2-24 续表 4

仓储会员店

项 目	商品购进总额		统一配送商品购进额		自有配送中心配送商品购进额	
	2009年	2008年	2009年	2008年	2009年	2008年
全 国	**487**	**504**	**487**	**504**	**487**	**504**
北 京						
天 津						
河 北						
山 西						
内蒙古						
辽 宁						
吉 林						
黑龙江						
上 海						
江 苏						
浙 江						
安 徽						
福 建						
江 西						
山 东						
河 南	487	504	487	504	487	504
湖 北						
湖 南						
广 东						
广 西						
海 南						
重 庆						
四 川						
贵 州						
云 南						
西 藏						
陕 西						
甘 肃						
青 海						
宁 夏						
新 疆						

单位：万元

非自有配送中心配送商品购进额		商品销售总额		零售额	
2009年	2008年	2009年	2008年	2009年	2008年
		421	**525**	**421**	**525**
		421	525	421	525

2-24 续表 5

百货店

项　目	商品购进总额		统一配送商品购进额		自有配送中心配送商品购进额	
	2009年	2008年	2009年	2008年	2009年	2008年
全　国	**788401**	**778854**	**543587**	**552156**	**497293**	**462845**
北　京						
天　津						
河　北						
山　西						
内蒙古						
辽　宁	87847	93214	87847	93214	87847	93214
吉　林						
黑龙江	6500	3000				
上　海						
江　苏	288000	261234	288000	261234	288000	261234
浙　江	29828	24798	29828	24798	29828	24798
安　徽	67713	54018	67713	54018	21420	21120
福　建						
江　西						
山　东	262253	238945	67838	60424	67838	60424
河　南						
湖　北						
湖　南						
广　东	26566	90764		56413		
广　西						
海　南						
重　庆	2818	2272	2360	2054	2360	2054
四　川						
贵　州						
云　南						
西　藏						
陕　西	16876	10608				
甘　肃						
青　海						
宁　夏						
新　疆						

单位：万元

非自有配送中心配送商品购进额		商品销售总额		零售额	
2009年	2008年	2009年	2008年	2009年	2008年
	56413	**1029204**	**1020222**	**1028618**	**1019917**
		85864	91972	85864	91972
		10000	5000	10000	5000
		400000	373192	400000	373192
		35672	34433	35672	34433
		77250	60964	77250	60964
		372048	326252	372048	326252
	56413	26484	113967	26484	113967
		2700	1871	2114	1566
		19186	12572	19186	12572

2-24 续表 6

专业店(含加油站)

项目	商品购进总额		统一配送商品购进额		自有配送中心配送商品购进额	
	2009年	2008年	2009年	2008年	2009年	2008年
全国	**2999422**	**2970287**	**2398814**	**2227424**	**1601519**	**1608848**
北京	92913	216268	66750	83746	13969	9567
天津	3098	2729	3098	2729		
河北	279	959	279	959	279	959
山西	1824	1783	1824	1783		
内蒙古	195	299				
辽宁	53030	51223	12237	10962	6925	7425
吉林						
黑龙江						
上海	504576	634202	477945	606146	471228	590753
江苏	694418	619104	607227	501084	584905	472040
浙江	203783	232562	172974	197437	146800	172565
安徽	110709	109844	110709	109844	103110	109844
福建	3518	2466	3518	2466	3518	2466
江西	435	404	435	404	435	404
山东	87894	88857	87894	88789	66355	75740
河南	262377	224380	31265	25400	9051	8147
湖北	38512	23940	38512	23940	26474	10208
湖南	49364	39053	49364	39053	49101	38789
广东	693862	535474	629081	432067	69387	64286
广西	6080	11142	5930	11042	5453	8365
海南						
重庆	63059	50832	41888	35669	34505	30120
四川	8368	8497	7181	6599	4963	4653
贵州	2509	1386	2509	1386	32	26
云南	376	453	195	324	195	324
西藏						
陕西	6211	4540	6211	4540	2811	965
甘肃	684	1497	684	1166		
青海						
宁夏	108523	106453	38278	37949		
新疆	2830	1943	2830	1943	2025	1203

单位：万元

非自有配送中心配送商品购进额		商品销售总额		零售额	
2009年	2008年	2009年	2008年	2009年	2008年
701320	**502210**	**3174702**	**3115285**	**2027282**	**1914429**
18794	16462	96001	166991	46404	111379
498	91	2573	3010	2573	3010
		290	952	19	147
1824	1783	1859	1754	1859	1754
		54	63	54	63
5191	3215	65616	63807	62816	60440
6716	15394	503673	635449	236062	315958
22129	28529	738683	695090	545966	504747
11586	8989	219831	255404	54417	46886
7600		113089	89864	2237	1965
		4080	2913	4080	2913
		522	502	522	502
20308	11948	108513	92621	8450	8069
		256272	221034	197946	165502
5448	5425	54957	28025	53335	28025
263	264	57777	46475	57777	46475
559694	367781	700261	576762	557651	423103
477	2677	16570	20256	16570	20256
2393	1374	81340	61538	35856	30021
		11526	11572	8746	8892
		2782	1949	2782	1949
		1103	1779	1103	1779
		5201	9144	5201	8267
122	331	7445	6553	175	549
38278	37949	121940	119382	121940	119382
		2741	2397	2741	2397

2-24 续表 7

加油站

项目	商品购进总额		统一配送商品购进额		自有配送中心配送商品购进额	
	2009年	2008年	2009年	2008年	2009年	2008年
全国	**678433**	**931420**	**657953**	**723669**	**486710**	**606714**
北京	3976	132487				
天津						
河北						
山西						
内蒙古						
辽宁	9673	8720	9673	8720	4482	5505
吉林						
黑龙江						
上海	471228	590753	471228	590753	471228	590753
江苏						
浙江						
安徽						
福建						
江西						
山东						
河南						
湖北						
湖南	11000	10456	11000	10456	11000	10456
广东	181995	188170	165491	112906		
广西						
海南						
重庆						
四川						
贵州						
云南						
西藏						
陕西						
甘肃	561	834	561	834		
青海						
宁夏						
新疆						

单位：万元

非自有配送中心配送商品购进额		商品销售总额		零售额	
2009年	2008年	2009年	2008年	2009年	2008年
170682	**116121**	**728945**	**902653**	**465341**	**519075**
		4078	76969	4078	76969
5191	3215	10282	9246	7482	5879
		471228	590753	235614	295376
		12000	11560	12000	11560
165491	112906	214152	200426	196232	121595
		9934	7696	9934	7696
		7270	6004		

2-24 续表 8

专卖店

项　目	商品购进总额		统一配送商品购进额		自有配送中心配送商品购进额	
	2009年	2008年	2009年	2008年	2009年	2008年
全　国	**901429**	**870823**	**858127**	**838006**	**795785**	**766309**
北　京	77363	66664	77233	66544	75310	65486
天　津	825	853				
河　北	34		34		34	
山　西	45	31	45	31		
内蒙古						
辽　宁	840	899	840	899		
吉　林						
黑龙江						
上　海	67257	72093	67257	72093	22004	18366
江　苏	200		200		200	
浙　江	257345	233521	257345	233521	257345	233521
安　徽	60		60			
福　建	19837	26225	18251	24750	18251	24750
江　西	32415	19595	31785	19595	31785	19595
山　东	20752	22309	20752	22309	20752	22309
河　南	55633	64741	22581	39956	22098	39538
湖　北	235	180	235	180	235	180
湖　南						
广　东	344806	335836	344285	335296	333631	324905
广　西						
海　南						
重　庆	8626	7009	2642	2423	1537	1297
四　川	11942	15933	11369	15476	11369	15476
贵　州						
云　南	573	2784	573	2784		
西　藏						
陕　西	1254	1017	1254	1017		
甘　肃						
青　海						
宁　夏						
新　疆	1386	1133	1386	1133	1234	887

单位：万元

非自有配送中心配送商品购进额		商品销售总额		零售额	
2009年	2008年	2009年	2008年	2009年	2008年
57098	**65314**	**1315791**	**1206888**	**1020799**	**937550**
23	19	97321	78017	95125	76266
		1151	993	1151	993
		42		42	
		51	38	51	38
		2421	2507	2421	2507
45254	53728	89259	94852	44005	41124
		201		201	
		418200	355090	353156	291504
		43		43	
		21033	28398	21033	28398
		41529	25169	41441	25169
		18335	13357	5395	4897
		57657	58207	54431	55650
		391	200	391	200
10654	10391	530426	520311	394225	385951
1105	1126	8916	7480	2664	2585
		24442	18364	650	18364
		632	901	632	901
		1451	1193	1451	1193
62	50	2293	1811	2293	1811

2-24 续表 9

家居建材商店

项目	商品购进总额		统一配送商品购进额		自有配送中心配送商品购进额	
	2009年	2008年	2009年	2008年	2009年	2008年
全国	**3291**	**26542**				
北京	3291	26542				
天津						
河北						
山西						
内蒙古						
辽宁						
吉林						
黑龙江						
上海						
江苏						
浙江						
安徽						
福建						
江西						
山东						
河南						
湖北						
湖南						
广东						
广西						
海南						
重庆						
四川						
贵州						
云南						
西藏						
陕西						
甘肃						
青海						
宁夏						
新疆						

单位：万元

非自有配送中心配送商品购进额		商品销售总额		零售额	
2009年	2008年	2009年	2008年	2009年	2008年
		9451	**30712**	**9451**	**30712**
		9451	30712	9451	30712

2-24 续表 10

厂家直销中心

项目	商品购进总额		统一配送商品购进额		自有配送中心配送商品购进额	
	2009年	2008年	2009年	2008年	2009年	2008年
全国	**2500**	**2200**	**2500**	**2200**	**2000**	**2000**
北京						
天津						
河北						
山西						
内蒙古						
辽宁						
吉林						
黑龙江						
上海						
江苏						
浙江						
安徽						
福建						
江西						
山东	500	200	500	200		
河南	2000	2000	2000	2000	2000	2000
湖北						
湖南						
广东						
广西						
海南						
重庆						
四川						
贵州						
云南						
西藏						
陕西						
甘肃						
青海						
宁夏						
新疆						

单位：万元

非自有配送中心配送商品购进额		商品销售总额		零售额	
2009年	2008年	2009年	2008年	2009年	2008年
		2700	**2200**	**2700**	**2200**
		200	200	200	200
		2500	2000	2500	2000

2-24 续表 11

其他

项　目	商品购进总额		统一配送商品购进额		自有配送中心配送商品购进额	
	2009年	2008年	2009年	2008年	2009年	2008年
全　国	**463136**	**518409**	**258989**	**425383**	**8054**	**6862**
北　京						
天　津						
河　北						
山　西						
内蒙古						
辽　宁						
吉　林						
黑龙江						
上　海						
江　苏	675	675	675	675		
浙　江						
安　徽	204148	93026				
福　建						
江　西						
山　东						
河　南	5382	4700	5382	4700	5382	4700
湖　北						
湖　南						
广　东						
广　西						
海　南						
重　庆	2672	2162	2672	2162	2672	2162
四　川						
贵　州						
云　南	250260	417847	250260	417847		
西　藏						
陕　西						
甘　肃						
青　海						
宁　夏						
新　疆						

单位：万元

非自有配送中心配送商品购进额		商品销售总额		零售额	
2009年	2008年	2009年	2008年	2009年	2008年
675	**675**	**500526**	**527489**	**4294**	**3528**
675	675	750	701	750	701
		205321	86898		
		5272	4554	652	487
		2892	2340	2892	2340
		286290	432997		

2-25　36城市连锁零售企业基本情况

项　目	连锁总店数（个）	门店数（个）		年末从业人员（人）		年末零售营业面积（平方米）	
	2009年	2009年	2008年	2009年	2008年	2009年	2008年
合　计	**1261**	**123786**	**118148**	**1566738**	**1493575**	**80222098**	**74404525**
北　京	153	6767	6758	130459	135391	5437765	5554212
天　津	38	1742	1628	30961	32333	2457709	2354345
石家庄	20	2499	2397	22090	20825	980793	966434
太　原	22	1486	1321	16332	15190	551318	513807
呼和浩特	2	1517	1487	9329	9368	185619	180620
沈　阳	31	1506	1389	22671	19419	787535	686139
大　连	17	2000	2009	15584	15836	433629	436773
长　春	9	560	534	6460	6096	284649	256452
哈尔滨	16	710	667	10006	10606	269897	268114
上　海	65	17332	17551	282226	285278	7946929	8016216
南　京	42	9819	9591	229932	221285	11879711	10627266
杭　州	78	7169	6602	60027	57650	6747842	6396692
宁　波	32	1294	1208	23057	22132	880148	853531
合　肥	29	6553	6659	55876	53773	2571501	2364080
福　州	17	506	492	24964	21620	1918761	1566852
厦　门	38	1084	915	9723	8228	432892	296809
南　昌	32	1244	862	15662	14356	690447	749318
济　南	10	3272	2807	48065	27093	2517147	2081537
青　岛	51	3153	3059	35362	34049	3078449	2801861
郑　州	22	547	544	16460	15243	611814	582968
武　汉	78	4328	4147	71557	69176	3594785	3191949
长　沙	41	1454	1162	21603	18889	1104640	996748
广　州	125	17829	17373	161771	148160	13447094	12519522
深　圳	34	1822	1779	54920	57550	2538175	2244191
南　宁	19	1566	1565	10843	11186	1107178	1137852
海　口	4	112	100	807	714	23521	21155
重　庆	77	9735	8193	71455	64640	2960852	2493126
成　都	37	2947	2714	39212	34609	1146383	955849
贵　阳	12	337	302	2487	2177	75388	67828
昆　明	36	9963	9765	27781	22521	1607664	1489511
拉　萨	1	12	11	73	74	3346	3346
西　安	16	472	377	16443	16727	683191	597386
兰　州	8	227	214	2707	2556	51620	46077
西　宁	12	99	100	4144	4060	145600	120477
银　川	10	1244	1059	5113	4131	213296	169291
乌鲁木齐	27	879	807	10576	10634	854810	796191

2-26 36城市连锁零售企业直营门店基本情况

项目	门店数(个)		年末从业人员(人)		年末零售营业面积(平方米)	
	2009年	2008年	2009年	2008年	2009年	2008年
合计	**65574**	**62318**	**1299292**	**1247644**	**74052048**	**68587728**
北京	4620	4405	120897	123818	5147399	5174390
天津	1674	1557	30708	32087	2409105	2305207
石家庄	645	650	13957	14081	824646	828094
太原	709	614	12380	12014	518462	483376
呼和浩特	1517	1487	9329	9368	185619	180620
沈阳	1242	1115	20257	17085	724645	618411
大连	995	948	11485	11009	300446	290944
长春	560	534	6460	6096	284649	256452
哈尔滨	602	583	9790	10438	266657	265594
上海	9794	9928	200038	207794	5819381	6054145
南京	6811	6491	200586	188422	11202707	9898110
杭州	4736	4512	54936	53054	6476955	6179813
宁波	803	740	21487	20386	805914	760962
合肥	2337	2375	42543	40639	2377104	2187983
福州	444	438	24784	21450	1916301	1564462
厦门	667	569	8926	7561	426162	293289
南昌	575	634	13617	13672	676727	744758
济南	3270	2800	48032	27016	2516791	2079014
青岛	996	921	26925	26352	2774911	2521121
郑州	534	534	16421	15169	610264	581468
武汉	2347	2132	63585	61118	3481020	3075064
长沙	924	771	20071	17666	1051900	958075
广州	5704	5507	102926	102345	12610309	11758020
深圳	1445	1410	51874	54915	2475892	2190893
南宁	588	553	7162	7265	962493	970085
海口	112	100	807	714	23521	21155
重庆	2443	2267	56202	52981	2620083	2245265
成都	2714	2491	37174	33313	1104179	918274
贵阳	262	228	2357	2075	71613	64843
昆明	3725	3528	27689	22438	1606208	1488375
拉萨	12	11	73	74	3346	3346
西安	420	333	15675	16095	589591	564346
兰州	225	205	2701	2470	51349	44885
西宁	99	100	4144	4060	145600	120477
银川	242	121	3105	2255	142896	103631
乌鲁木齐	781	726	10189	10349	847203	792781

2-27 36城市连锁零售企业加盟门店基本情况

项目	门店数（个）		年末从业人员（人）		年末零售营业面积（平方米）	
	2009年	2008年	2009年	2008年	2009年	2008年
合计	**58212**	**55830**	**267446**	**245931**	**6170050**	**5816797**
北京	2147	2353	9562	11573	290366	379822
天津	68	71	253	246	48604	49138
石家庄	1854	1747	8133	6744	156147	138340
太原	777	707	3952	3176	32856	30431
呼和浩特						
沈阳	264	274	2414	2334	62890	67728
大连	1005	1061	4099	4827	133183	145829
长春						
哈尔滨	108	84	216	168	3240	2520
上海	7538	7623	82188	77484	2127548	1962071
南京	3008	3100	29346	32863	677004	729156
杭州	2433	2090	5091	4596	270887	216879
宁波	491	468	1570	1746	74234	92569
合肥	4216	4284	13333	13134	194397	176097
福州	62	54	180	170	2460	2390
厦门	417	346	797	667	6730	3520
南昌	669	228	2045	684	13720	4560
济南	2	7	33	77	356	2523
青岛	2157	2138	8437	7697	303538	280740
郑州	13	10	39	74	1550	1500
武汉	1981	2015	7972	8058	113765	116885
长沙	530	391	1532	1223	52740	38673
广州	12125	11866	58845	45815	836785	761502
深圳	377	369	3046	2635	62283	53298
南宁	978	1012	3681	3921	144685	167767
海口						
重庆	7292	5926	15253	11659	340769	247861
成都	233	223	2038	1296	42204	37575
贵阳	75	74	130	102	3775	2985
昆明	6238	6237	92	83	1456	1136
拉萨						
西安	52	44	768	632	93600	33040
兰州	2	9	6	86	271	1192
西宁						
银川	1002	938	2008	1876	70400	65660
乌鲁木齐	98	81	387	285	7607	3410

2-28 36城市连锁零售企业经营情况

单位：万元

项　目	商品购进总额		统一配送商品购进额		自有配送中心配送商品购进额	
	2009年	2008年	2009年	2008年	2009年	2008年
合　计	**155767883**	**149556648**	**117983337**	**113577975**	**76517268**	**72493082**
北　京	13871777	12842750	6338481	5705768	2588787	2743812
天　津	4354323	3831541	3515621	2997582	416829	388531
石家庄	1985955	1491930	347873	381749	188590	242535
太　原	1195906	845832	836030	536398	109979	84863
呼和浩特	3469232	2950167	3469232	2950167	3123383	2655827
沈　阳	1390861	1228186	1174566	1034011	405300	198105
大　连	1066546	1286799	944263	1170992	750523	990674
长　春	783917	744983	665171	601272	621395	547203
哈尔滨	1042022	1044209	974327	1003333	637601	655928
上　海	19982965	19938975	12461494	12217556	6982070	6897452
南　京	28144115	27504703	26538259	25081625	25046027	23286202
杭　州	10471133	10819087	9812795	10124002	9052778	9351179
宁　波	1085083	1083430	1070107	1067583	818109	860026
合　肥	7529689	7068609	3006307	2604580	1174425	1128997
福　州	1442526	1252844	1177997	954975	786976	642029
厦　门	576216	434639	352651	346419	207086	184563
南　昌	1095654	1094686	806743	820808	120478	103168
济　南	8203981	7635010	6632954	6538875	6410848	6254386
青　岛	3495518	3397142	2109044	1978462	1162547	1045264
郑　州	1079985	987357	358124	344434	352162	339026
武　汉	6058843	4992524	4584346	3788136	4011837	3433175
长　沙	1696626	1506971	1256316	946059	1230117	941449
广　州	20458713	21103577	16736844	18588267	2541361	2347667
深　圳	4248016	3931550	4161459	3841400	2570023	2391576
南　宁	400517	460035	169164	171194	130645	130549
海　口	15240	11348	11792	8763	1150	1115
重　庆	3959744	3723683	2754348	2373206	2090088	1778676
成　都	1860859	1735412	1708014	1643200	1200086	1206612
贵　阳	131222	103772	28556	23312	10532	9441
昆　明	1666336	1672815	1605371	1518488	497585	433845
拉　萨	4666	386	4666	386		
西　安	1107428	998809	717272	652236	468687	409469
兰　州	287297	310784	262290	283680		
西　宁	84455	81779	64493	59733	4331	3722
银　川	341883	343481	271638	274977	143225	164808
乌鲁木齐	1178634	1096845	1054731	944346	661710	641208

2-28 续表

单位：万元

项目	非自有配送中心配送商品购进额		商品销售总额		零售额	
	2009年	2008年	2009年	2008年	2009年	2008年
合计	**25212285**	**27105412**	**177462590**	**166937512**	**128647797**	**123502473**
北京	926981	834596	15936454	14478650	12446035	11690273
天津	2725183	2354333	4394695	3773619	4142777	3558071
石家庄	5319	6868	2104665	1855447	1453566	1346586
太原	7073	8537	1218560	1016299	1007977	870864
呼和浩特			3467611	2949676	3337760	2839164
沈阳	715146	783107	1721378	1363663	1521205	1334473
大连	89382	79862	1203224	1464418	686346	731356
长春	43776	54069	731057	809671	686117	764928
哈尔滨			1069085	1148398	1046246	1124812
上海	3392496	3293808	27224965	26599392	20242247	19678125
南京	490720	1051339	29118481	27282818	18400899	17554643
杭州	760017	772823	11461319	11641502	6339845	7679879
宁波	213226	187840	1259881	1140104	1230205	1124917
合肥	50664		7524671	6773803	5062042	4691976
福州	308958	257631	1916808	1796532	1768532	1728662
厦门	143002	160178	801267	671623	692227	569792
南昌			1743373	1674078	1145080	1150799
济南	139123	114241	9033770	7820773	6794311	5064557
青岛	166023	153239	4220354	3970246	3243516	3071996
郑州			1178469	1017852	1148432	988836
武汉	420677	182696	6773224	5941835	5499668	4811345
长沙	26100	4513	1739886	1580069	1697608	1526946
广州	13821596	16112447	22512641	22793136	15094654	16923363
深圳	100698	86931	4891891	4546387	4617629	4339702
南宁	169	2295	1081156	1027173	554560	645667
海口			16596	10935	11952	8174
重庆	308395	265250	4837750	4368807	3535788	3020258
成都	45699	28541	1993864	1797418	1588548	1420559
贵阳			114700	97326	110896	92710
昆明	53086	55347	2796512	2417315	1527210	1156979
拉萨			4492	3169	4492	3169
西安	219702	215600	1315910	1159288	779784	698712
兰州	734	1323	339091	332384	284713	278640
西宁			119303	104402	119303	104402
银川	38278	37949	341243	303688	297319	263425
乌鲁木齐	62	50	1254246	1205616	528308	643714

2-29 36城市连锁零售企业直营门店经营情况

单位：万元

项目	商品购进总额		统一配送商品购进额		自有配送中心配送商品购进额	
	2009年	2008年	2009年	2008年	2009年	2008年
合计	**146823973**	**140650509**	**112064412**	**107693807**	**72279437**	**68320546**
北京	13627351	12463510	6177954	5535838	2485683	2653572
天津	4350400	3827960	3512523	2994853	416829	388531
石家庄	1955661	1464646	323253	355886	163970	216672
太原	1135268	795026	775391	485592	109902	84861
呼和浩特	3469232	2950167	3469232	2950167	3123383	2655827
沈阳	1343204	1183518	1167701	1029605	403626	196913
大连	928210	1134970	823322	1036614	647610	874829
长春	783917	744983	665171	601272	621395	547203
哈尔滨	1035522	1041209	974327	1003333	637601	655928
上海	16166245	16008774	10773835	10366434	5794954	5545987
南京	26347856	25856928	24829644	23552522	23360206	21786663
杭州	10291100	10609023	9657358	9943830	8908938	9179976
宁波	1025026	1015644	1011194	1001529	772019	812633
合肥	7147196	6811746	2828194	2441125	1050265	998440
福州	1437422	1248902	1174479	952509	783458	639563
厦门	551053	405980	327487	317760	181967	155904
南昌	1060728	1075091	774958	801213	88693	83573
济南	8203490	7634335	6632463	6538199	6410357	6253941
青岛	3234004	3159783	2041594	1918762	1095617	985784
郑州	1079110	981019	357249	338096	351286	332688
武汉	6009764	4958277	4539382	3755989	3978911	3414760
长沙	1646031	1466367	1208357	908212	1182422	903865
广州	19321590	20060022	15684410	17673678	2072880	1892647
深圳	4164819	3870662	4078262	3780513	2513490	2352771
南宁	378491	435860	163759	160635	125367	122285
海口	15240	11348	11792	8763	1150	1115
重庆	3855424	3654020	2678848	2324314	2033370	1737311
成都	1845062	1714117	1692218	1621905	1185128	1185793
贵阳	128753	102411	26087	21952	10532	9441
昆明	1415503	1252185	1354539	1097857	497585	433845
拉萨	4666	386	4666	386		
西安	1087461	987127	714461	651271	465877	408504
兰州	287175	310122	262167	283349		
西宁	84455	81779	64493	59733	4331	3722
银川	233360	237028	233360	237028	143225	164808
乌鲁木齐	1174184	1095584	1050281	943084	657411	640193

2-29 续表

单位：万元

项 目	非自有配送中心配送商品购进额		商品销售总额		零售额	
	2009年	2008年	2009年	2008年	2009年	2008年
合 计	**24025908**	**26013592**	**164965299**	**154984143**	**117830701**	**113337445**
北 京	906180	815933	15645320	14113774	12206833	11383426
天 津	2724685	2354242	4390971	3769617	4139053	3554068
石家庄	5319	6868	2040418	1798004	1389319	1289142
太 原	7073	8537	1151263	959812	940681	814377
呼和浩特			3467611	2949676	3337760	2839164
沈 阳	709955	779892	1661906	1306958	1461733	1277767
大 连	71353	61330	1054123	1306550	540362	578198
长 春	43776	54069	731057	809671	686117	764928
哈尔滨			1059085	1143398	1036246	1119812
上 海	2938898	2808013	20615733	20416808	13972086	13926001
南 京	468000	1022189	27181700	25386383	16647117	15841349
杭 州	748419	763854	11265892	11410875	6280061	7627949
宁 波	200403	169178	1194124	1026282	1164448	1011872
合 肥	43065		7129200	6536211	4982743	4629180
福 州	308958	257631	1910907	1791835	1762631	1723965
厦 门	142958	160178	775544	641309	666503	539478
南 昌			1699327	1648909	1101122	1125630
济 南	139123	114241	9033475	7819938	6794016	5063722
青 岛	166003	153219	3849711	3645003	2872874	2746753
郑 州			1177359	1015199	1147322	986184
武 汉	415229	177271	6705485	5902105	5433552	4771614
长 沙	25837	4249	1681264	1531992	1638985	1478869
广 州	13237643	15652878	21167533	21469097	14028357	15887343
深 圳	100698	86931	4790803	4472544	4516541	4265859
南 宁	42		1045749	992231	519348	610725
海 口			16596	10935	11952	8174
重 庆	303192	262410	4711787	4287397	3469470	2975565
成 都	45699	28541	1964731	1774808	1584023	1397949
贵 阳			111985	95422	108181	90806
昆 明	53086	55347	2509590	1983417	1526579	1156078
拉 萨			4492	3169	4492	3169
西 安	219702	215600	1294207	1140968	758081	680392
兰 州	611	992	338916	331835	284538	278091
西 宁			119303	104402	119303	104402
银 川			219303	184306	175379	144043
乌鲁木齐			1248831	1203305	522893	641403

2-30　36城市连锁零售企业加盟门店经营情况

单位：万元

项　目	商品购进总额		统一配送商品购进额		自有配送中心配送商品购进额	
	2009年	2008年	2009年	2008年	2009年	2008年
合　计	**8943911**	**8906139**	**5918925**	**5884168**	**4237832**	**4172536**
北　京	244426	379241	160527	169930	103104	90240
天　津	3923	3581	3098	2729		
石家庄	30294	27284	24620	25863	24620	25863
太　原	60638	50806	60638	50806	77	2
呼和浩特						
沈　阳	47658	44668	6865	4407	1674	1192
大　连	138336	151829	120941	134378	102912	115845
长　春						
哈尔滨	6500	3000				
上　海	3816721	3930202	1687658	1851122	1187116	1351465
南　京	1796259	1647774	1708615	1529104	1685820	1499539
杭　州	180032	210064	155437	180172	143839	171203
宁　波	60057	67785	58912	66054	46090	47393
合　肥	382493	256863	178113	163456	124160	130557
福　州	5104	3942	3518	2466	3518	2466
厦　门	25164	28659	25164	28659	25119	28659
南　昌	34926	19595	31785	19595	31785	19595
济　南	491	675	491	675	491	445
青　岛	261514	237358	67450	59700	66930	59480
郑　州	875	6338	875	6338	875	6338
武　汉	49079	34247	44963	32147	32926	18415
长　沙	50595	40603	47958	37847	47695	37583
广　州	1137123	1043555	1052434	914589	468481	455020
深　圳	83197	60888	83197	60888	56534	38805
南　宁	22026	24175	5405	10560	5279	8264
海　口						
重　庆	104321	69663	75500	48892	56719	41365
成　都	15797	21295	15797	21295	14958	20819
贵　阳	2469	1360	2469	1360		
昆　明	250833	420630	250833	420630		
拉　萨						
西　安	19967	11682	2811	965	2811	965
兰　州	122	663	122	331		
西　宁						
银　川	108523	106453	38278	37949		
乌鲁木齐	4451	1261	4451	1261	4299	1015

2-30 续表

单位：万元

项目	非自有配送中心配送商品购进额		商品销售总额		零售额	
	2009年	2008年	2009年	2008年	2009年	2008年
合计	**1186377**	**1091820**	**12497291**	**11953369**	**10817096**	**10165028**
北京	20801	18663	291134	364876	239202	306847
天津	498	91	3724	4003	3724	4003
石家庄			64247	57443	64247	57443
太原			67297	56487	67297	56487
呼和浩特						
沈阳	5191	3215	59472	56705	59472	56705
大连	18029	18532	149101	157868	145984	153158
长春						
哈尔滨			10000	5000	10000	5000
上海	453597	485794	6609232	6182584	6270161	5752125
南京	22720	29150	1936781	1896435	1753782	1713294
杭州	11598	8969	195427	230627	59785	51931
宁波	12823	18662	65757	113821	65757	113045
合肥	7600		395471	237592	79299	62796
福州			5901	4697	5901	4697
厦门	45		25723	30314	25723	30314
南昌			44046	25169	43958	25169
济南			295	835	295	835
青岛	20	20	370643	325243	370643	325243
郑州			1110	2653	1110	2653
武汉	5448	5425	67739	39731	66116	39731
长沙	263	264	58623	48077	58623	48077
广州	583953	459569	1345108	1324039	1066297	1036020
深圳			101088	73843	101088	73843
南宁	127	2295	35407	34942	35212	34942
海口						
重庆	5203	2840	125964	81410	66318	44693
成都			29132	22609	4525	22609
贵阳			2715	1904	2715	1904
昆明			286922	433898	632	901
拉萨						
西安			21704	18320	21704	18320
兰州	122	331	175	549	175	549
西宁						
银川	38278	37949	121940	119382	121940	119382
乌鲁木齐	62	50	5415	2311	5415	2311

第三部分

餐饮企业综合篇

3-1 连锁餐饮企业总体情况

项目	单位	总计		直营店		加盟店	
		2009年	2008年	2009年	2008年	2009年	2008年
连锁总店数	个	426					
门店总数	个	13739	12645	9477	8345	4262	4300
年末年末从业人员	人	651837	619822	453935	420501	197902	199321
年末餐饮营业面积	平方米	6915547	6385841	4720900	4208187	2194647	2177654
年末餐位数	位	2489416	2204598	1606583	1336131	882833	868467
连锁门店商品购进总额	万元	3619986	3238624	2801928	2509620	818058	729004
其中：统一配送商品购进额	万元	2398409	2122298	1999749	1762929	398660	359370
其中：自有配送中心	万元	1379529	1214582	1108885	972848	270644	241734
非自有配送中心	万元	507392	447807	407093	356901	100298	90906
营业额	万元	8793193	7956901	6699651	5871126	2093541	2085775
其中：餐费收入及商品销售额	万元	8785479	7952124	6692391	5867353	2093088	2084772

3-2 连锁餐饮企业基本情况

项目	连锁总店数(个)	门店数(个)		年末从业人员(人)		年末餐饮营业面积(平方米)		年末餐位数(个)	
	2009年	2009年	2008年	2009年	2008年	2009年	2008年	2009年	2008年
总计	**426**	**13739**	**12645**	**651837**	**619822**	**6915547**	**6385841**	**2489416**	**2204598**
一、按登记注册类型分									
内资企业	291	6061	5854	287754	282738	3893953	3647111	1274404	1196938
国有企业	4	18	17	1041	858	17294	15930	4129	3829
集体企业	5	29	29	1032	1012	18703	18001	4370	4560
股份合作企业	7	80	92	8045	5891	68840	80630	20878	22927
联营企业									
国有联营企业									
集体联营企业									
国有与集体联营企业									
其他联营企业									
有限责任公司	74	1791	1704	98305	91262	1304871	1191500	468808	428537
国有独资公司									
其他有限责任公司	74	1791	1704	98305	91262	1304871	1191500	468808	428537
股份有限公司	13	801	949	54012	70578	645386	693971	154304	164680
私营企业	186	3319	3043	123842	111803	1817279	1626219	613733	564601
私营独资企业	17	131	128	4032	4162	86748	89273	25517	26150
私营合伙企业	6	102	104	1744	1717	18913	16916	7767	7630
私营有限责任公司	155	2939	2708	111719	100968	1526396	1405675	535575	502433
私营股份有限公司	8	147	103	6347	4956	185222	114355	44874	28388
其他企业	2	23	20	1477	1334	21580	20860	8182	7804
港、澳、台商投资企业	50	1635	1327	55527	55544	573828	509504	214810	190902
港澳台商合资经营企业	9	232	239	8299	8506	111731	121504	36925	36764
港澳台商合作经营企业	4	48	41	2283	2410	23707	15719	7767	5477
港、澳、台商独资经营企业	35	1103	832	26710	28199	333190	275111	131050	114194
港、澳、台商投资股份有限公司	2	252	215	18235	16429	105200	97170	39068	34467
外商投资企业	85	6043	5464	308556	281540	2447766	2229226	1000202	816758
中外合资经营企业	15	1195	1115	59539	58910	568129	541890	182520	174989
中外合作经营企业	5	175	159	6734	6329	82970	79042	20607	19457
外资企业	61	4122	3684	194303	173971	1476157	1332529	699975	537284
外商投资股份有限公司	4	551	506	47980	42330	320510	275765	97100	85028
二、按行业分									
正餐服务	239	4801	4764	303639	299771	4121662	3900861	1385598	1267369
快餐服务	154	7479	6554	307332	284784	2362556	2081305	952844	793982
饮料及冷饮服务	9	779	735	11679	12331	247046	254115	67152	68578
其他餐饮服务	24	680	592	29187	22936	184283	149560	83822	74669
三、按餐饮活动分									
正餐	232	4291	4018	279360	253920	3803471	3474715	1232395	1087477
快餐	160	7189	6281	293732	272711	2278800	2003364	938918	782104
茶馆	1	5	5	127	132	2487	2487	1016	1016
咖啡店	10	708	716	14318	15062	286212	292680	77955	81612
其他餐饮	23	1546	1625	64300	77997	544577	612595	239132	252389

3-2 续表 1

项目	连锁总店数（个）	门店数（个）		年末从业人员（人）		年末餐饮营业面积（平方米）		年末餐位数（个）	
	2009年	2009年	2008年	2009年	2008年	2009年	2008年	2009年	2008年
直营门店合计		**9477**	**8345**	**453935**	**420501**	**4720900**	**4208187**	**1606583**	**1336131**
一、按登记注册类型分									
内资企业		3043	2739	136729	126998	2229821	1964905	620490	545285
国有企业		18	17	1041	858	17294	15930	4129	3829
集体企业		29	29	1032	1012	18703	18001	4370	4560
股份合作企业		34	34	2285	2411	41240	41180	11878	12927
联营企业									
国有联营企业									
集体联营企业									
国有与集体联营企业									
其他联营企业									
有限责任公司		895	839	46155	46890	643338	581154	180729	167915
国有独资公司									
其他有限责任公司		895	839	46155	46890	643338	581154	180729	167915
股份有限公司		300	246	19993	15680	260363	205541	65330	44065
私营企业		1762	1570	65875	59856	1244863	1099399	351956	310198
私营独资企业		105	95	3749	3573	77548	74033	21867	20937
私营合伙企业		23	25	426	455	5367	5572	1527	1659
私营有限责任公司		1495	1352	55640	51177	981861	910147	284668	260054
私营股份有限公司		139	98	6060	4651	180087	109647	43894	27548
其他企业		5	4	348	291	4020	3700	2098	1791
港、澳、台商投资企业		1561	1266	53268	53553	556684	495750	204250	181628
港澳台商合资经营企业		223	232	8034	8293	108131	119004	36205	36084
港澳台商合作经营企业		48	41	2283	2410	23707	15719	7767	5477
港、澳、台商独资经营企业		1038	778	24716	26421	319646	263857	121210	105600
港、澳、台商投资股份有限公司		252	215	18235	16429	105200	97170	39068	34467
外商投资企业		4873	4340	263938	239950	1934395	1747532	781843	609218
中外合资经营企业		941	844	51880	50741	416223	379784	141940	131689
中外合作经营企业		174	158	6704	6299	82520	78592	20478	19328
外资企业		3508	3111	174558	154846	1241519	1111558	557408	401710
外商投资股份有限公司		250	227	30796	28064	194133	177598	62017	56491
二、按行业分									
正餐服务		2181	1960	155145	144318	2368571	2143103	694384	582198
快餐服务		6528	5702	286853	265953	2189676	1918025	869165	711536
饮料及冷饮服务		526	465	4089	4231	95246	92115	26672	25378
其他餐饮服务		242	218	7848	5999	67407	54944	16362	17019
三、按餐饮活动分									
正餐		2304	2064	165035	153817	2359740	2155812	683401	577510
快餐		6236	5428	273202	253855	2105505	1839873	854989	699548
茶馆		5	5	127	132	2487	2487	1016	1016
咖啡店		375	368	4664	4954	110482	110017	31093	31792
其他餐饮		557	480	10907	7743	142686	99998	36084	26265

3-2 续表 2

项目	连锁总店数(个)	门店数(个)		年末从业人员(人)		年末餐饮营业面积(平方米)		年末餐位数(个)	
	2009年	2009年	2008年	2009年	2008年	2009年	2008年	2009年	2008年
加盟门店合计		**4262**	**4300**	**197902**	**199321**	**2194647**	**2177654**	**882833**	**868467**
一、按登记注册类型分									
内资企业		3018	3115	151025	155740	1664132	1682206	653914	651653
国有企业									
集体企业									
股份合作企业		46	58	5760	3480	27600	39450	9000	10000
联营企业									
国有联营企业									
集体联营企业									
国有与集体联营企业									
其他联营企业									
有限责任公司		896	865	52150	44372	661533	610346	288079	260622
国有独资公司									
其他有限责任公司		896	865	52150	44372	661533	610346	288079	260622
股份有限公司		501	703	34019	54898	385023	488430	88974	120615
私营企业		1557	1473	57967	51947	572416	526820	261777	254403
私营独资企业		26	33	283	589	9200	15240	3650	5213
私营合伙企业		79	79	1318	1262	13546	11344	6240	5971
私营有限责任公司		1444	1356	56079	49791	544535	495528	250907	242379
私营股份有限公司		8	5	287	305	5135	4708	980	840
其他企业		18	16	1129	1043	17560	17160	6084	6013
港、澳、台商投资企业		74	61	2259	1991	17144	13754	10560	9274
港澳台商合资经营企业		9	7	265	213	3600	2500	720	680
港澳台商合作经营企业									
港、澳、台商独资经营企业		65	54	1994	1778	13544	11254	9840	8594
港、澳、台商投资股份有限公司									
外商投资企业		1170	1124	44618	41590	513371	481694	218359	207540
中外合资经营企业		254	271	7659	8169	151906	162106	40580	43300
中外合作经营企业		1	1	30	30	450	450	129	129
外资企业		614	573	19745	19125	234638	220971	142567	135574
外商投资股份有限公司		301	279	17184	14266	126377	98167	35083	28537
二、按行业分									
正餐服务		2620	2804	148494	155453	1753091	1757758	691214	685171
快餐服务		951	852	20479	18831	172880	163280	83679	82446
饮料及冷饮服务		253	270	7590	8100	151800	162000	40480	43200
其他餐饮服务		438	374	21339	16937	116876	94616	67460	57650
三、按餐饮活动分									
正餐		1987	1954	114325	100103	1443731	1318903	548994	509967
快餐		953	853	20530	18856	173295	163491	83929	82556
茶馆									
咖啡店		333	348	9654	10108	175730	182663	46862	49820
其他餐饮		989	1145	53393	70254	401891	512597	203048	226124

3-3 连锁餐饮企业经营情况

单位：万元

项目	商品购进总额		统一配送商品购进额	
	2009年	2008年	2009年	2008年
总　计	**3619986**	**3238624**	**2398409**	**2122298**
一、按登记注册类型分				
内资企业	1308381	1140722	624452	509166
国有企业	10605	10416	182	192
集体企业	10286	9492	1178	1100
股份合作企业	29370	31719		
联营企业				
国有联营企业				
集体联营企业				
国有与集体联营企业				
其他联营企业				
有限责任公司	447625	426483	191250	180238
国有独资公司				
其他有限责任公司	447625	426483	191250	180238
股份有限公司	262823	194731	182871	98982
私营企业	540885	462585	248971	228654
私营独资企业	16652	15160	7388	5798
私营合伙企业	4886	4418	4088	3732
私营有限责任公司	476103	421820	196842	199591
私营股份有限公司	43244	21187	40653	19533
其他企业	6787	5297		
港、澳、台商投资企业	369470	348093	273535	258955
港澳台商合资经营企业	60787	58991	28639	28049
港澳台商合作经营企业	9882	10076	6924	6661
港、澳、台商独资经营企业	224755	199884	163926	145102
港、澳、台商投资股份有限公司	74046	79143	74046	79143
外商投资企业	1942135	1749809	1500422	1354177
中外合资经营企业	314526	356907	313499	355979
中外合作经营企业	47903	52318	47903	52318
外资企业	1115159	933946	822397	665824
外商投资股份有限公司	464548	406639	316624	280057
二、按行业分				
正餐服务	1681008	1468336	798708	642271
快餐服务	1795681	1649610	1543115	1432997
饮料及冷饮服务	31178	24729	16500	16440
其他餐饮服务	112119	95950	40087	30591
三、按餐饮活动分				
正餐	1627474	1411106	759009	609950
快餐	1759315	1657529	1497619	1432422
茶馆	119	130	119	130
咖啡店	25747	24571	19139	18954
其他餐饮	207330	145288	122523	60842

3-3 续表 1

项　目	自有配送中心配送商品购进额		非自有配送中心配送商品购进额	
	2009年	2008年	2009年	2008年
总　计	**1379529**	**1214582**	**507392**	**447807**
一、按登记注册类型分				
内资企业	468419	376012	101420	84413
国有企业	119	130		
集体企业	1178	1100		
股份合作企业				
联营企业				
国有联营企业				
集体联营企业				
国有与集体联营企业				
其他联营企业				
有限责任公司	145762	141071	17926	12807
国有独资公司				
其他有限责任公司	145762	141071	17926	12807
股份有限公司	161483	98982	21388	
私营企业	159877	134729	62106	71606
私营独资企业	3484	3153	2411	1571
私营合伙企业	3380	3047	708	685
私营有限责任公司	112640	109294	58706	69052
私营股份有限公司	40372	19235	281	298
其他企业				
港、澳、台商投资企业	131859	127107	97816	93526
港澳台商合资经营企业	19329	25634	2116	2098
港澳台商合作经营企业			750	1305
港、澳、台商独资经营企业	108869	99032	24565	19738
港、澳、台商投资股份有限公司	3661	2441	70385	70385
外商投资企业	779251	711463	308156	269868
中外合资经营企业	191960	190635	34732	34845
中外合作经营企业	2044	1491	2902	2917
外资企业	408205	367463	139414	114658
外商投资股份有限公司	177043	151875	131109	117448
二、按行业分				
正餐服务	524523	429338	192928	153955
快餐服务	829291	765850	284811	266348
饮料及冷饮服务	7884	7946	8603	8479
其他餐饮服务	17830	11448	21049	19024
三、按餐饮活动分				
正餐	438537	395899	193606	154774
快餐	831186	767422	285453	266814
茶馆	119	130		
咖啡店	8100	8148	8603	8479
其他餐饮	101587	42984	19729	17739

单位：万元

营业额		餐费收入及商品销售额	
2009年	2008年	2009年	2008年
8793193	**7956901**	**8785479**	**7952124**
3166776	2912851	3159517	2908354
17451	15315	17451	15315
16646	13631	16006	12907
66524	65136	66070	64700
868643	789249	866956	787591
868643	789249	866956	787591
934279	853443	931362	852148
1252817	1167058	1251254	1166672
38547	33234	38065	33234
12379	10734	12379	10734
1056244	1056946	1055163	1056560
145648	66145	145648	66145
10416	9020	10416	9020
974300	878157	974032	877920
141886	140393	141632	140161
49565	48184	49565	48184
569270	475090	569256	475085
213579	214491	213579	214491
4652117	4165893	4651931	4165851
936300	759451	936300	759452
142619	128406	142619	128406
2885538	2596839	2885352	2596798
687660	681197	687660	681197
3725441	3445183	3718009	3440542
4681410	4183438	4681229	4183302
158057	145999	158057	145999
228285	182281	228186	182281
3297262	3024505	3289831	3019865
4546028	4047811	4545846	4047675
2640	2365	2640	2365
149728	144321	149728	144321
797535	737899	797436	737899

3-3 续表 2

项　目	商品购进总额		统一配送商品购进额	
	2009年	2008年	2009年	2008年
直营门店合计	**2801928**	**2509620**	**1999749**	**1762929**
一、按登记注册类型分				
内资企业	888091	749990	424903	320172
国有企业	10605	10416	182	192
集体企业	10286	9492	1178	1100
股份合作企业	14190	15479		
联营企业				
国有联营企业				
集体联营企业				
国有与集体联营企业				
其他联营企业				
有限责任公司	259895	250406	84866	77000
国有独资公司				
其他有限责任公司	259895	250406	84866	77000
股份有限公司	198171	140893	145146	74206
私营企业	391797	321323	193532	167674
私营独资企业	15172	11063	6636	4898
私营合伙企业	1716	1618	1366	1319
私营有限责任公司	334259	289522	146960	143780
私营股份有限公司	40650	19120	38569	17677
其他企业	3147	1983		
港、澳、台商投资企业	357129	337378	264182	250587
港澳台商合资经营企业	60036	58379	27958	27551
港澳台商合作经营企业	9882	10076	6924	6661
港、澳、台商独资经营企业	213165	189781	155254	137232
港、澳、台商投资股份有限公司	74046	79143	74046	79143
外商投资企业	1556708	1422252	1310664	1192170
中外合资经营企业	312555	354872	311700	354060
中外合作经营企业	47864	52284	47864	52284
外资企业	1003481	835359	809831	653372
外商投资股份有限公司	192809	179737	141268	132455
二、按行业分				
正餐服务	1009055	873363	475874	362610
快餐服务	1722272	1573998	1493978	1372765
饮料及冷饮服务	29379	22809	14701	14521
其他餐饮服务	41221	39449	15196	13033
三、按餐饮活动分				
正餐	986481	840786	462527	349879
快餐	1685552	1581666	1448184	1371989
茶馆	119	130	119	130
咖啡店	22597	21373	17011	16709
其他餐饮	107179	65665	71909	24222

单位：万元

自有配送中心配送商品购进额		非自有配送中心配送商品购进额		营业额		餐费收入及商品销售额	
2009年	2008年	2009年	2008年	2009年	2008年	2009年	2008年
1108885	**972848**	**407093**	**356901**	**6699651**	**5871126**	**6692391**	**5867353**
319148	238526	74846	55088	1799311	1548778	1792504	1545284
119	130			17451	15315	17451	15315
1178	1100			16646	13631	16006	12907
				32267	32557	32267	32557
65360	62601	15525	10062	469314	430048	467627	428391
65360	62601	15525	10062	469314	430048	467627	428391
123758	74206	21388		355793	256522	352877	255796
128734	100489	37932	45027	903962	798179	902399	797793
2732	2253	2411	1571	35749	28521	35267	28522
958	914	408	405	6721	5512	6721	5512
86755	79943	34832	42753	718032	700575	716951	700189
38288	17379	281	298	143461	63571	143461	63571
				3877	2525	3877	2525
131347	126694	89044	85571	933392	844684	933124	844447
18816	25221	2016	2012	140360	139373	140106	139141
		750	1305	49565	48184	49565	48184
108869	99032	15893	11869	529888	442637	529875	442632
3661	2441	70385	70385	213579	214491	213579	214491
658390	607628	243204	216241	3966948	3477664	3966762	3477622
190161	188715	34732	34845	883128	700091	883128	700092
2005	1458	2902	2917	141199	127048	141199	127048
402875	360784	134115	110779	2636333	2363934	2636147	2363893
63349	56671	71455	67701	306288	286590	306288	286591
291553	228183	128775	100284	2032995	1779532	2026016	1775895
803610	733740	263363	240121	4444308	3917300	4444126	3917163
6086	6027	8603	8479	105230	86869	105230	86869
7637	4898	6351	8016	117119	87425	117019	87425
231918	214332	129453	101103	2109103	1889074	2102124	1885437
805205	735111	264006	240587	4308194	3781167	4308012	3781030
119	130			2640	2365	2640	2365
5973	5902	8603	8479	90600	79514	90600	79514
65670	17372	5031	6731	189115	119006	189015	119005

3-3 续表 3

项　目	商品购进总额		统一配送商品购进额	
	2009年	2008年	2009年	2008年
加盟门店合计	**818058**	**729004**	**398660**	**359370**
一、按登记注册类型分				
内资企业	420290	390732	199549	188994
国有企业				
集体企业				
股份合作企业	15180	16240		
联营企业				
国有联营企业				
集体联营企业				
国有与集体联营企业				
其他联营企业				
有限责任公司	187730	176077	106385	103238
国有独资公司				
其他有限责任公司	187730	176077	106385	103238
股份有限公司	64653	53838	37725	24776
私营企业	149088	141262	55440	60981
私营独资企业	1480	4097	752	900
私营合伙企业	3170	2800	2722	2413
私营有限责任公司	141844	132299	49882	55811
私营股份有限公司	2594	2067	2084	1856
其他企业	3640	3314		
港、澳、台商投资企业	12341	10715	9353	8368
港澳台商合资经营企业	751	612	682	499
港澳台商合作经营企业				
港、澳、台商独资经营企业	11590	10103	8672	7869
港、澳、台商投资股份有限公司				
外商投资企业	385427	327557	189758	162007
中外合资经营企业	1971	2034	1799	1919
中外合作经营企业	39	34	39	34
外资企业	111678	98587	12565	12452
外商投资股份有限公司	271739	226903	175355	147602
二、按行业分				
正餐服务	671953	594972	322834	279661
快餐服务	73409	75612	49136	60232
饮料及冷饮服务	1799	1919	1799	1919
其他餐饮服务	70898	56501	24891	17558
三、按餐饮活动分				
正餐	640993	570320	296482	260071
快餐	73763	75863	49435	60433
茶馆				
咖啡店	3151	3198	2128	2245
其他餐饮	100151	79623	50615	36620

单位：万元

自有配送中心配送商品购进额		非自有配送中心配送商品购进额		营业额		餐费收入及商品销售额	
2009年	2008年	2009年	2008年	2009年	2008年	2009年	2008年
270644	**241734**	**100298**	**90906**	**2093541**	**2085775**	**2093088**	**2084772**
149270	137486	26574	29325	1367465	1364074	1367012	1363070
				34257	32579	33805	32144
80403	78470	2400	2746	399329	359201	399329	359201
80403	78470	2400	2746	399329	359201	399329	359201
37725	24776			578486	596920	578485	596352
31143	34240	24174	26579	348855	368879	348855	368879
752	900			2798	4713	2798	4713
2422	2133	300	280	5658	5222	5658	5222
25885	29351	23874	26299	338212	356370	338212	356370
2084	1856			2186	2574	2186	2574
				6539	6495	6539	6495
513	413	8772	7955	40908	33473	40908	33473
513	413	100	86	1526	1020	1526	1020
		8672	7869	39382	32453	39382	32453
120861	103836	64952	53626	685169	688229	685169	688229
1799	1919			53172	59360	53172	59360
39	34			1420	1358	1420	1358
5330	6678	5299	3879	249205	232905	249205	232905
113694	95204	59654	49747	381372	394606	381372	394606
232970	201156	64153	53671	1692446	1665651	1691994	1664648
25682	32110	21448	26227	237103	266138	237102	266139
1799	1919			52826	59130	52826	59130
10193	6549	14698	11009	111166	94856	111166	94856
206618	181567	64153	53671	1188159	1135431	1187707	1134427
25981	32311	21448	26227	237834	266644	237833	266644
2128	2245			59128	64807	59127	64807
35917	25611	14698	11009	608421	618893	608421	618893

3-4 按登记注册类型与行业分连锁餐饮企业基本情况

正餐服务

项 目	连锁总店数(个)	门店数(个)		年末从业人员(人)		年末餐饮营业面积(平方米)		年末餐位数(个)	
	2009年	2009年	2008年	2009年	2008年	2009年	2008年	2009年	2008年
总 计	**239**	**4801**	**4764**	**303639**	**299771**	**4121662**	**3900861**	**1385598**	**1267369**
内资企业	205	3299	3411	213116	218719	3276391	3130624	1007195	970068
国有企业	2	10	9	633	532	8500	8343	1990	1990
集体企业	2	10	10	582	604	16000	16000	3300	3300
股份合作企业	7	80	92	8045	5891	68840	80630	20878	22927
联营企业									
有限责任公司	49	1097	1062	79653	73330	1155990	1059329	418546	382478
股份有限公司	9	585	802	49306	67889	603221	666998	128134	151085
私营企业	134	1494	1416	73420	69139	1402260	1278464	426165	400484
其他企业	2	23	20	1477	1334	21580	20860	8182	7804
港、澳、台商投资企业	12	92	91	5234	5573	101851	112527	28821	32549
外商投资企业	22	1410	1262	85289	75479	743420	657710	349582	264752
直营门店合计		**2181**	**1960**	**155145**	**144318**	**2368571**	**2143103**	**694384**	**582198**
内资企业		1394	1284	97630	92576	1841867	1652652	467595	424574
国有企业		10	9	633	532	8500	8343	1990	1990
集体企业		10	10	582	604	16000	16000	3300	3300
股份合作企业		34	34	2285	2411	41240	41180	11878	12927
联营企业									
有限责任公司		344	337	27983	29319	498327	452485	130777	122116
股份有限公司		147	136	15715	13329	223740	182918	41259	32434
私营企业		844	754	50084	46090	1050040	948026	276293	250016
其他企业		5	4	348	291	4020	3700	2098	1791
港、澳、台商投资企业		92	91	5234	5573	101851	112527	28821	32549
外商投资企业		695	585	52281	46169	424853	377924	197968	125075
加盟门店合计		**2620**	**2804**	**148494**	**155453**	**1753091**	**1757758**	**691214**	**685171**
内资企业		1905	2127	115486	126143	1434524	1477972	539600	545494
国有企业									
集体企业									
股份合作企业		46	58	5760	3480	27600	39450	9000	10000
联营企业									
有限责任公司		753	725	51670	44011	657663	606844	287769	260362
股份有限公司		438	666	33591	54560	379481	484080	86875	118651
私营企业		650	662	23336	23049	352220	330438	149872	150468
其他企业		18	16	1129	1043	17560	17160	6084	6013
港、澳、台商投资企业									
外商投资企业		715	677	33008	29310	318567	279786	151614	139677

3-4 续表 1

快餐服务

项目	连锁总店数(个)	门店数(个)		年末从业人员(人)		年末餐饮营业面积(平方米)		年末餐位数(个)	
	2009年	2009年	2008年	2009年	2008年	2009年	2008年	2009年	2008年
总　计	**154**	**7479**	**6554**	**307332**	**284784**	**2362556**	**2081305**	**952844**	**793982**
内资企业	65	1976	1719	48760	43110	449101	375482	183792	153493
国有企业									
集体企业	1	3	3	82	80	312	312	145	145
股份合作企业									
联营企业									
有限责任公司	23	661	601	18257	17514	143397	128915	49461	45472
股份有限公司	3	211	142	4203	2168	36535	21343	24190	11610
私营企业	38	1101	973	26218	23348	268857	224912	109996	96266
其他企业									
港、澳、台商投资企业	30	1216	997	45564	46258	415864	354254	171713	146672
外商投资企业	59	4287	3838	213008	195416	1497591	1351569	597339	493817
直营门店合计		**6528**	**5702**	**286853**	**265953**	**2189676**	**1918025**	**869165**	**711536**
内资企业		1301	1105	34560	30450	336369	265864	136938	104984
国有企业									
集体企业		3	3	82	80	312	312	145	145
股份合作企业									
联营企业									
有限责任公司		536	484	17980	17368	140662	126265	49411	45422
股份有限公司		148	105	3775	1830	30993	16993	22091	9646
私营企业		614	513	12723	11172	164402	122294	65291	49771
其他企业									
港、澳、台商投资企业		1142	936	43305	44267	398720	340500	161153	137398
外商投资企业		4085	3661	208988	191236	1454587	1311661	571074	469154
加盟门店合计		**951**	**852**	**20479**	**18831**	**172880**	**163280**	**83679**	**82446**
内资企业		675	614	14200	12660	112732	109618	46854	48509
国有企业									
集体企业									
股份合作企业									
联营企业									
有限责任公司		125	117	277	146	2735	2650	50	50
股份有限公司		63	37	428	338	5542	4350	2099	1964
私营企业		487	460	13495	12176	104455	102618	44705	46495
其他企业									
港、澳、台商投资企业		74	61	2259	1991	17144	13754	10560	9274
外商投资企业		202	177	4020	4180	43004	39908	26265	24663

3-4 续表 2

饮料及冷饮服务

项　目	连锁总店数（个）	门店数（个）		年末从业人员（人）		年末餐饮营业面积（平方米）		年末餐位数（个）	
	2009年	2009年	2008年	2009年	2008年	2009年	2008年	2009年	2008年
总　计	**9**	**779**	**735**	**11679**	**12331**	**247046**	**254115**	**67152**	**68578**
内资企业	3	205	205	755	779	10279	10542	3127	3148
国有企业	1	5	5	127	132	2487	2487	1016	1016
集体企业									
股份合作企业									
联营企业									
有限责任公司									
股份有限公司									
私营企业	2	200	200	628	647	7792	8055	2111	2132
其他企业									
港、澳、台商投资企业	5	271	209	2109	2152	35041	31047	12602	10563
外商投资企业	1	303	321	8815	9400	201726	212526	51423	54867
直营门店合计		**526**	**465**	**4089**	**4231**	**95246**	**92115**	**26672**	**25378**
内资企业		205	205	755	779	10279	10542	3127	3148
国有企业		5	5	127	132	2487	2487	1016	1016
集体企业									
股份合作企业									
联营企业									
有限责任公司									
股份有限公司									
私营企业		200	200	628	647	7792	8055	2111	2132
其他企业									
港、澳、台商投资企业		271	209	2109	2152	35041	31047	12602	10563
外商投资企业		50	51	1225	1300	49926	50526	10943	11667
加盟门店合计		**253**	**270**	**7590**	**8100**	**151800**	**162000**	**40480**	**43200**
内资企业									
国有企业									
集体企业									
股份合作企业									
联营企业									
有限责任公司									
股份有限公司									
私营企业									
其他企业									
港、澳、台商投资企业									
外商投资企业		253	270	7590	8100	151800	162000	40480	43200

3-4 续表 3

其他餐饮服务

项目	连锁总店数(个)	门店数(个)		年末从业人员(人)		年末餐饮营业面积(平方米)		年末餐位数(个)	
	2009年	2009年	2008年	2009年	2008年	2009年	2008年	2009年	2008年
总　计	**24**	**680**	**592**	**29187**	**22936**	**184283**	**149560**	**83822**	**74669**
内资企业	18	581	519	25123	20130	158182	130463	80290	70229
国有企业	1	3	3	281	194	6307	5100	1123	823
集体企业	2	16	16	368	328	2391	1689	925	1115
股份合作企业									
联营企业									
有限责任公司	2	33	41	395	418	5484	3256	801	587
股份有限公司	1	5	5	503	521	5630	5630	1980	1985
私营企业	12	524	454	23576	18669	138370	114788	75461	65719
其他企业									
港、澳、台商投资企业	3	56	30	2620	1561	21072	11676	1674	1118
外商投资企业	3	43	43	1444	1245	5029	7421	1858	3322
直营门店合计		**242**	**218**	**7848**	**5999**	**67407**	**54944**	**16362**	**17019**
内资企业		143	145	3784	3193	41306	35847	12830	12579
国有企业		3	3	281	194	6307	5100	1123	823
集体企业		16	16	368	328	2391	1689	925	1115
股份合作企业									
联营企业									
有限责任公司		15	18	192	203	4349	2404	541	377
股份有限公司		5	5	503	521	5630	5630	1980	1985
私营企业		104	103	2440	1947	22629	21024	8261	8279
其他企业									
港、澳、台商投资企业		56	30	2620	1561	21072	11676	1674	1118
外商投资企业		43	43	1444	1245	5029	7421	1858	3322
加盟门店合计		**438**	**374**	**21339**	**16937**	**116876**	**94616**	**67460**	**57650**
内资企业		438	374	21339	16937	116876	94616	67460	57650
国有企业									
集体企业									
股份合作企业									
联营企业									
有限责任公司		18	23	203	215	1135	852	260	210
股份有限公司									
私营企业		420	351	21136	16722	115741	93764	67200	57440
其他企业									
港、澳、台商投资企业									
外商投资企业									

3-5 按登记注册类型与行业分

正餐服务

项　目	商品购进总额		统一配送商品购进额	
	2009年	2008年	2009年	2008年
总　计	**1681008**	**1468336**	**798708**	**642271**
内资企业	1008024	894398	426142	338777
国有企业	9382	9263	63	62
集体企业	8857	8144		
股份合作企业	29370	31719		
联营企业				
有限责任公司	388458	369590	140992	132410
股份有限公司	226115	173045	147236	80909
私营企业	339057	297341	137852	125395
其他企业	6787	5297		
港、澳、台商投资企业	42346	40808	5428	5036
外商投资企业	630637	533129	367138	298459
直营门店合计	**1009055**	**873363**	**475874**	**362610**
内资企业	702469	607860	278998	206781
国有企业	9382	9263	63	62
集体企业	8857	8144		
股份合作企业	14190	15479		
联营企业				
有限责任公司	204010	198677	34665	29232
股份有限公司	168356	124749	116404	61676
私营企业	294528	249565	127865	115812
其他企业	3147	1983		
港、澳、台商投资企业	42346	40808	5428	5036
外商投资企业	264240	224695	191449	150793
加盟门店合计	**671953**	**594972**	**322834**	**279661**
内资企业	305556	286539	147145	131995
国有企业				
集体企业				
股份合作企业	15180	16240		
联营企业				
有限责任公司	184448	170913	106327	103178
股份有限公司	57759	48296	30831	19233
私营企业	44529	47776	9987	9584
其他企业	3640	3314		
港、澳、台商投资企业				
外商投资企业	366397	308434	175689	147665

连锁餐饮企业经营情况

单位：万元

自有配送中心配送商品购进额		非自有配送中心配送商品购进额		营业额		餐费收入及商品销售额	
2009年	2008年	2009年	2008年	2009年	2008年	2009年	2008年
524523	**429338**	**192928**	**153955**	**3725441**	**3445183**	**3718009**	**3440542**
326739	261120	54774	34299	2517335	2310287	2510308	2305880
				12523	10902	12523	10902
				12891	10039	12251	9315
				66524	65136	66070	64700
104302	100777	11832	8697	722803	659236	721236	657578
125848	80909	21388		858333	813773	855417	812478
96590	79435	21555	25602	833844	742183	832393	741886
				10416	9020	10416	9020
2236	1742	152	198	92125	93198	91871	92966
195548	166476	138002	119458	1115981	1041698	1115830	1041698
291553	**228183**	**128775**	**100284**	**2032995**	**1779532**	**2026016**	**1775895**
207753	155232	50319	30375	1388345	1214135	1381770	1210731
				12523	10902	12523	10902
				12891	10039	12251	9315
				32267	32557	32267	32557
23957	22367	9431	5951	328457	307752	326890	306094
95017	61676	21388		288465	224174	285549	223448
88779	71190	19500	24424	709864	626187	708414	625890
				3877	2525	3877	2525
2236	1742	152	198	92125	93198	91871	92966
81564	71209	78304	69711	552524	472199	552374	472199
232970	**201156**	**64153**	**53671**	**1692446**	**1665651**	**1691994**	**1664648**
118986	105889	4455	3923	1128990	1096152	1128537	1095149
				34257	32579	33805	32144
80345	78410	2400	2746	394346	351484	394346	351484
30831	19233			569868	589599	569867	589030
7810	8245	2055	1178	123980	115996	123980	115996
				6539	6495	6539	6495
113984	95267	59698	49747	563456	569499	563456	569499

3-5 续表 1

快餐服务

项　目	商品购进总额		统一配送商品购进额	
	2009年	2008年	2009年	2008年
总　计	**1795681**	**1649610**	**1543115**	**1432997**
内资企业	208231	170610	160672	141666
国有企业				
集体企业	245	231	245	231
股份合作企业				
联营企业				
有限责任公司	55935	53790	50232	47780
股份有限公司	35635	20429	35635	18073
私营企业	116416	96160	74561	75582
其他企业				
港、澳、台商投资企业	287240	273215	257674	243763
外商投资企业	1300210	1205785	1124768	1047568
直营门店合计	**1722272**	**1573998**	**1493978**	**1372765**
内资企业	164395	122918	133159	102225
国有企业				
集体企业	245	231	245	231
股份合作企业				
联营企业				
有限责任公司	54937	50803	50174	47720
股份有限公司	28741	14886	28741	12530
私营企业	80471	56998	53999	41743
其他企业				
港、澳、台商投资企业	274899	262500	248321	235395
外商投资企业	1282979	1188580	1112498	1035145
加盟门店合计	**73409**	**75612**	**49136**	**60232**
内资企业	43836	47692	27513	39442
国有企业				
集体企业				
股份合作企业				
联营企业				
有限责任公司	998	2987	58	60
股份有限公司	6893	5543	6893	5543
私营企业	35945	39163	20562	33839
其他企业				
港、澳、台商投资企业	12341	10715	9353	8368
外商投资企业	17232	17204	12270	12423

单位：万元

自有配送中心配送商品购进额		非自有配送中心配送商品购进额		营业额		餐费收入及商品销售额	
2009年	2008年	2009年	2008年	2009年	2008年	2009年	2008年
829291	**765850**	**284811**	**266348**	**4681410**	**4183438**	**4681229**	**4183302**
125620	103314	26287	33102	488862	462411	488729	462322
245	231			236	210	236	210
41461	40294	6094	4110	140592	124772	140571	124772
35635	18073			73762	36886	73762	36887
48279	44716	20193	28992	274273	300543	274161	300453
127793	123688	89060	84849	747684	690600	747671	690595
575878	538848	169464	148398	3444864	3030428	3444829	3030385
803610	**733740**	**263363**	**240121**	**4444308**	**3917300**	**4444126**	**3917163**
105529	78266	18866	18709	361553	289346	361420	289256
245	231			236	210	236	210
41403	40234	6094	4110	139122	120404	139101	120404
28741	12530			65144	29565	65144	29565
35140	25270	12772	14598	157051	139167	156939	139077
127281	123275	80288	76894	706777	657127	706763	657122
570800	532199	164209	144519	3375977	2970828	3375943	2970785
25682	**32110**	**21448**	**26227**	**237103**	**266138**	**237102**	**266139**
20091	25048	7421	14393	127309	173065	127309	173066
58	60			1470	4368	1470	4368
6893	5543			8618	7322	8618	7322
13139	19446	7421	14393	117222	161376	117221	161376
513	413	8772	7955	40908	33473	40908	33473
5079	6649	5255	3879	68886	59600	68886	59600

3-5 续表 2

饮料及冷饮服务

项　目	商品购进总额		统一配送商品购进额	
	2009年	2008年	2009年	2008年
总　计	**31178**	**24729**	**16500**	**16440**
内资企业	2073	1530	131	145
国有企业	119	130	119	130
集体企业				
股份合作企业				
联营企业				
有限责任公司				
股份有限公司				
私营企业	1954	1400	12	15
其他企业				
港、澳、台商投资企业	23170	17059	10433	10156
外商投资企业	5936	6139	5936	6139
直营门店合计	**29379**	**22809**	**14701**	**14521**
内资企业	2073	1530	131	145
国有企业	119	130	119	130
集体企业				
股份合作企业				
联营企业				
有限责任公司				
股份有限公司				
私营企业	1954	1400	12	15
其他企业				
港、澳、台商投资企业	23170	17059	10433	10156
外商投资企业	4137	4220	4137	4220
加盟门店合计	**1799**	**1919**	**1799**	**1919**
内资企业				
国有企业				
集体企业				
股份合作企业				
联营企业				
有限责任公司				
股份有限公司				
私营企业				
其他企业				
港、澳、台商投资企业				
外商投资企业	1799	1919	1799	1919

单位：万元

自有配送中心配送商品购进额		非自有配送中心配送商品购进额		营业额		餐费收入及商品销售额	
2009年	2008年	2009年	2008年	2009年	2008年	2009年	2008年
7884	**7946**	**8603**	**8479**	**158057**	**145999**	**158057**	**145999**
119	130			5001	4150	5001	4150
119	130			2640	2365	2640	2365
				2361	1784	2361	1784
1830	1677	8603	8479	76413	61650	76413	61650
5936	6139			76643	80199	76644	80199
6086	**6027**	**8603**	**8479**	**105230**	**86869**	**105230**	**86869**
119	130			5001	4150	5001	4150
119	130			2640	2365	2640	2365
				2361	1784	2361	1784
1830	1677	8603	8479	76413	61650	76413	61650
4137	4220			23817	21069	23816	21069
1799	**1919**			**52826**	**59130**	**52826**	**59130**
1799	1919			52826	59130	52826	59130

3-5 续表 3

其他餐饮服务

项 目	商品购进总额		统一配送商品购进额	
	2009年	2008年	2009年	2008年
总 计	**112119**	**95950**	**40087**	**30591**
内资企业	90053	74183	37507	28579
国有企业	1104	1022		
集体企业	1184	1117	933	869
股份合作企业				
联营企业				
有限责任公司	3232	3103	27	48
股份有限公司	1074	1257		
私营企业	83459	67684	36547	27662
其他企业				
港、澳、台商投资企业	16714	17010		
外商投资企业	5352	4757	2580	2012
直营门店合计	**41221**	**39449**	**15196**	**13033**
内资企业	19155	17683	12616	11021
国有企业	1104	1022		
集体企业	1184	1117	933	869
股份合作企业				
联营企业				
有限责任公司	948	926	27	48
股份有限公司	1074	1257		
私营企业	14845	13360	11656	10104
其他企业				
港、澳、台商投资企业	16714	17010		
外商投资企业	5352	4757	2580	2012
加盟门店合计	**70898**	**56501**	**24891**	**17558**
内资企业	70898	56501	24891	17558
国有企业				
集体企业				
股份合作企业				
联营企业				
有限责任公司	2284	2177		
股份有限公司				
私营企业	68615	54324	24891	17558
其他企业				
港、澳、台商投资企业				
外商投资企业				

单位：万元

自有配送中心配送商品购进额		非自有配送中心配送商品购进额		营业额		餐费收入及商品销售额	
2009年	2008年	2009年	2008年	2009年	2008年	2009年	2008年
17830	**11448**	**21049**	**19024**	**228285**	**182281**	**228186**	**182281**
15941	11448	20358	17013	155578	136004	155479	136003
				2288	2048	2288	2048
933	869			3519	3382	3519	3382
				5248	5242	5149	5242
				2184	2783	2184	2783
15008	10579	20358	17013	142339	122549	142339	122548
				58077	32709	58077	32709
1889		691	2012	14629	13569	14629	13569
7637	**4898**	**6351**	**8016**	**117119**	**87425**	**117019**	**87425**
5748	4898	5660	6004	44412	41148	44312	41148
				2288	2048	2288	2048
933	869			3519	3382	3519	3382
				1735	1893	1636	1893
				2184	2783	2184	2783
4815	4029	5660	6004	34686	31042	34686	31042
				58077	32709	58077	32709
1889		691	2012	14629	13569	14629	13569
10193	**6549**	**14698**	**11009**	**111166**	**94856**	**111166**	**94856**
10193	6549	14698	11009	111166	94856	111166	94856
				3513	3349	3513	3349
10193	6549	14698	11009	107653	91507	107653	91507

3-6 按行业与餐饮活动分连锁餐饮企业基本情况

正餐

项目	连锁总店数(个)	门店数(个)		年末从业人员(人)		年末餐饮营业面积(平方米)		年末餐位数(个)	
	2009年	2009年	2008年	2009年	2008年	2009年	2008年	2009年	2008年
总　计	**232**	**4291**	**4018**	**279360**	**253920**	**3803471**	**3474715**	**1232395**	**1087477**
正餐服务	228	4059	3809	263641	240176	3720291	3399135	1217965	1075070
快餐服务	1	214	190	15000	13000	75000	68000	12000	10000
饮料及冷饮服务									
其他餐饮服务	3	18	19	719	744	8180	7580	2430	2407
直营门店合计		**2304**	**2064**	**165035**	**153817**	**2359740**	**2155812**	**683401**	**577510**
正餐服务		2072	1855	149316	140073	2276560	2080232	668971	565103
快餐服务		214	190	15000	13000	75000	68000	12000	10000
饮料及冷饮服务									
其他餐饮服务		18	19	719	744	8180	7580	2430	2407
加盟门店合计		**1987**	**1954**	**114325**	**100103**	**1443731**	**1318903**	**548994**	**509967**
正餐服务		1987	1954	114325	100103	1443731	1318903	548994	509967
快餐服务									
饮料及冷饮服务									
其他餐饮服务									

3-6 续表 1

快餐

项目	连锁总店数(个)	门店数(个)		年末从业人员(人)		年末餐饮营业面积(平方米)		年末餐位数(个)	
	2009年	2009年	2008年	2009年	2008年	2009年	2008年	2009年	2008年
总　计	**160**	**7189**	**6281**	**293732**	**272711**	**2278800**	**2003364**	**938918**	**782104**
正餐服务	6	52	44	1808	1502	16974	12869	5350	3807
快餐服务	152	7105	6208	290668	270174	2257033	1983195	931166	774466
饮料及冷饮服务									
其他餐饮服务	2	32	29	1256	1035	4793	7300	2402	3831
直营门店合计		**6236**	**5428**	**273202**	**253855**	**2105505**	**1839873**	**854989**	**699548**
正餐服务		52	44	1808	1502	16974	12869	5350	3807
快餐服务		6154	5356	270189	251343	2084153	1819915	847487	692020
饮料及冷饮服务									
其他餐饮服务		30	28	1205	1010	4378	7089	2152	3721
加盟门店合计		**953**	**853**	**20530**	**18856**	**173295**	**163491**	**83929**	**82556**
正餐服务									
快餐服务		951	852	20479	18831	172880	163280	83679	82446
饮料及冷饮服务									
其他餐饮服务		2	1	51	25	415	211	250	110

3-6 续表 2

茶馆

项目	连锁总店数(个)	门店数(个)		年末从业人员(人)		年末餐饮营业面积(平方米)		年末餐位数(个)	
	2009年	2009年	2008年	2009年	2008年	2009年	2008年	2009年	2008年
总　计	**1**	**5**	**5**	**127**	**132**	**2487**	**2487**	**1016**	**1016**
正餐服务									
快餐服务									
饮料及冷饮服务	1	5	5	127	132	2487	2487	1016	1016
其他餐饮服务									
直营门店合计		**5**	**5**	**127**	**132**	**2487**	**2487**	**1016**	**1016**
正餐服务									
快餐服务									
饮料及冷饮服务		5	5	127	132	2487	2487	1016	1016
其他餐饮服务									
加盟门店合计									
正餐服务									
快餐服务									
饮料及冷饮服务									
其他餐饮服务									

3-6 续表 3

咖啡店

项目	连锁总店数(个)	门店数(个)		年末从业人员(人)		年末餐饮营业面积(平方米)		年末餐位数(个)	
	2009年	2009年	2008年	2009年	2008年	2009年	2008年	2009年	2008年
总　计	**10**	**708**	**716**	**14318**	**15062**	**286212**	**292680**	**77955**	**81612**
正餐服务	1	81	78	2085	2025	24730	20860	6572	6490
快餐服务	1	160	156	1664	1610	30523	30110	9678	9516
饮料及冷饮服务	6	461	475	10476	11326	230370	241018	61351	64470
其他餐饮服务	2	6	7	93	101	589	692	354	1136
直营门店合计		**375**	**368**	**4664**	**4954**	**110482**	**110017**	**31093**	**31792**
正餐服务		1	1	21	24	800	300	190	130
快餐服务		160	156	1664	1610	30523	30110	9678	9516
饮料及冷饮服务		208	205	2886	3226	78570	79018	20871	21270
其他餐饮服务		6	6	93	94	589	589	354	876
加盟门店合计		**333**	**348**	**9654**	**10108**	**175730**	**182663**	**46862**	**49820**
正餐服务		80	77	2064	2001	23930	20560	6382	6360
快餐服务									
饮料及冷饮服务		253	270	7590	8100	151800	162000	40480	43200
其他餐饮服务			1		7		103		260

3-6 续表 4

其他餐饮

项目	连锁总店数(个)	门店数(个)		年末从业人员(人)		年末餐饮营业面积(平方米)		年末餐位数(个)	
	2009年	2009年	2008年	2009年	2008年	2009年	2008年	2009年	2008年
总　计	**23**	**1546**	**1625**	**64300**	**77997**	**544577**	**612595**	**239132**	**252389**
正餐服务	4	609	833	36105	56068	359667	467997	155711	182002
快餐服务									
饮料及冷饮服务	2	313	255	1076	873	14189	10610	4785	3092
其他餐饮服务	17	624	537	27119	21056	170721	133988	78636	67295
直营门店合计		**557**	**480**	**10907**	**7743**	**142686**	**99998**	**36084**	**26265**
正餐服务		56	60	4000	2719	74237	49702	19873	13158
快餐服务									
饮料及冷饮服务		313	255	1076	873	14189	10610	4785	3092
其他餐饮服务		188	165	5831	4151	54260	39686	11426	10015
加盟门店合计		**989**	**1145**	**53393**	**70254**	**401891**	**512597**	**203048**	**226124**
正餐服务		553	773	32105	53349	285430	418295	135838	168844
快餐服务									
饮料及冷饮服务									
其他餐饮服务		436	372	21288	16905	116461	94302	67210	57280

3-7 按行业与餐饮活动分连锁餐饮企业经营情况

正餐 单位：万元

项目	商品购进总额		统一配送商品购进额		自有配送中心配送商品购进额	
	2009年	2008年	2009年	2008年	2009年	2008年
总　计	**1627474**	**1411106**	**759009**	**609950**	**438537**	**395899**
正餐服务	1579352	1408124	712080	608365	438537	395899
快餐服务	45609	300	45609	300		
饮料及冷饮服务						
其他餐饮服务	2513	2682	1320	1285		
直营门店合计	**986481**	**840787**	**462527**	**349879**	**231918**	**214332**
正餐服务	938359	837804	415597	348294	231918	214332
快餐服务	45609	300	45609	300		
饮料及冷饮服务						
其他餐饮服务	2513	2682	1320	1285		
加盟门店合计	**640993**	**570320**	**296482**	**260071**	**206618**	**181567**
正餐服务	640993	570320	296482	260071	206618	181567
快餐服务						
饮料及冷饮服务						
其他餐饮服务						

3-7 续表 1

正餐 单位：万元

项目	非自有配送中心配送商品购进额		营业额		餐费收入及商品销售额	
	2009年	2008年	2009年	2008年	2009年	2008年
总　计	**193606**	**154774**	**3297262**	**3024505**	**3289831**	**3019865**
正餐服务	192286	153489	3141766	2870502	3134334	2865861
快餐服务			152031	149842	152031	149842
饮料及冷饮服务						
其他餐饮服务	1320	1285	3466	4162	3466	4162
直营门店合计	**129453**	**101103**	**2109103**	**1889074**	**2102124**	**1885437**
正餐服务	128133	99818	1953607	1735071	1946627	1731434
快餐服务			152031	149842	152031	149842
饮料及冷饮服务						
其他餐饮服务	1320	1285	3466	4162	3466	4162
加盟门店合计	**64153**	**53671**	**1188159**	**1135431**	**1187707**	**1134427**
正餐服务	64153	53671	1188159	1135431	1187707	1134427
快餐服务						
饮料及冷饮服务						
其他餐饮服务						

3-7 续表 2

快餐 单位：万元

项　目	商品购进总额		统一配送商品购进额		自有配送中心配送商品购进额	
	2009年	2008年	2009年	2008年	2009年	2008年
总　计	**1759315**	**1657529**	**1497619**	**1432422**	**831186**	**767422**
正餐服务	7097	5981	1153	792	510	326
快餐服务	1747649	1646997	1495082	1430384	829291	765850
饮料及冷饮服务						
其他餐饮服务	4570	4550	1385	1246	1385	1246
直营门店合计	**1685552**	**1581666**	**1448184**	**1371989**	**805205**	**735111**
正餐服务	7097	5981	1153	792	510	326
快餐服务	1674240	1571386	1445946	1370153	803610	733740
饮料及冷饮服务						
其他餐饮服务	4215	4299	1085	1045	1085	1045
加盟门店合计	**73763**	**75863**	**49435**	**60433**	**25981**	**32311**
正餐服务						
快餐服务	73409	75612	49136	60232	25682	32110
饮料及冷饮服务						
其他餐饮服务	355	251	299	201	299	201

3-7 续表 3

快餐 单位：万元

项　目	非自有配送中心配送商品购进额		营业额		餐费收入及商品销售额	
	2009年	2008年	2009年	2008年	2009年	2008年
总　计	**285453**	**266814**	**4546028**	**4047811**	**4545846**	**4047675**
正餐服务	642	466	10996	8641	10995	8641
快餐服务	284811	266348	4523321	4027681	4523140	4027545
饮料及冷饮服务						
其他餐饮服务			11711	11489	11711	11489
直营门店合计	**264006**	**240588**	**4308194**	**3781167**	**4308012**	**3781030**
正餐服务	642	466	10996	8641	10995	8641
快餐服务	263363	240121	4286219	3761542	4286037	3761406
饮料及冷饮服务						
其他餐饮服务			10980	10984	10980	10983
加盟门店合计	**21448**	**26227**	**237834**	**266644**	**237833**	**266644**
正餐服务						
快餐服务	21448	26227	237103	266138	237102	266139
饮料及冷饮服务						
其他餐饮服务			731	506	731	506

3-7　续表 4

茶馆　　　　单位：万元

项　目	商品购进总额		统一配送商品购进额		自有配送中心配送商品购进额	
	2009年	2008年	2009年	2008年	2009年	2008年
总　计	**119**	**130**	**119**	**130**	**119**	**130**
正餐服务						
快餐服务						
饮料及冷饮服务	119	130	119	130	119	130
其他餐饮服务						
直营门店合计	**119**	**130**	**119**	**130**	**119**	**130**
正餐服务						
快餐服务						
饮料及冷饮服务	119	130	119	130	119	130
其他餐饮服务						
加盟门店合计						
正餐服务						
快餐服务						
饮料及冷饮服务						
其他餐饮服务						

3-7　续表 5

茶馆　　　　单位：万元

项　目	非自有配送中心配送商品购进额		营业额		餐费收入及商品销售额	
	2009年	2008年	2009年	2008年	2009年	2008年
总　计			**2640**	**2365**	**2640**	**2365**
正餐服务						
快餐服务						
饮料及冷饮服务			2640	2365	2640	2365
其他餐饮服务						
直营门店合计			**2640**	**2365**	**2640**	**2365**
正餐服务						
快餐服务						
饮料及冷饮服务			2640	2365	2640	2365
其他餐饮服务						
加盟门店合计						
正餐服务						
快餐服务						
饮料及冷饮服务						
其他餐饮服务						

3-7 续表 6

咖啡店　　单位：万元

项　目	商品购进总额		统一配送商品购进额		自有配送中心配送商品购进额	
	2009年	2008年	2009年	2008年	2009年	2008年
总　计	**25747**	**24571**	**19139**	**18954**	**8100**	**8148**
正餐服务	1421	1326	335	332	335	332
快餐服务	2423	2312	2423	2312		
饮料及冷饮服务	21288	20436	16381	16310	7766	7816
其他餐饮服务	615	498				
直营门店合计	**22597**	**21373**	**17011**	**16709**	**5973**	**5902**
正餐服务	69	68	6	6	6	6
快餐服务	2423	2312	2423	2312		
饮料及冷饮服务	19490	18516	14583	14391	5967	5897
其他餐饮服务	615	477				
加盟门店合计	**3151**	**3198**	**2128**	**2245**	**2128**	**2245**
正餐服务	1352	1258	329	326	329	326
快餐服务						
饮料及冷饮服务	1799	1919	1799	1919	1799	1919
其他餐饮服务		21				

3-7 续表 7

咖啡店　　单位：万元

项　目	非自有配送中心配送商品购进额		营业额		餐费收入及商品销售额	
	2009年	2008年	2009年	2008年	2009年	2008年
总　计	**8603**	**8479**	**149728**	**144321**	**149728**	**144321**
正餐服务			6590	5933	6590	5933
快餐服务			6058	5916	6058	5916
饮料及冷饮服务	8603	8479	134890	130766	134891	130766
其他餐饮服务			2189	1706	2189	1706
直营门店合计	**8603**	**8479**	**90600**	**79514**	**90600**	**79515**
正餐服务			289	288	289	288
快餐服务			6058	5916	6058	5916
饮料及冷饮服务	8603	8479	82064	71636	82063	71637
其他餐饮服务			2189	1674	2189	1674
加盟门店合计			**59128**	**64807**	**59127**	**64807**
正餐服务			6301	5645	6301	5645
快餐服务						
饮料及冷饮服务			52826	59130	52826	59130
其他餐饮服务				32		32

3-7 续表 8

其他餐饮 单位：万元

项目	商品购进总额		统一配送商品购进额		自有配送中心配送商品购进额	
	2009年	2008年	2009年	2008年	2009年	2008年
总计	**207330**	**145287**	**122523**	**60842**	**101587**	**42984**
正餐服务	93138	52904	85141	32782	85141	32782
快餐服务						
饮料及冷饮服务	9771	4163				
其他餐饮服务	104421	88220	37382	28060	16445	10201
直营门店合计	**107179**	**65665**	**71909**	**24222**	**65670**	**17372**
正餐服务	63530	29510	59118	13519	59118	13519
快餐服务						
饮料及冷饮服务	9771	4163				
其他餐饮服务	33878	31992	12790	10703	6551	3853
加盟门店合计	**100151**	**79623**	**50615**	**36620**	**35917**	**25611**
正餐服务	29608	23394	26023	19263	26023	19263
快餐服务						
饮料及冷饮服务						
其他餐饮服务	70544	56228	24592	17356	9894	6348

3-7 续表 9

其他餐饮 单位：万元

项目	非自有配送中心配送商品购进额		营业额		餐费收入及商品销售额	
	2009年	2008年	2009年	2008年	2009年	2008年
总计	**19729**	**17739**	**797535**	**737899**	**797436**	**737899**
正餐服务			566089	560107	566090	560107
快餐服务						
饮料及冷饮服务			20527	12867	20527	12867
其他餐饮服务	19729	17739	210919	164925	210819	164925
直营门店合计	**5031**	**6731**	**189115**	**119006**	**189015**	**119006**
正餐服务			68104	35532	68104	35532
快餐服务						
饮料及冷饮服务			20527	12867	20527	12867
其他餐饮服务	5031	6731	100484	70607	100384	70607
加盟门店合计	**14698**	**11009**	**608421**	**618893**	**608421**	**618893**
正餐服务			497986	524575	497986	524575
快餐服务						
饮料及冷饮服务						
其他餐饮服务	14698	11009	110435	94318	110435	94318

3-8 按登记注册类型与餐饮活动分连锁餐饮企业基本情况

正餐

项 目	连锁总店数(个)	门店数(个)		年末从业人员(人)		年末餐饮营业面积(平方米)		年末餐位数(个)	
	2009年	2009年	2008年	2009年	2008年	2009年	2008年	2009年	2008年
总　计	**232**	**4291**	**4018**	**279360**	**253920**	**3803471**	**3474715**	**1232395**	**1087477**
内资企业	198	2586	2488	173986	160045	2886380	2640658	842526	780778
国有企业	2	10	9	633	532	8500	8343	1990	1990
集体企业	2	10	10	582	604	16000	16000	3300	3300
股份合作企业	7	80	92	8045	5891	68840	80630	20878	22927
联营企业									
有限责任公司	47	1058	1032	78723	72582	1144083	1049192	411825	377862
股份有限公司	9	173	158	18734	17850	337291	292268	53674	49284
私营企业	129	1232	1167	65792	61252	1290086	1173365	342677	317611
其他企业	2	23	20	1477	1334	21580	20860	8182	7804
港、澳、台商投资企业	11	91	90	5160	5487	100721	111397	28421	32149
外商投资企业	23	1614	1440	100214	88388	816370	722660	361448	274550
直营门店合计		**2304**	**2064**	**165035**	**153817**	**2359740**	**2155812**	**683401**	**577510**
内资企业		1314	1211	92669	89252	1761216	1601541	445146	410488
国有企业		10	9	633	532	8500	8343	1990	1990
集体企业		10	10	582	604	16000	16000	3300	3300
股份合作企业		34	34	2285	2411	41240	41180	11878	12927
联营企业									
有限责任公司		317	311	27211	28649	489620	443848	126069	118063
股份有限公司		120	104	13118	11950	170420	153968	32074	29284
私营企业		818	739	48492	44815	1031416	934502	267737	243133
其他企业		5	4	348	291	4020	3700	2098	1791
港、澳、台商投资企业		91	90	5160	5487	100721	111397	28421	32149
外商投资企业		899	763	67206	59078	497803	442874	209834	134873
加盟门店合计		**1987**	**1954**	**114325**	**100103**	**1443731**	**1318903**	**548994**	**509967**
内资企业		1272	1277	81317	70793	1125164	1039117	397380	370290
国有企业									
集体企业									
股份合作企业		46	58	5760	3480	27600	39450	9000	10000
联营企业									
有限责任公司		741	721	51512	43933	654463	605344	285756	259799
股份有限公司		53	54	5616	5900	166871	138300	21600	20000
私营企业		414	428	17300	16437	258670	238863	74940	74478
其他企业		18	16	1129	1043	17560	17160	6084	6013
港、澳、台商投资企业									
外商投资企业		715	677	33008	29310	318567	279786	151614	139677

3-8 续表 1

快餐

项　　目	连锁总店数(个)	门店数(个)		年末从业人员(人)		年末餐饮营业面积(平方米)		年末餐位数(个)	
	2009年	2009年	2008年	2009年	2008年	2009年	2008年	2009年	2008年
总　　计	**160**	**7189**	**6281**	**293732**	**272711**	**2278800**	**2003364**	**938918**	**782104**
内资企业	70	2022	1752	50604	44592	464560	385874	189453	157452
国有企业									
集体企业	1	3	3	82	80	312	312	145	145
股份合作企业									
联营企业									
有限责任公司	24	671	610	18772	17974	146397	131615	49911	45872
股份有限公司	3	211	142	4203	2168	36535	21343	24190	11610
私营企业	42	1137	997	27547	24370	281316	232604	115207	99825
其他企业									
港、澳、台商投资企业	31	1217	998	45638	46344	416994	355384	172113	147072
外商投资企业	59	3950	3531	197490	181775	1397246	1262106	577352	477580
直营门店合计		**6236**	**5428**	**273202**	**253855**	**2105505**	**1839873**	**854989**	**699548**
内资企业		1345	1137	36353	31907	351413	276045	142349	108833
国有企业									
集体企业		3	3	82	80	312	312	145	145
股份合作企业									
联营企业									
有限责任公司		546	493	18495	17828	143662	128965	49861	45822
股份有限公司		148	105	3775	1830	30993	16993	22091	9646
私营企业		648	536	14001	12169	176446	129775	70252	53220
其他企业									
港、澳、台商投资企业		1143	937	43379	44353	399850	341630	161553	137798
外商投资企业		3748	3354	193470	177595	1354242	1222198	551087	452917
加盟门店合计		**953**	**853**	**20530**	**18856**	**173295**	**163491**	**83929**	**82556**
内资企业		677	615	14251	12685	113147	109829	47104	48619
国有企业									
集体企业									
股份合作企业									
联营企业									
有限责任公司		125	117	277	146	2735	2650	50	50
股份有限公司		63	37	428	338	5542	4350	2099	1964
私营企业		489	461	13546	12201	104870	102829	44955	46605
其他企业									
港、澳、台商投资企业		74	61	2259	1991	17144	13754	10560	9274
外商投资企业		202	177	4020	4180	43004	39908	26265	24663

3-8 续表 2

茶馆

项目	连锁总店数(个)	门店数(个)		年末从业人员(人)		年末餐饮营业面积(平方米)		年末餐位数(个)	
	2009年	2009年	2008年	2009年	2008年	2009年	2008年	2009年	2008年
总　计	**1**	**5**	**5**	**127**	**132**	**2487**	**2487**	**1016**	**1016**
内资企业	1	5	5	127	132	2487	2487	1016	1016
国有企业	1	5	5	127	132	2487	2487	1016	1016
集体企业									
股份合作企业									
联营企业									
有限责任公司									
股份有限公司									
私营企业									
其他企业									
港、澳、台商投资企业									
外商投资企业									
直营门店合计		**5**	**5**	**127**	**132**	**2487**	**2487**	**1016**	**1016**
内资企业		5	5	127	132	2487	2487	1016	1016
国有企业		5	5	127	132	2487	2487	1016	1016
集体企业									
股份合作企业									
联营企业									
有限责任公司									
股份有限公司									
私营企业									
其他企业									
港、澳、台商投资企业									
外商投资企业									
加盟门店合计									
内资企业									
国有企业									
集体企业									
股份合作企业									
联营企业									
有限责任公司									
股份有限公司									
私营企业									
其他企业									
港、澳、台商投资企业									
外商投资企业									

3-8 续表 3

咖啡店

项目	连锁总店数(个)	门店数(个)		年末从业人员(人)		年末餐饮营业面积(平方米)		年末餐位数(个)	
	2009年	2009年	2008年	2009年	2008年	2009年	2008年	2009年	2008年
总计	**10**	**708**	**716**	**14318**	**15062**	**286212**	**292680**	**77955**	**81612**
内资企业	3	85	84	2141	2099	25451	21954	6840	7620
国有企业									
集体企业									
股份合作企业									
联营企业									
有限责任公司									
股份有限公司									
私营企业	3	85	84	2141	2099	25451	21954	6840	7620
其他企业									
港、澳、台商投资企业	5	160	155	1698	1953	28512	28090	10014	9609
外商投资企业	2	463	477	10479	11010	232249	242636	61101	64383
直营门店合计		**375**	**368**	**4664**	**4954**	**110482**	**110017**	**31093**	**31792**
内资企业		5	6	77	91	1521	1291	458	1000
国有企业									
集体企业									
股份合作企业									
联营企业									
有限责任公司									
股份有限公司									
私营企业		5	6	77	91	1521	1291	458	1000
其他企业									
港、澳、台商投资企业		160	155	1698	1953	28512	28090	10014	9609
外商投资企业		210	207	2889	2910	80449	80636	20621	21183
加盟门店合计		**333**	**348**	**9654**	**10108**	**175730**	**182663**	**46862**	**49820**
内资企业		80	78	2064	2008	23930	20663	6382	6620
国有企业									
集体企业									
股份合作企业									
联营企业									
有限责任公司									
股份有限公司									
私营企业		80	78	2064	2008	23930	20663	6382	6620
其他企业									
港、澳、台商投资企业									
外商投资企业		253	270	7590	8100	151800	162000	40480	43200

3-8 续表 4

其他餐饮

项目	连锁总店数（个）	门店数（个）		年末从业人员（人）		年末餐饮营业面积（平方米）		年末餐位数（个）	
	2009年	2009年	2008年	2009年	2008年	2009年	2008年	2009年	2008年
总计	**23**	**1546**	**1625**	**64300**	**77997**	**544577**	**612595**	**239132**	**252389**
内资企业	19	1363	1525	60896	75870	515075	596138	234569	250072
国有企业	1	3	3	281	194	6307	5100	1123	823
集体企业	2	16	16	368	328	2391	1689	925	1115
股份合作企业									
联营企业									
有限责任公司	3	62	62	810	706	14391	10693	7072	4803
股份有限公司	1	417	649	31075	50560	271560	380360	76440	103786
私营企业	12	865	795	28362	24082	220426	198296	149009	139545
其他企业									
港、澳、台商投资企业	3	167	84	3031	1760	27601	14633	4262	2072
外商投资企业	1	16	16	373	367	1901	1824	301	245
直营门店合计		**557**	**480**	**10907**	**7743**	**142686**	**99998**	**36084**	**26265**
内资企业		374	380	7503	5616	113184	83541	31521	23948
国有企业		3	3	281	194	6307	5100	1123	823
集体企业		16	16	368	328	2391	1689	925	1115
股份合作企业									
联营企业									
有限责任公司		32	35	449	413	10056	8341	4799	4030
股份有限公司		32	37	3100	1900	58950	34580	11165	5135
私营企业		291	289	3305	2781	35480	33831	13509	12845
其他企业									
港、澳、台商投资企业		167	84	3031	1760	27601	14633	4262	2072
外商投资企业		16	16	373	367	1901	1824	301	245
加盟门店合计		**989**	**1145**	**53393**	**70254**	**401891**	**512597**	**203048**	**226124**
内资企业		989	1145	53393	70254	401891	512597	203048	226124
国有企业									
集体企业									
股份合作企业									
联营企业									
有限责任公司		30	27	361	293	4335	2352	2273	773
股份有限公司		385	612	27975	48660	212610	345780	65275	98651
私营企业		574	506	25057	21301	184946	164465	135500	126700
其他企业									
港、澳、台商投资企业									
外商投资企业									

3-9 按登记注册类型与餐饮活动分

正餐

项目	商品购进总额		统一配送商品购进额	
	2009年	2008年	2009年	2008年
总计	**1627474**	**1411106**	**759009**	**609950**
内资企业	909915	837521	341987	306948
国有企业	9382	9263	63	62
集体企业	8857	8144		
股份合作企业	29370	31719		
联营企业				
有限责任公司	385605	367178	140647	132154
股份有限公司	142392	129980	62440	48382
私营企业	327523	285940	138837	126349
其他企业	6787	5297		
港、澳、台商投资企业	41836	40483	4918	4710
外商投资企业	675723	533103	412105	298293
直营门店合计	**986481**	**840787**	**462527**	**349879**
内资企业	635319	575635	221194	194542
国有企业	9382	9263	63	62
集体企业	8857	8144		
股份合作企业	14190	15479		
联营企业				
有限责任公司	201283	196295	34447	29006
股份有限公司	110529	100918	57505	48382
私营企业	287931	243553	129179	117091
其他企业	3147	1983		
港、澳、台商投资企业	41836	40483	4918	4710
外商投资企业	309326	224669	236416	150627
加盟门店合计	**640993**	**570320**	**296482**	**260071**
内资企业	274596	261886	120793	112406
国有企业				
集体企业				
股份合作企业	15180	16240		
联营企业				
有限责任公司	184321	170883	106200	103148
股份有限公司	31863	29062	4935	
私营企业	39592	42387	9658	9258
其他企业	3640	3314		
港、澳、台商投资企业				
外商投资企业	366397	308434	175689	147665

连锁餐饮企业经营情况

单位：万元

自有配送中心配送商品购进额		非自有配送中心配送商品购进额		营业额		餐费收入及商品销售额	
2009年	2008年	2009年	2008年	2009年	2008年	2009年	2008年
438537	**395899**	**193606**	**154774**	**3297262**	**3024505**	**3289831**	**3019864**
241263	228006	56094	35584	1939237	1741107	1932210	1736699
				12523	10902	12523	10902
				12891	10039	12251	9315
				66524	65136	66070	64700
103957	100522	11832	8697	716311	655335	714744	653678
41052	48382	21388		309823	269760	306907	268465
96255	79103	22875	26887	810749	720915	809299	720618
				10416	9020	10416	9020
1726	1416	152	198	91444	92826	91189	92594
195548	166476	137360	118992	1266581	1190572	1266431	1190573
231918	**214332**	**129453**	**101103**	**2109103**	**1889074**	**2102124**	**1885437**
148629	141707	51639	31660	1314534	1175175	1307960	1171770
				12523	10902	12523	10902
				12891	10039	12251	9315
				32267	32557	32267	32557
23738	22141	9431	5951	323376	304332	321809	302674
36117	48382	21388		231750	198749	228833	198022
88774	71184	20820	25709	697850	616072	696400	615776
				3877	2525	3877	2525
1726	1416	152	198	91444	92826	91189	92594
81564	71209	77662	69245	703125	621074	702974	621074
206618	**181567**	**64153**	**53671**	**1188159**	**1135431**	**1187707**	**1134427**
92634	86299	4455	3923	624703	565932	624251	564929
				34257	32579	33805	32144
80218	78380	2400	2746	392935	351004	392935	351004
4935				78073	71012	78073	70443
7481	7919	2055	1178	112899	104843	112899	104843
				6539	6495	6539	6495
113984	95267	59698	49747	563456	569499	563456	569499

3-9 续表 1

快餐

项　目	商品购进总额		统一配送商品购进额	
	2009年	2008年	2009年	2008年
总　计	**1759315**	**1657529**	**1497619**	**1432422**
内资企业	216092	177745	162057	142912
国有企业				
集体企业	245	231	245	231
股份合作企业				
联营企业				
有限责任公司	58444	55947	50232	47780
股份有限公司	35635	20429	35635	18073
私营企业	121768	101138	75945	76828
其他企业				
港、澳、台商投资企业	287750	273541	258184	244089
外商投资企业	1255474	1206243	1077378	1045421
直营门店合计	**1685552**	**1581666**	**1448184**	**1371989**
内资企业	171901	129801	134244	103270
国有企业				
集体企业	245	231	245	231
股份合作企业				
联营企业				
有限责任公司	57446	52960	50174	47720
股份有限公司	28741	14886	28741	12530
私营企业	85469	61724	55084	42788
其他企业				
港、澳、台商投资企业	275409	262826	248831	235721
外商投资企业	1238242	1189039	1065108	1032999
加盟门店合计	**73763**	**75863**	**49435**	**60433**
内资企业	44191	47944	27812	39643
国有企业				
集体企业				
股份合作企业				
联营企业				
有限责任公司	998	2987	58	60
股份有限公司	6893	5543	6893	5543
私营企业	36299	39414	20861	34040
其他企业				
港、澳、台商投资企业	12341	10715	9353	8368
外商投资企业	17232	17204	12270	12423

单位：万元

自有配送中心配送商品购进额		非自有配送中心配送商品购进额		营业额		餐费收入及商品销售额	
2009年	2008年	2009年	2008年	2009年	2008年	2009年	2008年
831186	**767422**	**285453**	**266814**	**4546028**	**4047811**	**4545846**	**4047675**
127005	104560	26287	33102	501435	473171	501302	473081
245	231			236	210	236	210
41461	40294	6094	4110	141102	125231	141081	125231
35635	18073			73762	36886	73762	36887
49664	45962	20193	28992	286336	310844	286224	310754
128304	124014	89060	84849	748366	690972	748352	690967
575878	538848	170106	148864	3296227	2883668	3296192	2883626
805205	**735111**	**264006**	**240588**	**4308194**	**3781167**	**4308012**	**3781030**
106615	79311	18866	18709	373395	299600	373262	299511
245	231			236	210	236	210
41403	40234	6094	4110	139632	120863	139611	120863
28741	12530			65144	29565	65144	29565
36225	26315	12772	14598	168383	148962	168271	148873
127791	123601	80288	76894	707459	657499	707445	657494
570799	532199	164851	144985	3227341	2824068	3227306	2824026
25981	**32311**	**21448**	**26227**	**237834**	**266644**	**237833**	**266644**
20390	25250	7421	14393	128040	173571	128040	173571
58	60			1470	4368	1470	4368
6893	5543			8618	7322	8618	7322
13439	19647	7421	14393	117953	161882	117952	161882
513	413	8772	7955	40908	33473	40908	33473
5079	6649	5255	3879	68886	59600	68886	59600

3-9 续表 2

茶馆

项 目	商品购进总额		统一配送商品购进额	
	2009年	2008年	2009年	2008年
总 计	**119**	**130**	**119**	**130**
内资企业	119	130	119	130
国有企业	119	130	119	130
集体企业				
股份合作企业				
联营企业				
有限责任公司				
股份有限公司				
私营企业				
其他企业				
港、澳、台商投资企业				
外商投资企业				
直营门店合计	**119**	**130**	**119**	**130**
内资企业	119	130	119	130
国有企业	119	130	119	130
集体企业				
股份合作企业				
联营企业				
有限责任公司				
股份有限公司				
私营企业				
其他企业				
港、澳、台商投资企业				
外商投资企业				
加盟门店合计				
内资企业				
国有企业				
集体企业				
股份合作企业				
联营企业				
有限责任公司				
股份有限公司				
私营企业				
其他企业				
港、澳、台商投资企业				
外商投资企业				

单位：万元

自有配送中心配送商品购进额		非自有配送中心配送商品购进额		营业额		餐费收入及商品销售额	
2009年	2008年	2009年	2008年	2009年	2008年	2009年	2008年
119	**130**			**2640**	**2365**	**2640**	**2365**
119	130			2640	2365	2640	2365
119	130			2640	2365	2640	2365
119	**130**			**2640**	**2365**	**2640**	**2365**
119	130			2640	2365	2640	2365
119	130			2640	2365	2640	2365

3-9 续表 3

咖啡店

项　目	商品购进总额		统一配送商品购进额	
	2009年	2008年	2009年	2008年
总　计	**25747**	**24571**	**19139**	**18954**
内资企业	1466	1398	347	347
国有企业				
集体企业				
股份合作企业				
联营企业				
有限责任公司				
股份有限公司				
私营企业	1466	1398	347	347
其他企业				
港、澳、台商投资企业	15923	14723	10433	10156
外商投资企业	8359	8451	8359	8451
直营门店合计	**22597**	**21373**	**17011**	**16709**
内资企业	114	119	18	21
国有企业				
集体企业				
股份合作企业				
联营企业				
有限责任公司				
股份有限公司				
私营企业	114	119	18	21
其他企业				
港、澳、台商投资企业	15923	14723	10433	10156
外商投资企业	6560	6532	6560	6532
加盟门店合计	**3151**	**3198**	**2128**	**2245**
内资企业	1352	1279	329	326
国有企业				
集体企业				
股份合作企业				
联营企业				
有限责任公司				
股份有限公司				
私营企业	1352	1279	329	326
其他企业				
港、澳、台商投资企业				
外商投资企业	1799	1919	1799	1919

单位：万元

自有配送中心配送商品购进额		非自有配送中心配送商品购进额		营业额		餐费收入及商品销售额	
2009年	2008年	2009年	2008年	2009年	2008年	2009年	2008年
8100	**8148**	**8603**	**8479**	**149728**	**144321**	**149728**	**144321**
335	332			7052	6411	7052	6411
335	332			7052	6411	7052	6411
1830	1677	8603	8479	59975	51795	59975	51795
5936	6139			82701	86115	82702	86115
5973	**5902**	**8603**	**8479**	**90600**	**79514**	**90600**	**79514**
6	6			751	734	751	734
6	6			751	734	751	734
1830	1677	8603	8479	59975	51795	59975	51795
4137	4220			29875	26985	29874	26985
2128	**2245**			**59128**	**64807**	**59127**	**64807**
329	326			6301	5677	6301	5677
329	326			6301	5677	6301	5677
1799	1919			52826	59130	52826	59130

3-9 续表 4

其他餐饮

项　目	商品购进总额		统一配送商品购进额	
	2009年	2008年	2009年	2008年
总　计	**207330**	**145287**	**122523**	**60842**
内资企业	180789	123929	119944	58830
国有企业	1104	1022		
集体企业	1184	1117	933	869
股份合作企业				
联营企业				
有限责任公司	3577	3358	372	303
股份有限公司	84796	44322	84796	32527
私营企业	90128	74109	33843	25131
其他企业				
港、澳、台商投资企业	23961	19347		
外商投资企业	2580	2012	2580	2012
直营门店合计	**107179**	**65665**	**71909**	**24222**
内资企业	80638	44306	69329	22210
国有企业	1104	1022		
集体企业	1184	1117	933	869
股份合作企业				
联营企业				
有限责任公司	1167	1151	245	273
股份有限公司	58900	25089	58900	13294
私营企业	18283	15927	9251	7774
其他企业				
港、澳、台商投资企业	23961	19347		
外商投资企业	2580	2012	2580	2012
加盟门店合计	**100151**	**79623**	**50615**	**36620**
内资企业	100151	79623	50615	36620
国有企业				
集体企业				
股份合作企业				
联营企业				
有限责任公司	2410	2207	127	30
股份有限公司	25896	19233	25896	19233
私营企业	71845	58182	24592	17356
其他企业				
港、澳、台商投资企业				
外商投资企业				

单位：万元

自有配送中心配送商品购进额		非自有配送中心配送商品购进额		营业额		餐费收入及商品销售额	
2009年	2008年	2009年	2008年	2009年	2008年	2009年	2008年
101587	**42984**	**19729**	**17739**	**797535**	**737899**	**797436**	**737899**
99698	42984	19038	15728	716413	689797	716313	689797
				2288	2048	2288	2048
933	869			3519	3382	3519	3382
345	255			11230	8683	11131	8683
84796	32527			550695	546796	550695	546796
13623	9332	19038	15728	148680	128888	148680	128888
				74516	42564	74516	42564
1889		691	2012	6607	5538	6607	5538
65670	**17372**	**5031**	**6731**	**189115**	**119006**	**189015**	**119006**
63781	17372	4340	4719	107992	70904	107892	70904
				2288	2048	2288	2048
933	869			3519	3382	3519	3382
218	225			6306	4854	6207	4854
58900	13294			58900	28209	58900	28209
3729	2984	4340	4719	36978	32411	36978	32411
				74516	42564	74516	42564
1889		691	2012	6607	5538	6607	5538
35917	**25611**	**14698**	**11009**	**608421**	**618893**	**608421**	**618893**
35917	25611	14698	11009	608421	618893	608421	618893
127	30			4924	3829	4924	3829
25896	19233			491795	518587	491795	518587
9894	6348	14698	11009	111702	96477	111702	96477

3-10 连锁餐饮企业门店分布情况

门店所在地	合计(个)		直营门店(个)		加盟门店(个)	
	2009年	2008年	2009年	2008年	2009年	2008年
全　国	**13739**	**12645**	**9477**	**8345**	**4262**	**4300**
北　京	1900	1711	1712	1514	188	197
天　津	272	248	240	219	32	29
河　北	262	325	93	133	169	192
山　西	224	230	101	92	123	138
内蒙古	234	203	88	73	146	130
辽　宁	316	307	260	242	56	65
吉　林	106	89	64	64	42	25
黑龙江	194	179	130	126	64	53
上　海	1210	1060	1105	911	105	149
江　苏	1064	1028	803	674	261	354
浙　江	1088	939	817	680	271	259
安　徽	341	301	204	149	137	152
福　建	570	497	249	224	321	273
江　西	156	134	92	83	64	51
山　东	550	495	342	293	208	202
河　南	377	368	190	166	187	202
湖　北	391	361	275	250	116	111
湖　南	241	202	176	150	65	52
广　东	1867	1789	1752	1660	115	129
广　西	111	106	69	63	42	43
海　南	35	31	30	27	5	4
重　庆	762	696	218	170	544	526
四　川	714	647	193	145	521	502
贵　州	53	45	28	27	25	18
云　南	223	184	96	77	127	107
西　藏	23	9	5	3	18	6
陕　西	157	155	63	46	94	109
甘　肃	88	90	13	8	75	82
青　海	27	25	18	16	9	9
宁　夏	27	29	5	6	22	23
新　疆	129	131	41	40	88	91
港澳台及国外	27	31	5	14	22	17

3-11　连锁餐饮企业配送中心分布情况

所在地	配送中心数(个)		自有配送中心数(个)	
	2009年	2008年	2009年	2008年
全　国	**502**	**483**	**219**	**211**
北　京	41	42	31	30
天　津	6	5	3	3
河　北	14	9	1	1
山　西	18	17	2	2
内蒙古	48	38	5	5
辽　宁	33	26	30	25
吉　林	7	4	2	2
黑龙江	12	10	4	4
上　海	7	7	6	6
江　苏	41	47	16	18
浙　江	29	29	23	23
安　徽	29	24	4	4
福　建	17	18	11	13
江　西	7	4	2	2
山　东	16	16	10	9
河　南	11	11	4	4
湖　北	8	7	6	4
湖　南	9	9	6	4
广　东	97	105	25	25
广　西	4	2		
海　南				
重　庆	14	13	12	11
四　川	3	3	2	2
贵　州				
云　南	4	4	4	4
西　藏				
陕　西	18	23	2	2
甘　肃				
青　海	2	2	2	2
宁　夏	2	3	1	1
新　疆	5	5	5	5

3-12 连锁餐饮企业门店在36城市分布情况

门店所在地	合计(个)		直营门店(个)		加盟门店(个)	
	2009年	2008年	2009年	2008年	2009年	2008年
合　计	**8543**	**7727**	**6795**	**5930**	**1748**	**1797**
北　京	1900	1711	1712	1514	188	197
天　津	272	248	240	219	32	29
石家庄	48	35	9	8	39	27
太　原	97	97	53	48	44	49
呼和浩特	35	33	16	12	19	21
沈　阳	135	118	125	106	10	12
大　连	98	97	76	75	22	22
长　春	44	44	39	40	5	4
哈尔滨	117	120	105	106	12	14
上　海	1210	1060	1105	911	105	149
南　京	255	255	212	188	43	67
杭　州	359	316	309	271	50	45
宁　波	155	126	129	104	26	22
合　肥	113	86	90	61	23	25
福　州	129	85	61	62	68	23
厦　门	254	241	103	88	151	153
南　昌	54	59	48	52	6	7
济　南	67	58	45	33	22	25
青　岛	248	210	242	206	6	4
郑　州	87	96	63	43	24	53
武　汉	227	213	206	185	21	28
长　沙	91	72	82	61	9	11
广　州	535	525	491	475	44	50
深　圳	612	574	598	554	14	20
南　宁	41	64	35	33	6	31
海　口	23	21	19	17	4	4
重　庆	762	696	218	170	544	526
成　都	221	169	140	105	81	64
贵　阳	26	28	21	23	5	5
昆　明	111	88	67	55	44	33
拉　萨	16	3	5		11	3
西　安	74	59	59	44	15	15
兰　州	28	27	12	8	16	19
西　宁	23	19	18	14	5	5
银　川	13	14	5	6	8	8
乌鲁木齐	63	60	37	33	26	27

3-13　连锁餐饮企业配送中心在36城市分布情况

所在地	配送中心数(个)		自有配送中心数(个)	
	2009年	2008年	2009年	2008年
合　计	**284**	**297**	**167**	**163**
北　京	41	42	31	30
天　津	6	5	3	3
石家庄				
太　原	3	3	2	2
呼和浩特	6	8		
沈　阳	29	23	28	22
大　连	2	3	2	3
长　春	2	2	2	2
哈尔滨	3	3	3	3
上　海	7	7	6	6
南　京	10	19	5	6
杭　州	23	23	16	17
宁　波	3	3	3	3
合　肥	4			
福　州	5	8	3	5
厦　门	6	6	5	5
南　昌	2	2	2	2
济　南	3	3	2	2
青　岛	5	5	5	5
郑　州	3	3	1	1
武　汉	5	5	4	4
长　沙				
广　州	78	86	10	10
深　圳	12	12	10	10
南　宁				
海　口				
重　庆	14	13	12	11
成　都				
贵　阳				
昆　明	3	3	3	3
拉　萨				
西　安	2	2	2	2
兰　州				
西　宁	2	2	2	2
银　川	1	2	1	1
乌鲁木齐	4	4	4	3

第四部分

餐饮企业地区篇

4-1　各地区连锁餐饮企业基本情况

项　目	连锁总店数（个）	门店数（个）		年末从业人员（人）		年末餐饮营业面积（平方米）		年末餐位数（位）	
	2009年	2009年	2008年	2009年	2008年	2009年	2008年	2009年	2008年
全　国	**426**	**13739**	**12645**	**651837**	**619822**	**6915547**	**6385841**	**2489416**	**2204598**
北　京	80	2054	1833	84623	79570	1146177	1019953	318299	295258
天　津	11	263	298	17665	13412	52591	52041	34787	30518
河　北	4	12	17	1093	1251	18675	24855	3834	5279
山　西	6	79	72	6616	6113	65372	63246	22236	21491
内蒙古	8	1067	1257	78650	92245	588744	666539	172799	190420
辽　宁	9	362	347	7768	7536	165600	162467	80388	31341
吉　林	1	2	2	25	15	1500	1500	120	120
黑龙江	7	54	53	2306	2198	49694	47692	13431	13138
上　海	19	1312	1049	52190	44273	384392	329990	175154	100353
江　苏	24	920	833	41985	39176	320394	296712	114959	104891
浙　江	33	1180	1022	44710	42826	774585	672969	206900	180446
安　徽	7	144	106	6569	6358	252572	200756	46496	39214
福　建	17	789	722	24085	21463	165512	154572	68663	64841
江　西	9	68	60	5035	4601	44572	41510	18569	17516
山　东	17	274	236	14475	11797	128394	118783	46575	41081
河　南	16	164	147	6108	5535	69136	64881	32386	29018
湖　北	27	284	252	20922	21999	295586	287646	91287	80436
湖　南	10	153	130	9803	9032	82704	77269	23360	22373
广　东	64	1840	1725	80988	87023	690167	636250	244667	230529
广　西	2	58	48	2646	2958	21649	19166	5989	5257
海　南									
重　庆	21	1967	1828	112458	97136	1291640	1159075	651440	595055
四　川	10	346	291	18095	11508	156499	145766	59926	52088
贵　州	1	10	13	1039	1148	22098	25339	2595	3499
云　南	7	188	166	6133	4962	72758	70178	36517	34222
西　藏	1	3	3	83	97	440	460	184	125
陕　西	3	39	29	2730	2390	25724	20649	6934	5374
甘　肃	1	4	4	710	705	5360	5360	1164	1441
青　海	5	15	13	472	360	5462	3167	2160	1692
宁　夏	1	7	7	318	300	4860	4860	2460	2460
新　疆	5	81	82	1537	1835	12690	12190	5137	5122

4-2 各地区连锁餐饮企业直营门店基本情况

项 目	门店数（个）		年末从业人员（人）		年末餐饮营业面积（平方米）		年末餐位数（个）	
	2009年	2008年	2009年	2008年	2009年	2008年	2009年	2008年
全 国	**9477**	**8345**	**453935**	**420501**	**4720900**	**4208187**	**1606583**	**1336131**
北 京	1826	1624	73695	69102	878439	803334	270235	252275
天 津	245	275	17462	13197	51456	51189	34527	30308
河 北	12	13	1093	1033	18675	19775	3834	4519
山 西	69	62	5573	5138	49462	47336	17208	16463
内蒙古	227	215	31196	27591	236242	198760	65446	55313
辽 宁	362	347	7768	7536	165600	162467	80388	31341
吉 林	2	2	25	15	1500	1500	120	120
黑龙江	54	53	2306	2198	49694	47692	13431	13138
上 海	1290	1034	52038	44172	379805	326943	172989	98784
江 苏	800	671	39437	36057	282229	258351	105639	92251
浙 江	812	668	35594	33368	602343	492819	157582	128863
安 徽	127	88	5018	4915	188125	157011	41360	34577
福 建	253	257	11327	10653	95372	87814	31871	30116
江 西	68	60	5035	4601	44572	41510	18569	17516
山 东	274	236	14475	11797	128394	118783	46575	41081
河 南	163	145	6088	5491	68636	63881	32216	28806
湖 北	280	248	20076	21831	287780	283340	87377	79891
湖 南	151	128	9583	8772	78704	73269	22960	21973
广 东	1767	1653	76941	82884	644868	590903	235237	220858
广 西	58	48	2646	2958	21649	19166	5989	5257
海 南								
重 庆	270	215	17833	13305	243124	184174	97319	76702
四 川	168	126	9630	5868	92068	73110	31448	24485
贵 州	10	13	1039	1148	22098	25339	2595	3499
云 南	94	79	3095	2004	44512	41818	16784	14876
西 藏	3	3	83	97	440	460	184	125
陕 西	39	29	2730	2390	25724	20649	6934	5374
甘 肃	4	4	710	705	5360	5360	1164	1441
青 海	15	13	472	360	5462	3167	2160	1692
宁 夏	1	1	50	48	827	827	500	500
新 疆	33	35	917	1267	7740	7440	3942	3987

4-3 各地区连锁餐饮企业加盟门店基本情况

项　目	门店数（个）		年末从业人员（人）		年末餐饮营业面积（平方米）		年末餐位数（个）	
	2009年	2008年	2009年	2008年	2009年	2008年	2009年	2008年
全　国	**4262**	**4300**	**197902**	**199321**	**2194647**	**2177654**	**882833**	**868467**
北　京	228	209	10928	10468	267738	216619	48064	42983
天　津	18	23	203	215	1135	852	260	210
河　北		4		218		5080		760
山　西	10	10	1043	975	15910	15910	5028	5028
内蒙古	840	1042	47454	64654	352502	467779	107353	135107
辽　宁								
吉　林								
黑龙江								
上　海	22	15	152	101	4587	3047	2165	1569
江　苏	120	162	2548	3119	38165	38361	9320	12640
浙　江	368	354	9116	9458	172242	180150	49318	51583
安　徽	17	18	1551	1443	64447	43745	5136	4637
福　建	536	465	12758	10810	70140	66758	36792	34725
江　西								
山　东								
河　南	1	2	20	44	500	1000	170	212
湖　北	4	4	846	168	7806	4306	3910	545
湖　南	2	2	220	260	4000	4000	400	400
广　东	73	72	4047	4139	45299	45347	9430	9671
广　西								
海　南								
重　庆	1697	1613	94625	83831	1048516	974901	554121	518353
四　川	178	165	8465	5640	64431	72656	28478	27603
贵　州								
云　南	94	87	3038	2958	28246	28360	19733	19346
西　藏								
陕　西								
甘　肃								
青　海								
宁　夏	6	6	268	252	4033	4033	1960	1960
新　疆	48	47	620	568	4950	4750	1195	1135

4-4 各地区连锁餐饮

项目	商品购进总额		统一配送商品购进额		自有配送中心配送商品购进额	
	2009年	2008年	2009年	2008年	2009年	2008年
全国	**3619986**	**3238624**	**2398409**	**2122298**	**1379529**	**1214582**
北京	541548	545557	327002	342661	154613	154203
天津	93089	89067	3918	3387	2102	2462
河北	5853	6904	383	636	383	636
山西	23616	23640	17098	16908	16889	16678
内蒙古	499317	402091	354997	265972	259143	182917
辽宁	145003	125261	145002	125260	27091	22031
吉林	155	194				
黑龙江	11151	11859	8951	9801	1437	1367
上海	279162	206774	236942	170517	26062	25431
江苏	247425	241281	229063	223745	103971	101922
浙江	250644	214752	224684	193845	201646	171036
安徽	26537	23891	12450	10705	10455	9559
福建	89859	78817	64479	69752	28466	31441
江西	44283	41803	38510	36419	37908	35709
山东	56549	49854	48109	41704	45816	39401
河南	30352	25148	23489	20662	281	267
湖北	120618	116755	80	70		
湖南	72447	63312	64649	55461	56681	49295
广东	447315	420810	353444	332403	250786	243325
广西	17993	15712	17993	15712		
海南						
重庆	481755	416903	164664	136003	122964	99574
四川	73461	62625	17704	12452	810	800
贵州	9252	10085				
云南	28270	24606	26411	22693	15929	12966
西藏	16	12				
陕西	11172	8671	6720	5195	6720	5195
甘肃	2019	2365	1212	1064		
青海	1186	985	542	401		
宁夏	1240	1160	1240	1160	700	660
新疆	8699	7730	8676	7708	8676	7708

企业经营情况

单位：万元

非自有配送中心配送商品购进额		营业额		餐费收入及商品销售额	
2009年	2008年	2009年	2008年	2009年	2008年
507392	**447807**	**8793193**	**7956901**	**8785479**	**7952124**
91040	59581	1371676	1111678	1368428	1110121
		266683	239964	266563	239964
		14568	14095	14568	14095
		75501	76303	75501	76303
95855	83056	1199948	1166284	1199948	1166284
13419	13372	341921	307782	341666	307550
		206	294	206	294
2902	2917	27968	27873	27968	27873
79005	79417	708210	621921	708210	621921
89607	94479	528851	514515	528851	514515
17807	21778	758371	632700	758252	632494
1755	898	66666	59211	66666	59211
8531	10929	288309	310987	288309	310984
602	710	49795	47939	49794	47939
2105	2111	212288	193033	211625	192790
106	120	75785	61550	75785	61550
		303838	281923	302099	280674
3375	2649	93316	82066	93111	82001
66426	49471	1113481	1089176	1112840	1088452
		42165	37657	42165	37657
18118	14407	906975	793936	906812	793936
5428	1537	200395	163569	199857	163073
		15370	16379	15370	16379
10229	9474	79878	64027	79878	64023
		337	310	337	310
		17895	13222	17873	13222
		5542	5625	5542	5625
542	401	3987	1236	3987	1236
540	500	1950	1600	1950	1600
		21322	20051	21322	20051

4-5 各地区连锁餐饮企业

项目	商品购进总额		统一配送商品购进额		自有配送中心配送商品购进额	
	2009年	2008年	2009年	2008年	2009年	2008年
全国	**2801928**	**2509620**	**1999749**	**1762929**	**1108885**	**972848**
北京	486648	496438	315866	336092	146259	150998
天津	90805	86890	3918	3387	2102	2462
河北	5853	4473	383	636	383	636
山西	20702	20838	17098	16908	16889	16678
内蒙古	206052	159034	154751	100575	120502	69445
辽宁	145003	125261	145002	125260	27091	22031
吉林	155	194				
黑龙江	11151	11859	8951	9801	1437	1367
上海	276415	204731	236942	170517	26062	25431
江苏	244883	227120	227197	213719	102604	97277
浙江	234379	200847	208860	180380	190983	161334
安徽	19763	16911	10695	9134	10455	8886
福建	53215	49264	44008	44830	15085	15617
江西	44283	41803	38510	36419	37908	35709
山东	56549	49854	48109	41704	45816	39401
河南	30335	25138	23489	20662	281	267
湖北	119221	115231	80	70		
湖南	70374	61470	62576	53618	54608	47452
广东	436182	409060	346803	324026	245568	236407
广西	17993	15712	17993	15712		
海南						
重庆	129710	102341	37886	19870	34465	16472
四川	53129	41524	17704	12452	810	800
贵州	9252	10085				
云南	17423	14331	16411	13327	15051	12036
西藏	16	12				
陕西	11172	8671	6720	5195	6720	5195
甘肃	2019	2365	1212	1064		
青海	1186	985	542	401		
宁夏	440	400	440	400	200	180
新疆	7620	6780	7606	6768	7606	6768

直营门店经营情况

单位：万元

非自有配送中心配送商品购进额		营业额		餐费收入及商品销售额	
2009年	2008年	2009年	2008年	2009年	2008年
407093	**356901**	**6699651**	**5871126**	**6692391**	**5867352**
90903	59466	1260466	1005896	1257218	1004907
		263170	236615	263050	236615
		14568	12490	14568	12490
		69857	70495	69857	70495
34250	31130	313920	259170	313920	259170
13419	13372	341921	307782	341666	307550
		206	294	206	294
2902	2917	27968	27873	27968	27873
79005	79417	697411	614862	697411	614861
89176	89098	520372	487134	520373	487134
12646	18015	681003	551191	680885	550985
		54179	48308	54179	48308
1441	1831	165558	162478	165558	162475
602	710	49795	47939	49794	47939
2105	2111	212288	193033	211625	192790
106	120	75757	61482	75757	61482
		300982	279893	299243	278643
3375	2649	91750	79766	91545	79701
66426	49471	1089008	1064209	1088367	1063485
		42165	37657	42165	37657
3420	3399	196211	136964	196048	136964
5428	1537	121710	95860	121625	95800
		15370	16379	15370	16379
1108	1038	47110	34971	47110	34967
		337	310	337	310
		17895	13222	17873	13222
		5542	5625	5542	5625
542	401	3987	1236	3987	1236
240	220	917	657	917	657
		18230	17341	18230	17341

4-6 各地区连锁餐饮企业

项　目	商品购进总额		统一配送商品购进额		自有配送中心配送商品购进额	
	2009年	2008年	2009年	2008年	2009年	2008年
全　国	**818058**	**729004**	**398660**	**359369**	**270644**	**241734**
北　京	54901	49119	11136	6568	8355	3205
天　津	2284	2177				
河　北		2432				
山　西	2914	2802				
内蒙古	293266	243056	200246	165397	138641	113471
辽　宁						
吉　林						
黑龙江						
上　海	2747	2044				
江　苏	2542	14161	1866	10026	1366	4645
浙　江	16265	13905	15825	13465	10663	9702
安　徽	6774	6981	1755	1571		673
福　建	36644	29553	20471	24922	13381	15824
江　西						
山　东						
河　南	17	10				
湖　北	1397	1524				
湖　南	2073	1843	2073	1843	2073	1843
广　东	11133	11750	6641	8377	5218	6918
广　西						
海　南						
重　庆	352045	314562	126778	116133	88499	83102
四　川	20332	21102				
贵　州						
云　南	10847	10275	10000	9366	879	930
西　藏						
陕　西						
甘　肃						
青　海						
宁　夏	800	760	800	760	500	480
新　疆	1080	950	1070	940	1070	940

加盟门店经营情况

单位：万元

非自有配送中心配送商品购进额		营业额		餐费收入及商品销售额	
2009年	2008年	2009年	2008年	2009年	2008年
100298	**90906**	**2093541**	**2085775**	**2093088**	**2084772**
137	116	111210	105782	111210	105214
		3513	3349	3513	3349
			1605		1605
		5643	5808	5643	5808
61605	51926	886028	907114	886028	907114
		10798	7060	10798	7060
431	5381	8478	27381	8478	27381
5161	3763	77368	81509	77368	81509
1755	898	12488	10904	12488	10904
7090	9098	122752	148509	122751	148509
		28	68	28	68
		2855	2030	2855	2030
		1566	2300	1566	2300
		24473	24967	24473	24967
14698	11009	710764	656972	710764	656972
		78685	67709	78232	67274
9121	8436	32768	29056	32768	29056
300	280	1033	943	1033	943
		3091	2710	3091	2710

4-7 按登记注册类型分各地区连锁餐饮企业基本情况

内资企业

项目	连锁总店数(个)	门店数(个)		年末从业人员(人)		年末餐饮营业面积(平方米)		年末餐位数(位)	
	2009年	2009年	2008年	2009年	2008年	2009年	2008年	2009年	2008年
全　国	**291**	**6061**	**5854**	**287754**	**282738**	**3893953**	**3647111**	**1274404**	**1196938**
北　京	58	839	793	38020	35391	666308	585547	159850	148566
天　津	6	61	75	845	923	11957	11754	3164	3410
河　北	4	12	17	1093	1251	18675	24855	3834	5279
山　西	5	32	32	4316	4013	46240	46240	15486	15491
内蒙古	7	648	867	35367	54069	326968	435859	92004	119223
辽　宁	1	3	3	404	278	10500	10500	1310	1310
吉　林									
黑龙江	2	22	22	799	678	8865	8861	4840	4791
上　海	5	66	54	2384	2019	29584	26734	8290	7329
江　苏	16	372	347	8729	8800	111895	108731	40592	38230
浙　江	26	484	355	16207	14155	419779	323296	102055	77981
安　徽	6	123	89	5390	5158	243222	198706	42972	37394
福　建	10	595	549	15810	13550	97261	88683	46961	44739
江　西	8	27	27	2057	2104	27124	27724	12671	12765
山　东	12	64	62	2313	2046	72619	72111	14337	14008
河　南	13	68	69	2085	2019	32554	33164	13025	12575
湖　北	21	91	88	11970	13060	216911	217280	63793	55677
湖　南	8	37	37	2229	2376	41140	39290	9063	8855
广　东	41	738	702	30817	30380	308720	292987	89797	86950
广　西									
海　南									
重　庆	16	1456	1340	90317	76847	1008990	892903	489413	441773
四　川	6	81	94	8515	5929	71744	83904	19094	20437
贵　州	1	10	13	1039	1148	22098	25339	2595	3499
云　南	4	101	99	1966	1976	50703	50397	23831	23054
西　藏	1	3	3	83	97	440	460	184	125
陕　西	3	39	29	2730	2390	25724	20649	6934	5374
甘　肃	1	4	4	710	705	5360	5360	1164	1441
青　海	5	15	13	472	360	5462	3167	2160	1692
宁　夏	1	7	7	318	300	4860	4860	2460	2460
新　疆	4	63	64	769	716	8250	7750	2525	2510

4-7 续表 1

国有企业

项目	连锁总店数(个)	门店数(个)		年末从业人员(人)		年末餐饮营业面积(平方米)		年末餐位数(位)	
	2009年	2009年	2008年	2009年	2008年	2009年	2008年	2009年	2008年
全　国	**4**	**18**	**17**	**1041**	**858**	**17294**	**15930**	**4129**	**3829**
北　京									
天　津	1	4	3	28	18	300	200	280	280
河　北									
山　西									
内蒙古									
辽　宁									
吉　林									
黑龙江									
上　海	1	6	6	605	514	8200	8143	1710	1710
江　苏									
浙　江	1	5	5	127	132	2487	2487	1016	1016
安　徽									
福　建	1	3	3	281	194	6307	5100	1123	823
江　西									
山　东									
河　南									
湖　北									
湖　南									
广　东									
广　西									
海　南									
重　庆									
四　川									
贵　州									
云　南									
西　藏									
陕　西									
甘　肃									
青　海									
宁　夏									
新　疆									

4-7 续表 2

集体企业

项 目	连锁总店数(个)	门店数(个)		年末从业人员(人)		年末餐饮营业面积(平方米)		年末餐位数(位)	
	2009年	2009年	2008年	2009年	2008年	2009年	2008年	2009年	2008年
全 国	**5**	**29**	**29**	**1032**	**1012**	**18703**	**18001**	**4370**	**4560**
北 京									
天 津									
河 北									
山 西									
内蒙古									
辽 宁									
吉 林									
黑龙江									
上 海	1	7	7	87	109	2000	2000	500	500
江 苏									
浙 江									
安 徽									
福 建									
江 西									
山 东									
河 南	1	3	3	82	80	312	312	145	145
湖 北									
湖 南									
广 东	3	19	19	863	823	16391	15689	3725	3915
广 西									
海 南									
重 庆									
四 川									
贵 州									
云 南									
西 藏									
陕 西									
甘 肃									
青 海									
宁 夏									
新 疆									

4-7 续表 3

股份合作企业

项目	连锁总店数(个)	门店数(个)		年末从业人员(人)		年末餐饮营业面积(平方米)		年末餐位数(位)	
	2009年	2009年	2008年	2009年	2008年	2009年	2008年	2009年	2008年
全国	**7**	**80**	**92**	**8045**	**5891**	**68840**	**80630**	**20878**	**22927**
北京	2	9	9	299	450	6050	7250	2254	2790
天津									
河北									
山西									
内蒙古									
辽宁									
吉林									
黑龙江									
上海									
江苏									
浙江									
安徽									
福建									
江西									
山东									
河南									
湖北	1	3	3	170	172	4500	4500	800	800
湖南									
广东	3	11	11	1215	1189	25089	22589	6345	6295
广西									
海南									
重庆									
四川	1	57	69	6361	4080	33201	46291	11479	13042
贵州									
云南									
西藏									
陕西									
甘肃									
青海									
宁夏									
新疆									

4-7 续表 4

有限责任公司

项　目	连锁总店数(个)	门店数(个)		年末从业人员(人)		年末餐饮营业面积(平方米)		年末餐位数(位)	
	2009年	2009年	2008年	2009年	2008年	2009年	2008年	2009年	2008年
全　国	**74**	**1791**	**1704**	**98305**	**91262**	**1304871**	**1191500**	**468808**	**428537**
北　京	20	295	273	8948	8624	145875	136313	45551	43890
天　津	3	42	51	452	478	7745	5687	1608	1369
河　北									
山　西	1	4	4	1400	1200	14620	14620	4120	4120
内蒙古	4	207	192	3492	2667	45843	46988	11394	10918
辽　宁									
吉　林									
黑龙江									
上　海	1	26	21	636	587	8605	7690	1410	1260
江　苏	2	12	12	385	389	3050	3050	999	999
浙　江	4	24	27	3302	3937	102803	98107	17325	18200
安　徽									
福　建	3	146	138	983	773	7262	6171	2488	2350
江　西	1	2	2	64	95	520	520	391	485
山　东	1	4	4	62	61	1500	1500	1100	1100
河　南	3	15	17	215	239	7992	8242	1630	1310
湖　北	9	46	39	5916	7336	97789	89664	34497	25565
湖　南	1	5	4	480	480	11200	10000	2480	2300
广　东	11	298	271	16671	16266	131020	118983	44959	42435
广　西									
海　南									
重　庆	3	587	578	51507	44631	665164	592448	275958	250933
四　川	1	4	3	326	203	10800	8600	2200	1800
贵　州									
云　南	3	55	50	1496	1388	23803	23937	15771	14626
西　藏									
陕　西	2	17	16	1910	1820	18000	17700	4187	4137
甘　肃									
青　海	1	2	2	60	88	1280	1280	740	740
宁　夏									
新　疆									

4-7 续表 5

股份有限公司

项　目	连锁总店数(个)	门店数(个)		年末从业人员(人)		年末餐饮营业面积(平方米)		年末餐位数(位)	
	2009年	2009年	2008年	2009年	2008年	2009年	2008年	2009年	2008年
全　国	**13**	**801**	**949**	**54012**	**70578**	**645386**	**693971**	**154304**	**164680**
北　京	2	88	87	13752	13359	286609	239938	39306	34721
天　津									
河　北									
山　西	1	5	5	503	521	5630	5630	1980	1985
内蒙古	2	420	654	31225	50792	272612	382560	76830	104794
辽　宁	1	3	3	404	278	10500	10500	1310	1310
吉　林									
黑龙江									
上　海									
江　苏									
浙　江	3	227	174	3511	3104	27835	24343	10990	10130
安　徽									
福　建									
江　西	1	2	2	280	263	3000	3000	1760	1760
山　东									
河　南									
湖　北	1	6	7	1647	1441	18000	20000	4128	4200
湖　南	1	2	2	145	145	2000	2000	1200	1200
广　东									
广　西									
海　南									
重　庆	1	48	15	2545	675	19200	6000	16800	4580
四　川									
贵　州									
云　南									
西　藏									
陕　西									
甘　肃									
青　海									
宁　夏									
新　疆									

4-7 续表 6

私营企业

项　目	连锁总店数(个)	门店数(个)		年末从业人员(人)		年末餐饮营业面积(平方米)		年末餐位数(位)	
	2009年	2009年	2008年	2009年	2008年	2009年	2008年	2009年	2008年
全　国	**186**	**3319**	**3043**	**123842**	**111803**	**1817279**	**1626219**	**613733**	**564601**
北　京	34	447	424	15021	12958	227774	202046	72739	67165
天　津	2	15	21	365	427	3912	5867	1276	1761
河　北	4	12	17	1093	1251	18675	24855	3834	5279
山　西	2	10	10	1070	1047	6580	6580	2912	2912
内蒙古	1	21	21	650	610	8513	6311	3780	3511
辽　宁									
吉　林									
黑龙江	2	22	22	799	678	8865	8861	4840	4791
上　海	2	27	20	1056	809	10779	8901	4670	3859
江　苏	14	360	335	8344	8411	108845	105681	39593	37231
浙　江	18	228	149	9267	6982	286654	198359	72724	48635
安　徽	6	123	89	5390	5158	243222	198706	42972	37394
福　建	6	446	408	14546	12583	83692	77412	43350	41566
江　西	6	23	23	1713	1746	23604	24204	10520	10520
山　东	11	60	58	2251	1985	71119	70611	13237	12908
河　南	9	50	49	1788	1700	24250	24610	11250	11120
湖　北	10	36	39	4237	4111	96622	103116	24368	25112
湖　南	6	30	31	1604	1751	27940	27290	5383	5355
广　东	24	410	401	12068	12102	136220	135726	34768	34305
广　西									
海　南									
重　庆	11	811	740	36131	31452	322456	293005	194947	184930
四　川	4	20	22	1828	1646	27743	29013	5415	5595
贵　州	1	10	13	1039	1148	22098	25339	2595	3499
云　南	1	46	49	470	588	26900	26460	8060	8428
西　藏	1	3	3	83	97	440	460	184	125
陕　西	1	22	13	820	570	7724	2949	2747	1237
甘　肃	1	4	4	710	705	5360	5360	1164	1441
青　海	4	13	11	412	272	4182	1887	1420	952
宁　夏	1	7	7	318	300	4860	4860	2460	2460
新　疆	4	63	64	769	716	8250	7750	2525	2510

4-7 续表 7

其他企业

项　　目	连锁总店数(个)	门店数(个)		年末从业人员(人)		年末餐饮营业面积(平方米)		年末餐位数(位)	
	2009年	2009年	2008年	2009年	2008年	2009年	2008年	2009年	2008年
全　国	**2**	**23**	**20**	**1477**	**1334**	**21580**	**20860**	**8182**	**7804**
北　京									
天　津									
河　北									
山　西	1	13	13	1343	1245	19410	19410	6474	6474
内蒙古									
辽　宁									
吉　林									
黑龙江									
上　海									
江　苏									
浙　江									
安　徽									
福　建									
江　西									
山　东									
河　南									
湖　北									
湖　南									
广　东									
广　西									
海　南									
重　庆	1	10	7	134	89	2170	1450	1708	1330
四　川									
贵　州									
云　南									
西　藏									
陕　西									
甘　肃									
青　海									
宁　夏									
新　疆									

4-7 续表 8

港、澳、台商投资企业

项目	连锁总店数（个）	门店数（个）		年末从业人员（人）		年末餐饮营业面积（平方米）		年末餐位数（位）	
	2009年	2009年	2008年	2009年	2008年	2009年	2008年	2009年	2008年
全国	**50**	**1635**	**1327**	**55527**	**55544**	**573828**	**509504**	**214810**	**190902**
北京	7	395	301	9528	8834	175837	165488	58442	55215
天津	2	10	9	160	141	2450	2170	1660	1450
河北									
山西									
内蒙古									
辽宁	3	48	40	1110	1149	16680	14247	5754	5138
吉林									
黑龙江	2	13	12	400	373	14476	12478	3425	3288
上海	7	570	437	23165	20592	173846	151804	60908	53824
江苏	2	108	107	4061	4116	28324	29673	10727	9411
浙江	1	14	11	329	241	2460	2072	1696	1416
安徽	1	21	17	1179	1200	9350	2050	3524	1820
福建	3	68	61	2341	2541	19539	16888	10764	10054
江西									
山东	2	9	9	152	166	2564	2564	1160	1160
河南									
湖北	2	8	8	476	482	2518	2578	666	576
湖南									
广东	11	221	203	6591	10912	74771	68697	29691	27181
广西	1	21	17	633	633	6372	5384	2393	2157
海南									
重庆	2	9	8	474	379	1149	1027	1662	1216
四川	2	62	39	2577	1799	29237	19919	12662	8409
贵州									
云南	2	58	48	2351	1986	14255	12465	9676	8587
西藏									
陕西									
甘肃									
青海									
宁夏									
新疆									

4-7 续表 9

外商投资企业

项　目	连锁总店数（个）	门店数（个）		年末从业人员（人）		年末餐饮营业面积（平方米）		年末餐位数（位）	
	2009年	2009年	2008年	2009年	2008年	2009年	2008年	2009年	2008年
全　国	**85**	**6043**	**5464**	**308556**	**281540**	**2447766**	**2229226**	**1000202**	**816758**
北　京	15	820	739	37075	35345	304032	268918	100007	91477
天　津	3	192	214	16660	12348	38184	38117	29963	25658
河　北									
山　西	1	47	40	2300	2100	19132	17006	6750	6000
内蒙古	1	419	390	43283	38176	261776	230680	80795	71197
辽　宁	5	311	304	6254	6109	138420	137720	73324	24893
吉　林	1	2	2	25	15	1500	1500	120	120
黑龙江	3	19	19	1107	1147	26353	26353	5166	5059
上　海	7	676	558	26641	21662	180962	151452	105956	39200
江　苏	6	440	379	29195	26260	180175	158308	63640	57250
浙　江	6	682	656	28174	28430	352346	347601	103149	101049
安　徽									
福　建	4	126	112	5934	5372	48712	49001	10938	10048
江　西	1	41	33	2978	2497	17448	13786	5898	4751
山　东	3	201	165	12010	9585	53211	44108	31078	25913
河　南	3	96	78	4023	3516	36582	31717	19361	16443
湖　北	4	185	156	8476	8457	76157	67788	26828	24183
湖　南	2	116	93	7574	6656	41564	37979	14297	13518
广　东	12	881	820	43580	45731	306676	274566	125179	116398
广　西	1	37	31	2013	2325	15277	13782	3596	3100
海　南									
重　庆	3	502	480	21667	19910	281501	265145	160365	152066
四　川	2	203	158	7003	3780	55518	41943	28170	23242
贵　州									
云　南	1	29	19	1816	1000	7800	7316	3010	2581
西　藏									
陕　西									
甘　肃									
青　海									
宁　夏									
新　疆	1	18	18	768	1119	4440	4440	2612	2612

4-8 按登记注册类型分各地区连锁餐饮企业直营门店基本情况

内资企业

项目	门店数(个)		年末从业人员(人)		年末餐饮营业面积(平方米)		年末餐位数(个)	
	2009年	2008年	2009年	2008年	2009年	2008年	2009年	2008年
全国	**3043**	**2739**	**136729**	**126998**	**2229821**	**1964905**	**620490**	**545285**
北京	678	636	28433	25898	427690	384967	117582	109527
天津	43	52	642	708	10822	10902	2904	3200
河北	12	13	1093	1033	18675	19775	3834	4519
山西	22	22	3273	3038	30330	30330	10458	10463
内蒙古	62	69	4144	2951	75308	52176	15776	10072
辽宁	3	3	404	278	10500	10500	1310	1310
吉林								
黑龙江	22	22	799	678	8865	8861	4840	4791
上海	66	54	2384	2019	29584	26734	8290	7329
江苏	261	192	6446	5894	77330	72870	31992	26270
浙江	412	310	15551	13587	410287	315096	98806	74667
安徽	106	71	3839	3715	178775	154961	37836	32757
福建	59	84	3052	2740	27121	21925	10169	10014
江西	27	27	2057	2104	27124	27724	12671	12765
山东	64	62	2313	2046	72619	72111	14337	14008
河南	67	67	2065	1975	32054	32164	12855	12363
湖北	88	85	11193	12961	209211	213080	59983	55232
湖南	35	35	2009	2116	37140	35290	8663	8455
广东	685	655	27990	28013	270421	256507	83367	81145
广西								
海南								
重庆	168	123	11289	7961	151006	99242	51231	34370
四川	28	29	1825	1757	30741	31051	7211	7554
贵州	10	13	1039	1148	22098	25339	2595	3499
云南	48	48	695	630	31007	29837	11508	10468
西藏	3	3	83	97	440	460	184	125
陕西	39	29	2730	2390	25724	20649	6934	5374
甘肃	4	4	710	705	5360	5360	1164	1441
青海	15	13	472	360	5462	3167	2160	1692
宁夏	1	1	50	48	827	827	500	500
新疆	15	17	149	148	3300	3000	1330	1375

4-8 续表 1

国有企业

项　目	门店数(个)		年末从业人员(人)		年末餐饮营业面积(平方米)		年末餐位数(个)	
	2009年	2008年	2009年	2008年	2009年	2008年	2009年	2008年
全　国	**18**	**17**	**1041**	**858**	**17294**	**15930**	**4129**	**3829**
北　京								
天　津	4	3	28	18	300	200	280	280
河　北								
山　西								
内蒙古								
辽　宁								
吉　林								
黑龙江								
上　海	6	6	605	514	8200	8143	1710	1710
江　苏								
浙　江	5	5	127	132	2487	2487	1016	1016
安　徽								
福　建	3	3	281	194	6307	5100	1123	823
江　西								
山　东								
河　南								
湖　北								
湖　南								
广　东								
广　西								
海　南								
重　庆								
四　川								
贵　州								
云　南								
西　藏								
陕　西								
甘　肃								
青　海								
宁　夏								
新　疆								

4-8 续表 2

集体企业

项 目	门店数(个)		年末从业人员(人)		年末餐饮营业面积(平方米)		年末餐位数(个)	
	2009年	2008年	2009年	2008年	2009年	2008年	2009年	2008年
全 国	**29**	**29**	**1032**	**1012**	**18703**	**18001**	**4370**	**4560**
北 京								
天 津								
河 北								
山 西								
内蒙古								
辽 宁								
吉 林								
黑龙江								
上 海	7	7	87	109	2000	2000	500	500
江 苏								
浙 江								
安 徽								
福 建								
江 西								
山 东								
河 南	3	3	82	80	312	312	145	145
湖 北								
湖 南								
广 东	19	19	863	823	16391	15689	3725	3915
广 西								
海 南								
重 庆								
四 川								
贵 州								
云 南								
西 藏								
陕 西								
甘 肃								
青 海								
宁 夏								
新 疆								

4-8 续表 3

股份合作企业

项目	门店数(个)		年末从业人员(人)		年末餐饮营业面积(平方米)		年末餐位数(个)	
	2009年	2008年	2009年	2008年	2009年	2008年	2009年	2008年
全国	**34**	**34**	**2285**	**2411**	**41240**	**41180**	**11878**	**12927**
北京	9	9	299	450	6050	7250	2254	2790
天津								
河北								
山西								
内蒙古								
辽宁								
吉林								
黑龙江								
上海								
江苏								
浙江								
安徽								
福建								
江西								
山东								
河南								
湖北	3	3	170	172	4500	4500	800	800
湖南								
广东	11	11	1215	1189	25089	22589	6345	6295
广西								
海南								
重庆								
四川	11	11	601	600	5601	6841	2479	3042
贵州								
云南								
西藏								
陕西								
甘肃								
青海								
宁夏								
新疆								

4-8 续表 4

有限责任公司

项目	门店数（个）		年末从业人员（人）		年末餐饮营业面积（平方米）		年末餐位数（个）	
	2009年	2008年	2009年	2008年	2009年	2008年	2009年	2008年
全　国	**895**	**839**	**46155**	**46890**	**643338**	**581154**	**180729**	**167915**
北　京	283	263	7428	7354	105805	102243	34378	34466
天　津	24	28	249	263	6610	4835	1348	1159
河　北								
山　西	4	4	1400	1200	14620	14620	4120	4120
内蒙古	27	27	894	819	15306	15396	4221	3929
辽　宁								
吉　林								
黑龙江								
上　海	26	21	636	587	8605	7690	1410	1260
江　苏	11	11	355	359	2800	2800	949	949
浙　江	24	27	3302	3937	102803	98107	17325	18200
安　徽								
福　建	22	22	736	657	4777	3771	2488	2350
江　西	2	2	64	95	520	520	391	485
山　东	4	4	62	61	1500	1500	1100	1100
河　南	15	17	215	239	7992	8242	1630	1310
湖　北	43	39	5139	7336	90089	89664	30687	25565
湖　南	5	4	480	480	11200	10000	2480	2300
广　东	296	268	16410	16035	129120	116847	44209	41535
广　西								
海　南								
重　庆	64	59	6064	5027	99404	65002	20218	16467
四　川	4	3	326	203	10800	8600	2200	1800
贵　州								
云　南	22	22	425	330	12107	12337	6648	6043
西　藏								
陕　西	17	16	1910	1820	18000	17700	4187	4137
甘　肃								
青　海	2	2	60	88	1280	1280	740	740
宁　夏								
新　疆								

4-8 续表 5

股份有限公司

项　目	门店数(个)		年末从业人员(人)		年末餐饮营业面积(平方米)		年末餐位数(个)	
	2009年	2008年	2009年	2008年	2009年	2008年	2009年	2008年
全　国	**300**	**246**	**19993**	**15680**	**260363**	**205541**	**65330**	**44065**
北　京	35	33	8136	7459	119738	101638	17706	14721
天　津								
河　北								
山　西	5	5	503	521	5630	5630	1980	1985
内蒙古	35	42	3250	2132	60002	36780	11555	6143
辽　宁	3	3	404	278	10500	10500	1310	1310
吉　林								
黑龙江								
上　海								
江　苏								
浙　江	164	137	3083	2766	22293	19993	8891	8166
安　徽								
福　建								
江　西	2	2	280	263	3000	3000	1760	1760
山　东								
河　南								
湖　北	6	7	1647	1441	18000	20000	4128	4200
湖　南	2	2	145	145	2000	2000	1200	1200
广　东								
广　西								
海　南								
重　庆	48	15	2545	675	19200	6000	16800	4580
四　川								
贵　州								
云　南								
西　藏								
陕　西								
甘　肃								
青　海								
宁　夏								
新　疆								

4-8 续表 6

私营企业

项　目	门店数(个)		年末从业人员(人)		年末餐饮营业面积(平方米)		年末餐位数(个)	
	2009年	2008年	2009年	2008年	2009年	2008年	2009年	2008年
全　国	**1762**	**1570**	**65875**	**59856**	**1244863**	**1099399**	**351956**	**310198**
北　京	351	331	12570	10635	196097	173836	63244	57550
天　津	15	21	365	427	3912	5867	1276	1761
河　北	12	13	1093	1033	18675	19775	3834	4519
山　西	10	10	1070	1047	6580	6580	2912	2912
内蒙古								
辽　宁								
吉　林								
黑龙江	22	22	799	678	8865	8861	4840	4791
上　海	27	20	1056	809	10779	8901	4670	3859
江　苏	250	181	6091	5535	74530	70070	31043	25321
浙　江	219	141	9039	6752	282704	194509	71574	47285
安　徽	106	71	3839	3715	178775	154961	37836	32757
福　建	34	59	2035	1889	16037	13054	6558	6841
江　西	23	23	1713	1746	23604	24204	10520	10520
山　东	60	58	2251	1985	71119	70611	13237	12908
河　南	49	47	1768	1656	23750	23610	11080	10908
湖　北	36	36	4237	4012	96622	98916	24368	24667
湖　南	28	29	1384	1491	23940	23290	4983	4955
广　东	359	357	9502	9966	99821	101382	29088	29400
广　西								
海　南								
重　庆	54	48	2632	2238	31882	28040	13561	12978
四　川	13	15	898	954	14340	15610	2532	2712
贵　州	10	13	1039	1148	22098	25339	2595	3499
云　南	26	26	270	300	18900	17500	4860	4425
西　藏	3	3	83	97	440	460	184	125
陕　西	22	13	820	570	7724	2949	2747	1237
甘　肃	4	4	710	705	5360	5360	1164	1441
青　海	13	11	412	272	4182	1887	1420	952
宁　夏	1	1	50	48	827	827	500	500
新　疆	15	17	149	148	3300	3000	1330	1375

4-8 续表 7

其他企业

项　目	门店数（个）		年末从业人员（人）		年末餐饮营业面积（平方米）		年末餐位数（个）	
	2009年	2008年	2009年	2008年	2009年	2008年	2009年	2008年
全　国	**5**	**4**	**348**	**291**	**4020**	**3700**	**2098**	**1791**
北　京								
天　津								
河　北								
山　西	3	3	300	270	3500	3500	1446	1446
内蒙古								
辽　宁								
吉　林								
黑龙江								
上　海								
江　苏								
浙　江								
安　徽								
福　建								
江　西								
山　东								
河　南								
湖　北								
湖　南								
广　东								
广　西								
海　南								
重　庆	2	1	48	21	520	200	652	345
四　川								
贵　州								
云　南								
西　藏								
陕　西								
甘　肃								
青　海								
宁　夏								
新　疆								

4-8 续表 8

港、澳、台商投资企业

项目	门店数(个)		年末从业人员(人)		年末餐饮营业面积(平方米)		年末餐位数(个)	
	2009年	2008年	2009年	2008年	2009年	2008年	2009年	2008年
全国	**1561**	**1266**	**53268**	**53553**	**556684**	**495750**	**204250**	**181628**
北京	393	298	9453	8769	175430	165081	58177	54950
天津	10	9	160	141	2450	2170	1660	1450
河北								
山西								
内蒙古								
辽宁	48	40	1110	1149	16680	14247	5754	5138
吉林								
黑龙江	13	12	400	373	14476	12478	3425	3288
上海	548	422	23013	20491	169259	148757	58743	52255
江苏	99	100	3796	3903	24724	27173	10007	8731
浙江	14	11	329	241	2460	2072	1696	1416
安徽	21	17	1179	1200	9350	2050	3524	1820
福建	68	61	2341	2541	19539	16888	10764	10054
江西								
山东	9	9	152	166	2564	2564	1160	1160
河南								
湖北	8	8	476	482	2518	2578	666	576
湖南								
广东	221	203	6591	10912	74771	68697	29691	27181
广西	21	17	633	633	6372	5384	2393	2157
海南								
重庆	9	8	474	379	1149	1027	1662	1216
四川	62	39	2577	1799	29237	19919	12662	8409
贵州								
云南	17	12	584	374	5705	4665	2266	1827
西藏								
陕西								
甘肃								
青海								
宁夏								
新疆								

4-8 续表 9

外商投资企业

项　目	门店数(个)		年末从业人员(人)		年末餐饮营业面积(平方米)		年末餐位数(个)	
	2009年	2008年	2009年	2008年	2009年	2008年	2009年	2008年
全　国	**4873**	**4340**	**263938**	**239950**	**1934395**	**1747532**	**781843**	**609218**
北　京	755	690	35809	34435	275319	253286	94476	87798
天　津	192	214	16660	12348	38184	38117	29963	25658
河　北								
山　西	47	40	2300	2100	19132	17006	6750	6000
内蒙古	165	146	27052	24640	160934	146584	49670	45241
辽　宁	311	304	6254	6109	138420	137720	73324	24893
吉　林	2	2	25	15	1500	1500	120	120
黑龙江	19	19	1107	1147	26353	26353	5166	5059
上　海	676	558	26641	21662	180962	151452	105956	39200
江　苏	440	379	29195	26260	180175	158308	63640	57250
浙　江	386	347	19714	19540	189596	175651	57080	52780
安　徽								
福　建	126	112	5934	5372	48712	49001	10938	10048
江　西	41	33	2978	2497	17448	13786	5898	4751
山　东	201	165	12010	9585	53211	44108	31078	25913
河　南	96	78	4023	3516	36582	31717	19361	16443
湖　北	184	155	8407	8388	76051	67682	26728	24083
湖　南	116	93	7574	6656	41564	37979	14297	13518
广　东	861	795	42360	43959	299676	265699	122179	112532
广　西	37	31	2013	2325	15277	13782	3596	3100
海　南								
重　庆	93	84	6070	4965	90969	83905	44426	41116
四　川	78	58	5228	2312	32090	22140	11575	8522
贵　州								
云　南	29	19	1816	1000	7800	7316	3010	2581
西　藏								
陕　西								
甘　肃								
青　海								
宁　夏								
新　疆	18	18	768	1119	4440	4440	2612	2612

4-9 按登记注册类型分各地区连锁餐饮企业加盟门店基本情况

内资企业

项 目	门店数(个)		年末从业人员(人)		年末餐饮营业面积(平方米)		年末餐位数(个)	
	2009年	2008年	2009年	2008年	2009年	2008年	2009年	2008年
全 国	**3018**	**3115**	**151025**	**155740**	**1664132**	**1682206**	**653914**	**651653**
北 京	161	157	9587	9493	238618	200580	42268	39039
天 津	18	23	203	215	1135	852	260	210
河 北		4		218		5080		760
山 西	10	10	1043	975	15910	15910	5028	5028
内蒙古	586	798	31223	51118	251660	383683	76228	109151
辽 宁								
吉 林								
黑龙江								
上 海								
江 苏	111	155	2283	2906	34565	35861	8600	11960
浙 江	72	45	656	568	9492	8200	3249	3314
安 徽	17	18	1551	1443	64447	43745	5136	4637
福 建	536	465	12758	10810	70140	66758	36792	34725
江 西								
山 东								
河 南	1	2	20	44	500	1000	170	212
湖 北	3	3	777	99	7700	4200	3810	445
湖 南	2	2	220	260	4000	4000	400	400
广 东	53	47	2827	2367	38299	36480	6430	5805
广 西								
海 南								
重 庆	1288	1217	79028	68886	857984	793661	438182	407403
四 川	53	65	6690	4172	41003	52853	11883	12883
贵 州								
云 南	53	51	1271	1346	19696	20560	12323	12586
西 藏								
陕 西								
甘 肃								
青 海								
宁 夏	6	6	268	252	4033	4033	1960	1960
新 疆	48	47	620	568	4950	4750	1195	1135

4-9 续表 1

股份合作企业

项目	门店数(个)		年末从业人员(人)		年末餐饮营业面积(平方米)		年末餐位数(个)	
	2009年	2008年	2009年	2008年	2009年	2008年	2009年	2008年
全国	**46**	**58**	**5760**	**3480**	**27600**	**39450**	**9000**	**10000**
北京								
天津								
河北								
山西								
内蒙古								
辽宁								
吉林								
黑龙江								
上海								
江苏								
浙江								
安徽								
福建								
江西								
山东								
河南								
湖北								
湖南								
广东								
广西								
海南								
重庆								
四川	46	58	5760	3480	27600	39450	9000	10000
贵州								
云南								
西藏								
陕西								
甘肃								
青海								
宁夏								
新疆								

4-9 续表 2

有限责任公司

项　目	门店数（个）		年末从业人员（人）		年末餐饮营业面积（平方米）		年末餐位数（个）	
	2009年	2008年	2009年	2008年	2009年	2008年	2009年	2008年
全　国	**896**	**865**	**52150**	**44372**	**661533**	**610346**	**288079**	**260622**
北　京	12	10	1520	1270	40070	34070	11173	9424
天　津	18	23	203	215	1135	852	260	210
河　北								
山　西								
内蒙古	180	165	2598	1848	30537	31592	7173	6989
辽　宁								
吉　林								
黑龙江								
上　海								
江　苏	1	1	30	30	250	250	50	50
浙　江								
安　徽								
福　建	124	116	247	116	2485	2400		
江　西								
山　东								
河　南								
湖　北	3		777		7700		3810	
湖　南								
广　东	2	3	261	231	1900	2136	750	900
广　西								
海　南								
重　庆	523	519	45443	39604	565760	527446	255740	234466
四　川								
贵　州								
云　南	33	28	1071	1058	11696	11600	9123	8583
西　藏								
陕　西								
甘　肃								
青　海								
宁　夏								
新　疆								

4-9 续表 3

股份有限公司

项目	门店数（个）		年末从业人员（人）		年末餐饮营业面积（平方米）		年末餐位数（个）	
	2009年	2008年	2009年	2008年	2009年	2008年	2009年	2008年
全国	**501**	**703**	**34019**	**54898**	**385023**	**488430**	**88974**	**120615**
北京	53	54	5616	5900	166871	138300	21600	20000
天津								
河北								
山西								
内蒙古	385	612	27975	48660	212610	345780	65275	98651
辽宁								
吉林								
黑龙江								
上海								
江苏								
浙江	63	37	428	338	5542	4350	2099	1964
安徽								
福建								
江西								
山东								
河南								
湖北								
湖南								
广东								
广西								
海南								
重庆								
四川								
贵州								
云南								
西藏								
陕西								
甘肃								
青海								
宁夏								
新疆								

4-9 续表 4

私营企业

项　目	门店数(个)		年末从业人员(人)		年末餐饮营业面积(平方米)		年末餐位数(个)	
	2009年	2008年	2009年	2008年	2009年	2008年	2009年	2008年
全　国	**1557**	**1473**	**57967**	**51947**	**572416**	**526820**	**261777**	**254403**
北　京	96	93	2451	2323	31677	28210	9495	9615
天　津								
河　北		4		218		5080		760
山　西								
内蒙古	21	21	650	610	8513	6311	3780	3511
辽　宁								
吉　林								
黑龙江								
上　海								
江　苏	110	154	2253	2876	34315	35611	8550	11910
浙　江	9	8	228	230	3950	3850	1150	1350
安　徽	17	18	1551	1443	64447	43745	5136	4637
福　建	412	349	12511	10694	67655	64358	36792	34725
江　西								
山　东								
河　南	1	2	20	44	500	1000	170	212
湖　北		3		99		4200		445
湖　南	2	2	220	260	4000	4000	400	400
广　东	51	44	2566	2136	36399	34344	5680	4905
广　西								
海　南								
重　庆	757	692	33499	29214	290574	264965	181386	171952
四　川	7	7	930	692	13403	13403	2883	2883
贵　州								
云　南	20	23	200	288	8000	8960	3200	4003
西　藏								
陕　西								
甘　肃								
青　海								
宁　夏	6	6	268	252	4033	4033	1960	1960
新　疆	48	47	620	568	4950	4750	1195	1135

4-9 续表 5

其他企业

项　目	门店数（个）		年末从业人员（人）		年末餐饮营业面积（平方米）		年末餐位数（个）	
	2009年	2008年	2009年	2008年	2009年	2008年	2009年	2008年
全　国	**18**	**16**	**1129**	**1043**	**17560**	**17160**	**6084**	**6013**
北　京								
天　津								
河　北								
山　西	10	10	1043	975	15910	15910	5028	5028
内蒙古								
辽　宁								
吉　林								
黑龙江								
上　海								
江　苏								
浙　江								
安　徽								
福　建								
江　西								
山　东								
河　南								
湖　北								
湖　南								
广　东								
广　西								
海　南								
重　庆	8	6	86	68	1650	1250	1056	985
四　川								
贵　州								
云　南								
西　藏								
陕　西								
甘　肃								
青　海								
宁　夏								
新　疆								

4-9 续表 6

港、澳、台商投资企业

项　目	门店数(个)		年末从业人员(人)		年末餐饮营业面积(平方米)		年末餐位数(个)	
	2009年	2008年	2009年	2008年	2009年	2008年	2009年	2008年
全　国	**74**	**61**	**2259**	**1991**	**17144**	**13754**	**10560**	**9274**
北　京	2	3	75	65	407	407	265	265
天　津								
河　北								
山　西								
内蒙古								
辽　宁								
吉　林								
黑龙江								
上　海	22	15	152	101	4587	3047	2165	1569
江　苏	9	7	265	213	3600	2500	720	680
浙　江								
安　徽								
福　建								
江　西								
山　东								
河　南								
湖　北								
湖　南								
广　东								
广　西								
海　南								
重　庆								
四　川								
贵　州								
云　南	41	36	1767	1612	8550	7800	7410	6760
西　藏								
陕　西								
甘　肃								
青　海								
宁　夏								
新　疆								

4-9 续表 7

外商投资企业

项　目	门店数(个)		年末从业人员(人)		年末餐饮营业面积(平方米)		年末餐位数(个)	
	2009年	2008年	2009年	2008年	2009年	2008年	2009年	2008年
全　国	**1170**	**1124**	**44618**	**41590**	**513371**	**481694**	**218359**	**207540**
北　京	65	49	1266	910	28713	15632	5531	3679
天　津								
河　北								
山　西								
内蒙古	254	244	16231	13536	100842	84096	31125	25956
辽　宁								
吉　林								
黑龙江								
上　海								
江　苏								
浙　江	296	309	8460	8890	162750	171950	46069	48269
安　徽								
福　建								
江　西								
山　东								
河　南								
湖　北	1	1	69	69	106	106	100	100
湖　南								
广　东	20	25	1220	1772	7000	8867	3000	3866
广　西								
海　南								
重　庆	409	396	15597	14945	190532	181240	115939	110950
四　川	125	100	1775	1468	23428	19803	16595	14720
贵　州								
云　南								
西　藏								
陕　西								
甘　肃								
青　海								
宁　夏								
新　疆								

4-10 按登记注册类型分

内资企业

项　目	商品购进总额		统一配送商品购进额		自有配送中心配送商品购进额	
	2009年	2008年	2009年	2008年	2009年	2008年
全　国	**1308381**	**1140722**	**624452**	**509167**	**468419**	**376012**
北　京	237286	209216	82255	67597	37223	48827
天　津	7074	6193	2600	2006	2002	1398
河　北	5853	6904	383	636	383	636
山　西	6727	6962	209	230		
内蒙古	92869	52044	90767	38410	87393	35001
辽　宁	8645	6582	8645	6582	8645	6582
吉　林						
黑龙江	2137	2125	1437	1367	1437	1367
上　海	16360	15915	5833	5294		
江　苏	59541	61087	42241	45812	26035	23528
浙　江	139020	109431	113060	88523	97481	70166
安　徽	26296	23644	12210	10457	10455	9559
福　建	49435	38605	24276	29794	15341	18487
江　西	8807	7838	3033	2454	2432	1743
山　东	11294	10353	4789	4188	2497	1884
河　南	6747	5490	3086	2806	281	267
湖　北	69087	72313	80	70		
湖　南	14305	13414	6508	5562	3133	2913
广　东	125762	121950	49816	52393	45201	47969
广　西						
海　南						
重　庆	367858	319073	155880	130062	114780	94156
四　川	19821	20187	945	920	810	800
贵　州	9252	10085				
云　南	5258	5382	3398	3469	2181	2159
西　藏	16	12				
陕　西	11172	8671	6720	5195	6720	5195
甘　肃	2019	2365	1212	1064		
青　海	1186	985	542	401		
宁　夏	1240	1160	1240	1160	700	660
新　疆	3314	2738	3291	2716	3291	2716

各地区连锁餐饮企业经营情况

单位：万元

非自有配送中心配送商品购进额		营业额		餐费收入及商品销售额	
2009年	2008年	2009年	2008年	2009年	2008年
101420	**84413**	**3166777**	**2912851**	**3159517**	**2908354**
34201	7988	523679	471754	520467	470234
		14305	15304	14185	15305
		14568	14095	14568	14095
		26237	30708	26237	30708
3374	3409	578248	557484	578248	557484
		11483	7327	11483	7327
		8825	8731	8825	8731
2047	1563	36248	31659	36248	31659
13397	18942	97091	115668	97092	115668
10348	17326	337217	242743	337100	242537
1755	898	48908	44054	48907	44054
8531	10929	154488	180966	154488	180963
602	710	14319	13974	14317	13974
2105	2111	40078	44784	39415	44542
106	120	14377	11217	14376	11217
		152575	152635	150836	151392
3375	2649	21846	20545	21641	20480
2017	1927	287524	277142	286883	276418
17518	13883	673957	573724	673944	573724
		45948	43144	45424	42653
		15370	16379	15370	16379
964	1057	14573	12181	14573	12177
		337	310	337	310
		17895	13222	17873	13222
		5542	5625	5542	5625
542	401	3987	1236	3987	1236
540	500	1950	1600	1950	1600
		5204	4643	5205	4642

4-10 续表 1

国有企业

项目	商品购进总额		统一配送商品购进额		自有配送中心配送商品购进额	
	2009年	2008年	2009年	2008年	2009年	2008年
全国	**10605**	**10416**	**182**	**192**	**119**	**130**
北京						
天津	63	62	63	62		
河北						
山西						
内蒙古						
辽宁						
吉林						
黑龙江						
上海	9318	9201				
江苏						
浙江	119	130	119	130	119	130
安徽						
福建	1104	1022				
江西						
山东						
河南						
湖北						
湖南						
广东						
广西						
海南						
重庆						
四川						
贵州						
云南						
西藏						
陕西						
甘肃						
青海						
宁夏						
新疆						

单位：万元

非自有配送中心配送商品购进额		营业额		餐费收入及商品销售额	
2009年	2008年	2009年	2008年	2009年	2008年
		17451	**15315**	**17451**	**15315**
		1568	1563	1567	1563
		10956	9338	10956	9338
		2640	2365	2640	2365
		2288	2048	2288	2048

4-10 续表 2

集体企业

项　目	商品购进总额		统一配送商品购进额		自有配送中心配送商品购进额	
	2009年	2008年	2009年	2008年	2009年	2008年
全　国	**10286**	**9492**	**1178**	**1100**	**1178**	**1100**
北　京						
天　津						
河　北						
山　西						
内蒙古						
辽　宁						
吉　林						
黑龙江						
上　海	900	1090				
江　苏						
浙　江						
安　徽						
福　建						
江　西						
山　东						
河　南	245	231	245	231	245	231
湖　北						
湖　南						
广　东	9141	8171	933	869	933	869
广　西						
海　南						
重　庆						
四　川						
贵　州						
云　南						
西　藏						
陕　西						
甘　肃						
青　海						
宁　夏						
新　疆						

单位：万元

非自有配送中心配送商品购进额		营业额		餐费收入及商品销售额	
2009年	2008年	2009年	2008年	2009年	2008年
		16646	**13631**	**16006**	**12907**
		1886	2220	1886	2220
		236	210	236	210
		14524	11201	13884	10477

4-10 续表 3

股份合作企业

项 目	商品购进总额		统一配送商品购进额		自有配送中心配送商品购进额	
	2009年	2008年	2009年	2008年	2009年	2008年
全 国	**29370**	**31719**				
北 京	901	2716				
天 津						
河 北						
山 西						
内蒙古						
辽 宁						
吉 林						
黑龙江						
上 海						
江 苏						
浙 江						
安 徽						
福 建						
江 西						
山 东						
河 南						
湖 北	522	588				
湖 南						
广 东	9465	9334				
广 西						
海 南						
重 庆						
四 川	18482	19081				
贵 州						
云 南						
西 藏						
陕 西						
甘 肃						
青 海						
宁 夏						
新 疆						

单位：万元

非自有配送中心配送商品购进额		营业额		餐费收入及商品销售额	
2009年	2008年	2009年	2008年	2009年	2008年
		66524	**65136**	**66070**	**64700**
		4530	5766	4531	5766
		1159	1305	1159	1305
		20047	19757	20046	19757
		40788	38308	40336	37872

4-10 续表 4

有限责任公司

项目	商品购进总额		统一配送商品购进额		自有配送中心配送商品购进额	
	2009年	2008年	2009年	2008年	2009年	2008年
全国	**447625**	**426483**	**191250**	**180238**	**145762**	**141071**
北京	50538	54207	20560	18140	9164	11016
天津	4716	4520	241	333	241	333
河北						
山西	594	638				
内蒙古	7314	7083	5939	5859	2565	2451
辽宁						
吉林						
黑龙江						
上海	2047	1563	2047	1563		
江苏	1313	1471	1313	1471	1165	1471
浙江	18474	21614	962	1307	622	827
安徽						
福建	5463	5441	115	91		
江西	602	710	602	710		
山东	475	564	475	564	475	564
河南	969	866	321	230		
湖北	27716	25680	20	15		
湖南	3951	4526				
广东	65161	62167	36930	34166	34978	32169
广西						
海南						
重庆	244919	224062	112260	108012	88679	85990
四川	810	800	810	800	810	800
贵州						
云南	2962	3002	1562	1565	345	255
西藏						
陕西	9228	7352	6720	5195	6720	5195
甘肃						
青海	374	216	374	216		
宁夏						
新疆						

单位：万元

非自有配送中心配送商品购进额		营业额		餐费收入及商品销售额	
2009年	2008年	2009年	2008年	2009年	2008年
17926	**12807**	**868643**	**789249**	**866956**	**787591**
9181	4511	97799	88970	97630	88768
		8962	9249	8842	9249
		9310	11199	9310	11199
3374	3409	26429	9780	26429	9780
2047	1563	5139	3818	5139	3818
148		2980	3226	2979	3226
341	479	43745	50334	43627	50127
115	91	8443	8055	8443	8055
602	710	1768	1770	1768	1770
		909	1015	909	1013
106	120	2661	2314	2661	2314
		61079	54268	59821	53024
		5050	5359	5050	5359
675	651	142356	134666	142356	134666
		426163	384886	426163	384886
		1561	1489	1561	1489
964	1057	10664	8148	10664	8144
		13036	10291	13014	10291
374	216	590	414	590	414

4-10 续表 5

股份有限公司

项目	商品购进总额		统一配送商品购进额		自有配送中心配送商品购进额	
	2009年	2008年	2009年	2008年	2009年	2008年
全国	**262823**	**194731**	**182871**	**98982**	**161483**	**98982**
北京	111655	102903	40545	29862	19157	29862
天津						
河北						
山西	1074	1257				
内蒙古	85075	44551	84796	32527	84796	32527
辽宁	8645	6582	8645	6582	8645	6582
吉林						
黑龙江						
上海						
江苏						
浙江	34795	29669	34795	29669	34795	29669
安徽						
福建						
江西						
山东						
河南						
湖北	7490	7071				
湖南	341	341	341	341	341	341
广东						
广西						
海南						
重庆	13749	2356	13749		13749	
四川						
贵州						
云南						
西藏						
陕西						
甘肃						
青海						
宁夏						
新疆						

单位：万元

非自有配送中心配送商品购进额		营业额		餐费收入及商品销售额	
2009年	2008年	2009年	2008年	2009年	2008年
21388		**934279**	**853443**	**931362**	**852148**
21388		249888	217376	247037	216146
		2184	2783	2184	2783
		550974	547025	550974	547025
		11483	7327	11483	7327
		60452	52551	60453	52551
		1677	1288	1677	1288
		18737	17690	18737	17690
		1271	1271	1206	1206
		37612	6133	37612	6133

4-10 续表 6

私营企业

项目	商品购进总额		统一配送商品购进额		自有配送中心配送商品购进额	
	2009年	2008年	2009年	2008年	2009年	2008年
全国	**540885**	**462585**	**248971**	**228654**	**159877**	**134729**
北京	74193	49391	21151	19596	8902	7950
天津	2295	1610	2295	1610	1761	1065
河北	5853	6904	383	636	383	636
山西	897	1051	209	230		
内蒙古	480	410	32	23	32	23
辽宁						
吉林						
黑龙江	2137	2125	1437	1367	1437	1367
上海	4095	4061	3786	3731		
江苏	58228	59615	40928	44341	24870	22056
浙江	85633	58018	77184	57417	61946	39539
安徽	26296	23644	12210	10457	10455	9559
福建	42867	32142	24161	29703	15341	18487
江西	8205	7128	2432	1743	2432	1743
山东	10820	9789	4315	3624	2022	1320
河南	5533	4393	2520	2345	36	36
湖北	33359	38974	60	55		
湖南	10013	8547	6166	5221	2792	2571
广东	41995	42278	11953	17358	9291	14931
广西						
海南						
重庆	106567	91373	29871	22049	12352	8166
四川	529	306	135	120		
贵州	9252	10085				
云南	2295	2379	1836	1903	1836	1903
西藏	16	12				
陕西	1944	1319				
甘肃	2019	2365	1212	1064		
青海	812	769	168	185		
宁夏	1240	1160	1240	1160	700	660
新疆	3314	2738	3291	2716	3291	2716

单位：万元

非自有配送中心配送商品购进额		营业额		餐费收入及商品销售额	
2009年	2008年	2009年	2008年	2009年	2008年
62106	**71606**	**1252817**	**1167058**	**1251254**	**1166672**
3632	3477	171462	159641	171270	159554
		3776	4492	3776	4492
		14568	14095	14568	14095
		7709	9418	7709	9418
		845	679	845	679
		8825	8731	8825	8731
		18267	16283	18267	16283
13249	18942	94112	112442	94112	112443
10007	16847	230380	137493	230380	137493
1755	898	48908	44054	48907	44054
8416	10838	143757	170862	143757	170859
		10873	10916	10872	10916
2105	2111	39168	43770	38506	43529
		11479	8693	11479	8693
		71600	79373	71118	79373
3375	2649	15525	13915	15385	13915
1342	1276	110597	111518	110597	111518
17518	13883	206801	180993	206788	180993
		3599	3347	3527	3292
		15370	16379	15370	16379
		3909	4033	3909	4033
		337	310	337	310
		4860	2930	4859	2931
		5542	5625	5542	5625
168	185	3396	822	3396	822
540	500	1950	1600	1950	1600
		5204	4643	5205	4642

4-10 续表 7

其他企业

项　目	商品购进总额		统一配送商品购进额		自有配送中心配送商品购进额	
	2009年	2008年	2009年	2008年	2009年	2008年
全　国	**6787**	**5297**				
北　京						
天　津						
河　北						
山　西	4163	4015				
内蒙古						
辽　宁						
吉　林						
黑龙江						
上　海						
江　苏						
浙　江						
安　徽						
福　建						
江　西						
山　东						
河　南						
湖　北						
湖　南						
广　东						
广　西						
海　南						
重　庆	2624	1282				
四　川						
贵　州						
云　南						
西　藏						
陕　西						
甘　肃						
青　海						
宁　夏						
新　疆						

单位：万元

非自有配送中心配送商品购进额		营业额		餐费收入及商品销售额	
2009年	2008年	2009年	2008年	2009年	2008年
		10416	**9020**	**10416**	**9020**
		7034	7308	7034	7308
		3382	1713	3382	1713

4-10 续表 8

港、澳、台商投资企业

项目	商品购进总额		统一配送商品购进额		自有配送中心配送商品购进额	
	2009年	2008年	2009年	2008年	2009年	2008年
全国	**369470**	**348093**	**273535**	**258955**	**131859**	**127107**
北京	90118	78449	45746	36519	37143	28040
天津	1318	1382	1318	1382	101	1064
河北						
山西						
内蒙古						
辽宁	18447	15449	18446	15449	18446	15449
吉林						
黑龙江	2722	2778	2722	2778		
上海	106387	108881	75721	84409	4587	6402
江苏	21518	20373	20455	18112	11615	16213
浙江	1878	1614	1878	1614	1726	1416
安徽	240	248	240	248		
福建	10725	9811	10623	9697		
江西						
山东	611	423	611	423	611	423
河南						
湖北	4461	4117				
湖南						
广东	70719	73574	55447	57329	49863	52687
广西	5934	5108	5934	5108		
海南						
重庆	4261	2964	4261	2964	3661	2441
四川	16759	11532	16759	11532		
贵州						
云南	13373	11389	13373	11389	4108	2973
西藏						
陕西						
甘肃						
青海						
宁夏						
新疆						

单位：万元

非自有配送中心配送商品购进额		营业额		餐费收入及商品销售额	
2009年	2008年	2009年	2008年	2009年	2008年
97816	**93526**	**974300**	**878157**	**974032**	**877920**
8603	8479	233588	197543	233589	197544
		3055	2903	3055	2903
		24128	22282	23873	22050
		6716	7277	6716	7277
71135	71690	319684	287967	319684	287967
1964	1899	40776	40689	40776	40689
152	198	6272	5287	6272	5287
		17759	15157	17759	15157
		45644	45730	45644	45730
		2664	2210	2663	2209
		9186	8297	9186	8297
669	782	170649	169799	170649	169799
		10386	9206	10386	9206
600	524	6447	4594	6447	4594
5428	1537	39974	27906	39960	27901
9265	8417	37374	31310	37374	31310

4-10 续表 9

外商投资企业

项目	商品购进总额		统一配送商品购进额		自有配送中心配送商品购进额	
	2009年	2008年	2009年	2008年	2009年	2008年
全国	**1942135**	**1749809**	**1500422**	**1354177**	**779251**	**711463**
北京	214144	257892	199000	238545	80248	77336
天津	84697	81493				
河北						
山西	16889	16678	16889	16678	16889	16678
内蒙古	406448	350047	264230	227563	171750	147916
辽宁	117911	103230	117911	103230		
吉林	155	194				
黑龙江	6292	6956	4792	5656		
上海	156415	81978	155387	80814	21476	19029
江苏	166367	159821	166367	159821	66321	62182
浙江	109747	103708	109747	103708	102439	99454
安徽						
福建	29700	30400	29581	30260	13126	12954
江西	35477	33966	35477	33966	35477	33966
山东	44643	39078	42709	37094	42709	37094
河南	23606	19659	20404	17856		
湖北	47070	40325				
湖南	58141	49899	58141	49899	53548	46382
广东	250834	225286	248181	222682	155722	142669
广西	12059	10604	12059	10604		
海南						
重庆	109636	94865	4524	2977	4524	2977
四川	36881	30906				
贵州						
云南	9640	7835	9640	7835	9640	7835
西藏						
陕西						
甘肃						
青海						
宁夏						
新疆	5385	4993	5385	4993	5385	4993

单位：万元

非自有配送中心配送商品购进额		营业额		餐费收入及商品销售额	
2009年	2008年	2009年	2008年	2009年	2008年
308156	**269868**	**4652117**	**4165893**	**4651931**	**4165851**
48236	43115	614409	442381	614373	442344
		249323	221756	249323	221756
		49264	45595	49264	45595
92481	79647	621700	608800	621700	608800
13419	13372	306310	278173	306310	278173
		206	294	206	294
2902	2917	12427	11865	12428	11865
5824	6164	352278	302295	352278	302294
74247	73638	390983	358158	390983	358158
7308	4253	414882	384670	414882	384670
		88176	84290	88176	84290
		35477	33966	35477	33966
		169546	146039	169546	146039
		61408	50333	61408	50333
		142077	120990	142077	120985
		71470	61521	71470	61521
63741	46762	655308	642235	655308	642235
		31779	28451	31779	28451
		226571	215617	226421	215617
		114473	92519	114473	92519
		27931	20536	27931	20536
		16117	15409	16117	15409

4-11 按登记注册类型分各地区

内资企业

项目	商品购进总额		统一配送商品购进额		自有配送中心配送商品购进额	
	2009年	2008年	2009年	2008年	2009年	2008年
全国	**888091**	**749990**	**424903**	**320172**	**319148**	**238526**
北京	193178	169450	76990	67271	31959	48501
天津	4791	4016	2600	2006	2002	1398
河北	5853	4473	383	636	383	636
山西	3813	4160	209	230		
内蒙古	61759	27608	60961	15148	59538	13918
辽宁	8645	6582	8645	6582	8645	6582
吉林						
黑龙江	2137	2125	1437	1367	1437	1367
上海	16360	15915	5833	5294		
江苏	57750	47538	41057	36285	25182	19295
浙江	129753	101242	104234	80774	88655	62417
安徽	19522	16663	10455	8886	10455	8886
福建	12791	9053	3805	4872	1959	2663
江西	8807	7838	3033	2454	2432	1743
山东	11294	10353	4789	4188	2497	1884
河南	6730	5480	3086	2806	281	267
湖北	67863	70904	80	70		
湖南	12232	11571	4435	3720	1060	1070
广东	120970	118113	49516	51929	45023	47666
广西						
海南						
重庆	109990	85760	29209	13929	26389	11054
四川	4451	3867	945	920	810	800
贵州	9252	10085				
云南	3083	2976	2070	1972	1303	1228
西藏	16	12				
陕西	11172	8671	6720	5195	6720	5195
甘肃	2019	2365	1212	1064		
青海	1186	985	542	401		
宁夏	440	400	440	400	200	180
新疆	2235	1788	2221	1775	2221	1775

连锁餐饮企业直营门店经营情况

单位：万元

非自有配送中心配送商品购进额		营业额		餐费收入及商品销售额	
2009年	2008年	2009年	2008年	2009年	2008年
74846	**55088**	**1799311**	**1548778**	**1792504**	**1545284**
34201	7988	425998	382850	422785	381899
		10792	11955	10672	11956
		14568	12490	14568	12490
		20594	24900	20594	24900
1423	1230	63697	31260	63697	31260
		11483	7327	11483	7327
		8825	8731	8825	8731
2047	1563	36248	31659	36248	31659
13066	13647	90139	89307	90140	89306
10348	17326	324640	231130	324522	230923
		36420	33151	36420	33151
1441	1831	31737	32457	31737	32454
602	710	14319	13974	14317	13974
2105	2111	40078	44784	39415	44542
106	120	14348	11149	14348	11149
		150065	150835	148327	149592
3375	2649	20280	18245	20075	18180
2017	1927	274754	265167	274113	264443
2820	2875	143969	90890	143956	90890
		10582	9442	10510	9387
		15370	16379	15370	16379
515	491	9618	7716	9618	7712
		337	310	337	310
		17895	13222	17873	13222
		5542	5625	5542	5625
542	401	3987	1236	3987	1236
240	220	917	657	917	657
		2113	1933	2113	1932

4-11 续表 1

国有企业

项目	商品购进总额		统一配送商品购进额		自有配送中心配送商品购进额	
	2009年	2008年	2009年	2008年	2009年	2008年
全国	**10605**	**10416**	**182**	**192**	**119**	**130**
北京						
天津	63	62	63	62		
河北						
山西						
内蒙古						
辽宁						
吉林						
黑龙江						
上海	9318	9201				
江苏						
浙江	119	130	119	130	119	130
安徽						
福建	1104	1022				
江西						
山东						
河南						
湖北						
湖南						
广东						
广西						
海南						
重庆						
四川						
贵州						
云南						
西藏						
陕西						
甘肃						
青海						
宁夏						
新疆						

单位：万元

非自有配送中心配送商品购进额		营业额		餐费收入及商品销售额	
2009年	2008年	2009年	2008年	2009年	2008年
		17451	**15315**	**17451**	**15315**
		1568	1563	1567	1563
		10956	9338	10956	9338
		2640	2365	2640	2365
		2288	2048	2288	2048

4-11 续表 2

集体企业

项　目	商品购进总额		统一配送商品购进额		自有配送中心配送商品购进额	
	2009年	2008年	2009年	2008年	2009年	2008年
全　国	**10286**	**9492**	**1178**	**1100**	**1178**	**1100**
北　京						
天　津						
河　北						
山　西						
内蒙古						
辽　宁						
吉　林						
黑龙江						
上　海	900	1090				
江　苏						
浙　江						
安　徽						
福　建						
江　西						
山　东						
河　南	245	231	245	231	245	231
湖　北						
湖　南						
广　东	9141	8171	933	869	933	869
广　西						
海　南						
重　庆						
四　川						
贵　州						
云　南						
西　藏						
陕　西						
甘　肃						
青　海						
宁　夏						
新　疆						

单位：万元

非自有配送中心配送商品购进额		营业额		餐费收入及商品销售额	
2009年	2008年	2009年	2008年	2009年	2008年
		16646	**13631**	**16006**	**12907**
		1886	2220	1886	2220
		236	210	236	210
		14524	11201	13884	10477

4-11 续表 3

股份合作企业

项 目	商品购进总额		统一配送商品购进额		自有配送中心配送商品购进额	
	2009年	2008年	2009年	2008年	2009年	2008年
全 国	**14190**	**15479**				
北 京	901	2716				
天 津						
河 北						
山 西						
内蒙古						
辽 宁						
吉 林						
黑龙江						
上 海						
江 苏						
浙 江						
安 徽						
福 建						
江 西						
山 东						
河 南						
湖 北	522	588				
湖 南						
广 东	9465	9334				
广 西						
海 南						
重 庆						
四 川	3302	2841				
贵 州						
云 南						
西 藏						
陕 西						
甘 肃						
青 海						
宁 夏						
新 疆						

单位：万元

非自有配送中心配送商品购进额		营业额		餐费收入及商品销售额	
2009年	2008年	2009年	2008年	2009年	2008年
		32267	**32557**	**32267**	**32557**
		4530	5766	4531	5766
		1159	1305	1159	1305
		20047	19757	20046	19757
		6532	5729	6531	5729

4-11 续表 4

有限责任公司

项目	商品购进总额		统一配送商品购进额		自有配送中心配送商品购进额	
	2009年	2008年	2009年	2008年	2009年	2008年
全国	**259895**	**250406**	**84866**	**77000**	**65360**	**62601**
北京	40708	45792	20560	18140	9164	11016
天津	2432	2344	241	333	241	333
河北						
山西	594	638				
内蒙古	2580	2290	2061	1854	638	624
辽宁						
吉林						
黑龙江						
上海	2047	1563	2047	1563		
江苏	1255	1411	1255	1411	1107	1411
浙江	18474	21614	962	1307	622	827
安徽						
福建	4523	2514	115	91		
江西	602	710	602	710		
山东	475	564	475	564	475	564
河南	969	866	321	230		
湖北	26492	25680	20	15		
湖南	3951	4526				
广东	63129	60290	36930	34166	34978	32169
广西						
海南						
重庆	79527	69514	10388	9436	10388	9436
四川	810	800	810	800	810	800
贵州						
云南	1727	1722	986	969	218	225
西藏						
陕西	9228	7352	6720	5195	6720	5195
甘肃						
青海	374	216	374	216		
宁夏						
新疆						

单位：万元

非自有配送中心配送商品购进额		营业额		餐费收入及商品销售额	
2009年	2008年	2009年	2008年	2009年	2008年
15525	**10062**	**469314**	**430048**	**467627**	**428391**
9181	4511	87229	79452	87059	79250
		5449	5900	5329	5900
		9310	11199	9310	11199
1423	1230	4518	2822	4518	2822
2047	1563	5139	3818	5139	3818
148		2880	3116	2879	3116
341	479	43745	50334	43627	50127
115	91	7073	3798	7073	3798
602	710	1768	1770	1768	1770
		909	1015	909	1013
106	120	2661	2314	2661	2314
		58570	54268	57312	53024
		5050	5359	5050	5359
675	651	138619	131341	138619	131341
		73901	55760	73901	55760
		1561	1489	1561	1489
515	491	7307	5591	7307	5587
		13036	10291	13014	10291
374	216	590	414	590	414

4-11 续表 5

股份有限公司

项目	商品购进总额		统一配送商品购进额		自有配送中心配送商品购进额	
	2009年	2008年	2009年	2008年	2009年	2008年
全　国	**198171**	**140893**	**145146**	**74206**	**123758**	**74206**
北　京	79792	73840	35609	29862	14221	29862
天　津						
河　北						
山　西	1074	1257				
内蒙古	59179	25318	58900	13294	58900	13294
辽　宁	8645	6582	8645	6582	8645	6582
吉　林						
黑龙江						
上　海						
江　苏						
浙　江	27901	24127	27901	24127	27901	24127
安　徽						
福　建						
江　西						
山　东						
河　南						
湖　北	7490	7071				
湖　南	341	341	341	341	341	341
广　东						
广　西						
海　南						
重　庆	13749	2356	13749		13749	
四　川						
贵　州						
云　南						
西　藏						
陕　西						
甘　肃						
青　海						
宁　夏						
新　疆						

单位：万元

非自有配送中心配送商品购进额		营业额		餐费收入及商品销售额	
2009年	2008年	2009年	2008年	2009年	2008年
21388		**355793**	**256522**	**352877**	**255796**
21388		171815	146365	168964	145703
		2184	2783	2184	2783
		59179	28438	59179	28438
		11483	7327	11483	7327
		51834	45229	51835	45230
		1677	1288	1677	1288
		18737	17690	18737	17690
		1271	1271	1206	1206
		37612	6133	37612	6133

4-11 续表 6

私营企业

项目	商品购进总额		统一配送商品购进额		自有配送中心配送商品购进额	
	2009年	2008年	2009年	2008年	2009年	2008年
全国	**391797**	**321323**	**193532**	**167674**	**128734**	**100489**
北京	71778	47102	20820	19270	8573	7624
天津	2295	1610	2295	1610	1761	1065
河北	5853	4473	383	636	383	636
山西	897	1051	209	230		
内蒙古						
辽宁						
吉林						
黑龙江	2137	2125	1437	1367	1437	1367
上海	4095	4061	3786	3731		
江苏	56495	46127	39802	34873	24075	17884
浙江	83260	55371	75251	55211	60014	37333
安徽	19522	16663	10455	8886	10455	8886
福建	7164	5516	3690	4781	1959	2663
江西	8205	7128	2432	1743	2432	1743
山东	10820	9789	4315	3624	2022	1320
河南	5516	4383	2520	2345	36	36
湖北	33359	37565	60	55		
湖南	7940	6704	4093	3378	719	729
广东	39235	40318	11653	16894	9113	14628
广西						
海南						
重庆	14817	13120	5073	4492	2253	1617
四川	339	226	135	120		
贵州	9252	10085				
云南	1355	1254	1084	1003	1084	1003
西藏	16	12				
陕西	1944	1319				
甘肃	2019	2365	1212	1064		
青海	812	769	168	185		
宁夏	440	400	440	400	200	180
新疆	2235	1788	2221	1775	2221	1775

单位：万元

非自有配送中心配送商品购进额		营业额		餐费收入及商品销售额	
2009年	2008年	2009年	2008年	2009年	2008年
37932	**45027**	**903962**	**798179**	**902399**	**797793**
3632	3477	162423	151267	162232	151180
		3776	4492	3776	4492
		14568	12490	14568	12490
		7709	9418	7709	9418
		8825	8731	8825	8731
		18267	16283	18267	16283
12918	13647	87260	86191	87259	86191
10007	16847	226420	133202	226420	133202
		36420	33151	36420	33151
1326	1740	22375	26611	22375	26609
		10873	10916	10872	10916
2105	2111	39168	43770	38506	43529
		11451	8625	11451	8625
		71600	77573	71118	77573
3375	2649	13959	11615	13819	11615
1342	1276	101564	102868	101564	102868
2820	2875	29970	27973	29957	27973
		2489	2224	2418	2169
		15370	16379	15370	16379
		2311	2125	2311	2125
		337	310	337	310
		4860	2930	4859	2931
		5542	5625	5542	5625
168	185	3396	822	3396	822
240	220	917	657	917	657
		2113	1933	2113	1932

4-11 续表 7

其他企业

项目	商品购进总额		统一配送商品购进额		自有配送中心配送商品购进额	
	2009年	2008年	2009年	2008年	2009年	2008年
全国	**3147**	**1983**				
北京						
天津						
河北						
山西	1249	1214				
内蒙古						
辽宁						
吉林						
黑龙江						
上海						
江苏						
浙江						
安徽						
福建						
江西						
山东						
河南						
湖北						
湖南						
广东						
广西						
海南						
重庆	1898	769				
四川						
贵州						
云南						
西藏						
陕西						
甘肃						
青海						
宁夏						
新疆						

单位：万元

非自有配送中心配送商品购进额		营业额		餐费收入及商品销售额	
2009年	2008年	2009年	2008年	2009年	2008年
		3877	**2525**	**3877**	**2525**
		1391	1500	1391	1500
		2486	1026	2486	1026

4-11 续表 8

港、澳、台商投资企业

项目	商品购进总额		统一配送商品购进额		自有配送中心配送商品购进额	
	2009年	2008年	2009年	2008年	2009年	2008年
全国	**357129**	**337378**	**264182**	**250587**	**131347**	**126694**
北京	89946	78259	45746	36519	37143	28040
天津	1318	1382	1318	1382	101	1064
河北						
山西						
内蒙古						
辽宁	18447	15449	18446	15449	18446	15449
吉林						
黑龙江	2722	2778	2722	2778		
上海	103640	106837	75721	84409	4587	6402
江苏	20767	19761	19774	17614	11102	15800
浙江	1878	1614	1878	1614	1726	1416
安徽	240	248	240	248		
福建	10725	9811	10623	9697		
江西						
山东	611	423	611	423	611	423
河南						
湖北	4461	4117				
湖南						
广东	70719	73574	55447	57329	49863	52687
广西	5934	5108	5934	5108		
海南						
重庆	4261	2964	4261	2964	3661	2441
四川	16759	11532	16759	11532		
贵州						
云南	4701	3520	4701	3520	4108	2973
西藏						
陕西						
甘肃						
青海						
宁夏						
新疆						

单位：万元

非自有配送中心配送商品购进额		营业额		餐费收入及商品销售额	
2009年	2008年	2009年	2008年	2009年	2008年
89044	**85571**	**933392**	**844684**	**933124**	**844447**
8603	8479	232818	196741	232818	196742
		3055	2903	3055	2903
		24128	22282	23873	22050
		6716	7277	6716	7277
71135	71690	308886	280908	308886	280908
1864	1814	39250	39669	39250	39669
152	198	6272	5287	6272	5287
		17759	15157	17759	15157
		45644	45730	45644	45730
		2664	2210	2663	2209
		9186	8297	9186	8297
669	782	170649	169799	170649	169799
		10386	9206	10386	9206
600	524	6447	4594	6447	4594
5428	1537	39974	27906	39960	27901
593	547	9561	6719	9561	6719

4-11 续表 9

外商投资企业

项目	商品购进总额		统一配送商品购进额		自有配送中心配送商品购进额	
	2009年	2008年	2009年	2008年	2009年	2008年
全国	**1556708**	**1422252**	**1310664**	**1192170**	**658390**	**607628**
北京	203523	248729	193130	232302	77157	74457
天津	84697	81493				
河北						
山西	16889	16678	16889	16678	16889	16678
内蒙古	144293	131426	93791	85427	60964	55528
辽宁	117911	103230	117911	103230		
吉林	155	194				
黑龙江	6292	6956	4792	5656		
上海	156415	81978	155387	80814	21476	19029
江苏	166367	159821	166367	159821	66321	62182
浙江	102748	97991	102748	97991	100602	97501
安徽						
福建	29700	30400	29581	30260	13126	12954
江西	35477	33966	35477	33966	35477	33966
山东	44643	39078	42709	37094	42709	37094
河南	23606	19659	20404	17856		
湖北	46897	40210				
湖南	58141	49899	58141	49899	53548	46382
广东	244493	217373	241839	214768	150682	136054
广西	12059	10604	12059	10604		
海南						
重庆	15459	13617	4416	2977	4416	2977
四川	31919	26124				
贵州						
云南	9640	7835	9640	7835	9640	7835
西藏						
陕西						
甘肃						
青海						
宁夏						
新疆	5385	4993	5385	4993	5385	4993

单位：万元

非自有配送中心配送商品购进额		营业额		餐费收入及商品销售额	
2009年	2008年	2009年	2008年	2009年	2008年
243204	**216241**	**3966948**	**3477664**	**3966762**	**3477622**
48098	42999	601651	426305	601616	426268
		249323	221756	249323	221756
		49264	45595	49264	45595
32827	29900	250223	227910	250223	227910
13419	13372	306310	278173	306310	278173
		206	294	206	294
2902	2917	12427	11865	12428	11865
5824	6164	352278	302295	352278	302294
74247	73638	390983	358158	390983	358158
2146	490	350091	314775	350091	314775
		88176	84290	88176	84290
		35477	33966	35477	33966
		169546	146039	169546	146039
		61408	50333	61408	50333
		141732	120760	141731	120755
		71470	61521	71470	61521
63741	46762	643605	629243	643605	629243
		31779	28451	31779	28451
		45795	41479	45645	41479
		71154	58511	71154	58511
		27931	20536	27931	20536
		16117	15409	16117	15409

4-12 按登记注册类型分各地区

内资企业

项　目	商品购进总额		统一配送商品购进额		自有配送中心配送商品购进额	
	2009年	2008年	2009年	2008年	2009年	2008年
全　国	**420290**	**390732**	**199549**	**188994**	**149270**	**137486**
北　京	44108	39766	5266	326	5264	326
天　津	2284	2177				
河　北		2432				
山　西	2914	2802				
内蒙古	31111	24436	29807	23262	27855	21083
辽　宁						
吉　林						
黑龙江						
上　海						
江　苏	1791	13549	1184	9527	854	4232
浙　江	9266	8189	8826	7749	8826	7749
安　徽	6774	6981	1755	1571		673
福　建	36644	29553	20471	24922	13381	15824
江　西						
山　东						
河　南	17	10				
湖　北	1225	1409				
湖　南	2073	1843	2073	1843	2073	1843
广　东	4792	3837	300	464	178	303
广　西						
海　南						
重　庆	257868	233313	126670	116133	88391	83102
四　川	15370	16320				
贵　州						
云　南	2175	2406	1328	1497	879	930
西　藏						
陕　西						
甘　肃						
青　海						
宁　夏	800	760	800	760	500	480
新　疆	1080	950	1070	940	1070	940

连锁餐饮企业加盟门店经营情况

单位：万元

非自有配送中心配送商品购进额		营业额		餐费收入及商品销售额	
2009年	2008年	2009年	2008年	2009年	2008年
26574	**29325**	**1367465**	**1364074**	**1367012**	**1363070**
		97682	88904	97682	88336
		3513	3349	3513	3349
			1605		1605
		5643	5808	5643	5808
1951	2179	514551	526224	514551	526224
331	5295	6952	26361	6952	26361
		12578	11613	12578	11614
1755	898	12488	10904	12488	10904
7090	9098	122752	148509	122751	148509
		28	68	28	68
		2510	1800	2510	1800
		1566	2300	1566	2300
		12770	11975	12770	11975
14698	11009	529988	482834	529988	482834
		35366	33702	34914	33267
449	567	4955	4465	4955	4465
300	280	1033	943	1033	943
		3091	2710	3091	2710

4-12 续表 1

股份合作企业

项 目	商品购进总额		统一配送商品购进额		自有配送中心配送商品购进额	
	2009年	2008年	2009年	2008年	2009年	2008年
全 国	**15180**	**16240**				
北 京						
天 津						
河 北						
山 西						
内 蒙 古						
辽 宁						
吉 林						
黑 龙 江						
上 海						
江 苏						
浙 江						
安 徽						
福 建						
江 西						
山 东						
河 南						
湖 北						
湖 南						
广 东						
广 西						
海 南						
重 庆						
四 川	15180	16240				
贵 州						
云 南						
西 藏						
陕 西						
甘 肃						
青 海						
宁 夏						
新 疆						

单位：万元

非自有配送中心配送商品购进额		营业额		餐费收入及商品销售额	
2009年	2008年	2009年	2008年	2009年	2008年
		34257	**32579**	**33805**	**32144**
		34257	32579	33805	32144

4-12 续表 2

有限责任公司

项　目	商品购进总额		统一配送商品购进额		自有配送中心配送商品购进额	
	2009年	2008年	2009年	2008年	2009年	2008年
全　国	**187730**	**176077**	**106385**	**103238**	**80403**	**78470**
北　京	9830	8415				
天　津	2284	2177				
河　北						
山　西						
内蒙古	4735	4793	3878	4006	1927	1827
辽　宁						
吉　林						
黑龙江						
上　海						
江　苏	58	60	58	60	58	60
浙　江						
安　徽						
福　建	940	2927				
江　西						
山　东						
河　南						
湖　北	1225					
湖　南						
广　东	2032	1877				
广　西						
海　南						
重　庆	165392	154548	101873	98576	78291	76553
四　川						
贵　州						
云　南	1235	1281	576	597	127	30
西　藏						
陕　西						
甘　肃						
青　海						
宁　夏						
新　疆						

单位：万元

非自有配送中心配送商品购进额		营业额		餐费收入及商品销售额	
2009年	2008年	2009年	2008年	2009年	2008年
2400	**2746**	**399329**	**359201**	**399329**	**359201**
		10571	9518	10571	9518
		3513	3349	3513	3349
1951	2179	21911	6958	21911	6958
		100	110	100	110
		1370	4258	1370	4258
		2510		2510	
		3737	3325	3737	3325
		352262	329126	352262	329126
449	567	3357	2557	3357	2557

4-12 续表 3

股份有限公司

项　目	商品购进总额		统一配送商品购进额		自有配送中心配送商品购进额	
	2009年	2008年	2009年	2008年	2009年	2008年
全　国	**64653**	**53838**	**37725**	**24776**	**37725**	**24776**
北　京	31863	29062	4935		4935	
天　津						
河　北						
山　西						
内蒙古	25896	19233	25896	19233	25896	19233
辽　宁						
吉　林						
黑龙江						
上　海						
江　苏						
浙　江	6893	5543	6893	5543	6893	5543
安　徽						
福　建						
江　西						
山　东						
河　南						
湖　北						
湖　南						
广　东						
广　西						
海　南						
重　庆						
四　川						
贵　州						
云　南						
西　藏						
陕　西						
甘　肃						
青　海						
宁　夏						
新　疆						

单位：万元

非自有配送中心配送商品购进额		营业额		餐费收入及商品销售额	
2009年	2008年	2009年	2008年	2009年	2008年
		578486	**596920**	**578485**	**596352**
		78073	71012	78073	70443
		491795	518587	491795	518587
		8618	7322	8618	7322

4-12 续表 4

私营企业

项 目	商品购进总额		统一配送商品购进额		自有配送中心配送商品购进额	
	2009年	2008年	2009年	2008年	2009年	2008年
全 国	**149088**	**141262**	**55440**	**60981**	**31143**	**34240**
北 京	2415	2289	331	326	329	326
天 津						
河 北		2432				
山 西						
内蒙古	480	410	32	23	32	23
辽 宁						
吉 林						
黑龙江						
上 海						
江 苏	1733	13489	1126	9467	796	4172
浙 江	2373	2646	1933	2206	1933	2206
安 徽	6774	6981	1755	1571		673
福 建	35704	26626	20471	24922	13381	15824
江 西						
山 东						
河 南	17	10				
湖 北		1409				
湖 南	2073	1843	2073	1843	2073	1843
广 东	2760	1960	300	464	178	303
广 西						
海 南						
重 庆	91751	78253	24798	17557	10100	6549
四 川	190	80				
贵 州						
云 南	940	1126	752	900	752	900
西 藏						
陕 西						
甘 肃						
青 海						
宁 夏	800	760	800	760	500	480
新 疆	1080	950	1070	940	1070	940

单位：万元

非自有配送中心配送商品购进额		营业额		餐费收入及商品销售额	
2009年	2008年	2009年	2008年	2009年	2008年
24174	**26579**	**348855**	**368879**	**348855**	**368879**
		9038	8374	9038	8375
			1605		1605
		845	679	845	679
331	5295	6852	26251	6852	26251
		3960	4292	3960	4292
1755	898	12488	10904	12488	10904
7090	9098	121382	144251	121382	144252
		28	68	28	68
			1800		1800
		1566	2300	1566	2300
		9033	8650	9033	8650
14698	11009	176831	153021	176831	153021
		1109	1123	1109	1123
		1598	1908	1598	1908
300	280	1033	943	1033	943
		3091	2710	3091	2710

4-12 续表 5

其他企业

项目	商品购进总额		统一配送商品购进额		自有配送中心配送商品购进额	
	2009年	2008年	2009年	2008年	2009年	2008年
全国	**3640**	**3314**				
北京						
天津						
河北						
山西	2914	2802				
内蒙古						
辽宁						
吉林						
黑龙江						
上海						
江苏						
浙江						
安徽						
福建						
江西						
山东						
河南						
湖北						
湖南						
广东						
广西						
海南						
重庆	726	513				
四川						
贵州						
云南						
西藏						
陕西						
甘肃						
青海						
宁夏						
新疆						

单位：万元

非自有配送中心配送商品购进额		营业额		餐费收入及商品销售额	
2009年	2008年	2009年	2008年	2009年	2008年
		6539	**6495**	**6539**	**6495**
		5643	5808	5643	5808
		896	687	896	687

4-12 续表 6

港、澳、台商投资企业

项目	商品购进总额		统一配送商品购进额		自有配送中心配送商品购进额	
	2009年	2008年	2009年	2008年	2009年	2008年
全国	**12341**	**10715**	**9353**	**8368**	**513**	**413**
北京	171	190				
天津						
河北						
山西						
内蒙古						
辽宁						
吉林						
黑龙江						
上海	2747	2044				
江苏	751	612	682	499	513	413
浙江						
安徽						
福建						
江西						
山东						
河南						
湖北						
湖南						
广东						
广西						
海南						
重庆						
四川						
贵州						
云南	8672	7869	8672	7869		
西藏						
陕西						
甘肃						
青海						
宁夏						
新疆						

单位：万元

非自有配送中心配送商品购进额		营业额		餐费收入及商品销售额	
2009年	2008年	2009年	2008年	2009年	2008年
8772	**7955**	**40908**	**33473**	**40908**	**33473**
		770	802	770	802
		10798	7060	10798	7060
100	86	1526	1020	1526	1020
8672	7869	27813	24591	27813	24591

4-12 续表 7

外商投资企业

项 目	商品购进总额		统一配送商品购进额		自有配送中心配送商品购进额	
	2009年	2008年	2009年	2008年	2009年	2008年
全 国	**385427**	**327557**	**189758**	**162007**	**120861**	**103836**
北 京	10622	9163	5871	6242	3090	2879
天 津						
河 北						
山 西						
内蒙古	262155	218620	170439	142135	110786	92388
辽 宁						
吉 林						
黑龙江						
上 海						
江 苏						
浙 江	6998	5716	6998	5716	1837	1953
安 徽						
福 建						
江 西						
山 东						
河 南						
湖 北	173	115				
湖 南						
广 东	6341	7913	6341	7913	5040	6615
广 西						
海 南						
重 庆	94177	81248	108		108	
四 川	4962	4782				
贵 州						
云 南						
西 藏						
陕 西						
甘 肃						
青 海						
宁 夏						
新 疆						

单位：万元

非自有配送中心配送商品购进额		营业额		餐费收入及商品销售额	
2009年	2008年	2009年	2008年	2009年	2008年
64952	**53626**	**685169**	**688229**	**685169**	**688229**
137	116	12758	16076	12758	16076
59654	49747	371477	380890	371477	380890
5161	3763	64791	69896	64790	69896
		346	230	346	230
		11703	12992	11703	12992
		180776	174138	180776	174138
		43319	34007	43319	34007

4-13 按行业分各地区连锁餐饮企业基本情况

正餐服务

项　目	连锁总店数(个)	门店数(个)		年末从业人员(人)		年末餐饮营业面积(平方米)		年末餐位数(个)	
	2009年	2009年	2008年	2009年	2008年	2009年	2008年	2009年	2008年
全　国	**239**	**4801**	**4764**	**303639**	**299771**	**4121662**	**3900861**	**1385598**	**1267369**
北　京	46	793	744	50398	47802	804938	722796	189040	179714
天　津	2	8	7	66	56	950	850	540	540
河　北	3	10	15	935	1131	17505	23685	3694	5139
山　西	4	27	27	3813	3492	40610	40610	13506	13506
内蒙古	8	1067	1257	78650	92245	588744	666539	172799	190420
辽　宁	3	20	22	1025	918	21400	22200	3014	3022
吉　林	1	2	2	25	15	1500	1500	120	120
黑龙江	6	46	45	1706	1598	45838	43836	11375	11082
上　海	7	203	131	8403	5671	73309	53456	83399	19135
江　苏	6	17	18	738	835	18872	27940	5950	7988
浙　江	21	277	212	13398	12244	380523	299104	84649	66383
安　徽	5	80	67	4960	4938	234622	194306	40822	36294
福　建	8	151	165	2845	3100	19221	19815	9518	10296
江　西	6	19	19	1856	1819	24904	24904	11480	11480
山　东	10	27	27	1947	1725	67380	67080	11900	11807
河　南	11	57	59	1826	1774	28142	28352	12040	11580
湖　北	23	96	93	12479	13569	219257	219686	64373	56167
湖　南	7	26	25	2059	2206	39340	38090	8823	8643
广　东	29	223	210	15729	15142	198178	197613	52051	51824
广　西									
海　南									
重　庆	14	1447	1418	85538	77337	1136363	1040743	556347	522932
四　川	5	78	90	8476	5874	71154	83044	18894	20157
贵　州	1	10	13	1039	1148	22098	25339	2595	3499
云　南	3	55	50	1496	1388	23803	23937	15771	14626
西　藏									
陕　西	3	39	29	2730	2390	25724	20649	6934	5374
甘　肃	1	4	4	710	705	5360	5360	1164	1441
青　海	4	10	6	409	284	5067	2567	1940	1340
宁　夏	1	7	7	318	300	4860	4860	2460	2460
新　疆	1	2	2	65	65	2000	2000	400	400

4-13 续表 1

快餐服务

项目	连锁总店数(个)	门店数(个)		年末从业人员(人)		年末餐饮营业面积(平方米)		年末餐位数(个)	
	2009年	2009年	2008年	2009年	2008年	2009年	2008年	2009年	2008年
全国	**154**	**7479**	**6554**	**307332**	**284784**	**2362556**	**2081305**	**952844**	**793982**
北京	27	1106	931	32875	30263	322470	278007	123739	109255
天津	8	225	254	17227	12969	46356	48164	33569	29539
河北	1	2	2	158	120	1170	1170	140	140
山西	1	47	40	2300	2100	19132	17006	6750	6000
内蒙古									
辽宁	6	342	325	6743	6618	144200	140267	77374	28319
吉林									
黑龙江	1	8	8	600	600	3856	3856	2056	2056
上海	9	943	835	40879	37106	284837	263256	86843	78096
江苏	15	888	799	40771	37853	295784	262396	106100	94217
浙江	10	595	484	22370	21050	189849	158852	69812	58180
安徽	2	64	39	1609	1420	17950	6450	5674	2920
福建	7	633	552	20913	18116	139234	128907	57812	53512
江西	3	49	41	3179	2782	19668	16606	7089	6036
山东	6	239	201	12450	9992	59580	50269	33915	28514
河南	5	107	88	4282	3761	40994	36529	20346	17438
湖北	3	183	154	8367	8348	75871	67502	26628	23983
湖南	2	116	93	7574	6656	41564	37979	14297	13518
广东	28	1309	1214	62095	68922	462458	408093	183080	168341
广西	2	58	48	2646	2958	21649	19166	5989	5257
海南									
重庆	4	80	43	4459	2054	30699	17477	24912	12215
四川	4	265	197	9580	5579	84755	61862	40832	31651
贵州									
云南	4	133	116	4637	3574	48955	46241	20746	19596
西藏	1	3	3	83	97	440	460	184	125
陕西									
甘肃									
青海	1	5	7	63	76	395	600	220	352
宁夏									
新疆	4	79	80	1472	1770	10690	10190	4737	4722

4-13 续表 2

饮料及冷饮服务

项目	连锁总店数(个)	门店数(个)		年末从业人员(人)		年末餐饮营业面积(平方米)		年末餐位数(个)	
	2009年	2009年	2008年	2009年	2008年	2009年	2008年	2009年	2008年
全国	**9**	**779**	**735**	**11679**	**12331**	**247046**	**254115**	**67152**	**68578**
北京	1	80	81	761	1019	15215	15540	4715	4733
天津									
河北									
山西									
内蒙古									
辽宁									
吉林									
黑龙江									
上海	1	116	59	487	281	6987	3415	2874	1240
江苏									
浙江	2	308	326	8942	9532	204213	215013	52439	55883
安徽									
福建									
江西									
山东	1	8	8	78	80	1434	1434	760	760
河南									
湖北									
湖南									
广东	3	264	257	1372	1364	18607	17853	6164	5682
广西									
海南									
重庆									
四川	1	3	4	39	55	590	860	200	280
贵州									
云南									
西藏									
陕西									
甘肃									
青海									
宁夏									
新疆									

4-13 续表 3

其他餐饮服务

项　目	连锁总店数(个)	门店数(个)		年末从业人员(人)		年末餐饮营业面积(平方米)		年末餐位数(个)	
	2009年	2009年	2008年	2009年	2008年	2009年	2008年	2009年	2008年
全　国	**24**	**680**	**592**	**29187**	**22936**	**184283**	**149560**	**83822**	**74669**
北　京	6	75	77	589	486	3554	3610	805	1556
天　津	1	30	37	372	387	5285	3027	678	439
河　北									
山　西	1	5	5	503	521	5630	5630	1980	1985
内蒙古									
辽　宁									
吉　林									
黑龙江									
上　海	2	50	24	2421	1215	19259	9863	2038	1882
江　苏	3	15	16	476	488	5738	6376	2909	2686
浙　江									
安　徽									
福　建	2	5	5	327	247	7057	5850	1333	1033
江　西									
山　东									
河　南									
湖　北	1	5	5	76	82	458	458	286	286
湖　南	1	11	12	170	170	1800	1200	240	212
广　东	4	44	44	1792	1595	10924	12691	3372	4682
广　西									
海　南									
重　庆	3	440	367	22461	17745	124578	100855	70181	59908
四　川									
贵　州									
云　南									
西　藏									
陕　西									
甘　肃									
青　海									
宁　夏									
新　疆									

4-14 按行业分各地区连锁餐饮企业直营门店基本情况

正餐服务

项　目	门店数（个）		年末从业人员（人）		年末餐饮营业面积（平方米）		年末餐位数（个）	
	2009年	2008年	2009年	2008年	2009年	2008年	2009年	2008年
全　国	**2181**	**1960**	**155145**	**144318**	**2368571**	**2143103**	**694384**	**582198**
北　京	582	552	39706	37556	539433	507975	142362	138264
天　津	8	7	66	56	950	850	540	540
河　北	10	11	935	913	17505	18605	3694	4379
山　西	17	17	2770	2517	24700	24700	8478	8478
内蒙古	227	215	31196	27591	236242	198760	65446	55313
辽　宁	20	22	1025	918	21400	22200	3014	3022
吉　林	2	2	25	15	1500	1500	120	120
黑龙江	46	45	1706	1598	45838	43836	11375	11082
上　海	203	131	8403	5671	73309	53456	83399	19135
江　苏	17	18	738	835	18872	27940	5950	7988
浙　江	270	205	13196	12039	377023	295604	83599	65233
安　徽	63	49	3409	3495	170175	150561	35686	31657
福　建	47	51	785	836	9021	8615	4626	4916
江　西	19	19	1856	1819	24904	24904	11480	11480
山　东	27	27	1947	1725	67380	67080	11900	11807
河　南	57	59	1826	1774	28142	28352	12040	11580
湖　北	92	89	11633	13401	211451	215380	60463	55622
湖　南	24	23	1839	1946	35340	34090	8423	8243
广　东	170	163	12902	12775	159879	161133	45621	46019
广　西								
海　南								
重　庆	168	154	11998	10196	203173	159292	69176	61649
四　川	25	25	1786	1702	30151	30191	7011	7274
贵　州	10	13	1039	1148	22098	25339	2595	3499
云　南	22	22	425	330	12107	12337	6648	6043
西　藏								
陕　西	39	29	2730	2390	25724	20649	6934	5374
甘　肃	4	4	710	705	5360	5360	1164	1441
青　海	10	6	409	284	5067	2567	1940	1340
宁　夏	1	1	50	48	827	827	500	500
新　疆	1	1	35	35	1000	1000	200	200

4-14 续表 1

快餐服务

项目	门店数(个)		年末从业人员(人)		年末餐饮营业面积(平方米)		年末餐位数(个)	
	2009年	2008年	2009年	2008年	2009年	2008年	2009年	2008年
全　国	**6528**	**5702**	**286853**	**265953**	**2189676**	**1918025**	**869165**	**711536**
北　京	1089	915	32639	30048	320237	276312	122353	107982
天　津	225	254	17227	12969	46356	48164	33569	29539
河　北	2	2	158	120	1170	1170	140	140
山　西	47	40	2300	2100	19132	17006	6750	6000
内蒙古								
辽　宁	342	325	6743	6618	144200	140267	77374	28319
吉　林								
黑龙江	8	8	600	600	3856	3856	2056	2056
上　海	921	820	40727	37005	280250	260209	84678	76527
江　苏	770	638	38274	34759	258034	224246	97030	81687
浙　江	487	407	21046	19897	172907	144202	62024	50947
安　徽	64	39	1609	1420	17950	6450	5674	2920
福　建	201	201	10215	9570	79294	73349	25912	24167
江　西	49	41	3179	2782	19668	16606	7089	6036
山　东	239	201	12450	9992	59580	50269	33915	28514
河　南	106	86	4262	3717	40494	35529	20176	17226
湖　北	183	154	8367	8348	75871	67502	26628	23983
湖　南	116	93	7574	6656	41564	37979	14297	13518
广　东	1289	1189	60875	67150	455458	399226	180080	164475
广　西	58	48	2646	2958	21649	19166	5989	5257
海　南								
重　庆	80	43	4459	2054	30699	17477	24912	12215
四　川	140	97	7805	4111	61327	42059	24237	16931
贵　州								
云　南	72	57	2670	1674	32405	29481	10136	8833
西　藏	3	3	83	97	440	460	184	125
陕　西								
甘　肃								
青　海	5	7	63	76	395	600	220	352
宁　夏								
新　疆	32	34	882	1232	6740	6440	3742	3787

4-14 续表 2

饮料及冷饮服务

项　目	门店数（个）		年末从业人员（人）		年末餐饮营业面积（平方米）		年末餐位数（个）	
	2009年	2008年	2009年	2008年	2009年	2008年	2009年	2008年
全　国	**526**	**465**	**4089**	**4231**	**95246**	**92115**	**26672**	**25378**
北　京	80	81	761	1019	15215	15540	4715	4733
天　津								
河　北								
山　西								
内蒙古								
辽　宁								
吉　林								
黑龙江								
上　海	116	59	487	281	6987	3415	2874	1240
江　苏								
浙　江	55	56	1352	1432	52413	53013	11959	12683
安　徽								
福　建								
江　西								
山　东	8	8	78	80	1434	1434	760	760
河　南								
湖　北								
湖　南								
广　东	264	257	1372	1364	18607	17853	6164	5682
广　西								
海　南								
重　庆								
四　川	3	4	39	55	590	860	200	280
贵　州								
云　南								
西　藏								
陕　西								
甘　肃								
青　海								
宁　夏								
新　疆								

4-14 续表 3

其他餐饮服务

项　目	门店数（个）		年末从业人员（人）		年末餐饮营业面积（平方米）		年末餐位数（个）	
	2009年	2008年	2009年	2008年	2009年	2008年	2009年	2008年
全　国	**242**	**218**	**7848**	**5999**	**67407**	**54944**	**16362**	**17019**
北　京	75	76	589	479	3554	3507	805	1296
天　津	12	14	169	172	4150	2175	418	229
河　北								
山　西	5	5	503	521	5630	5630	1980	1985
内蒙古								
辽　宁								
吉　林								
黑龙江								
上　海	50	24	2421	1215	19259	9863	2038	1882
江　苏	13	15	425	463	5323	6165	2659	2576
浙　江								
安　徽								
福　建	5	5	327	247	7057	5850	1333	1033
江　西								
山　东								
河　南								
湖　北	5	5	76	82	458	458	286	286
湖　南	11	12	170	170	1800	1200	240	212
广　东	44	44	1792	1595	10924	12691	3372	4682
广　西								
海　南								
重　庆	22	18	1376	1055	9252	7405	3231	2838
四　川								
贵　州								
云　南								
西　藏								
陕　西								
甘　肃								
青　海								
宁　夏								
新　疆								

4-15 按行业分各地区连锁餐饮企业加盟门店基本情况

正餐服务

项目	门店数(个)		年末从业人员(人)		年末餐饮营业面积(平方米)		年末餐位数(个)	
	2009年	2008年	2009年	2008年	2009年	2008年	2009年	2008年
全国	**2620**	**2804**	**148494**	**155453**	**1753091**	**1757758**	**691214**	**685171**
北京	211	192	10692	10246	265505	214821	46678	41450
天津								
河北		4		218		5080		760
山西	10	10	1043	975	15910	15910	5028	5028
内蒙古	840	1042	47454	64654	352502	467779	107353	135107
辽宁								
吉林								
黑龙江								
上海								
江苏								
浙江	7	7	202	205	3500	3500	1050	1150
安徽	17	18	1551	1443	64447	43745	5136	4637
福建	104	114	2060	2264	10200	11200	4892	5380
江西								
山东								
河南								
湖北	4	4	846	168	7806	4306	3910	545
湖南	2	2	220	260	4000	4000	400	400
广东	53	47	2827	2367	38299	36480	6430	5805
广西								
海南								
重庆	1279	1264	73540	67141	933190	881451	487171	461283
四川	53	65	6690	4172	41003	52853	11883	12883
贵州								
云南	33	28	1071	1058	11696	11600	9123	8583
西藏								
陕西								
甘肃								
青海								
宁夏	6	6	268	252	4033	4033	1960	1960
新疆	1	1	30	30	1000	1000	200	200

4-15 续表 1

快餐服务

项目	门店数(个)		年末从业人员(人)		年末餐饮营业面积(平方米)		年末餐位数(个)	
	2009年	2008年	2009年	2008年	2009年	2008年	2009年	2008年
全国	**951**	**852**	**20479**	**18831**	**172880**	**163280**	**83679**	**82446**
北京	17	16	236	215	2233	1695	1386	1273
天津								
河北								
山西								
内蒙古								
辽宁								
吉林								
黑龙江								
上海	22	15	152	101	4587	3047	2165	1569
江苏	118	161	2497	3094	37750	38150	9070	12530
浙江	108	77	1324	1153	16942	14650	7788	7233
安徽								
福建	432	351	10698	8546	59940	55558	31900	29345
江西								
山东								
河南	1	2	20	44	500	1000	170	212
湖北								
湖南								
广东	20	25	1220	1772	7000	8867	3000	3866
广西								
海南								
重庆								
四川	125	100	1775	1468	23428	19803	16595	14720
贵州								
云南	61	59	1967	1900	16550	16760	10610	10763
西藏								
陕西								
甘肃								
青海								
宁夏								
新疆	47	46	590	538	3950	3750	995	935

4-15 续表 2

饮料及冷饮服务

项 目	门店数(个)		年末从业人员(人)		年末餐饮营业面积(平方米)		年末餐位数(个)	
	2009年	2008年	2009年	2008年	2009年	2008年	2009年	2008年
全 国	**253**	**270**	**7590**	**8100**	**151800**	**162000**	**40480**	**43200**
北 京								
天 津								
河 北								
山 西								
内蒙古								
辽 宁								
吉 林								
黑龙江								
上 海								
江 苏								
浙 江	253	270	7590	8100	151800	162000	40480	43200
安 徽								
福 建								
江 西								
山 东								
河 南								
湖 北								
湖 南								
广 东								
广 西								
海 南								
重 庆								
四 川								
贵 州								
云 南								
西 藏								
陕 西								
甘 肃								
青 海								
宁 夏								
新 疆								

4-15 续表 3

其他餐饮服务

项目	门店数(个)		年末从业人员(人)		年末餐饮营业面积(平方米)		年末餐位数(个)	
	2009年	2008年	2009年	2008年	2009年	2008年	2009年	2008年
全国	**438**	**374**	**21339**	**16937**	**116876**	**94616**	**67460**	**57650**
北京		1		7		103		260
天津	18	23	203	215	1135	852	260	210
河北								
山西								
内蒙古								
辽宁								
吉林								
黑龙江								
上海								
江苏	2	1	51	25	415	211	250	110
浙江								
安徽								
福建								
江西								
山东								
河南								
湖北								
湖南								
广东								
广西								
海南								
重庆	418	349	21085	16690	115326	93450	66950	57070
四川								
贵州								
云南								
西藏								
陕西								
甘肃								
青海								
宁夏								
新疆								

4-16 按行业分各地区

正餐服务

项　目	商品购进总额		统一配送商品购进额		自有配送中心配送商品购进额	
	2009年	2008年	2009年	2008年	2009年	2008年
全　国	**1681008**	**1468336**	**798708**	**642271**	**524523**	**429338**
北　京	311786	285097	119098	101224	33610	43274
天　津	381	380	381	380		
河　北	5549	6602	383	636	383	636
山　西	5654	5705	209	230		
内蒙古	499317	402091	354997	265972	259143	182916
辽　宁	9288	7049	9288	7048	8645	6582
吉　林	155	194				
黑龙江	8249	7993	6049	5935	1437	1367
上　海	57239	32839	44511	19672	11676	9777
江　苏	8669	8992	8060	6823	3119	2980
浙　江	111111	91097	85151	70190	74606	52630
安　徽	25092	23293	12210	10457	10455	9559
福　建	8668	6550	3778	3426	3361	2985
江　西	7344	6344	2432	1743	2432	1743
山　东	8571	8179	3090	3001	985	890
河　南	6291	5074	2840	2575	36	36
湖　北	73311	76218	80	70		
湖　南	12985	12129	5188	4277	3133	2913
广　东	84178	84290	10662	16538	8247	14194
广　西						
海　南						
重　庆	387639	350347	116204	110346	92622	88324
四　川	19808	20171	933	905	810	800
贵　州	9252	10085				
云　南	2962	3002	1562	1565	345	255
西　藏						
陕　西	11172	8671	6720	5195	6720	5195
甘　肃	2019	2365	1212	1064		
青　海	1018	800	374	216		
宁　夏	1240	1160	1240	1160	700	660
新　疆	2060	1622	2060	1622	2060	1622

连锁餐饮企业经营情况

单位：万元

非自有配送中心配送商品购进额		营业额		餐费收入及商品销售额	
2009年	2008年	2009年	2008年	2009年	2008年
192928	**153955**	**3725441**	**3445183**	**3718009**	**3440542**
68824	38659	711311	658889	708210	657457
		1885	1881	1885	1881
		14050	13639	14050	13639
		24053	27925	24053	27925
95855	83056	1199948	1166284	1199948	1166284
642	466	15520	10893	15266	10661
		206	294	206	294
		20253	20845	20253	20845
5824	6164	115353	76477	115353	76477
2131	500	12858	14243	12858	14243
10545	17560	285588	210624	285470	210418
1755	898	45905	42890	45904	42890
115	91	25251	20504	25251	20504
		11538	11096	11537	11096
2105	2111	31293	37419	30631	37176
106	120	13789	10662	13789	10661
		160304	159764	158565	158521
2055	1364	20688	19334	20483	19269
1094	1193	188896	186089	188255	185365
		724528	665352	724365	665352
		45528	42744	45004	42253
		15370	16379	15370	16379
964	1057	10664	8148	10664	8144
		17895	13222	17873	13222
		5542	5625	5542	5625
374	216	3768	998	3768	998
540	500	1950	1600	1950	1600
		1510	1366	1510	1366

4-16 续表 1

快餐服务

项目	商品购进总额		统一配送商品购进额		自有配送中心配送商品购进额	
	2009年	2008年	2009年	2008年	2009年	2008年
全国	**1795681**	**1649610**	**1543115**	**1432997**	**829291**	**765850**
北京	216747	249199	195303	230626	118904	110728
天津	89503	85632	3537	3008	2102	2462
河北	304	302				
山西	16889	16678	16889	16678	16889	16678
内蒙古						
辽宁	135714	118212	135714	118212	18446	15449
吉林						
黑龙江	2902	3866	2902	3866		
上海	200359	157403	192431	150845	14387	15654
江苏	234029	227311	216808	212645	98175	96509
浙江	133479	117386	133479	117386	120985	112137
安徽	1445	599	240	248		
福建	79968	71105	60701	66326	25106	28456
江西	36940	35460	36079	34676	35477	33966
山东	47876	41578	44918	38607	44731	38414
河南	24062	20075	20649	18087	245	231
湖北	46724	40095				
湖南	58141	49899	58141	49899	53548	46382
广东	348017	322566	340121	313417	239877	226683
广西	17993	15712	17993	15712		
海南						
重庆	18819	6186	18819	3830	18220	3306
四川	53640	42438	16759	11532		
贵州						
云南	25308	21604	24849	21128	15584	12711
西藏	16	12				
陕西						
甘肃						
青海	168	185	168	185		
宁夏						
新疆	6639	6108	6616	6086	6616	6086

单位：万元

非自有配送中心配送商品购进额		营业额		餐费收入及商品销售额	
2009年	2008年	2009年	2008年	2009年	2008年
284811	**266348**	**4681410**	**4183438**	**4681229**	**4183302**
12922	10432	619453	416745	619306	416621
		259868	233383	259847	233384
		518	457	518	457
		49264	45595	49264	45595
12777	12905	326401	296889	326401	296889
2902	2917	7715	7028	7715	7028
73182	73253	530728	518100	530728	518100
85956	92134	506384	489692	506384	489692
7262	4218	393500	339512	393500	339512
		20762	16321	20762	16321
8416	10838	260647	288267	260646	288264
602	710	38258	36843	38258	36843
		179013	153777	179013	153777
		61996	50889	61996	50889
		141386	120531	141386	120525
		71470	61521	71470	61521
65332	48278	867387	849725	867387	849725
		42165	37657	42165	37657
600	524	60470	24972	60470	24972
5428	1537	154447	120425	154433	120420
9265	8417	69214	55879	69214	55879
		337	310	337	310
168	185	218	238	218	238
		19812	18685	19812	18685

4-16 续表 2

饮料及冷饮服务

项目	商品购进总额		统一配送商品购进额		自有配送中心配送商品购进额	
	2009年	2008年	2009年	2008年	2009年	2008年
全国	**31178**	**24729**	**16500**	**16440**	**7884**	**7946**
北京	8603	8479	8603	8479		
天津						
河北						
山西						
内蒙古						
辽宁						
吉林						
黑龙江						
上海	7830	2779				
江苏						
浙江	6054	6269	6054	6269	6054	6269
安徽						
福建						
江西						
山东	101	97	101	97	101	97
河南						
湖北						
湖南						
广东	8576	7089	1729	1580	1729	1580
广西						
海南						
重庆						
四川	13	16	12	15		
贵州						
云南						
西藏						
陕西						
甘肃						
青海						
宁夏						
新疆						

单位：万元

非自有配送中心配送商品购进额		营业额		餐费收入及商品销售额	
2009年	2008年	2009年	2008年	2009年	2008年
8603	**8479**	**158057**	**145999**	**158057**	**145999**
8603	8479	31575	28519	31576	28519
		18586	11483	18586	11483
		79283	82564	79283	82564
		1982	1837	1982	1837
		26211	21196	26211	21196
		420	400	420	400

4-16 续表 3

其他餐饮服务

项　目	商品购进总额		统一配送商品购进额		自有配送中心配送商品购进额	
	2009年	2008年	2009年	2008年	2009年	2008年
全　国	**112119**	**95950**	**40087**	**30591**	**17830**	**11448**
北　京	4412	2782	3997	2332	2099	201
天　津	3205	3055				
河　北						
山　西	1074	1257				
内蒙古						
辽　宁						
吉　林						
黑龙江						
上　海	13734	13754				
江　苏	4728	4977	4196	4278	2676	2434
浙　江						
安　徽						
福　建	1223	1162				
江　西						
山　东						
河　南						
湖　北	583	442				
湖　南	1320	1285	1320	1285		
广　东	6544	6866	933	869	933	869
广　西						
海　南						
重　庆	75297	60370	29641	21827	12122	7944
四　川						
贵　州						
云　南						
西　藏						
陕　西						
甘　肃						
青　海						
宁　夏						
新　疆						

单位：万元

非自有配送中心配送商品购进额		营业额		餐费收入及商品销售额	
2009年	2008年	2009年	2008年	2009年	2008年
21049	**19024**	**228285**	**182281**	**228186**	**182281**
691	2012	9337	7525	9337	7525
		4930	4700	4831	4700
		2184	2783	2184	2783
		43544	15861	43544	15861
1520	1844	9609	10580	9609	10580
		2412	2216	2412	2216
		2148	1628	2148	1628
1320	1285	1158	1211	1158	1211
		30987	32166	30987	32166
17518	13883	121977	103612	121977	103612

4-17 按行业分各地区连锁

正餐服务

项目	商品购进总额		统一配送商品购进额		自有配送中心配送商品购进额	
	2009年	2008年	2009年	2008年	2009年	2008年
全国	**1009055**	**873363**	**475874**	**362610**	**291553**	**228183**
北京	257787	236902	108692	95368	25255	40068
天津	381	380	381	380		
河北	5549	4170	383	636	383	636
山西	2740	2903	209	230		
内蒙古	206052	159034	154751	100575	120502	69445
辽宁	9288	7049	9288	7048	8645	6582
吉林	155	194				
黑龙江	8249	7993	6049	5935	1437	1367
上海	57239	32839	44511	19672	11676	9777
江苏	8669	8992	8060	6823	3119	2980
浙江	108749	88464	83229	67997	72684	50437
安徽	18318	16312	10455	8886	10455	8886
福建	5560	3829	1286	1301	869	860
江西	7344	6344	2432	1743	2432	1743
山东	8571	8179	3090	3001	985	890
河南	6291	5074	2840	2575	36	36
湖北	71914	74694	80	70		
湖南	10912	10286	3115	2435	1060	1070
广东	79386	80453	10362	16074	8069	13891
广西						
海南						
重庆	103854	89836	14017	11570	14017	11570
四川	4438	3851	933	905	810	800
贵州	9252	10085				
云南	1727	1722	986	969	218	225
西藏						
陕西	11172	8671	6720	5195	6720	5195
甘肃	2019	2365	1212	1064		
青海	1018	800	374	216		
宁夏	440	400	440	400	200	180
新疆	1982	1544	1982	1544	1982	1544

餐饮企业直营门店经营情况

单位：万元

非自有配送中心配送商品购进额		营业额		餐费收入及商品销售额	
2009年	2008年	2009年	2008年	2009年	2008年
128775	**100284**	**2032995**	**1779532**	**2026016**	**1775895**
68780	38659	602785	555777	599684	554913
		1885	1881	1885	1881
		14050	12034	14050	12034
		18409	22117	18409	22117
34250	31130	313920	259170	313920	259170
642	466	15520	10893	15266	10661
		206	294	206	294
		20253	20845	20253	20845
5824	6164	115353	76477	115353	76477
2131	500	12858	14243	12858	14243
10545	17560	281648	206352	281530	206146
		33417	31987	33417	31987
115	91	10275	7228	10275	7228
		11538	11096	11537	11096
2105	2111	31293	37419	30631	37176
106	120	13789	10662	13789	10661
		157449	157734	155710	156491
2055	1364	19122	17034	18916	16969
1094	1193	176126	174114	175485	173390
		120686	99349	120523	99349
		10162	9042	10090	8987
		15370	16379	15370	16379
515	491	7307	5591	7307	5587
		17895	13222	17873	13222
		5542	5625	5542	5625
374	216	3768	998	3768	998
240	220	917	657	917	657
		1453	1316	1453	1316

4-17 续表 1

快餐服务

项 目	商品购进总额		统一配送商品购进额		自有配送中心配送商品购进额	
	2009年	2008年	2009年	2008年	2009年	2008年
全 国	**1722272**	**1573998**	**1493978**	**1372765**	**803610**	**733740**
北 京	215845	248297	194573	229914	118904	110728
天 津	89503	85632	3537	3008	2102	2462
河 北	304	302				
山 西	16889	16678	16889	16678	16889	16678
内蒙古						
辽 宁	135714	118212	135714	118212	18446	15449
吉 林						
黑龙江	2902	3866	2902	3866		
上 海	197612	155359	192431	150845	14387	15654
江 苏	231841	213402	215241	202820	97109	92065
浙 江	121375	108033	121375	108033	114043	106547
安 徽	1445	599	240	248		
福 建	46432	44273	42722	43529	14216	14757
江 西	36940	35460	36079	34676	35477	33966
山 东	47876	41578	44918	38607	44731	38414
河 南	24045	20065	20649	18087	245	231
湖 北	46724	40095				
湖 南	58141	49899	58141	49899	53548	46382
广 东	341675	314653	333779	305503	234837	220068
广 西	17993	15712	17993	15712		
海 南						
重 庆	18819	6186	18819	3830	18220	3306
四 川	48678	37656	16759	11532		
贵 州						
云 南	15696	12609	15425	12358	14832	11811
西 藏	16	12				
陕 西						
甘 肃						
青 海	168	185	168	185		
宁 夏						
新 疆	5638	5236	5625	5224	5625	5224

单位：万元

非自有配送中心配送商品购进额		营业额		餐费收入及商品销售额	
2009年	2008年	2009年	2008年	2009年	2008年
263363	**240121**	**4444308**	**3917300**	**4444126**	**3917163**
12829	10316	616768	414108	616622	413984
		259868	233383	259847	233384
		518	457	518	457
		49264	45595	49264	45595
12777	12905	326401	296889	326401	296889
2902	2917	7715	7028	7715	7028
73182	73253	519929	511041	519929	511041
85525	86754	498637	462816	498637	462817
2101	455	372898	321405	372898	321405
		20762	16321	20762	16321
1326	1740	152871	153034	152871	153032
602	710	38258	36843	38258	36843
		179013	153777	179013	153777
		61968	50821	61968	50821
		141386	120531	141386	120525
		71470	61521	71470	61521
65332	48278	855684	836733	855684	836733
		42165	37657	42165	37657
600	524	60470	24972	60470	24972
5428	1537	111128	86417	111115	86413
593	547	39803	29380	39803	29380
		337	310	337	310
168	185	218	238	218	238
		16777	16025	16777	16025

4-17 续表 2

饮料及冷饮服务

项　目	商品购进总额		统一配送商品购进额		自有配送中心配送商品购进额	
	2009年	2008年	2009年	2008年	2009年	2008年
全　国	**29379**	**22809**	**14701**	**14521**	**6086**	**6027**
北　京	8603	8479	8603	8479		
天　津						
河　北						
山　西						
内蒙古						
辽　宁						
吉　林						
黑龙江						
上　海	7830	2779				
江　苏						
浙　江	4256	4350	4256	4350	4256	4350
安　徽						
福　建						
江　西						
山　东	101	97	101	97	101	97
河　南						
湖　北						
湖　南						
广　东	8576	7089	1729	1580	1729	1580
广　西						
海　南						
重　庆						
四　川	13	16	12	15		
贵　州						
云　南						
西　藏						
陕　西						
甘　肃						
青　海						
宁　夏						
新　疆						

单位：万元

非自有配送中心配送商品购进额		营业额		餐费收入及商品销售额	
2009年	2008年	2009年	2008年	2009年	2008年
8603	**8479**	**105230**	**86869**	**105230**	**86869**
8603	8479	31575	28519	31576	28519
		18586	11483	18586	11483
		26457	23434	26456	23434
		1982	1837	1982	1837
		26211	21196	26211	21196
		420	400	420	400

4-17 续表 3

其他餐饮服务

项目	商品购进总额		统一配送商品购进额		自有配送中心配送商品购进额	
	2009年	2008年	2009年	2008年	2009年	2008年
全国	**41221**	**39449**	**15196**	**13033**	**7637**	**4898**
北京	4412	2761	3997	2332	2099	201
天津	921	878				
河北						
山西	1074	1257				
内蒙古						
辽宁						
吉林						
黑龙江						
上海	13734	13754				
江苏	4373	4726	3897	4077	2377	2233
浙江						
安徽						
福建	1223	1162				
江西						
山东						
河南						
湖北	583	442				
湖南	1320	1285	1320	1285		
广东	6544	6866	933	869	933	869
广西						
海南						
重庆	7037	6319	5049	4471	2228	1596
四川						
贵州						
云南						
西藏						
陕西						
甘肃						
青海						
宁夏						
新疆						

单位：万元

非自有配送中心配送商品购进额		营业额		餐费收入及商品销售额	
2009年	2008年	2009年	2008年	2009年	2008年
6351	**8016**	**117119**	**87425**	**117019**	**87425**
691	2012	9337	7492	9337	7493
		1417	1351	1318	1351
		2184	2783	2184	2783
		43544	15861	43544	15861
1520	1844	8877	10074	8877	10074
		2412	2216	2412	2216
		2148	1628	2148	1628
1320	1285	1158	1211	1158	1211
		30987	32166	30987	32166
2820	2875	15055	12643	15055	12643

4-18 按行业分各地区连锁

正餐服务

项　目	商品购进总额		统一配送商品购进额		自有配送中心配送商品购进额	
	2009年	2008年	2009年	2008年	2009年	2008年
全　国	**671953**	**594972**	**322834**	**279661**	**232970**	**201156**
北　京	53999	48195	10406	5856	8355	3205
天　津						
河　北		2432				
山　西	2914	2802				
内蒙古	293266	243056	200246	165398	138641	113471
辽　宁						
吉　林						
黑龙江						
上　海						
江　苏						
浙　江	2362	2633	1922	2193	1922	2193
安　徽	6774	6981	1755	1571		673
福　建	3108	2721	2492	2125	2492	2125
江　西						
山　东						
河　南						
湖　北	1397	1524				
湖　南	2073	1843	2073	1843	2073	1843
广　东	4792	3837	300	464	178	303
广　西						
海　南						
重　庆	283785	260510	102186	98777	78605	76754
四　川	15370	16320				
贵　州						
云　南	1235	1281	576	597	127	30
西　藏						
陕　西						
甘　肃						
青　海						
宁　夏	800	760	800	760	500	480
新　疆	79	79	79	79	79	79

餐饮企业加盟门店经营情况

单位：万元

非自有配送中心配送商品购进额		营业额		餐费收入及商品销售额	
2009年	2008年	2009年	2008年	2009年	2008年
64153	**53671**	**1692446**	**1665651**	**1691994**	**1664648**
44		108526	103113	108525	102545
			1605		1605
		5643	5808	5643	5808
61605	51926	886028	907114	886028	907114
		3940	4272	3940	4272
1755	898	12488	10904	12488	10904
		14976	13276	14976	13276
		2855	2030	2855	2030
		1566	2300	1566	2300
		12770	11975	12770	11975
		603842	566003	603842	566003
		35366	33702	34914	33267
449	567	3357	2557	3357	2557
300	280	1033	943	1033	943
		56	50	56	50

4-18 续表 1

快餐服务

项目	商品购进总额		统一配送商品购进额		自有配送中心配送商品购进额	
	2009年	2008年	2009年	2008年	2009年	2008年
全国	**73409**	**75612**	**49136**	**60232**	**25682**	**32110**
北京	902	902	730	713		
天津						
河北						
山西						
内蒙古						
辽宁						
吉林						
黑龙江						
上海	2747	2044				
江苏	2188	13909	1567	9825	1067	4444
浙江	12104	9353	12104	9353	6943	5590
安徽						
福建	33536	26832	17979	22797	10889	13699
江西						
山东						
河南	17	10				
湖北						
湖南						
广东	6341	7913	6341	7913	5040	6615
广西						
海南						
重庆						
四川	4962	4782				
贵州						
云南	9612	8995	9424	8770	752	900
西藏						
陕西						
甘肃						
青海						
宁夏						
新疆	1001	872	991	862	991	862

单位：万元

非自有配送中心配送商品购进额		营业额		餐费收入及商品销售额	
2009年	2008年	2009年	2008年	2009年	2008年
21448	**26227**	**237103**	**266138**	**237102**	**266139**
93	116	2684	2637	2684	2637
		10798	7060	10798	7060
431	5381	7747	26876	7747	26875
5161	3763	20602	18107	20602	18107
7090	9098	107776	135233	107775	135233
		28	68	28	68
		11703	12992	11703	12992
		43319	34007	43319	34007
8672	7869	29411	26499	29411	26499
		3035	2660	3035	2660

4-18 续表 2

饮料及冷饮服务

项 目	商品购进总额		统一配送商品购进额		自有配送中心配送商品购进额	
	2009年	2008年	2009年	2008年	2009年	2008年
全 国	**1799**	**1919**	**1799**	**1919**	**1799**	**1919**
北 京						
天 津						
河 北						
山 西						
内蒙古						
辽 宁						
吉 林						
黑龙江						
上 海						
江 苏						
浙 江	1799	1919	1799	1919	1799	1919
安 徽						
福 建						
江 西						
山 东						
河 南						
湖 北						
湖 南						
广 东						
广 西						
海 南						
重 庆						
四 川						
贵 州						
云 南						
西 藏						
陕 西						
甘 肃						
青 海						
宁 夏						
新 疆						

单位：万元

非自有配送中心配送商品购进额		营业额		餐费收入及商品销售额	
2009年	2008年	2009年	2008年	2009年	2008年
		52826	**59130**	**52826**	**59130**
		52826	59130	52826	59130

4-18 续表 3

其他餐饮服务

项　目	商品购进总额		统一配送商品购进额		自有配送中心配送商品购进额	
	2009年	2008年	2009年	2008年	2009年	2008年
全　国	**70898**	**56501**	**24891**	**17558**	**10193**	**6549**
北　京		21				
天　津	2284	2177				
河　北						
山　西						
内蒙古						
辽　宁						
吉　林						
黑龙江						
上　海						
江　苏	355	251	299	201	299	201
浙　江						
安　徽						
福　建						
江　西						
山　东						
河　南						
湖　北						
湖　南						
广　东						
广　西						
海　南						
重　庆	68260	54051	24592	17356	9894	6348
四　川						
贵　州						
云　南						
西　藏						
陕　西						
甘　肃						
青　海						
宁　夏						
新　疆						

单位：万元

非自有配送中心配送商品购进额		营业额		餐费收入及商品销售额	
2009年	2008年	2009年	2008年	2009年	2008年
14698	**11009**	**111166**	**94856**	**111166**	**94856**
			32		32
		3513	3349	3513	3349
		731	506	731	506
14698	11009	106922	90969	106922	90969

4-19 按餐饮活动分各地区连锁餐饮企业基本情况

正餐

项目	连锁总店数(个)	门店数(个)		年末从业人员(人)		年末餐饮营业面积(平方米)		年末餐位数(个)	
	2009年	2009年	2008年	2009年	2008年	2009年	2008年	2009年	2008年
全国	**232**	**4291**	**4018**	**279360**	**253920**	**3803471**	**3474715**	**1232395**	**1087477**
北京	44	707	661	48155	45615	779088	700846	181659	172466
天津	2	8	7	66	56	950	850	540	540
河北	3	10	15	935	1131	17505	23685	3694	5139
山西	5	32	32	4316	4013	46240	46240	15486	15491
内蒙古	7	650	608	47575	41685	317184	286179	96359	86634
辽宁	2	8	8	904	774	18600	18400	2670	2610
吉林	1	2	2	25	15	1500	1500	120	120
黑龙江	6	46	45	1706	1598	45838	43836	11375	11082
上海	8	417	321	23403	18671	148309	121456	95399	29135
江苏	6	17	18	738	835	18872	27940	5950	7988
浙江	21	277	212	13398	12244	380523	299104	84649	66383
安徽	5	80	67	4960	4938	234622	194306	40822	36294
福建	9	153	167	2891	3153	19971	20565	9728	10506
江西	6	19	19	1856	1819	24904	24904	11480	11480
山东	8	24	24	1753	1559	65050	64750	10900	10807
河南	11	57	59	1826	1774	28142	28352	12040	11580
湖北	22	93	90	12064	13149	211057	211486	60873	52667
湖南	8	37	37	2229	2376	41140	39290	9063	8855
广东	29	223	210	15729	15142	198178	197613	52051	51824
广西									
海南									
重庆	13	1287	1258	81338	72537	1065363	968743	486847	452432
四川	5	78	90	8476	5874	71154	83044	18894	20157
贵州	1	10	13	1039	1148	22098	25339	2595	3499
云南	2	26	29	1081	1100	14896	16500	9500	10410
西藏									
陕西	1	7	7	1395	1360	15000	15000	3737	3737
甘肃	1	4	4	710	705	5360	5360	1164	1441
青海	4	10	6	409	284	5067	2567	1940	1340
宁夏	1	7	7	318	300	4860	4860	2460	2460
新疆	1	2	2	65	65	2000	2000	400	400

4-19 续表 1

快餐

项目	连锁总店数(个)	门店数(个)		年末从业人员(人)		年末餐饮营业面积(平方米)		年末餐位数(个)	
	2009年	2009年	2008年	2009年	2008年	2009年	2008年	2009年	2008年
全国	**160**	**7189**	**6281**	**293732**	**272711**	**2278800**	**2003364**	**938918**	**782104**
北京	28	1111	936	33033	30425	323590	279097	124548	110013
天津	8	225	254	17227	12969	46356	48164	33569	29539
河北	1	2	2	158	120	1170	1170	140	140
山西	1	47	40	2300	2100	19132	17006	6750	6000
内蒙古									
辽宁	7	354	339	6864	6762	147000	144067	77718	28731
吉林									
黑龙江	1	8	8	600	600	3856	3856	2056	2056
上海	7	569	489	24215	22496	179314	165146	65165	58580
江苏	16	895	803	41002	38063	298199	264849	107155	95181
浙江	10	595	484	22370	21050	189849	158852	69812	58180
安徽	2	64	39	1609	1420	17950	6450	5674	2920
福建	7	633	552	20913	18116	139234	128907	57812	53512
江西	3	49	41	3179	2782	19668	16606	7089	6036
山东	8	242	204	12644	10158	61910	52599	34915	29514
河南	5	107	88	4282	3761	40994	36529	20346	17438
湖北	3	183	154	8367	8348	75871	67502	26628	23983
湖南	2	116	93	7574	6656	41564	37979	14297	13518
广东	29	1334	1239	63120	69747	464836	412940	184427	171208
广西	2	58	48	2646	2958	21649	19166	5989	5257
海南									
重庆	4	80	43	4459	2054	30699	17477	24912	12215
四川	4	265	197	9580	5579	84755	61862	40832	31651
贵州									
云南	4	133	116	4637	3574	48955	46241	20746	19596
西藏	1	3	3	83	97	440	460	184	125
陕西	2	32	22	1335	1030	10724	5649	3197	1637
甘肃									
青海	1	5	7	63	76	395	600	220	352
宁夏									
新疆	4	79	80	1472	1770	10690	10190	4737	4722

4-19 续表 2

茶馆

项目	连锁总店数(个)	门店数(个)		年末从业人员(人)		年末餐饮营业面积(平方米)		年末餐位数(个)	
	2009年	2009年	2008年	2009年	2008年	2009年	2008年	2009年	2008年
全国	**1**	**5**	**5**	**127**	**132**	**2487**	**2487**	**1016**	**1016**
北京									
天津									
河北									
山西									
内蒙古									
辽宁									
吉林									
黑龙江									
上海									
江苏									
浙江	1	5	5	127	132	2487	2487	1016	1016
安徽									
福建									
江西									
山东									
河南									
湖北									
湖南									
广东									
广西									
海南									
重庆									
四川									
贵州									
云南									
西藏									
陕西									
甘肃									
青海									
宁夏									
新疆									

4-19 续表 3

咖啡店

项目	连锁总店数(个)	门店数(个)		年末从业人员(人)		年末餐饮营业面积(平方米)		年末餐位数(个)	
	2009年	2009年	2008年	2009年	2008年	2009年	2008年	2009年	2008年
全国	**10**	**708**	**716**	**14318**	**15062**	**286212**	**292680**	**77955**	**81612**
北京	3	162	161	2863	3063	40076	36634	11355	12073
天津									
河北									
山西									
内蒙古									
辽宁									
吉林									
黑龙江									
上海	1	160	156	1664	1610	30523	30110	9678	9516
江苏									
浙江	1	303	321	8815	9400	201726	212526	51423	54867
安徽									
福建									
江西									
山东	1	8	8	78	80	1434	1434	760	760
河南									
湖北	1	5	5	76	82	458	458	286	286
湖南									
广东	2	67	61	783	772	11405	10658	4253	3830
广西									
海南									
重庆									
四川	1	3	4	39	55	590	860	200	280
贵州									
云南									
西藏									
陕西									
甘肃									
青海									
宁夏									
新疆									

4-19 续表 4

其他餐饮

项目	连锁总店数(个)	门店数(个)		年末从业人员(人)		年末餐饮营业面积(平方米)		年末餐位数(个)	
	2009年	2009年	2008年	2009年	2008年	2009年	2008年	2009年	2008年
全　国	**23**	**1546**	**1625**	**64300**	**77997**	**544577**	**612595**	**239132**	**252389**
北　京	5	74	75	572	467	3423	3376	737	706
天　津	1	30	37	372	387	5285	3027	678	439
河　北									
山　西									
内蒙古	1	417	649	31075	50560	271560	380360	76440	103786
辽　宁									
吉　林									
黑龙江									
上　海	3	166	83	2908	1496	26246	13278	4912	3122
江　苏	2	8	12	245	278	3323	3923	1854	1722
浙　江									
安　徽									
福　建	1	3	3	281	194	6307	5100	1123	823
江　西									
山　东									
河　南									
湖　北	1	3	3	415	420	8200	8200	3500	3500
湖　南									
广　东	4	216	215	1356	1362	15748	15039	3936	3667
广　西									
海　南									
重　庆	4	600	527	26661	22545	195578	172855	139681	130408
四　川									
贵　州									
云　南	1	29	21	415	288	8907	7437	6271	4216
西　藏									
陕　西									
甘　肃									
青　海									
宁　夏									
新　疆									

4-20 按餐饮活动分各地区连锁餐饮企业直营门店基本情况

正餐

项目	门店数(个)		年末从业人员(人)		年末餐饮营业面积(平方米)		年末餐位数(个)	
	2009年	2008年	2009年	2008年	2009年	2008年	2009年	2008年
全国	**2304**	**2064**	**165035**	**153817**	**2359740**	**2155812**	**683401**	**577510**
北京	576	546	39527	37370	537513	506585	141363	137376
天津	8	7	66	56	950	850	540	540
河北	10	11	935	913	17505	18605	3694	4379
山西	22	22	3273	3038	30330	30330	10458	10463
内蒙古	195	178	28096	25691	177292	164180	54281	50178
辽宁	8	8	904	774	18600	18400	2670	2610
吉林	2	2	25	15	1500	1500	120	120
黑龙江	46	45	1706	1598	45838	43836	11375	11082
上海	417	321	23403	18671	148309	121456	95399	29135
江苏	17	18	738	835	18872	27940	5950	7988
浙江	270	205	13196	12039	377023	295604	83599	65233
安徽	63	49	3409	3495	170175	150561	35686	31657
福建	49	53	831	889	9771	9365	4836	5126
江西	19	19	1856	1819	24904	24904	11480	11480
山东	24	24	1753	1559	65050	64750	10900	10807
河南	57	59	1826	1774	28142	28352	12040	11580
湖北	89	86	11218	12981	203251	207180	56963	52122
湖南	35	35	2009	2116	37140	35290	8663	8455
广东	170	163	12902	12775	159879	161133	45621	46019
广西								
海南								
重庆	164	151	11770	10007	201793	158307	68226	60779
四川	25	25	1786	1702	30151	30191	7011	7274
贵州	10	13	1039	1148	22098	25339	2595	3499
云南	5	5	168	120	6400	6400	2390	2390
西藏								
陕西	7	7	1395	1360	15000	15000	3737	3737
甘肃	4	4	710	705	5360	5360	1164	1441
青海	10	6	409	284	5067	2567	1940	1340
宁夏	1	1	50	48	827	827	500	500
新疆	1	1	35	35	1000	1000	200	200

4-20 续表 1

快餐

项　　目	门店数（个）		年末从业人员（人）		年末餐饮营业面积（平方米）		年末餐位数（个）	
	2009年	2008年	2009年	2008年	2009年	2008年	2009年	2008年
全　国	**6236**	**5428**	**273202**	**253855**	**2105505**	**1839873**	**854989**	**699548**
北　京	1094	920	32797	30210	321357	277402	123162	108740
天　津	225	254	17227	12969	46356	48164	33569	29539
河　北	2	2	158	120	1170	1170	140	140
山　西	47	40	2300	2100	19132	17006	6750	6000
内蒙古								
辽　宁	354	339	6864	6762	147000	144067	77718	28731
吉　林								
黑龙江	8	8	600	600	3856	3856	2056	2056
上　海	547	474	24063	22395	174727	162099	63000	57011
江　苏	775	641	38454	34944	260034	226488	97835	82541
浙　江	487	407	21046	19897	172907	144202	62024	50947
安　徽	64	39	1609	1420	17950	6450	5674	2920
福　建	201	201	10215	9570	79294	73349	25912	24167
江　西	49	41	3179	2782	19668	16606	7089	6036
山　东	242	204	12644	10158	61910	52599	34915	29514
河　南	106	86	4262	3717	40494	35529	20176	17226
湖　北	183	154	8367	8348	75871	67502	26628	23983
湖　南	116	93	7574	6656	41564	37979	14297	13518
广　东	1314	1214	61900	67975	457836	404073	181427	167342
广　西	58	48	2646	2958	21649	19166	5989	5257
海　南								
重　庆	80	43	4459	2054	30699	17477	24912	12215
四　川	140	97	7805	4111	61327	42059	24237	16931
贵　州								
云　南	72	57	2670	1674	32405	29481	10136	8833
西　藏	3	3	83	97	440	460	184	125
陕　西	32	22	1335	1030	10724	5649	3197	1637
甘　肃								
青　海	5	7	63	76	395	600	220	352
宁　夏								
新　疆	32	34	882	1232	6740	6440	3742	3787

4-20 续表 2

茶馆

项目	门店数(个)		年末从业人员(人)		年末餐饮营业面积(平方米)		年末餐位数(个)	
	2009年	2008年	2009年	2008年	2009年	2008年	2009年	2008年
全国	**5**	**5**	**127**	**132**	**2487**	**2487**	**1016**	**1016**
北京								
天津								
河北								
山西								
内蒙古								
辽宁								
吉林								
黑龙江								
上海								
江苏								
浙江	5	5	127	132	2487	2487	1016	1016
安徽								
福建								
江西								
山东								
河南								
湖北								
湖南								
广东								
广西								
海南								
重庆								
四川								
贵州								
云南								
西藏								
陕西								
甘肃								
青海								
宁夏								
新疆								

4-20 续表 3

咖啡店

项 目	门店数（个）		年末从业人员（人）		年末餐饮营业面积（平方米）		年末餐位数（个）	
	2009年	2008年	2009年	2008年	2009年	2008年	2009年	2008年
全 国	**375**	**368**	**4664**	**4954**	**110482**	**110017**	**31093**	**31792**
北 京	82	83	799	1055	16146	15971	4973	5453
天 津								
河 北								
山 西								
内蒙古								
辽 宁								
吉 林								
黑龙江								
上 海	160	156	1664	1610	30523	30110	9678	9516
江 苏								
浙 江	50	51	1225	1300	49926	50526	10943	11667
安 徽								
福 建								
江 西								
山 东	8	8	78	80	1434	1434	760	760
河 南								
湖 北	5	5	76	82	458	458	286	286
湖 南								
广 东	67	61	783	772	11405	10658	4253	3830
广 西								
海 南								
重 庆								
四 川	3	4	39	55	590	860	200	280
贵 州								
云 南								
西 藏								
陕 西								
甘 肃								
青 海								
宁 夏								
新 疆								

4-20 续表 4

其他餐饮

项　目	门店数(个)		年末从业人员(人)		年末餐饮营业面积(平方米)		年末餐位数(个)	
	2009年	2008年	2009年	2008年	2009年	2008年	2009年	2008年
全　国	**557**	**480**	**10907**	**7743**	**142686**	**99998**	**36084**	**26265**
北　京	74	75	572	467	3423	3376	737	706
天　津	12	14	169	172	4150	2175	418	229
河　北								
山　西								
内蒙古	32	37	3100	1900	58950	34580	11165	5135
辽　宁								
吉　林								
黑龙江								
上　海	166	83	2908	1496	26246	13278	4912	3122
江　苏	8	12	245	278	3323	3923	1854	1722
浙　江								
安　徽								
福　建	3	3	281	194	6307	5100	1123	823
江　西								
山　东								
河　南								
湖　北	3	3	415	420	8200	8200	3500	3500
湖　南								
广　东	216	215	1356	1362	15748	15039	3936	3667
广　西								
海　南								
重　庆	26	21	1604	1244	10632	8390	4181	3708
四　川								
贵　州								
云　南	17	17	257	210	5707	5937	4258	3653
西　藏								
陕　西								
甘　肃								
青　海								
宁　夏								
新　疆								

4-21 按餐饮活动分各地区连锁餐饮企业加盟门店基本情况

正餐

项 目	门店数（个）		年末从业人员（人）		年末餐饮营业面积（平方米）		年末餐位数（个）	
	2009年	2008年	2009年	2008年	2009年	2008年	2009年	2008年
全 国	**1987**	**1954**	**114325**	**100103**	**1443731**	**1318903**	**548994**	**509967**
北 京	131	115	8628	8245	241575	194261	40296	35090
天 津								
河 北		4		218		5080		760
山 西	10	10	1043	975	15910	15910	5028	5028
内蒙古	455	430	19479	15994	139892	121999	42078	36456
辽 宁								
吉 林								
黑龙江								
上 海								
江 苏								
浙 江	7	7	202	205	3500	3500	1050	1150
安 徽	17	18	1551	1443	64447	43745	5136	4637
福 建	104	114	2060	2264	10200	11200	4892	5380
江 西								
山 东								
河 南								
湖 北	4	4	846	168	7806	4306	3910	545
湖 南	2	2	220	260	4000	4000	400	400
广 东	53	47	2827	2367	38299	36480	6430	5805
广 西								
海 南								
重 庆	1123	1107	69568	62530	863570	810436	418621	391653
四 川	53	65	6690	4172	41003	52853	11883	12883
贵 州								
云 南	21	24	913	980	8496	10100	7110	8020
西 藏								
陕 西								
甘 肃								
青 海								
宁 夏	6	6	268	252	4033	4033	1960	1960
新 疆	1	1	30	30	1000	1000	200	200

4-21 续表 1

快餐

项目	门店数(个)		年末从业人员(人)		年末餐饮营业面积(平方米)		年末餐位数(个)	
	2009年	2008年	2009年	2008年	2009年	2008年	2009年	2008年
全　国	**953**	**853**	**20530**	**18856**	**173295**	**163491**	**83929**	**82556**
北　京	17	16	236	215	2233	1695	1386	1273
天　津								
河　北								
山　西								
内蒙古								
辽　宁								
吉　林								
黑龙江								
上　海	22	15	152	101	4587	3047	2165	1569
江　苏	120	162	2548	3119	38165	38361	9320	12640
浙　江	108	77	1324	1153	16942	14650	7788	7233
安　徽								
福　建	432	351	10698	8546	59940	55558	31900	29345
江　西								
山　东								
河　南	1	2	20	44	500	1000	170	212
湖　北								
湖　南								
广　东	20	25	1220	1772	7000	8867	3000	3866
广　西								
海　南								
重　庆								
四　川	125	100	1775	1468	23428	19803	16595	14720
贵　州								
云　南	61	59	1967	1900	16550	16760	10610	10763
西　藏								
陕　西								
甘　肃								
青　海								
宁　夏								
新　疆	47	46	590	538	3950	3750	995	935

4-21 续表 2

咖啡店

项目	门店数(个)		年末从业人员(人)		年末餐饮营业面积(平方米)		年末餐位数(个)	
	2009年	2008年	2009年	2008年	2009年	2008年	2009年	2008年
全国	**333**	**348**	**9654**	**10108**	**175730**	**182663**	**46862**	**49820**
北京	80	78	2064	2008	23930	20663	6382	6620
天津								
河北								
山西								
内蒙古								
辽宁								
吉林								
黑龙江								
上海								
江苏								
浙江	253	270	7590	8100	151800	162000	40480	43200
安徽								
福建								
江西								
山东								
河南								
湖北								
湖南								
广东								
广西								
海南								
重庆								
四川								
贵州								
云南								
西藏								
陕西								
甘肃								
青海								
宁夏								
新疆								

4-21 续表 3

其他餐饮

项　　目	门店数(个)		年末从业人员(人)		年末餐饮营业面积(平方米)		年末餐位数(个)	
	2009年	2008年	2009年	2008年	2009年	2008年	2009年	2008年
全　　国	**989**	**1145**	**53393**	**70254**	**401891**	**512597**	**203048**	**226124**
北　　京								
天　　津	18	23	203	215	1135	852	260	210
河　　北								
山　　西								
内 蒙 古	385	612	27975	48660	212610	345780	65275	98651
辽　　宁								
吉　　林								
黑 龙 江								
上　　海								
江　　苏								
浙　　江								
安　　徽								
福　　建								
江　　西								
山　　东								
河　　南								
湖　　北								
湖　　南								
广　　东								
广　　西								
海　　南								
重　　庆	574	506	25057	21301	184946	164465	135500	126700
四　　川								
贵　　州								
云　　南	12	4	158	78	3200	1500	2013	563
西　　藏								
陕　　西								
甘　　肃								
青　　海								
宁　　夏								
新　　疆								

4-22 按餐饮活动分各地区

正餐

项　目	商品购进总额		统一配送商品购进额		自有配送中心配送商品购进额	
	2009年	2008年	2009年	2008年	2009年	2008年
全　国	**1627474**	**1411106**	**759009**	**609950**	**438537**	**395899**
北　京	309473	282858	118763	100892	33275	42942
天　津	381	380	381	380		
河　北	5549	6602	383	636	383	636
山　西	6727	6962	209	230		
内蒙古	414521	357769	270201	233445	174346	150389
辽　宁	8646	6583	8645	6582	8645	6582
吉　林	155	194				
黑龙江	8249	7993	6049	5935	1437	1367
上　海	102848	33139	90120	19972	11676	9777
江　苏	8669	8992	8060	6823	3119	2980
浙　江	111111	91097	85151	70190	74606	52630
安　徽	25092	23293	12210	10457	10455	9559
福　建	8787	6690	3778	3426	3361	2985
江　西	7344	6344	2432	1743	2432	1743
山　东	7461	7054	2580	2675	475	564
河　南	6291	5074	2840	2575	36	36
湖　北	69679	72731	80	70		
湖　南	14305	13414	6508	5562	3133	2913
广　东	84178	84290	10662	16538	8247	14194
广　西						
海　南						
重　庆	383274	345506	116204	110346	92622	88324
四　川	19808	20171	933	905	810	800
贵　州	9252	10085				
云　南	2617	2747	1217	1310		
西　藏						
陕　西	6720	5195	6720	5195	6720	5195
甘　肃	2019	2365	1212	1064		
青　海	1018	800	374	216		
宁　夏	1240	1160	1240	1160	700	660
新　疆	2060	1622	2060	1622	2060	1622

连锁餐饮企业经营情况

单位：万元

非自有配送中心配送商品购进额		营业额		餐费收入及商品销售额	
2009年	2008年	2009年	2008年	2009年	2008年
193606	**154774**	**3297262**	**3024505**	**3289831**	**3019865**
68824	38659	702941	651107	699839	649675
		1885	1881	1885	1881
		14050	13639	14050	13639
		26237	30708	26237	30708
95855	83056	649253	619488	649253	619488
		13966	9759	13712	9527
		206	294	206	294
		20253	20845	20253	20845
5824	6164	267383	226318	267384	226318
2131	500	12858	14243	12858	14243
10545	17560	285588	210624	285470	210418
1755	898	45905	42890	45904	42890
115	91	25374	20671	25374	20671
		11538	11096	11537	11096
2105	2111	29001	35151	28338	34909
106	120	13789	10662	13789	10661
		156672	156278	154933	155035
3375	2649	21846	20545	21641	20480
1094	1193	188896	186089	188255	185365
		718747	658968	718584	658968
		45528	42744	45004	42253
		15370	16379	15370	16379
964	1057	4682	4707	4682	4703
		12526	9832	12504	9832
		5542	5625	5542	5625
374	216	3768	998	3768	998
540	500	1950	1600	1950	1600
		1510	1366	1510	1366

4-22 续表 1

快餐

项 目	商品购进总额		统一配送商品购进额		自有配送中心配送商品购进额	
	2009年	2008年	2009年	2008年	2009年	2008年
全 国	**1759315**	**1657529**	**1497619**	**1432422**	**831186**	**767422**
北 京	217639	250112	195303	230626	118904	110728
天 津	89503	85632	3537	3008	2102	2462
河 北	304	302				
山 西	16889	16678	16889	16678	16889	16678
内蒙古						
辽 宁	136357	118678	136357	118678	18446	15449
吉 林						
黑龙江	2902	3866	2902	3866		
上 海	152327	154791	144398	148233	14387	15654
江 苏	235945	229257	218192	213891	99560	97755
浙 江	133479	117386	133479	117386	120985	112137
安 徽	1445	599	240	248		
福 建	79968	71105	60701	66326	25106	28456
江 西	36940	35460	36079	34676	35477	33966
山 东	48986	42703	45428	38932	45241	38739
河 南	24062	20075	20649	18087	245	231
湖 北	46724	40095				
湖 南	58141	49899	58141	49899	53548	46382
广 东	350670	325171	340121	313417	239877	226683
广 西	17993	15712	17993	15712		
海 南						
重 庆	18819	6186	18819	3830	18220	3306
四 川	53640	42438	16759	11532		
贵 州						
云 南	25308	21604	24849	21128	15584	12711
西 藏	16	12				
陕 西	4452	3476				
甘 肃						
青 海	168	185	168	185		
宁 夏						
新 疆	6639	6108	6616	6086	6616	6086

单位：万元

非自有配送中心配送商品购进额		营业额		餐费收入及商品销售额	
2009年	2008年	2009年	2008年	2009年	2008年
285453	**266814**	**4546028**	**4047811**	**4545846**	**4047675**
12922	10432	621233	418595	621086	418471
		259868	233383	259847	233384
		518	457	518	457
		49264	45595	49264	45595
13419	13372	327954	298023	327954	298023
2902	2917	7715	7028	7715	7028
73182	73253	372639	362342	372639	362342
85956	92134	510196	493318	510197	493317
7262	4218	393500	339512	393500	339512
		20762	16321	20762	16321
8416	10838	260647	288267	260646	288264
602	710	38258	36843	38258	36843
		181305	156045	181305	156044
		61996	50889	61996	50889
		141386	120531	141386	120525
		71470	61521	71470	61521
65332	48278	875286	857588	875286	857588
		42165	37657	42165	37657
600	524	60470	24972	60470	24972
5428	1537	154447	120425	154433	120420
9265	8417	69214	55879	69214	55879
		337	310	337	310
		5370	3389	5369	3390
168	185	218	238	218	238
		19812	18685	19812	18685

4-22 续表 2

茶馆

项目	商品购进总额		统一配送商品购进额		自有配送中心配送商品购进额	
	2009年	2008年	2009年	2008年	2009年	2008年
全国	**119**	**130**	**119**	**130**	**119**	**130**
北京						
天津						
河北						
山西						
内蒙古						
辽宁						
吉林						
黑龙江						
上海						
江苏						
浙江	119	130	119	130	119	130
安徽						
福建						
江西						
山东						
河南						
湖北						
湖南						
广东						
广西						
海南						
重庆						
四川						
贵州						
云南						
西藏						
陕西						
甘肃						
青海						
宁夏						
新疆						

单位：万元

非自有配送中心配送商品购进额		营业额		餐费收入及商品销售额	
2009年	2008年	2009年	2008年	2009年	2008年
		2640	**2365**	**2640**	**2365**
		2640	2365	2640	2365

4-22 续表 3

咖啡店

项　目	商品购进总额		统一配送商品购进额		自有配送中心配送商品购进额	
	2009年	2008年	2009年	2008年	2009年	2008年
全　国	**25747**	**24571**	**19139**	**18954**	**8100**	**8148**
北　京	10056	9861	8938	8811	335	332
天　津						
河　北						
山　西						
内蒙古						
辽　宁						
吉　林						
黑龙江						
上　海	2423	2312	2423	2312		
江　苏						
浙　江	5936	6139	5936	6139	5936	6139
安　徽						
福　建						
江　西						
山　东	101	97	101	97	101	97
河　南						
湖　北	583	442				
湖　南						
广　东	6635	5704	1729	1580	1729	1580
广　西						
海　南						
重　庆						
四　川	13	16	12	15		
贵　州						
云　南						
西　藏						
陕　西						
甘　肃						
青　海						
宁　夏						
新　疆						

单位：万元

非自有配送中心配送商品购进额		营业额		餐费收入及商品销售额	
2009年	2008年	2009年	2008年	2009年	2008年
8603	**8479**	**149728**	**144321**	**149728**	**144322**
8603	8479	38207	34530	38208	34530
		6058	5916	6058	5916
		76643	80199	76644	80199
		1982	1837	1982	1837
		2148	1628	2148	1628
		24270	19812	24270	19812
		420	400	420	400

4-22 续表 4

其他餐饮

项　目	商品购进总额		统一配送商品购进额		自有配送中心配送商品购进额	
	2009年	2008年	2009年	2008年	2009年	2008年
全　国	**207330**	**145288**	**122523**	**60842**	**101587**	**42984**
北　京	4380	2726	3997	2332	2099	201
天　津	3205	3055				
河　北						
山　西						
内蒙古	84796	44322	84796	32527	84796	32527
辽　宁						
吉　林						
黑龙江						
上　海	21564	16533				
江　苏	2811	3032	2811	3032	1291	1187
浙　江						
安　徽						
福　建	1104	1022				
江　西						
山　东						
河　南						
湖　北	3632	3486				
湖　南						
广　东	5832	5645	933	869	933	869
广　西						
海　南						
重　庆	79662	65211	29641	21827	12122	7944
四　川						
贵　州						
云　南	345	255	345	255	345	255
西　藏						
陕　西						
甘　肃						
青　海						
宁　夏						
新　疆						

单位：万元

非自有配送中心配送商品购进额		营业额		餐费收入及商品销售额	
2009年	2008年	2009年	2008年	2009年	2008年
19729	**17739**	**797535**	**737899**	**797436**	**737899**
691	2012	9295	7446	9295	7447
		4930	4700	4831	4700
		550695	546796	550695	546796
		62130	27344	62130	27344
1520	1844	5796	6955	5796	6954
		2288	2048	2288	2048
		3632	3486	3632	3486
		25029	25686	25029	25686
17518	13883	127758	109996	127758	109996
		5982	3441	5982	3441

4-23 按餐饮活动分各地区

正餐

项目	商品购进总额		统一配送商品购进额		自有配送中心配送商品购进额	
	2009年	2008年	2009年	2008年	2009年	2008年
全国	**986481**	**840786**	**462527**	**349879**	**231918**	**214332**
北京	256826	235920	108687	95363	25250	40063
天津	381	380	381	380		
河北	5549	4170	383	636	383	636
山西	3813	4160	209	230		
内蒙古	147152	133946	95851	87281	61602	56151
辽宁	8646	6583	8645	6582	8645	6582
吉林	155	194				
黑龙江	8249	7993	6049	5935	1437	1367
上海	102848	33139	90120	19972	11676	9777
江苏	8669	8992	8060	6823	3119	2980
浙江	108749	88464	83229	67997	72684	50437
安徽	18318	16312	10455	8886	10455	8886
福建	5679	3969	1286	1301	869	860
江西	7344	6344	2432	1743	2432	1743
山东	7461	7054	2580	2675	475	564
河南	6291	5074	2840	2575	36	36
湖北	68282	71208	80	70		
湖南	12232	11571	4435	3720	1060	1070
广东	79386	80453	10362	16074	8069	13891
广西						
海南						
重庆	103074	89126	14017	11570	14017	11570
四川	4438	3851	933	905	810	800
贵州	9252	10085				
云南	1509	1497	767	744		
西藏						
陕西	6720	5195	6720	5195	6720	5195
甘肃	2019	2365	1212	1064		
青海	1018	800	374	216		
宁夏	440	400	440	400	200	180
新疆	1982	1544	1982	1544	1982	1544

连锁餐饮企业直营门店经营情况

单位：万元

非自有配送中心配送商品购进额		营业额		餐费收入及商品销售额	
2009年	2008年	2009年	2008年	2009年	2008年
129453	**101103**	**2109103**	**1889074**	**2102124**	**1885437**
68780	38659	600716	553639	597615	552775
		1885	1881	1885	1881
		14050	12034	14050	12034
		20594	24900	20594	24900
34250	31130	255020	230961	255020	230961
		13966	9759	13712	9527
		206	294	206	294
		20253	20845	20253	20845
5824	6164	267383	226318	267384	226318
2131	500	12858	14243	12858	14243
10545	17560	281648	206352	281530	206146
		33417	31987	33417	31987
115	91	10398	7395	10398	7395
		11538	11096	11537	11096
2105	2111	29001	35151	28338	34909
106	120	13789	10662	13789	10661
		153817	154248	152078	153005
3375	2649	20280	18245	20075	18180
1094	1193	176126	174114	175485	173390
		119685	98473	119522	98473
		10162	9042	10090	8987
		15370	16379	15370	16379
515	491	2736	2630	2736	2626
		12526	9832	12504	9832
		5542	5625	5542	5625
374	216	3768	998	3768	998
240	220	917	657	917	657
		1453	1316	1453	1316

4-23 续表 1

快餐

项目	商品购进总额		统一配送商品购进额		自有配送中心配送商品购进额	
	2009年	2008年	2009年	2008年	2009年	2008年
全国	**1685552**	**1581666**	**1448184**	**1371989**	**805205**	**735111**
北京	216738	249210	194573	229914	118904	110728
天津	89503	85632	3537	3008	2102	2462
河北	304	302				
山西	16889	16678	16889	16678	16889	16678
内蒙古						
辽宁	136357	118678	136357	118678	18446	15449
吉林						
黑龙江	2902	3866	2902	3866		
上海	149580	152747	144398	148233	14387	15654
江苏	233403	215096	216327	203865	98194	93110
浙江	121375	108033	121375	108033	114043	106547
安徽	1445	599	240	248		
福建	46432	44273	42722	43529	14216	14757
江西	36940	35460	36079	34676	35477	33966
山东	48986	42703	45428	38932	45241	38739
河南	24045	20065	20649	18087	245	231
湖北	46724	40095				
湖南	58141	49899	58141	49899	53548	46382
广东	344329	317258	333779	305503	234837	220068
广西	17993	15712	17993	15712		
海南						
重庆	18819	6186	18819	3830	18220	3306
四川	48678	37656	16759	11532		
贵州						
云南	15696	12609	15425	12358	14832	11811
西藏	16	12				
陕西	4452	3476				
甘肃						
青海	168	185	168	185		
宁夏						
新疆	5638	5236	5625	5224	5625	5224

单位：万元

非自有配送中心配送商品购进额		营业额		餐费收入及商品销售额	
2009年	2008年	2009年	2008年	2009年	2008年
264006	**240587**	**4308194**	**3781167**	**4308012**	**3781030**
12829	10316	618549	415957	618401	415834
		259868	233383	259847	233384
		518	457	518	457
		49264	45595	49264	45595
13419	13372	327954	298023	327954	298023
2902	2917	7715	7028	7715	7028
73182	73253	361840	355283	361840	355283
85525	86754	501718	465936	501718	465937
2101	455	372898	321405	372898	321405
		20762	16321	20762	16321
1326	1740	152871	153034	152871	153032
602	710	38258	36843	38258	36843
		181305	156045	181305	156044
		61968	50821	61968	50821
		141386	120531	141386	120525
		71470	61521	71470	61521
65332	48278	863583	844597	863583	844597
		42165	37657	42165	37657
600	524	60470	24972	60470	24972
5428	1537	111128	86417	111115	86413
593	547	39803	29380	39803	29380
		337	310	337	310
		5370	3389	5369	3390
168	185	218	238	218	238
		16777	16025	16777	16025

4-23 续表 2

茶馆

项目	商品购进总额		统一配送商品购进额		自有配送中心配送商品购进额	
	2009年	2008年	2009年	2008年	2009年	2008年
全国	**119**	**130**	**119**	**130**	**119**	**130**
北京						
天津						
河北						
山西						
内蒙古						
辽宁						
吉林						
黑龙江						
上海						
江苏						
浙江	119	130	119	130	119	130
安徽						
福建						
江西						
山东						
河南						
湖北						
湖南						
广东						
广西						
海南						
重庆						
四川						
贵州						
云南						
西藏						
陕西						
甘肃						
青海						
宁夏						
新疆						

单位：万元

非自有配送中心配送商品购进额		营业额		餐费收入及商品销售额	
2009年	2008年	2009年	2008年	2009年	2008年
		2640	**2365**	**2640**	**2365**
		2640	2365	2640	2365

4-23 续表 3

咖啡店

项目	商品购进总额		统一配送商品购进额		自有配送中心配送商品购进额	
	2009年	2008年	2009年	2008年	2009年	2008年
全国	**22597**	**21373**	**17011**	**16709**	**5973**	**5902**
北京	8705	8582	8609	8485	6	6
天津						
河北						
山西						
内蒙古						
辽宁						
吉林						
黑龙江						
上海	2423	2312	2423	2312		
江苏						
浙江	4137	4220	4137	4220	4137	4220
安徽						
福建						
江西						
山东	101	97	101	97	101	97
河南						
湖北	583	442				
湖南						
广东	6635	5704	1729	1580	1729	1580
广西						
海南						
重庆						
四川	13	16	12	15		
贵州						
云南						
西藏						
陕西						
甘肃						
青海						
宁夏						
新疆						

单位：万元

非自有配送中心配送商品购进额		营业额		餐费收入及商品销售额	
2009年	2008年	2009年	2008年	2009年	2008年
8603	**8479**	**90600**	**79514**	**90600**	**79514**
8603	8479	31906	28853	31906	28853
		6058	5916	6058	5916
		23817	21069	23816	21069
		1982	1837	1982	1837
		2148	1628	2148	1628
		24270	19812	24270	19812
		420	400	420	400

4-23 续表 4

其他餐饮

项　目	商品购进总额		统一配送商品购进额		自有配送中心配送商品购进额	
	2009年	2008年	2009年	2008年	2009年	2008年
全　国	**107179**	**65665**	**71909**	**24222**	**65670**	**17372**
北　京	4380	2726	3997	2332	2099	201
天　津	921	878				
河　北						
山　西						
内蒙古	58900	25089	58900	13294	58900	13294
辽　宁						
吉　林						
黑龙江						
上　海	21564	16533				
江　苏	2811	3032	2811	3032	1291	1187
浙　江						
安　徽						
福　建	1104	1022				
江　西						
山　东						
河　南						
湖　北	3632	3486				
湖　南						
广　东	5832	5645	933	869	933	869
广　西						
海　南						
重　庆	7817	7029	5049	4471	2228	1596
四　川						
贵　州						
云　南	218	225	218	225	218	225
西　藏						
陕　西						
甘　肃						
青　海						
宁　夏						
新　疆						

单位：万元

非自有配送中心配送商品购进额		营业额		餐费收入及商品销售额	
2009年	2008年	2009年	2008年	2009年	2008年
5031	**6731**	**189115**	**119006**	**189015**	**119005**
691	2012	9295	7446	9295	7447
		1417	1351	1318	1351
		58900	28209	58900	28209
		62130	27344	62130	27344
1520	1844	5796	6955	5796	6954
		2288	2048	2288	2048
		3632	3486	3632	3486
		25029	25686	25029	25686
2820	2875	16056	13519	16056	13519
		4571	2961	4571	2961

4-24 按餐饮活动分各地区

正餐

项 目	商品购进总额		统一配送商品购进额		自有配送中心配送商品购进额	
	2009年	2008年	2009年	2008年	2009年	2008年
全 国	**640993**	**570320**	**296482**	**260071**	**206618**	**181567**
北 京	52647	46937	10077	5530	8026	2879
天 津						
河 北		2432				
山 西	2914	2802				
内蒙古	267369	223823	174350	146164	112745	94238
辽 宁						
吉 林						
黑龙江						
上 海						
江 苏						
浙 江	2362	2633	1922	2193	1922	2193
安 徽	6774	6981	1755	1571		673
福 建	3108	2721	2492	2125	2492	2125
江 西						
山 东						
河 南						
湖 北	1397	1524				
湖 南	2073	1843	2073	1843	2073	1843
广 东	4792	3837	300	464	178	303
广 西						
海 南						
重 庆	280200	256379	102186	98777	78605	76754
四 川	15370	16320				
贵 州						
云 南	1109	1251	449	567		
西 藏						
陕 西						
甘 肃						
青 海						
宁 夏	800	760	800	760	500	480
新 疆	79	79	79	79	79	79

连锁餐饮企业加盟门店经营情况

单位：万元

非自有配送中心配送商品购进额		营业额		餐费收入及商品销售额	
2009年	2008年	2009年	2008年	2009年	2008年
64153	**53671**	**1188159**	**1135431**	**1187707**	**1134427**
44		102225	97468	102224	96900
			1605		1605
		5643	5808	5643	5808
61605	51926	394233	388527	394233	388527
		3940	4272	3940	4272
1755	898	12488	10904	12488	10904
		14976	13276	14976	13276
		2855	2030	2855	2030
		1566	2300	1566	2300
		12770	11975	12770	11975
		599062	560495	599062	560495
		35366	33702	34914	33267
449	567	1946	2077	1946	2077
300	280	1033	943	1033	943
		56	50	56	50

4-24 续表 1

快餐

项　目	商品购进总额		统一配送商品购进额		自有配送中心配送商品购进额	
	2009年	2008年	2009年	2008年	2009年	2008年
全　国	**73763**	**75863**	**49435**	**60433**	**25981**	**32311**
北　京	902	902	730	713		
天　津						
河　北						
山　西						
内蒙古						
辽　宁						
吉　林						
黑龙江						
上　海	2747	2044				
江　苏	2542	14161	1866	10026	1366	4645
浙　江	12104	9353	12104	9353	6943	5590
安　徽						
福　建	33536	26832	17979	22797	10889	13699
江　西						
山　东						
河　南	17	10				
湖　北						
湖　南						
广　东	6341	7913	6341	7913	5040	6615
广　西						
海　南						
重　庆						
四　川	4962	4782				
贵　州						
云　南	9612	8995	9424	8770	752	900
西　藏						
陕　西						
甘　肃						
青　海						
宁　夏						
新　疆	1001	872	991	862	991	862

单位：万元

非自有配送中心配送商品购进额		营业额		餐费收入及商品销售额	
2009年	2008年	2009年	2008年	2009年	2008年
21448	**26227**	**237834**	**266644**	**237833**	**266644**
93	116	2684	2637	2684	2637
		10798	7060	10798	7060
431	5381	8478	27381	8478	27381
5161	3763	20602	18107	20602	18107
7090	9098	107776	135233	107775	135233
		28	68	28	68
		11703	12992	11703	12992
		43319	34007	43319	34007
8672	7869	29411	26499	29411	26499
		3035	2660	3035	2660

4-24 续表 2

咖啡店

项 目	商品购进总额		统一配送商品购进额		自有配送中心配送商品购进额	
	2009年	2008年	2009年	2008年	2009年	2008年
全 国	**3151**	**3198**	**2128**	**2245**	**2128**	**2245**
北 京	1352	1279	329	326	329	326
天 津						
河 北						
山 西						
内蒙古						
辽 宁						
吉 林						
黑龙江						
上 海						
江 苏						
浙 江	1799	1919	1799	1919	1799	1919
安 徽						
福 建						
江 西						
山 东						
河 南						
湖 北						
湖 南						
广 东						
广 西						
海 南						
重 庆						
四 川						
贵 州						
云 南						
西 藏						
陕 西						
甘 肃						
青 海						
宁 夏						
新 疆						

单位：万元

非自有配送中心配送商品购进额		营业额		餐费收入及商品销售额	
2009年	2008年	2009年	2008年	2009年	2008年
		59128	**64807**	**59127**	**64807**
		6301	5677	6301	5677
		52826	59130	52826	59130

4-24 续表 3

其他餐饮

项　目	商品购进总额		统一配送商品购进额		自有配送中心配送商品购进额	
	2009年	2008年	2009年	2008年	2009年	2008年
全　国	**100151**	**79623**	**50615**	**36620**	**35917**	**25611**
北　京						
天　津	2284	2177				
河　北						
山　西						
内蒙古	25896	19233	25896	19233	25896	19233
辽　宁						
吉　林						
黑龙江						
上　海						
江　苏						
浙　江						
安　徽						
福　建						
江　西						
山　东						
河　南						
湖　北						
湖　南						
广　东						
广　西						
海　南						
重　庆	71845	58182	24592	17356	9894	6348
四　川						
贵　州						
云　南	127	30	127	30	127	30
西　藏						
陕　西						
甘　肃						
青　海						
宁　夏						
新　疆						

单位：万元

非自有配送中心配送商品购进额		营业额		餐费收入及商品销售额	
2009年	2008年	2009年	2008年	2009年	2008年
14698	**11009**	**608421**	**618893**	**608421**	**618893**
		3513	3349	3513	3349
		491795	518587	491795	518587
14698	11009	111702	96477	111702	96477
		1411	480	1411	480

4-25 36城市连锁餐饮企业基本情况

项目	连锁总店数(个)	门店数(个)		年末从业人员(人)		年末餐饮营业面积(平方米)		年末餐位数(个)	
	2009年	2009年	2008年	2009年	2008年	2009年	2008年	2009年	2008年
合计	**345**	**11206**	**10056**	**527189**	**482679**	**5814278**	**5237634**	**2141073**	**1849161**
北京	80	2054	1833	84623	79570	1146177	1019953	318299	295258
天津	11	263	298	17665	13412	52591	52041	34787	30518
石家庄									
太原	3	64	57	5043	4545	53162	51036	17344	16594
呼和浩特	1	3	5	150	232	1052	2200	390	1008
沈阳	5	278	270	1823	1709	131420	131420	69462	21312
大连	3	79	72	5445	5331	26080	23147	9566	8729
长春	1	2	2	25	15	1500	1500	120	120
哈尔滨	7	54	53	2306	2198	49694	47692	13431	13138
上海	19	1312	1049	52190	44273	384392	329990	175154	100353
南京	11	288	272	17408	15428	112510	107618	41994	37648
杭州	24	951	859	38613	37143	628166	547328	172451	151380
宁波	5	47	32	4274	4349	120728	108587	22805	20715
合肥	4	132	94	5327	5110	227272	175456	38396	31114
福州	7	423	368	16213	13893	98024	91334	49837	46465
厦门	9	363	351	7825	7520	66448	62198	18426	17926
南昌	5	56	48	3738	3301	27018	23956	11419	10366
济南	1	30	23	1504	1128	13180	10147	4644	3779
青岛	14	240	209	12741	10443	111664	105386	40851	36422
郑州	3	96	78	4023	3516	36582	31717	19361	16443
武汉	22	266	235	19502	20564	256642	249402	81907	70986
长沙	4	128	104	8679	7846	65464	60679	19546	18587
广州	31	772	733	42062	41966	367722	333521	124288	115867
深圳	22	633	575	30503	36434	234760	220766	85544	81298
南宁	2	58	48	2646	2958	21649	19166	5989	5257
海口									
重庆	21	1967	1828	112458	97136	1291640	1159075	651440	595055
成都	7	335	280	17581	11047	141399	131866	56676	49138
贵阳	1	10	13	1039	1148	22098	25339	2595	3499
昆明	7	188	166	6133	4962	72758	70178	36517	34222
拉萨	1	3	3	83	97	440	460	184	125
西安	3	39	29	2730	2390	25724	20649	6934	5374
兰州	1	4	4	710	705	5360	5360	1164	1441
西宁	5	15	13	472	360	5462	3167	2160	1692
银川	1	7	7	318	300	4860	4860	2460	2460
乌鲁木齐	4	46	45	1337	1650	10640	10440	4932	4872

4-26 36城市连锁餐饮企业直营门店基本情况

项目	门店数（个）		年末从业人员（人）		年末餐饮营业面积（平方米）		年末餐位数（个）	
	2009年	2008年	2009年	2008年	2009年	2008年	2009年	2008年
合计	**8011**	**7045**	**380425**	**352430**	**4023290**	**3583150**	**1378627**	**1132672**
北京	1826	1624	73695	69102	878439	803334	270235	252275
天津	245	275	17462	13197	51456	51189	34527	30308
石家庄								
太原	54	47	4000	3570	37252	35126	12316	11566
呼和浩特	3	5	150	232	1052	2200	390	1008
沈阳	278	270	1823	1709	131420	131420	69462	21312
大连	79	72	5445	5331	26080	23147	9566	8729
长春	2	2	25	15	1500	1500	120	120
哈尔滨	54	53	2306	2198	49694	47692	13431	13138
上海	1290	1034	52038	44172	379805	326943	172989	98784
南京	287	271	17378	15398	112260	107368	41944	37598
杭州	653	548	30004	28101	462416	372378	125582	102211
宁波	45	31	4248	4324	120278	108237	22705	20515
合肥	115	76	3776	3667	162825	131711	33260	26477
福州	115	133	5762	5463	40569	38176	17937	17120
厦门	135	121	5518	5140	53763	48598	13534	12546
南昌	56	48	3738	3301	27018	23956	11419	10366
济南	30	23	1504	1128	13180	10147	4644	3779
青岛	240	209	12741	10443	111664	105386	40851	36422
郑州	96	78	4023	3516	36582	31717	19361	16443
武汉	262	231	18656	20396	248836	245096	77997	70441
长沙	128	104	8679	7846	65464	60679	19546	18587
广州	704	665	38275	38083	324173	289574	115608	106796
深圳	633	575	30503	36434	234760	220766	85544	81298
南宁	58	48	2646	2958	21649	19166	5989	5257
海口								
重庆	270	215	17833	13305	243124	184174	97319	76702
成都	157	115	9116	5407	76968	59210	28198	21535
贵阳	10	13	1039	1148	22098	25339	2595	3499
昆明	94	79	3095	2004	44512	41818	16784	14876
拉萨	3	3	83	97	440	460	184	125
西安	39	29	2730	2390	25724	20649	6934	5374
兰州	4	4	710	705	5360	5360	1164	1441
西宁	15	13	472	360	5462	3167	2160	1692
银川	1	1	50	48	827	827	500	500
乌鲁木齐	30	30	902	1242	6640	6640	3832	3832

4-27　36城市连锁餐饮企业加盟门店基本情况

项　目	门店数（个）		年末从业人员（人）	
	2009年	2008年	2009年	2008年
合　计	**3195**	**3011**	**146764**	**130249**
北　京	228	209	10928	10468
天　津	18	23	203	215
石家庄				
太　原	10	10	1043	975
呼和浩特				
沈　阳				
大　连				
长　春				
哈尔滨				
上　海	22	15	152	101
南　京	1	1	30	30
杭　州	298	311	8609	9042
宁　波	2	1	26	25
合　肥	17	18	1551	1443
福　州	308	235	10451	8430
厦　门	228	230	2307	2380
南　昌				
济　南				
青　岛				
郑　州				
武　汉	4	4	846	168
长　沙				
广　州	68	68	3787	3883
深　圳				
南　宁				
海　口				
重　庆	1697	1613	94625	83831
成　都	178	165	8465	5640
贵　阳				
昆　明	94	87	3038	2958
拉　萨				
西　安				
兰　州				
西　宁				
银　川	6	6	268	252
乌鲁木齐	16	15	435	408

4-27 续表

项目	年末餐饮营业面积(平方米)		年末餐位数(个)	
	2009年	2008年	2009年	2008年
合计	**1790988**	**1654484**	**762446**	**716489**
北京	267738	216619	48064	42983
天津	1135	852	260	210
石家庄				
太原	15910	15910	5028	5028
呼和浩特				
沈阳				
大连				
长春				
哈尔滨				
上海	4587	3047	2165	1569
南京	250	250	50	50
杭州	165750	174950	46869	49169
宁波	450	350	100	200
合肥	64447	43745	5136	4637
福州	57455	53158	31900	29345
厦门	12685	13600	4892	5380
南昌				
济南				
青岛				
郑州				
武汉	7806	4306	3910	545
长沙				
广州	43549	43947	8680	9071
深圳				
南宁				
海口				
重庆	1048516	974901	554121	518353
成都	64431	72656	28478	27603
贵阳				
昆明	28246	28360	19733	19346
拉萨				
西安				
兰州				
西宁				
银川	4033	4033	1960	1960
乌鲁木齐	4000	3800	1100	1040

4-28 36城市连锁

项目	商品购进总额		统一配送商品购进额		自有配送中心配送商品购进额	
	2009年	2008年	2009年	2008年	2009年	2008年
合计	**2854144**	**2573240**	**1823976**	**1639682**	**1019013**	**935787**
北京	541548	545557	327002	342661	154613	154203
天津	93089	89067	3918	3388	2102	2462
石家庄						
太原	21646	21331	16889	16678	16889	16678
呼和浩特	279	229				
沈阳	116285	98091	116285	98091	22901	17985
大连	28717	27169	28717	27169	4190	4046
长春	155	194				
哈尔滨	11151	11859	8951	9801	1437	1367
上海	279162	206774	236942	170517	26062	25431
南京	103493	94417	102489	94247	54259	52759
杭州	200228	171102	191989	170781	174182	149004
宁波	23316	24595	6195	4608	6195	4608
合肥	21452	17555	8529	5968	6534	4822
福州	52510	41962	34420	40119	25902	29253
厦门	37046	36505	29757	29283	2564	2188
南昌	40321	38151	38510	36419	37908	35709
济南	6939	6933	6939	6933	6939	6933
青岛	48741	42078	41170	34772	38877	32468
郑州	23606	19659	20404	17856		
武汉	115283	111456				
长沙	65589	57451	58141	49899	53548	46382
广州	220275	202692	154687	141319	146909	134029
深圳	169220	158513	147817	137690	82011	89359
南宁	17993	15712	17993	15712		
海口						
重庆	481755	416903	164664	136003	122964	99574
成都	72515	61695	16771	11547		
贵阳	9252	10085				
拉萨	28270	24606	26411	22693	15929	12966
昆明	16	12				
西安	11172	8671	6720	5195	6720	5195
兰州	2019	2365	1212	1064		
西宁	1186	985	542	401		
银川	1240	1160	1240	1160	700	660
乌鲁木齐	8676	7708	8676	7708	8676	7708

餐饮企业经营情况

单位：万元

非自有配送中心配送商品购进额		营业额		餐费收入及商品销售额	
2009年	2008年	2009年	2008年	2009年	2008年
360767	**307442**	**7039126**	**6233695**	**7032215**	**6229215**
91040	59581	1371676	1111678	1368429	1110121
		266683	239964	266563	239964
		65608	64102	65608	64102
		279	229	279	229
642	466	272575	242588	272575	242588
12777	12905	66863	62762	66863	62762
		206	294	206	294
2902	2917	27968	27873	27968	27873
79005	79417	708210	621921	708210	621921
42674	40145	235329	206723	235329	206724
17807	21778	663186	551283	663187	551283
		53591	55691	53473	55484
1755	898	55903	46622	55903	46621
8416	10838	188718	213157	188718	213154
115	91	99089	97315	99089	97315
602	710	42403	41073	42403	41073
		18297	17006	18297	17006
2105	2111	192514	174531	191851	174289
		61408	50333	61408	50333
		291241	270084	289984	268835
		84782	73551	84641	73551
864	933	599849	573489	599208	572765
65206	48332	379942	376599	379942	376599
		42165	37657	42165	37657
18118	14407	906975	793936	906812	793936
5428	1537	197686	161061	197148	160565
		15370	16379	15370	16379
10229	9474	79878	64027	79878	64023
		337	310	337	310
		17895	13222	17873	13222
		5542	5625	5542	5625
542	401	3987	1236	3987	1236
540	500	1950	1600	1950	1600
		21023	19778	21024	19778

4-29 36城市连锁餐饮

项目	商品购进总额		统一配送商品购进额		自有配送中心配送商品购进额	
	2009年	2008年	2009年	2008年	2009年	2008年
合计	**2342570**	**2112968**	**1637638**	**1464359**	**897284**	**819494**
北京	486648	496438	315866	336092	146259	150998
天津	90805	86890	3918	3388	2102	2462
石家庄						
太原	18732	18529	16889	16678	16889	16678
呼和浩特	279	229				
沈阳	116285	98091	116285	98091	22901	17985
大连	28717	27169	28717	27169	4190	4046
长春	155	194				
哈尔滨	11151	11859	8951	9801	1437	1367
上海	276415	204730	236942	170517	26062	25431
南京	103435	94357	102431	94187	54201	52699
杭州	191308	163192	183069	162872	170423	144857
宁波	23305	24582	6184	4594	6184	4594
合肥	14678	10574	6775	4396	6534	4149
福州	19915	18057	16440	17322	15013	15554
厦门	32998	30857	27265	27158	72	63
南昌	40321	38151	38510	36419	37908	35709
济南	6939	6933	6939	6933	6939	6933
青岛	48741	42078	41170	34772	38877	32468
郑州	23606	19659	20404	17856		
武汉	113886	109932				
长沙	65589	57451	58141	49899	53548	46382
广州	210443	192240	149347	134240	141691	127111
深圳	169220	158513	147817	137690	82011	89359
南宁	17993	15712	17993	15712		
海口						
重庆	129710	102341	37886	19870	34465	16472
成都	52183	40594	16771	11547		
贵阳	9252	10085				
拉萨	17423	14331	16411	13327	15051	12036
昆明	16	12				
西安	11172	8671	6720	5195	6720	5195
兰州	2019	2365	1212	1064		
西宁	1186	985	542	401		
银川	440	400	440	400	200	180
乌鲁木齐	7606	6768	7606	6768	7606	6768

企业直营门店经营情况

单位：万元

非自有配送中心配送商品购进额		营业额		餐费收入及商品销售额	
2009年	2008年	2009年	2008年	2009年	2008年
322505	**273843**	**5854758**	**5097940**	**5848300**	**5094463**
90903	59466	1260466	1005895	1257218	1004907
		263170	236615	263050	236615
		59964	58294	59964	58294
		279	229	279	229
642	466	272575	242588	272575	242588
12777	12905	66863	62762	66863	62762
		206	294	206	294
2902	2917	27968	27873	27968	27873
79005	79417	697411	614862	697412	614861
42674	40145	235229	206613	235229	206614
12646	18015	595056	477715	595056	477715
		53571	55671	53453	55465
		43415	35718	43415	35718
1326	1740	82312	82182	82312	82179
115	91	82743	79782	82743	79782
602	710	42403	41073	42403	41073
		18297	17006	18297	17006
2105	2111	192514	174531	191851	174289
		61408	50333	61408	50333
		288386	268054	287129	266805
		84782	73551	84641	73551
864	933	579127	552064	578486	551340
65206	48332	379942	376599	379942	376599
		42165	37657	42165	37657
3420	3399	196211	136964	196048	136964
5428	1537	119001	93352	118916	93292
		15370	16379	15370	16379
1108	1038	47110	34971	47110	34967
		337	310	337	310
		17895	13222	17873	13222
		5542	5625	5542	5625
542	401	3987	1236	3987	1236
240	220	917	657	917	657
		18135	17266	18135	17266

4-30 36城市连锁餐饮

项目	商品购进总额		统一配送商品购进额		自有配送中心配送商品购进额	
	2009年	2008年	2009年	2008年	2009年	2008年
合计	**511574**	**460272**	**186339**	**175323**	**121728**	**116293**
北京	54901	49119	11136	6568	8355	3205
天津	2284	2177				
石家庄						
太原	2914	2802				
呼和浩特						
沈阳						
大连						
长春						
哈尔滨						
上海	2747	2044				
南京	58	60	58	60	58	60
杭州	8920	7909	8920	7909	3759	4146
宁波	11	14	11	14	11	14
合肥	6774	6981	1755	1571		673
福州	32596	23905	17979	22797	10889	13699
厦门	4048	5648	2492	2125	2492	2125
南昌						
济南						
青岛						
郑州						
武汉	1397	1524				
长沙						
广州	9832	10452	5340	7079	5218	6918
深圳						
南宁						
海口						
重庆	352045	314562	126778	116133	88499	83102
成都	20332	21102				
贵阳						
拉萨	10847	10275	10000	9366	879	930
昆明						
西安						
兰州						
西宁						
银川	800	760	800	760	500	480
乌鲁木齐	1070	940	1070	940	1070	940

企业加盟门店经营情况

单位：万元

非自有配送中心配送商品购进额		营业额		餐费收入及商品销售额	
2009年	2008年	2009年	2008年	2009年	2008年
38262	**33599**	**1184369**	**1135756**	**1183916**	**1134753**
137	116	111210	105782	111210	105214
		3513	3349	3513	3349
		5643	5808	5643	5808
		10798	7060	10798	7060
		100	110	100	110
5161	3763	68130	73568	68130	73568
		20	20	20	20
1755	898	12488	10904	12488	10904
7090	9098	106406	130975	106406	130976
		16346	17534	16346	17534
		2855	2030	2855	2030
		20722	21425	20722	21425
14698	11009	710764	656972	710764	656972
		78685	67709	78232	67274
9121	8436	32768	29056	32768	29056
300	280	1033	943	1033	943
		2888	2512	2888	2512

第五部分

连锁企业情况

5-1 销售额10亿元以上连锁零售企业

企业名称	所在地	业态	连锁商号
苏宁电器连锁集团股份有限公司	江苏省南京市	专业店	苏宁电器
中国石油化工股份有限公司广东石油分公司	广东省广州市	加油站	中国石化
中国石油化工股份有限公司江苏石油分公司	江苏省南京市	加油站	中国石化
中国石油化工股份有限公司浙江石油分公司	浙江省杭州市	加油站	中国石化
中国石油化工股份有限公司山东石油分公司	山东省济南市	加油站	中国石化
联华超市股份有限公司	上海市	超市	联华
中国石油天然气股份有限公司华南销售公司	广东省广州市	加油站	中国石油
上海大润发有限公司	上海市	大型超市	大润发
中国石油化工股份有限公司上海石油分公司	上海市	加油站	中国石化
中石油内蒙古分公司	内蒙古自治区呼和浩特市	加油站	中国石油
中国石油化工股份有限公司北京石油分公司	北京市	加油站	中国石化
苏果超市有限公司	江苏省南京市	超市	苏果超市
中国石油化工股份有限公司天津石油分公司	天津市	加油站	中石化
中国石油化工股份有限公司安徽石油分公司	安徽省合肥市	加油站	中国石化
合肥百货大楼集团股份有限公司	安徽省合肥市	百货店	百货大楼
中国石油天然气股份有限公司江苏销售分公司	江苏省南京市	加油站	中国石油
山东银座商城股份有限公司	山东省济南市	百货店	银座商城
武汉中百集团股份有限公司	湖北省武汉市	大型超市	武汉中百
上海世纪联华超市发展有限公司	上海市	大型超市	世纪联华
物美控股集团有限公司	北京市	超市	物美
南通文峰大世界连锁发展股份有限公司	江苏省南通市	百货店	文峰
利群集团股份有限公司	山东省青岛市	百货店	利群
上海华联超市股份有限公司	上海市	超市	华联、勤俭
中国石油天然气股份有限公司上海销售分公司	上海市	加油站	中国石油
广东物资集团汽车贸易公司	广东省广州市	专业店	广物汽贸
农工商超市(集团)有限公司	上海市	超市	农工商超市
武汉武商集团股份有限公司	湖北省武汉市	百货店	武商
中国石油天然气股份有限公司重庆销售分公司	重庆市	加油站	中国石油
中国石油天然气股份有限公司浙江销售分公司	浙江省杭州市	加油站	中国石油
北京王府井百货(集团)股份有限公司	北京市	百货店	王府井
中国石油天然气股份有限公司北京销售分公司	北京市	加油站	中国石油
重庆商社新世纪百货有限公司	重庆市	百货店	新世纪
江苏时代超市有限公司	江苏省南通市	大型超市	江苏时代超市
麦德龙现购自运有限公司	上海市	仓储会员店	Metro 麦德龙
中国石油天然气股份有限公司安徽销售分公司	安徽省合肥市	加油站	中国石油
永辉超市股份有限公司福州鼓楼分公司	福建省福州市	大型超市	永辉
北国商城股份有限公司	河北省石家庄市	百货店	北国商城
华润万家有限公司	广东省深圳市	大型超市	华润万家
江苏省新华书店集团有限公司	江苏省南京市	专业店	新华书店
山东潍坊百货集团股份有限公司	山东省潍坊市	超市	中百
武汉中商集团股份有限公司	湖北省武汉市	大型超市	中商
浙江银泰百货有限公司	浙江省杭州市	百货店	银泰百货
重庆百货大楼股份有限公司	重庆市	百货店	重庆百货
金鹰国际商贸(中国)有限公司	江苏省南京市	百货店	金鹰

5-1 续表 1

企业名称	所在地	业态	连锁商号
中国石油化工股份有限公司湖北武汉分公司	湖北省武汉市	加油站	中国石油
安徽辉隆农资集团股份有限公司	安徽省合肥市	专业店	辉隆
江苏五星电器有限公司	江苏省南京市	专业店	五星电器
中国石油化工股份有限公司云南昆明石油分公司	云南省昆明市	加油站	中国石化
中国石油天然气股份有限公司辽宁沈阳销售分公司	辽宁省沈阳市	加油站	中国石油
天虹商场股份有限公司	广东省深圳市	百货店	天虹
山东家家悦集团有限公司	山东省威海市	超市	家家悦
浙江省新华书店集团有限公司	浙江省杭州市	专业店	新华书店
上海易初莲花连锁超市有限公司	上海市	大型超市	卜蜂莲花
中国石油天然气股份有限公司大连销售分公司	辽宁省大连市	加油站	中国石油
安徽商之都股份有限公司	安徽省合肥市	百货店	商之都
中石化山东青岛石油分公司	山东省青岛市	加油站	中国石化
中石化壳牌(江苏)石油销售有限公司	江苏省苏州市	加油站	中石化壳牌
上海联家超市有限公司	上海市	大型超市	家乐福
中国石油化工股份有限公司广西南宁石油分公司	广西壮族自治区南宁市	加油站	中国石化
步步高商业连锁股份有限公司	湖南省湘潭市	大型超市	步步高
中国石油化工股份有限公司河北唐山分公司	河北省唐山市	加油站	中国石化
上海苏宁电器有限公司	上海市	专业店	苏宁电器
永乐(中国)电器销售有限公司	上海市	专业店	永乐
郑州丹尼斯百货有限公司	河南省郑州市	百货店	丹尼斯
北京苏宁电器有限公司	北京市	专业店	苏宁
江苏苏农农资连锁集团股份有限公司	江苏省南京市	专业店	苏农
中国石油化工股份有限公司河北石家庄石油分公司	河北省石家庄市	加油站	中国石化
北京市大中家用电器连锁销售有限公司	北京市	专业店	大中电器
国美电器有限公司	北京市	专业店	家用电器
陕西省烟草公司西安分公司	陕西省西安市	专业店	陕西烟草
中国石油天然气股份有限公司天津销售分公司	天津市	加油站	中国石油
沃尔玛深国投百货有限公司	广东省深圳市	大型超市	沃尔玛
济南人民大润发商业有限公司	山东省济南市	大型超市	大润发
北京京客隆商业集团股份有限公司	北京市	超市	京客隆
中国石油天然气股份有限公司吉林长春分公司	吉林省长春市	专业店	中国石油
北京家乐福商业有限公司	北京市	大型超市	家乐福
广州市广百股份有限公司	广东省广州市	百货店	广百
武汉工贸有限公司	湖北省武汉市	专业店	工贸家电
江苏华地企业集团有限公司	江苏省无锡市	百货店	华地
中油碧辟石油有限公司广州分公司	广东省广州市	加油站	中油碧辟
南京福中信息产业集团有限公司	江苏省南京市	专业店	福中3+3
中国石油天然气股份有限公司黑龙江哈尔滨销售分公司	黑龙江省哈尔滨市	加油站	中国石油
北京菜市口百货股份有限公司	北京市	百货店	菜百首饰
广州屈臣氏个人用品商店有限公司	广东省广州市	百货店	屈臣氏
中国石化销售有限公司西北新疆分公司	新疆维吾尔自治区乌鲁木齐市	加油站	中国石化
山东新星集团有限公司	山东省淄博市	超市	新星
杭州大厦购物中心	浙江省杭州市	百货店	杭州大厦
成都红旗连锁有限公司	四川省成都市	超市	红旗
中国石油化工股份有限公司江西赣州石油分公司	江西赣州	加油站	中国石化

5-1 续表 2

企业名称	所在地	业态	连锁商号
上海永乐通讯设备有限公司	上海市	专业店	永乐电器
中石化森美(福建)石油有限公司泉州分公司	福建省泉州市	加油站	中国石化
广州易初莲花连锁超市有限公司	广东省广州市	大型超市	易初莲花
华联集团吉买盛购物中心有限公司	上海市	大型超市	吉买盛
山东鲁花商贸有限公司	山东省烟台市	专业店	鲁花
中国石油化工股份有限公司山东东营分公司	山东省东营市	加油站	中国石化
广州市国美电器有限公司	广东省广州市	专业店	国美电器
中国石油化工股份有限公司广西梧州石油分公司	广西壮族自治区梧州市	加油站	中国石化
中国石油化工股份有限公司江西南昌石油分公司	江西省南昌市	加油站	中国石化
中国石油化工股份有限公司河南南阳石油分公司	河南省南阳市	加油站	中国石油
深圳茂业商厦有限公司	广东省深圳市	百货店	茂业
中国石油天然气股份有限公司云南销售分公司	云南省昆明市	专业店	中国石油
中国石油化工股份有限公司河南洛阳石油分公司	河南省洛阳市	加油站	中国石化
中国石油化工股份有限公司广西柳州石油分公司	广西壮族自治区柳州市	加油站	中国石化
四川新华文轩连锁股份有限公司	四川省成都市	专业店	新华文轩
浙江惠多利农资连锁有限公司	浙江省杭州市	专业店	惠多利
中国石油天然气股份有限公司辽宁营口销售分公司	辽宁省营口市	加油站	中国石油
中国石油天然气股份有限公司辽宁鞍山销售分公司	辽宁省鞍山市	加油站	中国石油
三江购物俱乐部股份有限公司	浙江省宁波市	超市	三江
路易威登(中国)商业销售有限公司	上海市	专卖店	路易威登
天津国美电器有限公司	天津市	专业店	国美电器
上海国美电器有限公司	上海市	其他	国美电器
江西省烟草公司南昌市公司	江西省南昌市	专业店	南昌烟草
天盟农资连锁有限责任公司	云南省昆明市	其他	天盟、金沙江、云天化
中国石油化工股份有限公司湖南株洲石油公司	湖南省株洲市	加油站	中国石化
广州友谊班尼路服饰有限公司	广东省广州市	专卖店	班尼路
上海亚一金店有限公司	上海市	专业店	亚一
青岛维客集团股份有限公司	山东省青岛市	百货店	维客
河北省烟草公司唐山公司	河北省唐山市	专业店	唐山烟草
中国石油天然气股份有限公司山东青岛销售分公司	山东省青岛市	加油站	中国石油
深圳市国美电器有限公司	广东省深圳市	便利店	国美电器
广州友谊集团股份有限公司	广东省广州市	百货店	友谊
南京宏图三胞企业发展有限公司	江苏省南京市	专业店	宏图三胞
中国石油化工股份有限公司河北保定石油分公司	河北省保定市	加油站	中国石化
中国石油天然气股份有限公司新疆乌鲁木齐销售公司	新疆维吾尔自治区乌鲁木齐市	加油站	中国石油
中国石油化工股份有限公司广西桂林石油分公司	广西壮族自治区桂林市	加油站	中国石化
北京翠微大厦股份有限公司	北京市	百货店	翠微
深圳市人人乐商业有限公司	广东省深圳市	大型超市	人人乐
中国石油化工股份有限公司湖南长沙石油分公司	湖南省长沙市	加油站	中国石化
中国石油化工股份有限公司山西太原石油分公司	山西省太原市	加油站	中国石化
北京美廉美连锁商业有限公司	北京市	大型超市	美廉美
奥康鞋业销售有限公司	浙江省温州市	专卖店	奥康鞋业
中国石化湖南衡阳分公司	湖南省衡阳市	加油站	中国石化
中国石油天然气股份有限公司甘肃兰州销售分公司	甘肃省兰州市	加油站	中国石油
北京沃尔玛百货有限公司	北京市	仓储会员店	沃尔玛

5-1 续表 3

企业名称	所在地	业态	连锁商号
中国石油化工股份有限公司湖南岳阳石油分公	湖南省岳阳市	加油站	中国石化
中国石油化工股份有限公司河北沧州石油分公司	河北省沧州市	加油站	中国石化
上海家得利超市有限公司	上海市	超市	家得利
中国石油化工股份有限公司广西百色石油分公司	广西壮族自治区百色市	加油站	中国石化
广东苏宁电器有限公司	广东省广州市	专业店	苏宁电器
北京北星行汽车销售有限公司	北京市	专卖店	北星行
华糖洋华堂商业有限公司	北京市	百货店	华堂商场
中国石油天然气股份有限公司辽宁抚顺销售分公司	辽宁省抚顺市	加油站	中国石油
中石化(森美)福建漳州分公司	福建省漳州市	加油站	中国石化
雅芳(中国)有限公司	广东省广州市	专卖店	雅芳
中国石油化工股份有限公司湖南郴州石油分公司	湖南省郴州市	加油站	中国石化
西安开元商城有限公司	陕西省西安市	百货店	民生
重庆永辉超市有限公司	重庆市	大型超市	永辉
北京市顺义国泰商业大厦	北京市	百货店	国泰
广东吉之岛天贸百货有限公司	广东省广州市	百货店	吉之岛(JUSCO)
天津华润万家生活超市有限公司	天津市	大型超市	华润万家
中国石油天然气股份有限公司辽宁锦州销售分公司	辽宁省锦州市	加油站	中国石油
联华快客便利有限公司	上海市	便利店	快客
上海捷强烟草糖酒(集团)有限公司(昆山)配销中心	江苏省苏州市	超市	捷强
成都国美电器有限公司	四川省成都市	专业店	国美电器
华润万家生活超市(广州)有限公司	广东省广州市	大型超市	万佳
中国石化股份有限公司河北邢台石油分公司	河北省邢台市	加油站	中国石化
深圳市苏宁电器有限公司	广东省深圳市	专业店	苏宁电器
中国石油化工股份有限公司河北廊坊石油分公司	河北省廊坊市	加油站	中国石化
中国石油天然气股份有限公司河北保定销售分公司	河北省保定市	加油站	中国石油
中国石油化工股份有限公司九江石油分公司	江西省九江市	加油站	中国石油
中国石油化工股份有限公司山西晋中石油分公司	山西省晋中市	加油站	中国石化
沈阳国美电器有限公司	辽宁省沈阳市	专业店	国美电器
山东全福元商业集团有限责任公司	山东省潍坊市	超市	全福元
中国石油化工股份有限公司河北承德石油分公司	河北省承德市	加油站	中国石化
四川省烟草公司宜宾市公司	四川省宜宾市	专业店	宜宾烟草
中国石油天然气股份有限公司山西销售分公司	山西省太原市	加油站	中国石油
江西省烟草公司抚州分公司	江西省抚州市	专卖店	抚州烟草
浙江华润慈客隆超市有限公司	浙江省宁波市	大型超市	华润万家
中国石油化工股份有限公司河南三门峡石油分公司	河南省三门峡市	专业店	中国石化
湖北省烟草公司襄樊分公司	湖北省襄樊市	专卖店	湖北烟草
中国石油天然气股份有限公司新疆库尔勒销售分公司	新疆维吾尔自治区巴州地区	加油站	中国石油
中国石油化工股份有限公司河南信阳石油分公司	河南省信阳市	专业店	中国石化
广东龙粤通信设备集团有限公司	广东省广州市	专业店	龙粤通信
长沙通程实业(集团)有限公司	湖南省长沙市	百货店	通程
北京超市发连锁股份有限公司	北京市	超市	超市发
中国石油化工股份有限公司河北秦皇岛石油分公司	河北省秦皇岛市	加油站	中国石化
江苏省食品集团有限公司	江苏省南京市	专业店	苏食
重庆渝宁苏宁电器有限公司	重庆市	专业店	苏宁电器
广州百佳超级市场有限公司	广东省广州市	大型超市	百佳

5-1 续表 4

企业名称	所在地	业态	连锁商号
南昌百货大楼股份有限公司	江西省南昌市	百货店	南昌百货大楼
浙江供销超市有限公司	浙江省绍兴市	超市	供销超市
广州天河城百货有限公司	广东省广州市	百货店	天河城百货
中国石油化工股份有限公司广西钦州石油分公司	广西壮族自治区钦州市	加油站	中国石化
中国石油化工股份有限公司河北邯郸石油分公司	河北省邯郸市	加油站	中国石化
中国石油天然气股份有限公司新疆阿克苏销售分公司	新疆维吾尔自治区阿克苏地区	加油站	中国石油
中石化森美(福建)石油有限公司福州分公司	福建省福州市	加油站	中国石油
广州壳牌石油化工有限公司	广东省广州市	加油站	壳牌
安徽徽商农家福有限公司	安徽省合肥市	其他	农家福
中国石油化工股份有限公司河南平顶山石油分公司	河南省平顶山市	加油站	中国石化
中域电讯连锁集团股份有限公司	广东省东莞市	专业店	中域电讯
中国石油天然气股份有限公司辽宁盘锦销售分公司	辽宁省盘锦市	加油站	中国石油
中国石油天然气股份有限公司湖北销售分公司武汉零售分公司	湖北省武汉市	加油站	中国石油
西安市人人乐超市有限公司	陕西省西安市	大型超市	人人乐
江西抚州石油公司	江西省抚州市	加油站	中国石化
中国石油化工股份有限公司广西贵港石油分公司	广西壮族自治区贵港市	加油站	中国石化
中国石油天然股份有限公司新疆喀什销售分公司	新疆维吾尔自治区喀什地区	加油站	中国石油
山西省烟草公司晋中市公司	山西省晋中市	专业店	山西烟草
四川省烟草公司德阳市公司	四川省德阳市	专业店	四川烟草
中国石油化工股份有限公司江西宜春石油分公司	江西省宜春市	加油站	中国石化
四川苏宁电器有限公司	四川省成都市	专业店	苏宁电器
上海好美家装潢建材有限公司	上海市	家居建材商店	好美家
中国石油天然气股份有限公司辽宁辽阳销售分公司	辽宁省辽阳市	加油站	中国石油
北京迪信通电子通信技术有限公司	北京市	专业店	迪信通
云南沃尔玛百货有限公司	云南省昆明市	大型超市	沃尔玛
天津天宁苏宁电器有限公司	天津市	专卖店	苏宁电器
中国石油化工股份有限公司河北衡水石油分公司	河北省衡水市	加油站	中国石化
雄风集团有限公司	浙江省绍兴市	超市	雄风
中国石油化工股份有限公司广东阳江分公司	广东省阳江市	加油站	中国石化
北京市西单商场股份有限公司	北京市	百货店	西单商场
可的便利有限公司	上海市	便利店	可的
广州市好又多百货商业广场有限公司	广东省广州市	超市	好又多
苏州欧尚超市有限公司	江苏省苏州市	大型超市	欧尚
湖北高路油站经营有限责任公司	湖北省武汉市	加油站	中国石化
沈阳家乐福商业有限公司	辽宁省沈阳市	大型超市	家乐福
中国石油天然气股份有限公司甘肃庆阳销售分公司	甘肃省庆阳市	加油站	中国石油
中国石油化工股份有限公司永州石油分公司	湖南省永州市	加油站	中国石化
青岛永旺东泰商业有限公司	山东省青岛市	百货店	佳世客
中石化森美(福建)石油有限公司南平分公司	福建省南平市	加油站	中国石化
中国石油新疆昌吉销售公司	新疆维吾尔自治区昌吉地区	加油站	中国石油
中国石油化工股份有限公司驻马店分公司	河南省驻马店市	加油站	中国石化
中国石油化工股份有限公司河南许昌石油分公司	河南省许昌市	加油站	中国石化
中国石油天然气股份有限公司辽宁朝阳销售分公司	辽宁省朝阳市	加油站	中国石油
中油辽宁丹东销售分公司	辽宁省丹东市	加油站	中国石油
青岛利客来商贸集团股份有限公司	山东省青岛市	百货店	利客来

5-1 续表 5

企业名称	所在地	业态	连锁商号
话机世界数码连锁集团股份有限公司	浙江省杭州市	专业店	话机世界
宁波市北仑加贝购物俱乐部	浙江省宁波市	大型超市	加贝
中国石油化工股份有限公司湖南邵阳石油分公	湖南省邵阳市	加油站	中国石化
重庆新华书店集团公司	重庆市	专业店	新华书店
中国石化股份有限公司山西长治分公司	山西省长治市	加油站	中国石化
中国石油天然气股份有限公司河北石家庄销售分公司	河北省石家庄市	加油站	中国石油
中国石油化工股份有限公司湖南怀化石油分公司	湖南省怀化市	加油站	中国石化
中国石油天然气股份有限公司福建福州销售分公司	福建省福州市	加油站	中国石油
青岛北方国贸大厦集团股份有限公司	山东省青岛市	百货店	北方国贸
天津壳牌石油有限公司	天津市	加油站	壳牌
中国石油化工股份有限公司十堰分公司	湖北省十堰市	加油站	中国石化
中山市壹加壹商业连锁有限公司	广东省中山市	超市	壹加壹
上海好德便利有限公司	上海市	便利店	好德
深圳市顺电连锁股份有限公司	广东省深圳市	专业店	顺电
中国石油化工股份有限公司广西玉林石油分公司	广西壮族自治区玉林市	加油站	中国石化
中石化森美(福建)石油有限公司厦门分公司	福建省厦门市	加油站	中国石化
中石化森美(福建)石油有限公司龙岩分公司	福建省龙岩市	加油站	中国石化
中国石油天然气股份有限公司新疆伊犁销售分公司	新疆维吾尔自治区伊犁州	加油站	中国石油
江苏省苏盐连锁有限公司	江苏省南京市	专业店	苏盐
中国石油化工股份有限公司河南开封石油分公司	河南省开封市	专业店	中国石化
中国石油天然气股份有限公司酒泉销售公司	甘肃省酒泉市	加油站	中国石油
中国石油天然气股份有限公司甘肃天水销售分公司	甘肃省天水市	加油站	中国石油
辽宁成大方圆医药连锁有限公司	辽宁省沈阳市	专业店	成大方圆
北京欧尚超市有限公司	北京市	大型超市	欧尚
中国石油天然气股份有限公司四川德阳销售分公司	四川省德阳市	加油站	中国石油
中国石油天然气股份有限公司四川宜宾销售分公司	四川宜宾市	加油站	宜宾石油
江苏新合作常客隆连锁超市有限公司	江苏省苏州市	超市	常客隆
肥城银宝食品销售公司	山东省泰安市	专卖店	银宝
广东本草药业连锁有限公司	广东省广州市	专业店	本草
中国石油天然气股份有限公司湖南长沙分公司	湖南省长沙市	加油站	中国石油
上海易买得超市有限公司	上海市	大型超市	易买得
重庆国美电器有限公司	重庆市	专业店	国美电器
中国石油化工股份有限公司湖南湘潭石油分公司	湖南省湘潭市	加油站	中国石化
中石化森美(福建)石油有限公司三明分公司	福建省三明市	加油站	中国石化
广西辉煌交通石化有限公司	广西壮族自治区南宁市	加油站	中国石化
新一佳超市有限公司	广东省深圳市	大型超市	新一佳
秦皇岛中油华奥销售有限公司	河北省秦皇岛市	加油站	中国石油
中石化股份有限公司湖南娄底石油分公司	湖南省娄底市	加油站	中国石化
深圳岁宝百货有限公司	广东省深圳市	百货店	岁宝
乐天超市有限公司	北京市	大型超市	乐天玛特、乐之选
山西美特好连锁超市股份有限公司	山西省太原市	大型超市	美特好
云南鸿翔一心堂药业(集团)股份有限公司	云南省昆明市	专业店	一心堂
浙江人本超市有限公司	浙江省温州市	超市	人本
中石化森美(福建)石油有限公司莆田分公司	福建省莆田市	加油站	中国石化
中国石油化工股份有限公司福建福州石油分公司	福建省福州市	加油站	中国石化

5-1 续表 6

企业名称	所在地	业态	连锁商号
湖南新一佳商业投资有限公司	湖南省长沙市	大型超市	新一佳
无锡悦家商业有限公司	江苏省无锡市	大型超市	家乐福
济南华联商厦集团股份有限公司	山东省济南市	大型超市	华联超市
中国石油化工股份有限公司周口公司	河南省周口市	专业店	中国石化
中国石油甘肃白银销售分公司	甘肃省白银市	加油站	中国石油
河南永乐生活电器有限公司	河南省郑州市	专业店	永乐电器
中国石油化工股份有限公司上饶分公司	江西省上饶市	加油站	中国石油
武汉汉福超市有限公司	湖北省武汉市	大型超市	家乐福
中国石油化工股份有限公司湖南常德石油分公司	湖南省常德市	加油站	中国石化
中国石油天然气股份有限公司辽宁葫芦岛销售分公司	辽宁省葫芦岛市	加油站	中国石油
广州家广超市有限公司	广东省广州市	大型超市	家乐福
陕西省烟草公司安康市公司	陕西省安康市	专业店	安康烟草
浙江三江购物有限公司	浙江省杭州市	超市	三江
中国石油天然气股份有限公司新疆哈密销售分公司	新疆维吾尔自治区哈密地区	加油站	中国石油
青岛国美电器有限公司	山东省青岛市	专业店	国美电器
中国石油天然气股份有限公司河北唐山销售分公司	河北省唐山市	加油站	中国石油
西安民生集团股份有限公司	陕西省西安市	百货店	西安民生
廊坊市商业明珠大厦	河北省廊坊市	百货店	明珠大厦
中国石油化工股份有限公司湖南销售分公司	湖南省长沙市	加油站	中国石化
福州国美电器有限公司	福建省福州市	专卖店	国美电器
南昌洪城大厦股份有限公司	江西省南昌市	百货店	洪城大厦
中国石油天然气股份有限公司甘肃定西销售分公司	甘肃省定西市	加油站	中国石油
湖南家润多超市有限公司	湖南省长沙市	大型超市	家润多
阜阳华联超市有限公司	安徽省阜阳市	超市	阜阳华联
合肥悦家商业有限公司	安徽省合肥市	大型超市	家乐福
上海伍缘现代杂货有限公司	上海市	折扣店	伍缘
昆明云顺和商业发展有限公司	云南省昆明市	百货店	云顺和
烟台市家家悦超市有限公司	山东省烟台市	大型超市	家家悦
中国石油化工股份有限公司河南新乡石油分公司	河南省新乡市	加油站	中国石化
浙江红蜻蜓鞋业股份有限公司销售部	浙江省温州市	专卖店	红蜻蜓
广州市振戎燃气连锁经营有限公司	广东省广州市	专业店	振戎
武汉国美电器有限公司	湖北省武汉市	专业店	国美电器
泉州新华都购物广场有限公司	福建省泉州市	超市	新华都
中国石油天然气股份有限公司河北廊坊销售分公司	河北省廊坊市	加油站	中国石油
华润万家生活超市(浙江)有限公司	浙江省杭州市	大型超市	华润万家
北京宜家家居有限公司	北京市	专卖店	IKEA
中国石油化工股份有限公司福建泉州石油分公司	福建省泉州市	加油站	中国石化
中国石油天然气有限公司甘肃陇南销售分公司	甘肃省陇南市	加油站	中国石油
中国石油化工股份有限公司江西景德镇石油分公司	江西省景德镇市	加油站	中国石化
中国石油天然气股份有限甘肃平凉销售分公司	甘肃省平凉市	加油站	中国石油
华润万家(苏州)超市有限公司	江苏省苏州市	超市	华润万家
中国石油天然气股份有限公司福建厦门销售分	福建省厦门市	加油站	中国石油
中石化湖南益阳石油分公司	湖南省益阳市	加油站	中国石化
中国石油化工股份有限公司江西萍乡石油分公司	江西省萍乡市	加油站	中国石化
浙江上百贸易有限公司	浙江省绍兴市	超市	上百贸易

5-1 续表 7

企业名称	所在地	业态	连锁商号
河北保龙仓商业连锁经营有限公司	河北省石家庄市	大型超市	保龙仓
宁夏中农金合农业生产物资有限责任公司	宁夏回族自治区银川市	专业店	中农金合
哈尔滨家乐福超市有限公司	黑龙江省哈尔滨市	大型超市	家乐福
上海屈臣氏日用品有限公司	上海市	超市	屈臣氏
北京屈臣氏个人用品连锁商店有限公司	北京市	超市	屈臣氏
山西华宇商业发展股份有限公司	山西省太原市	百货店	华宇
嘉事堂药业股份有限公司	北京市	专业店	嘉事堂
武汉苏宁电器有限公司	湖北省武汉市	专业店	苏宁电器
北京华冠商贸有限公司	北京市	超市	华冠
上海宏图三胞电脑发展有限公司	上海市	专业店	宏图三胞
中国石油天然气股份有限公司河北邢台销售分公司	河北省邢台市	加油站	燃料油
深圳虎威制衣有限公司广州分公司	广东省广州市	专卖店	佐丹奴
重庆重客隆超市连锁有限责任公司	重庆市	超市	重客隆
中国石化销售有限公司西北新疆阿克苏分公司	新疆维吾尔自治区阿克苏地区	加油站	中国石化
中国石油天然气股份有限公司河北秦皇岛销售分公司	河北省秦皇岛市	专业店	中国石油
大庆市庆客隆连锁商贸有限公司	黑龙江大庆市	超市	庆客隆
中国石油天然气股份有限公司新疆吐鲁番销售	新疆维吾尔自治区吐鲁番地区	加油站	中国石油
天津市津工超市有限责任公司	天津市	超市	津工
哈药集团有限公司	黑龙江省哈尔滨市	专业店	人民同泰
北京稻香村食品有限责任公司	北京市	专卖店	稻香村、三禾
深圳市海王星辰医药有限公司	广东省深圳市	专业店	海王星辰
沈阳苏宁电器有限公司	辽宁省沈阳市	专业店	苏宁电器
中国石化股份有限公司广西壮族自治区北海市石油分公司	广西壮族自治区北海市	加油站	中国石化
河南省国美电器有限公司	河南省郑州市	专业店	国美电器
深圳岁宝连锁商业发展有限公司	广东省深圳市	百货店	岁宝
江西洪客隆百货投资有限公司	江西省南昌市	百货店	洪客隆
上海新华传媒连锁有限公司	上海市	专业店	新华传媒
昆明国美电器有限公司	云南省昆明市	其他	国美电器
东莞市时尚电器有限公司	广东省东莞市	专业店	时尚电器
中国石油天然气股份有限公司新疆阿勒泰销售分公司	新疆维吾尔自治区阿勒泰地区	加油站	中国石油
成都家乐福超市有限公司	四川省成都市	大型超市	家乐福
宁波欧尚超市有限公司	浙江省宁波市	大型超市	欧尚
昆明家乐福超市有限公司	云南省昆明市	大型超市	家乐福
中国石油化工股份有限公司湖南湘西分公司	湖南省湘西州	加油站	中国石化
东方家园家居建材商业有限公司	北京市	家居建材商店	东方家园
中国石油天然气股份有限公司甘肃张掖销售分	甘肃省张掖市	加油站	中国石油
上海欧尚超市有限公司	上海市	大型超市	欧尚
深圳市深长实业股份有限公司	广东省深圳市	加油站	深长石油
中国石油广西柳州销售分公司	广西壮族自治区柳州市	加油站	中国石油
中国石油化工股份有限公司马鞍山市石油分公司	安徽省马鞍山市	加油站	中国石化
北京崇德商贸有限公司	北京市	专业店	北京崇德商贸有限公司
上海良友金伴便利连锁有限公司	上海市	便利店	良友金伴
成都市人人乐商业有限公司	四川省成都市	大型超市	人人乐

5-2 100门店以上连锁零售企业

企业名称	所在地	业态	连锁商号
天盟农资连锁有限责任公司	云南省昆明市	其他	天盟、金沙江、云天化
雅芳(中国)有限公司	广东省广州市	专卖店	雅芳
联华超市股份有限公司	上海市	超市	联华
中国石油化工股份有限公司山东石油分公司	山东省济南市	加油站	中国石化
奥康鞋业销售有限公司	浙江省温州市	专卖店	奥康鞋业
重庆桐君阁大药房连锁有限责任公司	重庆市	专业店	桐君阁大药房
中国石油化工股份有限公司江苏石油分公司	江苏省南京市	加油站	中国石化
安徽辉隆农资集团股份有限公司	安徽合肥	专业店	辉隆
中国石油化工股份有限公司广东石油分公司	广东省广州市	加油站	中国石化
安徽徽商农家福有限公司	安徽省合肥市	其他	农家福
浙江供销超市有限公司	浙江省绍兴市	超市	供销超市
联华快客便利有限公司	上海市	便利店	快客
中国石油化工股份有限公司浙江石油分公司	浙江省杭州市	加油站	中国石化
江苏苏农农资连锁集团股份有限公司	江苏省南京市	专业店	苏农
河南众品商业发展有限公司	河南省许昌市	专业店	众品冷鲜肉
河北好日子商业股份有限公司	河北省石家庄市	便利店	好日子
苏果超市有限公司	江苏省南京市	超市	苏果超市
上海华联超市股份有限公司	上海市	超市	华联、勤俭
中石油内蒙古分公司	内蒙古自治区呼和浩特市	加油站	中国石油
湖北同济堂药房有限公司	湖北省武汉市	专业店	同济堂
中国石油化工股份有限公司安徽石油分公司	安徽省合肥市	加油站	中国石化
上海古今内衣有限公司	上海市	专卖店	古今内衣
浙江红蜻蜓鞋业股份有限公司销售部	浙江省温州市	专卖店	红蜻蜓
可的便利有限公司	上海市	便利店	可的
浙江惠多利农资连锁有限公司	浙江省杭州市	专业店	惠多利
上海好德便利有限公司	上海市	便利店	好德、alldays
广东本草药业连锁有限公司	广东省广州市	专业店	本草
广东国药医药连锁企业有限公司	广东省广州市	专业店	国药连锁
宁夏中农金合农业生产物资有限责任公司	宁夏回族自治区银川市	专业店	中农金合
南通文峰大世界连锁发展股份有限公司	江苏省南通市	百货店	文峰
大连金玛超市连锁有限公司	辽宁省大连市	超市	金玛超市
苏宁电器连锁集团股份有限公司	江苏省南京市	专业店	苏宁电器
云南鸿翔一心堂药业(集团)股份有限公司	云南省昆明市	专业店	一心堂药业
利群集团股份有限公司	山东省青岛市	百货店	利群
广州友谊班尼路服饰有限公司	广东省广州市	专卖店	班尼路
青岛维客集团股份有限公司	山东省青岛市	百货店	维客
江苏新合作常客隆连锁超市有限公司	江苏省苏州市	超市	常客隆
江山市左邻右舍便利商店有限公司	浙江省衢州市	便利店	左邻右舍、生活驿站、亲如一家
广州市宝生园有限公司	广东省广州市	专卖店	宝生园
广州市养和堂邓老凉茶连锁有限公司	广东省广州市	专卖店	邓老凉茶
深圳虎威制衣有限公司广州分公司	广东省广州市	专卖店	佐丹奴
中国石油天然气股份有限公司江苏销售分公司	江苏省南京市	加油站	中国石油
武汉中百集团股份有限公司	湖北省武汉市	大型超市	武汉中百
江西煌上煌集团食品有限公司专南昌卖店	江西省南昌市	专卖店	煌上煌
湖州老大房超市有限公司	浙江省湖州市	超市	老大房
东莞市糖酒集团美宜佳便利店有限公司	广东省东莞市	便利店	美宜佳
重庆昌野药房连锁有限公司	重庆市	专业店	昌野药房
北京福兰德连锁超市	北京市	超市	福兰德
中国石油化工股份有限公司上海石油分公司	上海市	加油站	中国石化
广西富满地农资连锁配送有限公司	广西壮族自治区南宁市	专业店	富满地
江苏省食品集团有限公司	江苏省南京市	专业店	苏食
上海良友金伴便利连锁有限公司	上海市	便利店	良友金伴

5-2 续表 1

企业名称	所在地	业态	连锁商号
舟山市民生商厦有限责任公司	浙江省舟山市	超市	台客隆
绍兴大通超市有限公司	浙江省绍兴市	超市	大通超市
辽宁成大方圆医药连锁有限公司	辽宁省沈阳市	专业店	成大方圆
云阳县腾龙商贸有限公司	重庆市	超市	云阳县腾龙商贸
中国石油化工股份有限公司北京石油分公司	北京市	加油站	中国石化
上海伍缘现代杂货有限公司	上海市	折扣店	伍缘
山东家家悦集团有限公司	山东省威海市	超市	家家悦
农工商超市(集团)有限公司	上海市	超市	农工商超市
阜阳华联超市有限公司	安徽省阜阳市	超市	华联
山西省太原唐久超市有限公司	山西省太原市	便利店	唐久便利
四川省互惠商业责任有限公司	四川省成都市	超市	互惠
物美控股集团有限公司	北京市	超市	物美
山东新星集团有限公司	山东省淄博市	超市	新星超市、新星商城
深圳市海王星辰医药有限公司	广东省深圳市	专业店	海王星辰
成都红旗连锁有限公司	四川省成都市	便利店	红旗连锁
辽宁亿家商业集团有限公司	辽宁省鞍山市	超市	亿家
中国石油天然气股份有限公司重庆销售分公司	重庆市	加油站	中国石油
广东赛壹便利店有限公司	广东省广州市	便利店	7-11
杭州萧山农业生产资料有限公司	浙江省杭州市	专业店	萧山农资
重庆津科农业有限责任公司	重庆市	专业店	津科农业
上海捷强烟草糖酒(集团)连锁有限公司	上海市	专卖店	捷强
江苏苏盛商贸有限公司	江苏省南京市	专卖店	苏盛
上海复美益星大药房连锁有限公司	上海市	专业店	复美益星
山西金虎便利连锁股份有限公司	山西省太原市	便利店	金虎便利
浙江雄城商贸股份有限公司	浙江省绍兴市	超市	雄城
天津市津工超市有限责任公司	天津市	超市	津工
中国石油化工股份有限公司天津石油分公司	天津市	加油站	中国石化
中国石油天然气股份有限公司华南销售公司	广东省广州市	加油站	中国石油
中国石油天然气股份有限公司安徽销售分公司	安徽省合肥市	加油站	中国石油
四川省汇星实业(集团)有限公司	四川省绵阳市	超市	汇星
开县孙氏商贸有限责任公司	重庆市	超市	渝开心连心超市
上海梅林正广和便利连锁有限公司	上海市	便利店	正广和
杭州华辰连锁超市有限公司	浙江省杭州市	超市	华辰
四川新华文轩连锁股份有限公司	四川省成都市	专业店	新华文轩
湖北富迪实业有限公司	湖北省仙桃市	超市	富迪
唐河县新合作商贸有限责任公司	河南省南阳市	超市	新合作
郏县城关镇万客来商贸有限公司	河南省平顶山市	超市	便民连锁店
重庆市万州区江南医药有限公司	重庆市	专业店	江南医药
淇县供销社工业品公司	河南省鹤壁市	超市	新合作
江苏海王星辰健康药房连锁有限公司	江苏省苏州市	专业店	海王星辰
山东潍坊百货集团股份有限公司	山东省潍坊市	超市	中百大厦、中百超市、中百便利、佳乐家
四川省富江商贸有限公司	四川省德阳市	超市	富江超市
巫溪县丰谷农业生产资料有限公司	重庆市	其他	丰谷
中国石油天然气股份有限公司浙江销售分公司	浙江省杭州市	加油站	中国石油
哈药集团有限公司	黑龙江省哈尔滨市	专业店	人民同泰
云南健之佳连锁健康药房有限公司	云南省昆明市	专业店	健之佳
青岛利客来商贸集团股份有限公司	山东省青岛市	百货店	利客来
建德市供销超市连锁有限公司	浙江省杭州市	超市	供销超市
中国石油化工股份有限公司河南洛阳石油分公司	河南省洛阳市	加油站	中国石化
上海华联罗森有限公司	上海市	便利店	罗森
南京福中信息产业集团有限公司	江苏省南京市	专业店	福中3+3
漯河双汇商业连锁有限公司	河南省漯河市	专卖店	双汇
成都舞东风超市连锁有限责任公司	四川省成都市	便利店	舞东风

5-2 续表 2

企业名称	所在地	业态	连锁商号
杭州蜂之语健康食品有限公司	浙江省杭州市	专卖店	蜂之语
中国石油天然气股份有限公司大连销售分公司	辽宁省大连市	加油站	中国石油
北京金象大药房医药连锁有限责任公司	北京市	专业店	金象大药房
新疆农资集团公司阿克苏配送中心	新疆维吾尔自治区阿克苏地区	专业店	农资集团
北京隆华顺平副食品批发中心	北京市	超市	隆华顺平
广西一心医药有限责任公司	广西壮族自治区南宁市	专业店	一心医药
肥城银宝食品销售公司	山东省泰安市	专卖店	银宝
杭州余杭禹倡商厦有限公司	浙江省杭州市	超市	禹倡
中国石油化工股份有限公司河南信阳石油分公司	河南省信阳市	专业店	中国石化
上海雷允上药品连锁经营有限公司	上海市	专业店	雷氏
浙江省新华书店集团有限公司	浙江省杭州市	专业店	新华书店
中国石油化工股份有限公司河北唐山分公司	河北省唐山市	加油站	中国石化
金华市华洲连锁超市有限公司	浙江省金华市	超市	华洲超市
重庆新华书店集团公司	重庆市	专业店	新华书店
中国石油天然气股份有限公司吉林长春分公司	吉林省长春市	专业店	中国石油
江西黄庆仁栈华氏大药房有限公司	江西省南昌市	专业店	黄庆仁栈
上海福满家便利有限公司	上海市	便利店	全家FamilyMart
浙江东兴商厦股份有限公司	浙江省嘉兴市	超市	东兴
浙江红黄蓝服饰股份有限公司销售部	浙江省温州市	专卖店	红黄蓝
中石化山东青岛石油分公司	山东省青岛市	加油站	中国石化
深圳市一致医药连锁有限公司	广东省深圳市	便利店	一致药店
中国石油化工股份有限公司周口公司	河南省周口市	专业店	中国石化
重庆和平药房连锁有限责任公司	重庆市	专卖店	和平药房
中国石油化工股份有限公司河北石家庄石油分公司	河北省石家庄市	加油站	中国石化
重庆名豪实业集团百货有限公司	重庆市	超市	名豪超市
广东林和药业有限公司	广东省广州市	专业店	林和
大足唯一食品有限公司	重庆市	便利店	唯一
金华市太和堂医药连锁有限公司	浙江省金华市	专业店	太和堂
广州市堡狮龙实业有限公司	广东省广州市	专卖店	堡狮龙
云南玉溪家佳购物超市有限公司	云南省玉溪市	超市	家佳超市
中国石油化工股份有限公司河北保定石油分公司	河北省保定市	加油站	中国石化
上海迪亚零售有限公司	上海市	折扣店	迪亚
广州市苹果牌服装连锁店有限公司	广东省广州市	专卖店	Texwood Menswear
湖南千金金沙大药房零售连锁有限公司	湖南省长沙市	专业店	千金金沙大药房
宁波市北仑加贝购物俱乐部	浙江省宁波市	大型超市	加贝
广州市海王星辰医药连锁有限公司	广东省广州市	专业店	海王星辰医药
大连联华快客中山便利商业有限公司	辽宁省大连市	便利店	快客
通州市通联农资有限公司	江苏省南通市	专业店	通联农资
中国石油化工股份有限公司广西南宁石油分公司	广西壮族自治区南宁市	加油站	中国石化
深圳市南北医药有限公司	广东省深圳市	专卖店	南北医药
中国石油化工股份有限公司江西赣州石油分公司	江西省赣州市	加油站	中国石化
北京京客隆商业集团股份有限公司	北京市	超市	京客隆
北京吴裕泰茶业股份有限公司	北京市	专卖店	吴裕泰
北京农业生产资料有限公司	北京市	专业店	北京农资
重庆丰谷农资荣昌连锁超市有限公司	重庆县	专业店	丰谷
上海华氏大药房有限公司	上海市	专卖店	华氏大药房
海宁市农业生产资料有限公司	浙江省嘉兴市	专业店	美丰
新疆兵团农五师农业生产资料公司	新疆维吾尔自治区博尔塔拉蒙古自治州	超市	五师农资
中国石油化工股份有限公司河北衡水石油分公司	河北省衡水市	加油站	中国石化
荣昌县老百姓副食超市	重庆市	超市	老百姓
四川哦哦超市连锁管理有限公司	四川省成都市	便利店	哦哦超市
中国石油化工股份有限公司河北邯郸石油分公司	河北省邯郸市	加油站	中国石化
上海捷强烟草糖酒(集团)有限公司(昆山)配销中心	江苏省苏州市	专业店	捷强

5-2 续表 3

企业名称	所在地	业态	连锁商号
吉林大药房药业股份有限公司	吉林省长春市	专业店	吉林大药房
惠民县惠兴农资连锁有限公司	山东省滨州市	专业店	惠兴农资
中国石油化工股份有限公司湖北武汉分公司	湖北省武汉市	加油站	中国石油
青岛北方国贸大厦集团股份有限公司	山东省青岛市	百货店	北方国贸
厦门华祥苑实业有限公司零售部	福建省厦门市	专卖店	华祥苑
话机世界数码连锁集团股份有限公司	浙江省杭州市	专业店	话机世界
大连海王星辰医药有限公司	辽宁省大连市	专业店	海王星辰
厦门向阳坊食品有限公司销售部	福建省厦门市	便利店	向阳坊
天津华润超级市场有限公司	天津市	便利店	华润
哈尔滨中央红集团股份有限公司	黑龙江省哈尔滨市	百货店	中央红小月亮、中央红超市
重庆市万州区福意百货有限公司	重庆市	超市	福意百货
北京港佳好邻居连锁便利店有限责任公司	北京市	便利店	好邻居
中石化壳牌(江苏)石油销售有限公司	江苏省苏州市	加油站	中国石化壳牌
山东德州扒鸡贸易总公司	山东省德州市	专业店	德州扒鸡
广东济和堂药业连锁有限公司	广东省广州市	专业店	济和堂
北京京西鑫维康商贸有限责任公司	北京市	便利店	鑫维康
中国石油化工股份有限公司云南昆明石油分公司	云南省昆明市	加油站	中国石化
中国石化股份有限公司山西长治分公司	山西省长治市	加油站	中国石化
中国石油化工股份有限公司河南开封石油分公司	河南省开封市	专业店	中国石化
中国石油天然气股份有限公司天津销售分公司	天津市	加油站	中国石油
成都红艳超市有限公司	四川省成都市	超市	红艳超市
四川天寿药业有限公司	四川省泸州市	专业店	天寿药房
湖北九州通大药房连锁有限公司	湖北省武汉市	专业店	九州通大药房
华润万家有限公司	广东省深圳市	大型超市	华润万家
西安怡康医药连锁有限责任公司	陕西省西安市	专业店	怡康医药
万州区中兴医药有限责任公司	重庆市	专业店	中兴医药
中国石油化工股份有限公司河南南阳石油分公司	河南省南阳市	加油站	中国石油
中国石油天然气股份有限公司北京销售分公司	北京市	加油站	中国石油
广西联华超市股份有限公司	广西壮族自治区柳州市	超市	联华超市
舞钢市万客来量贩	河南省平顶山市	超市	万客来量贩
广东大地通讯连锁服务有限公司	广东省东莞市	专业店	大地通讯
云南东骏药业有限公司	云南省昆明市	专业店	东骏药业
中国石油化工股份有限公司广西柳州石油分公司	广西壮族自治区柳州市	加油站	中国石化
太原六味斋实业有限公司	山西省太原市	专卖店	六味斋
佛山市顺德区乐从供销集团顺客隆商场有限公司	广东省佛山市	超市	顺客隆
中国石油化工股份有限公司河南新乡石油分公司	河南省新乡市	加油站	中国石化
中国石油化工股份有限公司湖南长沙石油分公司	湖南省长沙市	加油站	中国石化
江苏超越超市连锁发展有限公司	江苏省南通市	超市	超越超市
中国石油化工股份有限公司河北沧州石油分公司	河北省沧州市	加油站	中国石化
淳安益佳商贸有限公司	浙江省杭州市	超市	益佳
成都美特斯邦威服饰有限责任公司	四川省成都市	专卖店	美特斯邦威
中国石油天然气股份有限公司辽宁沈阳销售分公司	辽宁省沈阳市	加油站	中国石油
宁波开开便利超市连锁有限公司	浙江省宁波市	便利店	开开便利
重庆市合川区国泰生化药品有限责任公司	重庆市	专业店	国泰生化药品
重庆市合川区金利大药房连锁有限责任公司	重庆市	专业店	金利大药房
浙江华联商厦有限公司	浙江省宁波市	百货店	家家福
北京金凤成祥食品有限责任公司	北京市	专业店	金凤成祥
重庆市江津区新联佳商贸有限责任公司	重庆市	百货店	新联佳
中国石油化工股份有限公司湖南株洲石油公司	湖南省株洲市	加油站	中国石化
溧阳市扬子广场有限公司	江苏省常州市	专业店	扬子广场
中国石油化工股份有限公司河北承德石油分公司	河北省承德市	加油站	中国石化
重庆医药合川医药有限责任公司	重庆市	专业店	合川医药
苏州可的便利店有限公司	江苏省苏州市	便利店	可的

5-2 续表 4

企业名称	所在地	业态	连锁商号
上海家得利超市有限公司	上海市	超市	家得利
湖南时代阳光养天和大药房连锁有限公司	湖南省长沙市	专业店	养天和
江山市新红塔商贸有限公司	浙江省衢州市	便利店	可信可来
浙江江南大厦股份有限公司	浙江省嘉兴市	超市	江南大厦
中国石油天然气股份有限公司河北唐山销售分公司	河北省唐山市	加油站	中国石油
泸州宝光药房连锁有限公司	四川省泸州市	专业店	宝光药房
温州当家人便利店连锁有限公司	浙江省温州市	便利店	当家人
重庆勿忘我商贸有限公司	重庆市	超市	勿忘我超市
合肥百货大楼集团股份有限公司	安徽省合肥市	百货店	百货大楼
中国石油化工股份有限公司湖南邵阳石油分公	湖南省邵阳市	加油站	中国石化
北京味多美食品有限责任公司	北京市	专卖店	味多美
广东赛壹便利店有限公司深圳分公司	广东省深圳市	便利店	7-11
中国石油天然气股份有限公司河北保定销售分公司	河北省保定市	加油站	中国石油
中国石油天然气股份有限公司新疆阿克苏销售公司	新疆维吾尔自治区阿克苏地区	加油站	中国石油
上海新华传媒连锁有限公司	上海市	专业店	新华传媒
中国石化股份有限公司河北邢台石油分公司	河北省邢台市	加油站	中国石化
金华市九德堂医药连锁有限公司	浙江省金华市	专业店	九德堂
北京迪亚商业有限公司	北京市	折扣店	迪亚
广东大参林连锁药店有限公司	广东省广州市	专业店	大参林
中国石油化工股份有限公司河南许昌石油分公司	河南省许昌市	专业店	中国石化
中国石油化工股份有限公司驻马店分公司	河南省驻马店市	专业店	中国石化
宁海县小小食品超市有限公司	浙江省宁波市	便利店	小小
湖南益丰大药房医药连锁有限公司	湖南省常德市	专业店	益丰大药房
中国石油化工股份有限公司湖南常德石油分公司	湖南省常德市	加油站	中国石化
浙江上百贸易有限公司	浙江省绍兴市	超市	上百贸易
重庆鼎洲医药有限公司	重庆市	专业店	鼎洲医药
重庆百货大楼股份有限公司	重庆市	百货店	重庆百货
中国石油天然气股份有限公司河北石家庄销售分公司	河北省石家庄市	加油站	中国石油
嘉兴市万寿堂医药连锁有限公司	浙江省嘉兴市	专业店	万寿堂
中国石油化工股份有限公司河北廊坊石油分公司	河北省廊坊市	加油站	中国石化
深圳市中联大药房有限公司	广东省深圳市	专业店	中联
青岛国风大药房连锁有限公司	山东省青岛市	专业店	国风
重庆市合川区正强再生资源回收有限公司	重庆市	专业店	正强
北京科曼维斯凯服饰有限公司	北京市	专卖店	VISCAP
桐乡市农业生产资料有限责任公司	浙江省嘉兴市	专业店	农友
山东统一银座商业有限公司	山东省济南市	超市	银座
嘉事堂药业股份有限公司	北京市	专业店	嘉事堂
中国石化湖南衡阳分公司	湖南省衡阳市	加油站	中国石油
沈阳东北大药房连锁店	辽宁省沈阳市	专业店	东北大药房
昆明福林堂药业有限公司	云南省昆明市	专卖店	福林堂
中国石油天然气股份有限公司河北邢台销售分公司	河北省邢台市	加油站	中国石油
杭州五丰冷食有限公司青年路经营部	浙江省杭州市	专卖店	五丰
湖南芝林大药房零售连锁有限公司	湖南省长沙市	专业店	药芝林
中国石油天然股份有限公司新疆喀什销售分公司	新疆维吾尔自治区喀什地区	加油站	中国石油
泸州市兴欣医药有限公司	四川省泸州市	专业店	兴欣药业
中国石油化工股份有限公司上饶分公司	江西省上饶市	加油站	中国石油
湖北中联大药房连锁有限公司	湖北省武汉市	专业店	中联大药房
金华市老百姓医药连锁有限公司	浙江省金华市	便利店	金华老百姓医药
北京同仁堂连锁药店有限责任公司	北京市	专业店	同仁堂
四川德仁堂连锁有限公司	四川省成都市	专业店	德仁堂
威海长江糖酒有限公司	山东省威海市	超市	长江糖酒
湖北真维斯服饰有限公司	湖北省武汉市	专卖店	真维斯

5-2 续表 5

企业名称	所在地	业态	连锁商号
广州二天堂大药房连锁有限公司	广东省广州市	专业店	二天堂
中油碧辟石油有限公司广州分公司	广东省广州市	加油站	中油碧辟
中国石化销售有限公司西北新疆分公司	新疆维吾尔自治区乌鲁木齐市	加油站	中国石化
长治市昂生大药房零售连锁有限公司	山西省长治市	专业店	昂生药业
常州市信特超市有限公司	江苏省常州市	超市	信特
中国石油化工股份有限公司九江石油分公司	江西省九江市	加油站	中国石油
江苏苏捷商贸有限公司	江苏省南京市	专业店	苏捷
中国石油化工股份有限公司广西桂林石油分公司	广西壮族自治区桂林市	加油站	中国石化
中国石油天然气股份有限公司辽宁营口销售分公司	辽宁省营口市	加油站	中国石油
中国石油天然气股份有限公司上海销售分公司	上海市	加油站	中国石油
西安藻露堂药业集团藻露堂药业连锁有限公司	陕西省西安市	专业店	藻露堂
中国石油化工股份有限公司湖南怀化石油分公	湖南省怀化市	加油站	中国石化
海宁大厦	浙江省嘉兴市	超市	海宁大厦
中国石油化工股份有限公司河南三门峡石油分公司	河南省三门峡市	专业店	中国石化
永辉超市股份有限公司福州鼓楼分公司	福建省福州市	大型超市	永辉
云南白药大药房有限公司	云南省昆明市	专业店	云南白药
中石化森美(福建)石油有限公司泉州分公司	福建省泉州市	加油站	中国石化
辽宁天士力大药房连锁有限公司	辽宁省沈阳市	专业店	天士力
重庆市巴南区普教商贸有限公司	重庆市	超市	普教商贸
北京迪信通电子通信技术有限公司	北京市	专业店	迪信通
深圳市万泽医药连锁有限公司	广东省深圳市	专业店	万泽医药
中国石油天然气股份有限公司辽宁鞍山销售分公司	辽宁省鞍山市	加油站	中国石油
襄樊天济大药房连锁有限责任公司	湖北省襄樊市	专业店	天济
广州市 8 字连锁店有限公司	广东省广州市	便利店	8字连锁
中山市及时便利连锁有限公司	广东省中山市	便利店	及时便利
杭州五丰联合肉类有限公司	浙江省杭州市	专卖店	联合康康
重庆市红帆鞋业有限公司	重庆市	专业店	红帆、福禄桐
唐河县医药公司	河南省南阳市	专业店	同春堂
北京联华快客便利超市有限公司	北京市	便利店	快客
西峡县济仁堂医药零售连锁有限公司	河南省南阳市	专卖店	济仁堂
江西抚州石油公司	江西省抚州市	加油站	中国石化
广州喜市多便利连锁有限公司	广东省广州市	便利店	C-Store
广州明廊眼镜技术有限公司	广东省广州市	专业店	明廊眼镜
厦门黄金香食品有限公司	福建省厦门市	专卖店	黄金香食品
步步高商业连锁股份有限公司	湖南省湘潭市	大型超市	步步高
中山市中智大药房连锁有限公司	广东省中山市	专业店	中智
江苏五星电器有限公司	江苏省南京市	专业店	五星电器
沈阳红太阳大药房连锁有限公司	辽宁省沈阳市	专业店	红太阳
中国石油化工股份有限公司湖南郴州石油分公	湖南省郴州市	加油站	中国石化
福建真维斯服饰有限公司	福建省福州市	专卖店	真维斯
广州城建开发宏城连锁超级市场有限公司	广东省广州市	超市	宏城超市
北京崇德商贸有限公司	北京市	专业店	崇德商贸
宁夏国大药房连锁有限公司	宁夏回族自治区银川市	专业店	国大药房
中国石油化工股份有限公司江西宜春石油分公司	江西省宜春市	加油站	中国石化
中国石油化工股份有限公司湖南岳阳石油分公	湖南省岳阳市	加油站	中国石化
浙江来伊份食品有限公司	浙江省杭州市	专业店	来伊份
通州市仁寿大药房连锁有限公司	江苏省南通市	专业店	仁寿
中石化(森美)福建漳州分公司	福建省漳州市	加油站	中国石化
北京张一元茶叶有限责任公司	北京市	专卖店	张一元
河南思达连锁商业有限公司	河南省郑州市	超市	思达
瑞安市五洲超市连锁有限公司	浙江省温州市	超市	五洲超市

5-3 营业额亿元以上连锁餐饮企业

名　　称	所在地	餐饮活动	连锁商号
内蒙古小肥羊餐饮连锁有限公司	内蒙古自治区包头市	正餐	小肥羊
内蒙古小尾羊餐饮连锁股份有限公司	内蒙古自治区包头市	其他餐饮	小尾羊、欢乐牧场、吉骨小馆、元至一品
杭州肯德基有限公司	浙江省杭州市	快餐	肯德基
百胜餐饮广东有限公司	广东省广州市	快餐	肯德基、必胜客、东方既白
百胜餐饮(沈阳)有限公司	辽宁省沈阳市	快餐	肯德基、必胜客
北京肯德基有限公司	北京市	快餐	肯德基
上海肯德基有限公司	上海市	快餐	肯德基
重庆陶然居饮食文化(集团)有限公司	重庆市	正餐	陶然居
天津肯德基有限公司	天津市	快餐	肯德基
重庆秦妈餐饮管理有限公司	重庆市	正餐	秦妈
中国全聚德(集团)股份有限公司	北京市	正餐	全聚德
重庆德庄酒店管理有限公司	重庆市	正餐	重庆德庄
广东三元麦当劳食品有限公司	广东省广州市	快餐	麦当劳
南京肯德基有限公司	江苏省南京市	快餐	肯德基
北京麦当劳食品有限公司	北京市	快餐	麦当劳
上海必胜客有限公司	上海市	正餐	必胜客
青岛肯德基有限公司	山东省青岛市	快餐	肯德基
百胜餐饮(深圳)有限公司	广东省深圳市	快餐	百胜餐饮
浙江凯旋门澳门豆捞控股集团有限公司	浙江省杭州市	正餐	澳门豆佬
福州曼伯罗食品有限公司	福建省福州市	快餐	曼德夫
北京必胜客比萨饼有限公司	北京市	正餐	必胜客、必胜宅急速、东方既白
重庆骑龙饮食文化有限责任公司	重庆市	其他餐饮	骑龙火锅
苏州肯德基有限公司	江苏省苏州市	快餐	肯德基
百胜餐饮(武汉)有限公司	湖北省武汉市	快餐	肯德基、必胜客
上海麦当劳食品有限公司	上海市	快餐	麦当劳
麦当劳餐厅(深圳)有限公司	广东省深圳市	快餐	麦当劳
浙江两岸食品连锁有限公司	浙江省杭州市	咖啡店	两岸咖啡
北京湘鄂情股份有限公司	北京市	正餐	湘鄂情
长沙肯德基有限公司	湖南省长沙市	快餐	肯德基
无锡肯德基有限公司	江苏省无锡市	快餐	肯德基
百胜餐饮成都有限公司	四川省成都市	快餐	肯德基
北京吉野家快餐有限公司	北京市	快餐	吉野家
江苏大娘水饺餐饮有限公司	江苏省常州市	快餐	大娘水饺
重庆小天鹅餐饮连锁经营管理有限公司	重庆市	正餐	重庆小天鹅
重庆和之吉饮食文化有限公司	重庆市	正餐	和之吉
天津麦当劳食品有限公司	天津市	快餐	麦当劳
太原肯德基有限公司	山西省太原市	快餐	肯德基
浙江麦当劳餐厅食品有限公司	浙江省杭州市	快餐	麦当劳
厦门肯德基有限公司	福建省厦门市	快餐	肯德基
四川德克士食品开发有限公司	四川省成都市	快餐	德克士
顺峰饮食酒店管理股份有限公司	北京市	正餐	顺峰
四川省成都市饮食公司	四川省成都市	正餐	龙抄手、陈麻婆
呷哺呷哺餐饮管理有限公司	北京市	快餐	呷哺呷哺
上海一茶一坐餐饮有限公司	上海市	正餐	一茶一坐
浙江向阳渔港集团有限公司	浙江省宁波市	正餐	向阳渔港

5-3 续表 1

名　称	所在地	餐饮活动	连锁商号
大连肯德基有限公司	辽宁省大连市	快餐	肯德基、必胜客
广州酒家文昌有限公司	广东省广州市	正餐	广州酒家
郑州肯德基有限公司GJZB	河南省郑州市	快餐	肯德基
南京市麦当劳餐饮食品有限公司	江苏省南京市	快餐	麦当劳
百胜餐饮(福州)有限公司	福建省福州市	快餐	百胜餐饮
北京郭林家常菜食品有限责任公司	北京市	正餐	郭林家常菜
重庆兴红得聪餐饮管理有限公司	重庆市	快餐	乡村基
武汉市亢龙太子酒轩有限责任公司	湖北省武汉市	正餐	亢龙太子
津味(上海)餐饮管理有限公司	上海市	其他餐饮	85度C
武汉麦当劳餐饮食品有限公司	湖北省武汉市	快餐	麦当劳
南昌肯德基有限公司	江西省南昌市	快餐	肯德基
东莞肯德基有限公司	广东省东莞市	快餐	肯德基
上海棒约翰餐饮管理有限公司	上海市	快餐	棒约翰
南宁肯德基有限公司	广西壮族自治区南宁市	快餐	肯德基
北京星巴克咖啡有限公司	北京市	咖啡店	星巴克
上海巴贝拉意舟餐饮管理有限公司	上海市	正餐	巴贝拉、果留仙
深圳面点王饮食连锁有限公司	广东省深圳市	快餐	面点王饮食
四川麦当劳餐厅食品有限公司	四川省成都市	快餐	麦当劳
昆明德克士食品有限公司	云南省昆明市	快餐	德克士
武汉市小蓝鲸健康美食酒店管理有限公司	湖北省武汉市	正餐	小蓝鲸
昆明肯德基有限公司	云南省昆明市	快餐	肯德基
浙江五芳斋实业股份有限公司五芳斋粽子总店	浙江省嘉兴市	快餐	五芳斋
重庆佳永小天鹅餐饮有限公司	重庆市	正餐	重庆小天鹅
北京好伦哥餐饮有限公司	北京市	正餐	好伦哥
广州市绿茵阁饮食连锁有限公司	广东省广州市	正餐	西餐
北京首都机场餐饮发展有限公司	北京市	快餐	星阳舫、好食汇、麦麦面、花漾咖啡、有食候
常州丽华快餐集团有限公司	江苏省常州市	快餐	丽华快餐
真功夫餐饮管理有限公司	广东省东莞市	快餐	真功夫
杭州饮食服务集团有限公司	浙江省杭州市	正餐	知味观
厦门麦当劳食品发展有限公司	福建省厦门市	快餐	麦当劳
北京大董烤鸭店有限责任公司	北京市	正餐	大董
杭州花中城大酒店有限公司	浙江省杭州市	正餐	花中城
北京便宜坊烤鸭集团有限公司	北京市	正餐	便宜坊
福州麦当劳餐厅食品有限公司	福建省福州市	快餐	麦当劳
内蒙古草原牧歌餐饮发展有限责任公司	内蒙古自治区包头市	正餐	草原牧歌
北京永和大王餐饮有限公司	北京市	快餐	永和大王
无锡市麦当劳餐厅食品有限公司	江苏省无锡市	快餐	麦当劳
沈阳麦当劳(餐厅食品)有限公司	辽宁省沈阳市	快餐	麦当劳
南海渔村有限公司	广东省广州市	其他餐饮	南海渔村
北京市新宏状元餐饮管理有限公司	北京市	正餐	宏状元
安徽省金满楼饮食集团有限公司	安徽省合肥市	正餐	金满楼
武汉艳阳天商贸发展有限公司	湖北省武汉市	正餐	艳阳天
广州市越秀区艺都燕窝鱼翅酒家	广东省广州市	正餐	鸿星
上海永和大王餐饮有限公司	上海市	快餐	永和大王
重庆苏大姐餐饮文化有限责任公司	重庆市	正餐	苏大姐老火锅
上海适达餐饮管理有限公司	上海市	其他餐饮	DQ冰淇淋

5-3 续表 2

名 称	所在地	餐饮活动	连锁商号
河南麦当劳(餐厅食品)有限公司GJZB	河南省郑州市	快餐	麦当劳
山东麦当劳餐厅食品有限公司	山东省济南市	快餐	麦当劳
东莞麦华食品有限公司	广东省东莞市	快餐	麦当劳
大连麦当劳餐厅食品有限公司	辽宁省大连市	快餐	麦当劳
安徽麦当劳(餐厅)食品有限公司	安徽省合肥市	快餐	麦当劳
深圳市禾绿餐饮管理有限公司	广东省深圳市	正餐	禾绿
上海新亚大家乐餐饮有限公司	上海市	快餐	新亚大包
上海萨莉亚餐饮有限公司	上海市	正餐	萨莉亚
重庆肯德基有限公司	重庆市	快餐	肯德基
杭州哨兵汤姆酒店有限公司	浙江省杭州市	正餐	哨兵
深圳市嘉旺餐饮连锁有限公司	广东省深圳市	快餐	嘉旺、正品茶餐厅
新疆肯德基有限公司	新疆维吾尔自治区乌鲁木齐市	快餐	肯德基
北京东来顺集团有限责任公司	北京市	正餐	东来顺
安徽蜀王饮食服务有限责任公司	安徽省合肥市	正餐	蜀王
北京金白领餐饮有限公司	北京市	正餐	金白领
南京味千餐饮管理有限公司	江苏省南京市	快餐	味千拉面
贵州雅园饮食娱乐有限责任公司	贵州省贵阳市	正餐	雅园
厦门沃头中餐有限公司	福建省厦门市	正餐	沃头豪干粥
东莞麦长食品有限公司	广东省东莞市	快餐	麦当劳
浙江外婆家餐饮有限公司	浙江省杭州市	正餐	外婆家
北京万龙洲饮食有限责任公司	北京市	正餐	万龙洲
湖北三五酒店有限公司	湖北省武汉市	正餐	三五醇
唐山凤凰园美食城	河北省唐山市	正餐	凤凰园
北京真功夫快餐连锁管理有限公司	北京市	快餐	真功夫
浙江老娘舅餐饮有限公司	浙江省湖州市	快餐	老娘舅
中山麦当劳食品有限公司	广东省中山市	快餐	麦当劳
美心星巴克咖啡餐饮(深圳)有限公司	广东省深圳市	咖啡店	星巴克
杭州德克士食品有限公司	浙江省杭州市	快餐	德克士
西安百姓厨房大馄饨餐饮有限责任公司	陕西省西安市	正餐	百姓厨房
江门麦当劳(餐厅食品)有限公司	广东省江门市	快餐	麦当劳
辽宁合兴快餐有限公司	辽宁省沈阳市	快餐	吉野家
北京和合谷餐饮管理有限公司	北京市	快餐	和合谷、国人
沈阳顺峰饮食有限公司	辽宁省沈阳市	正餐	顺峰
美心星巴克咖啡餐饮(广东)有限公司	广东省广州市	咖啡店	星巴克咖啡
广州泛亚饮食有限公司	广东省广州市	快餐	大家乐
北京金鼎轩酒楼有限责任公司	北京市	正餐	金鼎轩
上海禾绿饮食有限公司	上海市	正餐	禾绿回转寿司
广州黄埔华苑大酒店	广东省广州市	正餐	华苑
上海大富贵酒楼	上海市	正餐	大富贵
青岛良友金都美食城有限公司	山东省青岛市	正餐	良友餐饮
广西麦当劳餐厅食品有限公司	广西壮族自治区南宁市	快餐	麦当劳
深圳真功夫餐饮管理有限公司	广东省深圳市	快餐	真功夫
北京京日餐饮有限公司	北京市	正餐	面爱面
成都得聪乡村基餐饮有限公司	四川省成都市	快餐	得聪乡村基
湖北巴山夜雨酒店管理有限公司	湖北省武汉市	正餐	巴山夜雨

5-4 50门店以上连锁餐饮企业

名　称	所在地	餐饮活动	连锁商号
内蒙古小肥羊餐饮连锁有限公司	内蒙古自治区包头市	正餐	小肥羊
内蒙古小尾羊餐饮连锁股份有限公司	内蒙古自治区包头市	其他餐饮	小尾羊、欢乐牧场、吉骨小馆、元至一品
重庆秦妈餐饮管理有限公司	重庆市	正餐	秦妈
重庆德庄酒店管理有限公司	重庆市	正餐	重庆德庄
百胜餐饮广东有限公司	广东省广州市	快餐	肯德基、必胜客、东方既白
重庆骑龙饮食文化有限责任公司	重庆市	其他餐饮	骑龙火锅
浙江两岸食品连锁有限公司	浙江省杭州市	咖啡店	两岸咖啡
江苏大娘水饺餐饮有限公司	江苏省常州市	快餐	大娘水饺
福州曼伯罗食品有限公司	福建省福州市	快餐	曼德夫
杭州肯德基有限公司	浙江省杭州市	快餐	肯德基
上海肯德基有限公司	上海市	快餐	肯德基
北京肯德基有限公司	北京市	快餐	肯德基
上海必胜客有限公司	上海市	正餐	必胜客
百胜餐饮(沈阳)有限公司	辽宁省沈阳市	快餐	肯德基、必胜客
广东杏林春凉茶有限公司	广东省东莞市	其他餐饮	杏林春
内蒙古草原牧歌餐饮发展有限责任公司	内蒙古包头市	正餐	草原牧歌
广东三元麦当劳食品有限公司	广东省广州市	快餐	麦当劳
青岛肯德基有限公司	山东省青岛市	快餐	肯德基
百胜餐饮(深圳)有限公司	广东省深圳市	快餐	百胜餐饮
南京肯德基有限公司	江苏省南京市	快餐	肯德基
上海统一星巴克咖啡有限公司	上海市	咖啡店	星巴克
重庆君之薇餐饮文化有限公司	重庆市	其他餐饮	君之薇火锅
北京必胜客比萨饼有限公司	北京市	正餐	必胜客、必胜宅急速、东方既白
浙江五芳斋实业股份有限公司五芳斋粽子总店	浙江省嘉兴市	快餐	五芳斋
北京麦当劳食品有限公司	北京市	快餐	麦当劳
北京吉野家快餐有限公司	北京市	快餐	吉野家
天津肯德基有限公司	天津市	快餐	肯德基
四川德克士食品开发有限公司	四川省成都市	快餐	德克士
厦门市黄则和食品有限公司	福建省厦门市	快餐	黄则和
百胜餐饮(武汉)有限公司	湖北省武汉市	快餐	肯德基、必胜客
重庆小天鹅餐饮连锁经营管理有限公司	重庆市	正餐	重庆小天鹅
重庆苏大姐餐饮文化有限责任公司	重庆市	正餐	苏大姐老火锅
苏州肯德基有限公司	江苏省苏州市	快餐	肯德基
上海适达餐饮管理有限公司	上海市	其他餐饮	DQ冰淇淋
浙江凯旋门澳门豆捞控股集团有限公司	浙江省杭州市	正餐	澳门豆佬
厦门沃头中餐有限公司	福建省厦门市	正餐	沃头豪干粥
上海麦当劳食品有限公司	上海市	快餐	麦当劳

5-4 续表

名　称	所在地	餐饮活动	连锁商号
北京龙盛众望早餐有限公司	北京市	快餐	龙盛众望早餐
麦当劳餐厅(深圳)有限公司	广东省深圳市	快餐	麦当劳
呷哺呷哺餐饮管理有限公司	北京市	快餐	呷哺呷哺
重庆陶然居饮食文化(集团)有限公司	重庆市	正餐	陶然居
上海棒约翰餐饮管理有限公司	上海市	快餐	棒约翰
长沙肯德基有限公司	湖南省长沙市	快餐	肯德基
北京好伦哥餐饮有限公司	北京市	正餐	好伦哥
北京上岛餐饮有限公司	北京市	咖啡店	上岛咖啡
北京星巴克咖啡有限公司	北京市	咖啡店	星巴克
无锡肯德基有限公司	江苏省无锡市	快餐	肯德基
常州丽华快餐集团有限公司	江苏省常州市	快餐	丽华快餐
中国全聚德(集团)股份有限公司	北京市	正餐	全聚德
广州市绿茵阁饮食连锁有限公司	广东省广州市	正餐	西餐
深圳市嘉旺餐饮连锁有限公司	广东省深圳市	快餐	嘉旺、正品茶餐厅
百胜餐饮成都有限公司	四川省成都市	快餐	肯德基
重庆佳永小天鹅餐饮有限公司	重庆市	正餐	重庆小天鹅
厦门肯德基有限公司	福建省厦门市	快餐	肯德基
重庆和之吉饮食文化有限公司	重庆市	正餐	和之吉
杭州饮食服务集团有限公司	浙江省杭州市	正餐	知味观
真功夫餐饮管理有限公司	广东东莞	快餐	真功夫
上海一茶一坐餐饮有限公司	上海市	正餐	一茶一坐
重庆市明海食品有限公司	重庆市	其他餐饮	明海食品
上海巴贝拉意舟餐饮管理有限公司	上海市	正餐	巴贝拉、果留仙
上海新亚大家乐餐饮有限公司	上海市	快餐	新亚大包
四川省成都市饮食公司	四川省成都市	正餐	龙抄手、陈麻婆
百胜餐饮(福州)有限公司	福建省福州市	快餐	百胜餐饮
深圳面点王饮食连锁有限公司	广东省深圳市	快餐	面点王饮食
郑州肯德基有限公司GJZB	河南省郑州市	快餐	肯德基
深圳真功夫餐饮管理有限公司	广东省深圳市	快餐	真功夫
安徽蜀王饮食服务有限责任公司	安徽省合肥市	正餐	蜀王
马兰拉面快餐连锁有限责任公司	北京市	快餐	马兰拉面
重庆家福饮食文化公司	重庆市	其他餐饮	家福
福建省华莱士食品有限公司	福建省福州市	快餐	华莱士
杭州德克士食品有限公司	浙江省杭州市	快餐	德克士
天津麦当劳食品有限公司	天津市	快餐	麦当劳
北京永和大王餐饮有限公司	北京市	快餐	永和大王
上海永和大王餐饮有限公司	上海市	快餐	永和大王

附录　统计指标解释

连锁经营：指经营同类商品或服务，使用统一商号的若干店铺，在同一总店（总部）的管理下，采取统一采购或特许经营等方式,实现规模效益的组织形式,包括直营连锁、特许连锁和自愿连锁三种形式。

连锁总店（总部）：负责连锁企业资源（如商号、商誉、经营模式、服务标准、管理模式等等）的开发、配置、控制或使用等功能的企业核心管理机构。

连锁门店：在连锁企业经营管理的基础上，按照总店（总部）的指示和服务规范要求，承担日常销售业务的店铺，包括直营店和加盟店。

直营店是指由连锁企业总部投资开设，按连锁经营管理模式，由总部统一管理的店铺。

加盟店是指在特许连锁中，被特许人获得特许人授权后，使用其商标、商号、经营模式、专利和专有技术等经营资源建立的店铺，也包括自愿连锁的成员店。

连锁品牌（商标或商号）名称：指连锁经营使用的统一的商号或商标名称。

零售业态

一便利店：位于商业中心区、交通要道以及车站、医院、学校、娱乐场所、办公楼、加油站等公共活动区；商圈范围小，顾客步行 5 分钟内到达，目标顾客主要为单身者、年轻人，顾客多为有目的的购买；营业面积一般在 100 平方米左右，利用率高；以即时食品、日用小百货为主，有即时消费性、小容量、应急性等特点，商品品种在 3000 种左右，售价一般高于市场平均水平；商品销售方式以开架自选为主，结算在收银处统一进行；营业时间一般在 16 小时以上，提供即时性食品的辅助设施，开设多项服务项目；信息管理系统程度较高。

一折扣店：位于居民区、交通要道等租金相对便宜的地区；辐射半径 2 公里左右，目标顾客主要为商圈内的居民；自有品牌占有较大的比例，商品平均价格低于市场平均水平；以开架自选方式进行商品销售，并统一结算；用工精简，为顾客提供有限的服务；信息管理系统程度一般。

一超市：位于市、区商业中心、居住区；辐射半径 2 公里左右，目标顾客以居民为主；营业面积在 6000 平方米以下；经营包装食品、生鲜食品和日用品。食品超市与综合超市商品结构有所不同；采用自选销售，出入口分设，在收银台统一结算；营业时间一般在 12 小时以上；信息管理系统程度较高。

一大型超市：位于市、区商业中心、城郊结合部、交通要道及大型居住区；辐射半径 2 公里以上，目标顾客以居民、流动顾客为主；实际营业面积在 6000 平方米以上；以大众化衣、食、日用品为主，品种齐全，注重自有品牌开发；采用自选销售方式，出入口分设，在收银台统一结算；一般设不低于营业面积 40%的停车场；信息管理系统程度较高。

一仓储会员店：位于城乡结合部的交通要道；辐射半径 5 公里以上，目标顾客以中小零售店、餐饮店、集团购买和流动顾客为主；营业面积一般在 6000 平方米以上；以大众化衣、食、日用品为主，自有品牌占相当部分，商品在 4000 种左右，实行低价、批量销售；采用自选销售，出入口分设，在收银台统一结算；设相当于营业面积的停车场；信息管理系统程度较高并对顾客实行会员制管理。

一百货店：位于市、区级商业中心、历史形成的商业集聚地；目标顾客以追求时尚和品味的流动顾客为主；营业面积一般在 6000 平方米以上；综合性商品结构，门类齐全，以服饰、鞋类、箱包、化妆品、家庭用品、家用电器为主；采取柜台销售和开架面售相结合方式进行商品销售；注重服务，设餐饮、娱乐等服务项目和设施；信息管理系统程度较高。

一专业店：位于市、区级商业中心以及百货店、购物中心内；目标顾客以有目的选购某类商品的流动顾客为主；营业面积根据商品特点而定；以销售某类商品为主，体现专业性、深度性、品种丰富，选择余地大；采取柜台销售或开架面售方式进行商品销售；从业人员具有丰富的专业知识；信息管理系统程度较高。

一加油站：指经营石油、石化商品的零售门店。

一专卖店：一般位于市、区级商业中心、专业街以及百货店、购物中心内；目标顾客以中高档消费者和追求时尚的年轻人为主；以销售某一品牌系列商品为主，具有销售量少、质优、高毛利等特点；采取柜台销售或开架面售方式进行商品销售，商店陈列、照明、包装、广告讲究；注重品牌声誉，从业人员具备丰富的专业知识，提供专业性服务；信息管理系统程度一般。

一家居建材商店：位于城乡结合部、交通要道或消费者自有房产比较高的地区；目标顾客以拥有自有房产的顾客为主；营业面积一般在 6000 平方米以上；经营商品以改善、建设家庭居住环境有关的装饰、装修等用品、日用杂品、技术及服务为主；采取开架自选方式销售商品；提供一站式购足和一条龙服务，停车位一般在 300 个以上；信息管理系统程度较高。

一厂家直销中心：一般远离市区；目标顾客多为重视品牌的有目的的购买；单个建筑面积在 100-200 平方米左右；品牌商品生产商直接设立，商品均为本企业的品牌；采用自选式售货方式进行商品销售；各个租赁店使用各自的信息管理系统。

一其他：其他未列明的零售业态

餐饮活动

一正餐：指提供各种中西式炒菜和主食，并由服务员送餐上桌的餐饮服务。包括各种中式正餐和西式正餐。

一快餐：指服务员不送餐上桌，由顾客自己领取食物的一种自我服务的餐饮活动。包括各种中式快餐和西式快餐。

一茶馆：以现场提供现场消费茶饮料为主，兼卖各式点心和小食品。包括各种茶艺馆、茶楼、茶铺等。

一咖啡馆：以现场制作现场消费咖啡饮料为主，兼卖各式点心和小食品。包括各种咖啡馆、咖啡厅、咖啡屋等。

一酒吧：以出售各种酒及酒精饮料为主，兼卖各式点心和小食品。

一其它餐饮：指上述未列明的餐饮活动。

门店总数：指该连锁企业所拥有的全部连锁门店数量，包括总店（如果总公司有门店的话）和全部直营分店、加盟分店数。

年末从业人员数：指在该连锁总店（总部）或门店工作并取得劳动报酬的年末实有人员数。包括在岗职工、再就业的离退休人员、在该企业工作的外方人员、港澳台方人员、兼职人员、借用的外单位人员和第二职业者。不包括离开本单位但仍保留劳动关系的职工。从业人数包括总店和全部门店以及自有配送中心的从业人员数。

连锁门店商品购进额：指连锁总店（总部）统一配送给连锁门店与连锁门店自主采购商品金额之和（含增值税）。

统一配送商品购进额：是指由连锁总店（总部）统一购进后，配送到门店的商品金额（按购进价计算）。

配送中心：是指从事配送业务且具有完善信息网络的场所或组织。配送是指在经济合理区域范围内，根据客户要求，对物品进行拣选、加工、包装、分割、组配等作业，并按时送达指定地点的物流活动。配送中心应基本符合下列要求：（1）主要为特定客户或末端客户提供服务；（2）配送功能健全；（3）辐射范围小；（4）提供高频率、小批量、多批次配送服务。

自有配送中心配送商品购进额：指连锁总店（总部）通过自有配送中心配送到门店的商品金额。

非自有配送中心配送商品购进额：指连锁总店（总部）通过第三方物流配送中心配送到门店的商品金额。

年末零售营业面积：指批发和零售业连锁门店用于零售的对外营业的门店建筑面积，不包括其办公用房、仓库和加工场地。该指标按年末实有建筑面积统计。

连锁门店商品销售额：批发和零售业连锁门店对本门店以外单位和个人出售的商品金额（含增值税）。

零售额：指售给城乡居民用于生活消费和社会集团用于公共消费的商品金额。

商品零售包括：（1）售给城乡居民的各种生活消费品，售给入境旅游的外国人、华侨、港澳台同胞的各类商品；（2）售给行政事业单位、社会团体、军队和武警等机构的商品，以及以零售方式售给各类企业的商品。具体包括：用于非生产和社会交往的办公用品，如通讯设备、计算器具和设备、电讯网络设备、文印设备、音像视听器材和设备、纸张、本册、文具及装订文印材料、家具、日用电器、针纺织品、清洁卫生用品、文体用品、奖品、纪念品、礼品等；供内部人员乘坐的交通工具和燃料；用于办公设施修缮的各类配件、材料、工具等；用于取暖和防暑降温的设备、燃料、材料及食品等；专用于教学的用品和设备；非营利医疗机构的中、西药品、中药材和医疗设备器材；非专用的劳动保护用品；不对外营业的内部食堂用的餐具、炊具、设备、清洁卫生工具和食品、燃料等；军队、武警用于其人员生活的衣着品和个人用品；其它各类非生产性设备和用品。

商品零售不包括：（1）售给城乡居民已确知是用于生产、经营的商品；（2）售给各类农业生产者的生产资料类商品，如农机、农药化肥、农膜、种子饲料等商品；（3）售给企业单位生产用具及生产上专用的劳动保护用品。

年末餐饮营业面积：住宿和餐饮业连锁门店营业面积，指对外提供就餐服务的门店建筑面积和从事食品加工、烹饪、调制的厨房面积，不包括办公用房和仓库等面积。该指标按年末实有面积统计。

客房数：指住宿和餐饮业连锁门店提供住宿服务的房间数，该指标按年内正常情况下的实有数统计。

床位数：指住宿和餐饮业连锁门店供应旅客使用的床位数，不包括临时加床和门店内部工作人员使用的床位。该指标按年内正常情况下的实有数统计。

餐位数：指住宿和餐饮业连锁门店为顾客提供就餐服务时，正常可同时容纳就餐人员的餐位数量，不包括临时加的餐位。该指标按年内正常情况下的实有数统计。

连锁门店营业额：指住宿和餐饮业连锁门店在经营活动中因提供服务或销售商品所取得的总收入。包括：客房收入、餐费收入、商品销售额（含增值税）和其它收入。

餐费收入和商品销售额：指住宿和餐饮业连锁门店因提供就餐服务（包括经烹饪、调制加工后出售的各种食品，如主食、炒菜、凉拌菜等的收入）和出售商品（含增值税）所取得的收入合计。

登记注册类型

—国有企业：指企业全部资产归国家所有，并按《中华人民共和国企业法人登记管理条例》规定登记注册的非公司制的经济组织。不包括有限责任公司中的国有独资公司。

—集体企业：指企业资产归集体所有，并按《中华人民共和国企业法人登记管理条例》规定登记注册的经济组织。

—股份合作企业：指以合作制为基础，由企业职工共同出资入股，吸收一定比例的社会资产投资组建，实行自主经营，自负盈亏，共同劳动，民主管理，按劳分配与按股分红相结合的一种集体经济组织。

—联营企业：两个及两个以上相同或不同所有制性质的企业法人或事业单位法人，按自愿、平等、互利的原则，共同投资组成的经济组织称为联营企业。联营企业包括国有联营企业、集体联营企业、国有与集体联营企业和其他联营企业。

国有联营企业：指所有联营单位均为国有。

集体联营企业：指所有联营单位均为集体。

国有与集体联营企业：指联营单位既有国有也有集体。

其他联营企业：指上述三种联营企业之外的其他联营形式的企业。

－有限责任公司：根据《中华人民共和国公司登记管理条例》规定登记注册，由两个以上，五十个以下的股东共同出资，每个股东以其所认缴的出资额对公司承担有限责任，公司以其全部资产对其债务承担责任的经济组织称为有限责任公司。有限责任公司分为国有独资公司以及其他有限责任公司。

国有独资公司：指国家授权的投资机构或者国家授权的部门单独投资设立的有限责任公司。

其他有限责任公司：指国有独资公司以外的其他有限责任公司。

－股份有限公司：指根据《中华人民共和国公司登记管理条例》规定登记注册，其全部注册资本由等额股份构成并通过发行股票筹集资本，股东以其认购的股份对公司承担有限责任，公司以其全部资产对其债务承担责任的经济组织。

－私营企业：由自然人投资设立或由自然人控股，以雇佣劳动为基础的营利性经济组织称为私营企业。包括按照《公司法》、《合伙企业法》、《私营企业暂行条例》以及《个人独资企业法》规定登记注册的私营独资企业、私营有限责任公司、私营股份有限公司、私营合伙企业和个人独资企业。

私营独资企业：指按《私营企业暂行条例》的规定，由一名自然人投资经营，以雇佣劳动为基础，投资者对企业债务承担无限责任的企业。

个人独资企业：指按《个人独资企业法》、《个人独资企业登记管理办法》的规定，由一个自然人投资，财产为投资人个人所有，投资人以其个人财产对企业债务承担无限责任的经营实体。个人独资企业填表时归入私营独资企业。

私营合伙企业：指按《合伙企业法》或《私营企业暂行条例》的规定，由两个以上自然人按照协议共同投资、共同经营、共负盈亏，以雇佣劳动为基础，对债务承担无限责任的企业。

私营有限责任公司：指按《公司法》、《私营企业暂行条例》的规定，由两个以上自然人投资或由单个自然人控股的有限责任公司。

私营股份有限公司：指按《公司法》的规定，由五个以上自然人投资，或由单个自然人控股的股份有限公司。

－其他内资企业：指上述之外的其他内资经济组织。

－与港澳台商合资经营企业：指港澳台地区投资者与内地的企业依照《中华人民共和国中外合资经营企业法》及有关法律的规定，按合同规定的比例投资设立，分享利润和分担风险的企业。

－与港澳台商合作经营企业：指港澳台地区投资者与内地企业依照《中华人民共和国中外合作经营企业法》及有关法律的规定，依照合作合同的约定进行投资或提供条件设立，分配利润、分担风险和亏损的企业。

－港澳台商独资经营企业：指依照《中华人民共和国外资企业法》及有关法律的规定，在内地设立的由港澳台地区投资者在内地全额投资设立的企业。

－港澳台商投资股份有限公司：指根据国家有关规定，经商务部(原外经贸部)批准设立，并且其中港、澳、台商的股本占公司注册资本的比例达25%以上的股份有限公司。凡其中港、澳、台商的股本占公司注册资本的比例小于25%的，属于内资中的股份有限公司。

－中外合资经营企业：指外国企业或外国人与中国内地企业依照《中华人民共和国中外合资经营企业法》及有关法律的规定，按合同规定的比例投资设立，分享利润和分担风险的企业。

－中外合作经营企业：指外国企业或外国人与中国内地企业依照《中华人民共和国中外合作经营企业法》及有关法律的规定，依照合作合同的约定进行投资或提供条件设立，分配利润、分担风险和亏损的企业。

一外资企业：指依照《中华人民共和国外资企业法》及有关法律的规定，在中国内地设立的由外国投资者全额投资设立的企业。

一外商投资股份有限公司：指根据国家有关规定，经商务部(原外经贸部)批准设立，并且其中外资的股本占公司注册资本的比例达25%以上的股份有限公司。凡其中外资股本占公司注册资本的比例小于25%的，属于内资中的股份有限公司。